Ulrich Engel

Deutsche Grammatik
– Neubearbeitung –

Für
Fritzi, Huwen, Pinkerton

Ulrich Engel

Deutsche Grammatik

– Neubearbeitung –

iudicium

Bibliografische Information
Der Deutschen Bibliothek

Die Deutsche Bibliothek verzeichnet diese Publikation in der Deutschen Nationalbibliografie;
detaillierte bibliografische Daten sind im Internet über
http://dnb.ddb.de
abrufbar.

ISBN 3-89129-919-2

Gesamtübersicht

Vorwort

Die „Deutsche Grammatik" erschien erstmals im Jahr 1988. Dass nun eine Neubearbeitung erforderlich wird, zeigt, dass das Buch einem vorhandenen Bedarf entsprach. Zu ändern war vieles, denn in den vergangenen zwei Jahrzehnten fand ich in der Auseinandersetzung mit anderen Forschern Anlass, einen erheblichen Teil meiner Anschauungen zu überprüfen und vielfach zu modifizieren. So ist in dem nun vorgelegten Buch, auch wenn der Aufbau im Wesentlichen beibehalten wurde, kaum ein Satz unverändert stehen geblieben.

Die Prinzipien, die mich bei der „Deutschen Grammatik" leiteten, habe ich beibehalten. Die deutsche Sprache unserer Zeit soll so vollständig beschrieben werden, wie es von der Adressatengruppe erwartet werden dürfte. Dass das Buch, da es auf einem einheitlichen theoretischen Konzept beruht, in sich widerspruchsfrei ist, setze ich freimütig voraus. Bei alledem will ich verständlich sein, will, ohne auf die notwendige Fachterminologie zu verzichten, hochgestilten Philologenjargon vermeiden. Die jungen Leute an der Bonner Universität, denen ich deutsche Grammatik nahe zu bringen hatte, boten gerade in dieser Hinsicht ein effektives Übungsfeld.

Natürlich hat das Buch Mängel. Natürlich habe ich manches übersehen, nicht genau genug gesehen oder überhaupt nicht richtig gesehen. Es mag ja auch Dinge geben, die ich gar nicht verstanden habe. Solche Mängel soll man nicht klein reden, auch nicht unter dem Nebel des Alters oder dem Samt universitärer Lobpreisungen verbergen. Was nicht gut ist, soll man aufdecken; was dürftig ist, soll man brandmarken. Das könnte dem Fortgang aufhelfen.

Ich möchte mich bedanken. Diejenigen, die durch Duldung halfen, obwohl sie Anspruch auf mehr Gespräche, mehr Wanderungen, mehr gemeinsame Gartenarbeit gehabt hätten, sind in die Widmung verpackt. Danach aber stehen am Anfang die Studierenden, die Bonner zumal, die mich – unbewusst – zwangen, das, was ich zu wissen glaubte und weiterzugeben versuchte, immer wieder neu zu überdenken und zu formulieren. Unsereiner will ja schließlich nicht nur verstanden werden, er will auch provozieren, bewegen, verändern. Ich danke ferner den Freunden im Mannheimer Institut für deutsche Sprache, „meinem" Institut immer noch, und den Kolleginnen und Kollegen in vielen Ländern, auch sehr fernen, im Norden und Nordwesten Europas, im Osten und im Südosten über den ganzen Balkan hin, in der Romania vor allem denen vom äußersten Ende unserer Welt, und auch denen in Deutschland, die mir unbequem waren. Sollte ich mich aber fragen, wer mir in meinem linguistischen Leben am meisten und am dauerhaftesten geholfen hat, indem er mich ständig anregte, auch aufregte, aber immer seine Spuren hinterlassend, und wem ich darum am innigsten danken will: dann ist es der Schweizer Hans Glinz.

Zu danken habe ich auch denen, die mir in technischer Hinsicht geholfen haben. Ich selbst habe, wie das heute Standard ist, eine Art elementarer Druckfassung des Buches hergestellt, und dabei hat mir Ludwig Sporrer in einem Ausmaß geholfen, das sich nicht von selber versteht. Außerdem danke ich dem iudicium Verlag, besonders Frau Elisabeth Schaidhammer, die mit großem Sachverstand und Einfühlungsvermögen das umfangreiche Skript in herzeigbare Form gebracht hat.

Heppenheim, Frühjahr 2004   *Ulrich Engel*

1. ALLGEMEINES

1.1. ZU DIESEM BUCH

Die vorliegende Grammatik wendet sich an Lehrer und Schüler mit Vorkenntnissen in den Bereichen Deutsch als Muttersprache und Deutsch als Fremdsprache, außerdem sowohl an Wissenschaftler als auch an interessierte „Laien" und nicht zuletzt an die Autoren von Lehrwerken. Diesen Zielgruppen sollen alle wesentlichen Fakten über die deutsche Sprache der Gegenwart vermittelt werden, und dies in einer Diktion, die nicht nur Fachleuten zugänglich ist.

Die Sprache, die hier beschrieben wird, läuft allgemein unter dem Namen „Deutsche Standardsprache". Es ist die Sprache, die für alle im gesamten deutschen Sprachbereich und auch in deren Außenbezirken gültig ist, die Sprache, die man in der Schule lernt (besser vielleicht: die in der Schule gelernt werden sollte). Dialekte und andere regionale Varianten, Gruppensprachen und durch soziale Schichten bedingte besondere Ausdrucksweisen werden im Prinzip hier nicht behandelt. Wo sie doch erscheinen, etwa um die bestehenden Zusammenhänge mit der Standardsprache aufzuzeigen, werden sie als Sonderformen gekennzeichnet (zum Beispiel als „Alltagssprache").

Das Buch ist als „Grammatik" zu verstehen. Es bringt also den Wortschatz des Deutschen nur exemplarisch. Vielmehr geht es um die allgemeineren Aspekte der Sprachstruktur, um Kategorien und Regeln, die nötig sind, damit man korrekte und sinnvolle Sätze erzeugen und verstehen kann. Damit wird natürlich nicht behauptet, dass man diese Kategorien und Regeln kennen müsse, um sich auf deutsch zu verständigen; aber beherrschen muss man sie allemal, und dies ist eins der Geheimnisse, das weder Linguisten noch Psychologen noch Neurologen bisher zu lösen vermochten: dass in jedem Kopf ein ziemlich kompliziertes Regelwerk steckt, das unsereiner geradezu spielerisch zu benutzen, zu „bedienen" versteht. Wer also schon Deutsch „kann", braucht diese Grammatik nicht, es sei denn, er will einen tieferen Einblick in seine Sprache gewinnen. Wer aber Deutsch als Fremdsprache, Zweitsprache erlernen will, ist meist darauf angewiesen, sich dieses Regelwerk Schritt für Schritt anzueignen, künstlich gewissermaßen. Dieser Prozess unterscheidet sich radikal vom kindlichen Erwerb der Muttersprache, über den wir immer noch sehr wenig wissen.

Bei alledem soll nicht behauptet werden, die hier beschriebene Grammatik sei völlig identisch mit dem Regelwerk, das im Gehirn eines Deutschsprechers funktioniert. Wir wissen nicht sehr viel darüber, was beim Sprechen in unseren Köpfen abläuft. Was wir letzten Endes haben, sind Texte, gesprochene oder geschriebene. Wir können diese Texte analysieren und daraus, aber auch aus Fehlern, die beim Sprechen unterlaufen, das Regelwerk zu erschließen versuchen. Das ergibt dann, Stück um Stück zusammen gefügt, unsere Grammatik, und da Andere, wie man weiß, andere Grammatiken schreiben, bleibt großenteils offen, wer der Realität am nächsten kommt. Jede geschriebene Grammatik ist nichts als ein System von Hypothesen über die Sprache: So könnte es sein, so könnte es funktionieren. Verbesserungen lassen sich vor allem dann erzielen, wenn man auf Widersprüche stößt oder auch, wenn eine andere Grammatik einfachere Wege aufzeigt. Auf diese Art kann man, wenn man nur entsprechend aufgeschlossen ist, seine Grammatik allmählich tatsächlich verbessern.

Die Grammatik, die hier vorgelegt wird, macht, wie jede Theorie (und eine Grammatik ist nichts als eine Theorie über eine Sprache), bestimmte Grundannahmen. Im Zentrum steht dabei die Kombinatorik der Elemente, der Wörter und anderer Einheiten. Was sich auf übereinstimmende Art kombinieren lässt, kann zu Mengen („Wortklassen") zusammengefasst werden. Ergebnisse gleichartiger Kombination bilden Kategorien. Schließlich gehört zur Kombinatorik nicht nur das Miteinander, sondern auch das Nacheinander: die Stellung der Elemente. Dabei wird dem Verb eine zentrale Bedeutung zugewiesen, denn es bestimmt mit einer Eigenschaft, die „Valenz" genannt wird, die Struktur des Satzes. Die Kombinatorik bestimmt auch die Darstellung einzelner Strukturen: Wichtigen, das heißt strukturgebenden Elementen wird ein höherer Rang zugewiesen, andere Elemente werden als von ihnen abhängig aufgefasst. Diese ganze Theorie, die sich im vergangenen Jahrhundert aus unterschiedlichen Ansätzen herausgebildet hat, heißt „Dependenzielle Verbgrammatik" (DVG). Sie hat sich vielfach im gesteuerten Spracherwerb bewährt und auch ihre Eignung für den Sprachvergleich bewiesen. Im Übrigen steht sie in lebhafter Konkurrenz zu anderen Grammatikmodellen. Die Auseinandersetzungen zwischen den verschiedenen „Richtungen", großenteils öffentlich ausgetragen, werden dadurch nicht eben erleichtert, dass Anhänger bestimmter anderer Schulen behaupten oder doch merklich meinen, sie hätten den Stein der Weisen, den wir gemeinsam zu suchen uns mühen sollten, schon gefunden.

Die Darstellung orientiert sich an den ins Auge gefassten Lesergruppen und versucht verständlich zu sein. Das bedeutet zunächst, dass Fachterminologie nur verwendet wird, soweit sie unabdingbar erscheint. Auf der anderen Seite kann keine fachliche Darstellung ohne eigene Terminologie auskommen. Und die Gefahr verdeutschter Fachausdrücke besteht vor allem darin, dass jeder, der Deutsch kann, damit auch schon glaubt diesen Ausdruck zu verstehen (das Beispiel „Gegenwart" für „Präsens" zeigt deutlich die Missverständnisse auf, die auf diese Art entstehen können: Dass Präsens nur sehr wenig mit Gegenwart zu tun hat, ist heute unbestritten). Und nicht nur zur Terminologie, auch zu den graphischen Darstellungen ist ein Wort zu sagen: Diagramme werden sparsam verwendet und im Prinzip nur dort, wo sie wirklich zur Klärung eines Sachverhaltes beitragen können. Diskutiert wird nur an wenigen, besonders strittigen Stellen; im Allgemeinen wird keine Auseinandersetzung mit abweichenden Ansichten angestrebt. Der Leser findet hier eine im Wesentlichen beschreibende und nicht argumentierende Grammatik vor.

Der Benutzer dieses Buches würde darin gern alles finden, was über die deutsche Sprache gesagt werden kann. Damit er nicht allzu sehr enttäuscht wird, sei schon hier gesagt, dass man einen sehr wichtigen Bereich hier nicht finden wird: Die gesamte „Phonik", also der lautliche Bereich, vor allem soweit er mit der Aussprache zu tun hat, bleibt definitiv ausgeschlossen. Dieser Bereich ist von gänzlich anderer Natur als die übrige Grammatik: Phonik hat es mit Einheiten zu tun, die selbst keine Bedeutung haben, die nur in der Kombination für die Bedeutung von Äußerungen relevant sind. Alle übrigen Grammatikbereiche aber gehen von bedeutungtragenden Einheiten aus, und diese Einheiten bilden das Material, aus dem unsere Grammatik zusammengefügt ist. In diesen Bereichen wird Vollständigkeit angestrebt: Was wichtig für den Spracherwerb, auch für das Sprachverstehen sein dürfte, ist hier zusammengetragen, soweit es von der Forschung bereitgestellt wurde und heute als gesichert gelten darf. Regeln werden durch eine ausreichende Zahl von Beispielen veranschaulicht.

Das Buch ist aus kontinuierlicher Forschung im Mannheimer Institut für deutsche Sprache und aus dreißigjähriger Lehrtätigkeit an der Universität Bonn hervorgegangen; drei teilweise anders angelegte Auflagen gingen vorher. Es versteht sich, dass Einflüsse anderer Forscher meine Darstellung geprägt haben; die Namen Lucien Tesnière, Charles Fillmore und Gerhard Helbig mögen für viele andere stehen. Besonderen Gewinn habe ich aus der Zusammenarbeit mit den Mannheimer Kollegen gezogen, besonderen Ansporn erfuhr ich von meinen Studentinnen und Studenten.

1.2. WÖRTER UND SATZTEILE

Ohne Wörter zu verwenden und ohne über Wörter zu reden, lässt sich keine Grammatik schreiben. Das **Wort** zu definieren ist gleichwohl ein dorniges Geschäft. Man hat früh versucht, das Wort als „kleinste Bedeutungseinheit" auszuweisen. Aber die Endung *e*, die an Stelle eines Gegenstands (*Schuh*) auf eine Mehrzahl von Gegenständen (*Schuhe*) verweist, wird niemand als Wort bezeichnen, obwohl sie eine Bedeutung hat. So verfiel man auf den Ausweg, als Wort nur aufzufassen, was sich zusätzlich durch eine gewisse Selbständigkeit auszeichnet. Damit ist die *Güterhalle* als Wort ausgewiesen. Aber eine „kleinste Bedeutungseinheit" kann dieses Wort schon deshalb nicht sein, weil auch *Güter* und *Halle* kleinste Bedeutungseinheiten sind; ließe man aber dieses Kriterium fallen, so könnten auch ganze Sätze nach dieser Definition Wörter sein.
Andere wollten als Wort definieren, was als Satzglied erscheinen kann. Gäbe es nun einen breiten Konsens darüber, was ein Satzglied ist (diesen Konsens gibt es nicht), so könnten zum Beispiel *Schuh* und *Halle* Wörter sein, aber nach herrschender Auffassung keines unserer Verben. Und auch der Versuch, als Wörter alle Einheiten zu bezeichnen, die Kopf einer Wortgruppe werden können, führt letztlich nicht zum Ziel, denn es gibt Partikeln (etwa *ja*), die keine anderen Elemente regieren können, aber gewöhnlich als Wörter bezeichnet werden.
Jeder weiß, dass wir als Wort etwas zu bezeichnen gewohnt sind, was irgendwie allein steht, zwischen „Leerstellen", also von seiner Umgebung getrennt ist oder getrennt werden kann. Aber in dem Satz *Ich hole Volker vom Bahnhof ab.* ist auch *ab* von den anderen Elementen getrennt. Und doch nennen wir es gemeinhin kein Wort, wie schon der Infinitiv *abholen* nahe legt.
Diese ganze kurze Diskussion zeigt indessen etwas Überraschendes: Wir sind mit diesen Definitionsansätzen nicht zufrieden, weil wir offenbar schon wissen, was ein Wort ist. Woher wir das wissen, muss einstweilen dahingestellt bleiben. Fakt ist, dass wir mit diesem Wortbegriff arbeiten, dass wir uns auf seiner Grundlage verstehen können.
Was aber gibt es für Wörter?
Schon die Grammatiker der Antike haben die Wörter nach „Wortarten" gegliedert. In ihrer Nachfolge ergaben sich dann die gebräuchlichen Wortarten Substantiv, Adjektiv, Verb, Adverb, Pronomen, Artikel, Konjunktion, Präposition, Interjektion – je nach Autor auch einige mehr oder weniger. Später pflegte man eher von **Wortklassen** oder lexikalischen Kategorien zu reden, doch wurden im Allgemeinen die Prinzipien der Klassifikation nicht diskutiert. Das hat sich als großes Manko herausgestellt, denn die Wortklassen wachsen schließlich nicht wie Früchte an den Bäumen, wo man ohne Mühe Äpfel, Birnen, Zwetschgen usw. unterscheiden kann.
Bei bisherigen Klassifikationen lassen sich leicht drei Kriterien erkennen:
1. Die Flexion. Danach lassen sich unter den Wörtern, die flektiert werden können, Verb, Substantiv, Adjektiv, Artikel und Pronomen unterscheiden. Aber die nicht Flektierbaren fallen in einer Klasse zusammen, was nicht auf viel Gegenliebe stoßen wird: Wer will schon Adverbien, Konjunktionen, Präpositionen ohne Unterscheidung beieinander haben?
2. Die Distribution, also die geregelte Umgebung. Danach kann in die Lücke des Ausdrucks _____ *arbeitet fleißig* ein Substantiv (mit Artikel) eingesetzt werden, in die verschobene Lücke des Ausdrucks *Der Lehrer arbeitet*_____ hingegen ein Adjektiv oder ein Adverb usw. Aber dieser Test arbeitet nicht stichhaltig: In die letzte Lücke könnte zum Beispiel auch der Ausdruck *mit seinen Kollegen* u. a. eingesetzt werden.

3. Die Semantik. Mit diesem Kriterium wurde vielfach gearbeitet: Substantive sind, so heißt es dann, Wörter, die Menschen, Gegenstände, Ideen bezeichnen. Ebenso werden Vorgänge durch Verben und Eigenschaften durch Adjektive bezeichnet. Aber auch hier stößt man schnell an unüberwindliche Grenzen: *heutig* ist zweifelsohne ein Adjektiv, bezeichnet aber keine Eigenschaft usw.

Betrachtet man die Versuche genauer, so erweist es sich, dass die **Distribution**, sorgfältiger angewandt, doch ein Verfahren zur Unterscheidung der Wortarten ergeben könnte. Man muss dazu allerdings genauer unterscheiden: einmal die engste Umgebung eines Wortes, die lediglich die Flexionsendungen umfasst; sodann die engere Umgebung, die innerhalb einer Wortgruppe die übrigen Wörter bezeichnet; die mittlere Umgebung, die andere Wortgruppen/Satzglieder innerhalb des Satzes bezeichnet; und schließlich die weite Umgebung, die andere Sätze bzw. Äußerungen meint. Auf Grund dieser vierfachen Schichtung der Umgebung lässt sich ein Flussdiagramm zeichnen, in dem es auf jede Frage, die an das betreffende Wort gestellt wird, zwei Antworten gibt, eine positive und eine negative. Bei positiver Antwort wird das Wort nach rechts ausgefiltert, bei negativer Antwort wird eine neue Frage gestellt:

Ist das Wort konjugierbar?   Ja: Verb   →

⬇ Nein

Hat das Wort ein festes Genus?   Ja: Nomen   →

⬇ Nein

Ist das Wort mit dem sächs. Genitiv inkompatibel?   Ja: Determinativ   →

⬇ Nein

Kann das Wort jederzeit zwischen Determinativ und Nomen stehen?   Ja: Adjektiv   →

⬇ Nein

Kann das Wort Größen bezeichnen und Nominalphrasen ersetzen?   Ja: Pronomen   →

⬇ Nein

Ist das Wort unveränderlich mit fester Kasusrektion?   Ja: Präposition   →

⬇ Nein

Ist das Wort unveränderlich und kann es Nebensätze und Infinitivkonstruktionen einleiten?   Ja: Subjunktor   →

⬇ Nein

Ist das Wort unveränderlich, vorfeldfähig und kann es auf *w*-Fragen antworten?   Ja: Adverb   →

⬇ Nein

Ist das Wort unveränderlich, vorfeldfähig und kommt bei Kopulaverben vor?   Ja: Kopulapartikel   →

⬇ Nein

Ist das Wort unveränderlich, vorfeldfähig und kann es auf Ja-/Nein-Fragen antworten?   Ja: Modalpartikel   →

⬇ Nein

Ist das Wort unveränderlich, vorfeldfähig und nicht als Antwort verwendbar?	Ja: Rangierpartikel →
⬇ Nein	
Ist das Wort unveränderlich und verbindet es Funktionsgleiches?	Ja: Konjunktor →
⬇ Nein	
Ist das Wort unveränderlich und kann es zwischen Konjunktor und Vorfeldelement stehen?	Ja: Gradpartikel →
⬇ Nein	
Ist das Wort unveränderlich und erscheint es in derselben Umgebung wie Sätze?	Ja: Satzäquivalent →
⬇ Nein	
Ist das Wort unveränderlich und schließt es Vergleichselemente an?	Ja: Vergleichspartikel →
⬇ Nein	
Ist das Wort unveränderlich und weder negierbar noch erfragbar?	Ja: Abtönungspartikel →

Auf diese Weise durchläuft jedes Wort eine Art hintereinander geschalteter Filter. Ist es einmal ausgefiltert, so darf es nicht noch einmal befragt werden. Einzige Ausnahme: bei eindeutiger semantischer Verschiedenheit. So wird das Wort *da*, wenn es lokale oder temporale Bedeutung hat, als Adverb ausgefiltert; hat es aber kausale Bedeutung, so wird es bei einem weiteren Durchlauf als Subjunktor ausgefiltert. Es ist nicht zu bestreiten, dass das Kriterium der Bedeutungsverschiedenheit nicht immer ganz exakt zu handhaben ist. Die fraglichen Fälle sind aber vergleichsweise selten. So ermöglicht das Verfahren es immerhin in fast allen Fällen, ein Wort einwandfrei einer bestimmten Wortklasse zuzuweisen.

Man mag dabei auf Überraschungen stoßen, Gewohntes vermissen oder an ganz unerwarteter Stelle wieder finden. Man mag auch manches Wort in einer Wortklasse finden, in die es scheinbar gar nicht gehört. Es sei aber daran erinnert, dass diese Fachausdrücke ihrerseits durch nichts als die angegebene Definition festgelegt sind. Also sollte man bei der betonten Partikel *eben* (so in *Und eben diese Tante war plötzlich wieder aufgetaucht.*) nicht fragen, was an ihr denn „gradpartikelhaft" sei, inwiefern sie etwas „graduiere", sondern sich einfach damit zufrieden geben, dass sie zwischen dem Konjunktor *und* und dem Vorfeldelement *diese Tante* steht und damit eine Gradpartikel ist; und ebenso sollte man bei dem Wort *immerhin* (*Immerhin war sie Polin./Sie war immerhin Polin.*) akzeptieren, dass es „vorfeldfähig" ist, aber nicht als Antwort auf irgendwelche Fragen verwendet werden kann und somit zu den Rangierpartikeln zählt. Die Namen der Wortklassen sind Termini und wollen nur als solche verstanden werden; sie sind strikt definiert. Wer über sie nachzudenken beginnt, sich fragt, was sie „eigentlich" bedeuten, der verwechselt Termini und Wörter.

Diese knappe Wortklassencharakterisierung lässt noch andere Fragen offen. Vor allem muss man sich darüber im Klaren sein, dass es sich dabei um nichts als die Zuordnung der Wörter zu je einer Wortklasse handelt. Die Wörter als solche werden hier also definiert, nicht beschrieben. Eine ausführliche Beschreibung der Wortklassen findet man in den späteren Teilen.

Wörter fungieren, wie man weiß, nicht als isolierte Einzelwesen. Sie schließen sich vielmehr zu **Wortgruppen** mit eigener Struktur zusammen. Betrachten wir die Wortgruppen isoliert, ohne Rückgriff auf ihre Umgebung, so nennen wir sie **Phrasen**. In einer Phrase sind alle Wörter durch Dependenzrelationen miteinander verbunden. Ein Wort bildet den Kopf der Phrase, es gibt ihr auch den Namen. So sprechen wir von Nominalphrasen (mit Nomen als Kopf), Präpositionalphrasen (mit Präposition als Kopf) usw. Die übrigen Wörter hängen vom Kopf ab: Er regiert sie, ist ihr Regens, sie sind die Dependentien (Sing. Dependens) des Kopfes. Oft haben Dependentien ihrerseits Dependentien, so in der Phrase *die Dame aus Debrecen mit dem grünen Hut.* Dazu gehört das Diagramm

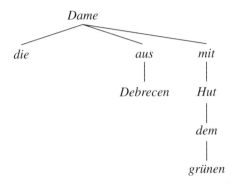

Hier sieht man deutlich, wie jedes Einzelwort seinen individuellen Kopf hat. Nimmt man aber das gesamte Konstrukt, das von einem Kopf abhängt, so reden wir vom **Satelliten** des Kopfes. *Dame* hat also drei Dependentien: *die, aus* und *mit.* Zugleich hat *Dame* drei Satelliten: *die, aus Debrecen, mit dem grünen Hut.*

Betrachten wir aber eine Wortgruppe in ihrem externen Kontext, so nimmt sie diesem gegenüber eine syntaktische Funktion ein: sie erscheint als **syntaktisches Glied**. In dem Satz

Ich suche seit einer Stunde die Dame aus Debrecen mit dem grünen Hut.

mit dem verbalen Kopf *suche* erscheinen drei syntaktische Glieder: *ich* als Subjekt, *die Dame aus Debrecen mit dem grünen Hut* als Akkusativergänzung und *seit einer Stunde* als Temporalangabe. Vereinfacht kann man die Struktur dieses Satzes folgendermaßen darstellen:

Man kann natürlich die Struktur dieser drei Satelliten auch detailliert wiedergeben, wie es oben mit der *Dame aus Debrecen mit dem grünen Hut* gemacht wurde.

Die syntaktischen Glieder kann man nach dem externen Kopf unterteilen: In dem vorangegangenen Beispiel haben wir drei Verbglieder: *ich, seit einer Stunde, die Dame mit dem grünen Hut aus Debrecen.* Diese Akkusativergänzung hat als Kopf ein Nomen (*Dame*) mit den Satelliten *die, aus Debrecen* und *mit dem grünen Hut.* Diese drei Elemente sind Nomenglieder (zu *Dame*). Und in dem Ausdruck *mir verdächtig* ist *mir* ein Adjektivglied zum Adjektiv *verdächtig.*

Satelliten des Verbs nennen wir auch **Satzglieder**. Satelliten zu Elementen aller anderen Wortarten nennen wir **Attribute**.

Unter den syntaktischen Gliedern, seien sie Satzglieder oder Attribute, ist eine weitere Unterscheidung zu machen, die in der Forschung lebhaft diskutiert wurde und neuerdings auch von einigen Grammatikern ganz in Frage gestellt wird. Diese Unterscheidung wird bestimmt durch das Verhältnis der Glieder zu ihrem externen Regens. Auch Regentien sind ja Wörter und gehören als solche je einer Wortklasse an. Symbolisch werden die Regentien daher gewöhnlich durch das Zeichen für die jeweilige Wortklasse angegeben: V steht für ein verbales Regens, Nom für ein nominales Regens usw. Der Satz *Brigitte lacht.* kann durch das folgende symbolische Diagramm (vereinfacht) wiedergegeben werden:

$$V$$
$$|$$
$$Nom_n$$

Nun ist zu fragen, ob ein Nomen oder auch eine Nominalphrase im Nominativ (die wir „Subjekt" zu nennen pflegen) immer erscheinen kann, wenn als externes Regens ein Verb fungiert, mit anderen Worten: ob eine nominativische Nominalphrase bei allen/beliebigen Verben vorkommen kann. Wäre dies der Fall, so wäre *Brigitte* ein **Angabe** zum Verb (eine Verbangabe). Es zeigt sich jedoch, dass es Verben gibt, die sich nicht mit einer nominativischen Nominalphrase kombinieren lassen: Verben wie *dämmern* oder *grauen* (*Eben dämmerte es. Mir graut vor dir.*), die kein Subjekt zulassen.[1] Das Subjekt kann also nicht bei sämtlichen Verben stehen, sondern nur bei einer „Subklasse" der Verben (es tut nichts, dass diese Subklasse den größten Teil der Verben umfasst). Alle Glieder nun, die ihrem externen Regens subklassenspezifisch zugeordnet sind, nennen wir **Ergänzungen** zu diesem Regens.

Der Unterschied zwischen Ergänzungen und Angaben ist fundamental und gilt auf sämtlichen grammatischen Ebenen, auch bei den Attributen. So ist etwa *auf Frieden* in dem Ausdruck *die Hoffnung der Bevölkerung auf Frieden* eine Nomenergänzung, weil zwar das Regens *Hoffnung*, nicht aber ein Regens wie *Liebe* ein Attribut mit der Präposition *auf* zulässt. Andererseits ist *im Lande* in dem Ausdruck *die Stimmung im Lande* eine Nomenangabe, weil situative Bestimmungen bei allen Nomina möglich sind.

Die Subklassenspezifik der Ergänzungen gilt im Allgemeinen für die Kombinationsfähigkeit überhaupt. In einer Reihe wichtiger Fälle gilt sie außerdem bei Obligatorik des Vorkommens. So sind die Subjekte in der Regel obligatorische Verbglieder. Ebenso ist die Akkusativergänzung bei *brauchen* unabdingbar. Das Kriterium der Obligatorik ist leichter zu handhaben als das der Subklassenspezifik. Als Faustregel kann also gelten: Was obligatorisch ist, ist immer eine Ergänzung.[2]

Es muss deutlich geworden sein, dass das externe Regens über die Gliederung der von ihm abhängigen Glieder nach Ergänzungen und Angaben entscheidet. Das Regens vermag dies auf Grund seiner **Rektion**, der Fähigkeit, andere Elemente zu regieren. Soweit solche Rektion nicht für die gesamte Wortklasse des Regens gilt, sondern nur für einen Teil dieser Klasse, sprechen wir seit Tesnière von **Valenz**. Damit ist Valenz definiert als subklassenspezifische Rektion.

---

[1] Das Wort *es* im ersten Beispiel ist kein Subjekt, wie später zu erläutern sein wird.

[2] Man darf freilich nicht, wie das häufig geschehen ist und noch geschieht, den weitergehenden Schluss ziehen, dass nur die obligatorischen Glieder Ergänzungen, die fakultativen jedoch Angaben seien. Dieser Fehlschluss hat viele Missverständnisse und viel überflüssigen Streit in die Valenzdiskussion gebracht. Dass fakultative Elemente den Großteil der Ergänzungen stellen – mindestens im verbalen Bereich –, ist heute anerkannt.

1.3. ZUR GRAPHISCHEN DARSTELLUNG GRAMMATISCHER STRUKTUREN

Grammatisch interpretierte sprachliche Ausdrücke werden mitunter in Gestalt von Diagrammen wiedergegeben. Solche Diagramme haben keinen eigenen Erkenntniswert, vermögen aber oft eine Struktur zu veranschaulichen. Dieses Verfahren wurde unter anderem von Tesnière begründet, seither aber in vielerlei Hinsicht weiterentwickelt.

Grundsätzlich gilt für Dependenzdiagramme, dass jeder sprachliche Ausdruck nur einmal wiedergegeben wird.[3] Erscheint ein Diagramm in Einzelwörter aufgelöst, so enthält es genau so viele „Knoten", wie der Ausdruck Wörter enthält.

Jeder Knoten entspricht einem Wort (oder auch einem mehrwortigen Ausdruck). Man kann die Knoten markieren, indem man (aus einem zu beschreibenden Ausdruck) das jeweilige Wort angibt. Solche „lexematisierten" Diagramme sind nicht sehr aussagekräftig, lassen sich aber leicht lesen. Korrekter sind die symbolischen Diagramme, in denen anstelle des Einzelwortes das Symbol für die betreffende grammatische Kategorie erscheint. Beide Schreibweisen werden anhand des Satzes *Er hat den alten Schlitten zu Schrott gefahren.* dargelegt.

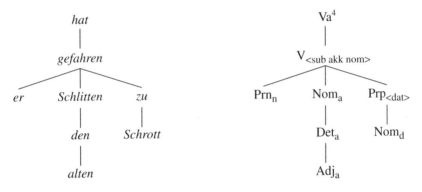

Beide Diagrammformen lassen sich auch kombinieren; dann wird gewöhnlich das Wort unter das Symbol gesetzt.

Ein Konstituenzdiagramm hätte etwa folgende Form[5]:

---

[3] Es wird also nicht, wie zum Beispiel in der Phrasenstrukturgrammatik und konsequenter Weise auch in der Theory of Principles and Parameters (TPP), einer neueren Version der Chomsky-Grammatik, „wiedergeschrieben" (rewritten).

[4] In dem symbolischen Diagramm sind zusätzlich Valenz- und Kategorialindizes angegeben.

[5] Im vorliegenden Fall werden die Symbole verwendet, die wir auch in den Dependenzdiagrammen verwenden. Die Konstituentenstrukturgrammatik verwendet meist andere, aber ähnliche Symbole. Im Übrigen gab es in diesem Zweig der Linguistik vielfach auch das Bestreben, nur „binäre" Verzweigungen zuzulassen. Dies würde das Diagramm umständlicher machen, ändert aber nichts Grundsätzliches.

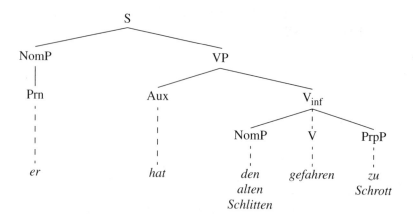

Die angegebenen Dependenzdiagramme sind **explizit**, weil alle Einzelwörter angegeben sind.[6] Jedes Diagramm kann aber pauschaliert werden. Dazu werden **Pauschsymbole** verwendet. Das symbolische Diagramm oben könnte auch folgendermaßen geschrieben werden:

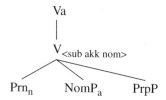

Hier handelt es sich, wie man sieht, um eine Mischform aus expliziter und pauschalierter Schreibweise.

Alle **Indizes** werden in diesem Buch tief- und nachgestellt. Kategorialindizes geben die syntaktische Funktion an (z. B. $_{akk}$ = Akkusativergänzung), Kasusindizes die morphologische Form (z. B. $_d$ = Dativ). Valenzindizes erscheinen in Spitzklammern und geben die Valenz, damit die Art der Satelliten an (z. B. $_{<sub>}$ = Subjekt).

Die **Striche** im Diagramm zeigen die Dependenzverhältnisse an. Oben steht jeweils das Regens, unten das Dependens/der Satellit. Will man Ergänzungen von Angaben unterscheiden, so hängt man die Ergänzungen an fette Striche, Angaben an gestrichelte Linien (────── bzw. - - - -). Soll angegeben werden, dass ein Element obligatorisch abhängt, so kann dies durch einen Pfeil (──────▶) verdeutlicht werden; fakultative Elemente können durch einen Haken (─────⌐) kenntlich gemacht werden.

Für Einzelheiten wird auf das Abkürzungsverzeichnis verwiesen.

---

[6] Dass man im Diagramm auch unter die Wortebene gehen kann (manchmal muss), wird unten stellenweise gezeigt.

ABKÜRZUNGEN UND ZEICHEN

Wortklassen, Wortsubklassen

Adj	Adjektiv	Prn_{neg}	Negativpronomen
Adv	Adverb	Prn_{part}	Partnerpronomen
Det	Determinativ	Prn_{poss}	Possessivpronomen
Grp	Gradpartikel	Prn_{verw}	Verweispronomen
Kjk	Konjunktor	Prp	Präposition
Kop	Kopulapartikel	Rap	Rangierpartikel
Mop	Modalpartikel	Sjk	Subjunktor
Nom	Nomen	V	Verb
Prt	Partikel	Va	Auxiliarverb
Prn	Pronomen	Vi	Infinitivverb
Prn_{dem}	Demonstrativpronomen	Vm	Modalverb
Prn_{indef}	Indefinitpronomen	Vn	Modalitätsverb
Prn_{ind}	Interrogativpronomen	Vns	Nebensatzverb

Phrasen

XP	Phrase mit Kopf X	RelS	Relativsatz
AdjP	Adjektivalphrase	Vk	Verbalkomplex
NomP	Nominalphrase	u. a.	
PrpP	Präpositionalphrase		

Syntaktische Glieder

A	Angabe	E	Ergänzung
AdjA	Adjektivangabe (Angabe z. Adj.)	AdjE	Adjektivergänzung (Erg. z. Adj.)
NomA	Nomenangabe (Angabe z. Nomen)	NomE	Nomenergänzung (Ergänzung z. Nomen)
VA	Verbangabe (Angabe z. Verb)	VE	Verbergänzung (geschr. meist E)
App	Apposition		
Atr	Attribut		

Kasus- und Formindizes (tiefgestellt)

a	Akkusativ	f	finit (b. Verb)
d	Dativ	i	Infinitiv (b. Verb)
g	Genitiv	p	Partizip II (b. Verb)
n	Nominativ		

Kategorialindizes (tiefgestellt)

Ergänzungen:

adj	Adjektivalerg. (b. Verb u. Adj.)	grp	Graduativerg. z. Positiv (b. Adj.)
akk	Akkusativerg. (b. Verb u. Adj.)	grk	Graduativerg. z. Komparativ (b. Adj.)
dat	Dativerg. (b. Verb u. Adj.)		
dir	Direktiverg. (b. Verb, Nomen, Adj.)	grs	Graduativerg. z. Superlativ (b. Adj.)
exp	Expansiverg. (b. Verb)	inv	Nomen invarians (b. Nomen)
gen	Genitiverg. (b. Verb u. Adj.)	mod	Modifikativerg. (b. Verb)

nom	Nominalerg. (b. Verb, Nomen, Adj.)	var	Nomen varians (b. Nomen)
nrm	Normerg. (b. Adj.)	vglk	Vergleichserg. z. Komparativ (b. Adj.)
ppt	Proportionalerg. (b. Adj.)	vglp	Vergleichserg. z. Positiv (b. Adj.)
prp	Präpositiverg. (b. Verb, Nomen, Adj.)	vgls	Vergleichserg. z. Superlativ (b. Adj.)
sit	Situativerg. (b. Verb u. Adj.)	vrb	Verbativerg. (b. Verb, Nomen, Adj.)
sub	Subjekt	u. a.	

Angaben:

Aex	existimatorische Angaben (mit Subklassen)	Asit	Situativangaben Subklassen u. a.:
Amod	Modifikativangaben	A_{kaus}	Kausalangaben
Aneg	Negativangaben	A_{loc}	Lokalangaben
		A_{temp}	Temporalangaben

Valenzindizes (tief, in Spitzklammern)

<adj>	mit Adjektivalerg.	<nom>	mit Nominalergänzung
<akk>	mit Akkusativergänzung	<prp>	mit Präpositivergänzung
<dat>	mit Dativergänzung	<sit>	mit Situativergänzung
<dir>	mit Direktivergänzung	<sub>	mit Subjekt
<exp>	mit Expansivergänzung	<vrb>	mit Verbativergänzung
<gen>	mit Genitivergänzung	u. a.	

Semantische Merkmale („Kategorielle Bedeutungen")

akt	Handlung, Tätigkeit	loc	räumlich
geg	unbelebter Gegenstand, zählbar	mat	Unbelebtes, nicht zählbar
hum	Mensch, menschlich	plant	pflanzlich
inst	v. Menschen geschaff. Institution	sachv	Sachverhalt
		stat	Zustand, Eigenschaft
intel	Geistiges, Begriff	zool	tierisch
		u. v. a.	

Nichtsprachliche Zeichen

Operator für Transformationen:

⇒	„wird zu"	(…)	fakultatives Element
⇐	„entsteht aus"	[…]	semantische Information
≅	„entspricht"		

Zu den Beispielen

*	„das Beispiel ist ungrammatisch".	?	„das Beispiel ist nicht akzeptabel"
(*)	„das Beispiel ist tendenziell ungrammatisch"	(?)	„das Beispiel ist tendenziell nicht akzeptabel"

2. DER TEXT

2.1. WARUM DER TEXT AM ANFANG STEHT

Grammatiken, die meisten wenigstens, handeln von Deklination und Konjugation, von Wortstellung, vom Satzbau, nicht vom Text. Die wenigen Grammatiken, die den Text berücksichtigen, schieben ihn nach hinten[1] und bemühen sich um eine Rechtfertigung. Hier wird aber nicht gerechtfertigt, weil es selbstverständlich ist, dass dem Text eine Hauptrolle zugewiesen wird.

Wir gehen davon aus, dass unsere Sprache in erster Linie ein Verständigungsmittel ist. Und diese Verständigung zwischen Menschen erfolgt immer in Texten; dass wir auch Sätze machen, dass wir die Verben und die Nomina, Adjektive, Determinative in diesen Sätzen anständig deklinieren, dass wir die Wörter in der richtigen Reihenfolge anordnen, ist doch eher sekundär. Notfalls geht es auch ganz knapp und ungeformt, wie im folgenden Gespräch:

> *Die Elfriede? –*
> *Vielleicht. –*
> *Wäre keine Überraschung. –*
> *Eventuell doch. –*
> *Warum? –*
> *Steuerprüfung. Gestern.*

Ein solches Gespräch kann man, je nach Situation, unterschiedlich interpretieren. Sicher ist, dass solche Gespräche stattfinden und dass sie der Kommunikation nicht abträglich sind.

Wir erzeugen also Texte, wenn wir miteinander reden. Und auch wenn wir uns Sprache näher ansehen wollen, wenn wir sie untersuchen[2], haben wir zuerst einmal nichts als Texte, die uns die ihnen innewohnende „Grammatik" offenbaren sollen. Alles, was sich dann an Kategorien und Regeln ergibt, ist sekundär. Am Anfang steht der Text.

An Texten fasziniert zuerst einmal, dass sie von uns ohne Weiteres als Ganzes erkannt werden, als zusammengehörende und meist auch sinnvoll aneinander gefügte Stücke, Fetzen, Bruchstücke von Sprache. Erst in einem zweiten Schritt werden wir auf Bestandteile dieser Texte aufmerksam: auf jeweils in sich sinnhafte, deutlich voneinander abgrenzbare Einzelstücke, die Äußerungen. Ein dritter Schritt zeigt uns, dass jeder Text systematisch aufgebaut ist. Und schließlich lernen wir, dass aus konkreten Bedingungen leicht erkennbare Textsorten entstehen.

Analog zu diesen vier Schritten der Texterkennung ist der Teil über den Text aufgebaut.

2.2. VON DER KONNEXITÄT DES TEXTES

Unter den Mitteln, die einen Text konnex machen, also seine Teile als zusammengehörig erscheinen lassen, stehen die Verweisformen vornean. Sie, die zunächst im Dienst der Sprachökonomie stehen, werfen eine Art Netz über den gesamten Text und halten ihn so zusammen. Neben den Verweisformen gibt es eine Reihe einfacher Ausdrücke, meist Einzelwörter, die als „Textorganisatoren" die verschiedenen Teile eines Textes zusam-

---

[1] Noch in der 3. Auflage meiner erstmals 1977 erschienenen „Syntax der deutschen Gegenwartssprache" war der letzte Teil dem Text gewidmet.

[2] Sprachuntersuchungen werden nicht nur von Linguisten vorgenommen, sie spielen auch vor Gericht eine wichtige Rolle, wenn etwa Straftäter, von denen geschriebene Texte oder Tonbandmitschnitte vorliegen, identifiziert werden sollen.

men binden, sowie „Gliederungssignale", die Anfang oder Ende des Textes bezeichnen oder dessen Hauptteile gegeneinander abgrenzen, schließlich rhetorische Mittel, die längere Textpassagen zusammen halten, besonders Redetaktiken, die sogenannte funktionale Äußerungsperspektive und mancherlei Mitgemeintes.

2.2.1. Verweisformen

Die Verweisformen können streng genommen nicht als ursprüngliche Bestandteile eines Textes gewertet werden, sie sind vielmehr Ergebnis eines vereinfachenden Umsetzungsprozesses. Eine vollkommen logische Kunstsprache nämlich (derlei „Sprachen" spielen etwa bei der Computerübersetzung, auch bei den Experimenten mit künstlicher Intelligenz eine wesentliche Rolle) müsste jede Information im Text so ausführlich wie möglich liefern. Das führt besonders bei Wiederholungen von Sachbezeichnungen zu einem Riesenaufwand. Eines der bekanntesten Märchen der Brüder Grimm würde dann folgendermaßen beginnen:

Es war einmal eine alte Geiß. Eine alte Geiß hatte sieben junge Geißlein ...

Da es sich hier um dieselbe „Sache" handelt, wird in solchen Fällen die **1. Vertextungsregel** angewandt, die lautet:

▶ Wird auf eine Sache oder einen Umstand mehrmals referiert (Bezug genommen), so erfolgen die zweite und alle folgenden Bezugnahmen indirekt, indem eine anaphorische Form verwendet wird.

Anaphorische (d. h. im Text verweisende) Formen sind bestimmte Pronomina, Determinative und Adverbien. Gemäß dieser Regel lautet der Beginn des Märchens:

Es war einmal eine alte Geiß. Die hatte sieben junge Geißlein ...

Diese anaphorischen Formen werden „Verweisformen" genannt. Es handelt sich dabei vor allem um die reinen Verweispronomina (*er, sie, es*), die demonstrativen Pronomina (*der, die, das*), den definiten Artikel und seine demonstrativen Parallelformen sowie die possessiven Pronomina und Determinative, daneben verschiedene Adverbien. Wie die 1. Vertextungsregel funktioniert, zeigen die folgenden Beispiele, in denen das Bezugswort und die Verweisform fett gesetzt sind:

***Der Schwager** zeigte uns stolz seinen Garten. **Er** hatte im Frühjahr drei Pflaumenbäume gepflanzt.*

***Der Mond** war soeben aufgegangen. **Der** hüllte den ganzen Garten in ein mildes, fast unwirkliches Licht.*

***Ein fremder Mann** saß hinter dem Schreibtisch. **Der** Beamte wies auf die beiden Besucherstühle.*

***Eine schlanke Frau** kam mir entgegen. **Diese** Person hatte ich letzte Woche beim Empfang des Bürgermeisters gesehen.*

*Die Wirtin hinter dem Tresen war nicht **die Person, die ich erwartet hatte. Die** rumorte vernehmlich in der Küche.*

***Das Mädchen** sah mich unsicher an. **Ihre** Augenbrauen waren fragend hochgezogen.*

***Hinterm Haus** waren noch die Spuren der Überschwemmung zu sehen. **Dort** hatte er seine Geräte abgestellt gehabt.*

Es wird also strikt nach links verwiesen. Allerdings gibt es Fälle mit umgekehrter Verweisrichtung (Kataphern):

Ihren Wagen zogen **die Kinder** hinter sich her.
Ehe *sie* die Kirche betrat, nahm **Anna Meier** den Hut ab.

(neben ebenfalls möglichem *Die Kinder zogen ihren Wagen hinter sich her. Anna Maier nahm den Hut ab, ehe sie die Kirche betrat.*)

Hier wird die **2. Vertextungsregel** wirksam:

▸ Verweisformen können dem Bezugswort vorausgehen, wenn sie in syntaktisch tiefer liegenden Strukturen enthalten sind.

Dass sowohl *ihren* als *sie* in den beiden genannten Sätzen mindestens eine Stufe tiefer liegen als der Kopf des Bezugsausdrucks, zeigen die beiden folgenden Diagramme:

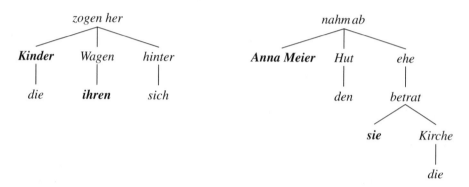

Allerdings hat die 2. Vertextungsregel nur einen eingeschränkten Anwendungsbereich: Sie gilt nur innerhalb eines Satzes.

Auf „Verhalten" von „Sachen", das in der Regel durch Verben ausgedrückt wird, kann ebenfalls verwiesen werden, allerdings nicht in jedem Fall und nicht bei jedem Verb. Als Verweisform dient dann ein „Proverb", meist *tun*, das mit dem Pronomen *es* (auch *das*) verbunden erscheint. Die **3. Vertextungsregel** lautet:

▸ Wird auf ein Verhalten mehrmals referiert, so kann ab der zweiten Bezugnahme *es/das* in Verbindung mit einem Proverb gebraucht werden.

Beispiel:

*Die Absage hatte ihr damals einen Schock versetzt, und das **tat es** auch heute noch.*

Verweise auf Verhalten kommen nie satzintern[3] vor.

Dagegen sind Verweise auf Sachen durchaus – wie schon einige Beispiele zeigten – auch im Rahmen eines Satzes möglich. Dazu gehören außer den schon demonstrierten Fällen auch Relativkonstruktionen und Reflexivkonstruktionen. Auch hier gilt vorrangig Linksverweis neben möglichem Rechtsverweis. Beispiele:

*der **Autor** aus Lemberg, **der** jene Jahre geschildert hat*
***Der** nur mit uns gespielt hat, der **Onkel** kann uns nichts mehr vormachen.*
*Ein **Ausländer** kommt hier nicht rein, ohne **sich** auszuweisen.*
*Ohne **sich** auszuweisen, kommt hier kein **Ausländer** rein.*

Und schließlich sind auch Verweise auf ganze Sachverhalte mit Hilfe von Pronomina möglich und gängig. Dies wird an Äußerungsfolgen besonders in argumentativen Texten und ebenso in Gesprächssequenzen deutlich:

---

[3] Zur Satzdefinition s. 3.1.

Diese Grammatik hat kein eigenes Wortklassensystem hervorgebracht. **Das** *hat sich später nachteilig auf die Entwicklung des Formalismus ausgewirkt.*
Sie zünden immer wieder Feldscheunen an. – Ich habe **es** *gelesen.*

Das jeweils fett gesetzte Verweiswort referiert hier direkt auf die vorhergehende Äußerung und damit indirekt auf den durch diese Äußerung beschriebenen Sachverhalt.
Alle Verweisformen referieren auf Sachverhalte oder Teile von Sachverhalten. Da sie aber von sich aus nicht an konkrete Ausschnitte aus der Wirklichkeit gebunden und somit vielfältig, fast beliebig einsetzbar sind, haben sie „multiple Referenz". Und da sie auf Wirklichkeitsausschnitte nur über andere, konkretere Ausdrücke referieren, kann man ihnen auch nur „indirekte Referenz" zusprechen.
Im Zusammenhang mit den Verweisformen sind auch die **Ellipsen** zu erwähnen. Dabei handelt es sich um das Auslassen von Elementen, ohne dass dadurch das Verständnis gestört würde. Zwar ist charakteristisch für elidierte Elemente, dass sie eben nicht realisiert werden; folglich können sie auch nicht selbst verweisen. Da aber nur erschließbare Elemente von sehr allgemeiner Bedeutung elidiert werden können, kommen dafür praktisch nur Pronomina und Adverbien (mit multipler Referenz) in Frage, die als Anaphern auf Bezugswörter angewiesen sind. Die Verweisfunktion liegt also hier nicht bei einem Wort, sondern bei der Leerstelle, die so den Bezug zu einer vorangehenden konkreteren Textstelle bewirkt. Beispiele:

Der neue Grass ist fantastisch. – (Den) Hab ich noch nicht gelesen.
Sie schwärmt den ganzen Tag von Santiago. – (Dort) Bin ich noch nicht gewesen.

2.2.2. Konnektoren

Auf ganz andere Art stellen die Konnektoren den Zusammenhalt eines Textes sicher. Es handelt sich um Wörter, großenteils Partikeln, die einen Vortext und/oder einen Nachtext verlangen und dadurch verhindern, dass Textstücke unvermittelt nebeneinander stehen.
Eine gewisse Nähe zu den Verweisformen zeigen unter ihnen noch die Konnektoren, die ein anaphorisches Element (*da, hier,* auch *wo*) enthalten, so *daneben, dabei, hierdurch, wodurch,* auch *deshalb, deswegen* usw.
Insgesamt gehören zu den Konnektoren alle Konjunktoren und alle Subjunktoren (s. 6.8, 6.3), die per se verbindende Funktion haben. Textrelevant sind freilich nur die unter ihnen, die Sätze und Äußerungen zu verbinden vermögen. Konjunktoren wie *sowie* und die Subjunktoren (*dass, weil, wenn* u. a.) wirken nur im Inneren von Äußerungen, die gewöhnlich auch durch äußere Mittel zusammen gehalten werden.
Prototypische Konnektoren sind die **Textorganisatoren**, die je nachdem, auf welcher Seite sie einen Kontext verlangen, linkskonnex, rechtskonnex oder ambikonnex sind. Sie gehören verschiedenen Wortklassen an. Die wichtigsten von ihnen werden nachfolgend kurz beschrieben und durch Beispiele belegt.

aber
Teils links-, teils ambikonnex. Konjunktor oder Abtönungspartikel (s. 6.8, 6.12). Stellt die aktuelle Äußerung als Gegensatz zur Voräußerung oder zur Erwartung des Sprechers dar:

Mir leuchtet dein Vorschlag ein. **Aber** *die Anderen werden ihn ablehnen.*
Ist das **aber** *schön!*

allerdings

Teils links-, teils ambikonnex. Modal- oder Rangierpartikel (s. 6.6, 6.7). Bestätigt eine Entscheidungsfrage oder schränkt eine vorhergegangene Aussage ein:

*Sollen wir das wirklich unterschreiben? – **Allerdings**!*
*Diese Anlage wäre eine optimale Lösung für den Bahnhofsvorplatz. **Allerdings** müssen die Kastanien stehen bleiben.*

bloß

Ambikonnex. Grad- oder Rangierpartikel (s. 6.9, 6.7). Jederzeit gegen *nur* austauschbar. Schränkt eine vorausgehende Aussage ein:

*Alle waren für das Projekt. Unterschrieben hat dann **bloß** Bruno.*
*Den Pass hab ich schon dabei. **Bloß** fehlt jetzt der Führerschein.*

doch

Ambikonnex. Konjunktor oder Rangierpartikel (s. 6.8, 6.7). Unbetont. Kennzeichnet Gegensatz zur Voräußerung:

*Franz war sehr unangenehm. **Doch** hatte er leider Recht.*
*Franz war sehr unangenehm. **Doch** er hatte leider Recht.*

Ambi- oder linkskonnex. Modalpartikel (s. 6.6). Betont. Kennzeichnet Widerspruch oder Gegensatz zur Voräußerung:

*Hat er nicht alles selbst verschuldet. – **Doch**.*
*Er hat seine Fehler eingesehen. Und **doch** wird er sie wieder machen.*

eigentlich

Ambikonnex. Rangierpartikel (s. 6.7). Erläutert die Voräußerung:

*Schau mal den Wagen da drüben. Der wäre **eigentlich** nach meinem Geschmack.*

Rechtskonnex. Rangierpartikel (s. 6.7). Schränkt Voräußerung ein:

*Du magst doch dieses Bier? – **Eigentlich** soll ich ja keines mehr trinken.*
***Eigentlich** kann sie schon recht gut fahren. Aber ich habe immer noch Angst neben ihr.*

freilich

Links- oder ambikonnex. Modalpartikel (s. 6.6). Bestätigt die Voräußerung oder schränkt sie ein:

*Sollen wir einsteigen? – **Freilich**!*
*Die neue Umgehungsstraße bringt große Verbesserungen für unsere Stadt. **Freilich** ist ihr viel Grünland zum Opfer gefallen.*

immerhin

Ambikonnex. Rangierpartikel (s. 6.7). Hebt ein vorausgegangenes negatives Urteil teilweise wieder auf oder mildert es ab:

*Er ist bis zuletzt geblieben. – **Immerhin**.*
*Sie ist die ganze Diskussion hindurch entsetzlich streitsüchtig gewesen. **Immerhin** hat sie dann einen tollen Vorschlag gemacht.*

nämlich

Ambikonnex. Abtönungspartikel (s. 6.12) oder Konjunktor (s. 6.8). Begründet Voräußerung oder präzisiert sie:

*Sie war gar nicht in Worms. Ihr Wagen war **nämlich** kaputt.*
*Ich will Ihnen heute etwas besonders Schönes zeigen, **nämlich** die Michaelskirche in Schwäbisch Hall.*

nun

Ambikonnex. Rangierpartikel (s. 6.7). Markiert den Beginn eines neuen Argumentationsstranges, kennzeichnet einen Gegensatz zwischen zwei Ansichten:

> *Die Opposition schlägt die alte Leier des Wahlbetrugs.* **Nun** *hat die Opposition ja in ihrer Regierungszeit genau dasselbe getan.*

schon

Ambikonnex. Abtönungspartikel (s. 6.12). Schränkt die aktuelle Äußerung durch die Folgeäußerung ein:

> *Ich schätze seine Beharrlichkeit* **schon.** *Aber manchmal stellt er einen auf eine harte Geduldsprobe.*
> *Sie hatte* **schon** *Recht. Aber musste sie deshalb den Rektor beschimpfen?*

sicher

Ambi- oder rechtskonnex. Adjektiv. Bestätigt die aktuelle Äußerung, schränkt sie aber durch die Folgeäußerung auch ein:

> **Sicher** *hast du Recht. Aber kannst du nicht etwas nachsichtig sein?*
> *Er war* **sicher** *ein Kind seiner Zeit. Dennoch hat er weitsichtige Vorschläge gemacht.*

zwar

Rechts- oder ambikonnex. Rangierpartikel (s. 6.7). Legt einen Vorbehalt gegen die aktuelle Äußerung ein, schränkt sie mit Hilfe der Folgeäußerung ein:

> **Zwar** *weiß ich viel, doch möcht ich alles wissen.* (Goethe)
> *Ich kenne ihn* **zwar,** *aber nicht gut genug.*

Auch die **Gliederungssignale** sollten zu den Konnektoren gerechnet werden, weil sie Anfang bzw. Ende eines Textes oder auch – als Positionsmarkierungen – den Stand des Textverlaufs bezeichnen und so den Text zusammenhalten.

Man unterscheidet Eröffnungssignale (wie die Datumsangabe in persönlichen Briefen), Schlusssignale (wie die Unterschrift unter einem Vertrag) und Positionsmarkierungen: Vorschaltungen vor neuen Argumentationssträngen, Nachschaltungen am Ende von solchen und Reaktionssignale.

Da diese Signale aber zugleich den Textaufbau bestimmen, werden sie unter 2.4.2, 2.4.3 ausführlicher besprochen.

2.2.3. Rhetorische Mi

Hierunter sind Ausdrucksvariant⸻⸻⸻⸻ ⸻⸻ignet sind, den Partner oft kaum merklich zu beeinflussen, indem ⸻⸻⸻ihm Sympathie oder Zustimmung wecken und so schließlich eine Akzeptanzhaltung erreichen. Es ist kein Wunder, dass sich die Werbesprache in besonderem Maße solcher Mittel bedient.

Neben Stilfiguren im engeren Sinn gehört zu den rhetorischen Mitteln der stete Wechsel von Thema und Rhema, die sogenannten Redetaktiken und die Technik des „Mitgemeinten".

Die **Stilfiguren** im engeren Sinne sind für die Konnexität des Textes nur dann relevant, wenn sie die Äußerungsgrenze überschreiten. Für Wiederholung und Parallelismus, vermischt oft mit Antithesis, findet man zahlreiche Beispiele:

> *Dort gilt der reichhaltigste Skipass der Welt. Dort wohnen die Ladiner. Dort liegt Canazei.*
> *Vertrauen ist gut – Vorsorge ist besser.*
> *Meine Kinder vertrauen mir. Ich vertraue der A-Versicherung.*
> *Im Zweifel für den Schwächeren. Ohne Zweifel für den Stärkeren.*
> *Der Tag vergeht, und Johnny Walker kommt.*
> *Ihr Unternehmen geht neue Wege. Ihr Sicherheitskonzept geht mit.*

Auch Alliteration (Stabreim) ist bei Werbetextern beliebt:

> *Ganz weit wollen Sie reisen? Bei Wegenast buchen!*
> *Lockende Zukunft – Landesbausparkasse.*

Im Einzelnen findet man im Werbesektor reizvolle Sprachspielereien. Da aber Werbetexte gemeinhin recht kurz sind, spielt ihre Konnexität meist eine untergeordnete Rolle.

Im Vorgriff auf die Struktur der Sprechakte (Verweis) ist auch die **Thema-Rhema-Gliederung** als konnexionsstiftendes Instrument zu behandeln. Da jeder Sprechakt im Prinzip ein Thema und ein Rhema hat, sind die Inhalte von Thema bzw. Rhema in aufeinanderfolgenden Sprechakten wichtig: Was hier Rhema war, kann dort zum Thema werden usw. Man spricht hierbei von **thematischer Progression**.

Drei Typen lassen sich unterscheiden:

1. Die einfache lineare Progression. Das Rhema der Äußerung A wird in der Folgeäußerung B als Thema wieder aufgenommen:

    > *Das Volk hatte einen früheren Offizier zum Präsidenten gewählt. Dieser regierte das Land jedoch wie ein Tyrann.*

2. Progression mit durchlaufendem Thema. Das Thema der ersten Äußerung kehrt in den Folgeäußerungen ebenfalls als Thema wieder:

    > *Der Kreis B. ist der südlichste in dem Bundesland. Er verfügt über eine ausgeglichene Wirtschaftsstruktur. Der Kreis vereinigt fruchtbares Schwemmland im Westen mit karger Gebirgslandschaft im Osten. Er ist die Heimat mehrerer namhafter Schriftsteller und zweier berühmter Architekten.*

3. Progression mit abgeleitetem Thema. Das Thema der ersten Äußerung kehrt als inhaltlich verwandte „Unterform" in den Folgeäußerungen als Thema wieder:

    > *Mein Freund stammte aus einer wohlhabenden Kaufmannsfamilie. Sein Vater war zu Beginn des Krieges gestorben. Die Mutter war nach der Okkupation in die galizischen Wälder gegangen und dort verschollen.*

Zu diesem Typ gibt es noch eine Reihe von Sonderformen.

Die **Redetaktiken** als übergreifende Verhaltensweisen der Gesprächsbeteiligten prägen entweder den gesamten Text oder Textpassagen und halten damit den Text konnex.

Man kann folgende Taktiken unterscheiden:

1. Schwarz-Weiß-Taktik. Hier wird auf faktische Abstufungen weitgehend verzichtet, Nuancen werden ignoriert, die Sachverhalte werden polarisiert, so dass beim Partner die Vorstellung einer ganz einfachen Entweder-Oder-Welt entsteht. Dadurch soll der Partner zu schneller und holzschnittartiger Sehweise und zu entsprechenden Urteilen und Entscheidungen gebracht werden. Niederschläge dieser Taktik finden sich allenthalben im öffentlichen Leben, zum Beispiel in der politischen Propaganda:

> *Wir setzen uns für die arbeitenden Menschen ein.*
> *Wir halten Deutschland aus dem Krieg heraus.*
> *Wir verhindern eine Überfremdung unseres Landes.*

Dabei kann in der Regel nicht bestritten werden, dass die betreffende Partei sich für das genannte Ziel einsetzen und es vielleicht auch erreichen wird. Bedenklich ist nur, dass suggeriert wird, diese Partei sei die einzige, die dieses Ziel zu erreichen willens und in der Lage sei, und alle anderen Parteien wollten dieses Ziel in Wirklichkeit gar nicht ernsthaft erreichen.

2. Anbiederungstaktik. Hier gibt sich ein Sprecher als Gesinnungsgenosse, Parteigänger, Kumpel des Partners aus; damit versucht er, den Partner zu umgarnen, Misstrauen bei ihm abzubauen und ihn so zu sich herüber zu ziehen. Dies kann geschehen durch vorgebliches Verstehen oder durch Hinweise auf angeblich gemeinsame Überzeugungen oder Erfahrungen:

> *Damit haben Sie doch vollkommen Recht.*
> *Richtig, dass Sie darauf hinweisen.*
> *Es ist gut, dass Sie mit diesem Problem zu mir kommen.*
> *Wir haben ja alle nichts zu verschenken.*
> *Wir kennen das schließlich alle.*
> *Wir sitzen doch alle im selben Boot.*

Der Partikelreichtum vieler dieser Äußerungen beweist, dass hier mit Meinungen, auch Emotionen gearbeitet wird. Die Sachen, um die es geht, bleiben vielfach im Hintergrund.

3. Die Einschleichtaktik ist streng genommen eine Sonderform der Anbiederungstaktik. Nur wird bei der Einschleichtaktik nicht ausdrücklich auf die gemeinsame Gruppenzugehörigkeit hingewiesen, sondern eine solche Gemeinsamkeit wird suggeriert, indem sich der Sprecher der (faktischen, unterstellten oder vermuteten) Redeweise des Partners bedient. Man kennt solche Tendenzen aus der politischen Landschaft, so wenn Politiker, meist im Wahlkampf, mit Arbeitern in deren Diktion reden, mit Bauern in Bauernsprache, mit Frauen in der Art, in der Frauen vorgeblich reden, mit Kindern in Kindersprache usw.

Ein vergleichbares Phänomen liegt vor, wenn landschaftliche Sprachfärbung dort eingesetzt wird, wo Mundarten oder regionale Umgangssprache noch lebendig sind. Dieses Verfahren ist allerdings nicht beliebig handhabbar; wer unter Schwaben schwäbisch reden will, ohne in dieser Sprache aufgewachsen zu sein, wird allenfalls einen Heiterkeitserfolg ernten, seine Botschaft aber kaum an die Leute bringen.

4. Die Philologentaktik besteht darin, dass Meinungen, Wertungen, Urteile nicht erläutert und begründet, sondern durch Äußerungen prominenter Personen belegt und erhärtet werden. Auch unter Philologen ist diese Taktik nur insoweit legitim, als sie konkurrierende Ansätze aufzeigt und so die Forschungslandschaft klären hilft. Als Ersatz für Argumente taugen Zitierungen von Koryphäen keinesfalls; sie dienen aber oft dem Unterlaufen von Gegenargumenten.

So begegnet man ihr im öffentlichen Leben auf Schritt und Tritt.

> *Können 99 Nobelpreisträger irren?*

wirbt die Pharmaindustrie für eines ihrer Erzeugnisse – wer wollte da noch nachprüfen? In anderen Bereichen sind Berufungen auf Marx oder Mao, Aristoteles oder Augustin, Richter oder Reich-Ranicki probate Instrumente, um eine lebhafte Diskussion zum Erliegen zu bringen. Vor allem die vermeintliche Gefahr, sich selbst in den Geruch mangelnder Belesenheit zu bringen, wird manchem Gesprächspartner die Lust am Widerspruch verderben.

5. Man muss hier eine weitere Redetaktik erwähnen, die „Schwafeltaktik" genannt werden könnte. Angewandt wird sie von Gesprächsteilnehmern, die immerzu reden müssen, auch wenn sie nichts zu sagen haben. Indem sie ständig verbal „am Ball bleiben" müssen, haben sie oft eine Technik des Leer-Redens entwickelt, die auf eine gewisse Gewandtheit schließen lässt und Informiertheit (wo nicht gar „Bildung") vortäuscht. Mit der Schwafeltaktik, die keine Denkpausen zulässt, können Weltbilder, Kulturpanoramen, Urteile über existenzielle Probleme übermittelt werden ohne Rücksicht darauf, ob der Angesprochene diese Dinge schon kennt oder aber sich darüber seit langem Gedanken gemacht hat. Es bedarf keiner Betonung, dass sich die Schwafeltaktik mit Vorliebe gängiger Leerformeln bedient: *Was ich dazu noch sagen wollte... / Das ist wirklich ein verdammt ernstes Problem / Darüber denkt niemand wirklich nach / Ich könnte dazu noch vieles sagen / Du weißt das ja auch / Ich will das jetzt nicht wiederholen* usw.

6. Die Taktik des vernünftigen Redens ist im Grunde die wichtigste aller Redetaktiken. Sie kann am Besten dadurch charakterisiert werden, dass sie die Mängel aller zuvor charakterisierten Taktiken nicht aufweist. Sie vereinfacht also nicht durch künstliche Polarisierung, sie versucht nicht durch Anbiederung oder durch Simulation gemeinsamer Ausdrucksweise sich die kritiklose Zustimmung des Partners zu „erschleichen", sie arbeitet nicht auf Kritikreduzierung und Abbau der Diskussionsbereitschaft hin, indem sie sich auf „Autoritäten" beruft, sie versucht nicht mit leerem Gerede ein Gespräch auf hohem Niveau vorzutäuschen.
Es ist die Art, wie man miteinander reden sollte: Man sollte aufrichtig zueinander sein, nichts zurückhalten, was zur Wahrheitsfindung beiträgt, nichts Überflüssiges sagen usw. Man sollte allgemein die Gesprächsmaximen befolgen, von denen unten (s. 2.2.4) die Rede sein wird.

2.2.4. Mitgemeintes

Das Mitgemeinte gehört zu den wichtigsten Mitteln, die einen Text zusammenhalten. Würde man – dies wurde schon oben erwähnt – alles ausformulieren, wovon „die Rede ist", worum es in der Sache geht, so würde man nie zu Ende kommen, würde ständig einen Berg von noch zu Sagendem vor sich her schieben und meist das eigentliche Ziel aus dem Auge verlieren.
Reden lebt vom Weglassen.
Das heißt, zu jeder Rede, jedem Gespräch, jedem Text gehört eine Menge von Sachverhalten, die nicht ausformuliert werden, die mit-gewusst ist, entweder weil sie zum selbstverständlichen Wissensbestand der Teilnehmer (zum „Weltwissen") gehören oder weil sich die Teilnehmer schon anderweitig darüber verständigt haben. Wenn man zum Beispiel sagt, dass *die Grünen die Wahl gewonnen* haben, so ist mitgedacht die Entwicklung der Ökopartei von ihren Anfängen bis zur aktuellen Gegenwart, außerdem ist die in Rede stehende Wahl im Kontext der anderen vorausgegangenen Wahlen zu sehen; auch die konkurrierenden Parteien gehören zum relevanten Kontext usw. All dieses Wissen darf der Sprecher voraussetzen, es wird das Verständnis seiner Äußerungen ermöglichen oder doch erleichtern.
Einige besondere Aspekte des „Mitgemeinten" sind noch zu erläutern. Dabei wird von Präsuppositionen, Aussparungen, Gesprächsmaximen und Implikaturen die Rede sein.

PRÄSUPPOSITIONEN

Wenn jemand sagt:

> *Isabelle kommt aus der Kirche.*

so impliziert dies, dass Isabelle zuvor in der Kirche war. ,Isabelle war (zuvor) in der Kirche' ist also eine **Implikation** des Satzes *Isabelle kommt aus der Kirche.* Wenn ich diesen Satz verneine (*Isabelle kommt nicht aus der Kirche.*), dann trifft auch die Voraussetzung ,Isabelle war in der Kirche' nicht mehr zu. Implikationen haben denselben Wahrheitswert wie ihre Vordersätze.

Unter „Präsuppositionen" darf nicht Unausgesprochenes schlechthin verstanden werden. Es gibt, im Gegensatz zu dem oben zitierten Beispiel, zu folgernde Sätze, die unabhängig von der Negation des Vordersatzes wahr sind: Aus

> *Uli hat die Führerscheinprüfung bestanden.*

kann gefolgert werden, das Uli mindestens 16 Jahre alt und noch nicht mit dem Gesetz in Konflikt gekommen ist (sonst hätte man ihm keinen Führerschein ausgehändigt). Aber dieselben Voraussetzungen gelten für den Satz

> *Uli hat die Führerscheinprüfung nicht bestanden.*

Wäre er nämlich weniger als 16 Jahre alt oder gar vorbestraft, so wäre er nicht zur Prüfung zugelassen worden. Solche Folgerungen, die auch bei Negation des Vordersatzes wahr bleiben, nennt man **Präsuppositionen**.

Jeder Text beruht auf einer großen Zahl von Präsuppositionen – Unausgesprochenem, aber notwendig Mitgewusstem. Präsuppositionen lassen sich zwar aus einzelnen Äußerungen des Textes folgern, gelten dann aber nicht nur für diese eine Äußerung, sondern weiterhin, meist für den ganzen Text. So wird der Text durch den notwendigen Bestand an Präsuppositionen zusammen gehalten.

AUSSPARUNGEN

Texte lassen sich durch eine große Anzahl von Aussparungen charakterisieren. Immer wenn über einen Sachverhaltskomplex geredet wird, gibt es Sachverhalte oder Sachverhaltskomponenten, die nicht ausdrücklich genannt werden, die aber immer latent vorhanden und für das Verständnis des gesamten Textes wichtig sind. So halten auch die Aussparungen einen Text zusammen.

Aussparungen können aus fünferlei Gründen gemacht werden:

1. Ein Sachverhalt oder eine Sachverhaltskomponente ist **irrelevant** für das Verständnis der aktuellen Äußerung. So ist für das Verstehen der Äußerung *Isabelle kommt aus der Kirche.* unwichtig, ob es sich um eine katholische, eine protestantische, eine neuapostolische oder irgendeine andere Kirche handelt.

2. Wenn ein Autor schreibt: *Dieses Buch will über die Zerstörung unseres Bodens informieren.*, so meint er im Grunde, dass er selbst informieren will, und zwar mit Hilfe dieses Buches. Wenn der modernen Linguistik spezifische Verdienste zugeschrieben werden, so ist eigentlich gemeint, dass bestimmte Forscher im Bereich der Linguistik sich verdient gemacht haben. Wenn ein Vorsitzender eines städtischen Ausschusses ankündigt: *Und nun hat die Agenda 21 das Wort.*, so denkt er nicht an diese Bürgergruppe, sondern an einen Vertreter dieser Gruppe. Solche Formulierungen, die auf starker Verkürzung beruhen, bezeichnet man als **Subjektschub**. Er ist besonders in den Fachsprachen beliebt.

3. Aussparungen sind auch üblich, wenn sie durch den **Kontext** ergänzbar sind. Der Satz *Uli ist zurück.* ist nur zulässig, wenn die Gesprächsbeteiligten schon wissen, dass Uli weg war (wohl auch, wo er war) und wenn der Ort, an dem er sich jetzt wieder befindet, bekannt ist.

4. Aussparungen dienen oft der **Verhüllung** von Teiltatbeständen. Wenn vom *Verkauf der Hubengüter* die Rede ist, so wird verschwiegen, wer dieses Bauland an wen verkauft hat. So wird oft durch derartige „Nominalisierungen" von Sätzen die Verantwortlichkeit verhüllt; auch deshalb kommen Nominalisierungen in der Sprache der Politik besonders oft vor. Auch auf Grund der (fakultativen) Verbvalenz lässt sich Wichtiges verschweigen: Der Satz *Eigentum verpflichtet.* ist auch deshalb so beliebt und so vielseitig verwendbar, weil er nicht sagt, wen das Eigentum wozu verpflichtet.

5. Manchmal sollen Aussparungen auch **enthüllen**, indem Anstößiges zwar nicht ausgedrückt, aber eben dadurch besonders deutlich gemacht wird. Dies ist der Fall in abgebrochenen Äußerungen wie

> *Dich sollte man einfach ...*

GESPRÄCHSMAXIMEN

Soll ein Gespräch erfolgreich verlaufen, so haben sich die Teilnehmer an bestimmte Gesprächsmaximen zu halten. Diese gelten das ganze Gespräch über und wirken so konnexionsstiftend; werden sie von einem Teilnehmer verletzt, so ist der Erfolg des Gesprächs gefährdet.

Jeder Teilnehmer ist demnach verpflichtet,

- nur Relevantes zu sagen,
- nur Wahres zu sagen,
- das Relevante und Wahre auf möglichst einfache Weise zu sagen,
- die Rechte des Partners zu respektieren (d. h. ihm zuzuhören, ihn ausreden zu lassen, auf seine Fragen einzugehen usw.) und
- das soziale Verhältnis zwischen den Partnern zu respektieren.

IMPLIKATUREN

Wird eine der Gesprächsmaximen absichtlich verletzt, so können sogenannte Implikaturen entstehen, durch die der Sprecher dem Partner indirekt etwas mitteilt. So wird die Gesprächssequenz

> *Meinst du, Ludwig käme als Vorsitzender in Frage? – Soweit ich weiß, kocht er recht gut.*

zunächst Ratlosigkeit hervorrufen, weil die beiden Äußerungen auf den ersten Blick nichts miteinander zu tun haben. Vielleicht merkt der Frager aber, nachdem er etwas nachgedacht hat, dass der Antwortende bewusst die erste und die vierte Maxime verletzt hat: Weder bringt die Antwort für den erfragten Sachverhalt Relevantes noch ist der Partner auf die Frage eingegangen. Dieser bewusste Verstoß soll offensichtlich andeuten, dass der Gefragte den Ludwig als völlig ungeeignet für den Posten des Vorsitzenden ansieht; die Implikatur erspart dem Gefragten eine direkte, damit unhöfliche Antwort.

2.3.   ÄUSSERUNGEN

2.3.1. Thema und Rhema

Kleinste Einheit des Textes ist die Äußerung. Wir verstehen die Äußerung als Sprechhandlung, in der Regel als soziale Sprechhandlung. Daher lassen sich die Äußerungen nach ihren sozialen Funktionen typisieren.

Äußerungen haben unterschiedliche Ausdrucksformen, aber eine weitgehend einheitliche Struktur. Ausdrucksstruktur ist eine formale Zweiteilung (Thema und Rhema). Die semantische Struktur zeigt zwei Aspekte: die Proposition als sachbezogenen Inhalt, die Illokution als Sprechhandlungs-Typ; häufig kommt die Evaluation als drittes semantisches Element hinzu.

Bei aller Formenvielfalt sind sämtliche Äußerungen durch das Nebeneinander von Thema und Rhema gekennzeichnet. Dabei ist das **Thema** stets der „leichtere" Teil. Es gibt den Informationsrahmen an, nennt etwas, worüber eine Aussage gemacht wird. Häufig steht das Thema am Anfang der Äußerung (im Folgenden unterstrichen):

> <u>Dieses Buch</u> behandelt die Lage alleinstehender Frauen in Deutschland.
>
> <u>Worüber</u> sollten wir sonst reden?
>
> <u>An den Landrat</u>, Herrn Lothar Beierle
>
> <u>Obelix</u> bei den Schweizern
>
> <u>Ein Mann</u> – ein Wort
>
> <u>Schnee</u> von gestern
>
> <u>Münchner</u> Weißwürste

Die aufgeführten Ausdrücke sind selbständige Äußerungen, können also zum Beispiel als Antwort auf eine Frage verwendet werden. Dass eine Thema-Rhema-Gliederung auch auf anderen, tieferen Ebenen anzunehmen ist, sei hier nur am Rande erwähnt.

Das **Rhema** ist der Kern der Mitteilung, damit der Grund, weswegen man sich äußert. Es trägt in der Regel den Hauptakzent und steht gewöhnlich rechts. In den folgenden Äußerungen ist das Rhema jeweils doppelt unterstrichen, der Kern des Rhemas wird bei mehrwortigem Rhema zudem fett gesetzt:

> Dieses Buch behandelt <u>die Lage alleinstehender **Frauen** in Deutschland.</u>
>
> Worüber sollten wir sonst <u>reden?</u>
>
> An den Landrat, Herrn <u>Lothar **Beierle**</u>
>
> Obelix bei den <u>Schweizern</u>
>
> Ein Mann – <u>ein **Wort**</u>
>
> Schnee von <u>gestern</u>
>
> Münchner <u>Weißwürste</u>

Mindestens ein Teil der Beispiele zeigt, dass das Rhema keineswegs immer etwas Neues enthalten muss; ebenso wenig bringt das Thema notwendig das Bekannte. Kennzeichnend für beide sind immer die Merkmale „Informationsrahmen" bzw. „Hauptbotschaft".

Der Kern des Rhemas (ebenso der des Themas) kann sich ändern. Probates Mittel dazu ist die Akzentsetzung, die fast beliebige Teile hervorheben und damit als Kern ausweisen kann; vgl.

> Ein Mann – <u>**ein** Wort</u>; ein Wissenschaftler – <u>ein Wörterbuch</u>

In vergleichsweise seltenen Fällen kann das Rhema auch am Anfang einer Äußerung stehen. Mittel der Markierung als Rhema ist dann vor allem der Hauptakzent der Äußerung, unterstützt oft durch ungewöhnliche Wortstellung:

> *Hier **rein** will ich!*
>
> *Isabell kommt.*
>
> *Zange bitte*
>
> *Guten **Morgen** beisammen!*
>
> *Entführt haben sie mich.*

Es lässt sich leicht sehen, dass das Rhema der wichtigste Teil der Äußerung ist, während das Thema nur Verständnishilfe leistet. Deshalb gibt es Grenzformen, meist besonders kurze Äußerungen, die lediglich aus einem Rhema bestehen:

> *Hilfe!*
>
> *Meier* (bei der Vorstellung)
>
> *Überflüssig*
>
> *Geschmacklos*
>
> *Danke*

Die Äußerung lässt sich damit auch definieren als Konstruktion, die mindestens ein Rhema enthält. Bei dieser Definition sind allerdings die erwähnten Strukturen auf tieferen Ebenen auszuschließen.

Äußerungen weisen also prinzipiell eine **Thema-Rhema-Gliederung** auf. Aus einer Folge Thema-Rhema-gegliederter Äußerungen entsteht ein Text. Das Ineinander der Thema-Rhema-Folgen, inhaltliche Übereinstimmungen und Neuplanungen sichern die Konnexität des Textes (s. 2.1).

2.3.2. Proposition und Illokution

In funktionaler Hinsicht besteht jede Äußerung aus einer Illokution und einer Proposition. Die **Proposition** gibt die Bedeutung der Äußerung im engeren Sinn wieder: das, was unverändert bleibt, wenn sich der Handlungstyp der Äußerung ändert. So haben die Äußerungen

> *Sabine Möbius kommt um acht Uhr.*
> *Kommt Sabine Möbius um acht Uhr?*
> *Kommen Sie um acht Uhr(, Frau Möbius)!*

den gleichen Inhalt: ‚dass eine Frau namens S. M. sich um acht Uhr an einer bestimmten Stelle einfindet'.

Die **Illokution** stellt den Handlungstyp der Äußerung (s. 2.3.3 „Typik der Sprechakte") dar: Ob es sich um eine Mitteilung, eine Entscheidungsfrage, eine Aufforderung, ob um eine Drohung, einen Widerspruch oder Anderes handelt, ist für die Verwendung in der Kommunikation mindestens ebenso wichtig wie die Proposition.

Ausdrucksmittel der Illokution ist meistens die Intonation (so sinkt die Tonkurve am Ende von Mitteilungen, sie steigt am Ende von Entscheidungsfragen), oft zusätzlich die Lautstärke (Aufforderungen werden oft lauter als Mitteilungen ausgesprochen) und andere paralinguistische Formen, auch Mimik und Gestik. Obwohl diese Mittel nicht so exakt beschrieben werden können wie Satzglieder und Flexionsformen, funktionieren sie im Ganzen recht gut: Im Allgemeinen erkennt der Angesprochene die jeweilige Illokution ohne Probleme.

Es gibt noch ein Drittes neben Proposition und Illokution, ein Äußerungselement, das häufig Zusatzinformationen liefert; Zemb hat es (freilich mit etwas anderer Definition) **Phema** genannt (s. Zemb 1978, 1984 passim). Das Phema wird hier verstanden als Komplex der Teile, die nicht in erster Linie Sachinformationen liefern, sondern diese bewerten, und die auch nicht dem Ausdruck der Illokution dienen, sondern diese ebenfalls bewerten. Zum Phema gehört gewöhnlich das Finitmorphem des Verbs sowie der Großteil der existimatorischen Ausdrücke. In den folgenden Äußerungen ist jeweils das Phema *fettkursiv* hervorgehoben:

> <u>Den Ausführungen des Vorsitzenden</u> ***ist leider*** <u>nichts hinzuzufügen.</u>

> <u>Ich</u> ***hätte ja schon noch*** <u>etwas dazu zu bemerken.</u>

> <u>Gib mir</u> ***doch mal*** <u>den Hammer.</u>

Das Phema kann der Thema-Rhema-Gliederung hinzugefügt werden. Was zum Phema gehört, ist weder Thema noch Rhema, ist so wenig Teil der Botschaft, wie es Teil der funktionalen Komponenten ist. Indem es keiner der beiden Ebenen im strengen Sinn zuzurechnen ist, zugleich für beide eine Rolle spielt, verbindet es die Thema-Rhema-Ebene mit der funktionalen Ebene:

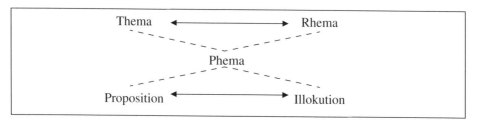

2.3.3. Sprechakte

TYPIK DER SPRECHAKTE

Äußerungen sind immer einzelsprachlicher Natur. Alle Äußerungen, die hier beschrieben werden, gehören der deutschen Sprache an.

Die Gesamtmenge möglicher Äußerungen lässt sich nach Handlungstypen gliedern. Eine Typologie aller Sprechhandlungstypen kann von den Handlungsintentionen ausgehen. Sie ist dann aber nicht mehr einzelsprachlich, sondern gilt für beliebige Sprachen. Solche universellen, übereinzelsprachlichen Typen nennen wir nicht mehr Äußerungen, sondern Sprechakte. Umgekehrt gesehen sind Äußerungen die einzelsprachlichen Niederschläge von Sprechakten.

Man hat zunächst zwei Haupttypen von Sprechakten zu unterscheiden: diejenigen, die eines Partners bedürfen, von denjenigen, die nicht auf einen Partner angewiesen sind. Wir reden von partnerorientierten bzw. sprecherorientierten Akten. Die letzteren sind gering an Zahl und wenig differenziert. Die partnerorientierten hingegen weisen drei Subtypen auf.

Erster Subtyp: Sprechakte, die Informationen übertragen, das Wissen des Partners vermehren sollen, also Mitteilungsakte im weiteren Sinne.

Zweiter Subtyp: Sprechakte, die in der Kommunikation aufgetretene Spannungen beheben und damit ausgleichen wollen.

Dritter Subtyp: Sprechakte, die den Partner oder auch andere Personen zu einem bestimmten Handeln veranlassen wollen.

Der dritte Subtyp lässt sich weiter gliedern je nachdem, wer zum Handeln gebracht werden soll:

    a. der Sprecher selbst (Selbstverpflichtung);
    b. der/die Partner;
    c. Sprecher und Partner zugleich;
    d. beliebige Personen.

Differenziert man weiter, so gelangt man schließlich zu der folgenden

Sprechakttypik

	partnerorientiert					sprecherorientiert
Wissen übertragen	**ausgleichen**	**Verhalten festlegen**				
		des Sprech.	**des Partners**	**v. Sprecher u. Partner**	**v. belieb. Personen**	
Mitteilung i.e.S.	Dank	Versprechen	Aufforderung	Angebot	Wunsch	Schimpfen
Zustimmung	Entschuldigung	Ankündigung	Autorisierung	Drohung	Vorschlag	Überraschung
Ablehnung:	Aufhebung	(Sprecher-	Ratschlag	Kontaktum-	Ankündigung	Resignation
· Zurückweisung	Billigung	handlung)	Vorwurf	grenzung:	(and. Personen)	Erleichterung
· Widerspruch	Gratulation		Beschimpfung	· Gruß		
· Korrektur	Kondolation		Warnung	· Anrede		
Intensivierung			Frage:	· Vorstellung		
Generalisierung			· Entscheidung	· Adresse		
Kommentar			· Sachfrage	· Absender		
Einschränkung			· Alternativfrage			
Paraphrase			· Gegenfrage			
Kontaktsignal			· Rückfrage			
(Hörer)			· Kontaktsignal			
			(Sprecher)			

Diese Sprechakte werden im Folgenden kurz beschrieben und mit deutschen Beispielen veranschaulicht.

DIE SPRECHAKTE IM EINZELNEN

Jeder Sprechakt wird zunächst kurz definiert. Dann folgen Beispiele, wobei eine bestimmte Art von Beispielen (die explizit performativen Sätze) am Anfang steht. Diese Ausdrucksform sei kurz erläutert.

Man kann eine Mitteilung machen, indem man sagt:

    Die Wassertonne ist im Sturm umgefallen.

Hier wird der Sprechakt Mitteilung nur vollzogen. Sagt man aber

    Ich teile Ihnen (hierdurch) mit, dass die Wassertonne im Sturm umgefallen ist.

so wird derselbe Sprechakt beschrieben und zugleich vollzogen. Andererseits bedeutet die Äußerung

    Sie teilte mir mit, dass die Wassertonne im Sturm umgefallen war.

lediglich, dass ein (früherer) Sprechakt beschrieben wird.

Die sprechaktbeschreibenden Ausdrücke wie *mitteilen, auffordern, fragen* u. a. werden in der Forschung **performative Ausdrücke** genannt. Werden sie aber in der 1. Person des Präsens verwendet (zweites Beispiel), so nennt man sie **explizit** (gebrauchte) performative Ausdrücke. Diese Ausdrücke (meist Verben) spielen in der Sprechakttheorie eine wichtige Rolle, weil sie helfen können, den Typ des jeweiligen Sprechakts genau zu ermitteln.

Darauf folgen weitere Beispiele, zunächst satzförmige, dann Kurzäußerungen. Den Partikeln wird besondere Aufmerksamkeit gewidmet.

Es muss noch gesagt werden, dass Sprechakte selten reinen Typs sind. In den meisten Fällen liegen Mischtypen vor. Der Satz

> *Was hast du nur dabei gedacht?*

ist nicht automatisch eine Frage, es kann auch ein Vorwurf oder eine Aufforderung zur Unterlassung einer Handlung sein. Im Folgenden werden idealtypische Sprechakte vorgeführt.

Mitteilungen

MITTEILUNG IM ENGEREN SINNE

Es handelt sich um primär informative, in der Regel initiative (d. h. nicht reaktive) Akte. Explizit performative Formen kommen vielfach vor:

> *Hierdurch teilen wir Ihnen mit, dass der bestellte Brenner eingetroffen ist und abgeholt werden kann.* (Geschäftsbrief)
> *Ich darf Sie darüber informieren, dass die Einspruchsfrist abgelaufen ist.*
> *Ich sage dir, das ist noch nicht alles.*

Sonstige Beispiele:

> *Der Wagen beschleunigt in 6,9 Sekunden von 0 auf 100 km.*
> *Im Drittelmix verbraucht er 5,4 Liter/100 km.*
> *Sie dürfen ruhig nachsehen.*
> *Anna war gestern hier.*

Infinite Verbalkonstruktionen findet man vielfach in Überschriften:

> *Dem Leben einen Sinn geben*
> *Koalition besiegelt*

Ausdrücke ohne Verb kommen vor allem situationsgestützt vor:

> *Schließfächer*
> *Zu den Bahnsteigen*
> *Zutritt verboten*

Mitteilungstypische Partikeln sind häufig:

> *Das ist doch längst bekannt.*
> *Ich musste einfach hingehen.*
> *Man hat ja nicht umsonst gearbeitet.*
> *Uli wird es schon schaffen.*
> *Sie ist wohl gestern abgereist.*

ZUSTIMMUNG

Der Sprecher akzeptiert den Inhalt einer vorangegangenen Partneräußerung. Explizit performativ:

> *Ich stimme Ihnen uneingeschränkt zu.*

Sonstige Ausdrucksformen:

> *Du hast natürlich Recht.*
> *Das glauben wir dir ja.*
> *Keine Bedenken.*

ABLEHNUNG

Der Sprecher signalisiert, dass er Illokution oder Proposition einer Partneräußerung nicht zustimmt.

Dabei bezieht sich die ZURÜCKWEISUNG auf die Illokution:

> *Diese Unterstellung weise ich in aller Form zurück.*

Der WIDERSPRUCH bezieht sich auf die Proposition:

> *Ich muss Ihnen da widersprechen.*
> *Sie haben Unrecht.*
> *Nein.*

Negativen Äußerungen wird mit *doch* widersprochen.

Die KORREKTUR als schwächere Form des Widerspruchs gilt gewöhnlich dem Sprecher selbst:

> *... besser gesagt ...*
> *... oder eigentlich ...*
> *... im Grunde ...*
> u. v. a.

INTENSIVIERUNG

Der Sprecher formuliert eine Äußerung, in der eine oder einige ihrer Komponenten verstärkt sind; oft geht eine ähnliche Äußerung ohne derartige Verstärkungen vorher.
Explizit performative Formen kommen nicht vor.
Kennzeichnend ist die Partikel *erst*:

> *Unser Hund ist unglaublich wachsam. – Und meiner erst!*
> *Wenn der erst mal erwachsen ist!*

Intensivierend wirkt auch der Konjunktor *ja*:

> *Eine spannende, ja atemberaubende Stille*

GENERALISIERUNG

Der Sprecher stellt einen zuvor beschriebenen Sachverhalt in einen allgemeineren Rahmen.
Explizit performative Formen kommen nicht vor.

> *Opa hat schon wieder Bücher bestellt. – Überhaupt der Opa!*
> *Eugen trinkt wieder. – Er macht mir in letzter Zeit überhaupt Sorgen.*
> *Leider ist der Campari aus. – Nicht schlimm, ich trinke sowieso keinen Alkohol.*

KOMMENTIERUNG

Der Sprecher erläutert Proposition (meist) oder Illokution einer Voräußerung.
Explizit performative Formen kommen nicht vor.

> *Ich finde das komisch.*
> *Das scheint mir aber wichtig.*
> *Ich halte das für kompletten Unsinn.*
> *Das ist nämlich sehr interessant.*
> *War ja nur ein Vorschlag.*

EINSCHRÄNKUNG

Der Sprecher stellt eine Voräußerung als weniger wichtig oder in ihrer Geltung beschränkt dar.
Explizit performative Formen kommen kaum vor.

Seine Geschichte leuchtet mir schon ein, aber ich habe auch Anderes gehört.
Sie hat es zwar gehört, aber ich habe es gesehen.
Bernd ist sehr fleißig. Der Hellste ist er allerdings nicht.
Das Bier ist auch teurer geworden. – Wenigstens schmeckt es noch.
Rudi hat sich gestern schlecht benommen. – Immerhin hat er heute die Wohnung aufgeräumt.
Sie haben durchaus Recht mit Ihrem Hinweis auf die Pressefreiheit. Was die Presse daraus macht, wissen Sie freilich nie.

PARAPHRASE

Der Sprecher moduliert etwas vorher Gesagtes.

Explizit performativ wird vor allem das Verb *(etwas) sagen (mit)* verwendet:

… Ich möchte damit sagen, dass ich äußerst befremdet bin.
Der Ofen ist aus. Damit will ich sagen, dass wir Insolvenz anmelden mussten.

Besondere Formeln, die eine Paraphrase ankündigen, sind

Ich meine das so: …
Wenn ich es einmal so sagen darf: …

Weitere Beispiele:

Sabine hat alle Zeitungsmeldungen, ich meine die über Bauleitplanung, weggeworfen.
Die Gutachter haben sich blamiert, das heißt ihre Argumente widerlegen sich selbst.
Die Familie meiner Frau, oder eigentlich ihre Kinder aus erster Ehe, werden das nicht hinnehmen.

Paraphrasen und Korrekturen sind oft schwer voneinander zu unterscheiden.

KONTAKTSIGNAL (HÖRER)

Ein vorwiegend rezeptiver Gesprächspartner möchte seine fortdauernde Aufmerksamkeit signalisieren.

Diese Hörer-Kontakte werden auch „Rückmeldungen" genannt.

Explizit performative Formen sind selten:

Ich höre zu./Ich bin noch da./Ich verstehe.

Sonst überwiegen Formeln:

Ja?/So?/So so?/Aha./Oh./Na ja. u. a.

Satzförmige Kontaktsignale sind seltener:

Was Sie nicht sagen!
Wer hätte das gedacht!
Interessant, was Sie sagen.
u. a.

Ausgleichsakte

Die Ausgleichsakte dienen dem Abbau psycho-sozialer Spannungen, die durch nonverbales Verhalten oder bestimmte Ausgleichsakte des Partners zustande gekommen sind. Die Ausgleichsakte sind kulturspezifisch geregelt und im Allgemeinen verbindlich.

DANK

Der Sprecher will eine Obligation, die durch ein für ihn günstiges Verhalten des Partners entstanden ist, abbauen.

Voraussetzung ist gewöhnlich, dass das Partnerverhalten nicht selbstverständlich oder irgendwie nicht „normal" war.

Explizit performative Formen sind häufig:

> *Ich danke dir für diese Richtigstellung.*
> *Haben Sie unseren ausdrücklichen Dank für Ihr Verhalten.*

Im mündlichen Verkehr sind Kurzformeln üblich:

> *Danke./Dankeschön./Danke sehr./Danke vielmals. u. ä.*
> *Vielen Dank./Herzlichen Dank./Meinen verbindlichsten Dank. u. ä.*

Das ursächliche Partnerverhalten kann mitgenannt werden:

> *Danke für deine Hilfe. usw.*

ENTSCHULDIGUNG

Der Sprecher bedauert ein eigenes Verhalten, das für den Partner schädlich war oder von einer allgemein verbindlichen Norm abwich.

Explizit performative Formen sind vor allem bei schweren Verstößen möglich:

> *Ich bitte (Sie sehr) um Entschuldigung.*
> *Verzeihen Sie mir bitte diese Unhöflichkeit.*
> *Ich muss mich für diesen Fehler bei dir entschuldigen.*

Eine Entschuldigung für das Verhalten Dritter ist dann möglich, wenn der Sprecher sich für diesen verantwortlich fühlt:

> *Ich möchte mich für das Verhalten unseres Schriftführers entschuldigen.*

Kurzformen und imperativische Entschuldigungen sind häufig:

> *Entschuldigung!/Verzeihung!/Pardon!* (salopp)
> *Entschuldigen/Verzeihen Sie (bitte)!*

Bitten um Auskunft, gerichtet an Unbekannte, werden häufig so eingeleitet:

> *Entschuldigung, wie komme ich hier zur Mathildenhöhe?*
> *Verzeihung, wo geht's bitte zur „Waldspirale"?*

Satzförmige Entschuldigungen sind höflicher als Kurzformen.
Jede Entschuldigung kann durch bestimmte Partikeln (vor allem *bitte*) höflicher gemacht werden.

AUFHEBUNG

Durch Dank oder Entschuldigung ist eine neue Spannung aufgetreten. Diese versucht der Sprecher jetzt abzutragen.

Die Aufhebung ist besonders wichtig, weil sie in den relevanten Fällen unabdingbar ist und auch praktiziert wird, aber im öffentlichen Bewusstsein kaum existiert.

Aufhebung erfolgt oft formelhaft (explizit performativ kommt sie kaum vor):

> *Bitte./Bitte, bitte. (Bitte, bitte,) keine Ursache.*

Satzförmige Aufhebungsakte auf Dank:

> *Aber das hab ich doch gern getan.*
> *Aber das war/ist doch selbstverständlich!*

Satzförmige Aufhebungsakte auf Entschuldigung:

> *Aber das macht doch nichts.*
> *Das war doch gar nicht schlimm.*

BILLIGUNG

Der Sprecher heißt eine vorangegangene Ankündigung eines Partnerverhaltens gut.

Man mag die Billigung als eine Art der Zustimmung auffassen. Jedoch bezieht sich die Billigung nur auf ein Partnerverhalten, das beeinflusst werden soll. Oft erscheint die Kommunikation ohne Billigungsakt behindert oder gestört.

Explizit performative Formen gibt es so gut wie nicht. Die übrigen Formen enthalten praktisch immer die Partikel *bitte*:

> *(Kann ich dir den Artikel vorher zu lesen geben? –) Ja bitte.*
> *(Herr Obermayer? –) Ja bitte.*
> *(Wir vergüten Ihnen selbstverständlich die Kosten. –) Bitteschön.*
> *(Morgen kommt unser Kundenberater. –) Ja bitte.*
> *(Ich lasse mal Luft herein. –) Aber bitte!*

Eine Billigung kann nur dann erfolgen, wenn die Art des angekündigten Partnerverhaltens aus Kontext oder Situation eindeutig zu ermitteln ist.

GRATULATION

Der Sprecher bringt seine Freude über ein für den Partner günstiges Ereignis zum Ausdruck.

Gratuliert wird zum Geburtstag, bei Katholiken auch zum Namenstag, zu einem Jubiläum, einer Beförderung und anderen Ereignissen.

Häufig sind explizit performative Formen:

> *Ich gratuliere Ihnen herzlich zu diesem Erfolg.*
> *Wir wünschen dir alles Gute zum Geburtstag.*

Üblicher sind jedoch nominale Formen:

> *Herzlichen Glückwunsch zur Silberhochzeit!*
> *Alles Gute zum Abi!*

Es gibt zahllose indirekte Formen wie

> *Wir freuen uns mit dir.*
> *Wir sehen uns wieder beim Hundertsten!* (gemeint: Geburtstag)

KONDOLATION

Der Sprecher bringt sein Mitgefühl in Bezug auf ein für den Partner ungünstiges Ereignis (ausnahmslos Todesfälle) zum Ausdruck.

Man kondoliert nur Personen, die der/dem Verstorbenen besonders nahe standen, und mit denen man sich verbunden fühlt.

Als explizit performativ haben Formen der folgenden Art zu gelten:

> *Zum Tode von … darf ich Ihnen mein Beileid aussprechen.*
> *Zum Tod von … möchte ich Ihnen mein herzliches Beileid aussprechen.*

Nominale Formen sind nicht selten:

> *Mein herzliches Beileid.*
> *Mein Beileid zum Tod Ihres Schwiegervaters.*

Indirekte Formen sind:

> *Es tut mir ja so leid.*
> *Wir haben es gar nicht fassen können.*
> u. ä.

Selbstfestlegungen

Es gibt nur zwei Sprechakte, mit denen der Sprecher sich selbst festlegt: das Versprechen (etwas zu tun), und die Ankündigung eines eigenen Verhaltens. Obwohl auch das Versprechen eine solche Ankündigung ist, sind beide voneinander zu unterscheiden, weil nur das Versprechen dem Partner in jedem Fall willkommen sein wird.

Versprechen

Der Sprecher legt sich selbst auf ein künftiges Verhalten fest, das dem Partner einen Vorteil bringt.
Explizit performative Formen sind häufig:

> *Ich verspreche dir, das nie mehr zu erwähnen.*
> *Ich verspreche dir zu Weihnachten einen Schaukelstuhl.*

Weitere Beispiele (meist satzförmig):

> *Hiermit können wir Ihnen eine verbindliche Antwort bis Anfang nächster Woche zusagen.*
> *Gehen Sie bitte davon aus, dass wir die Vorfinanzierung übernehmen.*
> *Verlass dich darauf, dass ich komme.*

Ankündigungen sind immer dann Versprechen, wenn dem Sprecher die Realisierung des Sachverhaltes obliegt:

> *Sie können den Wagen um drei Uhr abholen.*
> *Du hast den Brief spätestens übermorgen.*

Ankündigung einer Sprecherhandlung

Der Sprecher legt sich selbst auf ein künftiges Verhalten fest, das für den Partner nicht vorteilhaft, aber auch nicht notwendig von Nachteil ist.
Explizit performative Formen kommen vor:

> *Ich soll Ihnen ankündigen, dass die Sendung erst morgen Vormittag eintrifft.*

Weitere Beispiele (fast ausnahmslos satzförmig):

> *Heute Nachmittag mache ich die Broschüre fertig.*
> *Ohne Stau sollten wir gegen acht zu Hause sein.*

Festlegung des Partners

Sprechakte, die den/die Partner festlegen sollen, sind im Grunde genommen Aufforderungen. Da es hier aber sehr viele Nuancierungen gibt, unterscheiden wir Aufforderungen im engeren Sinne von Ratschlag, Vorwurf, Warnung u. a. und vor allem von den Fragen.

Aufforderung im engeren Sinne

Der Sprecher möchte den Partner zu einem bestimmten Verhalten veranlassen. Mit Rücksicht auf die Fragen (Verweis) soll bei diesem Sprechakt vorwiegend Veranlassung zu nichtverbalem Verhalten gemeint sein.
Explizit performative Formen sind häufig:

> *Ich bitte Sie, mein Haus zu verlassen.*
> *Ich fordere Sie nochmals auf, Ihren Empfänger leiser zu stellen.*

Interrogativsätze (ohne Fragewort) wirken besonders höflich. Das Merkmal ‚Höflichkeit‘ kann verstärkt werden durch Modalverben, zumal wenn sie im Konjunktiv II stehen:

> *Könnten Sie mal das Fenster öffnen?*
> *Können Sie bitte das Fenster öffnen?*
> *Öffnen Sie uns mal das Fenster?*

Indirekte Fragesätze klingen oft ungeduldig:

> *Ob du wohl jetzt still sein kannst?*

Präsentisches *wollen* in Aufforderungen kommt nur in offizieller geschriebener Sprache vor. Es wirkt höflich, aber steif und papieren:

> *Unbenutzte Formulare wollen Sie bitte unseren Angestellten zurück geben.*

Imperativische Aufforderungen wirken sehr direkt und meist nicht höflich:

> *Schließen Sie die Tür!*
> *Machen Sie Ihre Zigarette aus.*

Besonders brüsk und unhöflich wirken Präsenssätze:

> *Sie kommen jetzt mit.*
> *Sie bleiben erst mal hier.*

Noch zwingender, gelegentlich fast beschwörend wirken Aufforderungen im Futur I:

> *Sie werden jetzt hier bleiben.*

Infinitivphrasen wirken unpersönlich. Man findet sie oft auf Hinweisschildern:

> *Bitte warten.*
> *Taschen an der Garderobe abgeben.*
> *Nicht mit dem Wagenführer sprechen.*
> *Nur nicht gleich die Nerven verlieren.*

Partizipialphrasen sind nur gegenüber Untergeordneten erlaubt:

> *Still gestanden!* (militärischer Befehl)

Äußerungen ohne Verb sind besonders brüsk und unhöflich:

> *Raus!*
> *Tür zu!*
> *Keine Ausflüchte!*

Aufforderungen können abgemildert werden durch Partikeln, besonders *bitte*, auch *mal, nur, ruhig*:

> *Kommen Sie bitte mit.*
> *Helfen Sie mir mal.*
> *Treten Sie nur ein.*
> *Bleiben Sie ruhig sitzen.*

AUTORISIERUNG

Der Sprecher weist dem Partner (auch mehreren Partnern) eine wohldefinierte kommunikative bzw. soziale Rolle zu.

Explizit performative Formen sind hier besonders häufig:

> *Ich ernenne Sie zum Oberstudienrat.*
> *Ich erteile Ihnen das Wort für eine kurze persönliche Erklärung.*

Auch beim Taufakt gibt es eine typische Autorisierung:

> *Ich taufe dich auf den Namen Barbara.*

Weitere Ausdrucksformen:

> *Sie haben das Wort.*
> *Sie übernehmen jetzt die Diskussionsleitung.*

RATSCHLAG

Der Sprecher möchte den Partner zu einem Verhalten veranlassen, das diesem Vorteile bringt.

Ein „gut gemeinter Rat" ist einer, der dem Partner nach dessen Ansicht keine, nach Ansicht des Sprechers aber durchaus Vorteile bringt.

Explizit performative Formen kommen vor:

> *Ich rate Ihnen, dieses Öl zu nehmen.*
> *Ich empfehle Ihnen den Abschluss eines Ehevertrags.*

Andere Ausdrucksformen:

> *Versuchen Sie doch mal unsere Hoch-Alpenmilch.*
> *Ich würde an Ihrer Stelle nur Hoch-Alpenmilch nehmen.*
> *Hoch-Alpenmilch – für Ihre Gesundheit.*
> *Iss doch Schokolade!*
> *Du kannst ruhig mal Schokolade probieren.*

VORWURF

Der Sprecher missbilligt ein Verhalten des Partners, um ihn künftig von gleichartigem Verhalten abzuhalten.

Natürlich kann der Vorwurf nur gelingen, wenn für Sprecher und Partner identische Normen gelten.

Explizit performative Formen kommen vor:

> *Wir werfen Ihnen vor, gegen das Baugesetz verstoßen zu haben.*

Die übrigen Ausdrucksformen sind vielgestaltig. Das hängt auch damit zusammen, dass viele Sprechakte eine Vorwurfskomponente enthalten können.

> *So verwahrlostes Vieh habe ich noch nie gesehen.*
> *Jammern Sie doch nicht ständig!*
> *Meinen Sie das etwa im Ernst?*
> *Spielen Sie doch hier nicht den Jammerlappen!*
> *Unglaublich, ein solches Verhalten.*
> *Welch ein Unsinn.*

In gesprochener Sprache ist der dominante Vorwurfscharakter einer Äußerung meist an Lautstärke, Akzentsetzung und Mimik zu erkennen.

BESCHIMPFEN

Der Sprecher charakterisiert den Partner abfällig, um ihn dadurch von einem bestimmten Verhalten abzubringen.

Das Beschimpfen kann als Sonderform des Vorwurfs betrachtet werden.

Explizit performative Formen gibt es nicht.

Typisch sind Pronominalphrasen wie

> *Sie Versager!*
> *Du Esel!*
> *Ihr Lahmärsche!*

Das nominale Attribut hat, sofern es sich um Beschimpfungen handelt, immer pejorative Bedeutung.

Satzförmige Beschimpfungen sind selten, wirken aber besonders nachdrücklich:

> *Sie sind ein Versager!*

WARNUNG

Der Sprecher kündigt ein unangenehmes Ereignis an für den Fall, dass der Partner eine bestimmte Handlung vollzieht.

Das „unangenehme Ereignis" (die „Sanktion") wird nicht vom Sprecher realisiert (Unterschied zur Drohung, s. unten).

Explizit performative Formen kommen vor:

> *Ich warne Sie, Ihren Wagen hier zu parken.*

Doch werden gleiche performative Obersätze auch bei Drohungen eingesetzt.

Weitere Ausdrucksformen:

> *Wenn Sie hier parken, werden Sie abgeschleppt.*

Oft wird nur die Sanktion ausgedrückt:

> *Du wirst dir eine Lungenentzündung holen.*

Nicht selten sind Warnungen ohne Verb:

> *Achtung – Holzfällarbeiten.*
> *Bissiger Hund.*
> *Kein Winterdienst – Begehen auf eigene Gefahr.*

Fragen

Man mag die Fragen nicht unter den Sprechakten suchen, die im Wesentlichen als Aufforderungen zu verstehen sind. In Erörterungen über „Satzarten" und Ähnliches stellten die Fragen vielmehr immer einen ganz eigenen Typ dar. Die traditionelle Dreiteilung in Aussagen, Fragen und Aufforderungen legt davon in Gebrauchsgrammatiken und Lehrbüchern immer noch beredtes Zeugnis ab. Aber wenn man die Definitionen ernst nimmt, handelt es sich bei den Fragen zweifellos um eine Art von Aufforderungen. Auch wer fragt, will den Partner zu einer Handlung veranlassen – freilich zu einer verbalen (was auch bei andersartigen Aufforderungen nie völlig ausgeschlossen werden kann).

Ein zusätzliches Merkmal der Frage ist, dass der Partner dem Sprecher eine Information übermitteln soll.

Die Typik der Fragen ist relativ kompliziert. Es lassen sich sechs Typen von Fragen unterscheiden:

- Entscheidungsfrage
- Sachfrage
- Alternativfrage
- Rückfrage
- Gegenfrage
- Kontaktsignal (Sprecher)

ENTSCHEIDUNGSFRAGE

Der Sprecher stellt einen Sachverhalt insgesamt in Frage und bittet den Partner um Bestätigung oder Negation.

Explizit performative Formen kommen vor allem in Vernehmungssituationen vor:

> *Ich frage Sie hiermit, ob Sie am Abend des 11. November zu Hause gewesen sind.*
> *Darf ich fragen, ob Sie alles verstanden haben?*

Standardform der Entscheidungsfrage ist der Frontsatz (Verweis):

> *Waren Sie am Abend des 1. November zu Hause?*

Für solche Fragen gilt regelmäßig interrogative Tonführung – die Intonation steigt am Ende, d. h. nach der Haupttonsilbe:

Zwar ist auch terminale Tonführung – Höhepunkt aus der Haupttonsilbe, dann Abfall zum „Grundton" – möglich, aber dann bekommt die Frage zusätzlich Vermutungscharakter, es wird signalisiert, dass eine positive Antwort erwartet wird:

Kurze Entscheidungsfragen sind vielfach möglich, sofern der Kontext klärt:

> *Am Abend?*
> *Zu Hause?*
> usw.

Durch die Partikeln *denn* und *etwa* wird Staunen, Ungläubigkeit, durch die Abtönungspartikel *nicht* Zuversicht, positive Vermutung signalisiert:

> *Waren Sie denn am 11. November zu Hause?*
> *Waren sie etwa am 11. November zu Hause?*
> *Waren Sie am 11. November nicht zu Hause?*

Antworten auf Entscheidungsfragen: bei Zustimmung *ja,* bei Widerspruch *nein.* Einer negierten Entscheidungsfrage wird gewöhnlich mit *nein* zugestimmt, mit *doch* widersprochen:

> *Haben Sie das Geschäft nicht gefunden? – Nein/doch.*

SACHFRAGE

Der Sprecher stellt eine Komponente eines Sachverhalts in Frage und bittet den Partner um Auskunft hierüber. Es muss darauf hingewiesen werden, dass bei der Sachfrage der gesamte Sachverhalt keineswegs in Frage gestellt, dass er vielmehr als wahr angenommen wird. Explizit performative Formen sind auch hier fast nur bei Vernehmungen möglich:

> *Ich frage Sie, wo Sie am Abend des 11. November waren.*

Standardform der Sachfrage ist der Vorfeldsatz mit einleitendem Fragewort:

> *Wo waren Sie am Abend des 11. November?*

Sachfragen haben in der Regel terminale Intonation. Interrogative Intonation dient dazu, den Fragecharakter zu verstärken.

In Rückfragen (s. S. 47f.) und Prüfungsfragen kann das Fragewort auch im Satzinneren stehen. Solche Sätze haben fast immer interrogative Intonation:

> *Sie waren wo am Abend des 11. November?*
> *Das Konstanzer Konzil hat wann stattgefunden?*

Kurze Sachfragen bestehen gewöhnlich nur aus dem Fragewort. Sie sind nur erlaubt, wenn der Kontext ausreichend klärt:

> *Wann?/Wo?/Warum?*

Die Partikel *denn* verstärkt den Fragecharakter:

> *Wo seid ihr denn gewesen?*
> *Wie alt bist du denn?*

Antworten auf Sachfragen können Satzform oder Kurzform haben; sie müssen aber immer das erfragte Element enthalten:

> *In Bamberg.*
> *Wir sind in Bamberg gewesen.*

ALTERNATIVFRAGE

Der Sprecher stellt zwei alternative Sachverhalte oder Sachverhaltskomponenten zur Wahl und bittet den Partner, eine davon zu bestätigen.
Explizit performativ wird nur in Rück- und Prüfungsfragen formuliert:

> *Ich frage Sie noch einmal, ob Sie Kartoffeln oder Nudeln als Beilage gegessen haben.*

Standardform der Alternativfrage ist der Frontsatz mit Tongipfel auf dem ersten alternativen Element und terminaler Kadenz:

> *Haben Sie Kartoffeln oder Nudeln als Beilage gegessen?*

Kurzäußerungen sind möglich, wenn der Kontext klärt:

> *Rucksack oder Aktenmappe?*
> *Oben oder unten?*
> *Raus oder rein?*

Obwohl die Alternativfrage die Form einer Entscheidungsfrage hat, lautet die Antwort wie bei der Sachfrage:

> *Kartoffeln.*
> *Unten.*
> *Rein.*

RÜCKFRAGE

Der Sprecher hat eine Äußerung des Partners (jedoch keine Frage) nicht richtig verstanden und bittet um Bestätigung. Die Rückfrage wird auch als „Echofrage" bezeichnet.
Die Rückfrage kann sich auf Proposition oder Illokution der Voräußerung beziehen. Demgemäß unterscheidet man propositionale und illokutive Rückfrage.

1. Propositionale Rückfrage
Man unterscheidet zweckmäßig danach, ob die Voräußerung eine Mitteilung oder eine Aufforderung ist.
Mitteilung als Voräußerung: Bezieht sich die Rückfrage auf eine Komponente der Voräußerung, so erhält sie die Form der Sachfrage:

> *(Markus hat sein Haus verkauft. –) Wer hat sein Haus verkauft?*
> *Wer?*
> *Was hat er verkauft?*
> *Was?*

Ein performativer Hypersatz kann eingeschoben werden:

> *Wer, sagst du, hat sein Haus verkauft?* usw.

Zielt die Rückfrage aber auf die gesamte Voräußerung, so erscheint die Mitteilung mit stark interrogativer Tonführung, aber sonst unverändert:

> *Markus hat sein Haus verkauft???*

oder, mit performativem Hypersatz:

> *Du sagst, Markus hat sein Haus verkauft?*
> *Markus, sagt du, hat sein Haus verkauft?*
> *Markus hat sein Haus verkauft, sagst du?*

Diese Hypersätze bewirken, dass die Gesamtfrage zwar einen hohen Tongipfel hat, aber terminale Kadenz.

Satzverschränkungen (s. 3.8.3 „Satzverschränkung") sind in diesem Zusammenhang zu erwähnen:

> *Wer sagst du, dass sein Haus verkauft hat?*
> *Was sagst du, dass Markus getan hat?*

Antworten auf die Rückfrage stimmen mit denen auf Entscheidungs- bzw. Rückfrage überein.

Aufforderung als Voräußerung: Gewöhnlich wird die Illokution der Voräußerung verbal (*Du willst ..., ich soll ...*) angegeben:

> *Wo soll ich warten?*
> *Du willst, dass ich wo warte?*
> *Wo willst du, dass ich warte?*
> *Was soll ich tun?*

Die Tonführung in solchen Rückfragen ist entweder interrogativ oder terminal, dann aber mit besonders hohem Tongipfel.

Für Rückfragen zu anderen Sprechakten gibt es zahlreiche Sonderformen, die hier nicht im Detail zu erläutern sind.

2. Illokutive Rückfrage

Wenn der Sprechakttyp einer Voräußerung unklar ist, kann man ihn direkt erfragen –

> *Soll das ein Vorwurf sein?*
> *Meinst du das etwa als Bitte?*

– oder man kann die Proposition der Voräußerung mitnennen, allerdings nur wenn der Hauptakzent auf dem sprechaktbeschreibenden Ausdruck liegt:

> *Hast du wirklich **gesagt**, dass ich warten soll?*

GEGENFRAGE

Der Sprecher hat eine Frage des Partners nicht richtig verstanden und wiederholt sie mit bestimmter Abänderung: als wiedergegebene Frage (s. 2.4.4 „Indirekte Redewiedergabe"). Es ergeben sich Sequenzen wie

> *Kommst du auch mit? – Ob ich auch mitkomme?*
> *Was will sie eigentlich? – Was sie eigentlich will?*

Dies ist die einzig mögliche Form der Gegenfrage. Erscheint der zweite Teil solcher Sequenzen als direkt wiedergegebene Frage

> *Was machst du jetzt damit? – Was mache ich jetzt damit?*

so wird er nicht als Gegenfrage verstanden, sondern als Wiederholung, die z. B. dem Zeitgewinn für die Vorbereitung einer Antwort dient.

KONTAKTSIGNAL (SPRECHER)

Dieser Sprechakt ist ein Pendant zum Hörersignal (s. S. 39). Wie dieses dem Sprecher die fortdauernde Aufmerksamkeit des Partners signalisieren soll, so dient das Sprechersignal dazu, ein derartiges Hörersignal einzufordern.

Alle Sprechersignale sind Fragen mit interrogativer Intonation:

> *Ja?*
> *Oder etwa nicht?*
> *Hab ich Recht?*
> *Was meinst du dazu?*
> usw.

Festlegung von Sprecher und Partner

Unter den Sprechakten, die Sprecher und Partner in ihrem Verhalten festlegen sollen, sind neben Angebot und Drohung vor allem die Akte der Kontaktumgrenzung, die bisher in Sprechakttypologien meist übersehen wurden.

ANGEBOT

Der Sprecher will den Partner zu einem Verhalten veranlassen, das beiden Nutzen bringt. Explizit performative Formen sind besonders im Geschäftsleben häufig:

> *Wir bieten Ihnen 500 Exemplare für 1500 Euro an.*

Satzförmige Äußerungen überwiegen. In ihnen wird häufig das beabsichtigte Verhalten von Sprecher und Hörer ausgedrückt und eine konditionale Beziehung (wenn … dann …) zwischen beiden aufgezeigt:

> *Bei Kauf eines Neuwagens biete ich Ihnen 3000 Euro für Ihren Gebrauchtwagen.*

Seltener wird bloß das Partnerverhalten erwähnt:

> *Nehmen Sie einfach beide.*

Partikeln spielen beim Angebot eine wichtige Rolle. Meist sollen sie – so *doch, einfach, nur ruhig* – rationale Überlegungen verdrängen und Emotionen einbringen:

> *Greifen Sie einfach zu.*
> *Nimm doch den größeren.*

DROHUNG

Der Sprecher kündigt ein unangenehmes Ereignis an für den Fall, dass der Partner eine bestimmte Handlung vollzieht.
Das „unangenehme Ereignis" (die „Sanktion") wird in diesem Fall vom Sprecher selbst realisiert (Unterschied zur Warnung, s. S. 45).
Explizit performative Formen benutzen das Verb *warnen*; deshalb kann bei solchen Formen zwischen Warnung und Drohung sprachlich nicht unterschieden werden:

> *Ich warne Sie, weiterhin Äste von meinem Nussbaum abzusägen. Im Wiederholungsfall werde ich Anzeige erstatten.*

Satzförmige Drohungen bilden meist Konditionalgefüge:

> *Falls der Ruhestörer sich nicht entschuldigt, wird Anzeige erstattet.*

Auch Kurzäußerungen kommen vor:

> *Wildernde Hunde werden abgeschossen.*

Die Sanktion muss in der Regel genannt werden. Eingeleitet wird sie häufig durch bestimmte Partikeln:

> *Nimm deine Hand weg, sonst schlage ich zu.*
> *Hör auf, oder ich vergesse mich.*

Akte der Kontaktumgrenzung

Diese Sprechakte haben im Wesentlichen die Funktion, Anfang und Ende eines Kommunikationsereignisses zu markieren. Sie sind stark konventionalisiert, so dass man sie geradezu wie Vokabeln auswendig lernen kann.

Es handelt sich um Gruß, Anrede, Vorstellung, Adresse und Absender.

Gruss

Der Sprecher signalisiert dem Partner Beginn oder Ende des Kommunikationsereignisses. Man hat somit Eröffnungs- und Abschiedsgrüße zu unterscheiden.

Eröffnungsgrüße sind in der mündlichen Kommunikation obligatorisch, wenn sich Bekannte begegnen. Ausnahmen gibt es: am Fahrkartenschalter, an der Theaterkasse u. a. In kleinen Geschäften wird gegrüßt, auch wenn man sich nicht kennt. Auch das Kassenpersonal in Supermärkten wird seit einigen Jahren angewiesen, die Kunden zu grüßen. Treffen sich Personen am selben Tag mehrfach im selben Gebäude, so besteht nur bei der ersten Begegnung „Grußpflicht".

Explizit performative Formen kommen vor:

> *Ich begrüße Sie in meinem Hause.*
> *Grüß dich.*

Weitere Grußformeln richten sich nach der Tageszeit:

> *Guten Morgen* (von vor Morgengrauen bis kurz vor 12 Uhr)
> *Guten Tag* (solange es hell ist)
> *Guten Abend* (von der Abenddämmerung bis gegen Mitternacht)

Ein zeitabhängiger Gruß für die Zeit zwischen Mitternacht und Morgengrauen fehlt.

Die süddeutsche Formel *Grüß Gott* gilt zu allen Tages- und Nachtzeiten. Unter jüngeren Leuten und guten Bekannten gilt mit zunehmender Frequenz zeitunabhängiges *Hallo*. In Österreich wird in gleicher Funktion auch *Servus* verwendet, ähnlich wie in der Schweiz *Grüezi*. Im vertrauten Bereich gilt in Österreich die Form *Grüeß di* (2. Pers. Sing.) bzw. *Grüeß euch, grüeß enk* (2. Pers. Plur.).

In geschriebenen Texten sind Eröffnungsgrüße nicht üblich. Allenfalls junge Leute eröffnen Briefe an Freunde mit *Hallo Chris* u. ä.

Gesprochene Abschiedsgrüße gelten meist zeitunabhängig:

> *(Auf) Wiedersehen.*
> *Adieu, Ade* (vertraulich, süddeutsch)
> *Tschüss* (heute sehr verbreitet)
> *Ciao* (gespr. *tschau*, vertraulich)
> *Servus* (salopp, vorw. bairisch-österreichisch)

Beginnend mit der Abenddämmerung lautet der Abschiedsgruß

> *Gute Nacht.*

sofern man sich am selben Abend nicht mehr sieht.

Schriftliche Abschiedsgrüße sind in Briefen obligatorisch. Es stehen zur Wahl:

> *Mit vorzüglicher Hochachtung* (förmlich, offiziell)
> *Hochachtungsvoll* (offiziell, veraltet)
> *Mit freundlichen Grüßen*
> *Mit (den) besten Grüßen* (persönlich)
> *Mit herzlichen Grüßen* (vertraulich)
> *Herzlichst* (vertraulich)
> *Tschüss* (salopp, vertraulich)
> *Ciao, tschau* (salopp, vertraulich)
> *Servus* (salopp, vertraulich)

Grüße wirken isoliert oft unhöflich. Sie lassen sich in Verbindung mit der Anrede meist freundlicher machen.

An mündliche Eröffnungsgrüße schließt sich häufig die **Ergehensfrage** an (*Wie geht's?/ Wie geht es Ihnen?* u. ä.), die im Deutschen in jedem Fall beantwortet werden muss. Das Recht, diese Frage als Erster zu stellen, hat in jedem Fall der sozial Höhergestellte bzw. der Ältere.

Anrede

Der Sprecher legt, indem er den Partner mit Namen und/oder Titel anredet, Anfang oder Ende des Gesprächsereignisses fest oder betont den bestehenden Kontakt.

Die Anrede besteht aus einer Nominalphrase (mit Nullartikel) oder einer Pronominalphrase, beide im Nominativ. Es gibt im Deutschen keinen besonderen Kasus für die Anrede (Vokativ):

> *Sie fleißiger Mensch*
> *du Grausamer*

Als Kontaktumgrenzung muss die Anrede vom Gruß begleitet werden. Eröffnung oder Beendigung eines Gespräches ohne Gruß wirken unhöflich. Umgekehrt: Jeder Gruß wirkt durch die Verbindung mit der Anrede freundlicher.

Prinzipiell hat man bei der Anrede zwischen Distanzverhältnis und vertraulichem Verhältnis (Verweis) zu unterscheiden.

Für gesprochene Texte ist festgelegt:

Unter Erwachsenen mit **Distanzverhältnis** gilt als Anrede das Anredenomen (*Herr, Frau*) + Familienname:

> *Herr Meißel*
> *Frau Meißel*

Die Anrede *Fräulein* ist nur noch zulässig, wenn die Anzuredende dies ausdrücklich wünscht, außerdem in bestimmten Fällen im Dienstleistungssektor.

Anrede nur mit Anredenomen ist im Deutschen nicht möglich. Anrede mit bloßem Familiennamen ist nur bei enger Bekanntschaft und bei starkem Autoritätsgefälle erlaubt (*Maier, machen Sie mal Kaffee!*), sonst gilt sie als sehr unhöflich.

Die distanzierte Anrede mit dem Vornamen ist relativ selten, gegenüber Frauen jedoch eher üblich als gegenüber Männern:

> *Machen Sie mit, Sabine?*
> *(*) Machen Sie mit, Walter?*

Sehr selten, aber möglich ist die distanzierte Anrede mit Vor- und Familiennamen:

> *Singen Sie was, Sabine Merkel?*
> *Singen Sie was, Walter Meixner?*

Das Partnerpronomen *Sie* allein als Anrede wirkt unhöflich und plump:

> *Sie, was wissen Sie davon?*

Sehr verbindlich, aber steif und förmlich wirkt hier die unmittelbare Folge von Partnerpronomen und Anrede:

> *Wie Sie, Herr Minister, soeben bemerkten…*

Bei **vertraulichem Verhältnis** wird meist der Vorname, seltener der Familienname als Anrede verwendet:

> *Machst du mit, Sabine/Walter?*

Das Partnerpronomen *du* allein als Anrede wirkt vertraulich, kumpelhaft:

> *Du, was meinst du dazu?*

Im Textinneren erscheint die Anrede als Positionsmarkierung (s. 2.4.3):

> *Sehen Sie das auch so, Herr Meixner?*
> *Was meinst du dazu, Sabine?*

Bei geschriebenen Texten gibt es nur geringfügige Unterschiede. Standardisiert sind vor allem die Anredeformen in Briefen. Hauptformeln:

> *Sehr geehrte Frau Berger* (distanziert-neutral)
> *Sehr verehrte Frau Berger* (distanziert, respektvoll)
> *Geehrte Frau Berger* (kühl, oft auch provokant unhöflich)
> *Liebe Frau Berger* (vertraulich)
> *Meine liebe Frau Berger* (sehr vertraulich)

Beim *du*-Verhältnis gelten praktisch nur die beiden letzten Formen. Dazu kommen sehr intime Formen (*Liebste Sabine, geliebte Sabine* usw.).

Die Anrede *Frau Berger/Herr Meixner* im Brief ist gewollt unhöflich.

Die Anrede im Brief wird heute gewöhnlich mit Komma (früher: Ausrufezeichen) abgeschlossen.

Abschlüsse in Briefen enthalten selten eine Anrede. In Ausnahmefällen wirkt sie, mit dem Gruß verbunden, besonders eindringlich:

> *Mit herzlichen Grüßen an dich, liebe Sabine,*
> *dein Oskar*

VORSTELLUNG

Der Sprecher identifiziert sich mit seinem Namen als Kommunikationspartner.
Vorstellungsakte stehen regelmäßig am Anfang des Kommunikationsereignisses.
Die Vorstellung gehört im Wesentlichen der gesprochenen Sprache an.
Explizit performative Formen kommen vor:

> *Darf ich mich vorstellen: Thomas Meixner.*

Im Allgemeinen stellt man sich aber vor, indem man (Männer meist mit leichter Verbeugung oder Kopfneigen) seinen Namen sagt:

> *Meixner*

Der Vorname kann dazugesetzt werden, besonders bei jüngeren Leuten:

> *Thomas Meixner*
> *Sabine Meixner*

Vorstellung allein mit dem Vornamen ist allenfalls unter jüngeren Leuten üblich, wenn die Familienzugehörigkeit ohnehin klar ist (*Ich bin die Julia.*), ebenso Ausdrücke wie *Hi, Hallo* ohne Namensnennung.

Am **Telefon** stellt sich der Angerufene im deutschen Sprachbereich mit dem Namen (seltener zugleich mit dem Titel) vor:

> *Kraft*

Jüngere Familienmitglieder setzen gewöhnlich den Vornamen hinzu:

> *Sabine Kraft*

Nimmt ein Anwesender, der nicht zur Familie gehört, ab, so pflegt er sich nicht mit dem eigenen Namen zu melden, sondern sagt:

> *Hier bei Kraft*

Institutionen und Firmen melden sich mit dem offiziellen Namen, dann der Angerufene oft zusätzlich mit eigenem Familiennamen.

Unüblich ist es, sich mit *Hallo!, Ja?* o.ä. zu melden.

Nach dieser Vorstellung gibt sich der Anrufer mit seinem Namen zu erkennen.

ADRESSE

Der Schreiber benennt den Partner, an den sich der folgende Text richtet.

Die Adresse ist allein dem geschriebenen Deutsch, speziell dem Briefverkehr, vorbehalten. Sie richtet sich im Grunde nicht an den Partner, sondern an den Zusteller. Lediglich bei öffentlichen Bekanntmachungen wird der Partner direkt angesprochen:

> *An die Bewohner der Nordstadt*

Die Adresse hat folgende kanonische Form (fakultative Teile in Klammern):

> *(An)*
> Anredenomen (+ Titel) (+ Vorname) + Familienname
> Straße/Platz, Hausnummer
> Postleitzahl + Wohnort

Beispiel:

> *Herrn Albert Aißlinger*
> *Kreuzstr. 4*
> *73432 Aalen (Württ.)*

ABSENDER

Der Schreiber gibt sich als Verfasser des aktuellen Schriftstücks zu erkennen.

Die Absenderangabe wird als Eröffnungs- oder als Schlusssignal verwendet.

In offiziellen, teilweise auch privaten Briefen ist der Absender mit vollständiger Adresse (vgl. 2.5.4 „privater Brief", „offizieller Brief") oder auch nur mit dem Namen aufgedruckt. Sonst kann er auf den Umschlag (Vorderseite links neben der Adresse oder Rückseite) geschrieben werden.

Als eigentliches Schlusssignal steht der Name des Absenders am Ende jedes Briefes (handschriftlich), dazu oft Titel und Funktion. Oft unterschreibt eine andere Person „im Auftrag" (*i. A.*). Kann der Autor eines offiziellen Briefes nicht selbst unterschreiben, so steht oft am Ende des Briefes „nach Diktat verreist" o.ä., dazu häufig „für die Richtigkeit" (*f. d. R.*). Dann unterschreibt die Person, die den Brief geschrieben hat (z. B. die Sekretärin).

Festlegung beliebiger Personen

Es gibt unter den Sprechakten, die das Verhalten bestimmter Personen festlegen sollen, noch eine kleine Menge von Akten, die das Verhalten beliebiger Personen festlegen wollen. Dazu gehört zunächst der Wunsch, der ja nicht bloß dem Sprecher selbst gelten kann, dazu der Vorschlag und die Ankündigung (soweit sie nicht, wie in der „Ankündigung einer Sprecherhandlung" (S. 42), ein künftiges Verhalten des Sprechers betrifft).

WUNSCH

Der Sprecher erklärt die Realisierung eines Sachverhalts, die bestimmten Personen nützt oder Freude macht, als erstrebenswert.

Explizit performative Formen sind die Regel:

> *Ich wünsche mir/dir/ihr etwas mehr Ruhe.*

Allerdings: Nicht alle Sprechakte mit dem Verb *wünschen* sind Wünsche. Erfolgt ein solcher Akt aus soziokulturell institutionalisiertem Anlass und ohne konkreten Inhalt, so handelt es sich um eine Gratulation. Wird aber bei einem solchen Glückwunsch etwas Konkretes gewünscht, so handelt es sich um eine Mischung aus Gratulation und Wunsch:

> *Ich wünsche dir die verdiente Beförderung zum Geburtstag!*

Wünschen kann man für sich selbst oder für andere. Hier besteht ein wichtiger Unterschied: Ein Wunsch, den man für sich selbst äußert, kann sich auf einen Gegenstand oder auf einen Sachverhalt, ein Wunsch für jemand Anderen aber nur auf einen Sachverhalt beziehen:

> *Ich habe mir Grewendorfs neues Buch gewünscht.*
> *Ich habe mir mehr Ruhe gewünscht.*
> *Ich wünsche Ihnen mehr Ruhe.*
> **Ich wünsche Ihnen ein neues Auto.*

Der letzte Satz könnte jedenfalls nicht in einer Regelsituation geäußert werden, wohl aber unter speziellen Umständen, etwa wenn bekannt ist, dass der Gesprächspartner gerne ein Auto haben möchte, sein Ehepartner ihm aber ein solches verweigert (der Satz hätte dann etwa die Bedeutung *Ich wünsche Ihnen, dass Sie das Auto doch noch bekommen.*).
Der Dativ (des zu Beschenkenden) ist bei explizit performativen Wünschen obligatorisch.
Nicht explizit performative Formen werden mit Hilfe von Modalverben oder Partikeln gebildet:

> *Ich will/möchte einen neuen Drucker haben.*
> *Ich hätte gern einen Farbdrucker.*

Auch Konditional- oder Frontsätze können, unabhängig gebraucht, Wünsche ausdrücken:

> *Wenn ich doch nach Italien fahren könnte!*
> *Könnte ich doch nach Italien fahren!*

Außerdem gibt es sehr indirekte Arten zu wünschen:

> *Über diesen Schrank würde ich mich sehr freuen.*
> *Eine ordentliche Arbeit wäre ihr wirklich zu gönnen.*
> u. ä.

Vorschlag

Der Sprecher empfiehlt dem Partner oder einer anderen Person ein bestimmtes Verhalten. Dabei bleibt offen, ob dieses Verhalten irgendwem einen Vorteil bringt.
Explizit performative Formen kommen vor:

> *Ich schlage Ihnen vor, das Thema auf unsere nächste Sitzung zu vertagen.*
> *Ich möchte den Vorschlag machen, über diesen Text noch nicht abzustimmen.*

Weitere Ausdrucksformen:

> *Es wäre naheliegend, zuerst das Buch zu lesen.*
> *Sie könnten ja mal bei uns einen Vortrag halten.*
> *Schauen Sie doch mal in der Zentralbibliothek nach.*
> *Und wenn man das ganze Projekt fallen ließe?*

Ankündigung

Der Sprecher weist auf die künftige Realisierung eines Sachverhaltes hin, um dadurch das Verhalten bestimmter Personen zu beeinflussen.
Explizit performative Formen kommen schriftlich und mündlich vor:

> *Ich verkündige euch große Freude.*
> *Ich darf nun den Stargast des Abends ankündigen: ...*

Andere Ausdrucksformen:

> *Wir machen Betriebsferien vom 30.7. bis 16.8.*
> *Betriebsferien 30.7.–16.8.*

Der Wetterbericht in den Rundfunkanstalten gibt gewöhnlich die Wetterlage in Verbalsätzen, die eigentliche Prognose aber in Kurzsätzen wieder:

> *Heute Nacht zieht ein Tief von der Nordsee her über Niedersachsen nach Brandenburg. Die Vorhersage: Kühl, mit einzelnen Schauern, am Nachmittag gelegentlich Sonne.*

Sprecherbezogene Akte

Die sprecherbezogenen Akte (Schimpfen, Überraschungs-, Resignations- und Erleichterungskundgabe) richten sich nicht (primär) an einen Partner, können aber mitunter durch Partnerakte ausgelöst werden.

SCHIMPFEN

Der Sprecher glaubt Grund zu haben, mit einem unmittelbar zuvor eingetretenen Ereignis (oder einem Ereignis, von dem er soeben Kenntnis erhalten hat) unzufrieden zu sein, und gibt seinem Missfallen mit Worten Ausdruck.

Das Schimpfen, meist lautstark und von heftigen Gesten begleitet, ist der sprecherbezogene Sprechakt par excellence. Explizit performative Ausdrucksformen gibt es hier nicht. Satzförmige Schimpfäußerungen sind vergleichsweise selten und wirken milder als andere:

> *Könnt ihr bitte mal ruhig sein?*
> *Was soll denn das Geschrei?*

Autonome Nebensätze und Infinitivkonstruktionen wirken heftiger:

> *Ob die mal das ewige Getuschel einstellen können?*
> *Natürlich – tüchtig absahnen und dann noch den Sittenpapst geben!*

Besonders brüsk wirken Kurzäußerungen ohne Verb:

> *So ein Dreck!*
> *Scheiße!*
> *Verdammt nochmal!*

Nicht immer lassen sich Schimpfen und Beschimpfen säuberlich unterscheiden. Es gibt Äußerungen, die beide Typen repräsentieren können. Dann entscheiden letztlich nur Situation und Kontext. Überdies ist der „Schimpfwert" auch sozial definiert; was in einem elitären Klub als ordinär bewertet wird, kann in einer Jugendgruppe als völlig unerheblich gelten.

ÜBERRASCHUNG

Der Sprecher drückt aus, dass eine plötzliche Wahrnehmung nicht seinen Erwartungen entspricht.

Explizit performative Ausdrucksformen kommen (wenn auch selten) vor:

> *Ich bin überrascht, dich hier zu sehen.*

Die meisten sonstigen Überraschungsäußerungen sind satzförmig. Bestimmte Partikeln (*ja, doch, aber,* im gesprochenen Deutsch auch die Abtönungspartikel *vielleicht*) heben solche Äußerungen meist deutlich gegen bloße Mitteilungsakte ab:

> *Das ist ja unglaublich.*
> *Das könnt ihr doch nicht machen!*
> *Aber das geht doch nicht!*
> *Du bist vielleicht ein Komiker!*

Kurzäußerungen sind besonders typisch:

> *Aber nein!*
> *Mein Gott!*

Überraschung tritt oft mit Staunen gepaart auf. Äußerungen des Staunens, die sich wenig von Überraschungsäußerungen unterscheiden, führen wir nicht unter einem eigenen Sprechakttyp auf, sondern betrachten sie als durch Partikeln modifizierte sonstige Sprechakte.

RESIGNATION

Der Sprecher drückt aus, dass er einen ungewollten Sachverhalt notgedrungen akzeptiert.
Explizit performative Ausdrucksformen kommen praktisch nicht vor.
Satzförmige Äußerungen sind besonders häufig:

> *Sie ist eben so.*
> *Was soll man machen?*
> *Lassen wir das mal.*

Kurzäußerungen:

> *Schwamm drüber.*
> *Wozu lange darüber reden?*

Von den Partikeln sind *eben, auch* und *schon* besonders typisch. *eben* stellt einen ungewollten oder irregulären Sachverhalt als unabänderlich, die Unabänderlichkeit aber als unerheblich hin (s. oben). *auch* und *schon* in Interrogativsätzen konkurrieren miteinander. Dabei wird durch *auch* angedeutet, dass der Partner die Antwort auf die (mehr rhetorische) Frage selbst weiß; bei *schon* bleibt dies offen:

> *Was musste sie auch mitlaufen?*
> *Was kann sie schon wollen?*

ERLEICHTERUNG

Der Sprecher drückt aus, dass von einer Reihe alternativer Sachverhalte der seines Erachtens günstigste realisiert worden ist.
Explizit performative Ausdrucksformen sind selten:

> *Ich bin sehr erleichtert.*

Kurzäußerungen überwiegen:

> *Endlich!*
> *Gott sei Dank!*

2.3.4. Sprechaktbedingungen

Sprechakte sind, dies weiß man seit Austin (1962), weder wahr noch falsch – ein Umstand, den viele Sprachphilosophen übersehen haben: Als sprachliche **Handlungen** können sie nur gelingen oder misslingen.[4] Und da die Sprechakte im Gespräch eingesetzt werden, um ein Ziel zu erreichen, sind die Bedingungen für das Gelingen eines Sprechakts besonders wichtig.
Es gibt insgesamt acht Sprechaktbedingungen. Sieben von ihnen müssen erfüllt sein, damit ein Sprechakt gelingt; ist auch die achte erfüllt, so hat der Sprechakt Erfolg gehabt.

---

[4] Was wahr oder falsch ist, bezieht sich ohnehin immer nur auf einen Teil des Sprechakts: auf seine Proposition. Und selbst dann kann die Wahrheitsfrage nur bei den Mitteilungen (im weiteren Sinne) gestellt werden.

1. NORMALITÄTSBEDINGUNG

Die Kommunikation darf nicht durch äußerliche Mängel gestört werden, z. B. durch undeutliches Reden des Sprechers oder schlechtes Gehör des Partners, durch Störgeräusche beim Telefonieren, durch laute Nebengeräusche; durch schlechtes Licht beim Lesen, unleserliche Handschrift u. a.

2. PROPOSITIONSBEDINGUNG

Die Proposition des Sprechakts muss erkennbar sein.
Die Propositionsbedingung ist nicht erfüllt, wenn etwa auf einem Hinweisschild ein Wort verwischt oder durch einen Gegenstand verdeckt ist:

> *Durchgang nur?????? gestattet.*

In vielen Fällen ermöglicht freilich die Situation eine Ergänzung.

3. VORAUSSETZUNGSBEDINGUNG

Es müssen gewisse Voraussetzungen erfüllt sein, wenn der Sprechakt gelingen soll. Eine Mitteilung gelingt z. B. nur, wenn der Partner, was ihm mitgeteilt wird, noch nicht wusste; eine Drohung nur, wenn der Sprecher imstande ist, die Drohung zu realisieren, und wenn der angedrohte Sachverhalt von Nachteil für den Partner ist; eine Entschuldigung nur, wenn der Sprecher zuvor etwas getan hat, was den Interessen des Partners zuwider lief usw.

4. AUFRICHTIGKEITSBEDINGUNG

Der Sprecher muss, was er sagt, „ehrlich meinen". So gelingt ein Vorwurf nur, wenn der Sprecher glaubt, dass der Partner gegen eine geltende Norm verstoßen hat; eine Warnung nur, wenn der Sprecher überzeugt ist, dass die Sanktion eintritt, falls der Partner sich in der erwarteten Weise verhält; eine Vorstellung nur, wenn der Sprecher der Meinung ist, dass der Partner ihn noch nicht kennt usw.

5. SPRECHAKTSPEZIFISCHE BEDINGUNG

Der intendierte Sprechakttyp muss erkennbar sein. Ein Gruß gelingt nur, wenn der Partner ihn als solchen interpretiert (sonst würde er etwa *Wie bitte?* zurückfragen); ein Wunsch (für sich selbst) gelingt nicht, wenn der Sprecher einen Gegenstand einfach als schön bezeichnet, aber nicht deutlich macht, dass er ihn gerne haben würde; ein Vorschlag gelingt nur, wenn eindeutig gemacht wird, dass der Sprecher die Realisierung eines Sachverhalts empfiehlt. Und: Die Adresse (als Sprechakt) kann nur gelingen, wenn sie so formuliert und angebracht ist, dass sie nicht als Absender interpretiert werden kann.

6. VERSTEHENSBEDINGUNG

Ein Sprechakt gelingt nur, wenn der Partner die Bedingungen 2 und 5 als erfüllt ansehen kann, also sowohl Inhalt als auch Funktion des Sprechakts erkannt hat.

7. AKZEPTATIONSBEDINGUNG

Ein Sprechakt gelingt nur, wenn der Partner den Sprechakttyp (Bedingung 5) für berechtigt hält. Sonst würde er im Fall einer Mitteilung etwa sagen: *Das weiß ich doch schon.*, im Fall eines Vorwurfs: *Na – und?* oder *Was kümmert mich das?*, im Fall einer Frage: *Aber das weißt du doch!* usw.

8. ERFOLGSBEDINGUNG

Diese Bedingung ist nicht erfüllt, wenn durch den Sprechakt die Wirklichkeit nicht verändert wurde. Trotzdem ist streng genommen diese achte Bedingung keine Voraussetzung für das Gelingen eines Sprechakts. Bittet der Sprecher den Partner, einen Korb ins Haus zu tragen, so ist der Akt gelungen, wenn der Partner das versteht (und auch als berechtigt akzeptiert). Aber es ist möglich, dass er nicht imstande ist, der Bitte nachzukommen, etwa weil er einen verletzten Arm hat; dann ist der Akt gelungen, aber der Erfolg bleibt aus.

Die meisten Bedingungen gelten für sämtliche Sprechakte. Allerdings sind die Bedingungen 7 und 8 für sprecherorientierte Akte irrelevant.

2.3.5. Illokutive Indikatoren

Es kommt vor, dass die fünfte Sprechaktbedingung nicht zureichend erfüllt ist, dass der Partner den Typ des Sprechakts nicht eindeutig erkennt. In solchen Fällen können gewisse Sprachmittel die Illokution verdeutlichen.

Die **Intonation** (die suprasegmentalen Merkmale der Äußerung) ist charakteristisch für bestimmte Illokutionen. So kennzeichnet große Lautstärke häufig Aufforderungen, Vorwürfe, Beschimpfungs- und Schimpfakte. Interrogative (am Ende steigende) Intonation findet sich regelmäßig bei Entscheidungsfragen und Sprecher-Kontaktsignalen.

Die **explizit performativen Ausdrucksformen** geben, indem sie den Typ des Sprechakts lexikalisch nennen, bei den meisten Sprechakten eine probate Zuordnungsmöglichkeit.

Gelegentlich hilft die syntaktische Struktur. So haben die meisten Kontaktsignale, Gruß, Anrede, Adresse, Absender, Schimpfen, meist auch die Vorstellung nie Satzform. Andererseits kommen Drohungen und Warnungen häufig in Form zweier Sätze vor, von denen der erste die Handlung, die verhindert werden soll, der zweite die Sanktion angibt; auch die Partikel *sonst* ist für beide Akte typisch.

Generell können bestimmte **Partikeln** die Identifizierung eines Sprechakts erleichtern. So ist *erst* für Intensivierung typisch, *überhaupt* für Generalisierung, *bitte* für Aufforderungen und Entschuldigungen, *nur* und *ruhig* für Aufforderungen. Andererseits kommen *doch* und *ja* nicht in Fragen vor.

Durch Berücksichtigung weiterer Merkmale können sich Subtypen ergeben. So ist das „Geständnis" eine Mitteilung im engeren Sinne, in der sich der Sprecher (unfreiwillig) zu einem früheren Verhalten bekennt, das er im Regelfall bisher geleugnet hat. Für eine erste, umfassende Typik dürften aber die oben verwendeten Merkmale ausreichen.

2.4. DIE STRUKTUR DES TEXTES

2.4.1. Ein Textbeispiel

Heinrich von Kleist: Anekdote aus dem letzten preußischen Kriege

In einem bei Jena liegenden Dorf, erzählte mir, auf einer Reise nach Frankfurt, der Gastwirt,

dass sich mehrere Stunden nach der Schlacht, um die Zeit, da das Dorf schon ganz von der Armee des Prinzen von Hohenlohe verlassen und von Franzosen, die es für besetzt gehalten, umringt gewesen wäre, ein einzelner preußischer Reiter darin gezeigt hätte; und versicherte mir, dass wenn alle Soldaten, die an diesem Tage mitgefochten, so tapfer gewesen wären, wie dieser, die Franzosen hätten geschlagen werden müssen, wären sie auch noch dreimal stärker gewesen, als sie in der Tat waren. Dieser Kerl, sprach der Wirt, sprengte, ganz von Staub bedeckt, vor meinen Gasthof, und rief: „Herr Wirt!" und da ich frage, was gibt's? „ein Glas Branntewein!" antwortete er, indem er sein Schwert in die Scheide wirft: „mich dürstet". Gott im Himmel! sag ich: will er machen, Freund, daß er wegkömmt? Die Franzosen sind ja dicht vor dem Dorf. „Ei, was!" spricht er, indem er dem Pferde den Zügel über den Hals legt. „Ich habe den ganzen Tag nichts genossen!" Nun er ist, glaub ich, vom Satan besessen –! He! Liese! rief ich, und schaff ihm eine Flasche Danziger herbei, und sage: da! Und will ihm die ganze Flasche in die Hand drücken, damit er nur reite. „Ach, was!" spricht er, indem er die Flasche wegstößt, und sich den Hut abnimmt: „wo soll ich mit dem Quark hin?" Und: „schenk er ein!" spricht er, indem er sich den Schweiß von der Stirn abtrocknet: „denn ich habe keine Zeit!" Nun er ist ein Kind des Todes, sag ich. Da! sag ich, und schenk ihm ein, da! Trink er und reit er! Wohl mag's ihm bekommen: „Noch eins!" spricht der Kerl, während die Schüsse schon von allen Seiten ins Dorf prasseln. Ich sage: noch eins? Plagt ihn –! „Noch eins!" spricht er, und streckt mir das Glas hin – „Und gut gemessen", spricht er, indem er sich den Bart wischt, und sich vom Pferde herab schneuzt: „denn es wird bar bezahlt!" Ei, mein Seel, so wollt ich doch, dass ihn –! Da! sag ich, und schenk ihm noch, wie er verlangt, ein zweites, und schenk ihm, da er getrunken, noch ein drittes ein, und frage: ist er nun zufrieden? „Ach!" – schüttelt sich der Kerl. „Der Schnaps ist gut! – Na!" spricht er, und setzt sich den Hut auf: „was bin ich schuldig?" Nichts! nichts! versetz ich. Pack er sich, ins Teufelsnamen; die Franzosen ziehen augenblicklich ins Dorf! „Na!" sagt er, indem er in seinen Stiefel greift: „so soll's ihm Gott lohnen", und holt, aus dem Stiefel, einen Pfeifenstummel hervor, und spricht, nachdem er den Kopf ausgeblasen: „schaff er mir Feuer!" Feuer? sag ich: plagt ihn –? „Feuer, ja!" spricht er: „denn ich will mir eine Pfeife Tabak anmachen." Ei, den Kerl reiten Legionen –! He, Liese, ruf ich das Mädchen! Und während der Kerl sich die Pfeife stopft, schafft das Mensch ihm Feuer. „Na!" sagt der Kerl, die Pfeife, die er sich angeschmaucht, im Maul: „nun sollen doch die Franzosen die Schwerenot kriegen!" Und damit, indem er sich den Hut in die Augen drückt, und zum Zügel greift, wendet er das Pferd und zieht von Leder. Ein Mordkerl! sag ich; ein verfluchter, verwetterter Galgenstrick! Will er sich in Henkers Namen scheren, wohin er gehört? Drei Chasseurs – sieht er nicht? halten ja schon vor dem Tor? „Ei was!" spricht er, indem er ausspuckt, und fasst die drei Kerls blitzend ins Auge. „Wenn ihrer zehen wären, ich fürcht mich nicht." Und in dem Augenblick reiten auch die drei Franzosen schon ins Dorf. „Bassa Manelka!" ruft der Kerl, und gibt seinem Pferde die Sporen und sprengt auf

sie ein; sprengt, so wahr Gott lebt, auf sie ein, und greift sie, als ob er das ganze Hohenlohische Corps hinter sich hätte, an; dergestalt, dass, da die Chasseurs, unbewusst, ob nicht noch mehr Deutsche im Dorf sein mögen, einen Augenblick, wider ihre Gewohnheit, stutzen, er, mein Seel, ehe man noch eine Hand umkehrt, alle drei vom Sattel haut, die Pferde, die auf dem Plan herumlaufen, aufgreift, damit bei mir vorbeisprengt, und: „Bassa Teremtemtem!" ruft, und: „Sieht er wohl, Herr Wirt?" und „Adies!" und „auf Wiedersehn!" und: „hoho! hoho! hoho!" – –
So einen Kerl, sprach der Wirt, habe ich zeit meines Lebens nicht gesehen.

2.4.2. Makrostruktur der Texte

In der Originalfassung ist die oben wiedergegebene Geschichte fortlaufend ohne Absätze geschrieben. Die beiden nachträglich vom Autor dieser Grammatik eingebauten Absätze sollen hier nur dem leichteren Erkennen der Grundstruktur dienen.

Es zeigt sich, dass der ganze Text aus drei Teilen besteht, die man mit Eröffnung, Hauptteil und Schluss bezeichnen kann. Ihre Abgrenzung wird durch **Gliederungssignale** bewirkt. Eine solche Dreigliederung weisen die meisten Texte auf, sofern sie nicht extrem kurz sind.

Die **Eröffnung** findet sich vor allem bei längeren schriftlichen Texten. Sie besteht bei Briefen meist aus Ort, Datum und Anrede, bei Geschäftsbriefen auch aus der Absenderangabe. Öffentliche Bekanntmachungen nennen als Eröffnung ebenfalls den Absender (z. B. *Der Magistrat der Stadt H.*), dazu die Adressaten (z. B. *An die Anwohner der Mozartstraße*). In literarischen Texten fungieren, wie oben, die Überschrift und gegebenenfalls eine Rahmenhandlung (Örtlichkeit, Zeit, beteiligte Personen) als Eröffnungssignale. Auch in kürzeren Agenturmeldungen ist neben der Überschrift oft eine Eröffnung erkennbar: Einleitend wird das wesentliche Faktum im Perfekt genannt, während zusätzliche Informationen im Präteritum folgen:

Auch der zweite Anlauf zur Präsidentenwahl in der jugoslawischen Teilrepublik Serbien ist am Sonntag an mangelnder Beteiligung gescheitert. Höchstens 45 Prozent der 6,5 Millionen Wahlberechtigten hätten ihre Stimme abgegeben, teilte das regierungsunabhängige Zentrum für freie und faire Wahlen in Belgrad mit …

In gesprochenen Texten wie Unterhaltungen sind Gruß und Anrede typische Eröffnungssignale. Bei Telefongesprächen gelten im deutschen Sprachbereich als Eröffnungssignale: Vorstellung des Angerufenen sowie Vorstellung und Gruß des Anrufers. In einzelnen Textsorten finden sich weitere Eröffnungssignale.

Der **Schluss** besteht in Briefen immer aus der Absenderangabe (mit Unterschrift), in Schreiben mit persönlichem Bezug versehen mit possessivem Determinativ (*dein, Ihr*), in offiziellen Schriftstücken (zum Beispiel Gutachten) gelegentlich zusätzlich dem Datum. In öffentlichen Bekanntmachungen können Ort, Datum und Absender (etwa: *Hochheim, den 24. Mai 2002. Der Bürgermeister*) als Schlussteil gelten. In literarischen Texten fungieren häufig abschließende Bemerkungen, Wertungen (wie in dem Kleistschen Text) oder Wiederaufnahme einer Rahmenhandlung als Schluss.

Texte der gesprochenen Sprache werden in der Regel mit einem Abschiedsgruß, der häufig mit einer nochmaligen Anrede verbunden erscheint, abgeschlossen; auch Wünsche (*Gute Fahrt! Komm bald mal wieder! Bleib gesund!*) und Grüße an dritte Personen (*Schöne Grüße an deine Eltern*) stehen oft am Ende.

Der **Hauptteil**, gewöhnlich der umfangreichste der drei Teile, ist als einziger in jedem Text obligatorisch. Er enthält die wesentliche Information des Textes. Formal unterliegt

er vergleichsweise wenigen Regelungen. Je nach Textziel, Situation und Adressaten zeigt er ganz verschiedene Ausdrucksformen. Es gibt kurze Texte, die nur aus einem Hauptteil bestehen.
Schriftlich:

> *Wartezimmer*
> *Zutritt Unbefugten verboten*
> *Bitte einzeln eintreten!*
> *Ab 1.1.2003 können wir leider keine Schecks mehr annehmen. Wir bitten um Ihr Verständnis.*

… und so weiter bis zu umfangreichen Schriftsätzen, Bekanntmachungen, Erzählungen, Schilderungen, alle meist in Form von Verbalsätzen.
Mündlich:

> *Idiot!* (einem anderen Autofahrer zugedacht)
> *Aufpassen!* (Warnruf an einen Fußgänger, der eine vereiste Stelle betritt)
> *Welche Überraschung!* (bei zufälliger Begegnung mit einem Bekannten)

In längeren Gesprächen wie auch in Vorträgen besteht der Hauptteil meist aus Verbalsätzen. Natürlich wird gerade der Hauptteil mit steigender Länge zunehmend gegliedert. Diese Gliederung bezeichnen wir als „Mediostruktur" (denn es gibt noch eine „Mikrostruktur", die im Wesentlichen der internen Struktur der einzelnen Sprechakte entspricht). Sie bedarf einer gesonderten Betrachtung.

2.4.3. Mediostruktur der Texte

Es ist bekannt, dass längere Texte in Absätze gegliedert werden und dass diese Absätze Inhaltskomplexe markieren sollen. Soweit es sich dabei um Elemente handelt, die jeweils genau die drei wesentlichen Textteile markieren, spricht man gemeinhin von „Gliederungssignalen" (Eröffnungssignale, Schlusssignale). Innerhalb des Hauptteils sprechen wir von „Positionsmarkierungen", die jeweils den Stand des Kommunikationsprozesses angeben, und unterscheiden Vorschaltungen, Nachschaltungen und Reaktionssignale. In mündlichen Texten spielen ferner bestimmte „strukturierende Sprechakte" sowie Gesprächssequenzen eine wichtige Rolle.
Die **Positionsmarkierungen** im Inneren des Hauptteils markieren oft so etwas wie die Gelenkstellen der Argumentation. So bezeichnen die **Vorschaltungen** den Beginn eines Argumentationsstranges:

> *Wir kommen jetzt zu einem besonders wichtigen Punkt.*
> *Zu diesem Thema ist noch etwas nachzutragen.*
> *Sie reden immer über Nebensächlichkeiten und vergessen das Wichtigste.*
> *Ich komme jetzt zu einem weiteren Problem …*

Die mündliche Kommunikation kennt auch saloppere Formen:

> *Lasst mich mal was sagen.*
> *Ich würde gern auch mal was dazu sagen.*
> *Und das Wichtigste vergesst ihr wieder!*
> *Schau mal!*
> *Pass mal auf!*
> u. a.

Zu den Vorschaltungen gehört auch die Schrittforderung (s. unten).

Nachschaltungen schließen Argumentationsstränge ab, ziehen ein Resümee, nennen die „Moral" der Geschichte:

> *Damit ist dieses Problem wohl erledigt.*
> *Ich denke, wir können zum nächsten Punkt übergehen.*
> *Ich hab ihn trotzdem gemocht, den Micki.*
> *So geht's eben manchmal.*
> *So einer Frau kann ja keiner mehr helfen.*

Besonders typische Formen der Nachschaltung sind die Kontaktfragen (Kontaktsignale des Sprechers, s. 2.3.3), die teils Zustimmung des Partners, teils bloße Aufmerksamkeit sichern sollen:

> *Nicht (wahr)?*
> *Gelt/gell?*
> *o.k.?*
> u. ä.

Reaktionssignale („Rückmeldungen", „Kontaktsignale des Hörers", s. 2.3.3) bestätigen oft die Aufmerksamkeit des Partners –

> *Ja./Mhm.*
> *So./Soso.*
> *Ach? Ach was?*
> u. a.

– oder sie beantworten Fragen –

> *Ja./Nein./Doch.*

– oder sie zeigen Unsicherheit:

> *Ich weiß nicht./Weiß nicht./Wie soll ich das wissen?/Keine Ahnung.*

Unsicherheit kann auch hinsichtlich Proposition oder Illokution (s. 2.3.2) bestehen:

> *Wie meinen Sie?*
> *Ist das eine Frage?*

Sonderformen der Reaktionssignale sind die „Satzvollendungen", bei denen ein Partner mitten im Satz abbricht, der Andere den Akt zu Ende zu bringen versucht:

> *Also da müsste man eigentlich zuerst … – … die Urheberschaft klären.*
> *Der Magistrat hat sich in dieser Sache … – … unmöglich benommen.*

Auch die **Gesprächssequenzen** sind wesentliche Elemente der Mediostruktur. Gesprächssequenzen sind aufeinanderfolgende Äußerungen verschiedener Sprecher, die dadurch gekennzeichnet sind, dass die erste Äußerung die zweite bedingt; die erste also eine „Obligation" schafft, die durch die zweite eingelöst wird. Deshalb sind Frage-Antwort-Folgen immer Gesprächssequenzen, weil jede Frage auf eine Antwort hin angelegt ist. Gleiches gilt für Vorwurf – Rechtfertigungs-Folgen und Anderes. Wenn aber Sprecher A eine Behauptung aufstellt und Sprecher B dieser Behauptung widerspricht, so kann man nicht von einer Gesprächssequenz reden, weil es keine Gesprächsregel gibt, nach der man einer Behauptung zu widersprechen hätte. Nur Regeln, die auf der Kooperationsbereitschaft der Beteiligten beruhen, konstituieren also Gesprächssequenzen im hier gemeinten Sinne.

Typische Gesprächssequenzen sind: Frage – Antwort, Gruß – Erwiderung, Dank/Entschuldigung – Aufhebung, Feststellung – Intensivierung/Generalisierung/Kommentierung/Einschränkung/Paraphrase/Billigung. Monologische Texte enthalten qua definitione keine Gesprächssequenzen, Gespräche mehr als Berichte und Erzählungen.

Störungen der Kommunikation können auftreten, wenn gegen die Sequenzregeln verstoßen wird, selten aus Berechnung, gewöhnlich aus Versehen. Dann wird immer die Kommunikation beeinträchtigt.

Solche Verstöße können sich auf die Proposition beziehen, vor allem bei Hörstörungen (zum Beispiel bei Schwerhörigkeit), wie es aus der Äußerungsfolge

> *Gehen Sie in die Stadt? – Nein, ich gehe in die Stadt.*

deutlich wird. Sie können sich aber auch auf die Illokution beziehen (es wird also die Illokution der Voräußerung und die dadurch konstituierte Obligation verkannt):

> *Grüß Gott! – Wen?*

Schließlich kann ein Verstoß gegen die Sequenzregeln das Verhältnis der Gesprächspartner stören, wenn die ihnen zukommenden Rollen ignoriert werden wie in den Äußerungsfolgen:

> *Und wie geht es Ihrer Gattin? – Ach fragen Sie doch nicht so dumm!*
> *Kann ich bitte eine Tageskarte bis zum Hauptbahnhof haben? – Das würde Ihnen so passen!*

Unter einem **Gesprächsschritt** versteht man den zusammenhängenden Beitrag eines Gesprächspartners. Gesprächssequenzen bestehen in der Regel aus zwei Gesprächsschritten oder Teilen von solchen.

Der **Sprecherwechsel**, also der Übergang von einem Gesprächsschritt zum nächsten, unterliegt festen Regeln und ist meist sprachlich markiert. Gesprächstechnisch sind vor allem Schrittforderung, Schrittübergabe und Schrittverweigerung zu unterscheiden.

Schrittforderung: Ein Sprecher versucht, während ein Anderer noch redet, zu Wort zu kommen.

Einfachste Form der Schrittforderung ist das Ins-Wort-Fallen. Dabei kann es, wenn der unterbrochene Sprecher nicht sofort verstummt, zum Simultansprechen und, wenn dies länger dauert, zu dem Versuch kommen, dass ein Sprecher den andern durch Lautstärke zu übertönen versucht; werden beide zugleich lauter, so kann dies zum Zusammenbruch der Kommunikation führen.

Für die geregelte, verträgliche Schrittforderung gibt es typische Formeln wie

> *Darf ich mal was dazu sagen?*
> *Dazu fällt mir was ein.*
> *Ja, aber …*
> *Also ich meine …*
> u.v.a.

Auch solche Formeln werden gewöhnlich simultan zu einem anderen Gesprächsschritt geäußert und wirken daher unhöflich. Sie können aber durch eine beigefügte Anrede höflicher gemacht werden:

> *Herr Siewert, darf ich auch mal…?*

In jedem Fall ist die „Äußerungs-Vollendungs-Regel" zu beachten: Alle Gesprächsbeteiligten haben den Sprecher „ausreden zu lassen", d.h. ihm muss die Möglichkeit eingeräumt werden, wenigstens die aktuelle Äußerung abzuschließen. Verstöße gegen diese Regel wirken unhöflich.

Zeigt ein Sprecher Formulierungsschwierigkeiten, so kann auch durch eine Satzvollendung eine Schrittforderung ausgesprochen und zugleich eingelöst werden:

> *Also diese Abgabenverordnung ist … – … ein Beweis dafür, dass man mit List und Tücke den Umweltgedanken ganz legal aushebeln kann. Das ist ja eben das, was ich Ihnen die ganze Zeit über klar machen wollte …*

Schrittübergabe: Das Rederecht geht an einen Andern über. Dies kann der aktuelle Sprecher tun, indem er verstummt oder durch andere Mittel zum Ausdruck bringt, dass sein Beitrag beendet ist.

Soll die Übergabe an eine bestimmte Person erfolgen, so kann dies durch Blickkontakt geschehen, auch durch direkte Anrede:

> *Frau R.!*

Speziellere Übergabeformeln sind:

> *Dazu würde ich gern mal Ihre Meinung hören.*
> *Und was meinen Sie dazu?*
> *Und Sie?*
> u. a.

Bei gesteuerten Gesprächen (Diskussionen u. a.) kann der Leiter die Schrittübergabe anordnen. Dazu können dieselben Übergabeformeln wie bei ungesteuerten Gesprächen eingesetzt werden. Oft reicht auch hier die direkte Anrede

> *Herr S.!*

Es gibt daneben hochoffizielle Formeln, die besonders in umfangreichen Gremien (Parlament, Bürgerversammlung) angewandt werden:

> *Das Wort hat der Abgeordnete N.*
> *Ich erteile Frau M. das Wort.*

Es handelt sich bei den Formeln für Schrittübergabe ausnahmslos um autorisierende Sprechakte (s. 2.3.3), die im Textaufbau als Gliederungssignale fungieren.

Schrittverweigerung: Sie liegt immer dann vor, wenn eine Schrittforderung nicht akzeptiert wird. Die Schrittverweigerung kann formlos erfolgen: Durch einfaches Weiterreden (mit dem Risiko des Simultanredens), durch gleichzeitige Erhöhung der Lautstärke, durch Schnellersprechen. Es gibt aber auch eine Reihe von Formeln für die Schrittverweiterung, die in den letzten Jahrzehnten zunehmend häufig eingesetzt werden:

> *Darf ich mal ausreden?!*
> *Ich möchte das noch zu Ende bringen.*
> *(Bitte) lassen Sie mich ausreden.*
> *Hören Sie mir doch bitte zu!*
> *Ich habe Sie auch ausreden lassen.*
> u. a.

In der Alltagskommunikation kommen auch grob unhöfliche Formen vor wie

> *Sei jetzt mal still!*
> *Wenn Sie endlich mal den Mund halten könnten!*
> *Ach seien Sie doch ruhig!*

Solche Ausdrucksformen stören die Atmosphäre des Gesprächs erheblich und führen bisweilen zum Zusammenbruch der Kommunikation.

2.4.4. Textschichtung

Wird ein geschriebener oder gesprochener Text zu einem späteren Zeitpunkt wieder aufgenommen und, sei es auch in veränderter Form, in einen anderen Text eingebettet, so erscheint dieser neue Text **geschichtet**: Er besteht dann aus einem Obertext und einem Untertext (dem eingebetteten Text).

Ein Beispiel: Anton und Oskar begutachten an einem Sommertag den Garten der Nachbarin Sabine und stellen fest, dass ein Nussbaum die Blätter abwirft. Oskar sagt:

> *Der hat keine Chance mehr.*

Anton berichtet am Abend seiner Frau darüber. Als die Rede auf den Nussbaum kommt, sagt er:

> *Der hat keine Chance mehr.*

Das ist legitim, er weiß vielleicht gar nicht mehr, dass Oskar diese Einschätzung genau so formuliert hat; oder er hat sich Oskars Einschätzung so zu eigen gemacht, dass er sie nun als seine eigene wiedergibt.

Aber vielleicht zweifelt Anton an Oskars Einschätzung, oder er will fairerweise erwähnen, dass er Oskars Einschätzung wiedergibt. Dann würde er etwa sagen:

> *Oskar sagt, der habe keine Chance mehr.*

Dieser Fall, wo der Sprecher ausdrücklich darauf hinweist, dass er die Äußerung eines Andern wiedergibt, zeigt besonders interessante Ausdrucksformen. Er wird im Folgenden beschrieben.

KATEGORIEN DER TEXTSCHICHTUNG

Bei der Textschichtung gibt es immer einen **Primärtext**: die originale Äußerung. Wird diese Äußerung in einen neuen Text übernommen, so wird sie zum **Sekundärtext**.

Der Sekundärtext kann mit dem Primärtext identisch sein:

> *Oskar sagt, der hat keine Chance mehr.*

Dann sprechen wir von **direkter Textwiedergabe**.

Der Sekundärtext kann aber auch gegenüber dem Primärtext nach bestimmten Regeln verändert werden. Dann sprechen wir von **indirekter Textwiedergabe**.

Ein Sekundärtext soll immer als wiedergegeben gekennzeichnet werden. Dazu bedarf es eines **Wiedergabeindex**.

AUSDRUCKSFORMEN DER TEXTSCHICHTUNG

Die eingebetteten Texte können, soweit sie satzartiger Natur sind, weitgehend beliebige Form haben. In den meisten Fällen sind sie Ergänzungssätze zum Obersatzverb. Da es sich immer um wiedergegebene (mündliche oder schriftliche) Rede handelt, sprechen wir im Folgenden von „Redewiedergabe".

Direkte Redewiedergabe

Hier kann der Wiedergabeindex nicht in der wiedergegebenen Äußerung liegen. In geschriebener Sprache bedient man sich meist der Anführungszeichen als Wiedergabeindex:

> *Oskar sagte: „Der hat keine Chance mehr."*

In gesprochener Sprache gibt es keine Entsprechungen zu diesen Anführungszeichen.

Häufig liegt aber der Wiedergabeindex im Obertext. Es handelt sich dann gewöhnlich um Verben des Sagens (s. oben). Diese Obertextverben können dem wiedergegebenen Text vorausgehen oder ihm nachfolgen, sie können auch in ihn eingeschoben sein:

> *Oskar sagte: „Der hat keine Chance mehr."*
> *„Der hat keine Chance mehr", sagte Oskar.*
> *„Der", sagte Oskar, „hat keine Chance mehr."*

An diesen drei Formen lassen sich auch Regularitäten der Zeichensetzung ablesen: Der vorangestellte Obertext wird durch Doppelpunkt vom Untertext abgetrennt; nachgestellter bzw. zwischengeschobener Obertext wird durch Kommas vom Untertext abgesetzt. Jeglicher direkt wiedergegebene Untertext, gegebenenfalls in Stücken, wird durch Anführungszeichen ein- und ausgeleitet. Die Anführungszeichen sind dabei untertextnäher als die übrigen Zeichen.

Die Ausdrücke des Sagens als Wiedergabeindizes im Obertext können fehlen, wenn aus dem Kontext hinreichend deutlich wird, dass ein direkt wiedergegebener Text folgt:

> *Oskar trat plötzlich zu den beiden. „Der hat keine Chance mehr."*
> *Anton sah überrascht auf. „Der hat keine Chance mehr." Oskar zeigte nach dem nahe stehenden Nussbaum.*

Bisweilen werden Ausdrücke des Sagens durch Ausdrücke ersetzt, die ein begleitendes Geschehen bezeichnen:

> *„Der soll keine Chance mehr haben?" zog Oskar die Augenbrauen hoch.*
> *„Es ist nicht so, dass die Kunden in Schlangen an der Kasse stehen", trat auch der Vorsitzende Faller der herrschenden Volksmeinung entgegen.*

Solche Formulierungen, auch wenn sie in Pressetexten nicht selten begegnen, gelten als unbeholfen und sollten vermieden werden. Als vorausgehender Obertext (mit Doppelpunkt) sind sie jedoch legitim:

> *Oskar zog die Augenbrauen hoch: „Der soll keine Chance mehr haben?"*

Ausdrücke der Gefühlsäußerung sind vielfach in allen Stellungen erlaubt:

> *„Der soll keine Chance mehr haben?" wunderte sich Oskar.*

Bei Äußerungen wie

> *Er wusste: Dieser Baum hatte keine Chance mehr.*

reden wir nicht von Textschichtung (sondern von einfacher Unterordnung eines Konstativsatzes, s. 3.1), auch nicht von Redewiedergabe, weil zwar ein Inhalt, aber nicht ein primärer Text („Rede") wiedergegeben wird. Den Terminus „Redewiedergabe" reservieren wir für Fälle, denen eindeutig eine noch identifizierbare Primäräußerung zugrunde liegt.

Indirekte Redewiedergabe

Hier sind geeignete Obertextausdrücke (meist Verben des Sagens) wiederum eindeutige Indikatoren für die Textschichtung. Außerdem erfährt der Primärtext hier deutliche Veränderungen, die ihn, auch ohne entsprechenden Obertext, eindeutig als Sekundärtext ausweisen. Beispiel:

> *Oskar sah über die Straße. Dieser Baum **habe** keine Chance mehr.*

Folgende Veränderungen kommen als Wiedergabeindex vor:

- Konjunktiv
- Subjunktion
- Modalverben
- Referenzverschiebungen

Der **Konjunktiv** ist der wichtigste und häufigste Index für indirekte Redewiedergabe. Im Allgemeinen wird dabei der Konjunktiv I verwendet; der Konjunktiv II oder die *würde*-Umschreibung treten in definierten Fällen an seine Stelle (s. dazu Näheres 4.4.4, 4.4.5). Obertext und Untertext werden ausschließlich durch Kommas getrennt; Anführungszeichen kommen nicht vor. So ergeben sich folgende Möglichkeiten:

> *Oskar behauptet, dieser Baum habe keine Chance mehr.*
> *Dieser Baum, behauptet Oskar, habe keine Chance mehr.*
> *Dieser Baum habe keine Chance mehr, behauptet Oskar.*

Bezeichnet der Untertext einen gegenüber dem Obertext-Sachverhalt zeitlich zurückliegenden („vergangenen") Sachverhalt, so muss zu einer Perfektform gegriffen werden, weil die Konjunktivformen (auch der Konjunktiv II, s. 4.4.4, 4.4.5) keine Zeitinformationen liefern:

> *Oskar behauptete, dieser Baum habe schon damals keine Chance mehr gehabt.*

Unterscheidet sich die fällige Konjunktiv-I-Form nicht vom Präsens, so tritt an ihre Stelle häufig der Konjunktiv II:

> *Oskar behauptete, diese Bäume hätten* (statt *haben*) *keine Chance mehr.*

Aber dieser Ersatz ist nicht verbindlich. In der mündlichen Alltagssprache wird der Konjunktiv ohnehin seltener verwendet, so dass hier die Grenze zwischen direkter und indirekter Redewiedergabe vielfach verwischt wird.

In der Standardsprache jedoch wird der Konjunktiv als Index indirekter Redewiedergabe konsequent und ausnahmslos verwendet. Dies ist besonders wichtig in Folgen wiedergegebener Äußerungen, wo der redeanzeigende Obersatzausdruck meist nur einmal (am Anfang) realisiert wird:

> *Ein Sprecher erklärte, diese neue Verordnung stelle die Steuergerechtigkeit wieder her. Dies sei leicht nachweisbar, allerdings habe es sich in der öffentlichen Meinung noch nicht lückenlos durchgesetzt. Wenn die Regierung in dieser Sache überhaupt einen Fehler gemacht habe, dann sei es die mangelnde Plausibilisierung. Dies werde man nachholen.* usw.

Es kommt auch vor, dass ein redeanzeigender Obersatzausdruck völlig fehlt. Dann ist der Konjunktiv einziger Wiedergabeindex, er stellt also sicher, dass hier in den Erzählertext die Primäräußerung eines anderen Sprechers sekundär eingebettet wird:

> *Sein Vater war Tuchhändler gewesen, aber schon vor dem Krieg gestorben. Die Mutter hatte dann als Lehrerin gearbeitet und in dieser Funktion vielen in Not Geratenen geholfen. Nach der Besetzung durch die Wehrmacht hatte sie sich den Partisanen angeschlossen.* ***Ein einziges Mal habe man sie danach noch in der Stadt gesehen****...*

Allerdings kann der Konjunktiv I nur bei Mitteilungen im weiteren Sinne als einziger Wiedergabeindex fungieren.

Werden **Fragen** indirekt wiedergegeben, so muss der Konjunktiv durch bestimmte **subjunktive Elemente** (Fragewort bzw. *ob*) unterstützt werden. Dies ist zwar auch bei Mitteilungen möglich (aber im Grunde überflüssig):

> *Oskar erklärte, dass der Baum keine Chance mehr habe.*

Indirekt wiedergegebene Interrogativsätze verlangen außerdem nahezu immer einen wiedergabeindizierenden Obersatzausdruck:

> *Anton fragte, ob der Baum noch eine Chance habe.*
> *Anton wollte wissen, warum der Baum keine Chance mehr habe.*

Indirekte Interrogativsätze werden nicht durch Fragezeichen abgeschlossen. Bei Häufung indirekter Fragen werden allerdings, wenn sie durch Punkt vom ersten getrennt sind, die folgenden mit Fragezeichen abgeschlossen:

> *Anton fragte, warum der Baum keine Chance mehr habe. Ob dies das erste Mal sei, dass er die Blätter abwerfe? Ob man schon einen Experten befragt habe? Wann er begonnen habe die Blätter anzuwerfen?*

Auch die **Gegenfrage** (Vergewisserungsfrage zu einer nicht mit Sicherheit verstandenen Frage des Partners) gehört in diesen Zusammenhang, denn hier wird streng genommen eine primäre Frage wiedergegeben:

> *Wann haben Sie von dieser Planung erfahren?* ⇒
> *Wann ich von dieser Planung erfahren habe?*
> *Haben Sie von dieser Planung gewusst?* ⇒
> *Ob ich von dieser Planung gewusst habe?*

Man kann sich einen Obertext

> *Sie wollen wissen/Sie fragen ...*

oder

> *Wollen Sie wissen/Fragen Sie ...*

hinzudenken, der aber in der Regel nicht realisiert wird.

Werden **Aufforderungen** indirekt wiedergegeben, so ist wiederum ein redeindizierender Obersatzausdruck erforderlich (bei Reihungen wenigstens am Anfang der eingebetteten Sätze). Außerdem muss hier der Konjunktiv durch geeignete **Modalverben** (meist *sollen*) unterstützt werden. So wird die Aufforderung

> *Zeig mir den Baum!*

zu dem Einbettungsgefüge

> *Anton sagte, er solle ihm den Baum zeigen.*

Subjunktive Einbettung (mit *dass*) ist möglich, wenngleich selten:

> *Anton sagte, dass er ihm den Baum zeigen solle.*

Drückt der Obersatzausdruck seinerseits schon die Illokution „Aufforderung" aus, so werden primäre Aufforderungen meist in Form von Infinitivkonstruktionen eingebettet:

> *Anton bat ihn, ihm den Baum zu zeigen.*

Die indirekte Wiedergabe **anderer Sprechakte** ist teilweise kompliziert, teilweise auch unmöglich: Grüße, Vorstellungen, Flüche, Schimpfereien können überhaupt nicht eingebettet werden.

Der Sprechakt „Warnung" erlaubt unterschiedliche indirekte Einbettungen, vgl.

> *Geh nur ohne Schirm in den Regen, du wirst dir schon einen Schnupfen holen.* ⇒
> *Heike sagte, er brauche nur ohne Schirm in den Regen gehen, da werde er sich schon einen Schnupfen holen.*
> *Heike warnte ihn, ohne Schirm in den Regen zu gehen, sonst werde er sich schon einen Schnupfen holen.*

Gelegentlich wird der Konjunktiv bei indirekter Redewiedergabe durch den Indikativ (Präsens oder Präteritum, auch bestimmte Perfektkomplexe) ersetzt, häufiger in gesprochener Alltagssprache, aber durchaus auch in der Standardsprache. Soweit mit *dass* subjungiert wird, ist dann immerhin der indirekte Wiedergabecharakter noch gesichert:

> *Oskar behauptet, dass dieser Baum keine Chance mehr hat.*

Solche Wiedergabegefüge legen jedoch die Interpretation nahe, dass der Sprecher Oskars Meinung teilt, während bei konjunktivischem Verb (*habe*) deutlich gemacht wird, dass es sich nur um Oskars Meinung handelt und der Sprecher seine eigene Meinung verborgen hält.

Verzichtet man völlig auch auf den Wiedergabeindikator *dass*, so ist, trotz des Kommas, die direkte nicht mehr von der indirekten Wiedergabe zu unterscheiden:

> *Oskar behauptet, dieser Baum hat keine Chance mehr.*

Nur wenn sich Referenzverschiebungen ergeben, ist auch in solchen Fällen der Wiedergabecharakter gesichert.

Referenzverschiebungen können sich im personalen und im situativen Bereich ergeben. Verschiebungen der **personalen Referenz** treten dann auf, wenn Primäräußerungen, die Pronomina bzw. Determinative der 1. oder 2. Person enthalten (oder, im Falle des Imperativs, ein Pronomen der 2. Person unrealisiert mitsetzen), indirekt wiedergegeben werden. Solche Verschiebungen beruhen darauf, dass die indirekt wiedergegebene Rede meist nur die 3. Person kennt:

> *Zeig mir doch mal den Baum.* ⇒
> *Anton sagte, Oskar solle ihm doch mal den Baum zeigen.*
> *Anton sagt: Mein Baum hat keine Chance mehr.* ⇒
> *Anton sagt, sein Baum habe keine Chance mehr.*

Die Verschiebungen sind insgesamt ziemlich kompliziert. Die 1. bzw. 2. Person ist in indirekt wiedergegebener Rede durchaus zulässig, aber nur dann, wenn die Redekonstellation nach der Einbettung immer noch Einheiten der 1. bzw. der 2. Person kennt:

> *Anton sagte zu mir: Zeig mir doch mal den Baum.* ⇒
> *Anton sagte zu mir, ich solle ihm doch mal den Baum zeigen.*
> *Anton sagte zu mir: Dein Baum hat keine Chance mehr.* ⇒
> *Anton sagte (zu mir), mein Baum habe keine Chance mehr.*

Die Verschiebungen in der **situativen Referenz** ergeben sich aus der Tatsache, dass in jeder Redekonstellation der „Ort" des Sprechers oder ein von ihm spekulativ eingenommener Ort als Bezugspunkt für andere Lokal- (und Temporal-)bestimmungen gilt.

So wird, je nach dem Ort, an dem sich der Sprecher der Gesamtäußerung orientiert, aus

> *Ich habe den Baum von hier aus gesehen.* ⇒
> *Anton sagte, er habe den Baum von dort aus gesehen.*

Nur wenn die Orte, an denen sich Anton sowie der aktuelle Sprecher orientieren, identisch sind, kann es auch heißen

> *Anton sagte, er habe den Baum von hier aus gesehen.*

Entsprechendes gilt für zeitliche „Orte", vgl.

> *Du sollst das jetzt und nicht morgen machen.* ⇒
> *Sabine sagte, er solle das am heutigen und nicht am nächsten Tag machen.*

Parallelformen zur Redewiedergabe

Solche Formen werden mit den Modalverben *sollen* und *wollen*, andere mit redeindizierenden Ausdrücken wie *es heißt* gebildet.

sollen wird verwendet, wenn man ausdrücken will, dass ungenannte Andere die folgende Rede primär geäußert haben:

> *Dieser Baum soll keine Chance mehr haben.*

heißt (in der gemeinten Verwendung) soviel wie *Es gibt Leute, welche sagen, dass…/Es wird gesagt, dass dieser Baum keine Chance mehr hat.* Oft ist mit dieser Formulierung ein Zweifel an der Wahrheit der primären Mitteilung verbunden; jedenfalls wird eine Verantwortung für deren Inhalt abgelehnt.

wollen wird verwendet, wenn man ausdrücken will, dass die Subjektsgröße des aktuellen Satzes etwas behauptet (das der Sprecher übrigens fast immer bezweifelt):

> *Oskar will dieses Haus gekauft haben.*

heißt soviel wie *Oskar behauptet, dass er dieses Haus gekauft habe, und ich mag das nicht so recht glauben.*

In komplexen Sätzen, die mit ***es heißt*** u. ä. beginnen, liegen echte Wiedergaben vor – allerdings bleibt hier offen, ob Gesprochenes oder nur Gedachtes, Rede oder Inhalt wiedergegeben wird:

> *Es heißt, dass dieser Baum keine Chance mehr hat.*
> *Es heißt, dieser Baum habe keine Chance mehr.*

Beide Äußerungen bedeuten, dass gesagt wird oder wurde, dieser Baum habe keine Chance mehr; ob es aber auf diese Art, das heißt in entsprechender und im Detail rekonstruierbarer Form gesagt wurde, bleibt unklar. Deshalb können diese Konstruktionen nicht zweifelsfrei zu den Redewiedergaben gerechnet werden.

2.5.   TEXTSORTEN

2.5.1. Was sind Textsorten?

Unter Textsorten darf man nicht einfach jegliche irgendwie definierten „Sorten" von Texten verstehen. Vielmehr hat die Forschung sich darauf festgelegt, als Textsorten bestimmte Gattungen von Texten zu verstehen, die **formale Eigenschaften** aufweisen, **die mit nichtsprachlichen Gegebenheiten korrelieren, so dass ihre formalen Eigenschaften aus diesen nichtsprachlichen Gegebenheiten erschlossen werden können.**

2.5.2. Nichtsprachliche Merkmale der Textsorten

Die nichtsprachlichen Gegebenheiten sind Textziel und Textkonstellation.

Als **Textziel** hat man sich die Zwecksetzung eines Textes vorzustellen, das kommunikative Ziel also, das mit Hilfe dieses Textes erreicht werden soll. Indem es dem Text vorhergeht, also außerhalb des Textes festgelegt wird, ist es unmittelbar textkonstitutiv.

Die wichtigsten Textziele (ohne Anspruch auf Vollständigkeit) sind: Informieren, Veranlassen, Überzeugen, Belehren, Kontaktpflege und Emphase-Abbau. Es erscheint nützlich, zu jedem dieser Ziele einige gängige Textsorten anzugeben, die vorrangig (wenngleich nicht unbedingt ausschließlich) dem jeweiligen Ziel verpflichtet sind.

> **Informieren:** Bericht, Pressenachricht, Protokoll, Beschreibung, Erzählung, öffentliche Bekanntmachung, Hinweisschild, Quittung, Interview u. a.
>
> **Veranlassen:** Befehl, Anordnung, Verbotsschild, Anweisung, Rechnung, Mahnung, Einladung u. a.
>
> **Überzeugen:** Wissenschaftliche Abhandlung, Plädoyer, fast alle Arten religiöser Literatur, Werbetexte im kommerziellen und im politischen Bereich u. a.
>
> **Belehren**: Lehrbuch, Stadtführer, Wanderführer, Gebetbuch u. a.
>
> **Kontaktpflege**: private Briefe, private Telefongespräche, Plaudereien, Lobreden (Laudationes) u. a.
>
> **Emphase-Abbau:** Schimpfen, Fluchen; Lyrik u. a.

Die **Textkonstellation** setzt sich aus den äußeren Gegebenheiten zusammen, unter denen der Text entsteht. Textproduzent und Textrezipient, also die Teilnehmer am Kommunikationsprozess, stehen dabei an erster Stelle; hinzu kommen die Umstände, unter denen der Text entsteht.

Teilnehmer: Wesentlich ist

- ihre Anzahl (einer, mehrere, unbegrenzt viele?),
- ihr Verhältnis zueinander (sind sie im Kommunikationsprozess gleichberechtigt, wie zum Beispiel in einer Diskussion, oder besteht ein Unterordnungsverhältnis wie im Verhör?),
- die Art der Beteiligung (eher aktiver oder eher passiver Sprecher?);

Umstände:

- Adressatenbezug des Textes (öffentlich, halböffentlich, individuell?),
- Übermittlungsmedium (unmittelbare mündliche Kommunikation, Telefon, Schriftstück/Buch, Massenmedium?),
- Grad der Vorbereitetheit der Teilnehmer,
- Zeitbezug des Textes (ist von vergangenen, aktuellen oder zukünftigen Sachverhalten die Rede?).

2.5.3. Liste der Textsorten

Aus dem Zusammenspiel von Textziel und Textkonstellation ergeben sich die **Textsorten**. Dabei sind einzelne Merkmale von unterschiedlichem Gewicht. Es ist nützlich, bei jeder Textsorte Hauptziele und Nebenziele zu unterscheiden. Bei der Textkonstellation zählen besonders das Verhältnis der Teilnehmer und der Öffentlichkeitsgrad des Textes, weitere Merkmale bringen eher Modifikationen einzelner Textsorten.

Legt man alle aufgeführten Merkmale zugrunde und setzt schließlich das Raster der Gebrauchshäufigkeit ein, so lassen sich folgende Textsorten auffinden:

Interview	**Kochrezept**
Beratungsgespräch	Bekanntmachung mit aufforderndem
Telefongespräch	Charakter
Zeitungsnachricht	Hausordnung
Hinweistafel, Hinweisschild	Bewerbung
Referat	Verpflichtungserklärung
Betriebsanleitung	Anweisung
Montageanweisung	Antrag
Lebenslauf	Bestellung
Gebrauchsanweisung	Rechnung
Anmeldung	Mahnung
Protokoll	Mietvertrag
Bestellung	Kaufvertrag
Bestätigung einer Bestellung	Diskussion
Quittung	Leitartikel, Kommentar
Werbebroschüre, Werbeanzeige	Aufkleber
Gebotsschild, Verbotsschild	**Brief** (offiziell, privat)

Die Frage muss gestellt werden, wohin der große und vielgestaltige Bereich der Belletristik, der fiktionalen Literatur insgesamt, zu rechnen ist. Nun – eine pauschale Zuordnung ist nicht möglich, es handelt sich offensichtlich um eine Mischgattung. Sicherlich spielt häufig das Bedürfnis zu informieren, seltener der Wunsch zu belehren und zu überzeugen eine Rolle. Diese vorläufige Antwort ist natürlich unbefriedigend, denn die gemeinte Art von Literatur wird ja nicht „gemacht", um Leser zu informieren, zu belehren oder zu überzeugen usw.; auch der Wunsch zu unterhalten mag eine wesentliche Rolle spielen. Es wäre sicher aussichtslos, die sogenannte schöne Literatur einem einzigen Textziel (auch wenn dieses neu definiert würde) zuordnen zu wollen. Die Konstellation hingegen ist hier ziemlich einheitlich: Es liegt absolutes Ungleichgewicht der Teilnehmer vor (einer produziert, der Rest kann nur rezipieren), die Zahl der Rezipienten ist unbegrenzt, der Charakter des Textes daher öffentlich (jeder darf lesen).

2.5.4. Exemplarische Beschreibung einzelner Textsorten

Eine Beschreibung der einzelnen Textsorten hat einerseits Ziel(e) und Textkonstellation zu nennen, andererseits diesen Merkmalen sprachliche Ausdrucksformen zuzuordnen. Will eine Grammatik Textsorten als Typen beschreiben, so hat man von einzelnen, möglichst typischen Texten auszugehen: Diese müssen zuerst in extenso präsentiert, sodann analysiert werden. Damit scheiden bestimmte Textsorten von vornherein aus, die einen wegen ihres allzu großen Umfangs (Interview, viele Gespräche, Protokoll, viele Briefe, Hausordnung, Mietvertrag), die anderen weil sie stark genormt sind, Formularcharakter haben und vom aktuellen „Produzenten", der das Formular ausfüllt, nur geringe Aktivität verlangen (Anmeldung, Rechnung, Quittung, Hausordnung, viele Verträge). Man sollte auch berücksichtigen, welche Aufgaben einer Grammatik grundsätzlich gestellt sind: Sie soll sprachliche Erscheinungen auf allgemeine Art beschreiben und erklären, und sie soll Anweisungen geben, wie bestimmte sprachliche Erscheinungen, also auch Texte, erzeugt werden können. Damit erübrigen sich zum Beispiel Beschreibungen von Hinweisen auf Schildern, die, welche konkrete Form sie immer aufweisen mögen, in ihrer Kürze gewöhnlich allgemein verständlich sind und deren „Erzeugung" kaum Lerngegenstand sein dürfte. Auch die hochinteressanten „Aufkleber", die meist an der Rückfront von Autos angebracht werden, damit der Fahrer des folgenden Fahrzeugs sie lesen kann, wenn beide (etwa an der Ampel) warten müssen, bedürfen hier nicht unbedingt der Beschreibung: Aufklebertexte sind im Sinne ihrer Zielsetzung meist so formuliert, dass jeder sie auf Anhieb versteht; und eine Autorenschulung für Aufklebertexte würde die Kreativität der Autoren gerade hier ungebührlich einschränken.
Es bleibt immer noch eine erkleckliche Anzahl von Textsorten, deren Beschreibung nützlich wäre. Aus diesen Textsorten wurden vier ausgewählt, die hier exemplarisch beschrieben werden (und in der oben stehenden Liste durch Fettdruck hervorgehoben sind).

TELEFONGESPRÄCH

Diese Textsorte erlaubt, abhängig von Teilnehmern und Thema, natürlich viele Ausdrucksformen. Sie unterliegt aber einigen Rahmenvorschriften, die leicht beschreibbar sind.

Wie meldet man sich, wenn man angerufen wird?

Im deutschen Sprachbereich meldet sich der Angerufene grundsätzlich mit seinem Namen, meist dem Familiennamen:

Schüssler.

Die zusätzliche Nennung des Vornamens ist durchaus möglich, wird aber selten praktiziert:

> *Klaus Schüssler.*

Sind aber in der Wohnung Kinder der Familie, so fügen sie gewöhnlich den Vornamen hinzu:

> *Inge Schüssler.*

Meldet sich eine Person, die sich nur temporär in der Wohnung aufhält (als Gast, als Reinigungsperson o.a.), so lautet die übliche Formulierung:

> *Bei Schüssler.*

eventuell auch mit Nennung des eigenen Namens:

> *Führmann bei Schüssler.*

Allen diesen Formeln kann (wird jedoch selten) das Adverb *hier* vorangestellt werden:

> *Hier Schüssler.* usw.

Ganz unüblich ist es im deutschen Sprachbereich, sich mit *Hallo?* oder *Ja?* o.ä zu melden. Obwohl entsprechende „Meldungen" in anderen Ländern die Regel sind, gelten sie hierzulande als unhöflich und auch als unbeholfen.

Wie meldet sich daraufhin der Anrufer?

In jedem Fall hat der Anrufer sich ausreichend zu erkennen zu geben. Dies geschieht am häufigsten durch den Familiennamen, notfalls mit Vornamen. Nicht selten wird das Adverb *hier* vorangestellt *vorangestellt:*

> *(Hier) Fehling./(Hier) Andreas Fehling.*

Vollständige Verbalsätze wirken insgesamt höflicher:

> *Hier spricht Andreas Fehling.*
> *Hier ist Andreas Fehling.*
> u. ä.

Ruft der Mitarbeiter einer Firma oder einer Behörde an, so wird die Institution zuerst genannt, danach stellt sich die Person vor:

> *Hier Firma Steinbeißer, Valentin Vogel*

oder auch umgekehrt:

> *Hier Valentin Vogel (von der) Firma Steinbeißer*

An die Vorstellung des Anrufers schließt sich der Gruß an, darauf pflegt der Angerufene zurück zu grüßen:

> *Hier Firma Steinbeißer, Valentin Vogel. Guten Tag (Herr Fehling)!*

Abhängig von der Beziehung der Gesprächspartner zueinander sind saloppere Ausdrücke häufig, besonders

> *Hallo (Herr Fehling)!*

Wie wird der Hauptteil eingeleitet?

Gewöhnlich, besonders in geschäftlichen Gesprächen, nennt der Anrufer den Anlass:

> *Ich rufe an wegen...*
> *Ich wollte noch mal anfragen wegen...*
> o.ä.

In privaten Gesprächen wird der Hauptteil oft unvermittelt eröffnet:

Wann seid ihr denn heimgekommen?
Hat's gestern noch lange gedauert?

Im Übrigen gibt es für den Hauptteil kaum Regeln, Ablauf im Ganzen und Formulierungen im Einzelnen hängen wesentlich vom Bekanntheitsgrad der Gesprächspartner und vom Gesprächsinhalt ab.

Wie wird der Abschluss des Gespräches formuliert?

Bisweilen wird der Schluss angekündigt und begründet:

Du, es hat an der Tür geläutet. Ich muss jetzt auflegen ...
Wir müssen jetzt aufhören, ich sollte noch mal in die Stadt ...
Können wir ein andermal weitersprechen? Ich bin gerade am Kochen ...

Andere derartige Formeln sind:

Also, es war nett, wieder mal mit dir zu reden ...
Ich bin Ihnen sehr dankbar, dass Sie angerufen haben.
o.ä.

Der eigentliche Schluss besteht im Abschiedsgruß (meist, aber keineswegs ausnahmslos, des Anrufers). Die Regelform ist:

Auf Wiederhören (Andreas/Herr Fehling).

Diese Formulierung deutet an, dass der nächste Kontakt wahrscheinlich wieder via Telefon erfolgen wird. Der sonst übliche Abschiedsgruß *Auf Wiedersehen* wird am Telefon nur dann verwendet, wenn mit einer face-to-face-Begegnung in nächster Zeit zu rechnen ist. An die Stelle des Standardgrußes *Auf Wiederhören* können, je nach der Beziehung der Partner zueinander, saloppere Formeln treten:

Tschüss/Ciao/Bis dann (Heiner).

Nichtsprachliche Bedingungen:
* Textziel variabel.
* Textkonstellation: Verhältnis der Partner variabel, jedoch besteht ein gewisser Rechtfertigungszwang für den Anrufer.

Sprachliche Merkmale:
* Genormte Eröffnungs- und Schlusssignale: Meldung, Grüße (evtl. mit Anrede).

REFERAT

Die Rede wird hier sein von den schriftlichen Hausarbeiten, wie sie an deutschen Universitäten im Bereich der Geisteswissenschaften von Studierenden verlangt werden. Andere „Referate", etwa Kurzvorträge auf Konferenzen, bilden eigene Textsorten.

Auch wenn bestimmte sprachliche Ausprägungen themagebunden sind, gibt es einen erheblichen Anteil an allgemein verbindlichen Festlegungen:

Die **Titelseite** enthält das Thema des Referats, das Thema der Lehrveranstaltung, den Namen des Leiters der Veranstaltung, Namen und (meist) Anschrift des Autors.

Die Folgeseite bringt das **Inhaltsverzeichnis** (tabellarische Form).

Für den **Hauptteil** gibt es eine große Bandbreite möglicher Formulierungstaktiken. Erwartet wird jedoch allgemein eine relativ unpersönliche Ausdrucksweise, d. h. Zurücktreten der Person des Autors, dafür Passivformen (*... wird vielfach angezweifelt, ... ist nicht erwiesen*) und Parallelformen (*man hält dies für ..., ... gilt als ...*, vgl. dazu 4.7.3, bes. S. 243f.), auch „Subjektschub" (*Die Forschung ist sich darüber noch nicht einig. Dieses Buch zeigt deutlich ...*).

Feststellungen von wissenschaftlicher Tragweite, die nicht auf eigener Argumentation beruhen, sondern der Literatur entnommen sind, müssen ausnahmslos belegt werden. Dies sollte, sofern es sich nur um Belegstellen handelt, eingeklammert im Text geschehen, mit Autornamen, Erscheinungsjahr, Seitenzahl:

> *... beruht auf einem längst entlarvten Irrtum (s. Brinkmann 1942: 131).*

Ist die Belegangabe jedoch mit einer kurzen Argumentation oder Erläuterung verbunden, so empfiehlt sich, das Ganze in eine Fußnote zu nehmen, deren Text etwa lauten kann:

> *Dies hat, in heftiger Auseinandersetzung mit Weisgerber, Peter Hartmann nachgewiesen (Hartmann 1964: 24).*

Die ausführliche Bibliographie des zitierten Werkes gehört ins Literaturverzeichnis. Es ist in jedem Fall zu vermeiden, dass der Text oder auch die Fußnote durch ausführliche Literaturangaben aufgeschwellt (und damit oft eine Literaturangabe doppelt realisiert) wird. Ans Ende jedes Referats gehört ein **Literaturverzeichnis**, das genau die verwendete bzw. irgendwie für das Referat wesentliche Literatur enthält. Als Norm der Literaturangaben hat sich die folgende Form durchgesetzt:

Nachname des Autors (in Majuskeln), Vorname des Autors, in Klammern: Erscheinungsjahr, Doppelpunkt, Titel der Abhandlung, [bei Schriftenreihen: in Klammern Gleichheitszeichen, Name der Reihe, Bandnummer], [bei Sammelband-Beiträgen: Namen der Herausgeber, Name des Publikationsorgans], Erscheinungsort, optional: Doppelpunkt, Verlag Seitenzahlen des Beitrags. Zeitschriftenaufsätze werden ebenso behandelt wie Beiträge in Sammelbänden, doch wird der Herausgeber der Zeitschrift im Allgemeinen nicht genannt.

Beispiele:

> KICKERMANN, Edith (1986): Die Ausklammerung in deutscher Prosa seit 1950. Tübingen.
> KLICKERMANN, Bruno (1980): Herausstellung bei Brecht. Heidelberg: Groos.
> KUCKERMANN, Irene (1993): Funktionale Satzperspektive und Wortstellung (= Serie Germanistik 23). München.
> KLACKERMANN, Sabine (1982): Ein Typ von Satzverschränkungen bei Christa Wolf. In: Anna Edelbrecht; Ilse Notterberg (Hrsg.): Syntaktische Untersuchungen zur Gegenwartsliteratur, Hamburg. S. 131–145.
> KÖCKERMANN, Rolf (1995): Kritisches zum Zertifikat „Deutsch als Fremdsprache". In: Zeitschrift für germanistische Linguistik. Leipzig. S. 6–23.

Textziel: Information und Überzeugung fachspezifischer Öffentlichkeit.
Textkonstellation: Autor allein produktionsberechtigt, Leser rein rezeptiv.
Sprachliche Merkmale:
- Unpersönliche Ausdrucksformen.
- Feststellungen sind argumentativ oder durch Belegstellenangabe zu untermauern.

KOCHREZEPT

Vielfach wird behauptet – so unbeirrt in der Duden-Grammatik –, der Konjunktiv I sei ein für Kochanweisungen typisches Ausdrucksmittel, ja Kochrezepte seien eine Fundgrube für Konjunktivformen (*man nehme ...*). Eine aufmerksame Sichtung heute verbreiteter Kochbücher, und das gilt ebenso für die Masse der Kochbücher des ganzen 20. Jahrhunderts, zeigt jedoch, dass der Konjunktiv in dieser Textsorte äußerst selten auftritt. Allgemein üblich sind andere Verbalformen (s. unten).
Diese Ausdruckskategorien gelten jedoch nur für den Hauptteil des Rezepts, die eigentliche Kochanweisung. Eingeleitet werden Rezepte gewöhnlich durch Aufzählung der er-

forderlichen Zutaten. Diese werden in Form von Nominalphrasen listenförmig aufgeführt:

½ Kilo Mehl
3 Eier
100 Gramm Zucker
1 Prise Koriander

Anschließend an die Zubereitungsanleitung wird häufig eine Art Servieranleitung gegeben; sie besteht gewöhnlich aus Imperativsätzen:

Garnieren Sie die Schupfnudeln mit gehackter Petersilie. Gießen Sie etwas zerlassene Butter darüber. Servieren Sie sie als Beilage zu Braten oder Steaks.

Musterrezept (aus: Elisabeth MEYER-HAGEN: Das elektrische Kochen. Berlin, Frankfurt am Main 1989, S. 237)

Schweinebraten pikant

1 kg	Schweinefleisch
	Salz, Pfeffer
1 Msp.	Thymian
4–6 EL	Wasser

| 2 EL | Essig |
| 1 EL | Zucker |

| 1 EL | Speisestärke |
| | Saft von 2 Orangen |

| 2 | Orangen |

Fleisch waschen, abtrocknen, mit Salz und Gewürzen einreiben, Wasser zugeben und braten. Nach Bedarf heißes Wasser angießen.
Geschlossenes Gerät auf dem Rost
Einsetzen: Untere oder mittlere Schubleiste
Braten: 240–250°   100–120 Minuten
                 0°   10–20 Minuten
Essig und Zucker hellbraun **ankochen** und dem gelösten Bratensatz zufügen.
Speisestärke mit Orangensaft verrühren. Bratenfond **aufkochen**, binden und abschmecken.
Braten mit filetierten Orangenspalten garnieren.

Textziel: Information, Aufforderung zur Zubereitung.
Textkonstellation: Autor allein produktionsberechtigt, Leser rein rezeptiv. Text richtet sich an beliebige Rezipienten.
Sprachliche Merkmale:
Im 1. Hauptteil (Zutaten) ausschließlich Nominalphrasen, in denen Menge und Art der Zutaten angegeben wird.
Der 2. Hauptteil (Zubereitungsanleitung) wird in Sätzen ausformuliert. Typisch sind hier Passiv-, Infinitiv-, Imperativ- und Indikativformen:

Die Eier werden schaumig gerührt.
Sechs Eier schaumig rühren.
Rühren Sie die Eier schaumig.
Sie rühren die Eier schaumig.

Sofern als 3. Hauptteil eine Serviereempfehlung gegeben wird, hat sie die Form von Imperativsätzen oder Infinitivkonstruktionen.

BRIEF

Diese Textsorte ist, abhängig vom Inhalt, aber auch vom Verhältnis (Bekanntheitsgrad) der Korrespondenzpartner, äußerst vielgestaltig. Geregelt sind vor allem Eröffnung und Schluss.

In der **Eröffnung** unterscheiden sich privater und offizieller Brief grundlegend. Im **privaten Brief** stehen einleitend Ort und Datum, dann wird gleich mit der Anrede der eigentliche Brief begonnen. Die Anrede kann lauten:

> *Lieber Mucki/Liebe Frau Wegenast* (vertraulich, freundlich)
> *Sehr geehrte Frau Wegenast* (neutral, nicht bei *Du*-Beziehung)
> *Sehr verehrte Frau Wegenast* (distanziert, respektvoll, nicht bei *Du*-Beziehung)

Steigerung der Intimität ist verschiedentlich möglich, etwa durch Verwendung des possessiven Determinativs oder adjektivischer Superlativformen:

> *Mein lieber Mucki!*
> *Liebster Mucki!*

Steigerung der Distanziertheit ist möglich durch Formen wie

> *Geehrte Frau Wegenast*

Die Anrede

> *Werte Frau Wegenast*

ist veraltet und gilt heute als unbeholfen.

Im Hauptteil werden heute alle Formen des *Du*-Verhältnisses (*du, ihr, dein, euer,* jeweils mit Flexionsformen) mit kleinem Anfangsbuchstaben geschrieben. *Sie* und davon abzuleitende possessive Formen (*Ihr*) erhalten große Anfangsbuchstaben.

Der Schluss besteht aus dem Abschiedsgruß (der oft mit Wünschen verbunden wird) und der Vorstellung des Absenders:

> *Herzliche Grüße – Heinz* (freundschaftlich-intim)
> *Mit den besten Grüßen – Heinz* (freundlich)
> *Mit den besten Grüßen und Wünschen – H.* (ebenso)
> *Mit freundlichen Grüßen – Heinz Wagner* (neutraler Standard)
> *Mit guten Genesungswünschen und freundlichen Grüßen – H.W.* (ebenso)
> *Mit vorzüglicher Hochachtung – Heinz Wagner* (sehr förmlich, veraltend)

Die besonders freundschaftlichen Grüße (Beispiele 1 und 2) werden in der Regel beim *Du*-Verhältnis, aber auch bei distanziertem Verhältnis gebraucht.

Die Intimität aller Abschiedsformeln kann durch das possessive Determinativ vor dem Namen verstärkt werden:

> *dein Oskar*
> *Ihr Klaus Matzerath*

Manche Verfasser privater Briefe verwenden Briefpapier, auf dem Name und Adresse vorgedruckt sind. Bei Verwendung unbedruckten Papiers ist der Name am Schluss die einzige (unvollständige) Absenderangabe. In diesem Fall werden der volle Name des Absenders und seine Adresse in der Regel auf den Umschlag geschrieben (Rückseite oder Vorderseite, hier meist in der linken Hälfte). Diese Absenderangabe ist wichtig, weil der Brief im Falle der Nichtzustellbarkeit zurückgeschickt werden sollte.

Im **offiziellen Brief** sind die Regelungen strenger. Der Briefbogen (bzw. die erste Seite des Briefes) enthält im oberen Teil immer aufgedruckt die volle Absenderangabe, häufig noch weitere Informationen (Telefonnr., Fax-Nr., e-mail-Adresse, teilweise Bankverbindungen), die Adresse des Empfängers, ferner Ort und Datum, meist Betreff und Bezug (auf vorhergegangene Korrespondenz), dann erst folgt die Anrede.

Hier bedient man sich fast ausnahmslos der distanzierteren Formen:

Sehr geehrter Herr N.

Der Schluss des offiziellen Briefes greift wieder auf distanzierte Formen zurück, meist lautet er:

Mit freundlichen Grüßen
Merzing, den 8.12.2002
Norbert Nonnenmacher (ohne possessives Determinativ)

Absender und Empfänger werden in vereinfachter Form (Name, Wohnung) auch auf den Umschlag geschrieben, außer den Anredenomina *Herr, Frau, Eheleute, Familie* werden keine weiteren Elemente hinzugefügt. Auf die Beschriftung des Umschlags kann verzichtet werden, wenn, wie heute zunehmend üblich, Fensterumschläge verwendet werden. Dann ist der Briefbogen so gegliedert, dass am oberen Rand des Fensters in kleiner Schrift nochmals der Absender (Postadresse), danach in normaler Schrift die Anschrift des Empfängers erscheint.

Es werden im Folgenden als Beispiele ein privater und ein offizieller Brief zum selben Thema angeführt. Vorausgesetzt wird dabei, dass Absender und Empfänger des privaten Briefes sich näher kennen, während dies beim offiziellen Brief nicht der Fall ist.

Privater Brief:

Frau Sibylle Staeck
Tegernseer Landstr. 111
81539 München

Merzing, den 8.12.2002

Liebe Sibylle,

wir könnten mit dem Dachausbau gerne in der nächsten Woche beginnen, weil ein anderer Kunde seinen Auftrag zurückziehen musste. Nun weiß ich nicht, ob du in dieser Zeit zu Hause bist (du hattest von einer Reise nach Kiel gesprochen). Telefonisch habe ich dich leider nicht erreicht, deshalb habe ich eine Nachricht auf deinen Anrufbeantworter gesprochen (vorgestern). Da du dich bis jetzt nicht gemeldet hast, bitte ich dich, mich möglichst bald anzurufen. Wenn ich bis 10.12. keine Nachricht von dir habe, müsste ich es leider beim ursprünglich vereinbarten Termin (Januar nächsten Jahres) belassen.

Die besten Grüße

dein Uli

In den meisten derartigen Fällen wird der Schreiber auch für einen solchen privaten Brief einen Geschäftsbogen verwenden, der dann die entsprechenden Mehrinformationen (s. unten) enthält.

Offizieller Brief:

Liebendörfer G.m.b.H. – Altbausanierungen   *Alte Rheinstr. 8*
                                                      89898 Merzing
                                                      Tel. 08786–293
                                                      Fax 08786–2242
                                                      Liebendoerfer@t-online.de

                                                      Kreissparkasse Ottlafing
Nr.   *775533 (BLZ 70870654)*

Frau Sibylle Staeck
Tegernseer Landstr. 111
81539 München

                                                      Merzing, 8.12.2002

Betr.: Dachausbau in Ihrem Haus
Bez.: Ihr Schreiben vom 1.12.2002

Sehr geehrte Frau Staeck,

für den Ausbau des Dachgeschosses in Ihrem Haus hatten wir die Zeit ab Januar nächsten Jahres vereinbart. Nun hat es sich ergeben, dass ein Kunde einen erteilten Auftrag aus zwingenden Gründen stornieren musste. Das bedeutet, dass wir schon am 16. Dezember mit dem Ausbau anfangen könnten.

Ich wollte Sie deshalb sprechen, konnte Sie aber telefonisch nicht erreichen. Da Sie auf meine hinterlassene Nachricht bisher nicht reagiert haben, fürchte ich, dass Sie abwesend waren. Bitte versuchen Sie, wenn irgend möglich, mich telefonisch zu erreichen. Wenn ich bis spätestens 10.12. Bescheid erhalte, könnte ich den Beginn der Arbeiten noch entsprechend vorziehen.

Mit freundlichen Grüßen

(Unterschrift)

Ulrich Liebendörfer
Liebendörfer G.m.b.H.

3. DER SATZ

3.1. WAS IST EIN SATZ?

Fragen dieser Art sollten eigentlich in der Wissenschaft nicht gestellt werden, denn wir wissen vorderhand noch nicht einmal, ob es so etwas wie Sätze überhaupt gibt. Wie könnte man da nach ihrer Beschaffenheit, nach ihrer Definition fragen?

So dient die Überschrift dieses Kapitels denn auch in erster Linie der Fokussierung eines Problems, mit dem sich jede Grammatik herumzuschlagen hat. Immerhin: Jede Grammatik – mit ganz wenigen Ausnahmen – kennt eine Kategorie, die sie „Satz" nennt. Das ist an sich ganz legitim. Bedenken erweckt vielmehr die Tatsache, dass in den meisten Grammatiken so getan wird, als gebe es Sätze tatsächlich, unzweifelhaft und unabhängig von jeder Theorie, und dass man diese Sätze nur klar zu erkennen und daraufhin „richtig" zu definieren habe.

In der vorliegenden Grammatik wird demgegenüber die Überzeugung vertreten, dass es Sätze „von Natur aus" nicht gibt; dass es sich hier lediglich um eine Kategorie handelt, die man hilfsweise eingeführt hat (und einführen darf), um Sprache kohärent und plausibel beschreiben zu können, dass der Satz also ein Kunstprodukt ist, dem keine äußere Realität entspricht. In der Tat: Das Kind wächst in seine Muttersprache hinein, aber es wächst nicht in Sätze hinein, und wenn man es ihm in der Schule nicht beibringt, wird es der Frage, was denn ein Satz sei, immer verständnislos gegenüber stehen. Die Rechtfertigung dieses Kunstprodukts „Satz" liegt darin, dass wir den Satz irgendwie brauchen, um mit der Sprachbeschreibung zu Rande zu kommen: Es ist einfach praktisch, einen Satzbegriff zu verwenden, ja es scheint unumgänglich zu sein.

Die eingangs formulierte Frage muss daher umformuliert werden: **Was verstehen wir unter einem „Satz"?** Zur Antwort auf diese Frage gehört dann auch eine Begründung, warum wir den Satz so und nicht anders definieren.

Viele haben den Satz von der Bedeutung her zu definieren versucht: Als „Einheit des Gedankens" etwa, als „Stellungnahme" zur Wirklichkeit, in dem viele Elemente miteinander wirken, wobei das Nacheinander (der Wortfolge) aufgehoben ist. Das ist eine interessante Definition, aber sie haben wir schon vergeben: für die Äußerung, auf die alle diese Merkmale zutreffen. Und tatsächlich haben die Semantiker unter den Definitoren die Äußerung gemeint, weil sie Satz und Äußerung verwechselten, indem sie im Grunde weder die Textebene noch die Dimension der Sprachhandlungen überhaupt in ihre Überlegungen einzubeziehen bereit waren.

Andere haben als Satz aufgefasst, was Subjekt und Prädikat oder „Satzgegenstand" und „Satzaussage" hat. Die beiden letztgenannten Kategorien entsprechen im Wesentlichen den Kategorien „Thema" und „Rhema", die uns im 2. Teil beschäftigt haben; wir haben sie dort als Konstituenten der Äußerung festgelegt, sie lassen sich daher in anderer Bedeutung nicht mehr verwenden. Was jedoch Subjekt und Prädikat angeht, so lassen sich diese beiden Begriffe nur über den Satz definieren: Das Subjekt stellt nach herkömmlicher Auffassung einen der beiden Hauptbestandteile des Satzes dar, das Prädikat umfasst dann den Rest. Wir hätten es also hier mit einer klassischen Zirkeldefinition zu tun.

Eine dritte Gruppe von Forschern nennt „Satz", was ein finites Verb (als regierendes Element) enthält.[1] Diese Definition ist ernst zu nehmen, weil sie sich auf ein leicht handhabbares Merkmal stützt: Was ein finites Verb ist, kann jeweils genau abgefragt werden. Sie führt aber zu Schwierigkeiten, indem sie mit dem Nebensatz (der ja ebenfalls ein finites Verb enthält) ein Phänomen gänzlich anderer Art einbezieht. Man kann

---

[1] So verfährt die IDS-Grammatik (vgl. Zifonun et al. 1997, s. dort S. 86f).

diese Schwierigkeit überwinden, handelt sich aber in jedem Fall einen „Satz"-Begriff ein, der relativ Heterogenes umfasst, und damit mag nicht jeder leben.

Wir bestimmen den Satz – weitgehend im Einklang mit der traditionellen Auffassung – als sprachliche Konstruktion, die drei Merkmale aufweist:

1. Ein Satz enthält immer ein **finites Verb**. Damit sind Infinitivkonstruktionen generell keine Sätze, weil sie nur infinite Verben (Infinitive) enthalten.
   Auf Grund dieses Kriteriums erweisen sich die folgenden Ausdrücke als Sätze:

   > *Die Nutzung solcher Kraftwerke **ist** verantwortungslos.*
   > *Viele **denken** nur an den augenblicklichen Erfolg.*
   > *Sie **haben** ihre Verantwortung für die nachkommenden Generationen zu den Akten gelegt.*

   Aber wäre dies das einzige Kriterium, so wären auch die Ausdrücke

   > *wenn es Abend wird*
   > *dass sie Recht hat*
   > *obwohl wir es besser wissen*

   Sätze. Sie haben aber offenbar einen anderen Status als die vorangegangenen Beispiele. Sie können nämlich Teile von Sätzen sein:

   > *Wir gehen, wenn es Abend wird.*
   > *Ich glaube, dass sie Recht hat.*
   > *Wir stimmen dafür, obwohl wir es besser wissen.*

   Dies ist sogar die typische Verwendung der mit *wenn, dass* oder *obwohl* eingeleiteten Konstruktionen oder, wie wir mit dem traditionellen Ausdruck sagen, der „Nebensätze": Im Normalfall können sie nicht allein stehen. Was ihnen fehlt, ist eben das Merkmal potentieller Selbständigkeit.

2. So legen wir als zweites Merkmal von Sätzen fest, dass sie mindestens **potentiell autonom** sind.
   Diese Merkmale allein würden ausreichen, Nebensätze als Nicht-Sätze zu charakterisieren und damit die eigentlichen Sätze von anderen Konstruktionen abzugrenzen. Ein weiteres Merkmal kommt jedoch hinzu.

3. Die Äußerung

   > *Dreimal daneben.*

   wird man zunächst als Mitteilung bezeichnen. Sie könnte etwa während eines Schießwettbewerbs fallen, wenn einer der Schützen mehrmals nicht getroffen hat. Sie kann aber ebenso gut als Aufforderung, als Vorschlag, als Ratschlag oder auch als Vorwurf gemeint sein. Begleitende Gestik, Mimik und Stimmführung mögen die eine oder die andere Interpretation favorisieren – der Wortlaut allein lässt mehrere Möglichkeiten offen. Es gibt indessen eine Möglichkeit, den Sprechakttyp mit sprachlichen Mitteln zweifelsfrei festzulegen: Man bildet einen Satz, konkreter einen komplexen Satz, dessen regierendes Verb den Sprechakt bezeichnet. Dann hieße es (in Fällen, in denen der Verlierer irgendwelche Vorteile hat):

   > *Ich verlange von dir, dreimal daneben zu schießen.*
   > *Ich schlage vor, dass du dreimal daneben schießt.*
   > *Ich rate dir, dreimal daneben zu schießen.*

   Und falls, wie üblich, das „Treffen" höher bewertet wird und der Sprecher sich darüber ärgert, kann er sagen:

Ich muss dir immerhin vorwerfen, dreimal daneben geschossen zu haben.

Unsere Zweiwortäußerung ist in diesem Fall ein Vorwurf.

In jedem Fall lässt sich auf diese Art des Sprechakts präzisieren. Dies ist allerdings vielfach nur in Satzform möglich.

Wir können somit den Satz zusätzlich definieren als **Konstruktion, die sich in besonderer Weise zur Vereindeutigung von Sprechakten eignet.**

Sätze haben viele Gemeinsamkeiten mit ähnlichen Verbalkonstruktionen, die mindestens eines der drei Merkmale – besonders das erste (finites Verb) oder das zweite (potentielle Autonomie) – nicht aufweisen, aber immerhin ein zentrales Verb enthalten. Gemeint sind neben den Nebensätzen vor allem die Infinitivkonstruktionen. Wir fassen diese mit den Sätzen zusammen als **satzartige Konstruktionen** auf. Darunter fallen

Sätze:	*Sie hat Recht.*
Nebensätze:	*dass sie Recht hat*
Infinitivkonstruktionen:	*Recht zu haben*

und wenige andere Ausdruckstypen.

Einen Satz, der allein stehen kann und keine satzartige Konstruktion enthält, nennen wir **Hauptsatz**. Andere Grammatiker sprechen auch vom „einfachen Satz". Enthält ein Satz aber solch eine satzartige Konstruktion, so entsteht ein **Satzgefüge**: Der Satz ist der übergeordnete Ausdruck, der einen untergeordneten Ausdruck als Bestandteil enthält:

Ich glaube, dass sie Recht hat.

Hier ist in den Satz anstelle einer einfachen Ergänzung (im Akkusativ) ein Nebensatz eingebettet. Stellt man diesen Komplex graphisch dar, so erhält man folgendes lexematisierte Diagramm:

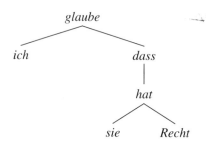

Die Forschung redet auch von **Obersatz** und **Untersatz** und ist geneigt zu sagen, *ich glaube* mit dem das Ganze regierenden Verb *glaube* sei der Obersatz, *dass sie Recht hat* sei der Untersatz. Bei näherem Zusehen zeigt sich aber, dass nur die gesamte Konstruktion eigentlich als Obersatz betrachtet werden kann, denn *dass sie Recht hat* füllt ja eine Stelle in der Obersatzkonstruktion aus, nämlich die der Akkusativergänzung. Die Wortfolge *ich glaube* kann somit nur als **Obersatzrest** bezeichnet werden. Das eingebettete *dass sie Recht hat* hingegen mag, auch wenn es sich hier nicht um einen „Satz" im Sinne unserer oben gegebenen Definition handelt, weiterhin als Untersatz gelten.

Im Übrigen sind die Termini „Obersatz" bzw. „Untersatz" in vielen Fällen praktisch, besonders wenn mehrfache Einbettungen vorliegen wie in dem Gefüge

> *Ich glaube,*
> > *dass sie Grund dazu hat,*
> > > *diesen Menschen zu hassen.*

Hier ist der Nebensatz *dass sie Grund dazu hat* (1. Stufe der Einbettung) Untersatz zum Obersatzrest *ich glaube*, aber zugleich Obersatz(rest) zu der Infinitivkonstruktion *diesen Menschen zu hassen.*

Bei den Hauptsätzen lassen sich verschiedene **Hauptsatzarten** unterscheiden. Verbindendes Merkmal aller Hauptsätze ist, dass in ihnen das finite Verb nie am Satzende steht (sieht man einmal von gewissen poetischen Verwendungen wie *Der König Karl am Steuer steht.* ab). Zwar gibt es natürlich einfache zweigliedrige Sätze, in denen das Finitum zwangsläufig letztes Element ist:

> *Hanna lachte.*

Aber hier ist die Stelle des Verbs *lachte* nicht als letzte Stelle zu betrachten, wie schon eine geringfügige Erweiterung zeigt:

> *Hanna lachte unbekümmert.*

Das Verb steht im Hauptsatz entweder an erster oder an zweiter Stelle. Steht es an erster Stelle, so liegt ein **Frontsatz** vor:

> *Bleib mit deinem Hund draußen!*
> *Hast du die Briefe mitgebracht?*

Steht es aber an zweiter Stelle, so eröffnet es links ein „Vorfeld", das durch ein anderes Element besetzt sein muss, und es liegt ein **Vorfeldsatz** vor:

> *Der Hund bleibt draußen.*
> *Die Briefe hat er mitgebracht.*

Bei den Frontsätzen unterscheiden wir **Hortativsätze** (auffordernde Sätze, mit imperativischem Verb: *Kommen Sie doch rein!*), **Satz-Interrogativsätze** (ohne Fragewort: *Geht er mit uns?*) und wenige andere (gewöhnlich nur mündlich und mit emotiver Färbung: *Lässt der mich einfach stehen und geht weg!*).

Bei den Vorfeldsätzen unterscheiden wir **Konstativsätze** (gewöhnlich in Mitteilungsfunktion, mit terminaler Intonation (*Er blieb mit seinem Hund vor der Tür.*) und **w-Interrogativsätze** (mit Fragewort, das einleitend steht: *Warum haben Sie die Briefe nicht mitgebracht?*).

Ebenso gibt es verschiedene **Nebensatzarten**. Die meisten von ihnen enthalten ein einbettendes Element; wir nennen sie **Subjunktivsätze**. Hier gilt zwar die Regel, dass das Finitum am Ende steht; aber diese Regel gilt nicht ausschließlich. Zweckmäßiger ist es wieder, vom jeweils einleitenden Element auszugehen. Dann lassen sich

– **Subjunktorsätze** (mit einleitendem Subjunktor, s. 6.3)

> *wenn Katelbach kommt*
> *dass Adelheid mitgeht*
> *obwohl die Kinder lieber dageblieben wären*

– von **Relativsätzen** (mit einleitendem Relativpronomen, s. 5.6.6)

> *(der Mann,) der Birnen verkauft*
> *(das Tor,) das noch geschlossen war*
> *(Neugierige,) die kaum weiterfahren mochten*

– und **Sätzen mit Verb-Erst-Stellung** (sogenannten „uneingeleiteten Nebensätzen", wobei praktisch nur Konditional- und Konzessivsätze in Frage kommen) unterscheiden:

> *Hätte sie alles gesagt (wäre der Prozess anders ausgegangen.)*
> *Besäße ich alle diese Dinge (wäre ich dennoch nicht glücklich.)*

Und schließlich sind auch verschiedene **Arten von Infinitivkonstruktionen** zu unterscheiden, nämlich

reine Infinitivkonstruktionen, die ohne subjunktives Element (oder mit „Null-Subjunktor") angeschlossen werden; sie treten vor allem bei Modalverben, aber auch in anderen Fällen auf:

> *Wir wollen euch bald wiedersehen.*
> *Alles verstehen heißt alles verzeihen.*

zu **+ Infinitiv-Konstruktionen** (bei Modalitätsverben sowie in Satzglied- und Attributfunktion):

> *Er versprach ein guter Ingenieur zu werden.*
> *Er hoffte, sie bald wiederzusehen.*
> *ihre Sorge, das Falsche zu wählen*

anstatt/ohne/um zu **+ Infinitiv-Konstruktionen** (sie haben gewöhnlich im Satz Angabefunktion):

> *Anstatt zuzuhören, redete er unablässig weiter.*
> *Sie war nur gekommen, um das Kind zu sehen.*

3.2. DIE BESCHREIBUNG VON SÄTZEN

In der Dependenzgrammatik werden die Sätze meist so beschrieben, dass das Verb (bei mehrgliedrigem Verbalkomplex das finite Verb) an höchster Stelle steht. So wird der Satz *Gestern ist alles noch anders gewesen.* durch folgendes Diagramm beschrieben:

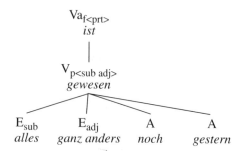

So verfährt Tesnière, und so verfuhren lange Zeit alle nach ihm. Eroms hat dann 1985 in Anlehnung an Kunze (1975) und auf Grund der Überlegung, dass jeder (selbständige) Satz eine bestimmte „Stoßrichtung" hat, d. h. ein bestimmtes kommunikatives Ziel, das sich auf die äußere Struktur des Satzes auswirkt, ein höchstes Symbol „S" vorgeschlagen, das alles Übrige regiert. S kann indiziert werden: ein Punkt bedeutet „Aussage", ein Ausrufezeichen „Aufforderung", ein Fragezeichen „Frage". Später (Eroms 1995) kommt noch der Wunsch hinzu, die Fragen werden gesplittet, neuerdings (Eroms 2002) erscheint hier auch der Ausrufesatz, so dass die klassischen 5 **Satzmodi** als „Satzspitze" erscheinen. Der zuletzt genannte Satz bekäme damit (als Aussagesatz) folgende Beschreibung zugeordnet:

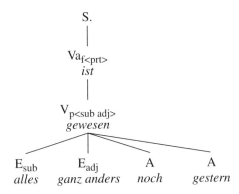

Im vorliegenden Buch wird von solchen Darstellungen abgesehen, weil die Satzmodi (früher auch einfach „Satzarten" genannt) unseres Erachtens eine Art von allgemeinen Sprechakttypen sind und damit eher in die Textsyntax zu verweisen wären (wo sie dann viel genauer behandelt werden). Damit soll natürlich nicht gesagt werden, dass die Textsyntax in einer Grammatik nichts verloren habe. Es geht nur darum, dass auf der Textebene ganz andere Kategorien und Beschreibungsverfahren gelten und man Textsyntax und Satzsyntax besser nicht vermengen sollte.

Letzten Endes kann über diesen Unterschied kein Streit entstehen. Die „Reine Dependenzgrammatik" von Eroms zieht die Grenze zwischen Text und Satz lediglich an anderer Stelle als die hier vertretene „Dependenzielle Verbgrammatik" (DVG).

3.3. DAS VERB IM SATZ

Das Verb ist das bei weitem wichtigste Element im Satz. Als solches hat es zwei wesentliche Funktionen: Erstens konstituiert es als finites Verb den Satz, indem es Stellung zur Wirklichkeit des beschriebenen Sachverhaltes nimmt (vgl. bes. 4.8); und zweitens legt es als „zentrales Verb" mit den Ergänzungen das Satzmuster und damit die Minimalstruktur des Satzes fest.

Wenn der Satz nur ein einziges Verb enthält, ist alles ganz einfach. Dieses eine Verb ist dann finites und zentrales Verb zugleich, so in

Hanna lachte unbekümmert.

mit der graphischen Struktur

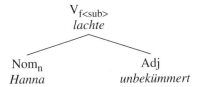

Wenn aber mehrere Verben den Verbalkomplex bilden, verteilen sich beide Funktionen auf zwei Verben: Eines, gewöhnlich ein Nebenverb, ist das satzkonstituierende Finitum, ein anderes, gewöhnlich das Hauptverb, ist das zentrale (strukturbildende) Verb, so in

Hanna hatte nicht nach Posen kommen wollen.

mit der graphischen Struktur

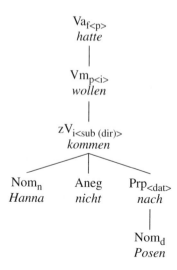

$$\begin{array}{c}
\text{Va}_{f\langle p\rangle} \\
\textit{hatte} \\
| \\
\text{Vm}_{p\langle i\rangle} \\
\textit{wollen} \\
| \\
\text{zV}_{i\langle sub\ (dir)\rangle} \\
\textit{kommen}
\end{array}$$

Nom$_n$	Aneg	Prp$_{\langle dat\rangle}$
Hanna	*nicht*	*nach*

$$\begin{array}{c}
| \\
\text{Nom}_d \\
\textit{Posen}
\end{array}$$

In diesem Fall ist das Auxiliarverb *hatte* das Finitum, die Infinitivform *kommen* ist das zentrale Verb, das zwei Ergänzungen regiert.

Abkürzungen:

Kategorialindizes	(ungeklammert) bezeichnen die Form des Verbs:	
	f	Finitum
	p	Partizip II
	i	Infinitiv
	bzw. den Kasus des Nomens:	
	a	Akkusativ
	d	Dativ
Valenzindizes	(spitzgeklammert) weisen auf die abhängigen Ergänzungen:	
	sub	Subjekt
	dir	Direktivergänzung
Wortklassen:	Adj	Adjektiv
	N	Nomen
	Prp	Präposition
	V	Verb
	Va	Auxiliarverb
	Vm	Modalverb
	zV	zentrales Verb

In jedem Fall bildet das finite Verb den **Kopf** des Satzes.

Der Verbalkomplex ist graphisch durch einen „Dependenzast" (ohne Verzweigungen) darzustellen. Dabei nimmt das finite Verb immer die höchste Stelle, das zentrale Verb immer die unterste Stelle ein. Eventuelle weitere Verbformen befinden sich dazwischen (zu deren Anordnung s. 4.7.1). Es gibt bis zu fünfteilige (möglicherweise auch noch größere) Verbalkomplexe, vgl.

Sie hätte nicht sollen geprüft werden dürfen.

Im aktuellen Zusammenhang wird uns vor allem das zentrale Verb beschäftigen. Die Eigenschaften des finiten Verbs werden ausführlich in 4.4 behandelt. Hier sei nur erwähnt, dass jeder Satz (und jeder Nebensatz) nur ein einziges finites Verb enthalten kann, aber bis zu vier (möglicherweise sogar fünf) infinite Verben. Ausnahmen gibt es nur bei Häufungen.

Als infinite Verben kommen im Verbalkomplex nur Partizip II und Infinitiv in Frage:

> *Hanna hat Milch **geholt**.*
> *Hanna musste Milch **holen**.*

Bei mehrteiligem Verbalkomplex ist der wichtigste Satellit des finiten Verbs das **zentrale Verb**. Es kommt in Sätzen, Nebensätzen, Infinitivkonstruktionen und Partizipialkonstruktionen vor. In diesen Konstruktionen regiert es die **Satzglieder**. Aber nicht jedes Element, das vom zentralen Verb abhängt, ist ein Satzglied. So rechnen wir zum Beispiel das Wörtchen *es* in den Sätzen

> ***Es** ritten drei Reiter zum Tore hinaus.*
> ***Es** regnet.*
> *Jetzt gilt **es**, alle Kraft zusammen zu nehmen.*

nicht zu den Satzgliedern, weil diese Elemente nicht austauschbar sind. Wir definieren als Satzglieder alle Elemente, die

- unmittelbar vom zentralen Verb abhängen und
- (relativ) frei austauschbar sind.

Unter den Satzgliedern unterscheiden wir Ergänzungen (Satzergänzungen) und Angaben (Satzangaben).

Ergänzungen sind Satzglieder, die nicht bei beliebigen Verben vorkommen, sondern nur bei jeweils einer Subklasse von Verben; Ergänzungen sind also subklassenspezifisch. Sie werden von der Valenz des jeweiligen Verbs festgelegt. So hat das „unpersönliche" *geben* (*Es gibt diesen angeblichen Helfer gar nicht.*) kein Subjekt, dafür aber eine Akkusativergänzung; *blühen* hat als einzige Ergänzung ein Subjekt; *schenken* hat ein Subjekt, eine Akkusativ- und eine Dativergänzung usw. Ferner sind alle obligatorischen Satzglieder Ergänzungen.

Aus zentralem Verb und Ergänzungen ergibt sich die Minimalstruktur des Satzes. Ergänzungen sind teils obligatorisch (dann macht ihre Weglassung den Satz ungrammatisch), teils fakultativ.

Ergänzungen gibt es nicht nur zum Verb, sondern auch zu anderen Wortklassen, besonders zu Adjektiven, Nomina, Pronomina und Präpositionen.

Angaben hängen im Gegensatz zu Ergänzungen aspezifisch vom Verb ab, das heißt: Sie können bei beliebigen Verben vorkommen, sind aber allesamt fakultativ, dürfen also jederzeit weggelassen werden, ohne dass der Satz dadurch ungrammatisch würde:

> *Mathilde ist (gestern) eingetroffen.*
> *Mathilde hat (gerne) teilgenommen.*
> *Mathilde hat es (nicht) gewusst.*

Die Aspezifizität der Angaben, also ihre freie Kombinierbarkeit mit dem Verb, gilt natürlich nicht für einzelne Ausdrücke, sondern immer nur für **Kategorien** von Angaben (z. B. modifikative oder temporale oder kausale Angaben). Man sollte also nicht versuchen, auch Angaben als subklassenspezifisch auszuweisen, indem man zur Begründung nur auf ungrammatische Sätze wie

> **Die Mauer ist eifrig zerbrochen.*

verweist. Denn *eifrig* ist (hier) eine modifikative Angabe, und es gibt in der deutschen Sprache (und wahrscheinlich in jeder Sprache, die Verben hat) kein Verb, das nicht mit irgendeiner modifikativen Angabe verbindbar wäre; im obigen Satz wären zum Beispiel *langsam, lautstark, unter starker Staubentwicklung* und andere Elemente zulässig.

3.4. ERGÄNZUNGEN

3.4.1. Allgemeines

Ergänzungen konstituieren zusammen mit dem (zentralen) Verb die Minimalstruktur des Satzes (und der meisten satzartigen Konstruktionen).

Die Minimalstruktur schlägt sich nieder in den Satzmustern und – bei Hinzunahme weiterer Merkmale – den Satzbauplänen.

Mit dem Hinzutritt der Angaben ergibt sich die Maximalstruktur des Satzes. Wenn ein Satz keine Angaben hat, sind Minimal- und Maximalstruktur identisch.

Im folgenden Diagramm, das den Satz *Er hat heute die Blumen noch nicht gegossen.* beschreibt, sind die Ergänzungen durch fette Striche, die Angaben durch gestrichelte Linien mit dem Verb verbunden. So wird fortan im Regelfall in dem ganzen Buch verfahren; wo allerdings die Unterscheidung zwischen Ergänzungen und Angaben nicht wichtig ist, werden normale Striche verwendet. Das gesamte Diagramm repräsentiert die Maximalstruktur. Die Minimalstruktur ist umrandet.

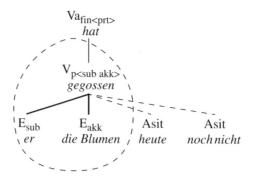

Wieviele Ergänzungen es in einer Sprache gibt und wie diese definiert werden, hat unter den Grammatikern heftige und noch keineswegs beigelegte Streitereien ausgelöst. Es gab Grammatiker, die die Ergänzungen jeweils auf eine Grundbedeutung festlegen wollten. Da erscheint dann das Subjekt als „Grundgröße", die Akkusativergänzung als „Zielgröße", die Dativergänzung als „Zuwendgröße" usw. Solche Benennungen mögen sich für die Beschreibung der Ergänzungen, auch als mnemotechnische Hilfe eignen; für Definitionen und scharfe Abgrenzungen sind sie gänzlich ungeeignet, weil viele mögliche Ausdrucksformen sich gegen so pauschale Inhaltsangaben sperren und dadurch breite Übergangszonen zwischen den einzelnen Ergänzungen entstehen.

Die meisten Grammatiker haben allerdings nicht viel Mühe auf die Lösung der Frage verwandt, wieviele Ergänzungen welcher Art es denn nun gebe: Sie haben kurzerhand die traditionelle, aus der lateinischen Grammatik überlieferte Auffassung übernommen, nach der es neben dem Subjekt drei (im Lateinischen fünf) Kasusobjekte gibt; für das Deutsche kamen dann später noch ein „Präpositionalobjekt" und teilweise auch ein „Adverbialobjekt" hinzu. Offen und meist unreflektiert blieb, ob es denn noch weitere „Objekte" geben könnte und wie diese zu definieren seien.

Die erste nach dem Krieg erschienene Duden-Grammatik[2] hat dann den vielbeachteten Versuch unternommen, alle „Grundformen deutscher Sätze" zusammen zu stellen

---

[2] Grebe 1959: 434ff.

und daraus eine Art Inventar der Ergänzungen zu gewinnen. Der unschätzbare Wert dieses Versuchs liegt darin, dass erstmals von der Gesamtheit aller Möglichkeiten ausgegangen wurde, in die eine gewisse sinnvolle Ordnung gebracht werden sollte. Der Nachteil liegt darin, dass rein induktiv vorgegangen wurde und keine exakten Ordnungskriterien erkennbar sind.

Wer ein Inventar der Ergänzungen aufstellen will, das auch vor kritischer Betrachtung bestehen kann, der muss über klare und vor allem einheitliche Kriterien für alle Ergänzungen verfügen. Wie eine sinnvolle Klassifikation der Ergänzungen aussehen kann, wird im Folgenden beschrieben.

Eine mögliche **Gliederung** der Ergänzungen sollte von den semantischen Eigenschaften ausgehen. Da gibt es

– erstens die Größenergänzungen oder **Termergänzungen**: Ergänzungen, die „Größen" (Lebewesen und Gegenstände sowie „Sachen", auch immaterielle, im Allgemeinen) bezeichnen;

– zweitens die **Adverbialergänzungen**, die Umstände bezeichnen;

– drittens die **Prädikativergänzungen**, die Größen klassifizieren; man kann sie in Nominal- und Adjektivalergänzung untergliedern.

Diese semantische Gliederung ist auf jeden Fall die primäre. Sie geht der folgenden Klassifizierung der Ergänzungen nach morphosyntaktischen Kriterien vorher. Was also einmal einer semantischen Kategorie zugewiesen wurde, verbleibt ungeachtet seiner Ausdrucksformen in dieser.

Die möglichen **Realisierungen** der Ergänzungen sind – wie bei allen Satzgliedern – relativ frei austauschbar, sie bilden also ein Paradigma. Man kann dieses Paradigma jeweils so ordnen, dass mit den allgemeinsten, abstraktesten Realisierungen begonnen wird und am Ende die konkretesten Ausdrucksformen stehen. So könnte bei einer Akkusativergänzung zu dem Verb *gießen* das Pronomen *ihn* ganz oben und etwas wie *den Busch, den uns Marianne letzte Woche gebracht hat* ganz unten stehen.

Für den Grammatiker sind die abstrakten Ausdrucksformen interessanter als die konkreten. Wir nennen diese abstrakten Formen **Anaphern**. Unter ihnen greifen wir jeweils eine heraus und gebrauchen sie als Definiens einer Ergänzung. Es handelt sich bei diesen Leit-Anaphern meist um Pronomina (*er/sie/es, ihn/sie/es*), auch um Partikeln verschiedener Art (*da, dahin, so*). Alles, was sich auf eine dieser Leit-Anaphern zurückführen (bzw. durch sie ersetzen) lässt, fällt dann in eine bestimmte Ergänzungsklasse. Wir lassen also mit diesem Verfahren alles, was wir über die Bedeutung dieser Einheiten zu wissen glauben, und natürlich alles traditionelle „Wissen" beiseite und fragen nur nach der einschlägigen Anapher. Man wird schnell erkennen, dass auf diese Weise die alten Kategorien im Wesentlichen bestätigt werden, dass aber einige neue hinzu kommen. Insgesamt ergeben sich so für die deutsche Gegenwartssprache elf Ergänzungen.

Die folgende Tabelle enthält in der ersten Spalte die Abkürzung, die wir im vorliegenden Buch in der Regel verwenden, in der zweiten Spalte die ausgeschriebene Form, in der dritten Spalte die definierende Anapher und in der vierten Spalte Beispiele.

Ergänzungen im Deutschen

Abk.	Bezeichnung	Anapher	Beispiele
E_{sub}	Subjekt	Verweispr. i. Nom: *er, sie, es*	*Der alte Mann sah auf.* *Ein junges Mädchen kam herüber.*
E_{akk}	Akkusativergänzung	Verweispr. i. Akk: *ihn, sie, es*	*Ich sah den Turm überm Wald.* *Geben Sie mir die Tasse.*
E_{gen}	Genitivergänzung	*dessen, deren*	*Wir gedenken ihres Todestages.* *Die Verordnung bedarf meiner Zustimmung.*
E_{dat}	Dativergänzung	Verweispr. i. Dat: *ihm, ihr, ihnen*	*Schreiben Sie mir.* *Schenken Sie dem Jungen eine halbe Stunde.*
E_{prp}	Präpositivergänzung	feste Präp. mit Pronomen oder Präp.-Adverb m. fester Präp.	*Sie dachten über den Brief nach.* *Schnell kam es zum Eklat.*
E_{vrb}	Verbativergänzung	*es geschehen* *dass es so ist* *ob es so ist*	*Er ließ die Gläser klirren.* *Mir scheint, das ist ein Bubenstreich.* *Sie fragte sich, ob das alles sei.*
E_{sit}	Situativergänzung	*da, dort, damals*	*Sie trafen sich in Stuttgart.* *Heute habe ich ihn noch nicht gesehen.*
E_{dir}	Direktivergänzung	*dorthin, von dort* u. a.	*Der Bus fährt nach Altötting.* *Der Bus kommt aus Altötting.* *Wir fuhren durch Altötting.*
E_{exp}	Expansivergänzung	*solange, (um) soviel, soweit* u. a.	*Hugo hat zwei Kilo zugenommen.* *Man hat die Straße um zwei Meter verbreitert.* *Sie hat dafür dreißig Euro bezahlt.*
E_{mod}	Modifikativergänzung	*so, auf solche Art*	*Heiner hat sich schlecht benommen.*
E_{prd}	Prädikativergänzung	*es, so, als solch-, als* + Pronomen	*Er ist ein Geizkragen.* *Er heißt Batman.* *Er gilt als Geizkragen.* *Sie war zynisch.* *Sie ist großzügig.* *?Sie galt als das.* *Man hielt sie für falschzüngig.*

Zu den Termergänzungen gehören Subjekt, Akkusativ-, Genitiv-, Dativ-, Präpositiv- und Verbativergänzung: Sie bezeichnen Größen auf verschiedene Art. Zu den adverbialen Ergänzungen gehören Situativ-, Direktiv-, Expansiv- und Modifikativergänzung. Sie geben die Umstände eines Geschehens an. Schließlich enthält die Kategorie „Prädikativergänzung" nur eine einzige Ergänzungsklasse gleichen Namens. Je nach den für die Realisierung benutzten Wortklassen kann man Adjektival- und Nominalformen unterscheiden.

3.4.2. Die Ergänzungen im Einzelnen

DAS SUBJEKT

Die Grammatiker, ob modern, modernistisch oder traditionsverhaftet – von der Sonderstellung des Subjekts reden sie alle. Die ältere Grammatik sah das Subjekt als einen der Hauptbestandteile des Satzes, den Teil nämlich, der etwas nennt, über das dann eine „Aussage" gemacht wird. Die Chomsky-Grammatik hat, wie es scheint, diese Auffassung unreflektiert übernommen. Im „Satzgegenstand" der Schulgrammatik schimmert noch deutlich die alte, bis in die Antike zurückreichende Konzeption des „Themas" durch (zur Kritik s. 2.3.1). Es gibt sogar Grammatiker, für die das Subjekt der wichtigste Teil des Satzes überhaupt ist.

Aber selbst Kritiker der alten Auffassung kommen nicht um die Tatsache herum, dass das Subjekt in Person und Numerus mit dem finiten Verb übereinstimmt („kongruiert"). Nun ist die Kongruenz zwischen Subjekt und Finitum keineswegs eine so singuläre Angelegenheit; einen ähnlichen Gleichlauf gibt es auch anderwärts in großer Zahl (vgl. 7.4). Aber in der Tat: Die Übereinstimmung ist bemerkenswert und rätselhaft, und sie will sich auch dem Abhängigkeitsprinzip nicht recht fügen, weil zwar das zentrale Verb die Satzglieder festlegt, aber nur das finite Verb mit dem Subjekt kongruiert, und weil finites und zentrales Verb in vielen Fällen eben nicht identisch sind.

Aus diesem Tatbestand hat Hans-Werner Eroms[3] eine radikale Konsequenz gezogen: Bei ihm hängt das Subjekt immer vom finiten Verb ab, die übrigen Ergänzungen hingegen vom zentralen Verb. Nur bei einteiligem Verbalkomplex stimmt seine Darstellung mit der herkömmlichen Dependenzgrammatik überein, wie die folgenden Diagramme zeigen[4]:

Ältere Dependenzgrammatik (Engel/Mannheim):   Eroms:

Mein Vetter Anton schneidet den Baum.

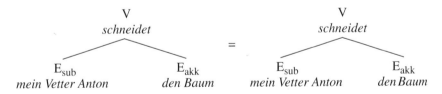

Bei mehrteiligem Verbalkomplex zeigt sich der Unterschied deutlich:

---

[3] Eroms vertritt diese Meinung seit den achtziger Jahren; s. neuerdings Eroms 2002.
[4] Um der Vergleichbarkeit willen wird in allen Diagrammen eine einheitliche Notation verwendet.

Ältere Dependenzgrammatik (Engel/Mannheim):   Eroms:

Mein Vetter Anton hat den Baum geschnitten.

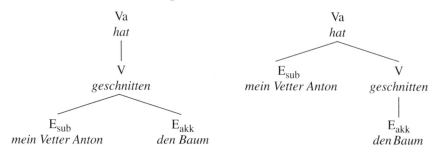

Die morphologische Kongruenz, die sich an den Zuordnungen *ich schneide, du schneidest, ihr schneidet; ich habe, du hast, ihr habt* usw. manifestiert, ist tatsächlich ein triftiges Argument für die Zuordnung des Subjekts zum Finitum. Und die ältere Dependenzgrammatik (namentlich die von mir vertretene) muss sich vorwerfen lassen, dass sie diese Kongruenz nicht ernst genug genommen hat und dass ihre Darstellungsweise die Kongruenz nicht angemessen zum Ausdruck bringt.

Aber es gibt andere Fakten, die die Zuordnung des Subjekts zum zentralen Verb nahelegen. Dieses zentrale Verb nämlich legt erstens fest, ob der Satz überhaupt ein Subjekt hat, und es entscheidet zweitens über die Semantik des Subjekts. Das bedeutet einmal, dass die Wahl eines bestimmten zentralen Verbs einen subjektlosen Satz zur Folge haben kann (z. B. *Ihn schauderte.*). Es gibt in der deutschen Gegenwartssprache mindestens 35 Verben, die gar kein Subjekt zulassen.[5] Und das bedeutet zum Anderen, dass sich das Subjekt den semantischen Restriktionen des zentralen Verbs fügen muss, weshalb der Satz **Das Gewächs zweifelte an den Worten des Anklagevertreters.* unkorrekt sein muss (*zweifeln* verlangt ein Subjekt mit dem semantischen Merkmal [hum]).

Diese beiden Kriterien (Hat der Satz ein Subjekt oder nicht? und: Welche minimalen Bedeutungsmerkmale muss das Subjekt aufweisen?) halte ich für erheblich wichtiger als das oberflächensyntaktische Kriterium bloß formaler Kongruenz.[6] Dennoch kann dies nicht bedeuten, dass Eroms' Neuerung einfach ignoriert werden dürfte.

Eine Lösung des Problems kann von folgenden Überlegungen ausgehen:

Die Person-Numerus-Kongruenz zeigt sich ausschließlich[7] an den Endungen des Verbs und der Nomina. Isoliert man diese Endungen, so kann man sie mit klein geschriebenen Abkürzungen benennen, etwa „nom" für Nominalendungen und „vrb" für Verbendungen. Dann greift man am Besten zu spezielleren Indizes, etwa „p" für die Person und „n" für den Numerus: nom $_{pn}$ bzw. vrb$_{pn}$. Diese Indizes sind durch Zah-

---

[5] Dabei wird als „Verb" jede Ausdruckseinheit mit eigener Valenz gerechnet. Die Zahl von 35 relativ gängigen Verben ist nicht so niedrig, wenn man berücksichtigt, dass die Wortliste des Zertifikats Deutsch als Fremdsprache ungefähr 540 Verben enthält.

[6] Dass diese Kongruenz unter Umständen als quantité négligeable betrachtet werden kann, zeigt der Umstand, dass auch bei fehlender Kongruenz Kommunikation möglich ist: *Ich kommen zwölf Uhr. Lisa wollen Suppe.*

[7] Bzw. vorrangig: Bei einigen Verben gibt es auch Änderungen des Stammes, vgl. *gebe – gibt,* und Ähnliches zeigt sich bei den nominalen Elementen. Einzig die Pronomina haben personspezifische Stämme.

lenwerte zu präzisieren: „p1n2" steht dann für „1. Person Plural", „p3n1" für „3. Person Singular".

Die Kongruenz betrifft also nur die solchermaßen indizierten Einheiten (Endungen) nom bzw. vrb. Kongruent sind Subjekt und finites Verb dann, wenn die Indizes zu nom und vrb übereinstimmen. Diese Einheiten können im Dependenzdiagramm als voneinander abhängig dargestellt werden; den jeweiligen Wortstämmen können sie durch Oberflächentransformationen sekundär zugeordnet werden. Der Satz *Mein Vetter Anton hat den Baum geschnitten.* ist dann folgendermaßen zu beschreiben:

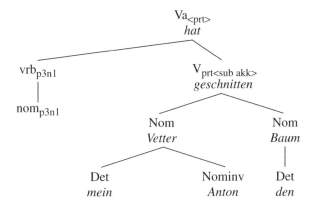

Es ist klar, dass die indizierten Symbole vrb und nom unvollständig sind. Der Index zu vrb müsste ergänzt werden durch die eigentlichen Finitmerkmale (in der alten Grammatik die „Tempus-Modus-Merkmale"), der Index zu nom durch ein Kasusmerkmal. Diese beiden Merkmale können aber hier vernachlässigt werden (die Finitmerkmale werden ausführlich in 4.4 besprochen).

Nun können die Endungen „zugeteilt" werden. Dies geschieht durch Oberflächentransformationen. Die erste ordnet die „richtige" Endung dem satzregierenden Verb (hier Va) zu:

$$vrb_{p3n1} + Va \Rightarrow Va \cap vrb_{p3n1}$$

Die zweite ordnet die entsprechende Kasusendung dem Subjekt zu:

$$nom_{p3n1} + Nom \Rightarrow Nom \cap nom_{p3n1}$$

Das Zeichen „+" bedeutet nichtlineare Konkomitanz, also Kombination ohne Beachtung der Reihenfolge; das Zeichen „$\cap$" bedeutet lineare Konkomitanz, also strikt linearisierte Kombination, die wir fortan **Konkatenation** (Verkettung) nennen.

Ist das Subjekt durch ein Pronomen realisiert (wie immer in der 1. und 2. Person), so müssen spezielle Wortstämme (*ich, du* usw.) ausgewählt werden. Diese Auswahl erfolgt immer bei der Konkatenation.

Die vorgeschlagene Beschreibung ist korrekt und ziemlich exhaustiv. In jedem Fall sichert sie die Kongruenz und macht gleichzeitig deutlich, dass das Subjekt nach Vorkommen und Semantik vom zentralen Verb abhängt. Beides zugleich war in der klassischen Dependenzgrammatik ebenso wenig der Fall wie bei Eroms' neuem Vorschlag.

Man mag diese Beschreibungsart umständlich finden, und oft ist ja soviel Genauigkeit auch gar nicht erforderlich. In solchen Fällen wenden wir ein vereinfachtes Verfahren an: Das Subjekt hängt dann wie alle anderen Ergänzungen direkt vom zentralen Verb ab. Dieses Verfahren dürfte sich besser begründen lassen als das von Eroms vorgeschlagene, weil uns Vorkommen und Semantik wichtiger erscheinen als morphologische Kongruenz.

Allerdings handeln wir uns mit dem vorgeschlagenen Beschreibungsverfahren eine weitere Komplikation ein. Was dem Subjekt recht ist, sollte den anderen Ergänzungen billig sein, und den Angaben ebenso. Daraus könnte man die Forderung ableiten: Wenn wir Strukturen in lexematisierten Diagrammen beschreiben, sollten Wortstämme und Flexionsendungen immer getrennt erscheinen. Das würde jedoch Diagramme aufschwellen und schwer lesbar machen. Hier wird vorgeschlagen, an jeder Stelle einer Struktur so explizit zu beschreiben, wie es die Fragestellung erfordert, und in allen Punkten so allgemein zu bleiben, wie es die spezielle Fragestellung zulässt. Dass in einem Diagramm zum Beispiel das Subjekt eingehender beschrieben wird als andere Satzglieder (aber auch das Umgekehrte wäre denkbar), wird ja schließlich durch keinen linguistischen Regelkanon verboten.

Das Subjekt kann in folgenden **Ausdrucksformen** realisiert werden:

Nominalphrase im Nominativ:

> *Dieser alte Besen kehrt immer noch gut.*

Pronominalphrase im Nominativ:

> *Der kehrt immer noch gut.*

Nebensatz:

> *Dass er zugestimmt hat, war mir nicht bewusst.*
> *Wohin sie gegangen war, blieb Martin unklar.*

Infinitivkonstruktion:

> *Sie hier zu treffen freut mich ganz besonders.*
> *Es freut mich ganz besonders, Sie hier zu treffen.*
> *Alles verstehen heißt alles verzeihen.*

Als einziges Satzglied **kongruiert** das Subjekt in Person und Numerus mit dem finiten Verb:

> *Ich kaufe dir ein Schaukelpferd.*
> *Ich hatte ihr ein Schaukelpferd gekauft.*
> *Du gibst Geld für allerlei Unsinn aus.*

Allerdings gibt es davon einige **Ausnahmen**. Sind mehrere singularische Subjekte durch *und* gehäuft, so steht das finite Verb im Plural:

> *Karolin und Lisa waren gekommen.*

Sind solche Subjekte durch *oder* verbunden, so steht das Verb meist im Singular:

> *Karolin oder Lisa war gekommen.*

Ist das Subjekt eine singularische unbestimmte Mengenangabe, der eine Stoffbestimmung folgt, so steht das finite Verb meist im Singular, oft aber auch im Plural:

> *Eine Menge Kartoffeln lag/lagen herum.*
> *Eine kleine Anzahl von Studierenden war/waren da.*

Differieren gehäufte Subjekte hinsichtlich der grammatischen Person, so dominiert die 1. die 2. und die 2. die 3. (also auch die 1. die 3.) Person:

> *Du oder er warst da.*
> *Er und du wart da.*
> *Ihr und wir sollten dabei sein.*
> *Sie und ihr solltet dabei sein.*

Wird ein aktivischer Satz ins Passiv gesetzt, so wird das Subjekt getilgt. Ist eine Akkusativergänzung vorhanden, so wird diese durch die Passivierung zum grammatischen Subjekt:

> *Mein Vetter Anton hat den Baum geschnitten.* $\Rightarrow$
> *Der Baum wurde/war/gehörte geschnitten.*
> *Alle lachten laut.* $\Rightarrow$
> *Es wurde laut gelacht.*

Die Subjektsgröße des Aktivsatzes kann durch eine Präpositivergänzung (mit *von* oder *durch*) wieder eingeführt werden, vor allem beim *werden*-Passiv, seltener beim *sein*-Passiv:

> *Der Baum wurde von Vetter Anton geschnitten.*
> *Der Baum ist von Vetter Anton geschnitten.*

Man kann auch Passivsätze diagraphisch beschreiben, sollte sich allerdings darüber klar sein, dass alle Valenzinformationen grundsätzlich für Aktivsätze gelten. Wenn also in Passivsätzen wie dem letztgenannten ein Subjekt auftaucht, muss deutlich gemacht werden, dass es sich hier nicht um das eigentliche (ursprüngliche) Subjekt handelt, sondern um eine transformierte Akkusativergänzung. Dies machen wir kenntlich durch den Doppelpfeil, den wir allgemein für Transformationen verwenden. Das Diagramm für den Satz *Der Baum ist von Vetter Anton geschnitten.* sieht dann folgendermaßen aus:

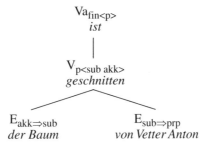

Es muss betont werden, dass das Subjekt, von solchen Fällen abgesehen, im Deutschen eine obligatorische Ergänzung ist. Es darf also auch im Textzusammenhang (d. h. wenn die Subjektsgröße bekannt ist) nie weggelassen werden. Ausnahmen gibt es nur in der saloppen Alltagssprache und im (mittlerweile fast ausgestorbenen) Telegramm:

> *Weiß ich.*
> *Kenn ich nicht.*
> *Hab ich nie gesehen.*
> *Ankomme Samstag 19.25 Uhr.*
> *Erbitte Prospekt.*

Wie schon erwähnt, gibt es im Deutschen etwa drei Dutzend Verben, deren Valenz kein Subjekt vorsieht. Diese Verben werden in 3.5 aufgezählt und mit Beispielen versehen.

Die übrigen Ergänzungen

Diese Ergänzungen werden beschrieben in der Reihenfolge, in der sie in der Tabelle (s. S. 92) aufgeführt sind.

AKKUSATIVERGÄNZUNG

Traditionell: Akkusativobjekt.

Für die zweithäufigste Ergänzung gibt es folgende **Ausdrucksformen**:

Nominalphrase im Akkusativ:

> *Mein Vatter Anton hat* **den Baum** *geschnitten.*

Pronominalphrase im Akkusativ:

> *Mein Vetter Anton hat* **ihn** *geschnitten.*

Nebensatz:

> *Anton weiß,* **dass Eva nicht mehr kommt.**
> *Anton weiß,* **was Eva ihm vorwirft.**
> *Anton weiß,* **wozu Eva fähig ist.**

Infinitivkonstruktion:

> *Anton hofft,* **sie wieder zu finden.**

Nicht alle akkusativischen Phrasen sind Akkusativergänzungen. Oft erscheint die Expansivergänzung, gelegentlich auch die Nominalergänzung in akkusativischer Form. Es gibt auch akkusativische Angaben, so in

> *Er hatte jeden Abend auf sie gewartet.*

Akkusativergänzungen sind teils obligatorisch (z. B. bei den Verben *brauchen, mieten, sagen, vertreten*), teils fakultativ (z. B. bei den Verben *einladen, führen, schreiben*). Manchmal sind auch obligatorische Ergänzungen weglassbar: *Hugo leitet nicht, er vertritt nur.* Über verschiedene Grade der Fakultativität herrscht derzeit noch nicht restlose Klarheit.

Bei der Umsetzung ins Passiv wird die Akkusativergänzung zum „Passivsubjekt".

Die Akkusativergänzung kann als einzige Ergänzung[8] in einem Satz, d. h. abhängig von einem zentralen Verb, zweimal vorkommen, freilich nur bei wenigen Verben (*lehren, sich fragen, sich sagen*).

GENITIVERGÄNZUNG

Traditionell: Genitivobjekt.

Diese Ergänzung kommt nur noch bei wenigen Verben vor, und dies ist der einzige realistische Grund für die Unkenrufe vom „aussterbenden Genitiv". Bei einigen Verben (*sich erinnern* u. a.) konkurriert die Genitiv- mit der vordringenden Präpositivergänzung. Immerhin scheint bei den Genitivverben (vorwiegend aus dem juridischen Bereich) die Genitivergänzung ziemlich fest zu sein.

Ausdrucksformen sind

---

[8] Definitiv gesichert ist dies nicht. Möglicherweise kann in seltenen Fällen auch die Dativergänzung im Satz doppelt vorkommen, wenn zur „normalen" Dativergänzung ein „freier Dativ" tritt, vgl. (?)*Ich werd dir dem Kuno diese Chance nicht geben.*

Nominalphrase im Genitiv:

*Dazu bedarf es **der Zustimmung des Bundesrates**.*

Pronominalphrase im Genitiv:

***Dessen** hat Sie niemand beschuldigt.*

Nebensatz:

*Sie konnte sich nicht erinnern, **dass Hugo je an solchen Versammlungen teilgenommen hatte**.*

Infinitivkonstruktion:

*Man beschuldigt ihn, **das Ventil nicht geschlossen zu haben**.*

Die Genitivergänzung ist, abhängig vom zentralen Verb, teils obligatorisch, teils fakultativ.

DATIVERGÄNZUNG

Traditionell: Dativobjekt.

Diese Ergänzung hat folgende **Ausdrucksformen**:

Nominalphrase im Dativ:

*Willst du **dem alten Mann** nicht den Weg zeigen?*

Pronominalphrase im Dativ:

*Willst du **ihm** nicht den Weg zeigen?*

Zusammen mit der Akkusativergänzung kommt die Dativergänzung bei einer überschaubaren, aber viel gebrauchten Menge von Verben vor, besonders bei Verben des Sagens und des Gebens.

Bei der Umsetzung ins *bekommen*-Passiv (s. 4.7.3) wird die Dativergänzung zum Subjekt (das ursprüngliche Subjekt wird getilgt, kann aber durch eine Präpositivergänzung mit *durch* oder *von* wieder eingeführt werden):

Der Kaiser schreibt mir mein Betragen vor. (Schiller) ⇒
Ich bekomme mein Betragen (vom Kaiser) vorgeschrieben.

Zu den Dativergänzungen sind auch die vielfach sogenannten „freien Dative" zu rechnen, denn sie sind allesamt subklassenspezifisch, kommen also nur bei definierbaren Teilmengen der Verben vor. Weil diese Teilmengen ziemlich groß sind, diese Ergänzungen also vergleichsweise oft vorkommen können, dabei aber immer fakultativ sind, werden sie beim Satzmuster gewöhnlich nicht eigens aufgeführt.

Die Grammatiker führen folgende „freien Dative" auf:

Der **Dativus sympathicus** (auch „Dativus commodi") kommt nur bei Verben vor, die ein willentlich gesteuertes Handeln bezeichnen. Sie bezeichnen dann das begünstigte Lebewesen:

***Ihr** habe ich ein Zimmer im Dachgeschoss eingerichtet.*
*Hanna wollte **dem Hund** eine Hütte bauen lassen.*

Dieser Dativ ist daran kenntlich, dass er immer durch eine Präpositionalphrase mit *für* ersetzbar ist (*Hanna wollte für den Hund eine Hütte bauen lassen.*).

Der **Dativus incommodi** kommt bei Vorgangsverben vor. Er bezeichnet hier einen Menschen, der einen unerwünschten Vorgang zugelassen oder nicht verhindert hat, damit für diesen Vorgang verantwortlich ist:

***Mir** ist die Vase runtergefallen.*
*Etwas Milch war **dem Redner** auf die Krawatte getropft.*

Der **Dativus ethicus** kann bei sehr vielen Verben vorkommen, aber immer nur als Pronomen (meist der 1. oder der 2. Person). Er drückt dann aus, dass der ausgedrückte Vorgang dem Sprecher oder dem Hörer oder einer dritten Person besonders nahe geht, diese Person besonders berührt u. ä.:

> *Gib Acht, sonst fällt **dir** das Kind noch runter.*
> *Du bist **mir** aber ein Erzschlaumeier!*
> *Der ist im Stande und bringt **Ihnen** die ganze Stadtverwaltung auf Tempo.*
> *Da bleibt **einem** ja der Verstand stehen!*

Der **Dativus possessivus** (auch „Pertinenzdativ") gehört nicht hierher, weil er nach der hier vertretenen Auffassung nicht vom Verb abhängt, sondern zu den Attributen des Nomens zählt: *Der Wind riss **ihm** den Hut vom Kopf.* Näheres s. 5.3.4.

PRÄPOSITIVERGÄNZUNG

Traditionell: Präpositionalobjekt.

Diese Ergänzung wird in herkömmlichen Grammatiken nicht immer als eigene Ergänzungsklasse ausgewiesen, vielmehr oft mit den sogenannten Adverbialobjekten vermischt. Sie ist daran kenntlich, dass sie immer eine einzige, nicht austauschbare Präposition enthält (Ausnahmen gibt es gelegentlich bei nebensatzförmiger Realisierung, wo die Präposition fehlen kann).

Die Präpositivergänzung kann folgende **Ausdrucksformen** haben:

Spezielle Präposition mit Nominal- oder Pronominalphrase:

> *Sie hatte sich eingehend **mit diesem Philosophen/mit ihm** beschäftigt.*

Adverb, bestehend aus *da* + spezieller Präposition („Präpositionaladverb"):

> *Sie hatte sich eingehend **damit** beschäftigt.*

Nebensatz, oft mit Korrelat:

> *Sie hatte (**darauf**) gehofft, **dass Inge auch dabei sein würde**.*
> *Sie hatte sich lange **damit** beschäftigt, **ob man ein Geländer anbringen sollte/wie man ein Geländer anbringen könnte**.*

Infinitivkonstruktion, oft mit Korrelat:

> *Sie hatte sich **darauf** eingestellt, **mit den Anderen zu fahren**.*

Näheres zur Verteilung von Präpositionalphrasen und Präpositionaladverbien s. 6.4.4.

Die Präposition ist in der Regel bedeutungsleer. In seltenen Fällen konkurrieren zwei oder auch drei Präpositionen (*stimmen für/gegen, sich freuen an/auf/über*); aus der Verbindung von Verb und Präposition ergeben sich dann gelegentlich erkennbare Bedeutungsunterschiede.

Wenige Verben regieren zwei Präpositivergänzungen, z. B. *reden mit, über*.

Die Agensbestimmung in Passivsätzen ist ebenfalls als Präpositivergänzung aufzufassen. Die Herkunft muss dann im Valenzindex vermerkt werden: $E_{sub \Rightarrow prp}$.

VERBATIVERGÄNZUNG

Dies ist die einzige Ergänzung, die nur als satzartige Konstruktion vorkommt. Wo Ersatz durch eine Nominalphrase möglich ist, handelt es sich also nicht um eine Verbativergänzung. Sie kennt folgende **Ausdrucksformen**:

Nebensatz:

> *Ich habe mich gefragt, **ob Dudek die Auflagen wirklich eingehalten hatte**.*

Infinitivkonstruktion:

> *Nun hieß es **besonders auf die Nebengeräusche achten**.*
> ***Hanna** wollte damals **keine Kompromisse eingehen**.*

Abhängiger Hauptsatz:

> *Mit scheint, **die Sache ist aussichtsreich**.*

Am häufigsten und typischerweise kommt diese Ergänzung bei Modal- und Modalitätsverben (*dürfen, müssen, sollen* u. a. bzw. *scheinen* u. a.) vor.

Es ist darauf hinzuweisen, dass die Verbativergänzung alle Satelliten des regierten Verbs mitumfasst. Das bedeutet, dass bei Modal- und Modalitätsverben auch das Subjekt des Satzes zur Verbativergänzung gehört wie in dem Satz *Alle sollten sich diesen Vortrag anhören.* mit der Struktur

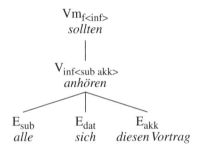

SITUATIVERGÄNZUNG

Traditionell: Adverbialobjekt, auch Ortsergänzung, Raumergänzung u. a., oft auch einfach „Adverbiale Bestimmung".

Ausdrucksformen sind

Präposition + Nominal- oder Pronominalphrase:

> *Hanna wohnte eine Zeit lang **in Warschau**.*
> *Die Flasche steht **auf dem Tisch/auf ihm**.*

Präpositionaladverb:

> *Der Mantel hängt doch **darin**.*

Sonstiges Adverb:

> *Die Flasche steht **dort**.*

Nebensatz:

> *Hanna wohnte, **wo ihre Mutter geboren wurde**.*

Wesentlicher Unterschied zwischen den Situativergänzungen mit Präposition und den Präpositivergänzungen ist, dass in Situativergänzungen die Präposition grundsätzlich austauschbar ist. Damit verbunden ist die Tatsache, dass diese Präpositionen immer eine deutliche Eigenbedeutung haben.

Situativergänzungen kommen in der Regel bei Verben des räumlichen Sich-Befindens vor. Es scheint, als ob es nur lokale Situativbestimmungen gebe; ob auch mit temporalen und vielleicht sogar mit kausalen Ergänzungen zu rechnen ist, muss bezweifelt werden, denn obligatorische und kausale Bestimmungen sind nie obligatorisch. Nur obligatorische Elemente können jedoch Situativergänzungen sein. Fakultative Situativbestimmungen rechnen wir daher zu den Angaben.

DIREKTIVERGÄNZUNG

Traditionell: Direktivobjekt, Richtungsergänzung; oft auch einfach „Adverbiale Bestimmung".

Ausdrucksformen sind

Präposition + Nominal- oder Pronominalphrase:

> *Stellen Sie die Flasche bitte **auf den Tisch/auf ihn.***

Präpositionaladverb:

> *Stellen Sie die Flasche bitte **darauf.***

Sonstiges Adverb:

> *Stellen Sie die Flasche bitte **dorthin.***

Nebensatz:

> *Ich begleite dich, **wohin du auch fährst.***

Auch die Präpositionen der Direktivergänzung sind in gewissem Grade austauschbar und haben daher eigene Bedeutung.

Direktivergänzungen werden besonders mit „Richtungsverben" verbunden, kommen aber auch bei anderen Verben vor (*winken* u. a.).

Direktivergänzungen sind häufig fakultativ.

Alle Richtungsbestimmungen sind (Direktiv-)Ergänzungen.

EXPANSIVERGÄNZUNG

In traditionellen Grammatiken kommt diese Ergänzung nicht vor. Wo sie überhaupt registriert wurde, hat man sie vorwiegend dem „Akkusativobjekt" zugerechnet.

Ausdrucksformen sind

Nominalphrase im Akkusativ:

> *Die Sitzung dauerte **dreieinhalb Stunden.***
> *Die Wurst kostet **einen Euro.***
> *Diese Pflanze wächst jährlich **drei Meter.***

Präposition *um* + Nominal- (selten Pronominal-)phrase:

> *Man hat die Straße **um vier Meter** verbreitert.*
> *Karli ist schon wieder (**um**) **fünf Zentimeter** gewachsen.*

Präposition *bis (an)* + Nominalphrase oder Adverb:

> *Der Zug fährt **bis Frankfurt.***
> *Der Zug fährt **bis dorthin.***

Adjektiv oder Adverb:

> *Der Zug fährt **weit.***
> *Karli ist **sehr** gewachsen.*

Pronomen:

> *Der Mantel kostete nicht **viel.***

Nebensatz:

> *Wir wanderten, **bis die Dunkelheit einbrach.***

Die Expansivergänzung kommt bei Verben vor, die eine Veränderung oder eine Ausdehnung in Raum, Zeit oder Qualität bezeichnen. Sie präzisiert das Maß der Veränderung bzw. Ausdehnung.

MODIFIKATIVERGÄNZUNG

In älteren Grammatiken, die noch nicht zwischen Ergänzungen und Angaben unterschieden, erscheint dieses Satzglied teilweise als „Umstandsbestimmung/Adverbiale der Art und Weise". Die DVG berief sich in ihren Anfängen darauf, dass hierher gehörende Sätze (*Heiner hat sich **schlecht** benommen.*) ein Adjektiv enthielten, das durch *so* zu anaphorisieren sei, dass somit zwangsläufig eine „Adjektivalergänzung" vorliege, also eine Prädikativergänzung mit adjektivischem Kopf. Dass die übrigen verbreiteten europäischen Sprachen hier ein (meist abgeleitetes) Adverb verlangen, wurde zwar mit Aufmerksamkeit und teilweise mit Unbehagen registriert, hatte aber auf die Klassifizierung keinen Einfluss.

Neuere Untersuchungen zeigten jedoch, dass die Anaphorisierung ihre Tücken hat: Neben *so* ist hier – und nur hier – auch die Anapher *auf diese Art* möglich. Dies erzwingt, im Einklang mit anderen Sprachen, eine zusätzliche Ergänzungsklasse.

Ausdrucksformen sind

Adjektive/Adjektivalphrasen:

> *Silke hat sich **unmöglich** benommen.*

Adverbialphrasen:

> *Sie sollte sich ganz **anders** verhalten.*

Präpositionalphrasen:

> *Verhalten Sie sich bitte **auf folgende Weise**.*

Nebensätze mit *wie*, teilweise mit Korrelat *so*:

> *Er verhielt sich, **wie man es ihm beschrieben hatte**.*
> *Er verhielt sich so, **wie man es ihm beschrieben hatte**.*

Die Modifikativergänzung kommt nur bei wenigen Verben des Sich-Verhaltens vor.

PRÄDIKATIVERGÄNZUNG

Traditionell: Prädikatsnomen, Gleichsetzungsergänzung/Artergänzung o. ä.

Ausdrucksformen sind

Nominalphrase im Nominativ oder im Akkusativ, teilweise mit *als*:

> *August war **ein Feigling**.*
> *August galt **als Feigling**.*
> *Man nannte August **einen Feigling**.*
> *Sie bezeichneten August **als Feigling**.*
> *Man hieß ihn **den Vorstadt-Casanova**.*

Nominalphrase mit *für*:

> *Sie hielten ihn **für einen Versager**.*

wie + Nominalphrase:

> *Er war **wie sein Vater**.*

Adjektiv/Adjektivalphrase, teilweise mit *als* oder *wie*:

> *Hanno ist **unverbesserlich**.*
> *Hanno gilt **als unverbesserlich**.*
> *Hanno war **wie verhext**.*
> *Hanno hat sich wieder mal **schlecht** benommen.*

Partikeln *es* und *so*:

> *August war es tatsächlich.*
> *Man nannte ihn damals wirklich so.*
> *Männer sind eben so.*
> *Sie ist es nach wie vor.*

Pronomen, teilweise mit *als*:

> *Du bist auch so einer.*
> *Er galt als einer.*
> *Ich muss ja schließlich ich bleiben.*
> *Ich hatte ihn als so einen kennen gelernt.*

Nebensatz:

> *Werde, der du bist.*
> *Bleib, wie du immer warst.*

Die Prädikativergänzung kommt vor allem bei „Kopulaverben" (*sein, werden, bleiben* u. a.) und einigen anderen (*nennen, heißen, gelten als*) vor. Sie ordnet die Subjektsgröße bzw. die Akkusativgröße in eine Klasse ein. Gleichheit von Subjektsgröße und Prädikatsgröße bei nominaler Ausdrucksform (*Ich bin ich. Dieser junge Mann war mein Bruder.*) ist sehr selten. Deshalb sind Bezeichnungen wie „Gleichsetzungsergänzung" unangebracht. Ausdrücke mit der Präposition *für* (*Sie hielten ihn für einen Versager. Sie hielten ihn für feige.*) erfüllen zwar, äußerlich gesehen, alle Kriterien der Präpositivergänzung. Da sie aber im Vorfeld (s. 3.4.1) aus semantischen Gründen den Prädikativergänzungen zugeschlagen wurden, sind sie zu den Prädikativergänzungen zu rechnen.
Prädikativergänzungen sind immer obligatorisch.
Die meisten Prädikativergänzungen setzen die Subjektsgröße in Beziehung zur Prädikativgröße, einer (nominal oder adjektivisch definierten) Klasse. Bei einem Teil der Verben (so bei *auffassen als, bezeichnen als, halten für, nennen*) wird jedoch die Akkusativgröße klassifiziert. Dies könnte Anlass zu einer Subklassifikation der Prädikativergänzungen sein, nach der man Subjekts-Prädikativergänzungen und Akkusativ-Prädikativergänzungen unterscheidet.

3.5. SATZMUSTER UND SATZBAUPLÄNE

Durch die Valenz des zentralen Verbs werden die Ergänzungen, obligatorische wie fakultative, festgelegt. Mit diesen Ergänzungen zusammen bildet das zentrale Verb das **Satzmuster**. Werden zusätzlich die fakultativen Ergänzungen gekennzeichnet (durch Klammerung) und weitere semantische Informationen hinzugefügt, so ergibt sich der **Satzbauplan**. Er ist die Grundlage für die Bildung korrekter Sätze.
Satzmuster und Satzbaupläne werden immer auf der Grundlage eines aktivischen Satzes ermittelt. Sie gelten für alle satzartigen Konstruktionen und alle Haupt- und Nebensatzsatzarten, sind außerdem unabhängig von beigefügten Angaben, Form und Umfang des Verbalkomplexes, der Wortstellung u. a. Demnach gilt derselbe Satzbauplan <sub akk> für die folgenden Konstruktionen:

> *Ich verlange einen Anwalt.*
> *(Ich vermute,) dass er seinen Anwalt verlangen wird.*
> *Verlangen Sie einen Anwalt?*
> *Verlangen Sie etwa jetzt schon einen Anwalt?*
> *Sie hätte einen Anwalt verlangen sollen.*
> *Einen Anwalt hätte sie schon früher verlangen können.*

Satzmuster und Satzbauplan lassen sich am Valenzindex des zentralen Verbs ablesen.
Vor allem im Fremdsprachenunterricht ist es wichtig, mit jedem Verb auch den zugehörigen Satzbauplan zu lernen, weil Fremdsprachenlerner sonst in der Regel auf den muttersprachlichen Satzbauplan, der vom zielsprachlichen differieren kann, zurückgreifen werden.

Die Zahl der deutschen Satzmuster und Satzbaupläne ist überschaubar. Sie hat sich im Laufe des 20. Jahrhunderts auch nicht geändert (wohl aber haben einzelne Verben ihren Satzbauplan geändert).

Es folgt eine Liste wichtiger oder auch nur interessanter deutscher Satzmuster. Jedem Satzmuster wird ein Beispielsatz beigegeben. Die Liste beginnt mit dem ergänzungslosen Satzmuster —, es folgen in Anlehnung an die Tabelle in 3.4.1 die Satzmuster mit Subjekt, dann die weiteren ohne Subjekt.

—	*Es hagelt.*
sub	*Anna lachte [unbekümmert].*
sub akk	*Ich hätte dich gebraucht.*
sub akk akk	*Egon hatte ihn Deutsch gelehrt.*
sub akk gen	*Man hatte ihn (aller Unterlagen) beraubt.*
sub akk dat	*Darf ich (Ihnen) [noch] etwas Salat anbieten?*
sub akk dat prp	*Hanno schenkte ihr (zum Geburtstag) ein Paar Handschuhe.*
sub akk dat dir	*Können Sie (mir) das Gepäck (aufs Zimmer) bringen?*
sub akk dat mod	*Man hatte ihm seine Hilfe (schlecht) vergolten.*
sub akk prp	*Ich habe das Buch gegen zwei CDs getauscht.*
sub akk prp prp	*Erika hatte sich beim Direktor über Heino beschwert.*
sub akk prp exp	*Man verbreiterte die Straße um 2 Meter auf 7,50 Meter.*
sub akk sit	*Sie verbrachten ihren Urlaub in Tirol.*
sub akk dir	*Schicken Sie den jungen Mann ins Ausland.*
sub akk exp	*Man verlängerte das Rohr um einen Meter.*
sub akk prd	*Man nannte ihn den König von St. Pauli. Man nannte sie heimtückisch.*
sub gen	*Ich bedarf deiner Hilfe.*
sub dat	*Man half ihm [gerne].*
sub dat prp	*Ich kondolierte ihm zum Tode seines Vaters.*
sub dat vrb	*Man bedeutete ihm, besser die Finger von der Sache zu lassen.*
sub dat dir	*Ich wollte ihr in den Mantel helfen.*
sub dat prd	*Das Kleid steht mir (gut).*
sub prp	*Glaubst du an Gott?*
sub prp prp	*Ich muss mit dir über Sonja reden.*
sub prp vrb	*Sie schloss aus dieser Antwort, dass er sehr krank war.*
sub prp dir	*Die Leute flohen vor den Besatzern in die Berge.*
sub vrb	*Hanna sagte sich, dass sie sich [wohl] in ihm getäuscht habe.*
sub sit	*Wir bleiben zu Hause.*
sub dir	*Geh [bitte nicht] nach Wattenheim.*
sub exp	*Hanno hat zehn Kilo zugenommen.*
sub mod	*Magda hat sich tadellos verhalten.*
sub prd	*Mein Vater war Beamter. Mein Vater war [lange Zeit] krank.*
akk	*Gibt es solche Leute [überhaupt noch]?*
akk sit	*Mich juckt es am linken Arm.*
gen prp	*Dazu bedarf es einer besonderen Art von Intelligenz.*
dat	*Mir graut (es).*
dat prp	*Es mangelte ihnen an Decken.*
dat sit	*Zu Hause gefiel es ihm.*
dat prd	*Uns ist ganz kannibalisch wohl. (Goethe)*

prp	*Es geht um unsere Kinder.*
prp prd	*Es ist ein Kreuz mit diesen Nachbarn. Es sieht [nicht] gut aus*
	mit diesem Projekt.
vrb	*[Jetzt] gilt es zusammen zu halten.*
dir	*Es regnete durchs Dach.*
prd	*Es wird Abend. Es wird kalt.*

3.5.1. Deutsche Verben mit ihren Satzmustern

Im Folgenden werden ausgewählte deutsche Verben, nach Satzmustern geordnet, aufgelistet und durch Beispiele illustriert. Die Satzmuster sind nach der Liste in 3.4.1 angeordnet.

Die Verben sind größtenteils dem Zertifikat Deutsch als Fremdsprache sowie verschiedenen Valenzlexika entnommen. Wieder werden fakultative Ergänzungen in runde Klammern, Angaben in eckige Klammern gesetzt. Es muss allerdings darauf hingewiesen werden, dass Fakultativität und Obligatheit nicht nur vom Satzbauplan, sondern auch von der inhärenten Semantik des Verbs und der Semantik der Ergänzungen abhängen. Offensichtlich gibt es Grade von Fakultativität, die aber noch der Erforschung bedürfen.

Satzmuster <—> (ohne jegliche Ergänzung)

frieren, es	*[Heute Nacht] hat es gefroren.*
gießen, es	*Es goss [in Strömen].*
hageln, es	*[Im Juli] hagelt es [hier leider oft.]*
regnen, es	*[Die ganze Nacht] hat es geregnet.*
schneien, es	*Es wird [bald] schneien.*
ziehen, es	*[Hier] zieht es.*

Satzmuster <sub>

sich ändern	*Hanno ändert sich [nicht mehr].*
arbeiten	*Stör mich nicht, ich arbeite.*
atmen	*Er atmet [doch noch].*
aufstehen	*Ist Inge [schon] aufgestanden?*
ausruhen	*[Jetzt] wollen wir [mal so richtig] ausruhen.*
sich bewegen	*Und sie bewegt sich [doch].*
blühen	*Der Kirschbaum blüht [wieder]!*
bluten	*Die Wunde blutet [ja noch].*
brechen	*Gib Acht, das Eis könnte brechen.*
brennen	*[Dort] brennt [ja noch] das Licht!*
sich drehen	*Dreh dich [ein bisschen schneller].*
einschlafen	*Annabell ist eingeschlafen.*
sich erkälten	*[Dabei] habe ich mich erkältet.*
fahren	*Der Traktor fährt [wieder].*
funktionieren	*[Wie] funktioniert das?*
gehen	*Die Uhr geht [wieder].*
sich gehören	*So etwas gehört sich [nicht].*
gelten	*Die Wette gilt.*
sich halten	*Die Chrysanthemen haben sich [gut] gehalten.*
husten	*Sie hustet [immer noch].*
klappen	*Klappt es [jetzt endlich]?*
kochen	*Die Suppe kocht [noch].*

laufen	*[Jetzt] läuft der Motor [wieder schön rund].*
leben	*Der Baum lebt [doch noch].*
sich lohnen	*Vertrauen lohnt sich [nicht immer].*
lügen	*Dieses Buch lügt.*
sich öffnen	*Die Tür öffnete sich [langsam].*
platzen	*Der Ballon ist geplatzt.*
rauchen	*Sie raucht [leider wieder].*
schlafen	*Schläft Hanna?*
schwitzen	*Bernd schwitzte [fürchterlich].*
springen	*Die Schale ist gesprungen.*
stehen	*Die Küchenuhr steht [schon wieder].*
steigen	*Die Temperatur stieg [beängstigend].*
sterben	*Anton ist gestorben.*
stimmen	*Was du sagst, stimmt.*
sich verändern	*Die Welt verändert sich [von Tag zu Tag].*
verreisen	*[Warum] verreist ihr [nicht]?*
sich versprechen	*Bruno hat sich [nur] versprochen.*

Satzmuster <sub akk>

abnehmen	*[In der Kirche] solltest du den Hut abnehmen.*
abschließen	*Hast du (die Hintertür) abgeschlossen?*
abwarten	*Sie wollten [noch] (den Bus) abwarten.*
anfangen	*Er wollte [immer] Streit anfangen.*
angehen	*Dieser Familienzwist geht Sie nichts an!*
annehmen	*Ich nehme an, dass sie krank ist.*
ansehen	*Sehen Sie mich [bitte] an!*
anzeigen	*Ein Nachbar hat ihn angezeigt.*
anziehen	*Ziehen Sie [lieber] den Wintermantel an.*
ärgern	*Dass sie das Projekt aufgegeben haben, ärgert mich.*
aufschreiben	*[Bitte] schreiben Sie das [auch] auf.*
ausnutzen	*Er hat mich [immer nur] ausgenutzt.*
ausrechnen	*Ich habe [schnell] ausgerechnet, was übrig bleibt.*
ausziehen	*Ziehen Sie [doch bitte] den Mantel aus!*
beachten	*Beachten Sie die Packungsbeilage.*
bedeuten	*Das bedeutet einen halben Monat Verzögerung.*
bedienen	*Hat man Sie [schon] bedient?*
begrüßen	*Ich muss [noch] den Staatssekretär begrüßen.*
behandeln	*Dieser Arzt hat mich [letztes Jahr] behandelt.*
behaupten	*Nichts dergleichen habe ich [je] behauptet.*
bekommen	*Niko bekam Keuchhusten.*
bemerken	*Hast du nichts bemerkt?*
beruhigen	*Dieses Mittel beruhigt (Sie) [sehr zuverlässig].*
beschädigen	*Er hat [beim Zurückstoßen] den Torpfosten beschädigt.*
beschäftigen	*Er beschäftigt das halbe Dorf.*
beschreiben	*Beschreiben Sie [bitte] den Unfall.*
besichtigen	*Wir besichtigten [auch] seine Grabstätte.*
bestellen	*Hast du (das Video) [schon] bestellt?*
bewundern	*Ich bewundere Sie [wegen Ihrer Ausdauer].*
brauchen	*Brauchst du [noch] Zucker?*
drucken	*Welcher Verlag wird [schon] so etwas drucken?*
entschuldigen	*Entschuldigen Sie [bitte] (meine Vergesslichkeit).*

erfinden	*Er hat das Ultramarin Blau erfunden.*
erreichen	*[Auf diese Weise] werden Sie nichts erreichen.*
erwarten	*Erwarten Sie eine ältere Dame?*
essen	*(Was) essen wir heute?*
freuen	*Deine Zuversicht freut mich.*
fürchten	*Wir fürchteten seinen Jähzorn.*
glauben	*Glaubst du das alles [wirklich]?*
grüßen	*Dieser fremde Herr hat (mich) [schon wieder] gegrüßt.*
halten	*Halten Sie [mal] (den Schirm).*
holen	*Hast du den Wein geholt?*
hören	*Hörst du (das leise Brummen)?*
kaufen	*Ich muss [noch] Gemüse kaufen.*
kochen	*Uta hat einen Gemüseeintopf gekocht.*
lesen	*Sie las (die Tageszeitung).*
meinen	*Meinst du (das) [wirklich]?*
merken	*Merkst du [eigentlich überhaupt] nichts?*
mieten	*Norbert hat ein Haus [in der Vorstadt] gemietet.*
nehmen	*Nehmen Sie [noch] (ein Stück Braten)?*
öffnen	*Wir öffnen (das Geschäft) [um neun Uhr].*
ordnen	*Manfred ordnete seine Papiere.*
pflegen	*[Die ganze Zeit über] hat sie ihre Mutter gepflegt.*
rauchen	*Sie raucht [nur noch] (Zigarillos).*
reparieren	*Schorschl hat (uns) den Staubsauger repariert.*
schreiben	*Er schreibt (drei wichtige Briefe).*
senden	*Senden Sie (mir) [bitte] zwanzig Kassetten.*
sprechen	*Sie sprach [nur mühsam] Deutsch.*
stimmen	*Jonas stimmte sein Instrument.*
suchen	*Suchen Sie etwas Bestimmtes?*
treffen	*Ich habe Maria [in der Stadt] getroffen.*
trinken	*Sie trank [am liebsten] Schokolade.*
überholen	*Überhol (ihn) [doch]!*
unterschreiben	*Unterschreiben Sie (den Vertrag) [bitte]!*
verachten	*Solche Leute kann man [nur] verachten.*
verändern	*[Auf diese Art] veränderst du die Welt nicht.*
verbessern	*Ich soll deinen Brief verbessern?*
vergessen	*[Jetzt] hab ich die Hefe vergessen!*
verlassen	*Verlass mich [bitte jetzt] nicht.*
verlieren	*Er hat eine Menge Geld verloren.*
verstehen	*[Jetzt] verstehe ich (gar nichts mehr).*
wählen	*[Deshalb] habe ich diese kleine Partei gewählt.*
wechseln	*Ich musste das Zimmer wechseln.*
wissen	*Ich weiß (das alles) [schon lange].*
ziehen	*Wir Beide mussten (den Wagen) ziehen.*

Satzmuster <sub akk akk>

angehen	*Das geht Sie gar nichts an.* (akk nur als indefinites Pronomen)
fragen	*Das habe ich mich auch gefragt.* (akk nur als Pronomen)
lehren	*Sie hat mich diese schwierige Sprache gelehrt.*

Satzmuster <sub akk gen>

anklagen	*Man hatte ihn (der Bilanzfälschung) angeklagt.*
beschuldigen	*Man hatte ihn (der Bilanzfälschung) beschuldigt.*
bezichtigen	*Man hatte ihn der Bilanzfälschung bezichtigt.*
verdächtigen	*Man hatte ihn der Bilanzfälschung verdächtigt.*
versichern	*Ich versichere Sie meiner uneingeschränkten Loyalität.*

Satzmuster <sub akk dat>

abnehmen	*Darf ich Ihnen den Mantel abnehmen?*
anbieten	*Ich biete Ihnen einen neuen Vertrag an.*
ansehen	*Das sieht man ihr [doch] an.*
ausmachen	*Das macht (mir) gar nichts aus.*
beschreiben	*Beschreiben Sie (mir) [doch] das Haus.*
beweisen	*Dann müssen Sie (uns) das beweisen.*
erklären	*Können Sie (mir) das erklären?*
erlauben	*Erlauben Sie (mir) [bitte] eine Zusatzfrage.*
erzählen	*Erzählen Sie (uns) [bitte] die ganze Geschichte.*
geben	*Gib mir [bitte] die Pumpe.*
leihen	*Leihst du mir [mal] dein Fahrrad?*
liefern	*[Bitte] liefern Sie (uns) fünfundzwanzig Exemplare.*
mitteilen	*Ich hatte alles dem Bürgermeister mitgeteilt.*
sagen	*Sag (mir), wo die Blumen sind.*
schenken	*Schenk (mir) [doch] ein Pony!*
schicken	*Können Sie (mir) den Brief schicken?*
schreiben	*Schreib (mir) [mal wieder] (einen Brief).*
verbieten	*Das können Sie (mir) [nicht] verbieten.*
verkaufen	*[Am Besten] verkaufen Sie (ihm) das ganze Grundstück.*
verschreiben	*Er verschrieb mir Hustentropfen.*
versprechen	*Sie versprach (mir) zu schweigen.*
verzeihen	*Verzeihen Sie (mir) [bitte] meine Naivität.*
vorstellen	*Darf ich (Ihnen) Herrn Dr. Thomas vorstellen?*
wünschen	*Ich wünsche Ihnen alles Gute.*
zeigen	*Zeig (mir) [mal] deine Eisenbahn.*

Satzmuster <sub akk dat prp>

antworten auf	*Was sollte ich (ihm) (auf diese Frage) [schon] antworten?*
bieten für	*Ich biete (Ihnen) (für das Grundstück) eine halbe Million.*
verkaufen für	*Das Haus würde ich (Ihnen) nicht für viel Geld verkaufen.*

Satzmuster <sub akk dat dir>

bringen	*Er brachte (ihr) die Akten (ins Büro).*
diktieren	*Sie diktierte (der Sekretärin) einen Brief (in die Maschine).*
schicken	*Darf ich (Ihnen) die Kopien (nach Hause) schicken?*
tragen	*Ich trug (ihr) die Bücher (ins Obergeschoss).*

Satzmuster <sub akk dat mod>

danken	*Er hat ihr ihre Anhänglichkeit schlecht gedankt.*
lohnen	*Er hat ihr ihre Anhänglichkeit schlecht gelohnt.*
vergelten	*Er hat ihr ihre Anhänglichkeit schlecht vergolten.*

Satzmuster <sub akk prp>

abmelden von	*Wir wollten Patrick [von dem Kurs] abmelden.*
ausgeben für	*Ich mag nicht so viel ausgeben (für Unterhaltung).*
ausschließen von	*Wir dürfen ihn nicht von allen Veranstaltungen ausschließen.*
belegen mit	*Ihr könnt die Brote [ja] mit Käse belegen.*
bemerken zu	*(Dazu) mochte ich [gern] Folgendes bemerken.*
besetzen mit	*Wir haben die Stelle (mit einer Soziologin) besetzt.*
betrafen für	*Wollen Sie mich bestrafen (dafür, dass ich hier wohne)?*
betrügen um	*Man hat ihn (um alle seine Ersparnisse) betrogen.*
bewegen zu	*Er bewog mich zum Bleiben.*
bezahlen mit	*[Diesmal] konnte ich alles (mit der Kreditkarte) bezahlen.*
bitten um	*Ich bitte (Sie) (um etwas Geduld).*
bringen um	*Das hat mich um den Schlaf gebracht.*
drängen zu	*Sie drängten Milo zu einem Geständnis.*
einladen zu	*Darf ich Sie (zu meinem Geburtstag) einladen.*
erinnern an	*Ich möchte (Sie) (an unsere gemeinsame Arbeit) erinnern.*
erkennen an	*Man konnte sie (am Gang) erkennen.*
erziehen zu	*Man wollte die Jungen (zu gefügigen Vassallen) erziehen.*
fragen nach	*Ich frage Sie [zum letzten Mal] (nach Ihrem Alibi).*
führen zu	*Ihr Vorbild führte (ihn) zum Müßiggang.*
herstellen aus	*Man stellt dort Schnaps (aus Wein) her.*
hindern an	*Man wollte ihn am Schreien hindern.*
informieren über	*Gerhard informierte den Beirat über das Projekt.*
lernen aus	*Aus seinen Fehlern hat er (nichts) gelernt.*
machen zu	*Dieser Krieg hatte Napoleon zum Despoten gemacht.*
nennen nach	*Wir haben Johannes nach seinem Großvater genannt.*
rechnen zu	*Ich rechne auch meine Kinder zu den Gefährdeten.*
retten vor	*[Wie] soll ich euch (vor dem Unheil) retten?*
schicken an	*Schicken Sie diesen Brief an meine Schwester.*
schließen aus	*Aus dieser Antwort schließe ich, dass er nicht mitmachen will.*
schreiben an	*Du hättest (an Franz) schreiben sollen.*
sehen in	*Wir sehen in diesem Menschen einen armen Kranken.*
stören bei	*Ich wollte Sie [nicht] (beim Essen) stören.*
trennen von	*Nun wollen wir die Pechvögel von den Faulpelzen trennen.*
überreden zu	*Sie wollten mich dazu überreden, die Sache zu verschweigen.*
überzeugen von	*Ich konnte ihn [nicht] (von diesem Projekt) überzeugen.*
verbinden mit	*Können Sie mich (mit Sancho Pansa) verbinden?*
verkaufen an	*(An wen) wollt ihr (das Haus) verkaufen?*
verlangen von	*Soviel Großmut kann ich [nicht] von dir verlangen.*
versichern gegen	*Wir haben das Haus [auch] (gegen Einbruch) versichert.*
verstehen von	*Von Verschwiegenheit versteht sie [leider] wenig.*
verteilen unter	*Sie sollten die Pakete (unter den Notleidenden) verteilen.*
verwechseln mit	*Sie dürfen mich [nicht] mit meinem Nachfolger verwechseln.*
vorbereiten auf	*Ich musste sie (auf schlimme Zeiten) vorbereiten.*
zählen zu	*Ich habe dich [immer] zu meinen Freunden gezählt.*
zahlen an	*Die Zinsen hatte er [längst] an die Bank gezahlt.*

Satzmuster <sub akk prp prp>

kaufen für von	*Klaus hat das Gelände (für einen lächerlichen Betrag) (von einem ehemaligen Schnapsproduzenten) gekauft.*
übersetzen aus in	*Er hat das Werk (aus dem Französischen) (ins Deutsche) übersetzt.*
verkaufen für an	*Diese Aktien hatte Gruhl (für wenig Geld) (an einen kleinen Anleger) verkauft.*
vermieten für an	*Die Witwe Selminger hatte die Einliegerwohnung (für 300 Euro) (an einen Pakistani) vermietet.*

Satzmuster <sub akk prp exp>

beschleunigen auf	*Michael beschleunigte (den Wagen) (um 20 kmh) (auf 230 kmh).*
drosseln auf	*Sie müssen den Motor (um 2000 Upm) (auf 4500 Upm) drosseln.*
erwärmen auf	*Sie müssen den Inhalt (um 50 Grad) (auf 250 Grad) erwärmen.*
kürzen auf	*Können Sie die Stange (um 10 cm) (auf 220 cm) verkürzen?*
senken auf	*Man wollte die Temperatur (um 5 Grad) (auf 20 Grad) senken.*
steigern auf	*Die Lärmbelästigung würde sich [durch die neue Straßenführung] (um 10 Dezibel) (auf 45 Dezibel) steigern.*
verbessern auf	*Sie konnte die Weite [sogar] (um 8 Meter] (auf 121 Meter) verbessern.*
vergrößern auf	*Man wollte die große Halle (um 18 m^2) (auf 120 m^2) vergrößern.*
verkleinern auf	*Könnte man vielleicht das Gehege (um 200 m^2) (auf insgesamt 1800 m^2) verkleinern?*
verkürzen auf	*Können Sie die Hose (um 2 bis 3 cm) (auf normale Länge) verkürzen?*
verlängern auf	*Können Sie die Hose (um 2 bis 3 cm) (auf normale Länge) verlängern?*

Satzmuster <sub akk sit>

finden	*Ich habe den Brief (an der Hintertür) gefunden.*
haben	*Ich hab [noch] einen Koffer in Berlin.*
verbringen	*Ihren Urlaub hat die Familie [immer] in Tirol verbracht.*

Satzmuster <sub akk dir>

abschleppen	*Wir schleppten den Wagen (in die nächste Werkstatt) ab.*
bemühen	*Man bemühte die Angekommenen in die Sakristei.*
bringen	*Bring die Blumen nach draußen!*
drängen	*Die Polizei drängte die Menge in eine enge Gasse.*
drehen	*Sie drehte den Gefallenen auf die Seite.*
entlassen	*[Wann] wurden Sie (aus der Haft) entlassen?*
führen	*Du führst uns, wohin wir nicht gehen wollen.*
gießen	*Sie gossen die Milch in den Rinnstein.*
hängen	*Häng das Bild [doch] übers Klavier.*
holen	*Er holte seinen Mantel (aus dem Vestibül).*
heben	*Könnten Sie [mal] den Koffer (in die Höhe) heben?*
klingeln	*[Was] klingelt ihr mich [jetzt] aus dem Bett?*
legen	*Legen Sie das Buch auf die Anrichte!*

nehmen	*Nimm [gefälligst] die Hände aus den Taschen!*
packen	*Sie packte die Figuren in Seidenpapier.*
schicken	*Schicken Sie die Fotos nach Kairo.*
schieben	*Annabell schob die Papiere über den Tisch.*
setzen	*Hugo setzte das Mädchen auf den Hocker.*
stellen	*Lawrence stellte seine Flinte an die Wand.*
stoßen	*Er stieß den Eindringling den Gang entlang.*
verkaufen	*Möchtest du [wirklich] die Röhren in den Nahen Osten verkaufen?*
ziehen	*Der Fischer zog die Aale aus dem Pferdeschädel.*

Satzmuster <sub akk mod>

anfassen	*Du musst die Skulptur (vorsichtig) anfassen.*
anreden	*Ich habe den Besucher (höflich) angeredet.*
anziehen	*Ihre Kinder hat sie [immer] (gut) angezogen.*
behandeln	*Ich habe sie [immer] (höflich) behandelt.*

Satzmuster <sub akk prd>

ansehen	*Ich habe ihn [immer] als Aufschneider angesehen.*
behandeln	*Sie dürfen ihn [nicht] als Bittsteller behandeln.*
heißen	*[Warum] habt ihr ihn einen Betrüger geheißen?*
kennen	*Ich kannte ihn [seit langem] als Experten.*
nennen	*Willst du mich einen Versager nennen?*
finden	*Diese Antwort finde ich [gar nicht] gut.*
machen	*Machst du die Suppe [nochmal] warm?*
nennen	*Du darfst mich [nicht] furchtsam nennen.*
stellen	*Hast du die Bohnen warm gestellt?*
stimmen	*Diese Auskunft stimmte sie zuversichtlich.*

Satzmuster <sub gen>

sich annehmen	*Sie haben sich dieses Kindes [rührend] angenommen.*
sich bedienen	*Bedienen Sie sich [bitte] der Betriebsanleitung.*
bedürfen	*Das bedarf keines Beweises mehr.*
sich enthalten	*Enthalten Sie sich [künftig] jeglichen Alkoholgenusses.*
sich entsinnen	*Ich kann mich dieses Menschen [noch sehr genau] entsinnen.*
sich erinnern	*Erinnerst du dich dieser Vorlesung [noch]?*
gedenken	*Man gedachte [gemeinsam] der toten Eltern.*
sich schämen	*Meines Glaubens schäme ich mich [nicht].*

Die Verben *sich erinnern* und *sich schämen* werden heute bevorzugt mit Präpositivergänzung verbunden.

Satzmuster <sub dat>

begegnen	*Ich war ihm [zweimal] begegnet.*
bekommen	*Dieses Gemüse bekam ihr [nicht].*
sich bemächtigen	*Die Truppen haben sich dieser Kleinstadt bemächtigt.*
bleiben	*Uns bleibt [nur] die Auswanderung.*
fehlen	*Du fehlst mir [einfach].*
folgen	*Folgen Sie mir [bitte].*
gefallen	*Der Vortrag hat mir [sehr] gefallen.*
gehören	*Mein Bauch gehört mir.*
gelingen	*[Diesmal] ist es uns [nicht] gelungen.*
geschehen	*Ihnen wird nichts Schlimmes geschehen.*

helfen	*Hilf mir [mal bitte]!*
liegen	*Wegzusehen liegt mir [nicht].*
passen	*Die Hose passt mir [nicht mehr].*
passieren	*Musste mir das [wirklich] passieren?*
schaden	*Dieser Dünger schadet meinen Blumen.*
stehen	*Die Bluse steht dir [wunderbar].*
weh tun	*Mir tut diese Klimaveränderung weh.*
zuhören	*Kannst du mir [vielleicht auch mal fünf Minuten] zuhören?*

Satzmuster <sub dat prp>

berichten von	*Ich hatte ihm von dem Überfall berichtet.*
danken für	*Wir danken Ihnen für diesen Beitrag.*
erzählen von	*Erzähl mir von der Reise.*
gratulieren zu	*Sie gratulierte ihm zum zwanzigsten Geburtstag.*
helfen gegen	*Diese Tropfen helfen [zuverlässig] gegen deinen Husten.*
raten zu	*Ich würde Ihnen zu Zurückhaltung raten.*
vorlesen aus	*Liest du uns aus dem roten Buch vor?*

Satzmuster <sub dat vrb>

bedeuten	*Man hatte ihr bedeutet, den Gast einfach zu ignorieren.*

Satzmuster <sub dat dir>

folgen	*Folgen Sie mir [bitte] ins Lager.*
helfen	*Könnten Sie mir in den Wagen helfen?*

Satzmuster <sub dat prd>

begegnen	*Der Präsident war ihr nicht unhöflich begegnet.*

Satzmuster <sub prp>

Nicht wenige dieser Verben regieren alternativ mehrere verschiedene Präpositionen (mit ihnen ändert sich auch die Verbbedeutung). Im Folgenden wird jeweils nur eine Präposition genannt und illustriert.

abhängen von	*Der Ausgang der Wahl hängt [nicht] von dir ab.*
achten auf	*Achten Sie auf Ihre Kinder!*
anfangen mit	*(Womit) sollen wir anfangen?*
arbeiten an	*Sie arbeitet an ihrem zweiten Buch.*
aufhören mit	*Hör [endlich] auf (mit dem Gejammere).*
aufpassen auf	*Pass auf den Hund auf!*
aufwachen an	*Irene wachte an einem Kratzgeräusch auf.*
aussehen nach	*Der Himmel sieht nach Schnee aus.*
bauen auf	*Wir bauen auf die Zusage der Stadt.*
sich bemühen um	*Er hat sich [jahrelang] um die junge Frau bemüht.*
bestehen auf	*Ich muss auf der Einhaltung dieser Zusage bestehen.*
sich beziehen auf	*Sie können sich auf die Erklärung des Rektors beziehen.*
denken an	*Denken Sie an die Macht der Kirche.*
sich drehen um	*Alles drehte sich um die Eskapaden des Gouverneurs.*
sich entschließen zu	*Sie kann sich [nicht] zu einer Zusage entschließen.*
sich erinnern an	*Sie erinnerte sich an eine Begegnung [vor Jahren].*
folgen aus	*Daraus folgt, dass Sie ohne mich weiter machen müssen.*
sich freuen auf	*Hansel freute sich [riesig] auf Ludwigs Besuch.*
sich fürchten vor	*Hansel fürchtete sich [insgeheim] vor Sophie.*
gelten für	*Diese Verpflichtung gilt für alle Hausbewohner.*
glauben an	*[Warum] glaubst du [immer noch] daran?*

halten zu	*Er hielt [unverbrüchlich] zu Wolfgang.*
hängen an	*Er hing [immer noch] an seiner Jugendliebe.*
hoffen auf	*Wir hoffen alle auf Tauwetter.*
kommen um	*Er kam um fast sein ganzes Vermögen.*
lachen über	*Müsst ihr [immer] über ihn lachen?*
sich machen an	*Er machte sich an die Bauunterlagen.*
passen zu	*Ein solcher Ausdruck passt [aber gar nicht] zu ihm.*
rechnen mit	*Sie hätte mit diesem Ausgang rechnen müssen.*
riechen nach	*Diese Uniform riecht nach Schimmel.*
schlafen mit	*Hat er [nun] mit ihr geschlafen oder nicht?*
schmecken nach	*Die Butter schmeckte nach Räucherspeck.*
schreiben an	*Sie schreibt an ihrem dritten Buch.*
sein aus	*Der Teller ist aus Kunsttoff.*
stehen auf	*Der Typ steht auf Punkerinnen.*
sich stören an	*Stören Sie sich [nicht] an dem Lärm.*
sich stoßen an	*[Was] stößt er sich [auch] an ihrer Hautfarbe?*
suchen nach	*Wir suchen nach einem alten Brief von Annabell.*
teilnehmen an	*Willst du an dem Pfadfindertreffen [wirklich] teilnehmen?*
sich treffen mit	*Wir trafen uns mit dem Makler.*
trinken auf	*Trinken wir auf den tapferen Gerhard!*
sich verabschieden von	*Ich muss mich [leider] von Ihnen verabschieden.*
verlangen nach	*Der Verwundete verlangte nach Wasser.*
sich verstehen mit	*Ich verstehe mich [blendend] mit der Nachbarin.*
sich wagen an	*Sie wird sich [nicht] an dieses Problem wagen.*
warten auf	*Warten Sie auf Ludwig?*
sich wenden an	*Wenden Sie sich [bitte] an Charlotte.*
werden aus	*Aus diesem Land wird [nie mehr] eine Großmacht.*
zählen auf	*Sie können auf ihn zählen.*
zweifeln an	*Hans zweifelte nicht an Lenas Verschwiegenheit.*

Satzmuster <sub prp prp>

sich bedanken bei für	*Ich möchte mich bei Ihnen für die Einladung bedanken.*
sich bewerben bei um	*Hans hatte sich bei Meier & Co. um die Stelle des Geschäftsführers beworben.*
sich entschuldigen bei für	*Hanna entschuldigte sich bei Jochen für die brüske Absage.*
reden mit über	*Isabell wollte mit Hans und Jochen über diese Affäre reden.*
schließen aus auf	*Aus diesem Brief dürfen Sie [nicht gleich] auf Hannas Rückzug aus dem Geschäft schließen.*
werfen mit nach	*Ihre Kinder sollten [nicht] mit Steinen nach meinem Hund werfen.*

Satzmuster <sub prp vrb>

folgern aus	*Ich muss aus dieser Äußerung folgern, dass Annabell Recht hat.*

Satzmuster <sub prp dir>

fliehen vor	*Sebastian floh [mit seiner Familie] vor dem Aschenregen in die nahe gelegene Stadt.*

Satzmuster <sub prp mod>

denken von	*Er dachte ganz schlecht von Isabella.*
es meinen mit	*Wir meinen es [doch] gut mit Ihnen!*
reden von	*Sie sollten [nicht] so abfällig von meinem Bruder reden.*

Satzmuster <sub sit>

bleiben	*Die Oma bleibt in Böblingen.*
liegen	*Die Stadt Weinheim liegt an der Weschnitz.*
sitzen	*Willi saß auf der Gartenbank.*
stattfinden	*Die Wahlversammlung findet im Schönbuchsaal statt.*
stehen	*Diese Nummer steht [nicht] im Telefonbuch.*
sich verlieren	*Der Pfiff der Lokomotive verlor sind hinter dem Wald.*

Satzmuster <sub dir>

aussteigen	*Willi stieg (aus der Straßenbahn) aus.*
auswandern	*Sie sind [vor ein paar Jahren] (nach Kanada) ausgewandert.*
ausziehen	*Die Familie war (aus der alten Wohnung) ausgezogen.*
einsteigen	*Man soll [hinten] (in den Bus) einsteigen.*
fahren	*Wir fahren auf die Schwäbische Alb.*
fallen	*[Beinahe] wäre Irene (in den Schacht) gefallen.*
fliegen	*Er fliegt über Madrid nach Santiago.*
gehören	*Die Akten gehören [nicht] in das obere Fach.*
kommen	*Der Zug kommt aus München.*
passen	*Diese Mappe passt [gar nicht] ins Regal.*
scheinen	*Die Sonne schien ins Wohnzimmer.*
steigen	*Sie stiegen auf den Golling.*
stürzen	*Oma wäre [beinahe] die Treppe hinunter gestürzt.*

Satzmuster <sub exp>

abnehmen	*Willi hat ((um) drei) Kilo abgenommen.*
sich ausdehnen	*Der See hat sich (um zehn Quadratkilometer) ausgedehnt.*
dauern	*Die Sitzung wird bis 22.00 Uhr dauern.*
laufen	*Sie lief bis zum Parktor.*
reichen	*Der Naturpark reicht bis an den Main.*
wachsen	*Wilder Wein wächst jährlich um drei Meter [in die Höhe].*
warten	*Du musst [noch] (etwas) warten.*
zunehmen	*Ursula hat (gewaltig) zugenommen.*

Satzmuster <sub mod>

sich benehmen	*Benimm dich [bitte] anständig.*

Satzmuster <sub prd>

aussehen	*Gisela sieht blendend aus.*
bleiben	*Er blieb ein typischer Beamter.*
	Bleiben Sie so, wie wir Sie kennen.
sich fühlen	*Wie fühlst du dich?*
gelten als	*Er gilt als Kleinigkeitskrämer.*
heißen	*Annabell heißt Wunder [mit Nachnamen].*
sein	*Sophie war Sängerin.*
	Anna war mutlos.
tun	*Tun Sie [doch nicht] so bescheiden!*
werden	*Rupert wurde Anlageberater.*

Satzmuster \<sub vrb\>

finden   *Ich finde, sie hat Recht.*
sich fragen   *Uta fragte sich, ob ihm etwas zugestoßen sein könnte.*
lassen   *Lassen Sie [doch] die Kinder den Tisch abräumen.*
meinen   *Ich meine, dass sich nichts geändert hat.*
sich sagen   *Willi sagte sich, dass er Gleichmut vorspiegeln müsse.*

Satzmuster \<akk\>

geben, es   *Ufos gibt es [nicht].*
schaudern   *Ihn schauderte.*

Satzmuster \<akk sit\>

geben, es   *Hier gibt es Biogemüse.*
jucken, es   *Ihn juckte es (am Rücken).*

Satzmuster \<gen prp\>

bedürfen, es zu   *(Dazu) bedarf es keiner Diskussion.*

Satzmuster \<dat\>

schwindeln (es)   *Mir schwindelte.*

Satzmuster \<dat prp\>

ankommen, es auf   *Ihnen kommt es in erster Linie auf den Frieden an.*
eilen, es mit   *Der Nachbarin eilt es [nicht] mit dem Umgraben.*
fehlen, es an   *Uns fehlte es an Zelten.*
gehen, es um   *Dem Dicken ging es [nur] um die Macht.*
grauen (es) vor   *Mir graut (es) vor dir.*

Satzmuster \<dat sit\>

gefallen, es   *Es hat uns in der Almhütte [prima] gefallen.*

Satzmuster \<dat prd\>

gehen, es   *Meiner Kusine Annabell geht es [wieder] gut.*
sein (es)   *Ihr war (es) kalt.*
werden (es)   *Ihr wurde (es) kalt.*

Satzmuster \<prp\>

sich drehen, es um   *[Diesmal] dreht es sich um das Jagdhaus.*
gehen, es um   *Es geht um den sozialen Frieden.*
sich handeln, es um   *Es handelt sich um eine undurchsichtige Angelegenheit.*
klappen, es mit   *Mit dem Urlaub klappt es.*

Satzmuster \<prp sit\>

ankommen, es auf   *Hier kommt es auf technische Zuverlässigkeit an.*

Satzmuster \<prp prd\>

bleiben, es mit   *Mit ihm bleibt es eine Quälerei.*
sein, es mit   *Es ist ein Elend mit ihm.*
aussehen, es für   *Für euch sieht es recht günstig aus.*

Satzmuster \<mod\>

sich verhalten, es   *Damit verhält es sich folgendermaßen: …*

Satzmuster \<dir\>

hageln, es   *Es hagelte aufs Wagendach.*
regnen, es   *[Bei uns] regnet es ins Wohnzimmer.*
schneien, es   *Es schneite auf die belaubten Bäume.*

werden, es	*Es wird [allmählich] Abend.*
bleiben, es	*Es blieb [lange Zeit] kalt.*
riechen, es	*Es roch schrecklich.*
sein, es	*[Hier] ist es zu heiß.*
werden, es	*[Später] wurde es kühl.*

Satzmuster <vrb>

gelten, es	*Es gilt [jetzt], ganz genau aufzupassen.*
heißen, es	*[Jetzt] heißt es aufpassen.*

3.6. ANGABEN

3.6.1. Abgrenzung und Gliederung

Angaben sind alle Bestandteile des Satzes, die weder zum Verbalkomplex noch zu den Ergänzungen gehören. Sie zählen damit nicht zur Minimalstruktur des Satzes, sondern bilden mit den übrigen Bestandteilen zusammen dessen Maximalstruktur.

Angaben sind aspezifisch vom Verb abhängig. Diese Aspezifizität bezieht sich wohlgemerkt nicht auf einzelne Ausdrücke, sondern auf Kategorien von Angaben. Das bedeutet: Elemente jeder Angabenkategorie können mit beliebigen Verben verbunden werden; dies gilt aber nicht für jedes einzelne Element.

Die DVG unterscheidet vier Großklassen von Angaben: Modifikative, situative, existimatorische und negative Angaben. Sie werden kurz durch Beispiele illustriert:

Modifikativa:

> *Hanna hat **hervorragend** gearbeitet.*
> *Du musst **sorgfältiger** schreiben.*

Situativa:

> *Wir wollten euch **gestern** besuchen.*
> *Sie fühlt sich **trotzdem** relativ wohl.*

Existimatoria:

> ***Erfreulicherweise** ist er wieder zu Hause.*
> *Sie kommen **hoffentlich** morgen.*

Negativa:

> *Ich habe ihn **nicht** getroffen.*
> *Das hat mir **keineswegs** gefallen.*

Diese Gliederung ist Gemeingut fast aller Grammatiken. In manchen Grammatiken (so bei Eroms) haben die Negativa aber einen Sonderstatus.

Situative und existimatorische Angaben zerfallen in weitere Subklassen. Bei den Situativa unterscheidet man gewöhnlich nach semantischen Gesichtspunkten temporale, lokale, kausale, konditionale, konzessive, konsekutive Angaben; wir sehen als weitere Subklassen die finalen, instrumentalen, restriktiven und die komitativen Angaben. Auch für die Existimatoria gibt es sechs Subklassen, die wir kautive, selektive, ordinative, judikative, verifikative Angaben und Abtönungsangaben nennen.

3.6.2. Wohin gehören die Angaben?

Bei Tesnière hängen alle Angaben (Satzangaben) direkt vom Verb ab. Die Diagramme sind bei ihm grundsätzlich nicht-linear („nicht projektiv"), man kann sie sich wie eine Art Kettenkarussell vorstellen, das ständig in Bewegung ist und in einem beliebigen Moment auf das zweidimensionale Papier projiziert wird. Daher können Angaben wie Ergänzungen unterhalb des Verbs an jeder beliebigen Stelle auftreten. Dass Tesnière (wie auch nach ihm die DVG) die Ergänzungen meist links, die Angaben rechts von ihnen plaziert, ist praktischer Usus, der von der Theorie erlaubt, aber nicht verlangt ist.

Enthält der Satz einen mehrgliedrigen Verbalkomplex, so ergibt sich daraus kein Zusatzproblem, weil Tesnière – wenigstens in der Regel – den gesamten Verbalkomplex als „Nukleus" auffasst, der dann als einheitliches Regens für alle Satzglieder fungiert.

Das angedeutete Problem ergibt sich aber durchaus bei der DVG und aus ihr hervorgegangenen Grammatiken, weil diese (zumindest optional) den Satz in einzelne Wörter auflösen, die durch Dependenz verbunden werden. Weist der Satz also eine Perfektform auf (etwa *hat vergessen*), so stellt sich sogleich die Frage, wie diese beiden Wörter dependenziell angeordnet sind, welches also regiert, welches vom andern abhängt (einmal unterstellt, beide stehen in unmittelbarer struktureller Verbindung); diese Fragen werden in 4.7.1 behandelt, wo auch die Begründung dafür gegeben wird, warum wir das finite Verb als Kopf des gesamten Satzes auffassen.

Es ergibt sich aber dann die weitere Frage, von welchem Teil des Verbalkomplexes die Satzglieder abhängen. Die DVG hat diese Frage in Anlehnung an Tesnière so entschieden, dass alle Satzglieder vom zentralen Verb abhängen; Eroms nimmt (vgl. 3.4.2 „Das Subjekt") das Subjekt aus, das er als vom Finitum regiert ansieht. Bei den Angaben nun geht Eroms noch differenzierter vor. Zwar hängen die modifikativen Angaben (bei ihm: „Modalangaben") vom zentralen Verb ab, die Situativa aber vom finiten Verb; die Existimatoria (bei ihm: „Satzadverbien" oder „Modalwörter") indessen regieren das finite Verb, sie hängen unter Berücksichtigung des von ihm eingeführten Symbols „S" in der Regel direkt von S ab. Der Satz

Sophie hat leider gestern schlecht gesungen.

mit der existimatorischen Angabe *leider*, der Situativangabe *gestern* und der Modifikativangabe *schlecht* erhielte dann bei Eroms bzw. Engel folgende rein lexematische graphische Darstellung:

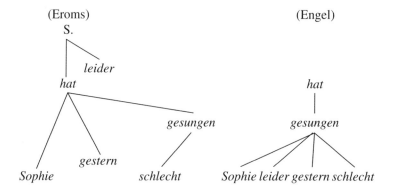

Eroms (2002) begründet diese Abhängigkeiten folgendermaßen: Die Existimatoria haben als Skopus (Geltungsbereich) den ganzen Satz, müssen also diesem übergeordnet sein.

Die Situativa haben in freilich anderer Weise als Skopus ebenfalls den Satz, daher hängen sie vom finiten Verb ab. Nur die Modifikativa, in deren Skopus ja das zentrale Verb liegt, hängen direkt von diesem ab.

Diese Begründungen leuchten zunächst ein. Wir können sie aber aus mehreren Gründen nicht akzeptieren.

Zunächst ist darauf hinzuweisen, dass Tesnière, der diese verschiedenen Angabenkategorien natürlich gekannt hat, eine solche Unterscheidung nie gemacht hat, sondern alle Angaben dependenziell gleich behandelt hat. Überdies haben wir die Angaben so definiert, dass bei den Abhängigkeiten der Skopus, überhaupt semantische Relationen überhaupt keine Rolle spielten. Das sind freilich schwächliche Argumente. Jeder, der Tesnière verstanden hat und ihn ernst nimmt, hat das Recht, seine Anschauungen weiterzuentwickeln. Und wenn die Definition der DVG so sperrig ist, dass sie eine Berücksichtigung des Skopus nicht erlaubt, dann könnte das auch zu dem Schluss führen, dass die Definition revidiert werden sollte.

Ernster muss man andere Argumente nehmen.

Gewiss kann man jedes Element als Regens seines Skopus ansehen. Solange man es mit Wörtern wie *leider* zu tun hat, die als Existimatoria den Satz (ohne das Symbol „S") regieren, lässt sich das graphisch leicht darstellen. Aber es gibt auch satzartige Existimatoria (als Nebensätze: *was ich bedauerlich finde*, als übergeordnete Konstativsätze: *Ich finde es bedauerlich, dass...*). Da ist die Anordnung im Diagramm schon schwieriger, denn ein Satz, der immer aus mehreren Wörtern besteht, darf nicht Regens sein, weil in der Dependenzgrammatik immer nur ein Wort als Regens fungieren kann. Man könnte sich helfen mit der Entscheidung, dass das Verb des existimatorischen Satzes als Regens erscheint – aber dann regiert eben nicht mehr der Satz, sondern dieses eine Verb.

Hinzu kommt folgende Überlegung. Wenn die Situativa (also die klassischen Adverbien, temporale wie *gestern*, lokale wie *drüben*, kausale wie *deshalb*) „für den ganzen Satz gelten", dieser Satz also in ihrem Skopus liegt, dann müssten sie konsequenterweise dem Satz übergeordnet sein, und die Existimatoria, die dort schon sind, müssten eigentlich über „S" stehen.

Schließlich und vor allem: Viele Adverbien, gerade die existimatorischen und die situativen, sind als Operatoren aufzufassen: Sie sind Prädikate über den ganzen Satz. Wenn aber solche Operatoren grundsätzlich ihre Argumente regieren, so hätte das eine weitreichende Folge: In der Nominalphrase sind es gerade die Elemente, die man gewöhnlich als Attribute bezeichnet, die das Nomen näher bestimmen. Das Adjektiv, auch nachgestellte Situativangaben und Anderes, spezifizieren ohne Zweifel das Nomen. Als Attribute werden sie aber immer als Dependentien des Nomens dargestellt. Das bedeutet: Wollte man das Prinzip „X regiert seinen Skopus" generell durchsetzen, so müsste ein erklecklicher Teil der Grammatik umgeschrieben, sozusagen auf den Kopf gestellt werden. Es ist unwahrscheinlich, dass das irgendjemand will.

Natürlich soll in einer Grammatik alles seine Erklärung finden. Aber es ist offenbar gefährlich und mit fatalen Folgen behaftet, wenn man mit der dependenziellen Darstellung zu vieles erklären will. Skopusphänomene werden in der DVG in den Teilen beschrieben, die sich mit „Wortstellung" befassen; da findet das Meiste seine Erklärung, und es gibt kaum Komplikationen.

Die Angaben jedenfalls beschreibt die DVG weiterhin als unmittelbare Dependentien des zentralen Verbs. Wie man sieht, hat sie ihre Gründe dafür.

3.6.3. Modifikative Angaben (Amod)

Dies ist die kleinste und am wenigsten gegliederte, jedoch häufig verwendete Klasse von Angaben. Ihre Elemente modifizieren in erster Linie das vom Verb bezeichnete Geschehen, darum stehen sie in der Grundfolge (bei mehrteiligem Verbalkomplex sowie allgemein im Nebensatz) auch unmittelbar vor dem zentralen Verb, lassen sich freilich auch ins Vorfeld verschieben:

> *Verena hat **sehr sorgfältig** gearbeitet.*
> ***Sorgfältig** hat Verena gearbeitet.*

Vielfach wird zugleich mit dem Geschehen auch die Subjektsgröße modifiziert:

> *Bruno ist **freiwillig** abgereist.*

Hier handelt es sich einerseits um ein freiwilliges Abreisen, andererseits wird Bruno als aus freiem Willen Abreisender charakterisiert.

Ausdrucksformen sind unflektierte Adjektivalphrasen, Phrasen mit *wie* u. a. Weitere Beispiele:

> *Isabelle kann **unheimlich schnell** rennen.*
> *Isabelle schreibt **wie ihre Mutter.***

3.6.4. Situative Angaben (Asit)

Sie bilden die größte Angabeklasse mit vielen Subklassen und besonders hoher Gebrauchshäufigkeit. Sie „situieren" das gesamte Geschehen, das im Satz/in satzartigen Konstruktionen beschrieben wird. Ihre Grundstellung ist in der Mitte des Mittelfeldes, allerdings sind sie fast unbegrenzt verschiebbar.

In der Folge werden die einzelnen Subklassen beschrieben.

TEMPORALANGABEN (A_{temp})

ordnen einen Sachverhalt zeitlich ein. Sie werden mit *wann, bis wann, seit wann* u. ä. erfragt. Ausdrucksformen sind Adverbien, Präpositionalphrasen, akkusativische Nominalphrasen, Nebensätze:

> ***Nachts** schlafen sie **selten**.*
> ***In der Nacht** sind alle Katzen grau.* (Sprichwort)
> *Annabell hat **den ganzen Morgen** gelesen.*
> *Sie kam, **nachdem die Demonstration zu Ende gegangen war.***

Die temporale Situierung kann absolut oder relativ zu anderen Zeitpunkten/Sachverhalten erfolgen:

> ***Am 31. Dezember 2000** endete das alte Jahrtausend.*
> ***Nach drei Tagen** war sie wieder gesund.*
> ***In drei Tagen** ist sie wieder gesund.* (relativ zur Sprechzeit)

Es gibt gewisse Restriktionen bei der Kombinierbarkeit einzelner Verben oder Verbformen mit bestimmten Temporalangaben. So können iterative Adverbien nicht mit Verben kombiniert werden, die einmalige Vorgänge bezeichnen (**Sie starben ständig.*). Auch lassen sich Verbformen, die Vergangenes bezeichnen, nicht mit Adverbien verbinden, die Zukünftiges bezeichnen (**Nächste Woche begannen die Prüfungen*); solche Formulierungen sind jedenfalls nur in Ausnahmefällen („erlebte Rede") zulässig. Diese Restriktionen ändern jedoch nichts an der grundsätzlichen Kombinierbarkeit von Temporaladverbien mit beliebigen Verben: Es gibt kein Geschehen, das nicht zeitlich situiert werden könnte.

Die ANGABE DER JAHRESZAHL erfolgt allein oder mit dem Zusatz *im Jahr(e)*:

> *1968 (neunzehnhundertachtundsechzig) erkrankte er plötzlich.*
> *Im Jahre 1968 sah die Welt völlig anders aus.*

Das Jahrhundert kann, wenn es bekannt oder erschließbar ist, fehlen:

> *Sie kam 68 in die Schule.*

Notfalls kann auch die Zeitrechnung spezifiziert werden:

> *(im Jahr) 312 nach Christus/nach Christi Geburt/unserer Zeitrechnung*
> *333 vor Christus/vor Christi Geburt/vor unserer Zeitrechnung*

Unzulässig sind oft gehörte Ausdrücke wie **im Jahre x nach Christi*.

Englischem Einfluss sind Formen wie *in 1961* zuzuschreiben; sie gelten, wenngleich häufig gebraucht, in der Gegenwartssprache als unkorrekt.

Den Zehnjahreszeitraum gibt man mit *die Zwanziger, in den Siebzigern* usw. an. Gemeint ist dann immer die Dekade, die mit einer 2 oder einer 7 beginnt; erforderlichenfalls wird das Jahrhundert dazu genannt. S. dazu auch 5.5.4.

DATUMSANGABEN unterliegen besonderen Regeln. Die Angabe von Tagen wird gewöhnlich durch die Präposition *an* eingeleitet:

> *an seinem Geburtstag/am 2. Mai/an Ostern/an jenem Donnerstag*

Der Monatstag wird immer durch eine Ordinalzahl angegeben:

> *am 3. (dritten) September, am 1. (ersten) August*

Das Jahr kann hinzugefügt werden:

> *am 5. Oktober 1943 (neunzehnhundertdreiundvierzig)*

Der Monat wird gelegentlich ebenfalls als Ordinalzahl genannt, vor allem in amtlichen Schriftstücken:

> *am 5.10.1943*

In Briefen und amtlichen Schriftstücken hat die Datumsangabe die Form einer akkusativischen Nominalphrase:

> *(Heppenheim,) den 20. März 1998*

Der Absender- oder Ausfertigungsort erscheint hier gewöhnlich vor dem Datum.

Der Artikel kann weggelassen werden, das Datum steht dann im Nominativ:

> *1.4.1980 (erster Vierter neunzehnhundertachtzig)*

RELATIVE ZEITANGABEN können in Bezug zum Sprechzeitpunkt gesetzt werden. Dann wird bei Nachzeitigkeit die Präposition *in* verwendet:

> *in drei Tagen/in sechs Wochen/in einem Jahr*

Bei Vorzeitigkeit gilt *vor* (mit Dativ):

> *vor drei Tagen/vor sechs Wochen/vor einem Jahr*

Die Zeitangaben können sich aber auch auf andere Sachverhalte beziehen. Dann wird bei Nachzeitigkeit *nach*, bei Vorzeitigkeit *vor* verwendet. Der Bezugs-Sachverhalt wird genannt, soweit es erforderlich ist:

> *(zwei Tage) nach dem Attentat/(zwei Tage) danach/nach der Premiere*
> *(zwei Tage) vor dem Attentat/(zwei Tage) davor/vor der Premiere*

Bei der ANGABE VON ZEITRÄUMEN ist zwischen Ausdehnung und Begrenzung zu unterscheiden. Geht es allein um die Ausdehnung, so werden die Präpositionen *während* oder *innerhalb*, gelegentlich auch *über*, daneben auch *lang* mit vorausgehender akkusativischer Nominalphrase verwendet:

> *während zwei Monaten, innerhalb von zwei Monaten*
> *einen halben Monat lang*
> *über Weihnachten, über Fronleichnam*

Geht es um die Begrenzung, so werden Anfangs- und Endpunkt mit den Präpositionen *von* und *bis* genannt; für den Endpunkt allein reicht *in*:

> *von Weihnachten bis Dreikönig*
> *In drei Wochen bin ich fertig.*

Da *in* jedoch auch für die Ausdehnung gebraucht werden kann, sind Formulierungen wie

> *in drei Wochen*

ohne ausreichenden Konext zweideutig. Meist klärt jedoch der Kontext:

> *In zwei Wochen kann man das schaffen.* (Ausdehnung)
> *In zwei Wochen will sie zu uns kommen.* (Endpunkt)

ANGABE DER UHRZEIT: Volle Stunden werden mit *um*, bei ungefährem Wert mit *gegen* und einer Kardinalzahl, optional mit dem Nomen *Uhr*, angegeben:

> *um drei (Uhr), gegen sieben (Uhr)*

Alltagssprachlich wird zweimal täglich von 1 bis 12 gezählt, notfalls wird die Tageszeit hinzugefügt:

> *um drei (in der Nacht), fünf Uhr (nachmittags)*

Offiziell wird von 1 bis 24 durchgezählt, statt *Uhr* wird auch *h* geschrieben:

geschrieben	gesprochen
6.24 Uhr, 6.24 h	*sechs Uhr vierundzwanzig*

Zwischenwerte werden alltagssprachlich entweder in Viertelstunden oder mit Minutenwerten angegeben:

offiziell geschrieben	alltagssprachlich (mündlich)
6.15 Uhr, 6.30 h, 6.45	*viertel nach sechs, halb sieben, dreiviertel sieben/viertel vor sieben*
6.10 h, 11.50 h	*zehn (Minuten) nach sechs, zehn vor zwölf*

LOKALANGABEN (A$_{loc}$)

Sie ordnen einen Sachverhalt räumlich ein. Sie werden mit *wo* erfragt. Ausdrucksformen sind Adverbien und Präpositionalphrasen.
Auch Lokalangaben können absolut oder relativ (hier wiederum relativ zur Redesituation oder zu anderen Sachverhalten oder Größen) situieren. Beispiele:

> ***In Heppenheim am Markt*** *habe ich ein junges Paar fotografiert.*
> *Sie hatte* ***in Heppenheim*** *die Grundschule besucht.*
> *Siehst du* ***dort drüben*** *die Handwerker auf und ab gehen?*
> ***Hier*** *können Sie nicht stehen bleiben.*
> ***Vor dem Bahnhof*** *hatten sie eine Ruhebank aufgestellt.*
> ***Zum Markt*** *kommen Sie* ***durch die Passage***.

Die folgenden vier Subklassen sind von gänzlich anderer Natur. Während Temporal- und Lokalangaben etwas zu einem Sachverhalt aussagen, bringen Kausal-, Konditional-,

Konzessiv- und Konsekutivangaben prinzipiell zwei Sachverhalte in Verbindung, sie bestimmen das Verhältnis zwischen ihnen. Ein Logiker würde Temporal- und Lokalangaben als einstellige Prädikate, die übrigen genannten Angaben aber als zweistellige Prädikate bezeichnen.

KAUSALANGABEN (A_{kaus})

Sie geben einen Sachverhalt als Grund für einen zweiten Sachverhalt an. Man erfragt sie mit *warum, weshalb* u. a. Ausdrucksformen sind Adverbien, Präpositionalphrasen und Nebensätze. Beispiele:

> **Deshalb** *schweigt sie ja.*
> **Warum** *sagst du nichts dazu?*
> **Aus demselben Grund** *ist Kuno hier geblieben.*
> *Kuno ist hier geblieben,* **da sie dort genug Leute haben.**
> **Weil starker Wind aufkam,** *zogen sie sich besonders warm an.*

Die Relationierung zweier Sachverhalte kommt besonders deutlich in den Beispielen zum Ausdruck, die einen Nebensatz enthalten. Aber auch Adverbien und Präpositionalphrasen verweisen jeweils auf den begründenden Sachverhalt.

KONDITIONALANGABEN (A_{kond})

Sie nennen eine Bedingung, eine Voraussetzung für die Realisierung eines anderen Sachverhalts. Erfragt werden sie mit *unter welcher Bedingung/Voraussetzung*, auch mit *wann*. Ausdrucksformen sind (wenige) Adverbien, Präpositionalphrasen und vor allem Nebensätze. Beispiele:

> **Dann** *mache ich auch mit.*
> **Bei dieser Unterstützung** *kann ich nicht Nein sagen.*
> **Wenn das Rote Kreuz hilft,** *gehe ich auch mit.*
> *Ich helfe euch,* **falls ihr euch an die Regeln haltet.**

KONSEKUTIVANGABEN (A_{kons})

Sie geben einen Sachverhalt als Folge eines anderen Sachverhaltes an. Erfragbar sind sie nicht. Ausdrucksformen sind nur Nebensätze. Beispiele:

> *Er grub eine schmale Rinne,* **so dass das Wasser herauslaufen konnte.**
> *Sie breitete eine Decke darüber,* **so dass man den Fleck nicht sah.**

Konsekutivsätze werden immer nachgestellt.

KONZESSIVANGABEN (A_{konz})

Diese Angaben benennen einen Sachverhalt, der einen anderen Sachverhalt eigentlich verhindert hätte, ihn dann aber doch zuließ: Sie nennen den „unzureichenden Gegengrund". Auch Konzessivangaben sind nicht erfragbar. Ausdrucksformen sind Adverbien, Präpositionalphrasen und Nebensätze:

> **Dessen ungeachtet** *redete Tino weiter.*
> *Tino redete* **trotzdem** *weiter.*
> **Trotz diesem Einwurf** *redete Tino weiter.*
> **Obwohl es im Saal unruhig wurde,** *redete Tino weiter.*
> **Wurde es auch immer unruhiger** *– Tino ließ sich nicht beirren.*

FINALANGABEN (A~fin~)

Auch sie sind als zweistellige Prädikatoren aufzufassen: Sie nennen, meist in Form eines Sachverhalts, das Ziel oder den Zweck eines Vorgangs. Man kann sie erfragen durch *wozu, zu welchem Zweck*. Ausdrucksformen sind Adverbien, Präpositionalphrasen und Nebensätze:

> **Dafür** *tu ich doch alles. Ich täte alles* **dafür.**
> **Für das Glück seiner Freundin** *hätte er sein Eigentum hergegeben. Er hätte alles, was er besaß, hergegeben* **für ihr Glück.**
> *Hanna schloss die Tür,* **damit niemand ihr Gespräch mitanhören konnte. Damit die Drei in Ruhe den Vertrag aushandeln konnten,** *ging er hinaus.*

INSTRUMENTALANGABEN (A~ins~)

Sie geben das Mittel zur Erreichung eines Zwecks an. Erfragen kann man sie mit *womit, wodurch*. Ausdrucksformen sind Adverbien, Präpositionalphrasen und Nebensätze:

> **Damit** *schaffst du es nie. Wie willst du es* **damit** *schaffen?*
> **Mit diesem Hammer** *schaffst du es nie. Wie willst du es* **mit diesem Hammer** *schaffen?*
> *Man kann diese Dose öffnen,* **indem man die Lasche hochstellt und dann den Deckel kräftig hoch reißt.**

RESTRIKTIVANGABEN (A~restr~)

Sie geben eine Einschränkung, eine beschränkende Bedingung für einen Sachverhalt an. Erfragbar sind sie unter Umständen mit *inwiefern* u. a. Ausdrucksformen sind unflektierte Adjektive (besonders solche auf *mäßig*), Präpositionalphrasen und Nebensätze:

> **Gesundheitlich** *geht es mir gut.*
> **Verpflegungsmäßig** *hätte es besser sein können.*
> **Hinsichtlich es Lärmschutzes** *gibt es noch Klärungsbedarf.*
> **Was den Lärmschutz betrifft (angeht, anbelangt),** *so sind noch einige Punkte zu klären.*

Die Bildungen auf *mäßig* sind alltagssprachlich, greifen aber gleichwohl immer mehr um sich.
Restriktivangaben stehen meist am Satzanfang, jedoch ist Mittel- und Nachfeldstellung grundsätzlich möglich:

> *Es geht mir gesundheitlich ganz gut. Es hätte besser sein können verpflegungsmäßig.*

KOMITATIVANGABEN (A~komit~)

Sie geben einen begleitenden, auch stellvertretenden oder fehlenden Umstand an. Erfragen lassen sie sich kaum, am ehesten noch durch *mit wem*, falls es sich um Personen handelt. Ausdrucksformen sind Präpositionalphrasen, Nebensätze und Infinitivkonstruktionen:

> *Der Verunglückte war* **mit seiner Frau** *auf dem Weg ins Engadin gewesen.*
> *Bruno war* **ohne seine Frau** *ins Engadin gefahren.*
> *Der Verunglückte war* **anstelle des erkrankten Boten** *nach Pisa gefahren.*
> *Hannes war nach Pisa gefahren,* **wobei seine Frau ihn begleitete.**
> *Hannes war nach Pisa gefahren,* **ohne dass ihn jemand begleitet hätte.**

Hannes war nach Pisa gefahren, **anstatt dass Bruno diese Tour gemacht hätte.**
Ohne dass jemand davon wusste, *war Hannes nach Pisa gefahren.*
Hannes war noch Pisa gefahren, **ohne jemanden mitzunehmen.**
Hannes war nach Pisa gefahren, **anstatt die Fahrt abzusagen.**
Ohne jemandem Bescheid zu sagen, *war Hannes nach Pisa gefahren.*

Weiteres hierzu s. 3.7.3.

3.6.5. Negativangaben (Aneg)

Es handelt sich um Ausdrücke wie *nicht, keineswegs, niemals, nirgends* und andere. Solche satznegierenden Ausdrücke werden in vielen Grammatiken nicht als Verbangaben angesehen, sondern als Elemente besonderer Art, die demgemäß bei der Satzbeschreibung auch anders lokalisiert werden. Hier werden sie zu den Angaben (des Verbs) gerechnet, weil sie genau wie die existimatorischen Elemente auf Ermessensentscheidungen des Sprechers beruhen und somit nicht Bestandteile von Sachverhalten sind. Es muss nämlich, wenn über Sachverhalte gesprochen wird, in keinem Fall negiert werden, man kann in jedem Fall auch (grammatisch) positiv formulieren:

Karl ist nicht da. : Karl fehlt (ist abwesend).
Dieser Schal steht dir nicht. : Dieser Schal stört mich an dir.
Es gibt keine weißen Mäuse. : Es gibt nur farbige Mäuse.

Dabei ist unwichtig, dass es sich nicht um hundertprozentige semantische Äquivalente handelt, dass jede dieser „Entsprechungen" spezielle Nuancen betont. Entscheidend ist, dass man auch ohne Negation reden kann. Negation ist dann, kommunikativ gesehen, nichts als eine Extremform der Einschätzung.

Negativangaben lassen sich nicht direkt erfragen, wohl aber (durch Entscheidungsfragen) evozieren. Neben Adverbien und anderen Partikeln kommen übergeordnete Sätze vor:

Es trifft nicht zu/ist nicht der Fall, dass Karl da ist.

Die Stellung der Negationspartikeln ist ziemlich fest, die der negierenden Adverbien entspricht den Stellungsmöglichkeiten anderer Adverbien (s. 3.8.2.). Negierende Obersätze werden voran- oder nachgestellt.

3.6.6. Existimatorische Angaben

Diese Angaben tragen nichts zur Sachverhaltsbeschreibung bei, sie signalisieren vielmehr eine Bewertung (von lat. *existimare* ‚einschätzen') dieses Sachverhalts. Primär beziehen sich diese Angaben auf die gesamte Äußerung, oft heben sie sekundär einen Teil der Äußerung hervor. So bezieht sich die Partikel *nämlich* in der Äußerung

Das Mädchen ganz links ist nämlich meine Schwester.

zunächst auf den ganzen Satz und weist damit den Sachverhalt als Erklärung für einen anderen Sachverhalt aus (zum Beispiel, dass der Sprecher verwundert ist); zusätzlich wird *meine Schwester* herausgehoben: Wäre es jemand Anderes gewesen, so hätte der Sprecher sich nicht oder wenig gewundert.

Existimatorische Angaben lassen sich nicht erfragen. Als Prädikate über Sachverhalte sind sie allesamt satzförmig möglich.

Wir unterscheiden sechs Subklassen, die nachfolgend beschrieben werden.

KAUTIVE ANGABEN (A_{kaut}) (von lat. *cautio* ‚Vorsicht') legen Vorbehalte gegenüber einer Sachverhaltsbeschreibung ein, sie werden vor allem verwendet, wenn der Sprecher sich seiner Sache nicht völlig sicher ist oder sich nicht kategorisch festlegen will. Ausdrucksformen sind verschiedene Partikeln, Präpositionalphrasen, eingeschobene (parenthetische) Neben- und Hauptsätze:

einfach	*im Allgemeinen*
fast	*in gewisser Weise*
geradezu	*sozusagen*
gewissermaßen	*teilweise*
ich möchte sagen	*u. a.*

Beispiele:

Ich kann das einfach nicht glauben.
Der Plan wäre fast geglückt.
Ich halte das geradezu für Betrug.
Bruno hat gewissermaßen getrickst.
Ich möchte sagen, Bruno hat getrickst.
Bruno hat, wie ich sagen würde, getrickst.
Im Allgemeinen geben sie zuverlässige Prognosen.
Das ist in gewisser Weise die notwendige Folge davon.
Sie wird sich sozusagen beteiligen.
Du hast sicher teilweise Recht.

SELEKTIVE ANGABEN (A_{sel}), die nur in Konstativ- und Interrogativsätzen vorkommen, setzen den Sachverhalt zu anderen Sachverhalten in Beziehung, indem sie einen Teilausdruck auswählen und hervorheben. Ausdrucksformen sind unflektierte Adjektive, Partikeln und Präpositionalphrasen:

allein	*insbesondere*
ausgerechnet	*sogar*
bereits	*vor allem*
besonders	*vornehmlich*
eben	*u. a.*
gerade	

Beispiele:

Was musstest du ausgerechnet diesen Mantel nehmen!?
Wir waren besonders an diesem Stück interessiert.
Eben dein Sohn ist dabei gesehen worden.
Das war doch gerade das Dumme an der Sache.
Und sogar Wein hat sie getrunken.
Bruno hat sich vor allem um die Kinder gekümmert.

Obwohl die selektiven Angaben einem Teilausdruck speziell zugeordnet sind, lassen sie sich unabhängig von diesem ins Vorfeld verschieben.

Die **ORDINATIVEN ANGABEN** setzen die aktuelle Äußerung zu einer anderen Äußerung (meist der Voräußerung) in Beziehung. Dabei heben sie häufig einen Teilausdruck hervor. Ausdrucksformen sind unflektierte Adjektive, Partikeln und Präpositionalphrasen. Die wichtigsten werden im Folgenden aufgezählt:

allenfalls	*auf der einen/anderen Seite*
allerdings	*außerdem*

beispielsweise
bestenfalls
bloß
darüberhinaus
doch
einerseits usw.
erstens usw.
ferner
freilich
gewiss
im Übrigen
immerhin
in erster Line
indessen
jedenfalls
jedoch
lediglich
nämlich
mindestens

nun (äußerungseinleitend)
nur (äußerungseinleitend)
obendrein
ohnedies, ohnehin
schließlich
schon
sowieso
sicher
überdies
übrigens
unter anderem
vielmehr
wenigstens
wohl (betont, äußerungseinleitend)
zudem
zugleich
zum Beispiel
zwar (... aber)

Beispiele:

Man könnte allenfalls Krankheit als Entschuldigung anführen.
Auf der anderen Seite haben wir einen kleinen Gewinn erwirtschaftet.
Er hat es dóch nicht geschafft.
Erstens würde ich besser aufpassen, ...
Wir haben im Übrigen nichts zu verbergen.
Hanna war jedenfalls nicht beteiligt.
Annabell hatte nämlich keine Ahnung davon.
Wir sind an diesem Tag ohnehin voll belegt.
Sicher haben Sie davon schon gehört.
Es war unter anderem eine Lehrerin dabei.
Wohl habe ich den Lärm gehört, aber...
Zwar weiß ich viel, doch möcht ich alles wissen. (Goethe)

Mit Ausnahme der nur äußerungseinleitenden Partikeln können alle diese Angaben aus dem Mittelfeld ins Vorfeld verschoben werden.

Die **JUDIKATIVEN ANGABEN** enthalten eine Bewertung des aktuellen Sachverhalts. Sie kommen nur in Mitteilungen vor. Die meisten sind Modal- oder Rangierpartikeln mit dem Suffix *weise*, daneben kommen auch Nebensätze (weiterführende Angabesätze) vor:

anerkennenswerterweise
ärgerlicherweise
bedauerlicherweise
begreiflicherweise
bemerkenswerterweise
bezeichnenderweise
charakteristischerweise
dankenswerterweise
enttäuschenderweise
erfreulicherweise
erstaunlicherweise

glücklicherweise
Gott sei Dank
interessanterweise
legitimerweise
merkwürdigerweise
leider
seltsamerweise
sonderbarerweise
unbegreiflicherweise
unglücklicherweise
verständlicherweise

was mir sehr leid tut	*zum Glück*
was ich bedauerlich finde	u. v. a.
zu unserem (größten) Bedauern	

Die judikativen Angaben lassen sich ziemlich frei verschieben, vor allem die satzartigen.

Die **VERIFIKATIVEN ANGABEN** betreffen den Realitätsgrad eines Satzes: meist erscheint die Realität bestätigt, eingeschränkt oder fraglich. Ausdrucksformen sind unflektierte Adjektive, Modalpartikeln, Präpositionalphrasen und satzartige Konstruktionen:

angeblich	*nachweislich*
anscheinend	*notwendigerweise*
an sich	*offenbar*
bekanntermaßen	*offensichtlich*
bekanntlich	*ohne Frage*
bestimmt	*ohne Zweifel*
eigentlich	*selbstverständlich*
erwiesenermaßen	*sicher*
eventuell	*(so) hoffe ich*
gewiss	*tatsächlich*
gewissermaßen	*vermutlich*
hoffentlich	*vielleicht*
im Grunde	*wahrscheinlich*
mit Sicherheit	*wie ich hoffe*
möglicherweise	*wie sich leicht nachweisen lässt*
logischerweise	*wirklich*
nachgewiesenermaßen	u. a.

Beispiele:

Anscheinend hat daran niemand gedacht.
Dies ist bekanntermaßen die Achillesferse der Regierung.
Eigentlich müsste ich nochmal anrufen.
Hanna wird eventuell mitgehen.
Im Grunde beschäftigt dieses Problem die Leute gar nicht.
Diese Neuanpflanzungen müssen logischerweise die Anwohner bezahlen.
Offensichtlich war dieses Gewerbegebiet schlecht geplant.
Ihre Unkosten werden wir selbstverständlich übernehmen.
Das wird sich, wie ich hoffe, vermeiden lassen.
Das ist wirklich eine öffentliche Blamage.

Alle diese Elemente lassen sich weitgehend verschieben.

Die **ABTÖNUNGSANGABEN** wirken sich mit wenigen Ausnahmen auf die Illokution der Äußerung aus, verstärken sie, schwächen sie ab oder modifizieren sie in anderer Weise: Sie drücken die Einstellung des Sprechers aus oder unterstellen dem Partner eine bestimmte Einstellung.
Es handelt sich um gut zwei Dutzend Partikeln, die weder erfragbar noch negierbar sind und nicht ins Vorfeld versetzt werden können. Die meisten Abtönungsangaben sind auch nicht betonbar. Ausdrucksformen sind ausschließlich Partikeln:

aber	*bloß*
also	*denn*
auch	*doch*
bitte	*durchaus*

eben	*nicht*
eigentlich	*noch*
einfach	*nun mal*
etwa	*nur*
gleich	*ruhig*
halt	*schnell*
ja	*schon*
lediglich	*vielleicht*
mal	*wohl*
nämlich	

Die Funktionenen der Abtönungsangaben sind so speziell, dass sie im Einzelnen zu beschreiben sind.

aber drückt Überraschung, Staunen aus; kommt in Ausrufen (Frontsätzen wie Vorfeldsätzen) vor.

> *Der hat aber einen Bart!*
> *Ist das aber gemütlich hier!*
> *Das dauert aber!*
> *Das ist aber eine böse Überraschung!*
> *War das aber eine Überraschung!*
> *Ist der aber naiv!*

Nicht zu verwechseln mit dem Konjunktor *aber*.

also signalisiert Argumentationsbruch, fordert damit Neueinsatz. Kommt in allen Satzarten vor, ist weitgehend verschiebbar.

> *Also daran hab ich überhaupt noch nicht gedacht.*
> *Das ist mir also noch nicht ganz klar.*
> *Also hat die geflunkert!*
> *Also nun hören Sie mir mal zu.*

Nicht zu verwechseln mit der kausalen bzw. konsekutiven Rangierpartikel *also*.

auch hat drei Varianten. Alle drei sind fest ans Mittlfeld gebunden. Die Abtönungspartikel darf nicht verwechselt werden mit der Gradpartikel *auch*.

auch$_1$ kennzeichnet die Äußerung als auf der Hand liegende Erklärung oder Plausibilisierung der Voräußerung; kommt in Konstativsätzen und in nichtrestriktiven Relativsätzen vor, ist kaum verschiebbar. Oft in der Kombination *ja auch*.

> *(Sie hat ihr Examen glänzend bestanden. –) Sie hat ja auch fleißig gearbeitet.*
> *(Der Krimi war nicht sehr spannend. –) War ja auch ein deutscher Film.*
> *(Hier ist vielleicht dicke Luft. –) Wir wollen ja auch nicht frieren.*
> *Sie macht den Job recht gut, woran ja auch niemand gezweifelt hat.*

auch$_2$ kennzeichnet einen Sachverhalt als „normal", als den Erwartungen oder den Normvorstellungen gemäß, und unterstellt, dass der Partner das ebenso sieht. Kommt in Fragen und Aufforderungen vor.

> *Hast du auch dein Waschzeug eingepackt?*
> *Sie fragte ihn, ob er auch alles eingepackt habe.*
> *Ruf auch einmal in der Woche an!*

auch$_3$ drückt, bei gemeinsamem Vorwissen von Sprecher und Hörer, Ärger oder Vorwurf aus. Nur in rhetorischen Fragen:

> *Warum musste sie das auch tun!*
> *Warum zieht er auch nie einen Schal an?*

bitte macht Aufforderungen höflicher, mildert sie ab; kann verschiedene Stellungen einnehmen:

> *Sie warten bitte noch einen Moment.*
> *Kommen Sie bitte mit.*
> *Bitte unterschreiben Sie hier.*
> *Unterschreiben Sie hier bitte.*

bloß s. **nur**.

denn prägt das „Relief" einer Frage, lässt sie (je nach Intonation) entweder milder, freundlicher oder eindringlicher, brüsker klingen. Steht in Fragen im Mittelfeld:

> *Wie alt bist zu denn?*
> *Wo wollen Sie denn hin?*
> *Halten Sie das denn für sinnvoll?*
> *Aber wieso denn?*

Nicht zu verwechseln mit dem Konjunktor *denn*.

doch fordert Zustimmung des Partners ein. Ist immer unbetont, steht in Mitteilungen, Aufforderungen und Ausrufen immer im Mittelfeld:

> *Das ist doch Tante Emma!*
> *Wir haben doch keine Zeit mehr.*
> *Ich hab euch doch geschrieben.*
> *Komm doch mal mit.*
> *Das ist doch eine Unverschämtheit!*

Nicht zu verwechseln mit der (unbetonten) Rangierpartikel und der (betonten) Modalpartikel *doch*.

durchaus bestätigt, wenn es betont ist, eine Mitteilung; unbetont bestätigt es ebenso, kündigt aber zugleich eine Einschränkung an. Ist kaum verschiebbar.

> *Sie haben das durchaus deutlich gemacht.*
> *Sie hat durchaus die erforderlichen Kenntnisse.*
> *Er hat durchaus keinen Grund, das anzunehmen.*
> *Sie haben durchaus Recht mit Ihrer Bemerkungen. Allerdings …*

eben bezeichnet einen Sachverhalt als naheliegende Erklärung oder als natürliche Konsequenz eines anderen Sachverhalts; damit schließt es Alternativen aus, lässt diese zugleich als unerheblich erscheinen, wirkt so argumentationsschließend. In Mitteilungen und Aufforderungen, auch in Nebensätzen; kaum verschiebbar.

> *Das ist eben ihre Schwäche.*
> *Er kann eben nicht richtig kochen.*
> *Männer sind eben so.*
> *Dann tu eben mehr Öl an den Salat.*

Nicht zu verwechseln mit dem Adjektiv, dem Adverb, der Gradpartikel und dem Satzäquivalent *eben*.

eigentlich wirkt, ähnlich wie *denn*, reliefbildend, lässt also eine Frage freundlicher oder brüsker klingen; signalisiert bisweilen Themawechsel. Kaum verschiebbar.

> *Wie alt bist du eigentlich?*
> *Woher stammen Sie eigentlich?*
> *Haben Sie sich das eigentlich gründlich überlegt?*

Nicht zu verwechseln mit dem Adjektiv und der Rangierpartikel *eigentlich*.

einfach schließt Alternativen aus, bezeichnet diese aber (im Gegensatz zu *eben*) nicht als unerheblich. Kaum verschiebbar.

> *Das stimmt einfach nicht.*
> *Nimm doch einfach den Löffel!*
> *Kannst du nicht einfach mal still sein?*
> *Probier es doch einfach.*

Nicht zu verwechseln mit dem Adjektiv und der Gradpartikel *einfach.*

etwa drückt, meist in Fragen, Ablehnung, ungläubige Überraschung aus, suggeriert damit eine negative Antwort. Kaum verschiebbar.

> *Meinst du das etwa im Ernst?*
> *Heißt du etwa Rumpelstilzchen?*
> *Denken Sie nicht etwa, ich hätte Angst.*

Nicht zu verwechseln mit der Gradpartikel *etwa* (‚ungefähr‘).

gleich kennzeichnet Fragen als nebensächlich (sie gelten einem Sachverhalt, den der Sprecher kennt, momentan aber vergessen hat). Kaum verschiebbar.

> *Wie war gleich Ihre Telefonnummer?*
> *Wie heißt sie gleich?*
> *Wo wohnt er noch gleich?*

Nicht zu verwechseln mit dem Adjektiv und dem Temporaladverb *gleich.*

halt bezeichnet einen Sachverhalt als Erklärung oder als natürliche Konsequenz eines anderen Sachverhalts; schließt damit Alternativen aus und wirkt so argumentationsschließend. Darf großenteils als süddeutsche Entsprechung zu *eben* gelten, wirkt aber davon abweichend in Aufforderungen freundlich, ermunternd. Kaum verschiebbar.

> *Er ist halt ein Büromensch.*
> *Nun mach halt wieder mit!*

ja hat drei Varianten. Nicht zu verwechseln mit dem Satzäquivalent *ja.*

ja_1 kennzeichnet in Mitteilungen einen Sachverhalt als allgemein bekannt und akzeptiert. Kaum verschiebbar.

> *Es ist ja noch nicht aller Tage Abend.*
> *Wir haben ja noch Zeit.*
> *Napoleon war ja nicht bloß ein Zerstörer.*
> *Du weißt ja, wie sie ist.*

ja_2 drückt in Konstativsätzen Überaschung, Erstaunen über etwas Bekanntes aus. Kaum verschiebbar.

> *Das ist ja Sonjas Lehrer!*
> *Es schneit ja!*
> *Das wäre ja fantastisch.*

ja_3 verstärkt Drohungen, Warnungen, dringende Bitten und Ratschläge. Nur unter Vertrauten oder bei Autoritätsgefälle verwendbar. Stets gedehnt und betont; kaum verschiebbar.

> *Lass das ja liegen!*
> *Komm ja nicht auf die Idee, nochmal weg zu gehen.*
> *Halt ja fest!*

lediglich s. *nur_1*

mal mildert eine Aufforderung ab, indem es einen Sachverhalt als unerheblich oder als leicht zu realisieren darstellt. Kaum verschiebbar.

> *Helfen Sie mir mal (bitte)?*
> *Lass mal sehen.*
> *Wenn ich mal reinschauen könnte.*

Nicht zu verwechseln mit dem Temporaladverb *mal*.

nämlich weist einen Sachverhalt als Ursache eines zuvor genannten Sachverhaltes aus. Kaum verschiebbar.

> *Sie war gestern gar nicht in Worms. Ihr Anlasser war nämlich defekt.*
> *Er wollte nicht mitessen. Er hatte nämlich eine Magenverstimmung.*

Nicht zu verwechseln mit dem Konjunktor *nämlich* (*Heute gibt es etwas ganz Besonderes, nämlich Rinderfilet mit Trüffeln*).

nicht hat zwei Varianten. Beide sind kaum verschiebbar. Beide sind nicht zu verwechseln mit dem Negator *nicht*.

nicht₁ macht Entscheidungsfragen „tendenziös": suggeriert positive Antwort. Kaum verschiebbar.

> *Ist das nicht herrlich hier?*
> *Hab ich's nicht gleich gesagt?*
> *Wolltest du nicht ins Freibad gehen?*

nicht₂ drückt in Ausrufen mit Fragewort Überraschung aus; häufig mit generalisierendem *alles* kombiniert:

> *Was der nicht alles erzählt hat.*
> *Was es hier nicht alles gibt!*
> *Worüber der nicht schon (alles) geschrieben hat.*

noch kennzeichnet „Sachfragen" als beiläufig, die Antwort als naheliegend. Kaum verschiebbar. Oft kombiniert mit dem bedeutungsähnlichen *gleich*.

> *Wie war noch seine Adresse?*
> *Was hat er noch von Goethe erwähnt?*

Nicht zu verwechseln mit der gleichnamigen Gradpartikel bzw. Rangierpartikel und dem zweiten Teil des Doppelkonjunktors *weder ... noch*.

nun mal kennzeichnet Mitteilungen als Grund für einen anderen Sachverhalt, bezeichnet diesen Grund als selbstverständlich, scheidet damit Alternativen aus; wirkt häufig vorwurfsvoll. Kaum verschiebbar.

> *Erich ist nun mal so.*
> *Wir müssen nun mal mit unserer Rente auskommen.*
> *Wir haben nun mal Januar.*

Nicht zu verwechseln mit den Temporaladverbien *nun* und *mal*.

nur hat zwei Varianten. Beide sollten nicht mit der Rangier- und der Gradpartikel *nur* verwechselt werden.

nur₁ räumt in Aufforderungen Bedenken aus, macht sie eindringlicher, auch freundlicher; kann betont werden; kaum verschiebbar.

> *Seien Sie nur nicht so neugierig.*
> *Kommen Sie nur rein.*
> *Lass ihn nur reden.*

nur₂ signalisiert in „Sachfragen" und Wunschsätzen Ungeduld, Vorwurf, Unverständnis. Kaum verschiebbar.

> *Wie konnte er nur so leichtfertig sein?*
> *Was sie nur wieder hat!*
> *Wie konnte es nur dazu kommen?*
> *Wenn sie nur bald käme!*
> *Hättet ihr nur auf mich gehört!*

nur₂ ist jederzeit durch *bloß* ersetzbar.

ruhig macht Aufforderungen freundlicher, Feststellungen beiläufiger, indem es einen Sachverhalt bagatellisiert. Ist betonbar, aber kaum verschiebbar.

> *Meinetwegen kann es ruhig schneien.*
> *Lies ruhig weiter.*
> *Mach ruhig das Fenster auf.*

Nicht zu verwechseln mit dem Adjektiv *ruhig*.

schnell kennzeichnet einen Sachverhalt als unerheblich oder kurzzeitig; oft mit *mal* verbunden; kaum verschiebbar.

> *Könnten Sie schnell mal mit anfassen?*
> *Ich geh schnell mal die Brötchen holen.*
> *Schauen Sie sich doch schnell dieses Buch an.*

Nicht zu verwechseln mit dem Adjektiv *schnell*.

schon hat fünf Varianten. Nicht zu verwechseln mit der temporalen Rangierpartikel *schon*.

schon₁ hat im Konstativsatz konzessive Bedeutung; betont, kaum verschiebbar.

> *Es ist schon eine Zumutung, um diese Zeit anzurufen.*
> *Sie hat schon Recht mit ihren Befürchtungen.*
> *Die Züge sind schon bequem, aber immer noch unzuverlässig.*
> *Der Wagen wäre schon gut, nur ist er mir zu teuer.*

schon₂ wirkt in Konstativsätzen beschwichtigend, aufmunternd; ist oft betont, kaum verschiebbar.

> *Du wirst das schon schaffen.*
> *Es wird schon irgendwie gehen.*
> *Ich komme schon zurecht damit.*

schon₃ gibt einer Aufforderung „Relief", wirkt ungeduldig oder abmildernd; nur in Imperativsätzen, unbetont, kaum verschiebbar.

> *Nun beeil dich schon.*
> *Überwinden Sie sich schon.*

schon₄ wirkt oft geringschätzig: kennzeichnet rhetorische Fragen als leicht zu beantworten. In „Sachfragen", unbetont, kaum verschiebbar.

> *Was macht das schon?*
> *Wer liest das schon in Dänemark.*
> *Wo findet man sowas schon.*
> *Was weiß der schon.*

schon₅ nur als Wendung (mit *schon₄* verwandt), bagatellisierend; unbetont:

> *Und wenn schon.*

vielleicht hat drei Varianten. Nicht zu verwechseln mit der Rangierpartikel *vielleicht*.

vielleicht₁ signalisiert Erstaunen über den hohen Grad eines unerwarteten oder ungewöhnlichen Sachverhalts; in Ausrufen (Front- oder Vorfeldsätzen), kaum verschiebbar.

> *Der hat vielleicht einen Bart.*
> *Haben wir vielleicht gelacht.*
> *Der sieht vielleicht komisch aus.*

Auch ironisch:

> *Der ist vielleicht ein Superstar!*

vielleicht₂ signalisiert eine tendenziöse Frage (suggeriert negative Antwort, ähnlich wie *etwa*); in Entscheidungsfragen, kaum verschiebbar.

> *Hältst du das vielleicht für richtig?*
> *Hätte ich vielleicht alles zugeben sollen?*

vielleicht₃ macht Fragen und Bitten höflicher; in Entscheidungsfragen, kaum verschiebbar.

> *Kannst du mir vielleicht die Post zeigen?*
> *Hätten Sie vielleicht fünf Minuten Zeit für mich?*

wohl ist wahrscheinlich die am häufigsten gebrauchte Abtönungspartikel. Sie signalisiert Unsicherheit, macht dadurch Festellungen zu Vermutungen, macht Fragen höflicher; kaum verschiebbar.

> *Andreas hat es wohl nicht mehr geschafft.*
> *Er verdient wohl nicht so viel.*
> *Sie haben wohl falsch gerechnet.*
> *Wieviel könnte es wohl sein?*
> *Wann hätten Sie wohl mal Zeit?*

Nicht zu verwechseln mit der Kopulapartikel und der Rangierpartikel *wohl*.

3.7. KOMPLEXE SÄTZE

3.7.1. Allgemeines

In den vorausgegangenen Kapiteln wurde im Wesentlichen über „einfache Sätze" gesprochen, also über Hauptsätze, die nur ein finites Verb und nur ein zentrales Verb enthalten, wobei finites und zentrales Verb oft zusammenfallen. Im vorliegenden Kapitel geht es um Sätze, die mindestens zwei zentrale Verben enthalten:

> *Man hat ihm **vorgeworfen**, dass er **versagt** habe.*
> *Man hat ihm **vorgeworfen**, **versagt** zu haben.*

Ein entsprechender Hauptsatz würde lauten:

> *Man hat ihm Versagen vorgeworfen.*

Sätze mit mindestens zwei zentralen Verben nennen wir **komplexe Sätze**. Wir sprechen auch von **Satzgefügen**. Sie kommen in der Gegenwartssprache sehr häufig vor. Es ist auch durchaus sinnvoll, Satzgefüge zu verwenden, weil ein eingebetteter Satz entweder die Umstände, unter denen der Obersatz-Sachverhalt gilt, präziser wiedergibt als ein einfaches Satzglied oder weil er einen zweiten Sachverhalt wiedergibt, der zu dem des Obersatzes in einer besonderen Beziehung steht (in beiden Fällen reden wir von „adverbialen Einbettungen"), oder weil dieser eingebettete Satz eine Größe des Obersatz-Sachverhalts anschaulich präzisiert („satzartig beschriebene Größe"). Im komplexen Satz wird in der Regel mehr ausgesagt als im einfachen Hauptsatz: Der Inhalt der Äußerung wird präziser gefasst.

Man muss sich darüber im Klaren sein, dass – von ganz wenigen Ausnahmen abgesehen – kein Zwang zur Verwendung komplexer Sätze besteht. Dies zeigt der folgende Zeitungsbericht, der in der linken Spalte im Original, in der rechten Spalte aber ausschließlich in Hauptsätzen wiedergegeben wird:

Vielen Menschen wird zunehmend bewusst, dass ein neues Denken, ein anderes Bild des Menschen, seiner Ziele und seiner Verantwortung für das Weltgeschehen erforderlich ist, um die Lebensgrundlagen weiterhin zu sichern.

Ein neues Denken, ein anderes Bild des Menschen, seiner Ziele und seiner Verantwortung für das Weltgeschehen ist erforderlich. Nur so können die Lebensgrundlagen weiterhin gesichert werden. Das wird vielen Menschen zunehmend bewusst.

Ein neues Bewusstsein von Verantwortung für das Leben und ein neues Verhalten werden auch neue Rechtsformen bedingen, die weniger starr als die bisherigen sind.

Ein neues Bewusstsein von Verantwortung für das Leben und ein neues Verhalten werden auch neue Rechtsformen bedingen, und die müssen weniger starr sein als die bisherigen.

Dies gilt insbesondere für das Eigentum an Boden:

Dies gilt insbesondere für das Eigentum an Boden:

Grund und Boden sollte ein Einzelner immer nur als „Treuhänder der Menschheit" innehaben dürfen.

Grund und Boden sollte ein einzelner immer nur als „Treuhänder der Menschheit" innehaben dürfen.

Neue Rechtsgrundlagen sollten gewährleisten, dass der einzelne eigenverantwortlich, selbständig und für die Dauer seines Arbeitslebens tätig sein kann.

Der einzelne muss eigenverantwortlich, selbständig und für die Dauer seines Arbeitslebens tätig sein können. Dies sollte durch neue Rechtsgrundlagen gewährleistet sein.

Vereine, in denen die Landwirte Mitglieder sind, sind jedoch die eigentlichen Träger und Verwalter des Bodens.

Vereine mit Landwirten als Mitgliedern sind jedoch die eigentlichen Träger und Verwalter des Bodens.

Einer der großen Vorteile dieses neuen Weges:

Einer der großen Vorteile dieses neuen Weges:

Wer keinen Hof erbt, aber Landwirtschaft betreiben möchte, findet so einen Weg zur Agrarkultur.

Manche erben keinen Hof, möchten aber Landwirtschaft betreiben. Auch die werden so einen Weg zur Agrarkultur finden.

Denn: Die Landwirtschaft braucht nicht weniger, sondern mehr Menschen:

Denn: die Landwirtschaft braucht nicht weniger, sondern mehr Menschen:

Eine zukunfts-orientierte Agrarkultur ist nicht denkbar ohne Verringerung der Arbeitsbelastung derjenigen, die heute dort tätig sind, und eine Vermehrung der Arbeitsplätze in der Landwirtschaft; die heutige Entwicklung muss also umgedreht werden.

Die Arbeitsbelastung der in der Landwirtschaft Tätigen muss verringert, die Arbeitsplätze in der Landwirtschaft müssen vermehrt werden. Die heutige Entwicklung muss also umgedreht werden. Nur so ist eine zukunftsorientierte Landwirtschaft denkbar.

Das Original[9] ist ein fortlaufender Text ohne Absätze. Die Absätze wurden eingefügt, um die entsprechenden Texte auf gleicher Höhe zu halten. Es mag andere Umformungen geben, die vielleicht sogar inhaltlich adäquater sind. Fakt ist jedoch, dass die rechte Spalte keine Satzeinbettungen enthält. Man sieht, es geht ohne komplexe Sätze.

In allen Fällen, in denen ein mögliches einfaches Glied satzartig realisiert ist, sprechen wir von einer **Ausbauform**. Wir unterscheiden folgende Ausbauformen:

NEBENSATZ-GEFÜGE: Die eingebettete Konstruktion, die nicht potentiell autonom ist, enthält ein finites Verb.

Nebensätze kommen vor als

- Subjunktorsätze, d. h. Nebensätze, die durch *dass* oder einen anderen Subjunktor eingeleitet sind (Abkürzung: *DASS* oder SJK):

  Ich hoffe, dass sie schreibt.

- indirekte Interrogativsätze, d. h. Nebensätze, die durch *ob* oder ein Fragewort eingeleitet sind (Abkürzung: FRAG):

  Hanna bezweifelte, ob die Sendung rechtzeitig eintreffen würde.
  Hanna wusste nicht, wann die Sitzung beginnen würde.

- definite oder generalisierende Nebensätze, d. h. Nebensätze, die durch ein Fragewort oder ein Demonstrativum eingeleitet sind und die Bezugsgröße entweder als „definit" (bekannt, aber hier nicht konkret bezeichnet) oder als „generalisiert" (beliebig) ausweisen (Abkürzung: DNS, GNS). Die Demonstrativa klingen gehoben und veraltend. Beispiel für DNS:

  Der nach mir kommt, wird größer sein als ich. (Bibel)

  Diese Nebensätze werden meist, wenn auch nicht notwendig, vorangestellt. Sie haben im Gegensatz zu den ähnlich oder gleich lautenden Relativsätzen **kein** Bezugselement im Obersatz:

  Wo das ist, liegt noch mehr. (Schiller)

  Generalisierende Nebensätze sind daran erkennbar, dass jederzeit die generalisierende Partikel *immer* eingefügt werden kann:

  Wer (immer) will, kann teilnehmen.
  Wo (immer) du lebst, will auch ich wohnen.

  Definite und generalisierende Nebensätze sind daran erkennbar, dass ihr Einleitewort dieselbe syntaktische Funktion im Nebensatz hat, die der ganze eingebettete Satz im Obersatz einnimmt. In

  Wer das gesagt hat, weiß noch mehr.

  ist der definite Nebensatz *wer das gesagt hat* Subjekt des Obersatzverbs *wissen*, zugleich ist das Einleitewort *wer* Subjekt des eingebetteten Satzes. Diese Übereinstimmung der syntaktischen Funktionen gilt fast immer. In seltenen Fällen kann allerdings ein Subjektsatz eine Akkusativergänzung als Einleitewort und ein Akkusativsatz ein Subjekt als Einleitewort enthalten:

  (?)Wen du mir empfiehlst, wird mein Sekretär.
  Was du vorhast, ist mir unklar.
  Was hier los ist, will ich wissen.

---

[9] Kohl, Hans-Helmut et al. (Hrsg.): Kurswechsel an der Kasse. Frankfurt (Main) 2002. S. 12f.

INFINITIVGEFÜGE; eingebettet werden infinitivförmige Verben mit ihren Satelliten (Abkürzung: INF ohne Subjunktor, +INF mit Subjunktor *zu*, ++INF mit Subjunktor *um zu, ohne zu, anstatt zu*):

> *Alles verstehen wollen ist ein vernünftiges Prinzip.* (INF)
> *Wenn wir jetzt aufhören, heißt das alles aufzugeben.* (+INF)
> *Lerne lachen, ohne zu murren.* (++INF)

HAUPTSATZGEFÜGE (Abkürzung für den eingebetteten Hauptsatz: HPT):

> *Ich weiß, du meinst es gut.*
> *Hanna dachte, er hätte alles gesagt.*

PARTIZIPIALGEFÜGE (Abkürzung: PRT): Die eingebettete Konstruktion enthält ein regierendes Partizip:

> *Kaum den Demonstranten entkommen, reckte der Alte die Faust in die Höhe.*
> *Heftig mit beiden Händen gestikulierend, machte sie den Polizisten auf sich aufmerksam.*

Von den komplexen Sätzen sind **Satzreihen** zu unterscheiden, in denen zwei Sätze, möglicherweise durch Konjunktor verbunden, gleichberechtigt nebeneinander stehen:

> *Ich mag solche Leute nicht, (denn) die verwalten sich praktisch selber.*

Satzartige Konstruktionen, die anstelle eines einfachen Elements stehen, nennen wir **Ausbauformen**.

In vielen Fällen ist eine Ausbaukonstruktion von einem **Korrelat** begleitet. Korrelate sind Anaphern, vor allem *da, es, so* sowie Präpositionaladverbien, die als Reflex der eingebetteten Konstruktion im Obersatz stehen. Sie sind teils obligatorisch, teils fakultativ:

> *Er stand **da**, wo die große Eibe steht.*
> *Ich habe (**es**) gewusst, dass sie alles ausplaudern wird.*
> *Wenn er allein kommt, (**so**) kann er zum Essen bleiben.*
> *Hanna hat es doch **darauf** angelegt, dass wir irgendwann die Lust verlieren.*

es und *so* können nie zusammen mit der eingebetteten Konstruktion im Vorfeld des Obersatzes stehen:

> **So, wenn er allein kommt, kann er zum Essen bleiben.*
> **Es, dass sie alles ausplaudern wird, habe ich gewusst.*

Für die übrigen Korrelate ist eine solche Konstruktion möglich:

> *Da, wo die große Eibe steht, stand er.*
> *Darauf, dass wir irgendwann die Lust verlieren, hat Hanna es doch angelegt.*

Das Korrelat *es* wird im Allgemeinen nur realisiert, wenn der Nebensatz, auf den es verweist, nachgestellt ist. Falsch wäre somit

> **Dass sie durchgehalten hat, grenzt es an ein Wunder.*

Der syntaktischen Funktion nach gibt es Ergänzungssatz-Komplexe, Angabesatz-Komplexe und Attributsatz-Komplexe.

Der Einfachheit halber nennen wir im Folgenden die finiten eingebetteten Konstruktionen „Sätze", sprechen also von „Ergänzungssätzen", Subjektsätzen, Angabesätzen usf.

3.7.2. Ergänzungssatz-Komplexe

SUBJEKTSÄTZE

Teilweise mit Korrelat *es* (abgesehen von *wenn*-Sätzen nur bei nachgestelltem Ausbausatz).

Ausbauformen: *DASS (WENN)*, FRAG, INF, +INF

wenn kann gelegentlich für *dass* eintreten, soweit es sich nicht um eine gesicherte Tatsache, sondern um eine bloße Möglichkeit handelt. In solchen Fällen ist das Korrelat bei vorangestelltem Nebensatz obligatorisch:

> *Dass sie unerbittlich blieb, bedrückte mich sehr.*
> *Wenn du dich beteiligst, genügt es mir.*
> *Ob sie kommt, ist mir unbekannt.*
> *Wann sie kommt, ist mir unbekannt.*
> *Wanda kennen heißt, dass man keine Sorgen mehr zu haben braucht.*
> *Mit diesen Leuten zu reden war sein Ziel.*

Wichtige Verben mit ausbaubarem Subjekt:

abhängen von (obl. Korr.)	*kosten* (obl. Korr.)
ändern (obl. Korr.)	*kümmern* (fak. Korr.)
angehen (jdn. etw.) (obl. Korr.)	*liegen an, bei* (obl. Korr.)
ärgern (fak. Korr.)'	*sich lohnen* (obl. Korr.)
aufregen (fak. Korr.)	*machen (jdm. nichts)* (obl. Korr.)
ausmachen (jdm. etw.) (obl. Korr.)	*machen (jdm. Angst)* (fak. Korr.)
bekommen (jdm. gut) (obl. Korr.)	*passieren* (obl. Korr.)
beruhigen (fak. Korr.)	*sein* (fak. Korr.)
beschäftigen (fak. Korr.)	*sich schicken* (obl. Korr.)
bewegen (fak. Korr.)	*stimmen* (fak. Korr.)
enttäuschen (fak. Korr.)	*stimmen (jdn. froh)* (fak. Korr.)
erschrecken (fak. Korr.)	*stören* (fak. Korr.)
folgen (ohne Korr.)	*treffen (hart)* (fak. Korr.)
freuen (fak. Korr.)	*überraschen* (fak. Korr.)
geben (jdm. Mut) (fak. Korr.)	*verbessern* (obl. Korr.)
gefallen (fak. Korr.)	*verbinden mit* (fak. Korr.)
sich gehören (obl. Korr.)	*verdienen* (fak. Korr.)
gelingen (fak. Korr.)	*weh tun* (obl. Korr.)
gelten (obl. Korr.)	*sich wiederholen* (fak. Korr.)
gelten als (obl. Korr.)	*wundern* (fak. Korr.)
helfen bei (obl. Korr.)	*zählen als* (fak. Korr.)
interessieren (fak. Korr.)	*sich zeigen* (fak. Korr.)

In definiten und generalisierenden Nebensätzen hat das einleitende *w*-Wort meist auch Subjektsfunktion:

> *Wer das gesagt hat, ist mir seit langem bekannt.* (DNS)
> *Wer so sagt, weiß noch mehr.* (GNS)

Seltener fungiert das Einleitewort (vor allem *was*) als Akkusativergänzung:

> *Was sie vorhatte, war in unserem Sinn.* (DNS)
> *Was immer sie vorhat, ist erfreulich.* (GNS)

AKKUSATIVSÄTZE

Teilweise mit Korrelat *es* (abgesehen von *wenn*-Sätzen nur bei nachgestelltem Ausbausatz).

Ausbauformen: *DASS (WENN)*, FRAG, INF, +INF, HPT

> *Sie schätzt es, dass (wenn) er zuverlässig ist.*
> *Ich wusste nicht, ob Wanda teilnehmen würde.*
> *Ich wusste nicht, wie Wanda herkommt.*
> *Von ihm lernte ich mähen.*
> *Von ihm lernte ich auch Kleinigkeiten zu beachten.*
> *Ich hörte, die Truppe sei umzingelt.*

Wichtige Verben mit ausbaubarer Akkusativergänzung:

ablehnen (fak. Korr.)	*erkennen* (fak. Korr.)
abmachen mit (fak. Korr.)	*erklären* (fak. Korr.)
abwarten (fak. Korr.)	*(sich) erlauben* (fak. Korr.)
anbieten (fak. Korr.)	*eröffnen* (fak. Korr.)
anfangen (ohne Korr.)	*erreichen* (fak. Korr.)
annehmen (ohne Korr.)	*erzählen* (fak. Korr.)
ansehen (jdm. etw.) (fak. Korr.)	*finden* (ohne Korr.)
ansehen für/als (obl. Korr.)	*fühlen* (fak. Korr.)
antworten (ohne Korr.)	*fürchten* (fak. Korr.)
anzeigen (ohne Korr.)	*glauben* (fak. Korr.)
aufgeben (obl. Korr.)	*halten für* (obl. Korr.)
aufnehmen (etw. gut) (obl. Korr.)	*hören* (fak. Korr.)
aufschreiben (fak. Korr.)	*lernen* (fak. Korr.)
ausmachen mit (fak. Korr.)	*lernen aus* (fak. Korr.)
ausnutzen (fak. Korr.)	*lesen* (fak. Korr.)
ausrechnen (fak. Korr.)	*lieben* (fak. Korr.)
ausschließen (fak. Korr.)	*loben* (fak. Korr.)
beachten (fak. Korr.)	*lohnen* (fak. Korr.)
beantragen (fak. Korr.)	*meinen, dass* (ohne Korr.)
beginnen (ohne Korr.)	*melden* (fak. Korr.)
begrüßen (fak. Korr.)	*(sich) merken* (fak. Korr.)
behalten (fak. Korr.)	*mitteilen* (fak. Korr.)
behaupten (fak. Korr.)	*nennen* (obl. Korr.)
bekommen (ohne Korr.)	*probieren* (fak. Korr.)
belegen durch/mit (fak. Korr.)	*prüfen* (fak. Korr.)
bemerken (fak. Korr.)	*raten* (fak. Korr.)
beobachten (fak. Korr.)	*rechnen zu* (obl. Korr.)
beraten (ohne Korr.)	*rufen* (o. Korr.)
berichten (fak. Korr.)	*sagen* (fak. Korr.)
beschließen (fak. Korr.)	*schließen aus* (fak. Korr.)
beschreiben (fak. Korr.)	*schreiben* (fak. Korr.)
bestimmen (ohne Korr.)	*sehen* (fak. Korr.)
beweisen (fak. Korr.)	*(sich) überlegen* (fak. Korr.)
bewundern (fak. Korr.)	*untersuchen* (fak. Korr.)
bezahlen (fak. Korr.)	*verabreden* (fak. Korr.)
denken (fak. Korr.)	*verbieten* (fak. Korr.)
sich einbilden (fak. Korr.)	*verdienen* (fak. Korr.)
erfahren (fak. Korr.)	*vergessen* (fak. Korr.)

verlangen (fak. Korr.)	*vorlesen* (fak. Korr.)
vermuten (fak. Korr.)	*sich vorstellen* (fak. Korr.)
versichern (fak. Korr.)	*wagen* (fak. Korr.)
versprechen (fak. Korr.)	*wiederholen* (fak. Korr.)
verstehen (fak. Korr.)	*wissen* (fak. Korr.)
versuchen (fak. Korr.)	*wünschen* (fak. Korr.)
verzeihen (fak. Korr.)	

In definiten und generalisierenden Nebensätzen hat das einleitende *w*-Wort meist auch die Funktion der Akkusativergänzung:

> *Wen du ausgesucht hast, möchte ich gerne sehen.* (DNS)
> *Wen du ausgesucht hast, kenne ich natürlich noch nicht.* (GNS)

Selten kommen Einleitewörter in Subjektsfunktion vor (namentlich *was*):

> *Was dir gefällt, wollte ich auch mal sehen.* (DNS)
> *Was dir gefällt, kann ich noch nicht kennen.* (GNS)

GENITIVSÄTZE

Teilweise mit Korrelat *dessen, deren.*
Ausbauformen: *DASS,* FRAG, +INF

> *Sie entsann sich, dass er die Frage schon einmal gestellt hatte.*
> *Sie entsann sich nicht, ob er am Vortag da gewesen war.*
> *Sie entsann sich nicht, wann er gekommen war.*
> *Sie entsann sich, ihn kurz gesehen zu haben.*

Ausbaubar sind Genitivergänzungen vor allem bei Verben des sich-Erinnerns und des Beschuldigens.
Definite und generalisierende Ausbausätze sind selten:

> *(?) Er entsann sich, dessen man ihn im vergangenen Jahr beschuldigt hatte.*
> *(?) Wessen er nicht mehr bedurfte, entsann er sich nach kurzer Zeit nicht mehr.*

DATIVSÄTZE

Es kommen nur definite und generalisierende Nebensätze vor. Korrelate sind hier unzulässig, weil jedes Korrelat als Bezugswort fungieren und dann ein Relativsatz (Attributsatz) vorliegen würde:

> *Wem ich den Schlüssel gab, habe ich bedingungslos vertraut.* (DNS)
> *Wem ich vertraue, helfe ich auch gern.* (GNS)
> *Ich helfe, wem ich helfen kann.* (GNS)

PRÄPOSITIVSÄTZE

Sie kommen in praktisch allen Fällen mit Korrelat vor; häufiger sind obligatorische, etwas seltener fakultative Korrelate.
Ausbauformen: *DASS,* FRAG, +INF, HPT

> *Er hat teuer dafür bezahlt, dass er nicht gesprächsbereit war.*
> *Wir haben darüber gestritten, ob Bruno abgeschrieben hatte.*
> *Wir haben darüber gestritten, von wem Bruno abgeschrieben hatte.*
> *Sie machte sich nichts daraus, umziehen zu müssen.*
> *Ich habe (davon) gehört, er sei durchgefallen.*

Definite und generalisierende Ausbausätze verlangen in Ober- und Untersatz dieselbe Präposition:

> *Worüber du sprichst, haben wir uns gestern unterhalten.* (DNS)
> *Ich wollte nie damit zu tun haben, womit er sich beruflich beschäftigt.* (GNS)

Wichtige Verben mit ausbaubarer Präpositivergänzung:

sich abgeben mit (obl. Korr.)
abhängen von (obl. Korr.)
achten auf (obl. Korr.)
ändern an (obl. Korr.)
ankommen auf (obl. Korr.)
arbeiten an (obl. Korr.)
sich ärgern über (fak. Korr.)
aufpassen auf (fak. Korr.)
sich aufregen über (fak. Korr.)
ausgeben für (obl. Korr.)
sich aussprechen für/gegen (obl. Korr.)
bauen auf (obl. Korr.)
sich bedanken für (obl. Korr.)
sich beeilen mit (fak. Korr.)
beginnen mit (fak. Korr.)
sich bemühen um (fak. Korr.)
berichten von/über (fak. Korr.)
sich beschäftigen mit (obl. Korr.)
beschließen mit (obl. Korr.)
sich besinnen auf (fak. Korr.)
sich beschweren über (fak. Korr.)
sich besinnen auf (obl. Korr.)
bestehen aus/in (obl. Korr.)
bestimmen über (fak. Korr.)
bestrafen für (obl. Korr.)
bewegen zu (fak. Korr.)
sich bewerben um (obl. Korr.)
bewundern um (obl. Korr.)
bezahlen für (obl. Korr.)
sich beziehen auf (obl. Korr.)
bieten für (obl. Korr.)
bitten um (fak. Korr.)
brennen auf (obl. Korr.)
bringen auf/zu (obl. Korr.)
danken für (fak. Korr.)
denken an (obl. Korr.)
drängen auf/zu (fak. Korr.)
sich drehen um (obl. Korr.)
sich drücken vor (obl. Korr.)
entscheiden über (fak. Korr.)
sich entschließen zu (fak. Korr.)
sich entschuldigen für (fak. Korr.)
erfahren von (obl. Korr.)
sich erinnern an (fak. Korr.)

erkennen an (obl. Korr.)
erschrecken über (fak. Korr.)
erzählen von (obl. Korr.)
erziehen zu (obl. Korr.)
finden bei (obl. Korr.)
folgen aus (obl. Korr.)
fragen nach (fak. Korr.)
sich freuen an/auf/über (obl. Korr.)
führen zu (obl. Korr.)
sich fürchten vor (fak. Korr.)
etw. geben auf/für (obl. Korr.)
gehen um (obl. Korr.)
gehören zu (obl. Korr.)
gewinnen an (obl. Korr.)
gewöhnen an (obl. Korr.)
glauben an (obl. Korr.)
gratulieren zu (obl. Korr.)
helfen bei (fak. Korr.)
hindern an (fak. Korr.)
hoffen auf (obl. Korr.)
hören von (obl. Korr.)
informieren über (fak. Korr.)
sich interessieren für (obl. Korr.)
kommen auf/von/zu (obl. Korr.)
sich kümmern um (obl. Korr.)
lachen über (obl. Korr.)
lächeln über (obl. Korr.)
leben von (obl. Korr.)
lernen aus (obl. Korr.)
liegen an (obl. Korr.)
sich machen an (obl. Korr.)
sich etw. machen aus (obl. Korr.)
merken an (obl. Korr.)
nachdenken über (fak. Korr.)
nützen zu (obl. Korr.)
raten zu (fak. Korr.)
rechnen mit (obl. Korr.)
reden von/über (obl. Korr.)
sagen zu (obl. Korr.)
schließen aus (obl. Korr.)
schreiben für/gegen (obl. Korr.)
schreiben von/über (obl. Korr.)
sehen etw. an/in (obl. Korr.)
sprechen von/über (obl. Korr.)
stimmen für/gegen (obl. Korr.)

sich stoßen an (obl. Korr.)	*verlangen nach* (obl. Korr.)
streiten für/gegen (obl. Korr.)	*sich verlassen auf* (obl. Korr.)
streiten um/über (fak. Korr.)	*sich verstehen auf* (obl. Korr.)
tragen an (obl. Korr.)	*warten auf* (fak. Korr.)
trinken auf (obl. Korr.)	*weinen über* (obl. Korr.)
überraschen bei (obl. Korr.)	*sich wenden gegen* (obl. Korr.)
überreden zu (fak. Korr.)	*wissen von* (obl. Korr.)
überzeugen von (fak. Korr.)	*sich wundern über* (fak. Korr.)
sich unterhalten über (obl. Korr.)	*zweifeln an* (fak. Korr.)
unterrichten von/über (obl. Korr.)	

SITUATIVSÄTZE

Es kommen nur definite und generalisierende Nebensätze vor. Korrelate sind hier unzulässig, weil jedes Korrelat als Bezugswort fungieren und dann ein Relativsatz (Attributsatz) vorliegen würde:

> *Die Häuser standen, wo vor zwei Jahren noch ein Buchenwald gewesen war.* (DNS)
> *Wo sich dieser Betrieb niederlässt, werdet ihr Arbeit finden.* (GNS)

EXPANSIVSÄTZE

Es kommen nur definite und generalisierende Nebensätze vor. Korrelate sind hier unzulässig, weil jedes Korrelat als Bezugswort fungieren und dann ein Relativsatz (Attributsatz) vorliegen würde:

> *Solange die Römer herrschten, war Ruhe in der Provinz.* (DNS)
> *Solange die Sitzung dauert, werde ich hier bleiben.*

MODIFIKATIVSÄTZE

Ausbauformen: *ALS OB, WIE WENN, ALS.* Die beiden erstgenannten Elemente sind Subjunktoren, die also Nebensätze einleiten. Das Element *als* leitet Frontsätze mit unmittelbar folgendem Finitum ein:

> *Er führte sich auf, als ob er überrascht worden sei.*
> *Er führt sich auf, wie wenn er überrascht wäre.*
> *Er führte sich auf, als wäre er überrascht worden.*

PRÄDIKATIVSÄTZE

Es kommen nur definite und generalisierende Nebensätze mit *w*-Wort (*was, wie*) vor. Korrelate sind hier unzulässig, weil jedes Korrelat als Bezugswort fungieren und dann ein Relativsatz (Attributsatz) vorliegen würde:

> *Sie hieß bei uns, wie sie nie zuvor jemand genannt hatte.* DNS)
> *Sie wurde, was sie von Anfang an hatte werden sollen.* (DNS)
> *Was immer ihm vorschwebt, wird er auch.* (GNS)
> *Sie war, wie sie immer gewesen war.* (DNS)
> *Was immer sie gewesen sein mochte, war sie wohl noch immer.* (GNS)

VERBATIVSÄTZE

Diese Sätze sind, da sie nicht mit einfachen Formen kommutieren, keine Ausbauformen. Sie kommen bei Auxiliarverben, Modalverben, Modalitätsverben und wenigen anderen Verben vor.

Ausdrucksformen: Nebensätze, INF, +INF, HPT, Partizipialphrasen (s. auch 3.4.2 „Verbativergänzung"). Da der Bestand des Verbativsatzes immer wieder Anlass zu Missverständnissen ist, werden in den folgenden Beispielen die Verbativsätze fett gesetzt:

> *Es scheint, **dass er den Verstand verloren hat**.*
> ***Ich** will **sie doch noch einmal sehen**.*
> ***Sie** versprach **eine gute Pfarrerin zu werden**.*
> *Es scheint, **er hat den Verstand verloren**.*
> ***Wir** haben **alles zusammengestellt**.*

3.7.3. Angabesatz-Komplexe

Ein großer Teil der Angaben lässt sich satzartig ausbauen. Dies gilt für die meisten Modifikativ- und Situativangaben. Bei den negativen und den existimatorischen Angaben hingegen gibt es deutliche Einschränkungen.

Ausdrucksformen sind Nebensätze (Subjunktorsätze), Infinitivkonstruktionen, abhängige Hauptsätze und Partizipialphrasen.

Soweit Infinitivkonstruktionen und Partizipialphrasen möglich sind, können sie nur realisiert werden, wenn die (zu denkende) Subjektsgröße der eingebetteten Konstruktion mit einer Größe des Obersatzes – meist wiederum dessen Subjekt – identisch ist.

MODIFIKATIVSÄTZE

Ein fakultatives Korrelat *so* ist möglich.
Ausdrucksformen: Nebensätze mit *ALS OB, ALS* u. a.:

> *Er blieb plötzlich stehen, als sei ihm ein Geist erschienen.*

Definite und generalisierende Sätze mit Einleiteelement *wie* sind typisch:

> *Wie sie es versprochen hatte, suchte sie die Abweichler auf.* (DNS)
> *Sie wird den Brief formulieren, wie immer sie will.* (GNS)

SITUATIVSÄTZE

Am häufigsten sind

Temporalsätze

Als Korrelate kommen *da, dann, seitdem, solange, sooft* vor.
Ausbauformen: Nebensätze, IK, HPT, Partizipialphrasen.

Die Nebensätze erlauben durch Subjunktor und Tempus eine besonders präzise Beschreibung des Geschehens. Da es sich in dem Gefüge jeweils um zwei Sachverhalte handelt – wir reden von „Obersatzgeschehen" und „Nebensatzgeschehen" –, ist deren zeitliches Verhältnis ausschlaggebend für die Wahl des Subjunktors und der finiten Formen. Man unterscheidet Gleichzeitigkeit (bzw. zeitliche Überlappung) beider Geschehen von der Vorzeitigkeit bzw. der Nachzeitigkeit des Nebensatzgeschehens.

1. Gleichzeitigkeit (bzw. zeitliche Überlappung) beider Geschehen.
Die typischen Subjunktoren sind *während, solange, sooft*, die für die Kennzeichnung der Gleichzeitigkeit völlig ausreichen:

> *Während er Wasser holte, räumte sie den Ofen aus.*
> *Solange du bei uns bist, (da) kann nichts schief gehen.*

Auch die Subjunktoren *als, seit, wenn, wie* sind verwendbar. Allerdings muss die Gleichzeitigkeit dann zusätzlich durch die Verbform verdeutlicht werden.
Die Tempora sollten in Obersatz und Untersatz bei Gleichzeitigkeit übereinstimmen:

> *Als sie beim Einkaufen war, (da) durchsuchten sie ihren Schreibtisch.*
> *Während ich einkaufen gehe, telefoniert er mit Magda.*
> *Solange du da bist, solange fühle ich mich wohl.*

Bei Vergangenheitsbezug sind jedoch Präteritum und Perfekt kombinierbar:

> *Während sie einkaufen gegangen ist, durchsuchten sie ihren Schreibtisch.*
> *Während sie einkaufte, haben sie ihren Schreibtisch durchsucht.*

Bei Zukunftsbezug sind auch Präsens und Futur kombinierbar:

> *Wenn ich einkaufen gehe, wird er meinen Schreibtisch durchsuchen.*

Gelegentlich werden bei Vergangenheitsbezug auch Präteritum und Plusquamperfekt kombiniert. Da das Plusquamperfekt aber prinzipiell „Vorvergangenheit" signalisiert, sollte diese Kombination möglichst vermieden werden:

> *(*)Während Hanna einkaufte, hatte sie sich mit Hugo getroffen.*
> *(*)Während Hanna eingekauft hatte, traf sie sich mit Hugo.*

Alle Subjunktorsätze können auch nachgestellt werden:

> *Sie durchsuchten Hannas Schreibtisch, während sie einkaufte.*

Auch Partizip-I-Phrasen können Gleichzeitigkeit ausdrücken:

> *Heftig mit den Armen rudernd, trieb er die Gänse vor sich her.*
> *Immer wieder den Kopf schüttelnd folgte er den Andern.*

Diese Partizip-I-Phrasen fungieren syntaktisch als Disjunkte, d. h. dislozierbare Attribute zum Subjekt.

2. Nachzeitigkeit des Nebensatzgeschehens
Die typischen Subjunktoren sind *bevor, ehe, bis*, die für die Kennzeichnung der Nachzeitigkeit völlig ausreichen:

> *Ehe er trank, (da) las er noch schnell das Schild am Brunnen.*
> *Es las die Lokalnachrichten, bis Hanna eintrat.*

Auch die Subjunktoren *als* und *wenn* lassen sich bei Nachzeitigkeit verwenden. Dann muss aber die Zeitrelation durch andere Mittel, meist die Verbformen, ausgedrückt werden. Außerdem legt *als* das Nebensatzgeschehen automatisch in die Vergangenheit (andernfalls muss *wenn* verwendet werden):

> *Er stellte das Wasser ab, als der Garten gegossen war.*
> *Melde dich, wenn sie dich vergessen haben.*

Grundsätzlich können bei unterscheidendem Subjunktor die Tempora auch bei Nachzeitigkeit in Obersatz und Untersatz übereinstimmen:

> *Bevor er heim geht, räumt er seinen Schreibtisch auf.*
> *Bevor er heim ging, (da) räumte er seinen Schreibtisch auf.*

Bei Vergangenheitsbezug sind Präteritum im Nebensatz und Plusquamperfekt im Obersatz kombinierbar:

Bevor sie heim ging, hatte sie noch kurz ins Kinderzimmer geschaut.

Auch Präteritum im Nebensatz und Perfekt im Obersatz sind kombinierbar:

Bis die Zahlungen ausblieben, habe ich den Verlag selbst weiter geführt.

Bei Zukunftsbezug gilt Präsens im Nebensatz, das mit Präsens, Futur oder Perfekt im Obersatz kombinierbar ist:

Bevor ich zusage, will ich noch die Preise wissen.
Bevor ich zusage, werde ich meinen Nachbarn fragen.

Perfekt im Obersatz ist nur bei perfektiven Verben, das heißt, wenn das Obersatzgeschehen ‚abgeschlossen‘ ist, möglich:

Eh die Zeitung kommt, habe ich den Brief schon geschrieben.
Wenn die Zeitung kommt, habe ich den Brief schon geschrieben.

Eine weitere Möglichkeit, Nachzeitigkeit auszudrücken, bietet die Kombination aus vorangestelltem Obersatz mit einer der Partikeln *eben, fast, gerade, kaum* und nachgestelltem Nebensatz mit *als*:

Eben war das Auto weg gefahren, als (auch schon) ein Geschrei auf der Straße entstand.

Solche Konstruktionen werden vorwiegend bei Vergangenheitsbezug verwendet.

Schließlich können Infinitivkonstruktionen mit *um zu* gelegentlich unmittelbare Nachzeitigkeit des Nebensatzgeschehens ausdrücken:

Sie fuhr ins Nachbarland, um dort unvermutet ihren Freund Emil wieder zu treffen.

Viele Stilisten raten von der Verwendung dieser Konstruktion zum Ausdruck der Nachzeitigkeit ab, weil *um zu*-Konstruktionen meist finale Bedeutung haben und deshalb automatisch auch so interpretiert werden.

3. Vorzeitigkeit des Nebensatzgeschehens

Eindeutige Subjunktoren der Vorzeitigkeit sind *nachdem, sobald, sowie*; die Subjunktoren *als, seit(dem), wenn* sind zulässig, wenn die zeitliche Präzisierung durch andere Ausdrücke erfolgt. Der Subjunktor *als* ist nur mit Präteritum und Plusquamperfekt kombinierbar, *nachdem* nur mit Präteritum, Perfekt und Plusquamperfekt, *wenn* mit allen Tempora, *jedoch* mit Präteritum und Plusquamperfekt *nur* bei wiederholten Geschehen; *seit* ist mit allen Tempora außer dem Futur kombinierbar, sofern das Nebensatzgeschehen mit dem Beginn des Obersatzgeschehens zusammenfällt:

Seit er in dem Alpenort ist, (da/seitdem) fällt ihm nichts mehr ein.
Seit er in dem Alpenort war, (da/seitdem) fiel ihm nichts mehr ein.

Ist das Obersatzgeschehen vergangen, so gelten folgende Kombinationen:

Nebensatz:	Obersatz:
Plusquamperfekt	Präteritum, Plusquamperfekt
Perfekt, Präteritum	Perfekt

Als Albrecht weg gebracht worden war, schien die Welt noch in Ordnung.
Als Lisa weinte, hat sich Hugo um sie gekümmert.

Gleiche Tempora in Neben- und Obersatz dürfen bei Vorzeitigkeit verwendet werden, sofern der Subjunktor das Zeitverhältnis eindeutig macht:

Nachdem Albert weg gebracht wurde, rief der Leutnant die Übrigen zusammen.

Liegt das Obersatzgeschehen vom Sprechzeitpunkt aus gesehen in der Zukunft, so gelten folgende Kombinationen:

Nebensatz:	Obersatz:
Präsens, Perfekt	Präsens, Futur

Wenn du ausgetrunken hast, (dann) kannst du hinauf gehen.
Sobald du unterschreibst, werden wir Albert informieren.

Die temporalen Nebensätze können auch nachgestellt werden:

Wir werden Albert informieren, sobald du unterschreibst.

Auch das Partizip II kann Vorzeitigkeit des Nebensatzgeschehens ausdrücken:

Immer noch verwirrt von seiner Antwort fing sie an zu reden.

Bei resultativen Verben (so *verwirrt* im letzten Beispiel) kann das Partizip II aber auch Gleichzeitigkeit/Überlassung signalisieren.

Vorzeitigkeit kann auch durch einen eingebetteten Hauptsatz ausgedrückt werden, wenn dieser vorangestellt ist und im Vorfeld eine der Partikeln *eben, fast, gerade, kaum* enthält (der nachfolgende Obersatz wird häufig durch ein Korrelat *da* eingeleitet):

Kaum hatte Anna das Tor geschlossen, (da) hörte sie (auch schon) das Geräusch eines näher kommenden Autos.

Diese Konstruktion kommutiert mit der mit nachgestelltem (nachzeitigem) *als*-Satz (s. oben):

Kaum hatte Anna das Tor geschlossen, als sie auch schon das Geräusch eines näher kommenden Autos hörte.

Die beiden Konstruktionen sind nahezu bedeutungsgleich. Sie unterscheiden sich lediglich durch Nuancen der Thema-Rhema-Verteilung.

Lokalsätze

Lokalangaben lassen sich ausschließlich zu definiten oder generalisierenden Nebensätzen ausbauen:

Ich treffe dich (da) wieder, wo wir das letzte Mal waren. (DNS)
Ich seh dich wieder, wo du willst. (GNS)

Auch diese Nebensätze können vorangestellt werden.

Alle Versuche, Lokalangaben zu Subjunktorsätzen auszubauen, schlagen fehl, weil die Lokalangabe dann automatisch zeitlichen Charakter erhält:

Kurt hat Herwig in Mailand getroffen. ⇒
Kurt hat Herwig getroffen, als er in Mailand war.

Damit erweist sich auch der häufig zitierte Nebensatz-Test, der angeblich Ergänzungen von Angaben unterscheiden helfen soll, als Flop.

Kausalsätze

Diese Konstruktionen sind (wie auch die folgenden) von völlig anderer Art als die bisher beschriebenen. Während nämlich Temporal- und Lokalangaben einen näheren „Umstand" zum Obersatz-Geschehen angeben, setzen Kausal-, Konditional-, Konzessiv- und

Konsekutivangaben zwei Sachverhalte in eine bestimmte Beziehung: Sie nennen einen Sachverhalt als Voraussetzung oder Konsequenz des Obersatz-Sachverhaltes.

Kausale Subjunktorsätze werden durch *da, nachdem, nun (da), umso mehr/weniger als, weil, zumal (da)* eingeleitet. Häufigster Subjunktor ist *weil*:

> *Weil du arm bist, musst du früher sterben.*

Gegenüber *weil* verweist *da* auf einen nahe liegenden, plausiblen Grund:

> *Da er Kreislaufprobleme hatte, (so) nahmen sie ihn nicht mit auf die Tour.*

zumal (da) signalisiert den wesentlichen von mehreren Gründen:

> *Er ging nicht mit, zumal er auch Kreislaufprobleme hatte.*

umso mehr/weniger als signalisiert einen zusätzlichen, besonders wichtigen Grund:

> *Er machte die Tour nicht mit, umso mehr als seine Wunde noch nicht verheilt war.*

Die meisten Kausalsätze lassen sich voran- und nachstellen. Sätze mit *zumal (da), umso mehr/weniger als* werden immer nachgestellt.

Meist nachgestellt werden auch durch *wo* eingeleitete, vor allem im gesprochenen Deutsch beliebte Kausalsätze. Sie enthalten vielfach die Zustimmung heischende Abtönungspartikel *doch* sowie ein durch *so* graduiertes weiteres Element:

> *Natürlich sind die Beiden jetzt enttäuscht, wo sie sich doch so engagiert für die junge Kandidatin eingesetzt haben.*

Ausschließlich in der geschriebenen Sprache kommen kausale Frontsätze vor (meist mit der Abtönungspartikel *doch*). Sie nennen einen allgemein akzeptierten oder zu akzeptierenden Grund:

> *Er liebte diese Brücke besonders, war er doch mit Bernadette häufig hier gewesen.*

Diese Frontsätze werden immer nachgestellt.

Hingegen werden kausale Partizipialphrasen stets vorangestellt. Sie weisen im Allgemeinen kein eindeutiges Merkmal für Kausalität auf, ihr kausaler Charakter muss aus dem Kontext erschlossen werden:

> *Durch diese unerwartete Nachricht verunsichert, rief Hanna kurz entschlossen die Zentrale an.*

Oft lassen sich kausale und instrumentale Bedeutung hier nicht säuberlich unterscheiden.

Konditionalsätze

Sie nennen eine Voraussetzung, Bedingung für den Obersatz-Sachverhalt.

Konditionale Subjunktorsätze werden durch *falls, sofern, soweit, wenn, wenn … schon* eingeleitet.

wenn ist allgemein verwendbar, kann jedoch auch temporale Bedeutung haben. Über die konkrete Bedeutung entscheidet dann häufig der Kontext:

> *Wenn du kommst, (dann) mache ich alle Lichter an.* (temporal)
> *Wenn du kommst, lade ich auch Annabell ein.* (konditional)

wenn … schon leitet eine zögernd akzeptierte Voraussetzung für das Obersatz-Geschehen ein:

> *Wenn sie schon mit unterschreibt, (dann) muss sie auch eine Funktion übernehmen.*
> *Sie soll nach Römhild fahren, wenn sie schon etwas tun will.*

falls ist ein eindeutig konditionaler Subjunktor, er lässt sich daher immer dann für *wenn* einsetzen, wenn dieses eindeutig konditionale Bedeutung hat:

> *Ich lade auch Annabell ein, falls du kommst.*

sofern, *soweit* werden meist als rein konditionale Subjunktoren verwendet, geben aber oft zugleich das Ausmaß der Bedingung an:

> *Sofern keine weiteren Wortmeldungen vorliegen, gehen wir zum nächsten Tagesordnungspunkt über.*
> *Ich helfe Ihnen gern, soweit ich es kann.*

Zu den finiten Verbformen s. unten.

Konditionale Frontsätze werden in der Regel vorangestellt. Häufig haben sie ein Korrelat *so* im Obersatz:

> *Sind keine weiteren Wortmeldungen vorhanden, so gehen wir zum nächsten Punkt über.*
> *Kommst du, (so) lade ich auch Annabell ein.*

Die Verbformen verteilen sich folgendermaßen:

Falls die Erfüllung der Bedingung offen ist, gelten folgende Kombinationen:

Nebensatz:	Obersatz:
Präsens	Präsens, Futur

oder

Nebensatz:	Obersatz:
Perfekt	Präsens, Perfekt, Futur, Futur II

Beispiele:

> *Wenn Annabell teilnimmt, setzen wir unseren Plan durch/werden wir unseren Plan durchsetzen.*
> *Wenn Annabell teilgenommen hat, (so) gewinnen wir den Wettbewerb.*
> *Wenn Annabell teilgenommen hat, (so) haben wir den Wettbewerb gewonnen.*
> *Wenn Annabell teilnimmt, (so) werden wir den Wettbewerb gewinnen.*
> *Wenn Annabell teilnimmt, (so) werden wir den Wettbewerb gewonnen haben.*

Konditionale und temporale Bedeutung sind auch hier nicht immer klar zu unterscheiden. Falls die Erfüllung der Bedingung nur eingeschränkt wahrscheinlich ist, gelten folgende Kombinationen:

Nebensatz:	Obersatz:
Konjunktiv II (bzw. *würde*-Umschr.)	Konjunktiv II (bzw. *würde*-Umschr.)

oder

Nebensatz:	Obersatz:
sollte-Periphrase	Konjunktiv II (bzw. *würde*-Umschr.)

> *Wenn Annabell teilnähme (teilnehmen würde), würden wir unseren Plan durchsetzen.*
> *Sollte Annabell teilnehmen, so würden wir unseren Plan durchsetzen.*

Will man die Wirklichkeit schwächer einschränken, so erlaubt die Alltagssprache indikativische Formen im Obersatz:

> *Sollte Annabell teilnehmen, so gewinnen wir den Wettbewerb.* usw.

Ist jedoch über die Erfüllung der Bedingung entschieden, so gibt es zwei Möglichkeiten:

a. Der Sprecher weiß zwar, dass eine Entscheidung gefallen ist, aber er weiß nicht in welcher Richtung. Dann gelten folgende Kombinationen (nicht alle sind in allen Fällen möglich).

Nebensatz:	Obersatz:
Präsens, Perfekt, Präteritum, Plusquamperfekt	Präsens, Perfekt, Präteritum (Plusquamperfekt)

Wenn sie anwesend ist, gewinnen wir den Wettbewerb.
Wenn sie anwesend gewesen ist, gewinnen wir den W./haben wir den W. gewonnen.
Wenn sie teilgenommen hat, gewinnen wir den W./haben wir den W. gewonnen.
Wenn sie teilnahm, gewinnen wir den W./haben wir den W. gewonnen/gewannen wir den W.

Sätze mit Plusquamperfekt im Obersatz stehen an der Grenze der Akzeptabilität.

b. Der Sprecher hat Gewissheit über die Nichterfüllung der Bedingung. Dann sind folgende Kombinationen möglich:

Nebensatz:	Obersatz:
Konjunktiv II (bzw. *würde*-Umschr.)	Konjunktiv II (bzw. *würde*-Umschr.)

Eindeutige Nichterfüllung ist hier freilich nur bei durativen Verben gesichert, während resultative Verben das Perfekt des Konjunktiv II verlangen:

Wäre sie anwesend, so würden wir den Wettbewerb gewinnen.
Würde sie teilnehmen, so würden wir den Wettbewerb gewinnen.

Ein Teil der *wenn*-Sätze bezieht sich nicht auf den realisierten Obersatz, sondern auf einen ausgesparten „Hypersatz", der oft, aber keineswegs immer die Illokution nennt:

Wenn ich mich nicht irre, hat Hanna zwei Kinder.
Wenn ich offen sein darf – das war ein miserabler Vortrag.

Solche Sätze wären, nimmt man sie wörtlich, sinnlos: Weder kann die Anzahl von Hannas Kindern vom Erinnerungsvermögen des Sprechers abhängen, noch kann sich die Qualität des Vortrags nach der „Offenheit" des Sprechers richten. Beide Sätze werden jedoch verständlich und plausibel durch folgende Paraphrasen:

Hanna hat zwei Kinder. Das ist eine Tatsache, wenn ich mich nicht irre.
Das war ein miserabler Vortrag. Ich formuliere es so, wenn ich offen sein darf.

Konditionale Adjektiv- und Partizipialphrasen werden meist durch *falls*, seltener durch *wenn*, *sofern*, *soweit* u. a. eingeleitet. Sie lassen sich als verkürzte Nebensätze erklären:

Man wollte, falls erforderlich, zusätzliche Getreidelieferungen einplanen.
Falls vom Arzt nicht anders verordnet, täglich dreimal vor den Mahlzeiten 20 Tropfen in Flüssigkeit einnehmen.
Wenn gewünscht, wird als Beilage auch Folienkartoffel gereicht.

Ohne Subjunktor kommen nur Partizipialphrasen mit Partizip II vor:

In die Enge gedrängt, wird er möglicherweise panikartig reagieren.

Meist beziehen sich solche Phrasen auf einen (faktiven oder illokutiven) „Hypersatz":

Genau genommen hat er Recht.
(Genau genommen ist es eine Tatsache, dass er Recht hat.)

Gängige Partizipialphrasen (meist vorangestellt):

deutlich gesagt   *streng genommen*
ehrlich gesagt   *oberflächlich betrachtet*
genau besehen   *wörtlich gesagt*
genau genommen   u. v. a.
im Grunde genommen

Es gibt schließlich imperativische Konditionalsätze:

Geh ohne Schal aus, und du holst dir die Grippe.

Hier handelt es sich, syntaktisch gesehen, nicht um Satzgefüge, sondern um Hauptsatzreihen.
Imperativische Konditionalsätze werden immer vorangestellt.

Konsekutivsätze

Konsekutive Angaben erscheinen ausschließlich in satzartiger Form. Sie nennen die Folge des Obersatz-Sachverhalts.
Konsekutivsätze haben immer die Form von Subjunktorsätzen. Der Subjunktor lautet *so dass* (seltener *dass*). Diese Nebensätze sind immer nachgestellt:

Der Sand war sehr heiß, so dass wir schnell Blasen an den Füßen bekamen.

Ein gleichartiges Gefüge liegt auch vor, wenn *so* als Korrelat im Obersatz erscheint:

Der Sand war so heiß, dass wir schnell Blasen an den Füßen bekamen.

Dagegen fungieren andere Bezugswörter im Obersatz nicht als Korrelate, sondern als unmittelbare Angaben zum Obersatzverb. Der Nebensatz in

Der Sand war dermaßen heiß, dass wir schnell Blasen an den Füßen bekamen.

ist ein Attributsatz zu der Gradpartikel *dermaßen*.

Konzessivsätze

nennen einen „unwirksamen Gegengrund". Sie erscheinen meist als Subjunktorsätze.
Subjunktoren sind *obwohl, obgleich, obschon* (veraltet), *wenngleich, wiewohl, wenn ... auch, auch wenn, trotzdem*; hinzu kommen die subjunktiven Fragewörter *wer, wie, wo* und andere.
obwohl, obschon, obgleich, wenngleich, wenn auch bezeichnen faktische oder in der Zukunft realisierte Sachverhalte:

Obwohl sie teilnimmt, wissen wir nicht, was sie denkt.
Obwohl sie teilgenommen hat, wissen wir nicht, was sie denkt.
Wenn sie auch teilgenommen hat, wissen wir nicht, was sie denkt.

Die ersten vier Subjunktoren signalisieren den primären Gegengrund, *wenn auch* signalisiert einen nachgeordneten, zusätzlichen Gegengrund.
Der Subjunktor *auch wenn* hingegen signalisiert grundsätzlich einen virtuellen Gegengrund:

Auch wenn es regnet, ist Wien eine faszinierende Stadt.

Dieses konzessive *wenn* ist immer durch *falls* ersetzbar:

Auch falls es regnet, ist Wien eine faszinierende Stadt.

auch wenn ist daher nie gegen *obwohl, wenn auch* usw. austauschbar.
Konzessivsätze können auch mit *und wenn* eingeleitet werden, das auf den stärksten Gegengrund verweist:

> *Und wenn/auch wenn es sieben Wochen regnen würde, bleibt Wien eine faszinierende Stadt.*

Der konzessive Vorbehalt lässt sich verstärken, falls der Nebensatz ein steigerbares Element enthält. Dieses kann man durch vorangestelltes *noch so* auf einen extrem hohen Grad bringen:

> *Wien bleibt eine faszinierende Stadt, auch wenn es noch so sehr regnet.*

Bedeutungsähnliche Nebensätze können durch den Subjunktor *so* eingeleitet werden. Dem steigerbaren Element wird dann die Partikel *auch* nachgestellt:

> *Wien bleibt eine faszinierende Stadt, so lange es auch regnen mag.*

Auf Konzessivsätze mit steigerbarem Element können auch Obersätze mit besetztem Vorfeld folgen:

> *Auch wenn es sehr regnet, so bleibt Wien eine faszinierende Stadt.*
> *Und wenn es noch so sehr regnet: Wien bleibt eine faszinierende Stadt.*
> *So sehr es auch regnen mag: Wien bleibt eine faszinierende Stadt.*

Es gibt generalisierende Konzessivsätze, die durch ein Fragewort und *(auch) immer* eingeleitet sind; der nachgestellte Obersatz hat meist ein eigenes Vorfeld:

> *Wo immer sie hingeht, wir sollten sie warnen.*
> *Warum auch immer sie hier ist, wir wollen sie in dieser Stadt nicht sehen.*
> *Wer immer so redet, meint es nicht ehrlich.*

Hier wird der Gegengrund nicht genannt, sondern nur generell umrissen.
Für die Verbformen gelten im Wesentlichen dieselben Regeln wie bei den Konditionalsätzen. Alle Konzessivsätze können voran- oder nachgestellt werden.
Konzessivsätze ohne subjunktives Element sind Frontsätze. Sie werden oft durch *und* eingeleitet; außerdem enthalten sie im Satzinneren häufig die Partikel *auch*. Teilweise werden sie durch eine Form des Modalverbs *mögen* eingeleitet:

> *Und hätte er uns vergessen,*
> *Hätte er uns auch vergessen,* ⎫
> *Mag er uns auch vergessen haben,* ⎬ *so dürfen wir doch nicht verzweifeln.*
> ⎭
> *Mag es auch noch so sehr regnen, Wien bleibt eine faszinierende Stadt.*

Konzessivsätze ohne Subjunktor (Frontsätze) werden in der Regel vorangestellt. Der nachfolgende Obersatz wird meist durch das Korrelat *so* eingeleitet.
Konzessivverhältnisse können auch durch gereihte Hauptsätze ausgedrückt werden. Dann wird der unwirksame Gegengrund meist im ersten der beiden Sätze genannt; dieser Satz wird durch eine Finitform des Modalverbs *mögen* regiert. Im zweiten Satz findet sich meist die Partikel *doch*:

> *Hanna mag sich weigern, wir führen das Projekt doch durch.*
> *Er mag noch so laut schreien – kein Mensch hört ihm zu.*

Auch einige, teilweise paarige Formeln haben konzessive Bedeutung:

> *Sei es, dass sie zu anspruchsvoll ist, sei es, dass sie physisch nicht mithalten kann: Die Beiden müssen sich wohl trennen.*
> *Sei dem wie ihm wolle, den können wir nicht wählen.*
> *Wie dem auch sei – ich habe keine Zeit mehr.*

Finalsätze

Sie geben Ziel oder Zweck eines anderen Sachverhaltes an.
Nebensätze werden durch die Subjunktoren *damit*, *auf dass* (gehoben, veraltend), *dass* (nur alltagssprachlich) eingeleitet:

> *Er röstete die Kartoffeln bei schwacher Hitze, damit sie rotbraun und knusprig wurden.*

Der Subjunktor *dass* ist im Allgemeinen zu vermeiden, weil er oft auch als konsekutiv interpretiert wird.

Infinitivkonstruktionen werden durch *um zu*, seltener (und gehoben) durch *zu* subjungiert:

> *Er ging in die Küche, um die Kartoffeln für den Abend zu rösten.*
> *Wir sind hinaus gegangen, den Sonnenschein zu fangen.* (Volkslied)

Nachstellung aller Finalsätze ist die Regel; alle können aber auch vorangestellt werden. Nach Verben der Bewegung können Ziel oder Zweck auch durch reine Infinitivkonstruktionen angegeben werden. Solche INF werden immer nachgestellt:

> *Ich gehe schnell Zigaretten holen.*
> *Sie kam Inge guten Tag sagen.*

Instrumentalsätze

Sie geben das Mittel zum Zweck an.
Instrumentale Nebensätze werden durch *indem* eingeleitet:

> *Öffnen Sie die Dose, indem Sie kräftig an der Lasche ziehen und sie dann hochreißen.*

Diese Nebensätze können voran- oder nachgestellt werden. Meist vorangestellt werden Partizipialphrasen:

> *Heftig mit dem Schirm um sich stoßend gelangte er schließlich zum Ausgang.*
> *Den Kopf gesenkt erwartete er seinen Gegner.*

Instrumentale Partizipialphrasen lassen sich oft nicht eindeutig von temporalen, kausalen, konditionalen und komitativen Angaben unterscheiden.

Restriktivsätze

Sie geben den Geltungsbereich einer Sachverhaltsbeschreibung an.
Nebensätze werden durch *sofern, soviel, soweit, außer dass, nur dass, kaum dass* und die Fragewörter *was, wie* eingeleitet:

> *Soweit es um Wasserschäden geht, springt die Versicherung ein.*
> *Sie ist eine gescheite Kollegin, nur dass sie diesem Schönredner jedes Wort glaubt.*
> *Was das Gewitter betrifft, haben wir nochmal Glück gehabt.*

wie-Sätze beziehen sich immer auf einen eliminierten faktiven Hypersatz:

> *Wie ich höre, will sie nicht unterschreiben.*

entspricht der „vollständigen" Paraphrase

> *Wie ich höre, ist es eine Tatsache, dass sie nicht unterschreiben will.*

Der Großteil der Restriktivsätze wird voran- oder nachgestellt. Sätze mit *nur dass*, meist auch solche mit *außer dass*, werden nachgestellt.
Partizipialphrasen werden meist vorangestellt:

> *Nüchtern betrachtet ist das eine Katastrophe.*
> *Objektiv gesehen hat er sich ausgesprochen schäbig verhalten.*
> *Den oberen Teil ausgenommen ist der Garten ein Paradies.*

Komitativsätze

Sie geben einen begleitenden, fehlenden oder stellvertretenden Umstand an.
Nebensätze werden durch *indem, während, anstatt dass, außer dass, ohne dass* oder das
Frageadverb *wobei* eingeleitet:

> *Indem es Abend wurde, sangen sie weiter.*
> *Während Hans sich um den Ofen kümmerte, lag Oswald auf dem Sofa und las.*
> *Heinz brach das Gespräch ab, ohne dass man zu einer Einigung gekommen wäre.*
> *Hanna öffnete ihm die Tür, wobei sie das Buch in der Hand behielt.*

Infinitivkonstruktionen können nur den alternativen oder den fehlenden Umstand bezeichnen. Subjunktoren sind *anstatt zu, ohne zu*:

> *Anstatt den Rasen zu nähen, verbrachte Peter den Nachmittag bei Conny.*
> *Sie verließ den Raum, ohne ihn einer Antwort zu würdigen.*

Komitative Partizipialphrasen sind nicht immer leicht von modifikativen Angaben zu
unterscheiden:

> *Triefend vor Nässe schaute er zurück.*
> *Gegen den Schrank gelehnt sah er sie an.*

Alle Komitativsätze können voran- oder nachgestellt werden.

NEGATIVSÄTZE

Sätze können nicht nur durch einfache Negatoren, sondern auch durch satzartige Konstruktionen negiert werden. Es gibt grundsätzlich zwei Möglichkeiten:

a. weiterführende Angabesätze, die meist durch *was* eingeleitet werden:

> *Er bezeichnete das Haus als mängelfrei, was so nicht richtig war.*

Weiterführende Angabesätze werden immer nachgestellt.

b. negative Obersätze:

> *Es trifft nicht zu, dass diese Zahlen stimmen.*
> *Dass er seine Aufgaben vertragsgemäß erfüllt hatte, war nicht der Fall.*

Diese Obersätze werden voran- oder nachgestellt.

EXISTIMATORISCHE ANGABESÄTZE

Außer den Abtönungspartikeln und dem ethischen Dativ können viele existimatorische
Angaben satzartig realisiert werden. Ausdrucksformen sind Hauptsätze (als Obersätze),
Nebensätze und Parenthesen. Streng genommen handelt es sich nur bei den Nebensätzen
um Angaben (zum Obersatzverb). Die beiden übrigen Ausdrucksformen werden jedoch
hier mitbehandelt, weil sie einen im Wesentlichen gleichartigen Beitrag zur Gesamtbedeutung der Äußerung liefern.

Kautivsätze

Nur zur Angabe *sozusagen* gibt es eindeutige satzartige Entsprechungen:

> *Sie hat, wenn ich so sagen darf, eine stillschweigende Vereinbarung gebrochen.*

Hier hängt der Nebensatz zwar syntaktisch vom Obersatzverb *brechen* ab, semantisch
gehört er aber zu einem nicht realisierten illokutiven Hypersatz, so dass eine erklärende
Paraphrase lauten würde:

Wenn ich so sagen darf, dann sage ich: Sie hat eine stillschweigende Vereinbarung gebrochen.

Zum kautiven Obersatz – wie in

Ich möchte sagen, sie hat eine stillschweigende Vereinbarung gebrochen.

– gibt es Parallelformen:

Sie hat, möchte ich sagen, eine stillschweigende Vereinbarung gebrochen.

Andere kautive Angaben lassen kaum satzartige Realisierungen zu.

Selektivsätze

Satzartige Realisierung ist hier allenfalls durch Herausstellung (s. 3.8.3 „Herausstellung") möglich:

Wir trinken vor allem ägyptischen Tee. ⇒
Es ist vor allem ägyptischer Tee, den wir trinken.

Ordinativsätze

Satzartige Realisierung ist am ehesten bei *mindestens* u. ä. möglich:

Er hätte mich mindestens ausreden lassen können. ⇒
Es ist das Mindeste, dass er mich hätte ausreden lassen.

Ordinative Angaben mit konzessiver Komponente lassen sich durch Nebensätze und Partizipialphrasen ersetzen:

Es ist jetzt ohnehin zu spät. ⇒
Auch wenn man hiervon ganz absieht, ist es jetzt zu spät./
Hiervon einmal ganz abgesehen ist es jetzt zu spät.

Bei anderen ordinativen Angaben mag man darüber streiten, ob es sich um satzartige Alternativformen oder freie Paraphrasen handelt:

Er ist nämlich Architekt. (⇒)
Das hat seinen Grund darin, dass er Architekt ist.

Judikativsätze

Viele judikative Angaben lassen sich als weiterführende Sätze oder als Obersätze realisieren:

Hanna hat sich leider noch nicht entschieden. ⇒
Hanna hat sich noch nicht entschieden, was ich bedauerlich finde./
Ich finde es bedauerlich, dass Hanna sich noch nicht entschieden hat.

Verifikativsätze

Auch diese Angaben lassen sich teilweise als weiterführende Sätze oder als Obersätze realisieren:

Hanna ist nachweislich nach Hause gegangen. ⇒
Hanna ist nach Hause gegangen, was sich leicht nachweisen lässt./
Es lässt sich leicht nachweisen, dass Hanna nach Hause gegangen ist.

WEITERFÜHRENDE ANGABESÄTZE

Es handelt sich hier nicht um eine weitere semantische Klasse von Angaben im Sinne der vorangegangenen Gliederung, sondern um eine syntaktische Sonderform, die bei verschiedenen situativen und existimatorischen Angaben schon zu erwähnen war. Diese weiterführenden Angabesätze sind ausnahmslos Subjunktivsätze, die durch ein Fragewort eingeleitet werden. Sie werden immer nachgestellt; im Übrigen gleichen sie den definiten Nebensätzen (s. 3.7.1). Ihr Einleitewort enthält in abstracto den ganzen vorausgegangenen Obersatz.

Wesentliches Merkmal aller weiterführenden Angabesätze ist, dass sie nicht etwa einen Teil des Obersatzes – satzartig erweitert – wiedergeben, sondern einen neuen, „weiterführenden" Sachverhalt anschließen. Dass dies in Nebensatzform geschieht, lässt ihren Inhalt als sekundär, als nachgeordnet erscheinen:

> *Hans schüttelte den Kopf, was Hanna deplaziert fand.*
> *Hans lachte in sich hinein, worüber sich Hanna sehr wunderte.*
> *Hans las ihr den Vertrag vor, worauf Hanna ohne Zögern unterschrieb.*
> *Wir kamen durch eine kleine ostschwäbische Stadt, wo ich mit Albert zur Schule gegangen war.*

Neben diesen weiterführenden Angabesätzen gibt es auch weiterführende Attributsätze (als Relativsätze). Auf sie wird weiter unten in 3.7.4 eingegangen.

3.7.4. Attributsatz-Komplexe

Attribute sind Satelliten zu Wörtern, die keine Verben sind.

Die Komplexe, um die es hier geht, enthalten vor allem satzartige Attribute zu Nomina, Pronomina, Adjektiven und Adverbien.

Auch hier lassen sich, gemäß dem Kriterium der Subklassenspezifik, Ergänzungen und Angaben unterscheiden.

Satzartige Attribute dürfen nicht mit satzartigen Satelliten zum Obersatzverb, das von einem Korrelat begleitet ist, verwechselt werden. Die Menge der Korrelate ist ziemlich strikt festgelegt (vgl. 3.7.1 Ende). Soweit das Korrelat *es* lautet, kann es nicht zusammen mit der satzartigen Konstruktion zusammen im Vorfeld des Obersatzes erscheinen:

> *Ihn interessierte es, ob Maria noch einmal angerufen hatte. (⇒)*
> **Es, ob Maria noch einmal angerufen hatte, interessierte ihn.*

gegenüber

> *Ihn interessierte die Frage, ob das Haus schuldenfrei war. ⇒*
> *Die Frage, ob das Haus schuldenfrei war, interessierte ihn.*

ATTRIBUTSÄTZE ZUM NOMEN

Ausdrucksformen sind

- Nebensätze (als Ergänzungen),
- Infinitivkonstruktionen (als Ergänzungen oder Angaben),
- abhängige Hauptsätze (als Ergänzungen),
- Relativsätze (als Ergänzungen oder Angaben),
- Partizipialphrasen (als Angaben).

Nebensätze als Ergänzungen

Satzartige Genitivergänzungen werden durch *dass, ob* oder ein Fragewort eingeleitet:

> *die Möglichkeit, dass Elfi morgen kommt* (≅ *die Möglichkeit ihres Kommens*)
> *die Frage, ob Elfi morgen kommt*
> *die Frage, wann Elfi kommt*

Satzartige Präpositivergänzungen werden durch *dass, ob* oder ein Fragewort eingeleitet, oft mit Präpositionaladverb als Korrelat:

> *die Freude darüber, dass Elfi kommt*
> *seine Sorge (darum), ob Elfi kommt*
> *ihre Mitteilung (darüber), wer kommen solle*

Satzartige Qualifikativattribute werden durch *als, wo* u. a. eingeleitet:

> *am Tag, als der Regen kam*
> *das Hinterland des Bodensees, wo Albert starb*

Satzartige Prädikativattribute werden durch *wie* oder *als, als ob, als wenn, wie wenn* eingeleitet:

> *ein Schmerz, wie ich ihn noch nie erlebt hatte*
> *seine Unruhe, als stünde das Unheil vor der Tür*
> *ihre Verlegenheit, als ob sie diese Panne verursacht hätte*

Infinitivkonstruktionen

Sie kommen vor bei Nomina, die eine Eigenschaft, einen Zustand oder eine Tätigkeit eines Menschen oder aber eine Größe, die zu diesen Menschen in Beziehung steht, angeben. Konkrete Ausdrucksform ist immer +INF.

GENITIVERGÄNZUNG ALS INFINITIVKONSTRUKTION:

> *das Wissen, nichts an dieser Entscheidung ändern zu können*
> *die Gewissheit, dieses Spiel verloren zu haben*

PRÄPOSITIVERGÄNZUNG ALS INFINITIVKONSTRUKTION:

> *eine freundliche Bitte, beiseite zu treten*
> *Evas Sorge, etwas übersehen zu können*
> *ihr Stolz, sich durchgesetzt zu haben*

INFINITIVKONSTRUKTIONEN ALS ANGABEN sind Appositionen:

> *ein Häuschen, nicht zu übersehen*
> *sein Typoskript, jederzeit einzusehen*
> *das Museum, nur dienstags und donnerstags zu besichtigen*

ABHÄNGIGE HAUPTSÄTZE als Ergänzungen:
Es kommen Genitiv- oder Präpositivergänzungen zum Nomen in Frage:

> *die Erkenntnis, Hugo habe das Projekt zu Fall gebracht*
> *die Hoffnung, Karl werde das Gespräch fortsetzen*

Relativsätze

Diese Teilmenge der Nebensätze hat als Einleitelement das „Relativpronomen" (s. 5.6.6). Dieses übt eine doppelte Funktion aus: Es subjungiert den Nebensatz unter ein Nomen des Obersatzes und hat gleichzeitig in diesem Nebensatz eine bestimmte syntaktische Funktion. Tesnière[10] hat, um diese Doppelfunktion zu erklären, das Relativpronomen aufgespal-

---

[10] Tesnière 1966: 564ff.

tet in ein „Transferem" (das subjungiert) und ein „Anaphorem" (das als das syntaktische Glied im Nebensatz fungiert). Während das Transferem nicht an der Oberfläche erscheint, ist das Anaphorem ein Pronomen, zunächst ein Verweispronomen (s. 5.6, bes. 5.6.1). Man pflegt Nebensätze aus ursprünglich selbständigen Hauptsätzen herzuleiten. So besteht der Ausdruck

der Mann, der Birnen verkauft

zunächst aus der Nominalphrase *der Mann* und dem Hauptsatz *Er verkauft Birnen:*

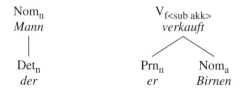

In einem ersten Schritt werden nun beide Konstruktionen mit Hilfe des Transferems zu einer neuen Konstruktion verbunden:

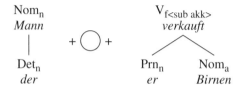

Der Kreis soll für das Transferem stehen.

In einem zweiten Schritt wird das Anaphorem *er* mit dem Transferem verschmolzen und nimmt zugleich die Form des Demonstrativums (*der*) an. Dieses neue „Relativpronomen" hängt vom Nomen *Mann* ab und regiert zugleich als subjunktives Element/Einleiteelement den Satz *Er verkauft Birnen.*, der damit zum Nebensatz wird:

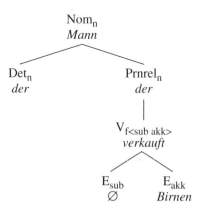

Wie man sieht, erscheint das im Relativpronomen aufgegangene Element (hier das Subjekt) des Nebensatzes nicht mehr selbständig. Das Relativpronomen bewirkt, wie fast alle subjunktiven Elemente, „Endstellung" des finiten Verbs. So entsteht der endgültige Ausdruck *der Mann, der Birnen verkauft.*[11]

---

[11] s. dazu ausführlicher: U. Engel: Rattenfänger. In: U. Engel; M. Meliss (Hrsg. 2004): 52–63.

Gelegentlich wird das Relativpronomen durch das Determinativ *welch*, manchmal auch durch das Pronomen *was* vertreten. Diese Ersetzung dient häufig dazu, störenden Gleichklang zu vermeiden:

> *die, die die kennen* ⇒ *die, welche die kennen*
> *das, das mir Kummer macht* ⇒ *das, was mir Kummer macht*

Es gibt zwei Verwendungsweisen für Relativsätze, die sich in ihrer semantischen Funktion deutlich unterscheiden. Der Satz

> *Mein Onkel, der aus Chile kam, war ein erfolgreicher Agraringenieur.*

ist entweder nur dann wahr, wenn der Relativsatz realisiert ist (es gab also vermutlich mehrere Onkel, und die Aussage gilt nur für den aus Chile). In diesem Fall spricht man vom **restriktiven Relativsatz**. Er nennt immer eine notwendige, unabdingbare Voraussetzung für die Wahrheit des Gesamtsatzes. Oder aber dieser Satz ist unter beliebigen Umständen wahr – vielleicht hatte ja der Sprecher nur diesen einen Onkel –; dann spricht man vom **nichtrestriktiven Relativsatz**. Dieser fügt dem Bezugselement (*Onkel*) lediglich ein zufälliges, meist unwesentliches Merkmal hinzu. Die beiden Verwendungsweisen lassen sich am ehesten nach bestimmten Kriterien unterscheiden. Der restriktive Relativsatz ist in der Regel obligatorisch. Dem Determinativ des Bezugsworts kann das Element *-jenig-* hinzugefügt werden:

> *derjenige Onkel, der aus Chile kam*

Der nichtrestriktive Relativsatz ist immer fakultativ. Nur in ihn können existimatorische Ausdrücke wie *übrigens, ja, wie man weiß, bekanntlich* eingesetzt werden:

> *mein Onkel, der übrigens aus Chile kam*

Dem Determinativ des Bezugsworts darf im nichtrestriktiven Relativsatz nie das Element *-jenig-* hinzugesetzt werden.

Relativsätze kommutieren meist mit adnominalen Genitivattributen, Adjektiven u. a.:

> *Evas Vorschlag* ≅ *der Vorschlag, den Eva gemacht hat*
> *die dünne Liese* ≅ *Liese, die so dünn ist*

Auch bei den einfachen (nicht satzartigen) Elementen müsste im Grunde immer zwischen restriktiver und nichtrestriktiver Verwendung unterschieden werden.

Die Relativsätze werden im Folgenden nach ihrer syntaktischen Funktion beschrieben, die jeweils an den einfachen Elementen, mit denen sie kommutieren, ablesbar ist.

Relativsätze als Ergänzungen

Sie kommen meist als Genitivus subiectivus vor:

> *das Missverständnis des Senats* ≅ *das Missverständnis, das dem Senat unterlaufen war*
> *die Entdeckung Justin Wunders* ≅ *die Entdeckung, die J. W. gemacht hatte*
> *der Entwurf Danielas* ≅ *der Entwurf, den Daniela eingereicht hatte*

Relativsätze als Angaben

Sie können beliebigen Nomina subjungiert werden:

> *der Starenschwarm, den du gesehen hast*
> *der Starenschwarm, der dich so erschreckt hat*
> *der Starenschwarm, über den ich mir Gedanken mache*
> *Wildschweinschäden, wie wir sie noch nie erlebt haben*

Weiterführende Relativsätze entsprechen insoweit, als sie einen völlig neuen Sachverhalt einführen, den weiterführenden Angabesätzen. Sie haben jedoch im Gegensatz zu diesen ein Bezugswort im Obersatz:

Ich empfahl seine Wirtschaftsweise vielen anderen Landwirten, denen das „Wagnis" jedoch zu groß erschien.

Weiterführende Relativsätze sind ausnahmslos nicht-restriktiv.
Beim Gebrauch weiterführender Relativsätze ist Vorsicht geboten, weil sie primär thematischen Charakter haben; in Fällen, wo der neue Sachverhalt wichtig ist und zum Rhema gehört, sind diese Relativsätze fehl am Platz.

Partizipalphrasen als Angaben haben die Funktion von Appositionen (s. 7.3). Sie werden dem Nomen nachgestellt und durch Komma von ihm abgetrennt:

die Mitreisende, durch die rüden Worte des Grenzbeamten verschreckt ...
die Mitreisende, den Blick ihres Begleiters suchend ...

ATTRIBUTSÄTZE ZUM PRONOMEN

Es kommen vorwiegend Relativsätze, seltener Partizipialphrasen vor. S. hierzu 5.6. Da die Attribute sich nach Subklassen unterscheiden, handelt es sich ausschließlich um Ergänzungen.

Partnerpronomen als Kopf

Attributsätze zum „Personalpronomen der 1./2. Person" sind meist Relativsätze. Sie haben, sofern das Relativpronomen Subjekt des Nebensatzes ist, zwei Formen. Sie unterscheiden sich auf folgende Weise:
Die erste Form setzt das Subjekt in der 3. Person, das finite Verb hat dann die entsprechende Endung:

du, die mir so oft geholfen hat

Die zweite Form wiederholt das regierende Pronomen, das finite Verb hat dann die entsprechende Endung (der 1. oder der 2. Person):

du, die·du mir so oft geholfen hast

Beide Formen sind gleichbedeutend, aber die mit Wiederholung des Kopfes gilt als gehoben und ist der geschriebenen Sprache vorbehalten.
Partizipialphrasen sind Appositionen:

du, mit vielen dieser Probleme vertraut, ...

Reines Verweispronomen als Kopf

Bei Relativsätzen sind auch hier zwei Formen möglich (Näheres s. oben):

er, der uns nie enttäuscht hatte
er, der er uns nie enttäuscht hatte

Partizipialphrasen fungieren als Appositionen:

sie, unglaublich angeregt von dieser Vorstellung, ...

Demonstrativpronomen als Kopf

Relativsatz:

die, denen unser Haus so gut gefallen hat

Partizipialphrase fungieren als Apposition:

die, aus allen Löchern quellend, ...

Possessivpronomen als Kopf

Relativsatz:

deiner, den ich nie gekannt habe

Partizipialphrasen fungieren als Apposition:

meiner, ihm geistig verwandt, ...

Negativpronomen als Kopf

Es kommen vorwiegend Relativsätze vor:

keiner, der es gesehen hat

Indefinitivpronomen als Kopf

Es kommen vorwiegend Relativsätze vor:

jemand, der Bescheid weiß

ATTRIBUTSÄTZE ZUM ADJEKTIV

Es kommen Nebensätze und Infinitivkonstruktionen vor. Da sich die Attribute nach einzelnen Adjektiven unterscheiden, handelt es sich ausschließlich um Ergänzungen. Näheres zu Attributsätzen zum Adjektiv s. 5.5.5.

Akkusativsätze zum Adjektiv

Sie kommen nur bei wenigen Adjektiven wie *gewohnt* vor:

gewohnt, dass Walter abends die Tür abschloss
gewohnt, ihm alles anzuvertrauen

Genitivsätze zum Adjektiv

Sie kommen bei einem knappen Dutzend von Adjektiven mit dem fakultativen Korrelat *dessen, deren* vor. Nicht alle Adjektive mit Genitivrektion lassen einen satzartigen Ausbau zu; immerhin

sich (dessen) bewusst, dass sie nicht alle Vorschläge hören konnte
würdig, diesen Nachruf zu schreiben

Präpositivsätze zum Adjektiv

Die Präpositivergänzung kommt satzartig bei vielen Adjektiven vor, häufig mit Korrelat, das die spezielle Präposition enthält:

zufrieden (damit), dass Helga im Hause blieb
stolz (darauf), sich durchgesetzt zu haben

Situativsätze zum Adjektiv

Diese Sätze haben lokale Bedeutung. Das Einleitelement lautet *wo*:

angestellt, wo sie als Kind täglich vorbeigegangen war
beschäftigt, wo sie Zahnbürsten herstellen

Verbativsätze zum Adjektiv

Bei den wenigen Adjektiven kommen nur Infinitivkonstruktionen vor:

gewillt, diese Entscheidung mitzutragen

Normsätze zum Adjektiv

Sie kommen bei steigerbaren Adjektiven als Nebensätze und als Infinitivkonstruktionen vor:

> *zu faul, als dass sie noch einmal hingegangen wäre*
> *zu faul, um noch einmal hinzugehen*

Vergleichssätze zum Adjektiv

Sie kommen als Nebensätze bei steigerbaren Adjektiven vor:

> *so preiswert, wie er es sich nie vorgestellt hätte*
> *preiswerter, als sie gedacht hatte*
> *der teuerste, den sie je gehabt hatten*

Proportionalsätze zum Adjektiv

Sie kommen als Nebensätze vor. Als einzige der adjektivabhängigen Sätze können sie auch vorangestellt werden:

> *(Der Kuchen wird) desto besser, je länger man ihn aufbewahrt.*
> *Je länger man ihn aufbewahrt, desto besser (wird der Kuchen).*

ATTRIBUTSÄTZE ZUM ADVERB

Diese Art der Attributsätze ist außerordentlich selten. Es kommen nur Nebensätze vor; sie haben ausschließlich die Funktion von Ergänzungen:

> *dorthin, wo der Pfeffer wächst*
> *damals, als die Mauern blühten*

3.8. FOLGEREGELN FÜR DEN SATZ

3.8.1. Allgemeines

VORÜBERLEGUNGEN

Was von den meisten Grammatikern als „Wortstellung" bezeichnet wird – zu Unrecht, denn es geht gewöhnlich nicht um die Stellung einzelner Wörter, sondern um die geregelte Aufeinanderfolge von Wortgruppen –, gilt gerade beim Deutschen als ein besonders schwieriger Bereich. Stellungsvariationen sind in fast unbegrenzter Zahl möglich. Und es bleibt das Faktum, dass die Folgeregelung für das Deutsche noch nicht zureichend beschrieben und (auch daher) besonders mühsam zu erlernen ist.

Vielfalt der Möglichkeiten, auch wenn sie zunächst undurchschaubar ist, heißt aber nicht Regellosigkeit! Dies zeigen schon die folgenden Beispielpaare mit jeweils minimalen Unterschieden:

> *Maiers haben nicht nur getratscht.*

(mögliche Fortsetzung: *Sie haben sogar gestohlen.*)

> *Maiers haben nur nicht getratscht.*

(mögliche Fortsetzung: *Aber leichtfertig waren sie schon.*)

oder

Ich habe nicht für euch gesammelt.

(mögliche Fortsetzung: *sondern für das Rote Kreuz.*)

Ich habe für euch nicht gesammelt.

(mögliche Fortsetzung: *sondern bloß einen Artikel geschrieben.*)

Die hinzugefügten Kontexte zeigen, dass hier auf Grund der Stellung (und der Akzentuierung, die in diesen Fällen eine Folgeerscheinung der Stellung ist) erhebliche Bedeutungsunterschiede bestehen.

Es sind viele Versuche unternommen worden, die Folgeproblematik adäquat und einsichtig und womöglich auch noch einfach darzustellen.[12] Aber gerade die besten Beschreibungen sind wiederum so kompliziert, dass die Darstellung vielfach einer Anwendung im Wege steht. Im Folgenden wird ein neuartiger Weg eingeschlagen, der vertretbare Einfachheit mit der gebotenen Exaktheit zu verbinden sucht.

Grundsäulen der Folgeregelung in deutschen Sätzen[13] sind die **Satzklammer** und die **Grundfolge** im Mittelfeld. Auf diesen beiden Begriffen baut unsere Darstellung auf.

Natürlich muss man auch wissen, was man sich unter den Folgeelementen (den Elementen also, über die die Folgeregeln operieren) überhaupt vorzustellen hat. Eine Klärung dieses Begriffs muss daher der Beschreibung von Satzklammer und Grundfolge vorhergehen.

FOLGEELEMENTE

Es wird vielfach behauptet, als Folgeelemente seien einfach die **Satzglieder** anzusehen, ja die Satzglieder werden sogar häufig als Folgeelemente definiert: Was sich im Satz verschieben lässt, ist nach dieser verbreiteten Auffassung ein Satzglied. Eine solche Festlegung ist aber unpraktisch, und sie ist unbrauchbar zum Mindesten im Hinblick auf unsere Satzglieddefinition: Wir haben Satzglieder ja als verbabhängige Elemente definiert, die relativ frei austauschbar sind (s. 3.3). Nun sind Satzglieder auch nach unserer Konvention in der Regel verschiebbar. Aber es gibt bestimmte Attribute, die sich ebenso wie die Satzglieder verschieben lassen:

> **An diesem Menschen** *hätte ich keine Freude.* (*an diesem Menschen* ist Attribut zu *Freude*)
>
> **Diesen Lärm** *war ich nicht gewohnt.* (*diesen Lärm* ist Attribut zu *gewohnt*)

Und ein Teil der Satzglieder lässt sich überhaupt nicht verschieben, zum Beispiel die unbetonten pronominalen Dativ-, Akkusativ- und Prädikativergänzungen.

Es ist nicht nur einfacher, sondern auch theoretisch eher vertretbar, einfach alle Elemente – Wörter und Wortgruppen – zu Folgeelementen zu erklären, **die sich im Satz verschieben lassen**. So wird im Folgenden verfahren. Ausnahmen werden von Fall zu Fall erwähnt.

Die Folgeelemente lassen sich nach Kategorien ordnen, die wir schon bei der dependenziellen Beschreibung als maßgeblich erkannt hatten:

---

[12] Man vergleiche dazu besonders die bahnbrechenden Arbeiten von Boost 1956, Schulz-Griesbach [11]1986, sowie Hoberg (in Zifonun 1997), wo der neueste Kenntnisstand umfassend und exakt wiedergegeben ist.

[13] Folgen von Äußerungssequenzen unterliegen anderen Regeln, folgen für Satzbruchstücke wie in Überschriften, Slogans, Schildbeschriftungen lassen sich im Wesentlichen aus den Regeln für Sätze ableiten.

1. Alle Ergänzungen sind Folgeelemente (zu Ausnahmen s. 3.8.3 Anfang).
Beispiele:
Verschiebbares Subjekt:

> *Mein Bruder hatte freilich keine Zeit.*
> *Freilich hatte mein Bruder keine Zeit.*

Verschiebbare Präpositivergänzung:

> *Sie hatte sich so gefreut auf den neuen PC.*
> *Auf den neuen PC hatte sie sich so gefreut.*

Verschiebbare Modifikativergänzung:

> *Du hast dich großartig verhalten.*
> *Großartig hast du dich verhalten.*

2. Angaben sind zum größten Teil Folgeelemente.
Beispiele:
Situative Angabe:

> *Sie wollte mich heute Abend besuchen.*
> *Heute Abend wollte sie mich besuchen.*

Modifikative Angabe:

> *Ruth wird Sie gerne besuchen.*
> *Gerne wird Ruth Sie besuchen.*

Auch Negativangaben (bis auf *nicht*) sind Folgeelemente:

> *Ich wollte ihn keineswegs kränken.*
> *Keineswegs wollte ich ihn kränken.*

Existimatorische Angaben sind größtenteils Folgeelemente:

> *Der neue Mann ist offensichtlich ein Blender.*
> *Offensichtlich ist der neue Mann ein Blender.*

3. Von den **Attributen** sind nur wenige verschiebbar, so einige präpositive Attribute:

> *Ich habe überhaupt keine Lust mehr auf Eis.*
> *Auf Eis habe ich überhaupt keine Lust mehr.*

Alle **Disjunkte** (s. 5.3.4) sind als dislozierbare Attribute von Nomina per definitionem Folgeelemente:

> *Sie stand strahlend auf.*
> *Strahlend stand sie auf.*

4. Gefügenomina (= die nominalen Teile von Funktionsverbgefügen) sind großenteils verschiebbar:

> *Auch seine Militärdienstzeit sollte Berücksichtigung finden.*
> *Berücksichtigung sollte auch seine Militärdienstzeit finden.*

5. Auch **Verbzusätze** (= trennbare Verbpräfixe) sind Folgeelemente:

> *Hanna möchte nicht **mit**gehen.*
> *Hanna geht **mit**.*[14]

---

[14] Dass der Verbzusatz in den infiniten Formen mit der Verb-Basis zusammen geschrieben wird (*mitgehen*), sollte nicht zu hoch veranschlagt werden: Es handelt sich hier um eine reine Schreibkonvention.

Es gibt daneben, wie schon zu sehen war, auch Elemente mit obligatorischer Stellung. Dazu gehören in erster Linie die obliquen Kasus der unbetonten, **nur pronominalen Ergänzungen**, die fest an das linke Ende des Mittelfeldes gebunden sind:

> *Sie hat **es mir** nie verziehen.*

Streng genommen dürfen diese Ergänzungen daher nicht als Folgeelemente gezählt werden. Wir führen sie in bestimmten Folgeregeln trotzdem auf, um die Bedeutung der Ausdrucksform deutlich zu machen.

Das sogenannte **expletive** *es* ist kein Folgeelement, weil es ausschließlich im Vorfeld stehen kann:

> ***Es** ritten drei Reiter zum Tore hinaus.*

Tritt ein anderes Element ins Vorfeld, so verschwindet dieses *es*:

> *Drei Reiter ritten zum Tore hinaus.*

Die **Abtönungspartikeln** (s. 3.6.5) sind zwar teilweise im Mittelfeld, aber nicht ins Außenfeld verschiebbar. Insofern sind sie nur bedingt als Folgeelemente anzusehen.

Die **Konjunktoren**, soweit sie Sätze verbinden, sind keine Folgeelemente, denn sie stehen immer am Anfang des zweiten Konjunkts:

> *Hanna wollte mitgehen, **aber** Elfriede hinderte sie daran.*

Für zweigliedrige Konjunktoren gilt, dass der zweite Teil immer vor dem zweiten Konjunkt steht:

> *Hanna wollte weder mitgehen **noch** hatte Hugo Lust dazu.*

Nebensätze sind im Allgemeinen verschiebbar, besonders die Angabesätze. Konsekutivsätze können allerdings nur im Nachfeld von Sätzen erscheinen:

> *Ziehen Sie den Deckel an der Lasche hoch, so dass er sich leicht abziehen lässt.*

Da Nebensätze in der Grundfolge die Stellung der entsprechenden einfachen Elemente einnehmen (vgl. 3.8.2 Ende), zählen wir die Konsekutivsätze dennoch zu den Folgeelementen.

DIE SATZKLAMMER

Im Deutschen besitzt jeder Satz, jeder Nebensatz und jede Infinitivkonstruktion eine Satzklammer.

Im Konstativsatz besteht die Satzklammer aus dem finiten Verb und den übrigen Teilen des Verbalkomplexes. Im Nebensatz und manchen Infinitivkonstruktionen besteht die Satzklammer aus dem subjunktiven Element einerseits, dem Verbalkomplex andererseits.

Die Satzklammer teilt den Satz in drei Felder – in Vorfeld, Mittelfeld und Nachfeld:

> *Der Kanzler **wird**   sich   noch einmal   **beschäftigen** mit diesem Punkt.*

	Satzklammer	
Vorfeld	Mittelfeld	Nachfeld

Im Nebensatz und in der Infinitivkonstruktion bleibt das Vorfeld leer, ebenso im Ja-Nein-Interrogativsatz und meist auch in Imperativsätzen:

> **weil** *der Kanzler sich noch einmal **beschäftigen wird** mit diesem Punkt*
> *sich noch einmal damit zu **beschäftigen***
> ***Hat** der Kanzler sich schon damit **beschäftigt**?*
> ***Beschäftigen** Sie sich doch endlich einmal damit!*

Enthält der Konstativsatz einen einteiligen Verbalkomplex, so ist der rechte Klammerteil prinzipiell nicht ausgeführt:

*Der Kanzler **beschäftigte** sich noch einmal mit diesem Punkt.*

Wir sprechen in solchen Fällen von einer „virtuellen Satzklammer", die sich zum Beispiel durch Umsetzung des Verbs in eine Perfektform oder durch Erweiterung mittels eines Modalverbs leicht in eine reale Klammer überführen lässt:

*Der Kanzler **hat** sich noch einmal mit diesem Punkt **beschäftigt**.*
*Der Kanzler **will** sich noch einmal mit diesem Punkt **beschäftigen**.*

Konstativsätze mit eingliedrigem Verbalkomplex können jedoch auch dann eine Klammer bilden, wenn das Verb einen Verbzusatz enthält; dieser bildet dann den rechten Klammerteil:

*Und jetzt **hören** wir einfach **auf**.*

Umgekehrt ist in Infinitivkonstruktionen der linke Klammerteil oft nicht ausgeführt:

*den Ärmsten noch das Letzte **nehmen***

Die Satzklammer bildet das Grundgerüst des deutschen Satzes. Von ihr ausgehend lassen sich alle Stellungsmöglichkeiten und alle Stellungsrestriktionen erklären.

3.8.2. Das Mittelfeld und die Grundfolge

Im Durchschnitt enthält das Mittelfeld, also der Bereich innerhalb der Satzklammer, die meisten Elemente; Vorfeld und Nachfeld sind nur unter bestimmten Voraussetzungen oder gar nicht besetzt. Im Nebensatz und in der Infinitivkonstruktion enthält das Mittelfeld in der Regel alle Folgeelemente.

Allerdings kommt es vor, dass auch das Mittelfeld nicht besetzt ist, zum Beispiel in ganz einfachen Konstativsätzen:

Manfred hat geschnarcht.

Aber solche Fälle sind selten. Meist tummeln sich mehrere Elemente im Mittelfeld, und so ergeben sich Folgeprobleme vor allem hier. Die meisten Folgeregeln gelten demzufolge für das Mittelfeld. Deshalb lassen sich die wesentlichen Folgeerscheinungen anhand des Mittelfeldes gut beschreiben. Das „Außenfeld" (= Vorfeld und Nachfeld) wird erst bei den Permutationen wichtig.

Dass wir uns für den Anfang methodisch auf das Mittelfeld beschränken, ist kein bloßer Kunstgriff. In den meisten Nebensätzen liegt genau eine solche Konzentration aller Folgeelemente im Mittelfeld vor.

Entscheidend ist auch hier der Unterschied zwischen Ergänzungen und Angaben (sowie, nachgeordnet, die Attribute und die Gefügenomina). Überblicksweise kann man sagen, dass es Ergänzungen mit Linkstendenz (vor allem pronominale) und Ergänzungen mit Rechtstendenz (vor allem nominale) gibt und dass sich zwischen beiden die Angaben befinden:

Ergänzungen mit Linkstendenz —— Angaben —— Ergänzungen mit Rechtstendenz

Dieses grobe Bild ist im Folgenden zu präzisieren.

ERGÄNZUNGEN IN DER GRUNDFOLGE

Vielfach wird behauptet, eine Standardfolge Subjekt – Akkusativergänzung – Dativergänzung gelte für die pronominalen Ergänzungen. Das ist in dieser pauschalen Formulierung falsch und wird durch die folgenden Ausführungen widerlegt. Als Teilwahrheit kann immerhin bleiben, dass das Subjekt meist vor den übrigen Ergänzungen steht.

Die reguläre Stellung eines Elements hängt zwar hauptsächlich von ihrer syntaktischen Funktion (Ergänzung/Angabe/Attribut/Gefügenomen, meist mit Subklassen) ab, aber auch von ihrer Ausdrucksform. So sind allein bei den **Kasusergänzungen** drei Subklassen zu unterscheiden:

1. **unbetonte Pronomina.** Hierher gehören Partner- und reine Verweispronomina (traditionell: Personalpronomina) sowie die Prädikativergänzung in ihrer unbetonten Form *es/so*. Wir schreiben diese Formen abgekürzt mit drei Kleinbuchstaben. Es gilt dann die Folge sub, prd, akk, dat. Beispiele:

> *Deshalb sollten* **Sie es ihm** *jetzt sagen.*
> *Trotzdem habe* **ich es ihr** *nicht gegeben.*
> *Jetzt ist* **er es** *doch noch geworden.*
> *Warum hast* **du es ihn** *geheißen?* (*heißen ,auffordern')*

Lautet prd = *so*, dann folgt es auf akk:

> *Warum hast* **du ihn so** *genannt?*

2. **Definite Ergänzungen.** Hierher gehören sowohl Pronomina/Pronominalphrasen als auch Nomina/Nominalphrasen mit definitem Charakter. Dabei haben die Nominalphrasen definite Determinative (zu Einzelheiten s. 5.4), nur Eigennamen haben in der Regel den Nullartikel (s. 5.4.2). Auch die pronominale definite Genitivergänzung (*dessen, deren*) ist hierher zu rechnen. Wir schreiben diese Formen abgekürzt mit großem Anfangsbuchstaben. Es gilt die Folge Sub, Akk, Dat, Prd, Gen:

> *Deshalb hat* **Hanna ihrem Vater diese Dummheit** *gestanden.*
> *Damals hatte man* **den Kollegen dessen** *verdächtigt.*

3. **Indefinite Ergänzungen.** Hierher gehören sowohl Pronomina/Pronominalphrasen als auch Nomina/Nominalphrasen, beide jedoch nur mit indefinitem Charakter. Die Nominalphrasen haben indefinite Determinative, auch Nullartikel. Die Genitivergänzung kommt in dieser Subklasse nur nominal vor. Wir kürzen diese Formen mit drei Großbuchstaben ab. Es gilt die Folge SUB DAT AKK GEN:

> *Gestern hat* **jemand einem Bahnkunden falsche Auskünfte** *gegeben.*
> *Nie hätte sich* **ein Europäer einer solchen Haltung** *geschämt.*

Kommen Ergänzungen dieser drei Subklassen zusammen vor, so gilt im Groben die Folge 1. Subklasse – 2. Subklasse – 3. Subklasse. Jedoch gelten Sonderbedingungen vor allem für das Subjekt. Daraus ergibt sich eine Gesamtfolge nach dem Schema:

sub – akk – prd – dat – SUB – Dat – Prd – Akk – Gen – DAT – AKK – GEN
Sub

Beispiele:

sub – akk – Dat:

> *Darauf wollte* **er ihn seiner Tante** *zeigen.*

akk – SUB – Dat:

> *Darauf wollte* **ihn niemand seiner Tante** *zeigen.*

prd – Sub:

> *Deshalb ist* **es mein Bruder** *geblieben.* (z. B. *Hausmeister*)

Das obligatorische Reflexivpronomen folgt den Regeln der ersten Subklasse, ist aber verschiebbar:

*Daher haben **sich** alle arbeitsfähigen Männer um 11 Uhr auf dem Marktplatz einzufinden.* (akk – SUB)

*Daher haben alle arbeitsfähigen Männer **sich** um 11 Uhr auf dem Marktplatz einzufinden.*

SUB – Prd:

*Folglich hätte **niemand das** werden müssen.*

Sonstige Ergänzungen

Die nicht primär kasuell bestimmten Ergänzungen kommen selten zusammen vor, schließen sich also weitgehend aus. Ihnen kann gemeinsam eine einzige Position am Ende des Mittelfeldes zugewiesen werden. Rechnet man, was aus praktischen Gründen sinnvoll ist, das Gefügenomen (GN) zu diesen Ergänzungen, so ergibt sich eine gemeinsame Endstellung für

PRP	(= Präpositivergänzung)
SIT	(= Situativergänzung)
DIR	(= Direktivergänzung)
EXP	(= Expansivergänzung)
MOD	(= Modifikativergänzung)
PRD	(= Prädikativergänzung)
GN	(= Gefügenomen)

Wo wir die sonstigen Ergänzungen zusammenfassend (ohne Spezifizierung) bezeichnen wollen, wählen wir die Abkürzung SON. Beispiele:

(Sub) – Akk – PRP:

Norbert hat **sein Haus an seinen Schwager** *veräußert.*

sub – Akk – DIR:

*Also solltest **du den Brief direkt nach Mannheim** schicken.*

akk – Sub – PRD:

*Wieso hat **ihn dein Vater einen Versager** genannt?*

Treffen mehrere der „sonstigen Ergänzungen" aufeinander (was recht selten vorkommt), so ist die Linearisierung grundsätzlich frei, das heißt: Sie ordnen sich in beliebiger Folge:

Hanna unterhielt sich mit Egon über den neuen Flächennutzungsplan.

Hanna unterhielt sich über den neuen Flächennutzungsplan mit Egon.

ANGABEN IN DER GRUNDFOLGE

Die in 3.6 etablierten Subklassen von Angaben lassen sich auch für die Linearisierung verwenden. Die Masse der Angaben (nämlich situative, existimatorische und negative) fügen sich in dem oben angegebenen Schema zwischen den definiten und den indefiniten Ergänzungen ein, wobei die Negativa immer auf die übrigen folgen, während Situativa und Existimatoria beliebig aufeinander folgen können. Beispiele:

(sub) – Akk – ex – sit:

*Sie haben das Fest **offensichtlich schon im letzten Jahr** angemeldet.*

Existimatorische Angaben können kumuliert auftreten. Dann stehen die Abtönungspartikeln an erster Stelle; es gilt fernerhin die Reihenfolge e_{jud} (judifikative Angaben) – e_{ver} (verifikative Angaben) – e_{ord} (ordinative Angaben) – e_{kaut} (kautive Angaben – e_{sel} (selektive Angaben):

$\text{sub} - e_{abt} - e_{ord} - \text{AKK}$:

> *Hat er **nicht obendrein** Grundstücke aufgekauft?*

$\text{sub} - \text{akk} - e_{jud} - e_{kaut}$:

> *Damals hatte sie sich **ärgerlicherweise geradezu** verrechnet.*

$\text{sub} - e_{ver} - e_{ord} - \text{Akk}$:

> *Trotzdem hat sie **bekanntlich mindestens** den Motorradführerschein.*

$\text{Akk} - e_{kaut} - e_{sel} - \text{SON}$:

> *Heute ist dieser Motor **gewissermaßen sogar** weltraumerprobt.*

Auch Abtönungspartikeln kommen kumuliert vor. Dann ist ihre Folge streng geregelt:

aber	*bitte*	*nun*	*eben/halt*	*einfach*	*bloß*	*noch*
also	*eigentlich*		*já*		*mal*	
denn	*nicht*		*wohl*		*nur*	
doch					*ruhig*	
etwa					*schon*	
ja						
vielleicht						

Hinter den negativen Angaben stehen „quantifizierende" Angaben (q) wie *manchmal, immer, lange*.

Die modifikativen Angaben (m) erscheinen an letzter Stelle (und gegebenenfalls unmittelbar vor den „sonstigen" Ergänzungen):

$(\text{Sit}) - \text{Sub} - e - m$:

> *Diesmal war das Fest **leider schlecht** vorbereitet.*

Es ergibt sich folgendes **Gesamtschema für das Mittelfeld**:

$\text{sub} - \text{akk} - \text{prd} - \text{dat} - \text{SUB} - \text{Dat} - \text{Prd} - \text{Akk} - \text{Gen} - \text{s} - \text{n} - \text{q} - \text{DAT} - \text{AKK} - \text{GEN} - \text{m} - \text{SON}$

Bisher verwendete Abkürzungen:

AKK	indefinite Akkusativergänzung
Akk	definite Akkusativergänzung
akk	pronominale unbetonte Akkusativergänzung
DAT	indefinite Dativergänzung
Dat	definite Dativergänzung
dat	pronominale unbetonte Dativergänzung
e	existimatorische Angabe
m	Modifikativangabe
n	Negativangabe
Prd	definite Prädikativergänzung
prd	pronominale unbetonte Prädikativergänzung
q	quantifikative Angabe
s	Situativangabe
SON	Sonstige Ergänzung
SUB	indefinites Subjekt
Sub	definites Subjekt
sub	pronominales unbetontes Subjekt

ATTRIBUTE IN DER GRUNDFOLGE

Präpositive Attribute unterliegen, soweit sie verschiebbar sind, den gleichen Regeln wie die Präpositivergänzungen (als Subklasse der sonstigen Ergänzungen):

E_{ver} – Akk – SON:

> *Ich habe natürlich Angst **vor Konrad** gehabt.*

(*vor Konrad* ist ein Attribut zum Nomen *Angst*)

Disjunkte zum Nomen (s. 5.3.4) stehen in der Grundfolge hinter ihrem Regens. Da sie aber verschiebbar sind, erhalten sie dieselbe Kennzeichnung wie das Regens, zusätzlich aber den Index $_2$.

(s) Sub Akk Akk_2:

> *Deshalb hat Hanna den neuen Kollegen **als Assistenten der Betriebsleitung** begrüßt.*

(s) Sub Akk_2 Akk (diese Folge entspricht nicht mehr der Grundfolge!):

> *Deshalb hat Hanna **als Assistenten der Betriebsleitung** den neuen Kollegen begrüßt.*

Attribute des Adjektivs sind in vielen Formen möglich (vgl. 5.5.5). Sie stehen bis auf die Vergleichsergänzung immer vor ihrem Regens. Soweit sie vom Regens dislozierbar sind, erhalten sie dieselbe Kennzeichnung wie die formgleichen oder formähnlichen Ergänzungen. In den folgenden Beispielen erscheint nur das Attribut des Adjektivs fett gesetzt:

(sub) – e_{abt} – s – Akk – n:

> *Sie war eben damals **den Lärm** noch nicht gewohnt.*

(sub) – dat – Gen – e_{abt}:

> *Ich bin mir **dessen** durchaus bewusst.*

(Sub) – dat – s – e_{sel} – Prd:

> *Hanna war **ihm** deshalb besonders dankbar.*

(Sub) – Prp – PRD ($\subset$ SON):

> *Sonja ist **mit ihrer Werkstatt** recht zufrieden.*

SATZARTIGE KONSTRUKTIONEN IN DER GRUNDFOLGE

Die satzartigen Ausbauformen einfacher Folgeelemente bekommen in der Grundfolge grundsätzlich dieselbe Stellung wie die einfachen Elemente zugewiesen. Bei den Kasusergänzungen (und anderen Ergänzungen), die auf Grund ihrer Ausdrucksformen in verschiedene Subklassen zerfallen, werden die satzartigen Formen der rechtsäußersten Subklasse (z. B. AKK) zugeordnet.

Die Verbativergänzung, die nur satzartig auftritt, aber mit wenigen anderen Ergänzungen kombiniert werden kann, nimmt in der Grundfolge die Stellung der sonstigen Ergänzungen (SON) ein.

Ein Teil der satzartigen Konstruktionen kann normalerweise nicht im Mittelfeld auftreten, so die Ergänzungs-Nebensätze. Ungrammatisch ist daher

> **Hanna hatte, dass sie damit nicht einverstanden sei, wiederholt betont.*

Dennoch weisen wir um einer einheitlichen Darstellung willen auch den satzartigen Konstruktionen eine Stelle im Mittelfeld zu.

3.8.3. Verschiebungen (Permutationen)

OBLIGATORISCHE STELLUNGEN

Die Möglichkeiten von Verschiebungen werden durch die folgenden unveränderbaren Stellungen eingeschränkt.

1. Das **expletive** *es*, das lediglich eine prinzipielle Folgeregel erfüllt – im Konstativsatz muss ein Element im Vorfeld stehen –, ist aus dieser Stellung nicht permutierbar. Tritt ein anderes Element ins Vorfeld, so verschwindet es:

> **Es** *hat die Nachtigall die ganze Nacht gesungen.* (Storm) ⇒
> *Die Nachtigall hat die ganze Nacht gesungen.*

2. Das unbetonte pronominale Subjekt (sub) bildet im Mittelfeld immer das erste Element. Zwar kann es ins Vorfeld permutiert werden, aber im Mittelfeld ist es stellungsfest:

> *Das habe* **ich** *nicht gewusst.* ⇒
> *Ich habe das nicht gewusst.*

3. Die unbetont pronominalen Ergänzungen sub, prd, akk, dat (s. 3.8.2 „Ergänzungen in der Grundfolge") haben immer diese Reihenfolge, eine Permutation ist nicht erlaubt:

> *So hat* **sie es mir** *erzählt.* ⇒
> *So hat **es sie mir erzählt.**/**So hat mir sie es erzählt.*

Eine einzige Ausnahme von dieser obligatorischen Folge gibt es dann, wenn die Akkusativergänzung enklitisch verwendet wird; dann ist eine Umkehrung möglich (aber nicht zwingend):

> *So hat sie mir's erzählt.*
> *So hat sie's mir erzählt.*[15]

4. Die unbetont pronominalen Ergänzungen akk und dat können nie ins Vorfeld treten:

> **Es hat sie mir erzählt.*
> **Mir hat sie es erzählt.*

Die Akkusativform *es* ist überhaupt nicht vorfeldfähig. Die übrigen unbetont pronominalen Ausdrucksformen der Akkusativ- und der Dativergänzung lassen sich zwar ins Vorfeld permutieren, aber sie treten dann automatisch in die Subklasse der definiten Kasusergänzungen über und werden auch mehr oder weniger stark betont:

> *Ihn hat sie mir gezeigt.*
> *Mir hat sie ihn gezeigt.*

5. Schließlich nimmt das Gefügenomen, wenn es sich im Mittelfeld befindet, in der Regel die rechtsäußerste Stelle ein:

> *Wir haben von diesem Plan* **Kenntnis** *genommen.*

Allerdings sind die meisten Gefügenomina ins Vorfeld permutierbar.
Auch bei den Angaben gibt es obligatorische Stellungen:

6. Existimatorische stehen immer vor Negationsangaben (soweit diese als Satznegatoren fungieren):

> *Das ist* **wohl nicht** *dein Ernst.*
> *Sie habe ich* **natürlich nicht** *gemeint.*

---

[15] In manchen Mundarten sind auch enklitische Formen der Dativergänzung möglich. Dann sind weitere Umstellungen erlaubt.

nal: Selbstverbuchung 4
zer: Salah Mohaed Alyazidi

----

eihe am: 29-08-2013 um: 17:40:426115533821

----

it, Heike / PONS Grammatik kurz & bündig De
a
en-Nr.: 115$0027272120
datum: 26/09/2013
gel, Ulrich / Deutsche Grammatik
en-Nr.: 115$001683247Y
datum: 26/09/2013
fnagel, Elke / PONS, Schulgrammatik Plus De
a
en-Nr.: 115$002496954%
datum: 26/09/2013

----

n Dank für Ihren Besuch.

Umgekehrte Folge ist nicht möglich. Das bedeutet, dass Existimatoria nicht negiert werden können.

7. Existimatorische stehen immer vor modifikativen Angaben:

*Du hast das **aber sorgfältig** gezeichnet.*

8. Negative stehen immer vor modifikativen Angaben:

*Du hast das **nicht sorgfältig** gezeichnet.*

Das bedeutet, dass der Negator sich nicht modifizieren lässt; und umgekehrt: dass in Sätzen mit Modifikativangabe in der Regel diese, nicht aber der ganze Satz negiert wird. Die obligatorischen Stellungen 6 bis 8 lassen sich zu der obligatorischen Folge

e – n – m

zusammenfassen.

Neben den obligatorischen Stellungen, die Permutationen blockieren, gibt es auch den umgekehrten Fall:

OBLIGATORISCHE PERMUTATIONEN

Deren wichtigste ist die **Konstativsatz-Permutation**. Die Regel lautet:

▸ In Konstativsätzen tritt ein vorfeldfähiges Element ins Vorfeld.

Vorfeldfähig sind alle Folgeelemente mit Ausnahme der unbetont pronominalen Ergänzungen im Akkusativ und im Dativ (akk, dat) und derjenigen Angaben, die entweder Gradpartikeln oder Abtönungspartikeln sind:

__Heute__ gehe ich nicht zur Arbeit.
__Zur Arbeit__ gehe ich heute nicht.
__Ich__ gehe heute nicht zur Arbeit.
*__*Nicht__ gehe ich heute zur Arbeit. (nicht* ist Gradpartikel*)*
__Hanna__ hat sogar Ochsenschwanzsuppe für uns gekocht.
__Für uns__ hat Hanna sogar Ochsenschwanzsuppe gekocht.
__Sogar Ochsenschwanzsuppe__ hat Hanna für uns gekocht. (sogar ist hier nicht eigenständiges Folgeelement, sondern – als Gradpartikel – „Quasiattribut" zum Vorfeldelement *Ochsenschwanzsuppe*).*
*__*Sogar__ hat Hanna für uns Ochsenschwanzsuppe gekocht.*

Zweite obligatorische Permutation:

▸ **Ergänzungs-Nebensätze** müssen ins Vorfeld oder ins Nachfeld verschoben werden:

Dass ich noch Schwächen hatte, habe ich gewusst.
Ich habe gewusst, dass ich noch Schwächen hatte.
*__*Ich__ habe, dass ich noch Schwächen hatte, gewusst.*

PRINZIPIEN FÜR PERMUTATIONEN

Die Stellung im Mittelfeld wie die Permutationen werden im Wesentlichen gesteuert durch zwei Prinzipien: Thema-Rhema-Gliederung und Skopus. Beide werden teils gestützt, teils präzisiert oder modifiziert durch Phorik und Gewichtung.

Thema-Rhema-Gliederung

Diese Gliederung, von manchen auch (freilich irreführend) „funktionale Satzperspektive" genannt, ist das grundlegende Strukturprinzip jeder Äußerung.[16] Dabei ist unter „Thema" derjenige Teil der Äußerung zu verstehen, der eine Rahmeninformation, eine vorläufige Information liefert (bei Aristoteles: „Hypokeimenon"), mithin das vorläufig Genannte. Das Thema bezeichnet häufig, aber nicht notwendig das schon Bekannte. Über dieses „Thema" wird dann im zweiten Teil der Äußerung, dem aristotelischen „Kategoroumenon", etwas ausgesagt. Dieser zweite Teil wird seit dem Altertum auch „Rhema" genannt.

Thema und Rhema gliedern so jede Äußerung, damit auch jeden Satz, soweit er als Äußerung gemeint ist. Nur in wenigen Fällen kann das Thema fehlen, so in Kurzäußerungen wie *Herein!, Ja., Schade*. Damit kann die Äußerung definiert werden als Sequenz, die mindestens ein Rhema enthält.

Die Thema-Rhema-Gliederung gilt als Links-Rechts-Verteilung auch für die Grundfolge im Mittelfeld:

sub prd akk dat SUB Dat Prd Akk Gen s n DAT AKK m SON

Sub   e

Thema   Rhema

Bestimmte Angaben (s, e und n) fungieren als eine Art Fugenelemente zwischen Thema und Rhema. Sie gehören weder zur Vorinformation noch zur Hauptinformation, sondern betten diese in „Umstände" ein oder geben Urteile über die Gesamtäußerung oder über Thema oder Rhema ab. Von manchen Forschern werden sie als „Phema" bezeichnet; die Äußerung zerfiele damit in drei Teile.

Die verbalen Teile (also der Verbalkomplex) gehören gewöhnlich, zumindest wenn sie unbetont sind, zum Thema; ausnahmsweise können sie auch das Rhema bilden, etwa wenn sie im rechten Klammerteil betont sind und das Mittelfeld leer ist:

Hanna hat geschlafen.

Auch in Vorfeldstellung kann das infinite Verb ausnahmsweise rhematisch sein:

Geschlafen hat Hanna.

Skopus

„Skopus" meint den Geltungsbereich einer Angabe. Während die Thema-Rhema-Gliederung grundsätzlich alle Bestandteile der Äußerung dominiert, bezieht sich der Skopus nur auf die Angaben. Grundsätzlich liegt der Skopus rechts von der Angabe. So gilt die Negationsangabe *nicht* in

Jan kann heute Abend nicht kommen.

für das infinite Verb (*kommen*) als zentrales Verb und damit für den ganzen Satz, fungiert also als Satznegator; in

Jan kann nicht heute Abend kommen.

jedoch gilt der Negator für die rechts folgende Zeitangabe *heute Abend*; man spricht in solchen Fällen von Teilnegation oder Sondernegation.

Da sich situative, existimatorische und negative Angaben in der Regel (auch) auf das rechts folgende zentrale Verb beziehen, gelten sie damit häufig für den ganzen Satz.

---

[16] Aristoteles und viele seiner Nachfolger verwendeten Termini, die von späteren Grammatikern mit „Satz" wiedergegeben wurden. Gemeint war dabei aber immer die Äußerung, und zwar ziemlich genau in dem Sinne, wie sie im vorliegenden Buch definiert wurde.

Phorik

Darunter versteht man die Verweisfunktion eines Ausdrucks auf andere Ausdrücke. Meist geht diese Verweisfunktion nach links, in den Vortext (Anaphorik), ausnahmsweise nach rechts, in den Nachtext (Kataphorik). Anaphorik gilt für die Verweispronomina sowie Nominalphrasen mit definitem Artikel. Wie die Phorik sich im Einzelnen auswirkt, wird unten beschrieben.

Gewichtung

Von „Gewichtung" reden wir, wenn ein Element einer Äußerung in besonderer Weise hervorgehoben wird. Diese Hervorhebung wird in der gesprochenen Sprache vor allem durch phonische Mittel (Lautstärke, Sprechtempo u. a.), in der geschriebenen Sprache nur vereinzelt, dann meist durch drucktechnische Mittel (Sperrdruck, Fettdruck u. a.), ausgedrückt.

Die Grundfolge im Mittelfeld gibt eine strukturelle Gewichtung vor: thematische Elemente sind schwach gewichtet, rhematische Elemente sind stark gewichtet. Als Faustregel kann für das linke Mittelfeld schwache, für das rechte Mittelfeld starke Gewichtung gelten. In solchen Fällen sprechen wir von „automatischer Gewichtung". Ihr Pendant, die freie Gewichtung, kommt vor allem bei Permutationen aus der Grundfolge ins Spiel.

Durch das Zusammenspiel von Thema-Rhema-Gliederung, Skopus, Phorik und Gewichtung werden die Permutationen und damit die konkreten Stellungen der Elemente gesteuert.

PERMUTATION VON ERGÄNZUNGEN UND GEFÜGENOMINA

Hier spielt die Thema-Rhema-Gliederung die entscheidende Rolle. Zwar handelt es sich bei Thema und Rhema um eine polare Opposition, aber innerhalb der beiden Bereiche gibt es skalare Abstufungen: Was besonders weit links steht (die Ergänzungen sub, prd, akk, dat), ist automatisch mindergewichtig; was ganz rechts steht (so besonders die „sonstigen" Ergänzungen), ist automatisch hochgewichtig. Für Permutationen gilt: Linksverschiebung thematisiert ein Element und mindert zugleich dessen Gewicht:

Lange Zeit war der offizielle Wohnsitz der Familie Warschau. $\Rightarrow$
  Sub   Prd

Lange Zeit war Warschau der offizielle Wohnsitz der Familie.
  Prd   Sub

Am Sonntag hatten die Besucher im Schloss niemanden angetroffen. $\Rightarrow$
  Sub   s   AKK

Am Sonntag hatten die Besucher niemanden im Schloss angetroffen.
  Sub   AKK   s

Kannst du die Gläser in den Garten tragen? $\Rightarrow$
  sub   Akk E_{dir}

Kannst du in den Garten die Gläser tragen?
  sub E_{dir} Akk

In diesem und in vielen ähnlich gelagerten Fällen werden nach links verschobene Elemente thematisiert und damit minder gewichtig; gleichzeitig werden nach rechts verschobene Elemente rhematisiert und stärker hervorgehoben.

Dies gilt für Ergänzungen wie für Angaben.

Weitere Beispiele für Rhematisierung durch Rechtsverschiebung:

> *Ich habe das Haus für meine Enkel gebaut.* ⇒
> *Ich habe für meine Enkel das Haus gebaut.*

Kern des Rhemas ist hier im ersten Satz *für meine Enkel*, im zweiten Satz *das Haus*. Bei den Geschehensverben (*geschehen, sich ereignen, passieren* u. a.) ist das Subjekt die einzige oder, neben einer Dativergänzung, die wichtigste Ergänzung. Sie wird in den meisten Fällen aus der Grundfolge ans rechte Ende des Mittelfeldes permutiert und ist dann, unabhängig von ihrer morphosyntaktischen Form, ein wesentlicher Bestandteil des Rhemas. So sind folgende Sätze zu erklären:

> *In der Niedermühlstraße ist heute Nacht ein schwerer Unfall passiert.*
> *Überdies ist gestern ein unbeschreibliches Unglück geschehen.*

PERMUTATION VON ANGABEN

Bei der Permutation von Angaben kommt zusätzlich der Skopus ins Spiel. Prinzipiell haben alle Angaben ihren Skopus rechts:

> *Ich würde dir nur teilweise Recht geben.*

Der Skopus von *nur teilweise* erstreckt sich (auch) auf das Gefügenomen *Recht*.

> *Sie hat damit wahrscheinlich auch ihre Verwandtschaft gemeint.*

Der Skopus von *wahrscheinlich* und *auch* erstreckt sich (auch) auf die Akkusativergänzung *ihre Verwandtschaft*.

Wesentlich ist aber, dass der Skopus von Angaben im Mittelfeld in aller Regel noch weiter reicht und über das Mittelfeld hinaus den rechten Klammerteil einschließt. In diesem befinden sich die verbalen Elemente, vor allem das zentrale Verb. Da dieses alle übrigen Elemente des Satzes regiert, kann man daraus folgern, dass Angaben im Mittelfeld, also situative, existimatorische und negative Angaben, für den ganzen Satz gelten.

Für die Negativa gilt das jedenfalls dann, wenn sie ihre Grundfolgeposition innehaben. In der Tat ist die Satznegation ziemlich stellungsfest. Wird diese Position verlassen, so schrumpft der Skopus gewöhnlich auf das unmittelbar rechts folgende Element, vgl.

> *Sie hatte seine Finanzierungsmethode überhaupt nicht kritisieren wollen.*
> (Satznegation)
> *Sie hatte überhaupt nicht seine Finanzierungsmethode kritisieren wollen.*
> (Satzgliednegation)

Im permutierten Satz gerät *seine Finanzierungsmethode* in den Skopus, das zentrale Verb *kritisieren* rückt tendenziell aus dem Skopus von *überhaupt nicht*. Man könnte dann den zweiten Satz paraphrasieren: *Kritisieren wollte sie schon, aber nicht seine Finanzierungsmethode.*

Allerdings hängt die Interpretation des ersten Satzes auch von dem Gewicht der Akkusativergänzung ab. Obwohl im linken Teil des Mittelfeldes liegend, könnte *seine Finanzierungsmethode* wegen des Umfangs, die zu automatischer Gewichtung führt, sowie durch zusätzliche Betonung (freie Gewichtung) thematisch hervorgehoben sein. Solche thematisch hervorgehobenen Elemente nehmen häufig den Skopus einer rechts folgenden Angabe ausschließlich für sich in Anspruch: dann läge „Sondernegation", nicht Satznegation vor.

Einer speziellen Erklärung bedürfen die modifikativen Angaben im Mittelfeld. Sie „gelten" in erster Linie für das zentrale Verb, wie dies besonders in den folgenden Sätzen deutlich wird:

> *Annabell ist **wie eine Gazelle** gelaufen.*
> *Horst hat das **ziemlich unbeholfen** gemacht.*

Die besonders enge Beziehung der modifikativen Angabe zum zentralen Verb ist erkennbar. Indem sie damit das Satzregens näher bestimmt, gilt sie sekundär ebenfalls für den ganzen Satz.

PERMUTATIONEN INS AUSSENFELD

In vielen Fällen erstreckt sich die Linksverschiebung eines Mittelfeldelements bis ins **Vorfeld**. Geschieht dies auf Grund der Konstativsatzregel, so gilt automatische Gewichtung. Vor allem wenn das Vorfeldelement definiter Natur ist, greift die Phorik ein und sichert durch Verweiselemente den **Anschluss an den Vortext**:

> *Sie redeten von Galicien. **Dort**, an der Atlantikküste, lebte seit langem Manfred, ein Deutscher.*
> *Da machte sich auch auf Joseph ... mit Maria, seinem angetrauten Weibe, **die** war schwanger.* (Bibel)

Häufig ist das ins Vorfeld permutierte Element zugleich **hervorgehoben**. Automatische Gewichtung liegt zum Beispiel bei besonders umfangreichen Elementen vor:

> *Den Vetter aus Lüneburg habe ich nicht gemeint.*
> *An jenem Abend im Zlatibor war alles anders.*

Vor allem aber tritt automatische Gewichtung bei Elementen auf, die selten im Vorfeld stehen, bei denen Vorfeldstellung somit als ungewöhnlich anzusehen ist:

> *Dem Oskar hätte ich das nie zugetraut.* (E_{dat} im Vorfeld)
> *In keinem Fall hätte ich an dich gedacht.* (Negativangabe im Vorfeld)
> *Getäuscht haben sie nur die Dummen.* (zentrales Verb im Vorfeld)

Satzartige Konstruktionen sind – auch soweit sie gar nicht mittelfeldtauglich sind – im Vorfeld fast immer thematisch hervorgehoben:

> *Dass er unzuverlässig ist, weiß ich seit langem.*

Bei mittelfeldfähigen Nebensätzen wird das besonders deutlich. Im Mittelfeld erscheinen Angabesätze immer mit minimaler Gewichtung:

> *Sie hatten den Damm, da Moser nicht erschienen war, längst ausgebessert.* ⇒
> *Da Moser nicht erschienen war, hatten sie den Damm längst ausgebessert.*

Hier ist der Nebensatz thematisch hervorgehoben, d. h. deutlich stärker betont als im Mittelfeld. Soll er noch stärker hervorgehoben werden, so kann er ins Nachfeld permutiert werden:

> *Sie hatten den Damm längst ausgebessert, da Moser nicht erschienen war.*

Gleiches wie für Nebensätze gilt für Infinitivkonstruktionen:

> *Ich hätte den Weg zu verlegen nie versprochen.* ⇒
> *Den Weg zu verlegen hätte ich nie versprochen.*

Alle diese und ähnliche Vorfeldpermutationen bewirken freilich Hervorhebung im Rahmen des thematischen Bereichs. Rhematisierung ist praktisch nur durch besonders starke freie Gewichtung (etwa durch extreme Akzentuierung) möglich:

> *Verraten habt ihr mich!*

In Konstativsätzen werden vielfach Angaben ins Vorfeld permutiert. In solchen Fällen umfasst ihr **Skopus** den ganzen Satz:

Nur teilweise würde ich dir Recht geben.
Wahrscheinlich hat sie damit auch ihre Verwandten gemeint.
Überhaupt nicht hatte sie seine Finanzierungsmethode kritisieren wollen.
Wie eine Gazelle ist Annabell gelaufen.
Ziemlich unbeholfen hat Horst das gemacht.

Es gibt außerdem eine Möglichkeit, den Skopus bestimmter Angaben auf ein einziges Element zu beschränken. Man kann zu diesem Zweck eine der Angaben, auch wenn sie allein nicht vorfeldfähig ist, zusammen mit diesem Element ins Vorfeld setzen. Sie kann dann als „Quasiattribut" des eigentlichen Vorfeldelementes fungieren:

Ich habe den Vorfall nicht genau gesehen. ⇒
Nicht genau habe ich den Vorfall gesehen.

Als Quasiattribute können neben den Negatoren auch Abtönungspartikeln und Modalpartikeln auftreten:

Nur soviel möchte ich noch sagen: ...
Manche freilich müssen drunten sterben ... (Hofmannsthal)

Aber Permutationen ins Vorfeld treten nicht nur in Konstativsätzen auf. Viel zu wenig wird gemeinhin erwähnt, dass auch **Imperativsätze** ein Vorfeld haben und dass dieses relativ häufig besetzt ist, oft von (meist einwortigen) Angaben, die dann nicht hervorgehoben sind:

Dann tu endlich was!
So erklären Sie uns das doch bitte!
Nun warten Sie mal!
Da lies mal.

Auch Ergänzungen kommen im Vorfeld von Imperativsätzen vor, meist in gesprochener Sprache. Solche Ergänzungen sind gewöhnlich thematisch hervorgehoben:

Das hör dir mal an.
Den Assistenten vergiss am besten.
Auf die Anwältin verlass dich lieber nicht.

Selten (und nur in gesprochener, meist mundartlicher Alltagssprache) erscheint auch bei vorangestellten Nebensätzen das Vorfeld besetzt:

Das wenn ich gewusst hätte.

Das Vorfeldelement ist dann stark hervorgehoben.

ALLGEMEINES ZUR VORFELDBESETZUNG

Im Vorfeld des Konstativsatzes befindet sich genau ein Folgeelement.
Diese Regel kann, auch wenn sie durch neuere Forschungen durchlöchert worden ist[17], für das Hauptverfahren als weiterhin gültig angesehen werden. Gerade Deutsch lernende Ausländer, in deren Muttersprache diese Regel nicht gilt, machen häufig Fehler der Art

*Heute Abend ich kann nicht ins Jugendcafé kommen.

Unter den Argumenten, die für eine mehrfache Vorfeldbesetzung ins Feld geführt werden, sind einige, die leicht zu entkräften sind.

---

[17] Vgl. zum Folgenden vor allem Müller (2003): Mehrfache Vorfeldbesetzung.

1. So handelt es sich bei offensichtlichen Häufungen nicht um Mehrfachbesetzung; gehäuft werden kann nahezu jedes Element, und Häufungen setzen sehr viele syntaktische Regeln außer Kraft. Häufung liegt vor in:

   Im Intercity, nach Passieren der Grenze, atmete sie auf.
   Mit geballten Fäusten, die Schultern hochgezogen ging er auf den Herausforderer zu.

2. Vor allem bei aufeinander folgenden Situativangaben dient die eine oft der Präzisierung der anderen und kann damit als eine Art Attribut aufgefasst werden:

   Vor dem Bahnhof am Kiosk saß der Professor und ließ sich gerade sein Bier bringen.

Gleiches gilt für aufeinander folgende Direktivbestimmungen:

Nach Bonn, in den „Ruland" wollte sie mich einladen.

Auch Direktivbestimmungen, die den realen Verlauf einer Bewegung anhand verschiedener Orientierungspunkte nachzeichnen, sind – wie überhaupt häufig Folgen von Direktivbestimmungen – zusammen als e i n Folgeelement zu rechnen:

Vom Hausflur durch den Hof in die Abstellkammer ging die lärmende Jagd.

Daneben bleibt aber eine Reihe von Fällen, die zweifelsfrei als Mehrfachbesetzung des Vorfeldes zu gelten haben und dennoch nicht gegen Akzeptabilitätsnormen verstoßen. Für solche erlaubten Mehrfachbesetzungen gibt es zwei Regeln:

▸ **Erste Regel:** Das **infinite Verb** kann ins Vorfeld versetzt werden. In dieser Eigenschaft unterscheidet es sich nicht von Mittelfeldelementen, und eine solche Permutation führt auch nicht zur Mehrfachbesetzung:

Gedemütigt hat er sie mit allen erdenklichen Mitteln.

Aber dieses permutierte Infinitum, gewöhnlich das zentrale Verb, kann **Satelliten mit sich nehmen.** Der gesamte Komplex gilt dann als eine Einheit, als ein einziges Folgeelement:

Sie gedemütigt hat er mit allen Mitteln.

Auf dieselbe Art kommen die folgenden Vorfeldbesetzungen zustande:

Nach Frankreich gebracht hat er damals die ganze Familie.
Zur Aufführung gebracht wurde das Stück nur zweimal.
Mit den Details befassen werden wir uns nächste Woche.
Den Beschluss im Vorstand besprochen haben wir noch nicht.
Dem Geburtstagskind die Blumen überreichen wollte er selbst.

Es gibt eine wichtige Einschränkung: Das Subjekt kann **nicht** auf diese Weise ins Vorfeld permutiert werden – eine zusätzliche Bestätigung für die Sonderrolle, die das Subjekt unter den Satzgliedern spielt. Unkorrekt wäre also:

*Hugo nach Frankreich gebracht hat damals die ganze Familie.

Dieser Satz wäre nur dann korrekt, wenn die ganze Familie (als Subjektsgröße) Hugo (als Akkusativgröße) ins Ausland gebracht hätte.

▸ **Zweite Regel:** Die **Satelliten des Verbs** können auch ohne dieses ins Vorfeld permutiert werden. Da praktisch fast alle Mittelfeldelemente Satelliten des Verbs sind, hat diese Regel nur für mehrfache Vorfeldbesetzung Bedeutung. Zwar gibt es für solche Permutationen Beschränkungen, die noch nicht vollständig bekannt sind. Immerhin eröffnet diese Regel reiche Möglichkeiten:

Den Beschluss im Vorstand haben wir noch nicht besprochen.
Dem Geburtstagskind die Blumen wollte er lieber selbst überreichen.

Vielfach lassen sich Ergänzungen mit Angaben im Vorfeld kombinieren. Weitere Beispiele:

> *Täglich 14000 Liter Wasser werden hier verbraucht.*
> *Alle Wünsche zugleich kann ich dir nicht erfüllen.*
> *Die Nacht-und-Nebel-Demontage der Briefkästen neben der Änderung der Zustellzeiten müsste man noch erwähnen.*
> *Eindeutig dafür spricht ein weiteres Argument.*
> *Positiv auf den Absatz sollte sich auch der Verlagsprospekt auswirken.*

Auch Kumulation verschiedener Ergänzungen im Vorfeld gehört hierher:

> *Wenig mit seriöser Forschung hat ein weiteres Buch desselben Autors zu tun.*
> *500 Euro Saalmiete vom Mundartverein wollen die verlangen.*

Ebenso gibt es Kumulation von Angaben:

> *Ein weiteres Mal mit Verspätung traf der Regionalexpress ein.*
> *Nächsten Monat auf Teneriffa kannst du ihn treffen.*

Einen Sonderfall stellt die Kombination „Ergänzung + Angabesatz" im Vorfeld dar:

> *Die Inspektorin, obwohl sie im Voraus informiert war, äußerte sich nicht zu Egons seltsamem Benehmen.*

Hier ist der Nebensatz als „eingeschoben", als eine Art Parenthese anzusehen. Da Parenthesen an vielen Stellen im Satz einschiebbar sind, haben sie auf die Folgeregeln keinen Einfluss und sind auch nicht als Folgeelemente zu zählen; insofern liegt hier keine Mehrfachbesetzung vor.

Die erwähnten Möglichkeiten der Mehrfachbesetzung gelten keineswegs ohne Ausnahme. Andererseits lassen sich diese Möglichkeiten auf spezielle Fälle und eine entsprechende Funktion des hinzu tretenden Elements zurückführen. In den folgenden Beispielen wird das jeweils hinzutretende Element fett gesetzt:

a. Das primäre Vorfeldelement enthält ein iteratives, intensivierendes oder steigerbares Element, meist ein Adjektiv. Dieses Adjektiv wird durch das hinzu tretende Element verstärkt oder abgeschwächt (viertes Beispiel):

> **Wiederum** *eine andere Situation liegt in Makedonien vor.*
> **Noch deutlicher** *abschwächende Funktion haben gewisse Adjektive.*
> **Unbedingt** *höheren Wert hat die zweite Vase.*
> **Im Ganzen** *derselben Meinung war auch der Referent.*

b. Das hinzutretende Element ist ein erläuterndes Vergleichselement:

> *Überlegen* **wie in Dresden** *kam er sich diesmal nicht vor.*
> *Kohlegeruch* **wie aus einem Gaswerk** *lag über der Stadt.*

c. Das primäre Vorfeldelement wird durch das hinzu tretende Element negiert, intensiviert oder abgeschwächt:

> **Keineswegs** *erfreut zeigt sich diesmal die Ministerin.*
> **So richtig** *ausschlafen konnte ich in dieser Umgebung nicht.*
> **Prinzipiell** *einverstanden zeigt sich Manfred B.*

d. Das primäre Vorfeldelement wird durch ein hinzu tretende existimatorisches Element eingeschätzt, bewertet usw.:

> **Eindeutig** *besser war die blaue Kaffeemaschine.*
> **Offenkundig** *gut vorbereitet war Mathias Niemann.*
> **Leider** *verhindert war der Verkehrsminister selbst.*

e. Das primäre Vorfeldelement wird durch eine hinzu tretende restriktive Angabe in ihrer Extension begrenzt:

> ***Ernährungsphysiologisch*** *besonders bedenklich ist das in jedem Fastfood-Produkt enthaltene Kochsalz.*
> ***Aus der Sicht der Regierung*** *positiv ist das Engagement der EU auf dem Balkan zu bewerten.*
> ***Normalerweise*** *an zweiter Stelle steht das finite Verb.*

f. Das primäre Vorfeldelement ist ein Gefügenomen, das hinzu tretende Element präzisiert das Gefügenomen oder erfüllt die Valenz des Funktionsverbgefüges:

> ***Teilweise*** *Recht bekam auch die Bahnverwaltung.*
> ***Der Kommunistenhysterie*** *zum Opfer fielen auch viele Wissenschaftler.*

g. Die beiden auch je für sich allein vorfeldfähigen Elemente sind Bestandteile eines Phraseologismus (bei den folgenden Beispielen sind beide Vorfeldelemente fett gesetzt):

> ***Den Stein ins Rollen*** *brachte das Missgeschick eines Zahnarztes.*
> ***Mit gutem Beispiel voran*** *ging der Vorsitzende des Zweigvereins.*

PERMUTATIONEN INS NACHFELD

Diese sind viel seltener als Permutationen ins Vorfeld. Im Gegensatz zum Vorfeld muss das Nachfeld nie besetzt sein, und faktisch ist es auch selten besetzt. Am häufigsten sind Nachträge, die auf einer sprechtaktischen Störung beruhen: Der Sprecher merkt, während er eine Äußerung formuliert, dass er ein weiteres Element einfügen sollte, aber der Sprechvorgang ist schon zu weit fortgeschritten, die Gelegenheit zum Einfügen an der „richtigen" Stelle (der Grundfolge) ist verpasst. So wird das Element im Nachfeld „nachgetragen":

> *Bei uns hat es Spaghetti gegeben heute.*
> *Ich habe ihm Bescheid gesagt deswegen.*

Solche Nachträge sind im Wesentlichen auf die gesprochene Sprache beschränkt. Natürlich können sie nur **nachfeldfähige Elemente** betreffen. Nachfeldfähig sind vor allem Angaben – alle Situativa und ein Teil der Existimatoria:

> *Er wollte diesen Umstand verschweigen natürlich.*
> *Ich kann das nicht beweisen allerdings.*

Abtönungspartikeln, modifikative Angaben und eine Reihe weiterer existimatorischer Angaben sind nicht nachfeldfähig.

Von den Ergänzungen ist nur die Präpositivergänzung ziemlich unbeschränkt nachfeldfähig:

> *Sie hätte sich gerne unterhalten mit diesen Leuten.*
> *Kann ich mich wirklich verlassen auf euch?*

Durch Nachtrag wird das betroffene Element im Allgemeinen thematisch, automatisch wird ihm ein geringes Gewicht zugeordnet.

Es gibt daneben allerdings Nachfeldpermutationen, die nicht als sprechtaktische Korrekturen, sondern auf Grund vorausschauender Planung erfolgen:

> *Ich dachte, ich hätte nie mehr zu tun mit diesem Aufschneider.*
> *Ich dachte, dass ich nie mehr zu tun hätte mit diesem Aufschneider.*
> *Nichts wäre ihr lieber gewesen unter diesen unglücklichen Umständen.*

Es ist sogar möglich, dass Elemente, die an sich gar nicht nachfeldfähig sind, unter besonderer Betonung ins Nachfeld treten:

> *Ich hätte nie geglaubt, dass sie nun doch auszahlen alle siebenhundert Beschäftigten.*

Auch durch Häufung kann die Nachfeldblockierung aufgehoben werden:

> *Unsere Partei hat immerhin durchgebracht den Grünplan, den Schwimmbadbau und den Doppelhaushalt.*

Im letzten Fall sind die Nachfeldelemente thematisch oder rhematisch. Durch freie Gewichtung können sie in vielen Fällen eindeutig rhematisch markiert werden.

Permutation hat, wie die meisten Beispiele zeigen, in besonderem Maße mit Hervorhebung zu tun. Es ist nun noch auf drei Verfahren hinzuweisen, die durch extreme Permutation besondere Arten der Hervorhebung ermöglichen: Herausstellung, Satzspaltung und Satzverschränkung.

HERAUSSTELLUNG

Bei diesem Verfahren wird ein Element, das besonders hervorgehoben werden soll, aus dem Satzverband „herausgestellt", und zwar nach links oder nach rechts. Im Satz selbst wird das herausgestellte Element durch ein Pronomen, meist ein Demonstrativum, vertreten:

> **Dem Hubert**, *dem haben sie's wieder mal gezeigt.*
> *Dem haben sie's wieder mal gezeigt,* **dem Hubert**.

In der geschriebenen Sprache ist das herausgestellte Element durch Komma, in der gesprochenen Sprache durch eine kurze Pause vom Satz abgetrennt. Auch intonatorisch geht dieses Element einen eigenen Weg: Das „linksversetzte" Element erhält einen eigenen Tonbogen, das „rechtsversetzte" Element eine auf der Grundstufe verlaufende Tonlinie:

> *Dem Hubert, dem haben sie's wieder mal gezeigt.*

> *Dem haben sie's wieder mal gezeigt, dem Hubert.*

Herausstellbar sind Phrasen verschiedener Art: Beispiele:

> *Seine Reisepläne, die sind mir gleichgültig.*
> *Die sind mir gleichgültig, seine Reisepläne.*
> *Ein Paranoiker, das ist und bleibt er.*
> *Das ist und bleibt er, ein Paranoiker.*
> *In Finnland, da war alles in Ordnung.*
> *Da war alles in Ordnung, in Finnland.*
> *An Weihnachten, da hätte er wieder Frieden gespielt.*
> *Da hätte er wieder Frieden gespielt, an Weihnachten.*

Werden Präpositivphrasen (mit fester Präposition) herausgestellt, wird häufig die Präposition ausgelassen, besonders bei Linksversetzung; linksversetzte Phrasen stehen dann oft im Nominativ:

> *Der Hubert, an den hab ich schon lange nicht mehr geschrieben.*
> *An den hab ich schon lange nicht mehr geschrieben, den Hubert.*

Infinite Teile des Verbalkomplexes lassen sich – teilweise mit ihren Satelliten – ebenfalls herausstellen:

> *Singen, das können die Jungen heute gar nicht mehr.*
> *Das können die Jungen heute gar nicht mehr, Lieder singen.*
> *Ein Buch bis zu Ende lesen, das hatte sie nie gelernt.*
> *Das hatte sie nie gelernt, ein Buch bis zu Ende lesen.*

Auch in Interrogativsätzen, Imperativsätzen, Nebensätzen und Infinitivkonstruktionen ist Herausstellung möglich:

> *Diese Geschichte, was hast du noch damit sagen wollen?*
> *Was hast du noch damit sagen wollen, mit dieser Geschichte?*
> *Einen schäbigen Egoisten, hat sie ihn wirklich so genannt?*
> *Hat sie ihn wirklich so genannt, einen schäbigen Egoisten?*
> *Der/dem Hausverwalter, sag dem möglichst gleich Bescheid!*
> *Sag dem möglichst gleich Bescheid, dem Hausverwalter!*
> *obwohl man ihn so gefördert hatte, den Friedrich*
> *Den Wilsberg, um den zu sehen ist mir kein Abend zu schade.*
> *Um den zu sehen, den Wilsberg, ist mir kein Abend zu schade.*

SATZSPALTUNG

Dieses Verfahren ähnelt der Herausstellung, hebt aber stärker als diese hervor. Ein Element des Satzes, das abgespalten wird (es entspricht dem herausgestellten Element), erscheint als Subjekt eines Kopulasatzes, und der Rest des ursprünglichen einfachen Satzes folgt bei „Linksspaltung" als Relativsatz oder definiter Nebensatz, während er bei „Rechtsspaltung" als definiter Nebensatz vorausgeht:

> *Die Michaela tut mir in dieser Geschichte am meisten leid.* ⇒
> *Es ist die Michaela, die mir in dieser Geschichte am meisten leid tut.*

oder

> *Wer/die mir in dieser Geschichte am meisten leid tut, ist die Michaela.*

Alle Ergänzungen und viele Angaben können abgespalten werden, auch das zentrale Verb nebst anderen infiniten Teilen des Verbalkomplexes, teilweise mit ihren Satelliten:

> *Du solltest in Neuler übernachten.* ⇒
> *Neuler ist es, wo du übernachten solltest.*

oder

> *Wo du übernachten solltest, ist (in) Neuler.*
> *Du kannst mit Irina zusammenarbeiten.* ⇒
> *Irina ist es, mit der du zusammenarbeiten kannst.*

oder

> *Mit wem du zusammenarbeiten kannst, ist Irina.*
> *Er wollte in Freiheit leben.* ⇒
> *In Freiheit leben ist, was er wollte.*

oder

> *Was er wollte, ist/war in Freiheit leben.*

Satzspaltung kommt bei allen Satzarten vor. Im Nebensatz ist nur Linksspaltung möglich:

> *dass Hubert kommen sollte* ⇒
> *dass es Hubert ist, der kommen sollte*

Abgespaltene Elemente sind ausnahmslos rhematisiert.
Bei der Satzspaltung handelt es sich um eine besonders starke Art der Rhematisierung, die ohne Rückgriff auf die Akzentuierung möglich ist.

SATZVERSCHRÄNKUNG

Auch in dieser Konstruktion wird ein Element stark hervorgehoben. Aber es geschieht auf eine Art, die den geltenden grammatischen Regeln widerspricht:

> *Wo sagtest du, dass Annabell wohnt?*

Das Obersatzverb *sagen* verlangt eine Akkusativergänzung, die durch den folgenden *dass*-Satz als realisiert gelten könnte. Das Fragewort *wo* stört hier eher, ist aber nicht regelwidrig. Das Nebensatzverb *wohnen* jedoch verlangt eine Situativergänzung, die im Nebensatz nicht enthalten ist, sich aber offensichtlich in dem *wo* des Obersatzes versteckt. Ein Element des Untersatzes wurde somit an die erste Stelle des Gesamtsatzes permutiert und findet sich jetzt im vorangestellten Obersatz wieder, in den es eigentlich nicht gehört. Insofern gelten Ober- und Nebensatz als „verschränkt".

Die Satzverschränkung bewirkt thematische Hervorhebung oder, häufiger wohl, Rhematisierung des permutierten Elements. Die Konstruktion der Satzverschränkung ist auf die gesprochene Sprache beschränkt und gilt auch hier als nur bedingt akzeptabel. Das in der Satzverschränkung vorangestellte Element ist immer stark hervorgehoben, meist trägt es den Hauptakzent, während alle übrigen Elemente schwach oder gar nicht akzentuiert sind. Die Intonationskurve hat ihren Gipfel in dem permutierten Wort und fällt dann bis zur Grundlinie ab:

> *Wo sagtest du, dass Annabell wohnt?*

Zugrunde liegen bei der Satzverschränkung zwei ursprünglich selbständige Sätze, von denen einer einen Sachverhalt darstellt, der andere aber die Meinung oder Meinungsäußerung eines Gesprächspartners; etwa:

> *Annabell wohnt in einer bestimmten Stadt – du sagtest es doch.*

Ein Element des ersten Satzes, etwa das lokale, soll nun entweder erfragt werden (wie im letzten Beispiel), oder es soll einfach stark rhematisiert werden:

> *Dort sagtest du (doch), dass Annabell wohnt.*

In beiden Fällen nimmt dieses Element die erste Stelle in der Gesamtkonstruktion ein. Beide Strukturen, die interrogative wie die konstative, sind ungrammatisch, aber äußerst wirksam.

Als Untersätze können neben *dass*-Sätzen auch indirekte Interrogativsätze sowie Infinitivkonstruktionen vorkommen:

> *Kinder weiß ich nicht, ob sie schon haben.*
> *Damit habe ich keine Lust mich auseinanderzusetzen.*

Die Obersätze dienen, vor allem durch ihre Verben, dem Ausdruck verschiedener Einstellungen. Es handelt sich dabei um Verba dicendi, sentiendi, cogitandi oder desiderandi. Durch Satzverschränkung können nahezu beliebige Elemente hervorgehoben werden. Weitere Beispiele:

> *Welche Städte meinst du, dass dafür in Frage kommen?* (Subjekt)
> *Hedwig hoffe ich doch, dass wir überzeugen können.* (E_{akk})
> *Wem glaubst du, dass wir noch vertrauen können?* (E_{dat})
> *An den Rektor dieser Universität möchte ich, dass du schreibst.* (E_{prp})
> *Singen will er, dass ich die Frauen lasse?* (E_{vrb})
> *Wohin sagtest du, dass er gehen wollte?* (E_{dir})
> *Was willst du, dass Annabell wird?* (E_{prd})

> *Diese Woche glaube ich nicht, dass sie fertig wird.* (sit. Angabe)
> *Wie meinst du, dass man das Wort schreibt?* (modif. Angabe)
> usw.

Lediglich sehr kurze Mitteilungssätze lassen sich in der Regel nicht verschränken, vor allem wenn ihr einziges Satzglied durch die Verschränkung extrahiert würde. Unzulässig ist daher

> **Ina glaube ich nicht, dass kommt.*

Allgemein gilt, dass die interrogativen Satzverschränkungen eher geduldet und verwendet werden als die konstativen. Eine Umfrage unter Informanten nahezu sämtlicher deutschen Regionen im Frühjahr 2003 ergab keine regional bedingten Vorlieben oder Abneigungen.

Wegen bestehender (noch wenig erforschter) Restriktionen und allgemein wegen ihrer fraglichen Grammatikalität sollte man Satzverschränkungen nur dann verwenden, wenn ihre Gängigkeit außer Zweifel steht. Es besteht ja generell keine Notwendigkeit, zwei Sätze auf die beschriebene Art zu verschränken. Notfalls lässt sich immer ausweichen auf Konstruktionen, in denen der Untersatz als selbständiger Hauptsatz erscheint und der Obersatz als Parenthese o. ä. hinzugesetzt wird. Statt

> *Wo sagtest du, dass Annabell wohnt?*

lässt sich zum Beispiel immer sagen:

> *Wo – du sagtest es eben – wohnt Annabell?*

Damit sind keineswegs alle Stellungsregularitäten in deutschen Sätzen beschrieben. Vor allem die Abfolge der Teile des Verbalkomplexes bedarf noch eingehender Erläuterung. Da es sich aber hier weniger um Phänomene der Satzstruktur als der Struktur des Verbalkomplexes handelt, wird hierauf in 4.7.1 näher eingegangen.

3.8.4. Zwischenruf: Von der Beschränktheit der Folgeregeln und der Grammatik überhaupt

Die Regeln für die Abfolge der Elemente im Satz, wie sie im vorangegangenen Kapitel beschrieben wurden, sind wichtig für die Bildung korrekter, verständlicher Äußerungen. Interessant sind sie nur zum Teil, und beachtet werden sie auch nicht immer.

Wo Regeln dieser Art angewandt werden **müssen**, wo sie also obligatorische Stellungen festlegen, hat man sie einfach hinzunehmen – „erklären" lassen sie sich im Grunde nicht. Eine Struktur, zu der keine Alternative möglich ist, hat auch keine eigene (strukturelle) Bedeutung.

Wirklich interessant und oft faszinierend sind aber die fakultativen Regeln, nach denen unter mehreren erlaubten Folgen eine ausgewählt wird. Solche Folgen sind interpretierbar und legen Nuancen der Bedeutung der Äußerung offen. So verstanden, kann mit den Folgeregeln ungemein viel Wichtiges für das Verstehen von Äußerungen erreicht werden. Und doch: Was ist mit solchen Interpretationen wirklich erreichbar? Die geschriebene Sprache, in besonderem Maße auf Folgeregeln angewiesen, bringt durch diese Regeln Strukturen an den Tag und führt, im besten Falle, zu eindeutigem Verstehen. Die gesprochene Sprache hingegen kann ganz andere Wege gehen. Sie braucht sich weniger um grammatische Regeln zu kümmern und erreicht im Allgemeinen doch unfehlbar ihr kommunikatives Ziel. Sie erreicht es mit „suprasegmentalen" phonischen Mitteln, also mit Intonationskurven und mit Akzentmustern, die sich nicht auf Einzelwörter, ja Einzelsilben beschränken, sondern jeweils für den gesamten Satz gelten. Diese Mittel leisten auf einfache und eindeutige Weise, was mit grammatischen Regeln oft mühsam und unzulänglich bewirkt werden kann.

Was gemeint ist, wird deutlich durch das folgende kleine Experiment, das jeder mit sich selbst anstellen kann:

> Verzichten Sie auf alle Wörter und folglich auch auf alle grammatischen Ordnungsregeln. Halten Sie die Lippen geschlossen und versuchen Sie, sich dennoch lautlich zu äußern. Auf diese Art können Sie artikulatorisch nicht viel mehr als *mmm* oder *hmm* oder etwas Ähnliches zustande bringen. Variieren können Sie nur die Intonation und, begrenzt, die Akzentuierung.
>
> Was ergibt sich?
>
> Es werden im Folgenden einige Tonkurven wiedergegeben, die Sie nachahmen können. Außer der Kurve werden durch je einen Punkt der „Grundton" und der Tongipfel markiert.

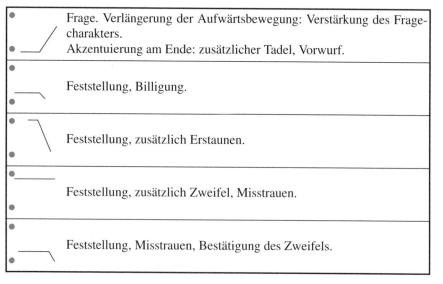

Zahllose Varianten sind möglich.

Das ist kein unverbindliches Spiel. Wir äußern uns de facto so. Gerade bei äußerster Konzentration auf Sachverhalte, Sachvorgänge, mögen sie sprachlich ausformuliert sein oder nicht, verzichten wir oft auf Worte, drücken unser Urteil, unsere Einstellung dazu nur intonatorisch aus.

Das gilt auch beim regelrechten Sprechen. Wenn wir in Sätzen reden, intonieren wir immer zugleich; nur Computerstimmen fehlt (meist) dieses lebendige Element. Jede gesprochene Äußerung erhält ihre eigene Intonation. Gewiss wird sie in den meisten Fällen automatisch zugeordnet. Aber es gibt eben auch die Möglichkeit freien Intonierens, und von ihr wird eifrig Gebrauch gemacht. Tatsächlich werden erst durch Intonation und Akzentuierung die Illokution der Äußerung und das Gewicht der einzelnen Teile definitiv festgelegt.

> *Dieser Angriff ist rechtswidrig.* (mit fallender Intonation) ist eine Mitteilung, eine Feststellung.
>
> *Dieser Angriff ist rechtswidrig?* (mit steigender Intonation) ist eine Frage.

Die suprasegmentalen phonischen Mittel sind stärker als die grammatischen Mittel. Und das bedeutet auch: Sie können die grammatischen Mittel außer Kraft setzen. Eine Tonkurve, über eine grammatisch erzeugte Kette von Wörtern gelegt, kann diese in ihr Gegenteil verkehren. Akzente, auf eine grammatisch erzeugte Kette gesetzt, können die Thema-Rhema-Gliederung völlig verändern.

Alles, was über die Stellungsregeln, ihre Voraussetzungen (beim Erzeugungsprozess), ihre Wirkungen (beim Verstehensprozess) gesagt wurde, ist nur zur Hälfte wahr. Die suprasegmentale Phonik trägt Elementares zur Äußerungsbedeutung bei.

Nicht nur in der gesprochenen Sprache übrigens: Die geschriebene Sprache, die nicht über eine phonische Komponente verfügt, muss mit grammatischen Mitteln deutlich, eindeutig machen, welche suprasegmentale Phonik der Kette zuzuordnen ist. Erst der Schreiber, der zweifelsfrei und in allen Einzelheiten festlegt, wie sein Text (laut) gelesen werden muss, hat ihn optimal formuliert. Erst der Leser, der „den richtigen Ton trifft", hat den Autor verstanden.

Über die suprasegmentale Phonik ist viel geforscht, nachgedacht, geschrieben worden. Leider gibt es wenige Erkenntnisse, auf die sich die Fachleute bisher geeinigt hätten. Wir müssen uns, wohl noch geraume Zeit, damit bescheiden, auf die Unzulänglichkeit und die begrenzte Gültigkeit der Folgeregeln hinzuweisen.

3.9.   SATZBEDEUTUNGEN

3.9.1. Allgemeines

Beim Nachdenken über die Bedeutung von Sätzen gehen wir von zwei grundsätzlichen Annahmen aus.

Erste Grundannahme: Beim Gebrauch der Sprache, also beim Sprechen wie beim Schreiben, kommt es in erster Linie auf die **Inhalte** an. Man redet schließlich nicht, um zu reden, sondern weil man etwas zu sagen hat, weil man etwas meint. Dieses Gemeinte ist das Fundament, auf dem Sätze und Texte entstehen. Die Ausdrucksform ist sekundär, ist im Grunde nur Markant für das Gemeinte. Soweit eine Ausdrucksform die Vermittlung des Gemeinten gewährleistet, kann sie nicht als defektiv bezeichnet werden.

Zweite Grundannahme: Ausdruck und Inhalt, die sich zum sprachlichen Zeichen zusammenfügen, sind durchgehend einander zugeordnet, so dass jeder inhaltliche Unterschied einen Ausdrucksunterschied bedingt und jede Änderung der Ausdrucksform eine Änderung des Inhalts zur Folge hat.

Kleinste bedeutungstragende Elemente der Sprache sind die Wörter und gewisse Wortbestandteile (Wortbildungselemente), ferner unselbständige Flexionsmorpheme (Endungen). Diese Elemente werden zu größeren Einheiten, im weiteren Verlauf auch zu Texten, zusammengefügt. Aber die Bedeutung eines Satzes ist nicht einfach die Summe der Bedeutungen der Wörter und Morpheme. Gemäß den grammatischen Regeln werden die Elemente nach bestimmten Richtlinien kombiniert, und diese Kombinationsmodalitäten gehen ebenfalls in die Bedeutung von Sätzen ein.

Von den Wörtern kann gesagt werden, dass die meisten von ihnen zwei Bedeutungsdimensionen aufweisen. Die erste und wesentliche (und die, an die jeder zuerst denkt) ist die Bedeutung des Wortes „an sich", die Wörterbuch-Bedeutung; wir nennen sie hier „inhärente Bedeutung". Die zweite kommt erst bei der Verbindung mit anderen Wörtern und/oder Morphemen ins Spiel; wir sprechen daher von der „kombinatorischen Bedeutung" eines Wortes. Es liegt immer am Wort selbst, mit welchen Elementen welcher Art es sich auf welche Weise verbinden lässt. Man kann auch sagen, dass das Wort an seine Umgebung bestimmte Anforderungen stellt, anders: dass es seiner Umgebung bestimmte Restriktionen auferlegt. So kann das Verb *fließen* nur eine Subjektgröße haben, die materiell, aber nicht abgrenzbar (und damit auch nicht zählbar) ist: *Strom* kann fließen, *Wasser, Milch* und andere ‚Flüssigkeiten‘. Andererseits muss die Subjektsgröße des Verbs *hämmern* immer belebt sein; Menschen können hämmern, aber auch bestimmte Tiere wie der *Specht*. Die semantische Selektion der Umgebung lässt sich stets in Kategorien angeben, deshalb sprechen wir bei solchen Restriktionen von der „kategoriellen Bedeutung" des Wortes. Überdies aber erlegen viele Wörter, besonders Verben, ihrer Umgebung bestimmte Rollen auf, die sie bei der Kombination mit anderen Elementen übernehmen müssen, obwohl sie diese Rollen „von Natur aus" gar nicht haben. Zum Beispiel verlangt das Verb *informieren* im Allgemeinen drei Kontextelemente, von denen zwei je einen Menschen, das dritte einen Sachverhalt bezeichnet. Von den beiden Menschen hat der eine die Rolle des Aktiven, des Informators zu übernehmen, der Andere die des Rezipienten, des Informanden, der informiert wird. Keiner der beiden ist aber von Hause aus Informator oder Informand. Auf solche Art werden zwischen dem Verb und seinem Kontextelement bestimmte (semantische) Relationen gestiftet. Wir sprechen deshalb von der „relationalen Bedeutung" eines Verbs (wie auch anderer Wörter).

Zu den wichtigsten Kombinationsreglern zählt die **Valenz**. Sie ist in den vorhergehenden Kapiteln im Wesentlichen morphosyntaktisch beschrieben worden (als Ausdrucksvalenz): Es ging dabei um Zahl und Ausdrucksform der Ergänzungen. Die semantische oder Inhaltsvalenz regelt die kombinatorische Bedeutung und damit die lexikalische Belegung der Ergänzungen und die Rolle, die ihnen zukommt. So haben wir bei jedem Verb, das beschrieben werden soll, neben seiner inhärenten Bedeutung auch Ausdrucks- und Inhaltsvalenz zu berücksichtigen:

inhärente Bedeutung	kategorielle Bedeutung
Zahl und Form der Ergänzungen	relationale Bedeutung

= Valenz. Linke Spalte: Ausdruck; rechte Spalte: Inhalt.

3.9.2. Inhärente Bedeutung

Dieses Bedeutungssegment zu beschreiben ist im Grunde nicht Aufgabe der Grammatik, sondern in erster Linie der Lexikologie und der Lexikographie. Wo die Grammatik aber beigezogen wird, um einzelne Verben oder Mengen von Verben zu beschreiben, hat sie sich auch um die inhärente Bedeutung zu kümmern.

Dabei sind in erster Linie drei semantisch definierbare Teilmengen hilfreich: Zustandsverben, Vorgangsverben und Tätigkeitsverben.

Zustandsverben bezeichnen einen Sachverhalt, der sich im Beobachtungszeitraum nicht verändert. Nicht nur *sein, bleiben* und *scheinen*, sondern auch *schlafen, sitzen* und *stehen* sind Zustandsverben.

Vorgangsverben bezeichnen einen Sachverhalt, der sich im Beobachtungszeitraum verändert, ohne willentlich gesteuert zu sein. *fallen, rollen, sinken, werden* sind Vorgangsverben.

Tätigkeitsverben bezeichnen einen Sachverhalt, der willentlich gesteuert ist. *lachen, treiben, schauen* sind Tätigkeitsverben.

Manche Grammatiker unterscheiden als vierte Teilmenge die der Handlungsverben. Damit sind Verben gemeint, die einen Sachverhalt bezeichnen, der nicht nur willentlich gesteuert ist, sondern zugleich eine weitere Größe – ein Lebewesen oder eine „Sache" – betrifft. Die meisten dieser „Handlungsverben" sind Akkusativverben. Aber der Unterschied zwischen Tätigkeits- und Handlungsverben liegt nicht mehr in der inhärenten, sondern in der kombinatorischen Bedeutung des Verbs. Die Ausgrenzung dieser Teilmenge folgt daher ganz anderen Kriterien als die der anderen. Da wir auf diese Art zu einer disparaten Gliederung der Verben kämen, sehen wir in dieser ersten Einteilung von einer Berücksichtigung der „Handlungsverben" als weiterer semantischer Teilmenge ab.

Innerhalb der drei Teilmengen ist nach einzelnen Merkmalen zu spezifizieren. Davon haben die Wörterbuchmacher reiche Kenntnis, aber die Wissenschaft ist sich über die Art, wie Wortinhalte zu beschreiben sind, keineswegs einig. Übereinstimmung darf man allenfalls in dem Bemühen sehen, mit möglichst wenigen Merkmalen auszukommen. Verwendet man aber ein zu kleines Beschreibungsinventar elementarer Begriffe, so werden die Beschreibungen unnatürlich umständlich. Das Wörterbuch „Verben in Feldern"[18], das in dieser Hinsicht als modellhaft gelten darf, benutzt ein „Beschreibungsvokabular", das aus weniger als 170 semantisch primitiven Einheiten besteht. Damit wird das Verb *verkaufen* folgendermaßen beschrieben:

> „a bewirkt absichtlich und um die Gegenleistung von k, dass es dazu kommt, dass x den z besitzt und a den z nicht mehr besitzt."

a, k, x und z bezeichnen die beteiligten Größen (Verkäufer, Kaufpreis, Käufer, verkaufte Ware). An drei Stellen dieser Beschreibung wird auf das Beschreibungsvokabular verwiesen. Wer es weniger ungefüge haben will, der muss auf komplexere Beschreibungsmittel zurückgreifen und nimmt damit in Kauf, dass die Erklärung eines Wortes ihrerseits, oft in mehreren Stufen, der Erklärung bedarf. Das wesentlich praxisnähere „Wörterbuch der deutschen Gegenwartssprache"[19] beschreibt dasselbe Verb ganz anders:

> „etw. gegen Zahlung einer bestimmten Geldsumme einem anderen als dessen Eigentum überlassen."

Diese Beschreibung ist nicht nur kürzer, sondern ohne Zweifel auch eingängiger, was daher kommt, dass das Beschreibungsvokabular unserer „normalen" Sprache entnommen ist, deren Wörter wir natürlich kennen – aber irgendwann mussten wir sie erlernen, und wer Deutsch als Fremdsprache lernt, muss es auch. Ein solches Beschreibungsvokabular muss um ein Vielfaches größer sein als in „Verben in Feldern".
Das eine Extrem lässt sich folgendermaßen charakterisieren: „Wer wenige und einfache Mittel verwendet, muss langen Atem haben." Das andere Extrem: „Wer es kurz durchziehen will, braucht viele und komplexe Mittel." Irgendwo zwischen den beiden Extremen muss das Verfahren liegen, für das man sich entscheidet.
Hier wird einer leichter lesbaren Variante der Vorzug gegeben, die aber durchaus mit einem relativ begrenzten, im Voraus definierten Beschreibungsinventar arbeitet. Beschreibungsbeispiele:

> *verkaufen*: jemandem etwas gegen Entgelt übereignen
> *hämmern*: mit einem harten Gegenstand wiederholt auf einen harten Gegenstand schlagen und dabei ein klopfendes Geräusch erzeugen
> *fließen*: sich gleichmäßig auf ebenem oder schwach geneigtem Untergrund fortbewegen

---

[18] Schumacher et al. 1986. Für das Folgende s. S. 741.
[19] Klappenbach/Steinitz, Bd. 6, 1977, S. 4063.

Das hier verwendete Beschreibungsinventar[20] wird im vorliegenden Buch nicht in extenso dargelegt, da es sich in erster Linie um ein lexikographisches, weniger um ein grammatisches Instrument handelt.

3.9.3. Kategorielle Bedeutung

Dieser Begriff bezeichnet semantische Minima für Kontextelemente, es geht also keineswegs um deren vollständige semantische Beschreibung. Für die „semantischen Restriktionen", also semantische Minimalanforderungen an Kontextelemente, stehen seit langem ein paar Dutzend semantischer Merkmale bereit. Katz und Fodor haben diese Merkmale im Jahr 1963 in eine semantische Theorie eingefügt. Dabei haben viele übersehen, dass das Inventar selbst durchaus nicht neu war, sondern seit Jahrhunderten in Wörterbüchern, seit geraumer Zeit auch in lexikologischen Untersuchungen verwendet wurde, wenn auch nicht ohne Oszillationen. Immerhin wurde damals klar, dass sich ein semantisches Inventar nicht hierarchisch ordnen lässt. Diese Schwierigkeit kann leicht veranschaulicht werden. Als oberste Opposition in einer angestrebten semantischen Hierarchie wird allgemein die Opposition ‚materiell': ‚immateriell' angesetzt, auf der nächsten Stufe steht für das Materielle gewöhnlich die Opposition ‚belebt': ‚nicht belebt'. Geht man tiefer, so tauchen Probleme auf. Weitgehend üblich ist es zwar, ‚Belebtes' nach dem Merkmalspaar ‚menschlich': ‚nicht menschlich' zu gliedern. Aber die dann naheliegende weitere Opposition ‚minderjährig': ‚erwachsen' gilt für Menschen wie für Tiere, so dass es ebenso sinnvoll wäre, die Opposition ‚minderjährig': ‚erwachsen' über die Opposition ‚menschlich': ‚nicht menschlich' zu setzen. Eine durchgängige Hierarchie gibt es im Semantischen nicht, es kann sie auch gar nicht geben.

Trotz mancher dadurch bedingter Unterschiede im Verfahren hat sich im Laufe der Zeit ein Merkmalsinventar herausgebildet, über das Konsens besteht und mit dem sich auch arbeiten lässt. Dieses Inventar umfasst in der von mir bevorzugten Version in teilweise hierarchischer Darstellung folgende Merkmale:

mat		materiell, sinnlich wahrnehmbar
	hum	menschlich
	inst	Institution, von Menschen geschaffen
	zool	tierisch
	plant	pflanzlich
	geg	unbelebt + zählbar
	mas	unbelebt + nicht zählbar
immat		immateriell, nicht sinnlich wahrnehmbar
	sachv	Sachverhalt
	akt	Vorgang, Tätigkeit, Handlung
	stat	Zustand
	intell	Denkkategorie, Maßeinheit u. a.
sonst		Sonstiges (für weitere, noch nicht vorhersehbare Fälle)

─────────────────

[20] Dieses Vokabular wurde von mir seit etwa 1993 entwickelt. Es wurde eingesetzt in einer Beschreibung von ca. 700 deutschen Verben, die für mehrere kontrastive Valenzprojekte zur Verfügung stehen.

Diese Merkmale reichen in vielen Fällen zur Beschreibung der semantischen Minimalcharakteristik für Kontextelemente aus. Wo weiter spezifiziert werden sollte, können konkretere Begriffe hinzugefügt werden, so ‚Apparat‘, d. h. ‚zu einem bestimmten Zweck von Menschen geschaffene Vorrichtung‘, ‚Fahrzeug‘, ‚Nutztier‘, ‚Versammlung‘, d. h. ‚zu einem bestimmten Zweck zusammengerufene Menschenmenge‘, ebenso ‚Behälter‘, ‚erwachsen‘ : ‚minderjährig‘, ‚männlich‘ : ‚weiblich‘, ‚fest‘ : ‚flüssig‘ : ‚gasförmig‘ u. ä. Und auf einer dritten Ebene können Einzelwörter angegeben werden, zu *bellen* etwa *Hund, Fuchs*.

3.9.4. Relationale Bedeutung

Die semantischen Relationen, die zwischen dem Verb als Repräsentant des Geschehens und seinen Argumenten, repräsentiert durch die Ergänzungen, bestehen, werden durch Relatoren ausgedrückt, die sich als semantische „Kasus" in der Forschungsdiskussion wieder finden.

Die Linguistik der sechziger Jahre, vor allem die damals führende „Generative Grammatik", übernahm den semantischen Part von Katz und Fodor, übersah aber, dass eine Summierung der Teilbedeutungen nicht zur Satzbedeutung führen kann, solange die Relationen zwischen diesen Teilen nicht berücksichtigt werden. Diese Lücke füllte Fillmores „Kasusgrammatik". Seine „Kasus", oft auch Tiefenkasus, thematische Relationen, Thetarollen genannt, sind im Grunde genommen Relatoren, die die semantische Beziehung zwischen dem verbalen Geschehen und der zu charakterisierenden Größe angeben.[21] In einem ersten Entwurf[22] führte Fillmore sechs Tiefenkasus auf: Agentiv, Instrumental, Dativ, Faktitiv, Lokativ, Objektiv. Präzisierungen führten später zu Umbenennungen und der Einführung weiterer Kasus wie Ausgangspunkt, Ziel, durchlaufene Strecke, Tempus u. a. Neben dem Agentiv, der den Handelnden, den Auslöser bezeichnet, wurde im Laufe der Zeit vor allem der „Experiencer" wichtig, der den Betroffenen, aber auch den bloßen „Träger" eines Zustands oder einer Eigenschaft meint. Daneben gibt es „Papierkörbe", Sammelkasus, in denen alles zusammengekehrt wird, was anderweitig nicht unterzubringen ist, wie namentlich den „Objektiv".

Die Änderungen am Kasusinventar wurden mit ernstem Raisonnement vorgenommen, wirken aber großenteils doch nicht überzeugend, weil relativ willkürlich immer dann, wenn die vorhandenen Kasus nicht auszureichen schienen, kurzerhand ein neuer Kasus eingeführt wurde. Ein Extrem dieser Entwicklung stellt Polenz' „Deutsche Satzsemantik" ([2]1988) dar, die neunzehn Kasus kennt. Was als Kasus überhaupt in Frage kommen kann, welche Kriterien für die Subklassifizierung anzusetzen sind, wurde dabei selten diskutiert. Gisa Rauh hat, in Anlehnung an Gruber[23], diesem wilden Kasuswuchern ein Ende zu setzen versucht, indem sie[24], ausgehend von drei „Schemata", dem Bewegungsschema, dem Ruheschema und dem Aktionsschema, zunächst sieben Kasus ansetzte. Aber auch hier vermisst man ein zwingendes und zu-

---

[21] S. dazu Engel 1995, 1996.
[22] S. vor allem Fillmore 1968. Eine weiter entwickelte „Kasustheorie" wird in Fillmore 1977 skizziert.
[23] S. Gruber 1965, 1967.
[24] Rauh 1988.

gleich einsichtiges Prinzip: Warum gerade diese Kasus? Warum gerade soviele? Warum gerade diese Schemata?

Aus dem Forschungsüberblick lässt sich zweierlei ableiten. Erstens sollte man versuchen, der wilden Vermehrung der Tiefenkasus Einhalt zu gebieten, möglicherweise sogar die Zahl der Kasus zu reduzieren. Zweitens sollte man sich um straffe Kriterien für die Definition der Kasus bemühen. Dabei müsste die Überlegung eine Rolle spielen, dass man nicht einfach durch Nachdenken auf immer neue Kasus kommen kann, dass man – denn es geht schließlich um Sprache – versuchen sollte, semantische Elemente wie die Kasus durch Kategorien in anderen sprachlichen Bereichen „abzusichern", etwa durch morphologische und morphosyntaktische Tests, die auf eindeutigen, sinnlich wahrnehmbaren Ausdrucksformen beruhen.

Ein Grund für Missverständnisse und die offenbar unaufhaltsame Diversifikation der Kasustheorie scheint mir auch darin zu liegen, dass die Linguisten sich weniger an der Sprache orientierten als an der außersprachlichen Wirklichkeit, besser gesagt an dem, was sie für die Wirklichkeit hielten. Ihre Methoden waren damit eher ontologischer als linguistischer Art. So wurde zum Beispiel ein Satz wie

Venedig kann sehr kalt sein.

nicht interpretiert als Zuordnung einer Eigenschaft (*sehr kalt*) zu einer Größe (*Venedig*), sondern als Feststellung eines allgemeinen Zustands an einem bestimmten Ort.[25] Der zu *Venedig* gehörende Tiefenkasus ist somit nicht etwa EXPERIENCER, sondern LOCATIV. Ebenso würde in dem Satz

Der Fluss teilt die Stadt in eine polnische und eine tschechische Hälfte.

der *Fluss* weder INSTRUMENT noch AGENTIV sein, sondern OBJEKTIV, denn er „tut" ja nichts, er fließt einfach in einer bestimmten Gegend, nämlich zwischen den beiden Teilen der Stadt hindurch.

Solche Interpretationen haben durchaus etwas Einleuchtendes, aber sie sind keineswegs zwingend, Alternativen gibt es immer. Vor allem: Sie berücksichtigen viel zu wenig die sprachliche Ausdrucksform. Der Satz *Venedig kann sehr kalt sein.* hat, das lässt sich nicht wegdiskutieren, ein zentrales Verb mit Prädikativergänzung, und solche Ergänzungen klassifizieren gemeinhin die Subjektsgröße; in diesem Fall wird das Klassenmerkmal *sehr kalt* dem Argument *(die Stadt) Venedig* zugeordnet. Und im zweiten Beispiel mit Subjekt und Akkusativergänzung (die Präpositivergänzung kann hier außer Acht bleiben) wird ausgesagt, dass die Subjektsgröße *Fluss* eine andere Größe, eben die betroffene Stadt, „affiziert", indem sie sie in zwei Teile trennt. Es spielt keine wesentliche Rolle, welcher Sachverhalt hier „in Wirklichkeit" vorliegt; wir haben zur Kenntnis zu nehmen, wie die Wirklichkeit durch die Sprache geprägt wird. Das ist nicht inhaltbezogene Sehweise, sondern eher das Gegenteil: Wir haben die Ausdrucksformen, die sprachliche Oberfläche ernst zu nehmen.

Nach diesem kritischen Überblick können Zahl und Definition der semantischen Relatoren angegangen werden.

Zunächst bieten sich zwei an, die „Klassifikativ" und „Lokativ" genannt werden können. Der LOKATIV steht für jegliche Festlegung im Raum, statische wie dynamische. Verwenden wir die Abkürzung LOC, so gilt nichtindiziertes LOC für statische Lokalität, für den Ort, an der sich eine Größe befindet, ein Vorgang sich abspielt. LOCdir gilt für dynamische Lokalität und findet sich vor allem bei Bewegungsverben. Nun ist die Bewegung teils zielgerichtet (zu einem Ort hin), teils herkunftsgeprägt (von einem Ort weg),

---

[25] Fillmore 1968 bringt das Beispiel *Chicago is windy.*, das ich nach Abraham 1977: 36 abändere. Fillmore interpretiert entsprechend.

teils wird auch der durchlaufene Raum angegeben. Dies lässt sich durch die Subindizes „all" (für die Hin-Richtung), „abl" (für die Her-Richtung) und pas (für den passierten Raum) markieren. Auf diese Art lässt sich jedes Geschehen im Raum durch einen Kasus bzw. Subkasus präzisieren. Der Lokativ und seine Subkasus sind an jeweils typischen anaphorischen Leitformen erkennbar.

Der KLASSIFIKATIV (abgekürzt KLS) steht für die Zuordnung von Klassenmerkmalen zu Argumenten; er kommt vorzugsweise (aber keineswegs nur) bei „Kopulaverben" vor und erinnert an die prädikativen Ergänzungen. In Satz 4 (*Venedig kann sehr kalt sein.*) entspricht das prädikativ gebrauchte Adjektiv *kalt* einem Klassifikativ. Auch der Klassifikativ hat übrigens eine statische und eine dynamische Variante, je nachdem ob Verben des Sich-Befindens, des So-Seins oder aber Verben der Veränderung vorliegen. Die ersteren verlangen keine weitere Indizierung des Relators. Letztere lassen sich an Hand der beteiligten Größen zusätzlich danach charakterisieren, ob die Entwicklung einer Subjektsgröße durch das Ausgangsmaterial (*Sie machen diese Figuren aus weißem Ton.*) oder durch den Zielzustand (*Sie wurde zur größten Lyrikerin des Jahrhunderts.*) charakterisiert sind. Die entsprechenden Relatoren notieren wir als KLSabl bzw. KLSall.

Alle übrigen Ergänzungen lassen sich mit den Relatoren AGENTIV und AFFEKTIV vollständig erfassen und ausreichend charakterisieren. Jede Größe im Satz, die nicht durch Lokativ oder Klassifikativ erfasst ist, entspricht einem dieser beiden Relatoren.

Neu zu definieren ist dabei vor allem der AGENTIV (abgekürzt AGT), der grundsätzlich nur beim Subjekt (möglicherweise auch bei der Agensbestimmung in Passivsätzen: *Diese Hysterie wurde letztlich **durch einen früheren Trinker** ausgelöst.*) vorkommt. Er liegt keineswegs nur dort vor, wo eine Größe gemäß unserem „Weltwissen" einen Vorgang oder sein Ergebnis bewirkt, sondern auch überall dort, wo eine solche Bewirkung durch die sprachliche Formulierung „unterstellt" wird. Die Subjektsgröße in dem Beispiel *Der Fluss teilt die Stadt in eine polnische und eine tschechische Hälfte.* ist ein AGENTIV, der Fluss ist also als Urheber, Bewirkender aufzufassen, auch wenn sich geologisch nachweisen lässt, dass der Fluss das Tal durchfloss lange bevor die Stadt überhaupt existierte. Die indoeuropäischen Sprachen insgesamt machen von dieser Sehweise reichlich Gebrauch; sie sind „agentivische Sprachen". Es gibt unendlich viele Verben mit agentivischer Subjektsgröße, und wenn unser „gesunder Menschenverstand" uns sagt, dass hier gar nichts bewirkt wird, so sollte das die Interpretation der sprachlichen Formen nicht über Gebühr bestimmen. Sprachlich liegt hier ein agentivischer Satz vor.

Eine wichtige Rolle bei der Ermittlung des AGENTIVs kommt dem Passiv zu. Wo ein volles Passiv möglich ist, erreicht die Subjektsgröße den höchsten Grad an Agentivität; wir schreiben AGT''', so bei dem Satz

(6) *Millionen haben eine friedliche Beendigung der Krise verlangt.*

Aber auch Verben, die nur ein generelles Passiv erlauben (das anderwärts „unpersönliches Passiv" genannt wird[26]), sind in hohem Maße auf den AGENTIV hin orientiert, weil hier immer tätige Menschen als Subjektsgrößen involviert sind, die das betreffende Verhalten willentlich zu steuern vermögen. Deshalb schreiben wir der Subjektsgröße von

---

[26] Man soll Nutzen oder Gefahr von Termini nicht zu hoch veranschlagen. Im Falle des „unpersönlichen Passivs" scheint mir allerdings eine Änderung unumgänglich. Die zugrunde liegende Konstruktion (in Sätzen wie *Die ganze Nacht hindurch wurde getanzt.*) heißt „unpersönlich", weil es hier kein Person-Paradigma gibt, weil nur die 3. Person Singular zugelassen ist. Da aber diese Konstruktion nur bei menschlicher Subjektsgröße möglich ist, hat sie semantisch gesehen als im höchsten Maße „persönlich" zu gelten. Der alternative Terminus „generelles Passiv" wurde gewählt, weil die menschliche Subjektsgröße in den meisten Fällen nur ganz im Allgemeinen gesehen wird, indem sie überhaupt nicht genannt wird.

Verben, die nur generelles Passiv erlauben, den Relator AGT'' zu. Der Rest müsste noch nach Größen höherer oder minderer Agentivität differenziert werden. Da hierfür aber bisher keine eindeutigen Oberflächentests gefunden wurden[27], können hier vorläufig nur „weiche" Kriterien angewandt werden. Agentivisch sind jedenfalls die Subjektsgrößen dann, wenn sie die Realisierung des Geschehens ermöglichen oder verhindern können. Wir schreiben, soweit in solchen Fällen kein Passiv möglich ist, AGT'. Der AGENTIV wird also ausnahmslos indiziert.

Alle verbleibenden Größen, denen nicht der Relator AGENTIV zugeordnet werden kann, sind von dem Geschehen bloß betroffen, ohne es auslösen zu können. Solche Betroffenheit kennzeichnen wir mit dem Relator AFFEKTIV, abgekürzt AFF. Dazu gehören Größen bei reinen Zustandsverben wie *sein, bleiben, wohnen*, aber auch bei vielen Vorgangsverben.

Die beiden größenbezogenen Relatoren AGENTIV und AFFEKTIV lassen sich subkategorisieren. Entscheidend ist dabei, ob die Größe bei dem Geschehen, in das sie involviert ist, eine räumliche oder qualitative Veränderung erleidet oder nicht, ob die Größe dabei überhaupt erst entstand oder vernichtet wurde. Nichtveränderung bei der Subjektsgröße liegt vor in

> *Sie redeten die ganze Nacht hindurch.*

Wir schreiben für das Subjekt AGTfer (von lat. *ferens* ((‚bloßer) Träger des Geschehens‘), exakter AG''fer.
Veränderung bei der Subjektsgröße liegt vor in

> *Karl fuhr nach Paderborn.*

Wir schreiben für das Subjekt AGTmut (von lat. *mutare* ‚verändern‘), exakter AGT''mut.
Entstehung der Subjektsgröße liegt vor in

> *Ein großer Lärm erhob sich.*

Wir schreiben für das Subjekt AGTeff (von lat. *efficere* ‚entstehen lassen‘).
Vernichtung der Akkusativgröße liegt vor in

> *Mach das Licht aus.*

Wir schreiben für die Akkusativergänzung AFFeff.
Die vier Relatoren AGENTIV, AFFEKTIV, LOKATIV, KLASSIFIKATIV reichen für die Beschreibung der semantischen Beziehungen innerhalb eines Satzmusters aus. Weitere semantische Schattierungen sind durch die inhärenten Bedeutungen der beteiligten Nomina erfassbar. Dies gilt etwa für die Unterschiede zwischen Akkusativgröße und Dativgröße bei Verben des Gebens. Dass es hier einerseits um „Sachen" geht, die den Besitzer wechseln, andererseits um Personen, die einen Besitzwechsel vollziehen, ist an den Bedeutungen der beteiligten Nomina ablesbar. Auch Unterschiede, wie sie zwischen *geben* und *schenken* sichtbar werden, bedürfen keiner zusätzlichen Kasus, die inhärenten Bedeutungen der Verben reichen für eine exhaustive semantische Beschreibung aus.

---

[27] In Engel 1996 und in Engel 2002 habe ich dafür den „Thematisierungstest" vorgeschlagen, bei dem das zentrale Verb in infiniter Form ins Vorfeld rückt und der linke Rahmenteil durch ein finites Nebenverb besetzt wird: *Gelacht hat damals keiner (, aber wollen hätten manche.).* Nun fällt dieser Test bei nahezu allen Verben positiv aus (er scheint lediglich bei *sein, werden, bleiben* zu negativem Ergebnis zu führen) und wird daher von mir nicht mehr angewandt.

3.9.5. Integrierte Verbbeschreibung

Das bisher Gesagte enthält die Minima, die in einem künftigen Valenzwörterbuch zu jedem Einzelverb angegeben werden sollten. Als Beispiel einer solchen Beschreibung, in der morphosyntaktische und semantische Charakteristika integriert werden, wird eine Variante (von insgesamt 5 Varianten) des Verbs *denken* wiedergegeben:

---

denken 4

Stammformen:	***denken, denkt, dachte, hat gedacht***
Bedeutung:	‚einschätzen'
Satzbauplan:	sub prp *über/von* adj
Semantik:	sub: AGT''fer; hum
	prp: AFFfer; –
	adj: KLS; stat
	Denkst du so schlecht von ihm?
	Er dachte nicht gut von seiner Nachbarin.
Passiv:	generell
	Seither wurde anders über sie gedacht.

Im Folgenden werden 35 deutsche Verben in jeweils einer Variante, jedoch nur mit Satzbauplan und semantischen Beschränkungen, kurz beschrieben und durch Beispiele erläutert. Fakultative Ergänzungen erscheinen in runden Klammern, Angaben in eckigen Klammern. Beim Valenzindex bedeutet „ / " so viel wie ‚alternativ' (eines von beiden), „v" so viel wie ‚disjunktiv' (mindestens eines von beiden).

abfahren<sub (dir)>
sub: AGT''mut; hum obj (Fahrzeug)
dir: LOCabl, all; obj

Der Zug fährt [um 15.09 Uhr] (von Heppenheim) ab.
[Wann] fahrt ihr [endlich] ab?
Der Bus ist [soeben] (nach Heidelberg) abgefahren.

anfangen<sub (akk prp *mit*)>
sub: AGT'''fer; hum
akk: AFFeff; obj sachv
prp: AFFfer; obj sachv

[Nun] fangen Sie [doch] an!
Hugo hat (den Streit) angefangen.
Hanna fing (mit einem Beispiel) an.
Hanna fing (den Vortrag mit einem Sprichwort) an.

arbeiten<sub prp *an*>
sub: AGT''fer; hum
prp: AFFmut; obj stat

Susanne arbeitet [immer noch] an ihrem Buch.
Gerhard arbeitet am Image der Partei.

aussehen<sub prd>
sub: AFFfer; –
prd: KLS; stat

Inge sieht [auch heute] blendend aus.
Unsere Zukunft sieht düster aus.

bestehen<sub prp *aus*>
sub: AFFfer; –
prp: KLSabl; –

Dieser Teig besteht [nur] aus Mehl und Wasser.
Die Anklage besteht aus lauter unbegründeten Unterstellungen.

sich drehen<sub prp *um*>

sub: AFFfer/mut; akt
prp: AFFfer; –

> *Das Gespräch drehte sich [ständig]*
> *um den drohenden Krieg.*
> *Ihre Bemühungen drehen sich um*
> *das Haus.*

erzählen<sub akk/prp *von/über* (dat)>

sub: AGT'''fer; hum
akk: AFFeff; –
prp: AFFeff; –
dat: AFFfer; hum inst

> *Erzählen Sie die Geschichte [noch*
> *einmal]!*
> *Anna hat (mir) alles erzählt.*
> *Warum erzählen Sie (ihr) von diesen*
> *Leuten?*

fehlen, es<prp *an* (dat)>

prp: AFFfer; –

> *Es fehlt [nicht nur] am Geld.*
> *(Dir) fehlt es an Entschlusskraft.*

sich halten<sub prp *an*>

sub: AGTfer; hum inst
prp: AFFfer; –

> *Die Krankenkasse hält sich [eben]*
> *an ihre Bestimmungen.*
> *Du musst dich an diese Leute hal-*
> *ten.*

kommen<prp *zu*>

prp: AFFeff; akt

> *[Am Ende] kam es zum Verkehrskol-*
> *laps.*

kriegen<sub akk (prp *von*)>

sub: AFFfer; hum zool plant
akk: AFFfer; –
prp: AFFfer; hum zool

> *Der Gefangene/der Hund/die Chry-*
> *santheme kriegt Wasser.*
> *Er kriegte (von seiner Schwieger-*
> *mutter) eine goldene Uhr.*
> *Die jungen Störche kriegen (vom*
> *Vater) die ersehnte Nahrung.*

laufen<sub dir/prd>

sub: AGT''mut; hum zool mas
dir: LOCdir; obj
prd: KLS; stat

> *Lauf [mal schnell] zum Bäcker.*
> *Mein Hund lief schneller als seiner.*

lernen<sub akkvprp *von, aus*>

sub: AGT''mut; hum inst zool
akk: AFFeff; immat
prp von: AFFfer; mat
prp aus: AFFfer; immat

> *Sabine hat aus ihren Fehlern ge-*
> *lernt.*
> *Sie sollte [erst richtig] Deutsch ler-*
> *nen.*
> *Ich habe von ihr eine Menge ge-*
> *lernt.*
> *Sie hat nichts aus dieser Geschichte*
> *gelernt.*

sich lohnen<sub (prp *für*)>

sub: AFFfer; –
prp: AFFmut; hum inst zool

> *(Für die Regierung) hat sich diese*
> *Änderung gelohnt.*
> *Diese Beförderung lohnt sich*
> *[nicht] (für Hugo).*
> *Liebeskummer lohnt sich [nicht].*

meinen<sub akk prp *mit*>

sub: AGT''fer; hum inst
akk: AFFfer; –
prp: AFFfer; obj (Text)

> *Mit dieser Bemerkung habe ich*
> *[nicht] Sie gemeint.*
> *Damit meint das Ministerium [eher]*
> *den Mittelstand.*
> *Damit ist [meistens] etwas ganz An-*
> *deres gemeint.*

meiden<sub akk>

sub: AGT'''fer; hum
akk: AFFfer; –

> *[Seither] mied Alfons diese Kneipe.*
> *Sie mied den Umgang mit solchen*
> *Leuten.*
> *[Deshalb] wurde sie von allen ge-*
> *mieden.*

mögen<sub akk (prp *an*)>
sub: AGT'''fer; hum zool
akk: AFFfer; –
prp: AFFfer; –

Isabell mag dieses Schwarzbrot [am liebsten].
Schokolade mochte ich [früher auch].
An Bernhard mag ich [vor allem] seine Bescheidenheit.

nehmen<sub akk(dat/prp *von*)>
sub: AGT'''fer; hum inst zool
akk: AFFmut; –
dat: AFFmut; hum inst zool
prp: AFFmut; hum inst zool

Sie nahmen (den Ärmsten) ihren letzten Besitz.
Kuno nahm die Angst von dem Tier.
[Bitte] nehmen Sie mir [nicht auch noch] diese Hoffnung.

nennen<sub akk prd>
sub: AGT'''fer; hum inst
akk: AFFmut; –
prd: KLS; –

[Warum] nennen Sie mich immer „Herr Schmitt"?
Kämpfert nannte solche Äußerungen die investigativen Sprechakte.
Ich nenne das eine Gemeinheit.

niesen<sub>
sub: AGT''fer; hum zool

Sie musste [plötzlich] niesen.
Wer hat [da] geniest?

packen<sub akk (prp *an*)>
sub: AGT'''fer; hum zool
akk: AFFfer; mat
prp: AFFfer; obj (Teil von akk)

Der Fremde hatte ihn [von hinten] gepackt.
Die Frau packte ihn (am Arm).
Du musst den Hammer (am Stiel) packen.

passen<sub (dat/prp *zu*)>
sub: AGTfer; –
dat: AFFfer; hum
prp: AFFfer; –

Die Weste passt.
Mir passt die ganze Richtung [nicht].
Dieses Bekenntnis passt [nicht] zu einem Atheisten.

raten<sub (dat) prp *zu*>
sub: AGT''fer; hum inst
dat: AFFfer; hum
prp: AFFfer; –

Die Revisoren raten zu einer Berichtigung.
Ich würde Ihnen zu dieser Krawatte raten.
Ihnen rate ich abzuwarten.

rechnen<sub akk prp *zu*>
sub: AGT'''fer; hum inst
akk: AFFfer; –
prp: AFFfer; –

Ich rechne Sie zu meinen Freunden.
Sabine rechnete das Manuskript zu den Ladenhütern.
Das Buch Tobias wird zu den Apokryphen gerechnet.

regnen, es<(dir)>
dir: LOCdir; obj

Es regnete (durch das Dach).
[Leider] regnet es [schon wieder].

riechen<sub prp *nach*/prd>
sub: AFFfer; mat, metaphorisch auch immat
prp: AFFfer; mat, metaphorisch auch immat
prd: KLS; stat

Der Raum riecht nach Schimmel.
Flieder riecht anders.

rufen<sub akk/prp *nach*>
sub: AGT'''fer; hum (zool)
akk: AFFfer; hum zool
prp: AFFfer; –

Könnten Sie [bitte] einen Arzt rufen?
Alle riefen nach dem großen Befreier.

schaden<sub (dat)>
sub: AFFfer; –
dat: AFFmut; –

Dieses Bekenntnis könnte (ihr) schaden.
Zuviel Fleisch schadet (dem Teint).
Dieses Attentat schadet (dem Entspannungsprozess).
Blinder Eifer schadet [nur].

schenken<sub akk dat>
sub: AGT'''fer; hum inst
akk: AFFfer/eff; –
dat: AFFmut; hum

Sie hat mir eine kleine Pflanze geschenkt.
Schenken Sie ihr viel Zuneigung.
Sie dürfen mir [nicht] so viel schenken.

schimpfen<sub akk prd>
sub: AGT'''fer; hum
akk: AFFfer; hum
prd: KLS; hum/stat

Hat sie mich [wirklich] einen Stümper geschimpft?
Sie schimpfte ihn feige.

schreiben<sub (akk) dat/prp *an*>
sub: AGT'''fer; hum
akk: AFFeff/mut; obj (Brief o. ä.)
dat: AFFfer; hum inst
prp: AFFfer; hum inst

Du solltest (einen Brief) an das Regierungspräsidium schreiben.
Sie hat mir [pausenlos] geschrieben.

sein<sub prd>
sub: AFFfer; –
prd: KLS; –

Sie ist [einfach] langweilig.
Napoleon war der erste Kaiser von Frankreich.
Diese Radwanderkarte ist eine Zumutung.

stehen<sub dat prd>
sub: AFFfer; obj
dat: AFFfer; hum
prd: KLS; stat

Der neue Anzug steht dir [ohne Weste] besser.

stürzen<sub (dir)>
sub: AFFmut; mat
dir: LOCdir; obj

Es ist jemand gestürzt.
Die Wassermassen stürzten [tosend] (in die unergründliche Tiefe).

3.9.6. Die Entstehung eines Satzes

Es wird im Folgenden gezeigt, wie, ausgehend von einem Inhalt, vom Gemeinten, stufenweise ein Satz Gestalt annimmt. Dass einzelne Phasen vertauscht werden können, sei vorweg konzediert. Und dass der ganze Erzeugungsprozess weit schneller abläuft, als es unsere Beschreibung wahrscheinlich machen kann, ist evident. Denn wir setzen ja, wenn wir reden wollen, nicht zuerst eine rumpelnde und knirschende Maschine in Gang und warten dann ab, was sie uns zu sagen vorgibt, sondern wir reden sozusagen „aus dem Stand" und formulieren redend mit. Trotzdem muss, was de facto abläuft, säuberlich in seine Teile zerlegt und dann sorgfältig beschrieben werden.
Wir unterscheiden im Folgenden

- die Sprecherin A und
- den Gesprächspartner V.

Im angenommenen Fall will A eine resümierende Feststellung machen. Dies setzt ein längeres argumentatives Gespräch voraus, das, auch wenn es nicht zu der zu beschreibenden Äußerung gehört, als dessen Grundlage (Präsupposition) ebenfalls geschildert werden muss.

DIE PRÄSUPPOSITION

A und V reden, angeregt durch die Erkrankung eines gemeinsamen Bekannten, über die Möglichkeiten der gesetzlichen Krankenversicherung. Die Krankheit ist bösartig und wird im Regelfall in absehbarer Zeit zum Tod des Betroffenen führen. Es gibt ein Behandlungsverfahren, das eine Heilung wahrscheinlich macht. Aber dieses Verfahren ist langwierig und teuer. Die Krankenkasse übernimmt die Kosten dafür nicht. Wer also nicht über ziemlich viel Geld verfügt, ist der Krankheit hilflos ausgeliefert und muss voraussichtlich in greifbarer Zeit sterben. Beide, A und V, finden das ungerecht. Das Gespräch wird zunehmend erregter geführt.

DAS GEMEINTE

A versucht aus dem bisherigen Gespräch das Fazit zu ziehen: Mittellosigkeit, mindestens das Fehlen verfügbarer Barmittel, führt zu frühzeitigem Ableben. Das Fazit soll den Charakter der Allgemeingültigkeit, der Unabänderlichkeit haben.

DIE UMSETZUNG

Grundstruktur: Das Gemeinte wird sich in einer Mitteilung niederschlagen. Da Voraussetzung und Folge zu nennen sind, bietet sich ein Konditionalgefüge an. Beide Teile des Gefüges sind wichtig, aber den Schwerpunkt der Mitteilung bildet die unvermeidbare Folge. Sie wird im rhematischen Hauptsatz genannt, der folglich am Ende steht; der Konditionalsatz, auch er thematisch hervorgehoben, geht voraus.

Die Voraussetzung: thematischer Konditionalsatz
Eine Entscheidung muss vorweg getroffen werden: Welche Größen eignen sich am besten zur Darstellung der Hauptrelation – des Zusammenhangs von Einkommen/Eigentum und Gesundheit? Drastische Formulierungen sind in solchen Fällen besonders angebracht. Besonders drastisch wirkt nun nicht eine eben noch erträgliche Situation, sondern die der Ausweglosigkeit, des Ausgeliefertseins. Deshalb wählt der Sprecher zur Demonstration nur die Teilmenge der Benachteiligten, der weniger Begüterten. Deren Zustand lässt sich durch ein prädikativ gebrauchtes Adjektiv wiedergeben. In drastischer Verkürzung, die den Sentenzcharakter stützt, greift der Sprecher zu dem Adjektiv *arm*.
Nun ist die Frage, wie die vom Geschehen Betroffenen benannt werden. Da es sich, im Rahmen der Mittellosigkeit, um beliebige Personen handelt, eignet sich ein indefinites Pronomen (*man, einer*), auch eine entsprechende Nominalphrase (mit generalisierendem definitem Artikel: *der Mensch*). Atmosphärisch näher liegt das Partnerpronomen *du*, das hier generalisierende Funktion hat (s. 4.7.3 „Lexikalische Konkurrenzformen des Passivs") und zugleich den Partner V direkt anzusprechen scheint.
Bislang gesicherter Bestand des Nebensatzes: *Du bist arm.*
Übliches Einleitelement für konditionale Nebensätze ist der Subjunktor *wenn* (*falls* kommt, weil es eine gewisse Skepsis des Sprechers zulässt, hier weniger in Betracht). Es besteht allerdings auch die Möglichkeit, das hypothetische durch ein faktives Gefüge zu

ersetzen. Denn es existiert ja tatsächlich diese Teilmenge der weniger Begüterten, und im Augenblick ist von ihr die Rede. Der konditionale Teilsatz wird, wenn er eine Tatsache nennt, unmittelbarer und eindrucksvoller als Kausalsatz ausgedrückt. Damit lautet er nicht *wenn du arm bist*, sondern *weil du arm bist.*

Die Folge: rhematischer Hauptsatz. Für die Bezeichnung des zentralen Geschehens liegt das Verb *sterben* am nächsten. Es ist gegenüber konkurrierenden Ausdrücken stilistisch neutral, gleichzeitig unmittelbar und ausreichend anschaulich. *sterben* hat die Valenz <sub (prp *an*)>. Dabei nennt das Subjekt den Betroffenen (Sterbenden), die Präpositivergänzung die Todesursache. Diese ist aus dem Gesprächsverlauf bekannt, sie bildet außerdem kein wesentliches Inhaltselement der Äußerung (es geht nicht mehr um eine bestimmte Krankheit, sondern um den Zusammenhang von Geld und Heilung, Mittellosigkeit und Krankheit). Daher braucht die Präpositivergänzung hier nicht realisiert zu werden.

Die Zwangsläufigkeit der Folge kann durch verschiedene sprachliche Mittel wiedergegeben werden: durch Partikeln (*notwendigerweise*)), Adjektive (*zwangsläufig*), Präpositionalphrasen (*mit Sicherheit*) u. a., ebenso durch das Modalverb *müssen*. Da dieses „Fazit" Sentenzcharakter trägt, mithin einfach und einprägsam formuliert werden soll, wird das Modalverb ausgewählt.

Die Unabänderlichkeit des Zusammenhangs beider Sachverhalte, die letzten Endes zu akzeptieren ist, kann wieder unterschiedlich formuliert werden: durch Parenthesen (*was willst du machen?*), nachgeschobene Sätze (*Das lässt sich nicht ändern.*) u. a. In einem argumentativ und zugleich erregt geführten Gespräch ist auch mit Partikeln, namentlich Abtönungspartikeln, zu rechnen. Die Abtönungspartikel *eben* fasst Unabänderlichkeit und resignative Akzeptanz zusammen und stützt in ihrer Kompaktheit wieder den Sentenzcharakter.

Wichtig ist ferner der Zeitpunkt des Ablebens. Da ein Vergleich zwischen Begüterten und Mittellosen angestellt wird, bietet sich ein Komparativ an. Nachdem sich die Sprecherin für die Teilmenge der Mittellosen entschieden hat, die eher mit dem Tode zu rechnen haben, erscheint das komparierte Adjektiv *früher* besonders geeignet.

So ergibt sich für den rhematischen Hauptsatz die (vorläufige) Form *Du musst eben früher sterben.*

Die Amalgamierung der Teilsätze

Die Konstitution des Satzgefüges ist nun klar vorgezeichnet. Der angemesene Ausdruck des Gemeinten lautet:

Weil du arm bist, musst du eben früher sterben.

3.9.7. Das Verstehen eines Satzes

Gegeben sei der komplexe Satz

Ehe der Hahn zweimal kräht, wirst du mich dreimal verraten.

Viele kennen den Ausspruch und seinen Kontext aus der Bibel.[28] Sprecher ist Jesus; der Satz ist an seinen Jünger Petrus gerichtet, der Jesus soeben versprochen hat, unverbrüchlich zu ihm zu stehen. Seither ist dieser Satz zum geflügelten Wort geworden und lässt sich vielfach in vergleichbaren Situationen verwenden.

─────────────────

[28] Vgl. Matthäus 26,34; Markus 14,30; Lukas 22, 34; Johannes 13,37. Zugrunde gelegt wurde die Bibel-Übersetzung der Privilegierten Württembergischen Bibelanstalt (nach der Lutherschen Übersetzung) in der heute noch vielfach gebrauchten Ausgabe von 1903.

ERSTER SCHRITT

Der einleitende Subjunktor *ehe* weist auf ein Temporalgefüge hin.[29] Es ist also mit zwei Sachverhalten in zwei Teilsätzen zu rechnen. Der vorangehende Subjunktorsatz bezeichnet den nachzeitigen, der nachfolgende Hauptsatz den vorzeitigen Sachverhalt.

ZWEITER SCHRITT

Der Nebensatz *ehe der Hahn zweimal kräht* enthält ein monovalentes Verb (*krähen*). Der Subjunktor *ehe* regelt nur die zeitliche Relation zwischen den beiden Sachverhalten (Krähen, Verraten), weitere Zeitsignale gibt es nicht. Das atelische Verb *krähen* kann, im Präsens verwendet, im Allgemeinen nicht die Gegenwart (des Sprechzeitpunkts) vertreten.[30] In solchen Fällen wird der Sachverhalt zeitlich am Sprechzeitpunkt orientiert. Dann kann das Ereignis *der Hahn kräht zweimal* nur in der nahen Zukunft liegen. Das passt zum Hauptsatz, bei dem ebenfalls eine Situierung in der Zukunft nahe liegt (s. u.). Eine weitere Annäherung liefert hergebrachtes Wissen über das Verhalten der Haustiere: Der Hahn kräht aus bestimmten Anlässen. Da das Gespräch bei Nacht stattfindet, darf angenommen werden, dass der **nächste** Hahnenschrei gemeint ist. Der nächste Hahnenschrei ist zugleich der erste des folgenden Tages. Er fällt auf einen sehr frühen Zeitpunkt, den des ersten schwachen Morgengrauens. Und weiter weiß man, dass dieser erste Schrei nie allein bleibt: Der Hahn kräht nach kurzer Pause (oft nachdem ein anderer Hahn „geantwortet" hat) ein zweites Mal. Darauf weist das Adverb *zweimal* hin.

Da zwischen Nacht und Morgengrauen nicht mehr viel Zeit bleibt, besagt dieser Nebensatz, dass der doppelte Hahnenschrei in Kürze erfolgen wird.

DRITTER SCHRITT

Der Hauptsatz *wirst du mich dreimal verraten* beginnt mit dem finiten Verb, weil der Nebensatz in seinem Vorfeld steht. Das Finitum *werden* signalisiert, dass der in Frage stehende Sachverhalt nicht mit Sicherheit realisiert ist: Seine Realisierung wird entweder in die Zukunft verlagert, oder sie kann Vermutungscharakter haben (vgl. 4.7.4 „Das futurbildende Verb *werden*"); vielfach kann beides zugleich gelten. Das zentrale Verb *verraten* ist folgendermaßen zu beschreiben:

verraten<sub akk (prp *an*)>

sub:	AG'''fer; hum
akk:	AFFmut; hum
prp:	AFFfer; hum

Subjektsgröße ist hier der Gesprächspartner; diesem wird der Verrat zugeschrieben. Die Akkusativergänzung bezeichnet den Sprecher selbst als Opfer des Verrats.

VIERTER SCHRITT

Durch die Semantik des zentralen Verbs *kräht* und des Verbalkomplexes *wirst ... verraten* sowie den Relator *ehe* wird festgelegt, dass der Verrat kurz nach dem ersten Hahnenschrei, also nach Lage der Dinge in wenigen Stunden erfolgen wird.

---

[29] *ehe* kann unter Umständen auch ein Konditionalgefüge mit temporaler Komponente einleiten, vgl. *Ehe das passiert, wandere ich aus.* (≅ *Wenn das passiert, wandere ich vorher aus.*). Dieser Fall liegt hier aber nicht vor.

[30] Vgl. dazu 4.4.2.

FÜNFTER SCHRITT

Was in der originären Situation gemeint war, wird nun jeder leicht verstehen. Zur vollständigen Interpretation gehört jedoch auch eine Erklärung dafür, warum dieser Satz heute noch häufig zitiert wird, warum er, losgelöst von der historischen Situation, seine Aktualität nicht verloren hat. Der Satz erhält seine Tragweite dadurch, dass er am Abend vor Jesu Gefangennahme und Kreuzigung geäußert wurde. Der ganze Bericht gilt seither als Ankündigung: Man kann es nachlesen, dass Petrus am folgenden Tag, als er bei den Knechten saß, dreimal abstritt, Jesus überhaupt zu kennen. Er wollte nicht als Genosse des Verurteilten gelten.

Seither ist die Geschichte zum Gleichnis für unaufrichtige Ergebenheitsbekundungen geworden. Und in dieser Metaphorik wird der Satz auch in unseren Tagen immer wieder verwendet.

4. DAS VERB

4.1.   ALLGEMEINES

▸ **Verben sind Wörter, die sich konjugieren lassen.**

Die Konjugation ist, neben der Deklination (bei Nomen, Determinativ, Adjektiv und Pronomen) und der Komparation (bei Adjektiven), die dritte Form der Flexion, d. h. der regelmäßigen Veränderung von Wörtern mittels Endungen.

Konjugiert werden nur die finiten Verben, und zwar nach den Kategorien

Präsens
Präteritum
Konjunktiv I
Konjunktiv II
Imperativ

Dabei werden die Verben mit bestimmten Endungen versehen (zum Teil gibt es zusätzlich Veränderungen des Stammes). Die Konjugationsendungen sind jedoch komplexe Gebilde, weil in sie auch bestimmte Informationen zur grammatischen Person (1., 2. oder 3. Person) und dem Numerus (Singular oder Plural) eingehen.

Nach der Person werden außer den Verben auch Pronomina sowie einige Determinative spezifiziert.

Nach dem Numerus werden auch Nomina, Pronomina, Determinative und Adjektive spezifiziert.

Das Verb *lachen* hat zum Beispiel im Präsens folgende **Finitformen**:

Person	Singular	Plural
1.	*(ich) lache*	*(wir) lachen*
2.	*(du) lachst*	*(ihr) lacht*
3.	*(er/sie/es) lacht*	*(sie) lachen*

Entsprechende Formen weisen auch die anderen Finitkategorien auf. Nur der Imperativ enthält lediglich drei Formen (s. 4.4.6).

Bei den **infiniten Verbformen** sind zu unterscheiden

Partizip I   *lachend*
Partizip II   *gelacht*
Infinitiv   *lachen*

Diese Formen sind unveränderlich. Sie lassen sich jedoch nach der Überführung in andere Wortklassen (Partizip ⇒ Adjektiv, Infinitiv ⇒ Nomen) deklinieren:

> der **lachend-e** Dritte
> des **Lachen-s** müde

Nicht zu allen Verben können sämtliche Formen gebildet werden. So gibt es zum Verb *stammen* kein Partizip II (**gestammt*).

Gelegentlich wird angenommen, dass es auch Verben ohne Finitformen gebe. So wurde geltend gemacht, in *Dieser Hut hat ausgedient.* liege das Partizip II eines Verbs vor, das sich nicht konjugieren lasse. Dann müsste die eingangs gegebene Definition geändert werden. Da sich aber Verbalkomplexe bilden lassen (*kann nie ausdienen*), erscheint dieses Verb so weitgehend konform mit anderen Verben, dass wir es nicht als Sonderfall ansehen.

In vielen Grammatiken sind die „**Tempora**" Präsens, Präteritum, Perfekt, Plusquamperfekt, Futur (das häufig noch in Futur I und Futur II untergliedert wird) grundlegend für die Beschreibung der Verben. Diese Kategorien spielen natürlich auch in der vorliegenden Grammatik eine Rolle, nur werden sie – aus Gründen, die in 4.8 dargelegt werden – nicht im Zusammenhang behandelt. Man findet

das Präsens im Kapitel „das finite Verb" (4.4.2)
das Präteritum ebendort
das Perfekt im Kapitel über temporale Komplexe (4.7.2)
das Plusquamperfekt ebendort
das Futur im Anschluss an das Modalverb-Kapitel (4.7.4 „Das futurbildende *werden*").

Die Kategorie „Modus" taucht in dieser Grammatik nicht auf, obwohl die gewöhnlich hierher gerechneten Formen natürlich zu beschreiben sind. Die traditionelle Grammatik geht gewöhnlich von einer Dreiteilung des Modus in Indikativ, Konjunktiv und Imperativ aus. Alle drei Kategorien werden im Kapitel über das finite Verb ausführlich behandelt, und sie erscheinen bei allen Verbalkomplexen wieder.

Die „Zeitenfolge" (consecutio temporum) beruht nicht auf Eigenschaften der Verben, ist daher in diesem Teil der Grammatik auch nicht zu beschreiben. Sie ist alles in allem eine Angelegenheit des komplexen Satzes und wird dort beschrieben, besonders beim temporalen Satzgefüge (3.7.3) und beim konditionalen Satzgefüge (ebendort).

Der Begriff des „Hilfsverbs" wird in der vorliegenden Grammatik nicht verwendet, weil er nach Extension und Intension so unterschiedlich aufgefasst wurde, dass er heute nur noch eine Quelle von Missverständnissen bildet. Diese und andere Verb-Subklassen erscheinen im Kapitel über die Klassifikation der Verben, besonders in 4.3.4.

Auch nach Termini wie „transitive Verben" wird man vergeblich suchen, weil darunter von verschiedenen Linguisten ganz Unterschiedliches verstanden wurde und wird: Akkusativverben, passivfähige Verben und anderes. Der Verfasser glaubt, dass es weder notwendig noch sinnvoll ist, eine solche Klasse auszusondern.

4.2. KATEGORIEN DER KONJUGATION: STARKE, SCHWACHE UND UNREGELMÄSSIGE VERBEN

4.2.1. Allgemeines

Man kann zwei Hauptkategorien unterscheiden nach der Art, wie die Verben ihr Präteritum und ihr Partizip II bilden: die „starken" und die „schwachen" Verben. Zudem gibt es Mischformen.

Die **schwachen Verben** bilden die größte Teilmenge; die meisten Neubildungen sind schwache Verben. Präteritum und Partizip II haben hier ein *t*-Suffix:

> *lachen, lach-t-e, gelach-t*
> *retten, rette-t-e, gerette-t*
> *zeigen, zeig-t-e, gezeig-t*

Die schwachen Verben sind die historisch jüngeren. Die meisten von ihnen wurden in germanischer Zeit durch ein *j*-Suffix (oder ein anderes Suffix) aus dem bisherigen Verbbestand gebildet. Wegen des *j* haben viele schwache Verben Umlaut oder auch einen andersartigen Vokalwechsel. Die Zusammenhänge sind noch erkennbar in Verbpaaren wie *fallen – fällen, sinken – senken* u. a.

Die starken Verben bilden eine überschaubare, in der Gegenwart leicht schrumpfende Teilmenge, die auch heute noch eine Art Grundbestand der Verben – allerdings mit vielen neuen Ableitungen – ausmacht. Sie bilden Präteritum und Partizip II durch Vokalwechsel („Ablaut") und haben im Partizip II die Endung *–en*.

4.2.2. Die Stammformen

Die starken Verben lassen sich in Ablautreihen gliedern, die an den Stammformen ablesbar sind. Wer die Stammformen eines starken Verbs kennt, kann sämtliche Konjugationsformen bilden. Die schwachen Verben bereiten demgegenüber keine Probleme, weil der Stamm sich nicht ändert.

Wir legen vier Stammformen fest:

- Infinitiv (enthält auch den Stammvokal für die 1. Pers. Sing. Präsens und den ganzen Plural des Präsens),
- 3. Pers. Sing. Präsens (enthält auch den Stammvokal für die 2. Pers. Sing. Präsens),
- 3. Pers. Sing. Präteritum (enthält auch den Stammvokal für das gesamte Präteritum),
- Partizip II.

Es folgen die Stammformen der heute gebräuchlichen starken Verben in alphabetischer Anordnung.

befehlen, befiehlt, befahl, befohlen
beginnen, beginnt, begann, begonnen
beißen, beißt, biss, gebissen
bergen, birgt, barg, geborgen
bersten, birst, barst, geborsten
bewegen, bewegt, bewog, bewogen[1]
biegen, biegt, bog, gebogen
bieten, bietet, bot, geboten
binden, bindet, band, gebunden
bitten, bittet, bat, gebeten
blasen, bläst, blies, geblasen
bleiben, bleibt, blieb, geblieben
braten, brät, briet, gebraten
brechen, bricht, brach, gebrochen
dreschen, drischt, drosch, gedroschen
dringen, dringt, drang, gedrungen
empfehlen, empfiehlt, empfahl, empfohlen
empfinden, empfindet, empfand, empfunden
erbleichen, erbleicht, erblich, erblichen
erlöschen, erlischt, erlosch, erloschen
erschrecken, erschrickt, erschrak, erschrocken[2]

essen, isst, aß, gegessen
fahren, fährt, fuhr, gefahren
fallen, fällt, fiel, gefallen
fangen, fängt, fing, gefangen
fechten, ficht, focht, gefochten
finden, findet, fand, gefunden
flechten, flicht, flocht, geflochten
fliegen, fliegt, flog, geflogen
fliehen, flieht, floh, geflohen
fließen, fließt, floss, geflossen
fressen, frisst, fraß, gefressen
frieren, friert, fror, gefroren
gären, gärt, gor, gegoren[3]
gebären, gebiert, gebar, geboren[4]
geben, gibt, gab, gegeben
gedeihen, gedeiht, gedieh, gediehen
gehen, geht, ging, gegangen
gelingen, gelingt, gelang, gelungen
gelten, gilt, galt, gegolten
genesen, genest, genas, genesen
genießen, genießt, genoss, genossen
geraten, gerät, geriet, geraten
geschehen, geschieht, geschah, geschehen
gewinnen, gewinnt, gewann, gewonnen
gießen, gießt, goss, gegossen
gleichen, gleicht, glich, geglichen

---

[1] Bedeutung ‚veranlassen‘; daneben schwaches *bewegen* ‚im Raum verändern‘
[2] Bedeutung ‚von plötzlicher Angst befallen werden‘; daneben schwaches *erschrecken* in der Bedeutung ‚plötzliche Angst einjagen‘
[3] Daneben schwaches *gären* mit gleicher Bedeutung
[4] 2. Stammform meist regelmäßig *gebärt*

gleiten, gleitet, glitt, geglitten
glimmen, glimmt, glomm, geglommen
graben, gräbt, grub, gegraben
greifen, greift, griff, gegriffen
halten, hält, hielt, gehalten
hängen, hängt, hing, gehängt/gehangen[5]
hauen, haut, hieb, gehauen[6]
heben, hebt, hob, gehoben
heißen, heißt, hieß, geheißen
helfen, hilft, half, geholfen
klimmen, klimmt, klomm, geklommen
klingen, klingt, klang, geklungen
kneifen, kneift, kniff, gekniffen
kommen, kommt, kam, gekommen
kriechen, kriecht, kroch, gekrochen
laden, lädt, lud, geladen
lassen, lässt, ließ, gelassen[7]
laufen, läuft, lief, gelaufen
leiden, leidet, litt, gelitten
leihen, leiht, lieh, geliehen
lesen, liest, las, gelesen
liegen, liegt, lag, gelegen
lügen, lügt, log, gelogen
meiden, meidet, mied, gemieden
messen, misst, maß, gemessen
misslingen, misslingt, misslang, misslungen
missraten, missrät, missriet, missraten
nehmen, nimmt, nahm, genommen
pfeifen, pfeift, pfiff, gepfiffen
pflegen, pflegt, pflog, gepflogen[8]
preisen, preist, pries, gepriesen
quellen, quillt, quoll, gequollen

raten, rät, riet, geraten
reiben, reibt, rieb, gerieben
reißen, reißt, riss, gerissen
reiten, reitet, ritt, geritten
riechen, riecht, roch, gerochen
ringen, ringt, rang, gerungen
rinnen, rinnt, rann, geronnen
rufen, ruft, rief, gerufen
saufen, säuft, soff, gesoffen[9]
saugen, saugt, sog, gesogen[10]
schaffen, schafft, schuf, geschaffen[11]
schallen, schallt, scholl, geschallt[12]
scheiden, scheidet, schied, geschieden
scheinen, scheint, schien, geschienen
scheißen, scheißt, schiss, geschissen[13]
schelten, schilt, schalt, gescholten
scheren, schert, schor, geschoren[14]
schieben, schiebt, schob, geschoben
schießen, schießt, schoss, geschossen
schinden, schindet, –, geschunden
schlafen, schläft, schlief, geschlafen
schlagen, schlägt, schlug, geschlagen
schleichen, schleicht, schlich, geschlichen
schleifen, schleift, schliff, geschliffen[15]
schließen, schließt, schloss, geschlossen
schlingen, schlingt, schlang, geschlungen

---

[5] Bedeutung ‚sich in hängender Lage befinden‘; daneben schwaches *hängen* (jedoch oft mit Präteritum *hing*) in der Bedeutung ‚in hängende Lage bringen‘
[6] *hieb* ist gehoben, dafür häufiger *haute*
[7] Daneben schwaches *veranlassen*
[8] Bedeutung ‚gewohnheitsmäßg tun‘, veraltet, nur noch in Wendungen; daneben schwaches *pflegen* in der Bedeutung ‚Kranke versorgen‘
[9] Nur bei Tieren; auf Menschen angewandt derb-ordinär
[10] Daneben schwaches *saufen* ohne Bedeutungsunterschied
[11] Bedeutung ‚schöpferisch gestalten‘; daneben schwaches *schaffen* in der Bedeutung ‚zustande bringen‘
[12] Häufiger schwaches Präteritum
[13] derb-ordinär
[14] Bedeutung ‚Haare abschneiden‘; daneben schwaches *scheren* in der Bedeutung ‚kümmern‘
[15] Bedeutung ‚schärfen, glätten‘; daneben schwaches *schleifen* in der Bedeutung ‚über den Boden ziehen‘ oder ‚(Festung) zerstören‘

schmeißen, schmeißt, schmiss, geschmissen[16]

schmelzen, schmilzt, schmolz, geschmolzen

schnauben, schnaubt, schnob, (*)geschnoben

schneiden, schneidet, schnitt, geschnitten

schreiben, schreibt, schrieb, geschrieben

schreien, schreit, schrie, geschrieen

schreiten, schreitet, schritt, geschritten

schweigen, schweigt, schwieg, geschwiegen

schwellen, schwillt, schwoll, geschwollen[17]

schwimmen, schwimmt, schwamm, geschwommen

schwinden, schwindet, schwand, geschwunden

schwingen, schwingt, schwang, geschwungen

schwören, schwört, schwor, geschworen[18]

sehen, sieht, sah, gesehen

singen, singt, sang, gesungen

sinken, sinkt, sank, gesunken

sinnen, sinnt, sann, gesonnen

sitzen, sitzt, saß, gesessen

speien, speit, spie, gespieen

spinnen, spinnt, spann, gesponnen

sprechen, spricht, sprach, gesprochen

sprießen, sprießt, spross, gesprossen

springen, springt, sprang, gesprungen

stechen, sticht, stach, gestochen

stecken, steckt, stak/steckte, gesteckt[19]

stehen, steht, stand, gestanden

stehlen, stiehlt, stahl, gestohlen

steigen, steigt, stieg, gestiegen

sterben, stirbt, starb, gestorben

stieben, stiebt, stob, gestoben

stinken, stinkt, stank, gestunken

stoßen, stößt, stieß, gestoßen

streichen, streicht, strich, gestrichen

streiten, streitet, stritt, gestritten

tragen, trägt, trug, getragen

treffen, trifft, traf, getroffen

treiben, treibt, trieb, getrieben

treten, tritt, trat, getreten

triefen, trieft, troff, getroffen[20]

trinken, trinkt, trank, getrunken

trügen, trügt, trog, getrogen

tun, tut, tat, getan

verbleichen, verbleicht, verblich, verblichen[21]

verderben, verdirbt, verdarb, verdorben

verdrießen, verdrießt, verdross, verdrossen

vergessen, vergisst, vergaß, vergessen

verlieren, verliert, verlor, verloren

verlöschen, verlischt, verlosch, verloschen[22]

verschleißen, verschleißt, verschliss, verschlissen

wachsen, wächst, wuchs, gewachsen[23]

wägen, wägt, wog, gewogen[24]

waschen, wäscht, wusch, gewaschen

weben, webt, wob, gewoben[25]

---

[16] salopp

[17] Schwaches Partizip in der Wendung *(die Brust) vor Stolz geschwellt*

[18] Daneben Präteritum *schwur* sowie schwaches *schwören* ohne Bedeutungsunterschied

[19] Daneben völlig schwaches *stecken* in der Bedeutung ‚in enge Öffnung zwängen'

[20] Daneben schwachen *triefen* ohne Bedeutungsunterschied

[21] Immer so in der Bedeutung ‚sterben'; daneben schwaches *verbleichen* in der Bedeutung ‚bleich werden'

[22] Seltener schwaches *verlöschen* ohne Bedeutungsunterschied

[23] Bedeutung ‚auf natürliche Art größer werden'; daneben schwaches *wachsen* in der Bedeutung ‚Wachs auftragen'

[24] Häufiger in den Ableitungen *erwägen, abwägen*

[25] Meist so in übertragener Bedeutung; in der Bedeutung ‚Tuch herstellen' eher schwach.

weichen, weicht, wich, gewichen[26]

weisen, weist, wies, gewiesen

werben, wirbt, warb, geworben

werden, wird, wurde, geworden[27]

werfen, wirft, warf, geworfen

wiegen, wiegt, wog, gewogen[28]

winden, windet, wand, gewunden

wringen, wringt, wrang, gewrungen

zeihen, zeiht, zieh, geziehen

ziehen, zieht, zog, gezogen

zwingen, zwingt, zwang, gezwungen

4.2.3. Unregelmäßige Verben

Neben den starken und den schwachen Verben gibt es eine überschaubare Anzahl von Verben, die Merkmale beider Konjugationsarten aufweisen. Es lassen sich vier Teilmengen unregelmäßiger Verben unterscheiden.

(1) *t*-Suffix und Vokalwechsel haben

brennen, brennt, brannte, gebrannt
ebenso: *kennen, nennen, rennen*
wissen, weiß, wusste, gewusst
senden und *wenden* in der Bedeutung ‚schicken‘ bzw. ‚drehen‘:
senden, sendet, sandte, gesandt
wenden, wendet, wandte, gewandt

Haben diese Verben aber die Bedeutungen ‚drahtlos ausstrahlen‘ bzw. ‚umdrehen‘, so bleiben sie ohne Vokalwechsel:

senden, sendet, sendete, gesendet
wenden, wendet, wendete, gewendet

(2) *t*-Suffix, Vokalwechsel plus Konsonantenwechsel haben *bringen, denken, dünken*:

bringen, bringt, brachte, gebracht
denken, denkt, dachte, gedacht
dünken, deucht, deuchte, gedeucht (alte Formen), aber
dünken, dünkt, dünkte, gedünkt (heute üblicher)

(3) Starkes Partizip bei sonst schwacher Konjugation haben

mahlen, mahlt, mahlte, gemahlen
salzen, salzt, salzte, gesalzen (neben *gesalzt*)
spalten, spaltet, spaltete, gespalten

(4) Schwach oder stark (ohne Bedeutungsunterschied) konjugiert werden

küren, kürt, kürte/kor, geküert/gekoren
melken, melkt/milkt, melkte/molk, gemelkt/gemolken

Hier sind im Präsens und im Präteritum die schwachen Formen üblicher, das Partizip lautet aber meist *gemolken*.

sieden, siedet, siedete/sott, gesiedet/gesotten

---

[26] Bedeutung ‚nachgeben‘; schwach in der Bedeutung ‚weich machen‘

[27] Daneben älteres Präteritum *ward*. Auxiliarverb *werden*: Partizip *worden*; Modalverb *werden* ohne Präteritum und ohne Partizip II

[28] Bedeutung ‚Gewicht haben/messen‘; daneben schwaches *wiegen* in 4.2.3 in der Bedeutung ‚in Schaukelbewegung versetzen‘

Im Präteritum ist die schwache, beim Partizip die starke Form üblicher.
Auch das Verb *backen* ist hier zu erwähnen:

> *backen, bäckt/backt, backte/buk, gebackt/gebacken*

Im Präsens und im Präteritum sind die erstgenannten, beim Partizip ist die starke Form vorherrschend.

4.2.4. Verben mit Sonderformen

haben, sein, werden sind die meistgebrauchten Verben der deutschen Gegenwartssprache. Sie können sowohl als Haupt- wie als Nebenverben fungieren.

haben hat die Stammformen *haben, hat, hatte, gehabt*
Die Präsensformen lauten *habe, hast, hat, haben, habt, haben*
haben wird als Auxiliarverb bei der Perfektbildung verwendet:

> *Hanna hat geschlafen.*

haben fungiert auch als Modalitätsverb:

> *Hanna hat zu tun.*

sein greift bei der Formenbildung auf verschiedene Stämme zurück. Es hat die Stammformen *sein, ist, war gewesen*
Die Präsensformen lauten *bin, bist, ist, sind, seid, sind*
sein wird als Auxiliarverb bei der Perfektbildung verwendet:

> *Hanna ist eingeschlafen.*

sein fungiert auch als Modalitätsverb:

> *Es ist vieles zu tun.*

werden hat die Stammformen *werden, wird, wurde* (älter: *ward*), *geworden*
Die Präsensformen lauten *werde, wirst, wird, werden, werdet, werden*
werden wird als Auxiliarverb für die Passivbildung verwendet:

> *Hanna wurde informiert.*

Im Passiv lautet das Partizip *worden*:

> *Hanna ist informiert worden.*

werden wird als Nebenverb auch für die Bildung des Futurs verwendet:

> *Hanna wird verreisen.* Beim Futur gibt es kein Partizip II zu *werden*.

Die Verben **brauchen, dürfen, können, mögen, müssen, sollen, wollen** werden entweder als Hauptverben oder als Nebenverben (Modalverben, Vm) verwendet. Als Hauptverben haben sie ein regelmäßiges Partizip II; als Modalverben jedoch haben sie ein Partizip II, das mit dem Infinitiv formgleich ist. Ihre Stammformen:

> *brauchen, braucht, brauchte, gebraucht/brauchen*
> *dürfen, darf, durfte, gedurft/dürfen*
> *können, kann, konnte, gekonnt/können*
> *mögen, mag, mochte, gemocht/mögen*
> *müssen, muss, musste, gemusst/müssen*
> *sollen, soll, sollte, gesollt/sollen*
> *wollen, will, wollte, gewollt/wollen*

Modalverbähnlich (mit abhängigem Infinitiv und entsprechend infinitivförmigem Partizip II) lassen sich auch die Verben *heißen, hören, lassen, sehen* und oft *helfen* verwenden:

Ich hab ihn kommen hören.

4.3. VERBKLASSIFIKATIONEN

4.3.1. Klassifikation nach der Perfektbildung

Die meisten Verben bilden ihr Perfekt mit *haben* (*Hanna hat gelacht.*), eine Teilmenge mit *sein* (*Hanna ist aufgewacht*). Wenige Verben lassen unter Umständen beide Auxiliarverben zu (s. 4.7.2 „Die Möglichkeiten").

4.3.2. Klassifikation nach der Passivfähigkeit

Ein Teil der Verben erlaubt die Umsetzung ins Passiv. Dazu dienen die Auxiliarverben *werden, sein, gehören, bekommen* (die alle auch als Hauptverben verwendet werden können). Außerdem besteht ein gewichtiger Unterschied zwischen dem „vollen" oder persönlichen Passiv (*Die Brücke wurde gesprengt.*) und dem „generellen" Passiv (*Danach wurde getanzt.*), das viele Grammatiken auch „unpersönliches Passiv" nennen, obwohl es die persönlichste Passivvariante darstellt, weil mit dieser Konstruktion nur Geschehen beschrieben werden können, die von Personen ausgeführt werden. Welche Passivmöglichkeiten gegeben sind, hängt immer vom jeweiligen Hauptverb ab.
Näheres zum Passiv s. 4.7.3.

4.3.3. Klassifikation nach der Reflexivität

Wird ein Verb als „reflexiv" oder „reflexiv gebraucht" bezeichnet, so ist damit gemeint, dass es mit einem Reflexivpronomen (s. 5.6.7) verbunden auftritt. Diese Verbindung kann obligatorisch oder fakultativ erfolgen.
Obligatorisch reflexive Verben kommen (in der angenommenen Bedeutung) nur reflexiv vor. Dazu gehören *sich bereit erklären, sich einbilden, sich entledigen, sich erheben, sich gebärden, sich kümmern, sich regen, sich zutragen* und viele andere. Hier kommutiert das Reflexivpronomen nicht mit anderen Elementen.
Partimreflexive Verben (oder fakultativ reflexive Verben) werden sowohl reflexiv oder nicht reflexiv verwendet. Das Reflexivpronomen kommutiert mit anderen Elementen, vgl. *sich freuen: jemanden freuen, sich nennen: jemanden nennen, sich verschieben: etwas verschieben* und viele andere.
Viele Verben, die reflexiven Gebrauch erlauben, können auch **reziprok** verwendet werden, wenn eine Tätigkeit wechselseitig ausgeübt wird:

Hans liebt Hanna.
Hanna liebt Hans.
⇒ *Hans und Hanna lieben sich.*

Dann kann das Reflexivpronomen durch *einander* ersetzt werden:

Hans und Hanna lieben einander.

4.3.4. Klassifikation nach der Kombinierbarkeit

Hier hat man die Verbindbarkeit eines Verbs mit anderen Verben von der Verbindbarkeit dieses Verbs mit Nominal-, Pronominalphrasen u. ä. zu unterscheiden.

Auf Grund der Kombinierbarkeit von **Verb und Verb** ergeben sich zunächst die beiden Hauptmengen der Hauptverben und der Nebenverben. Hauptverben können allein im Satz erscheinen, Nebenverben nur in Verbindung mit mindestens einem weiteren Verb. Nach der Art des angeschlossenen Verbs ergeben sich fünf Untermengen: Auxiliarverben, Modalverben, Modalitätsverben, Finitverben und Infinitverben.

Auxiliarverben verlangen ein weiteres Verb in der Form des Partizip II. Hierher gehören a) die zur Perfektbildung verwendeten Nebenverben *haben* und *sein*, b) die zur Passivbildung verwendeten Nebenverben *werden, sein, gehören, bekommen/erhalten/kriegen*. Näheres s. 4.7.2 (Perfektformen) und 4.7.3 (Passivformen).

Als **Partizipverben** können wir generell alle diejenigen Nebenverben bezeichnen, die das Partizip II eines anderen Verbs in ihrer Umgebung verlangen. Neben den Auxiliarverben gibt es nur wenige „sonstige Partizipverben". Die wichtigsten sind *kommen* und *stehen* (*Sie kommt gelaufen., Es steht geschrieben.*). Näheres s. 4.7.9.

Modalverben verlangen ein weiteres Verb in der Form des Infinitivs einschließlich seiner Satelliten in ihrer Umgebung. Ein diese beiden verbindendes Element (z. B. *zu*) ist nicht vorhanden. Hierher gehören *brauchen, dürfen, können, mögen, müssen, sollen, wollen*. Alle diese Verben haben, wenn sie in der geschilderten Weise kombiniert werden, ein infinitivförmiges Partizip II:

> *Sie hätte auch teilnehmen wollen.*

Das Nebenverb *werden*, mit dem das „Futur" gebildet wird, weist manche Gemeinsamkeiten mit den Modalverben auf, besitzt aber kein Partizip II.

Auch zu den Modalverben sowie *werden* (mit Infinitiv) gibt es homonyme Hauptverben.

Modalitätsverben verlangen ein weiteres Verb in der Form des Infinitivs einschließlich seiner Satelliten. Der Infinitiv wird aber bei ihnen mit *zu* angeschlossen. Hierher gehören ca. 30 deutsche Verben; zu den gebräuchlichsten gehören *drohen, pflegen, scheinen, sich trauen, versprechen*:

> *Der Turm droht einzustürzen.*

Ein Teil der Modalitätsverben hat homonyme Hauptverben.

Während Modalverben und Modalitätsverben immer dieselbe Subjektsgröße wie das abhängige Hauptverb haben – man spricht auch von „Subjektsidentität" –, regieren die wenigen **Infinitivverben** ein Subjekt, das nicht mit dem des Hauptverbs übereinstimmt. Häufigstes Infinitivverb ist *lassen*:

> *Vater ließ Thomas den Wagen waschen.*

Hier bezeichnet *Vater* die Subjektsgröße des Infinitivverbs, *Thomas* die Subjektsgröße des Hauptverbs *waschen*.

Die **Finitverben** verlangen ein abhängiges finites Verb mit seinen Satelliten. Es kommen abhängige Hauptsätze und Nebensätze vor, wobei der Nebensatz durch ein verbindendes subjunktives Element angeschlossen wird:

> *Ich finde, er hat Recht.*
> *Ich finde, dass er Recht hat.*

Zu den Verben, die sich **mit nominalen Ausdrücken kombinieren** lassen, gehören Funktionsverben und Hauptverben.

Die **Funktionsverben** bilden zusammen mit einer Nominalphrase oder einer Präpositionalphrase ein Gefüge, das so genannte Funktionsverbgefüge. In diesem Gefüge bezeichnet der nominale Kern (den wir „Gefügenomen" nennen) immer ein Geschehen. Er ist der eigentliche Sinnträger, während das Verb fast nur noch eine grammatische Funktion erfüllt, vgl.

> *zum Ausdruck kommen*
> *zum Ausdruck bringen*

Diese komplexen Ausdrücke haben ihrerseits, wie die einfachen Verben, eine eigene Valenz. Häufig stehen ihnen einfache Verben mit ähnlicher Bedeutung gegenüber (*ausdrücken – zum Ausdruck bringen*). Aber die Funktionsverben haben den Vorteil, einen Vorgang in seiner Abstufung darstellen zu können.

Die Gefügenomina sind zum Teil durch Determinative und Adjektive erweiterbar. Die Variabilität wird vom Gesamtkomplex gesteuert.

Es gibt mehr als hundert Funktionsverben. Die meisten von ihnen regieren eine akkusativische Nominalphrase (*Überlegungen anstellen*), einige Dutzend, darunter die häufigst gebrauchten, regieren eine Präpositionalphrase (*in Anrechnung bringen*).

Die Funktionsverbgefüge haben teils „aktivische", teils „passivische" Bedeutung. Vielfach gibt es Verbpaare, die die jeweilige Geschehensperspektive ausdrücken:

> *zur Aufführung kommen/bringen*

Weitere derartige Funktionsverbpaare sind *stehen/stellen, geraten/versetzen, gelangen/zielen*:

> *unter Beobachtung stehen/stellen*
> *in Panik geraten/versetzen*
> *in Betracht kommen/ziehen*
> *zu Reichtum gelangen/in Erwägung ziehen*

Die wichtigsten Funktionsverben mit reiner akkusativischer Nominalphrase sind

abschließen	*einen Handel, einen Verkauf*
anschneiden	*eine Frage, einen Komplex*
anstellen	*Beobachtungen*
auslösen	*eine Entwicklung, eine Auseinandersetzung*
ausüben	*eine Funktion, eine Nebentätigkeit*
bekunden	*Anteilnahme, Freude*
betreiben	*eine Agentur, eine Wirtschaft*
einbringen	*Tadel, Zustimmung*
einräumen	*Aufschub, Preisnachlass*
erteilen	*Belehrung, Auskunft*
ernten	*Zustimmung, Widerspruch*
finden	*Aufmerksamkeit, Interesse*
geben	*Einverständnis, Stimme*
hegen	*Groll, Verdacht*
leisten	*Unterstützung, Vorschub*
lenken	*Aktivitäten, Interesse*
machen	*Mitteilung, Angaben*
nehmen	*Abstand*
schließen	*ein Abkommen, die Ehe*
verzeichnen	*Gewinn, Aufschwung*

Die große, grundsätzlich offene Teilmenge der **Hauptverben** lässt sich mit Nominalphrasen, Präpositionalphrasen und anderen Satelliten kombinieren. Dabei wird der Unterschied zwischen Ergänzungen und Angaben wichtig. Während die Angaben, da sie aspezifisch zuordenbar sind, nicht zu einer Subklassifizierung führen, ergeben die Ergänzungen Valenz-Subklassen. Diese sind in 3.5 ausführlich beschrieben und illustriert.

4.3.5. Klassifikation nach der Bedeutung

Semantisch lassen sich die Verben dreifach klassifizieren: nach der Geschehensart, nach der Aktionsart und nach der Intensität.
Nach der **Geschehensart** unterscheidet man

Zustandsverben (*sein, bleiben, liegen, sitzen*),
Vorgangsverben (*sich ereignen, rollen, sinken*),
Tätigkeitsverben (*fahren, sehen, tanzen*).

Nach der **Aktionsart** (d. h. dem Geschehensablauf) unterscheidet man atelische und telische Verben. Atelische Verben beschreiben Vorgänge, Tätigkeiten oder Zustände, die weder am Anfang noch am Ende als begrenzt markiert sind. Telische Verben beschreiben ein Geschehen (Vorgang, Tätigkeit oder Zustand), das am Anfang und/oder am Ende als begrenzt markiert ist.

Die **atelischen Verben** lassen sich weiter subklassifizieren in

durative Verben, die ein fortdauerndes Geschehen bezeichnen (*glühen, scheinen, stehen*), und
iterative Verben, die ein ständig wiederholtes Geschehen bezeichnen (*flattern, hämmern, klopfen*).

Auch die **telischen Verben** können subklassifiziert werden, zum Beispiel in

inchoative (auch: ingressive) Verben, die den Beginn eines Geschehens bezeichnen (*anzünden, einschläfern, erwachen*),
terminative (auch: egressive) Verben, die das Ende eines Geschehens bezeichnen (*beenden, erlöschen, verblühen*),
affektive Verben, die ein Geschehen bezeichnen, das auf andere Größen einwirkt (*binden, schmücken, setzen, trennen*),
effektive Verben, die ausdrücken, dass etwas zustande kommt oder aufhört zu existieren (*entzünden, formulieren, beenden*),
punktuelle (momentane) Verben, die ein einmaliges und kurzzeitiges Geschehen beschreiben (*erblicken, platzen*).

Nach der **Intensität** unterscheidet man Augmentativa und Diminutiva. Jene beschreiben ein besonders intensives, auch intensiv wahrgenommenes Geschehen, diese ein abgeschwächtes, auch zurückhaltend beschriebenes:

zu neutralem *weinen: schluchzen* (diminutiv), *flennen* (augmentativ)
zu neutralem *husten: hüsteln* (diminutiv),
zu neutralem *sterben: hinscheiden* (diminutiv), *verrecken* (augmentativ).

Die Intensiva haben meist noch zusätzliche Bedeutungen.

4.4. DAS FINITE VERB

4.4.1. Allgemeines

Jeder Satz und jeder Nebensatz enthält mindestens ein finites Verb.
Das finite Verb besitzt fünf Konjugationskategorien:

Präsens
Präteritum
Konjunktiv I
Konjunktiv II
Imperativ

In jeder dieser fünf Kategorien wird das finite Verb zusätzlich nach Person und Numerus (des Subjekts) spezifiziert.
Es sind drei Personen zu unterscheiden:

1. Person (Lokutiv): der Sprecher oder eine Menge, die den Sprecher einschließt;
2. Person (Allokutiv): der/die Angesprochene
3. Person (Delokutiv): die Größe(n), über die man spricht.

Man unterscheidet zwei Numeri:

Singular: bezieht sich auf **eine** Größe oder Gesamtmenge;
Plural: bezieht sich immer auf mehrere Größen.

Keinen Plural und auch im Singular nur die 3. Person haben die Witterungsverben (*es hagelt, regnet, stürmt* u. a.).
Keinen Singular haben meist Verben, deren Subjekt notwendig eine Mehrheit bezeichnet, so *auseinanderströmen* u. a.

4.4.2. Das Präsens

Es wird aus der 1. und der 2. Stammform gebildet. Vokalwechsel (wie in der 2. Stammform) gilt für die 2. und die 3. Pers. Sing. Die Person-Numerus-Endungen lauten *e, st, t, en, t, en.*

lach-e	*wickl-e*	*nehm-e*	*heiß-e*	*lieg-e*	*schließ-e*
lach-st	*wickel-st*	*nimm-st*	*heiß-t*	*lieg-st*	*schließ-t*
lach-t	*wickel-t*	*nimm-t*	*heiß-t*	*lieg-t*	*schließ-t*
lach-en	*wickel-n*	*nehm-en*	*heiß-en*	*lieg-en*	*schließ-en*
lach-t	*wickel-t*	*nehm-t*	*heiß-t*	*lieg-t*	*schließ-t*
lach-en	*wickel-n*	*nehm-en*	*heiß-en*	*lieg-en*	*schließ-en*

Die Auxiliarverben und ihre homonymen Hauptverben haben folgende Formen:

hab-e	*bin*	*werd-e*
ha-st	*bi-st*	*wir-st*
ha-t	*ist*	*wir-d*
hab-en	*sind*	*werd-en*
hab-t	*seid*	*werd-et*
hab-en	*sind*	*werd-en*

Die Modalverben (einschl. *brauchen*) haben folgende Präsensformen:

brauch-e	*darf*	*kann*	*mag*	*muss*	*soll*	*will*
brauch-st	*darf-st*	*kann-st*	*mag-st*	*muss-t*	*soll-st*	*will-st*
brauch-t	*darf*	*kann*	*mag*	*muss*	*soll*	*will*
brauch-en	*dürf-en*	*könn-en*	*mög-en*	*müss-en*	*soll-en*	*woll-en*
brauch-t	*dürf-t*	*könn-t*	*mög-t*	*müss-t*	*soll-t*	*woll-t*
brauch-en	*dürf-en*	*könn-en*	*mög-en*	*müss-en*	*soll-en*	*woll-en*

In der 3. Pers. Sing. haben die Modalverben kein *t*. Ausnahme ist *brauchen*: hier gilt *braucht* in der Standardsprache, in der Alltagssprache aber vielfach schon *brauch* (*Er brauch nicht mitessen.*).

Besonderheiten:
1. *wissen* hat in der 1. Pers. Sing. kein *e*, in der 3. Pers. Sing. kein *t*: *ich weiß, er weiß*.
2. Bei Verben mit dem Suffix *el* wird in der 1. Pers. Sing. das *e* eliminiert: *lächeln – ich lächle*.
3. Verben mit Stammauslaut *s, ß, x, z* haben in der 2. Pers. Sing. die Endung *t*: *du bläst, du weißt, du hext, du putzt*.
4. Verben mit Stammauslaut Konsonant + *m, n* schieben in der 2. und 3. Pers. Sing. und in der 2. Pers. Plur. vor der Endung ein *e* ein: zu *ebn-en*: *du ebn-e-st, sie ebn-e-t, ihr ebn-e-t*; zu *öffnen*: *du öffn-e-st, sie öffn-e-t, ihr öffn-e-t*; zu *eign-en*: *du eign-e-st, sie eign-e-t, ihr eign-e-t*. Diese Regel gilt allerdings nicht für *lm, ln, rm, rn* im Stammauslaut, vgl. *du schwärmst* (ebenso bei *qualmen, zermalmen, entfernen* u. a.).
5. Verben mit dentalem Stammauslaut (*d* oder *t*) schieben in der 2. und der 3. Pers. Sing. und in der 2. Pers. Plur. vor der Endung ein *e* ein: *du fast-e-st, sie fast-e-t, ihr fast-e-t; du leit-e-st, sie leit-e-t, ihr leit-e-t*.
   Manche dieser Verben haben allerdings in der 2. und der 3. Pers. Sing. eine kontrahierte Form, vgl. *birst, brät, gilt, hält, lädt, rät, schilt, tritt*.

Bedeutung des Präsens:
Ein Sachverhalt ist

* zu einer bestimmten, **anderweitig festzulegenden Zeit**
* **wirklich** sowie
* für die Gesprächsteilnehmer **von Belang**.

Die Zeit, zu der der Sachverhalt gilt, wird also nicht durch die Präsensform, sondern durch andere Elemente (meist im Kontext) festgelegt. So bezeichnet *geht* in

   Sabine geht heute nachmittag in den Wald.

eher etwas Zukünftiges, wenn der Satz am Vormittag desselben Tages geäußert wird, etwas Gegenwärtiges (d. h. den Sprechzeitpunkt Überlappendes) als Antwort auf die Frage *Wo ist Sabine bloß?*, etwas Vergangenes, wenn der Satz innerhalb eines Berichts wie dem folgenden Vortext steht:

   Ich wusste, Sabine geht heute nachmittag in den Wald, und ich überlegte mir, wie ich sie zum Dableiben überreden könnte.

Das Präsens kann auch (zu beliebiger Zeit) Wiederholtes bezeichnen:

   Sabine geht immer nachmittags in den Wald.

Gegenwärtiges bezeichnet das Präsens prinzipiell selten, wohl weil im Allgemeinen wenig Anlass besteht, über Gegenwärtiges zu reden. Eine Ausnahme bilden die Simultanreportagen bei Sportveranstaltungen. Wenn allerdings weder vom Kontext noch von der Situation her irgendein Anhaltspunkt für zeitliche Situierung gegeben wird, pflegt man einen Präsenssatz am ehesten an der Sprechsituation aufzuhängen. So kann der unvermittelt geäußerte Satz

> *Isabell ist da.*

die spontane Frage *Wo?* auslösen, mit der der Frager eine visuelle Bestätigung des offenbar sprechzeitgebundenen Sachverhaltes einfordert.

In jedem Fall wird der Sachverhalt durch das Präsens als **real** (bei Negation als irreal, in Konditionalgefügen als hypothetisch real) ausgewiesen. Diese semantische Funktion des Präsens ist die wichtigste.

Das dritte definitorische Merkmal wird in der Gegenüberstellung folgender Sätze deutlich, wobei in beiden Fällen über denselben Sachverhalt berichtet wird:

> *Da schaut Ulrike ihn ruhig an und sagt: Mit mir nicht.*
> *Da schaute Ulrike ihn ruhig an und sagte: Mit mir nicht.*

Die erste Formulierung gehört in eine bewegte, vielleicht erregte Erzählung, die zweite in einen nüchternen Bericht. In der ersten Version fühlt sich der Sprecher von dem Sachverhalt unmittelbar betroffen, das Erzählte geht ihn an, geht ihm unter die Haut, und diese Empfindung möchte er auf den/die Partner übertragen. In der zweiten Version fehlen diese Merkmale.

Das Präsens, das Sachverhalte als Fakten beschreibt, wird auch in Aufforderungen verwendet. Indem es die geforderte Handlung formaliter als Tatsache hinstellt, verleiht es der Aufforderung besonderen Nachdruck:

> *Du wartest hier.*

4.4.3. Das Präteritum

Die Formen werden aus der 3. Stammform gebildet. Hier ist das Präteritum bei den schwachen Verben durch ein *t*-Suffix, bei den starken Verben durch Ablaut gekennzeichnet. Die Person-Numerus-Endungen lauten bei den schwachen Verben *e, est, e, en, et, en*. Bei den starken Verben lauten sie *–, (e)st, –, en, (e)t, en*.

ich	*lach-t-e*	*wickel-t-e*	*nahm*	*hieß*	*lag*	*schloss*
du	*lach-t-est*	*wickel-t-est*	*nahm-st*	*hieß-est*	*lag-(e)st*	*schloss-est*
sie	*lach-t-e*	*wickel-t-e*	*nahm*	*hieß*	*lag*	*schloss*
wir	*lach-t-en*	*wickel-t-en*	*nahm-en*	*hieß-en*	*lag-en*	*schloss-en*
ihr	*lach-t-et*	*wickel-t-et*	*nahm-(e)t*	*hieß-et*	*lag-(e)t*	*schloss-(e)t*
sie	*lach-t-en*	*wickel-t-en*	*nahm-en*	*hieß-en*	*lag-en*	*schloss-en*

Die Auxiliarverben haben folgende Präteritumformen:

ich	*hat-t-e*	*war*	*wurd-e*
du	*hat-t-est*	*war-st*	*wurd-est*
sie	*hat-t-e*	*war*	*wurd-e*
wir	*hat-t-en*	*war-en*	*wurd-en*
ihr	*hat-t-et*	*war-t*	*wurd-et*
sie	*hat-t-en*	*war-en*	*wurd-en*

Das zur Futurbildung gebrauchte *werden* hat kein Präteritum.

Besonderheiten:

1. Die starken Verben mit Stammauslaut *s, ß* schieben in der 2. Pers. Sing. vor der Endung ein *e* ein: *goss-e-st, wies-e-st*.

2. Die starken Verben mit dentalem Stammauslaut (*d, t*) haben in der 2. Pers. Sing. und Plur. obligatorisch vor der Endung *e*: *trat-e-st, trat-e-t*.
   Bei den übrigen starken Verben ist dieses *e* möglich, wirkt aber gehoben und leicht archaisch.

3. Die schwachen Verben mit dentalem Stammauslaut schieben in allen Formen vor dem Präteritumsuffix *t* ein *e* ein: *breit-e-t-e, trott-e-t-e*.
   Für die Verben *senden* und *wenden* gibt es Nebenformen (*sandte, wandte* neben *sendete, wendete*).

4. Die schwachen Verben mit Konsonant + *m, n* als Stammauslaut schieben in allen Formen vor dem Präteritumsuffix *t* ein *e* ein: *atm-e-t-e*. Diese Regel gilt nicht bei Stammauslaut *lm, ln, rm, rn*.

5. Das Präteritum der Modalverben wird vom Infinitivstamm ohne Umlaut gebildet: *können – konnte, sollen – sollte*

Bedeutung des Präteritums:

Ein Sachverhalt ist

- in der **Vergangenheit**
- **wirklich** sowie
- für die Gesprächsbeteiligten **nicht weiter von Belang.**

Damit hat das Präteritum, anders als die anderen Tempora, eindeutig zeitliche Bedeutung: Es setzt einen Sachverhalt in die Zeit vor dem Sprechzeitpunkt:

> *Isabell trug die Zweige zusammen.*
> *Die Gäste traten auf den Balkon.*

In manchen Fällen wird das Präteritum metaphorisch verwendet. Dann dominiert das dritte Merkmal ('nicht weiter von Belang'), und das zeitliche Merkmal ist neutralisiert. Dies ist der Fall bei gegenwartsbezogenen Kellnerfragen wie *Bekamen Sie das Steak?* sowie in *Wie war noch Ihr Name? Welches war der Titel des Buches?* Hier wird die durch das Präteritum bewirkte Distanz zum Ausdruck der Höflichkeit benutzt.

In der „erlebten Rede" – dabei übernimmt der Autor bei der Wiedergabe von Äußerungen und Meinungen Dritter deren Perspektive – wird regelmäßig das Präteritum verwendet, wenn Vergangenes (als vergangen) erzählt wird:

> *Warum zögerte Hugo?*
> *Von ihm war keine Aufklärung zu erwarten.*
> *Was war das für ein Geräusch?*

Hier ist das Präteritum nie gegen das Perfekt austauschbar, während diese Möglichkeit sonst häufig besteht, weil ja auch das Perfekt Vergangenes beschreiben kann.

Umgekehrt tritt das Präteritum häufig als „Ersatzform" für das Perfekt ein: bei *haben*, *sein* und den Modalverben am ehesten aus sprechtaktischen Gründen, aber allgemein oft bei telischen Verben. So kann der Satz *Ich habe es dir doch gestern gesagt.* ohne Weiteres ersetzt werden durch *Ich sagte es dir doch gestern.* Bei atelischen Verben ist solcher Ersatz nicht möglich; statt *Ich habe nicht von dem Pudding gegessen.* kann es im Allgemeinen nicht heißen *Ich aß nicht von dem Pudding.*

Negation präteritaler Sätze bezieht sich auf das Merkmal 'wirklich', es wird also die Realität des Sachverhalts in Abrede gestellt, während die anderen Merkmale davon unberührt bleiben.

4.4.4. Konjunktiv I

Die Formen des Konjunktiv I werden von der ersten Stammform gebildet. An deren Stamm wird ein *e* angehängt, darauf folgen die Person-Numerus-Endungen:

ich	lach-e	wickl-e	nehm-e	heiß-e	lieg-e	schließ-e
du	lach-e-st	wickl-e-st	nehm-e-st	heiß-e-st	lieg-e-st	schließ-e-st
sie	lach-e	wickl-e	nehm-e	heiß-e	lieg-e	schließ-e
wir	lach-e-n	wickel-n	nehm-e-n	heiß-e-n	lieg-e-n	schließ-e-n
ihr	lach-e-t	wickl-e-t	nehm-e-t	heiß-e-t	lieg-e-t	schließ-e-t
sie	lach-e-n	wickel-n	nehm-e-n	heiß-e-n	lieg-e-n	schließ-e-n

Bei Verben mit Stammauslaut *el* erscheint dieses Suffix in allen Formen als *l* (*sie schmeichl-e, er winsl-e*).
Die Auxiliarverben haben im Konjunktiv I folgende Formen:

ich	hab-e	sei	werd-e
du	hab-e-st	sei-e-st	werd-e-st
sie	hab-e	sei	werd-e
wir	hab-e-n	sei-e-n	werd-e-n
ihr	hab-e-t	sei-e-t	werd-e-t
sie	hab-e-n	sei-e-n	werd-e-n

Die Modalverben bilden den Konjunktiv I regelmäßig vom Infinitivstamm:

ich brauche/dürfe/könne/möge/müsse/solle/wolle usw.

Wo Formen des Konjunktiv I mit denen des Präsens gleich lauten, wird als Ersatzform häufig der Konjunktiv II oder die *würde*-Umschreibung (s. 4.4.5) verwendet.

Bedeutung des Konjunktiv I:
Der Konjunktiv I hat eine Haupt- und zwei Nebenbedeutungen.

Hauptbedeutung:
Eine Äußerung wird als **wiedergegeben** markiert (vgl. 2.4.4).
Auch wenn die Textwiedergabe (traditionell: „indirekte Rede") meist zusätzlich durch weitere Mittel, meist Obersatzverben des Sagens, angezeigt wird, reicht der Konjunktiv I dafür völlig aus. Dies zeigt der folgende Bericht über eine Bundestagsdebatte:

> *Opposition und Koalition waren sich einig über die Gefährlichkeit eines Angriffs. Die Opposition hielt allerdings den Einmarsch für völkerrechtlich zulässig. Er sei durch die Resolution des Sicherheitsrates gedeckt.*

Während die beiden ersten Sätze vom Schreiber als ‚real' aufgefasst sind, kennzeichnet er den dritten als Zitat, als Äußerung anderer Personen, für deren Inhalt er die Verantwortung nicht übernehmen will.

Nebenbedeutung A:
Der ausgedrückte Sachverhalt ist **irreal.**

Diese Bedeutung liegt nur in den sogenannten „irrealen Vergleichssätzen" vor. Dabei verlangen die Subjunktoren *als ob, wie wenn* Endstellung der finiten Verbs; nach der Einleitung *als* jedoch folgt unmittelbar das Finitum:

> *Du redest, als ob du hier der Chef seist.*
> *wie wenn du hier der Chef seist.*
> *als seist du hier der Chef.*

In solchen irrealen Vergleichssätzen ist der Konjunktiv I immer gegen den Konjunktiv II bzw. die *würde*-Umschreibung austauschbar:

> *Du redest, als ob du hier der Chef wärst.*
> *wie wenn du hier der Chef wärst.*
> *als wärst du hier der Chef.*
> *als würdest du hier der Chef sein.*

Zwischen den drei Ausdrucksmöglichkeiten besteht kein wesentlicher Bedeutungsunterschied. Es scheint allerdings, als würde durch Konjunktiv II und *würde*-Umschreibung die Irrealität des Sachverhalts verstärkt; auch eine gewisse Distanzierung des Sprechers/ Schreibers vom Inhalt der Äußerung ist anzunehmen.

Nebenbedeutung B:
Der Konjunktiv I signalisiert, dass ein Sachverhalt **real sein soll**.
Man spricht vom „adhortativen Konjunktiv". Er wird verwendet

- in Lehrsituationen (nur mit *sein*-Passiv):

  Gegeben sei ein gleichschenkliges Dreieck mit der Seite a = 12 cm.

- in metakommunikativen Fügungen folgenden Typs (nur mit *sein*-Passiv):

  Es sei daran erinnert, dass ...
  Erwähnt sei ferner ...

- in schriftlichen Anweisungen:

  Die Bäume schneide man, bevor sie ausschlagen.
  Den Luftdruck lasse man regelmäßig überprüfen.
  Die Zwiebeln röste man goldbraun.

  Zum letzten Beispiel: Der viel zitierte Konjunktiv I in Kochrezepten ist eine Legende. Üblich in Kochbüchern sind heute Infinitivkonstruktionen, Passiv, Indikativ (Präsens), Imperativ (der Konjunktiv I kommt in weniger als 1 % aller Texte vor).

- in metakommunikativen Ausdrücken:

  Sei dem, wie ihm wolle ...
  Wie dem auch sei ...
  Sei es ..., sei es ...
  Komme, was da wolle ...

Der adhortative Konjunktiv lässt sich in keinem Fall durch Konjunktiv II oder *würde*-Umschreibung ersetzen.
Werden indikativische Sätze in den Konjunktiv I übertragen (etwa bei Textwiedergabe), so besteht das Problem, dass das Formensystem des Konjunktiv I defektiv ist: **Es gibt kein Präteritum des Konjunktivs.** Das Präteritum des Primärtextes muss daher bei Umsetzung in den Konjunktiv immer durch eine Perfektform umschrieben werden, was zu einem Verlust an Differenzierungsmöglichkeiten führt, denn dem Satz *Sie kicherte.* entspricht, genauso wie dem Satz *Sie hat gekichert.*, die Konjunktiv-Version *Sie habe gekichert.* Beim indikativischen Plusquamperfekt führt die „Konjunktivierung" gar zu einer Doppelperiphrase:

> *Sie hatte gekichert.* ≅ *Sie habe gekichert gehabt.*

4.4.5. Konjunktiv II

Die Formen des Konjunktiv II werden von der dritten Stammform gebildet. Dabei wird an den Stamm ein *e* angehängt, das gegebenenfalls mit einem *e* der Endung amalgamiert wird. Bei starken Verben wird außerdem umgelautet, wo dies möglich ist. So ergeben sich folgende Paradigmen:

ich	*lach-t-e*	*wickel-t-e*	*nähm-e*	*hieß-e*	*läg-e*	*schlöss-e*
du	*lach-t-e-st*	*wickel-t-e-st*	*nähm-e-st*	*hieß-e-st*	*läg-e-st*	*schlöss-e-st*
sie	*lach-t-e*	*wickel-t-e*	*nähm-e*	*hieß-e*	*läg-e*	*schlöss-e*
wir	*lach-t-e-n*	*wickel-t-e-n*	*nähm-e-n*	*hieß-e-n*	*läg-e-n*	*schlöss-e-n*
ihr	*lach-t-e-t*	*wickel-t-e-t*	*nähm-e-t*	*hieß-e-t*	*läg-e-t*	*schlöss-e-t*
sie	*lach-t-e-n*	*wickel-t-e-n*	*nähm-e-n*	*hieß-e-n*	*läg-e-n*	*schlöss-e-n*

Die Auxiliarverben haben im Konjunktiv II folgende Formen:

ich	*hätt-e*	*wär-e*	*würd-e*
du	*hätt-e-st*	*wär-e-st*	*würd-e-st*
sie	*hätt-e*	*wär-e*	*würd-e*
wir	*hätt-e-n*	*wär-e-n*	*würd-e-n*
ihr	*hätt-e-t*	*wär-e-t*	*würd-e-t*
sie	*hätt-e-n*	*wär-e-n*	*würd-e-n*

Für die Modalverben gelten folgende Konjunktiv-II-Formen:

ich	*bräuch-t-e* usw.	*dürf-t-e* usw.	*könn-t-e* usw.	*möch-t-e* usw.	*müss-t-e* usw.	*soll-t-e* usw.	*woll-t-e* usw.

Die Form *möchte* hat heute ihre konjunktivische Bedeutung nahezu völlig verloren und wird wie eine Präsensform verwendet: *Möchtest du noch etwas trinken?*
Der Konjunktiv II der schwachen Verben ist mit dem Präteritum formgleich:

> *Sie reiste nicht nach Ravensburg.* (Konjunktiv II? Präteritum?)

Deshalb wird anstelle des Konjunktiv II der schwachen Verben meist die *würde*-Umschreibung verwendet:

> *Sie würde nicht nach Ravensburg reisen.*

Diese Umschreibung wird häufig auch bei starken Verben verwendet, die altertümliche Konjunktiv-II-Formen aufweisen (*böte, flöhe, gösse, nähme, schwämme* u. a.). Die *würde*-Umschreibung wird im Allgemeinen vermieden bei den Verben *haben, sein* und den umlautfähigen Modalverben; beim zukunftsbildenden *werden* kommt sie nicht vor.

Bedeutung des Konjunktiv II:
Der Konjunktiv II hat eine Haupt- und drei Nebenbedeutungen.

Hauptbedeutung:
Ein Sachverhalt ist

- nur **hypothetisch wirklich** (d. h. unter einer Bedingung, deren Erfüllung ebenfalls hypothetisch ist).

Diese Bedeutung gilt zu einer beliebigen Zeit (die durch andere Mittel festgelegt wird). Der hypothetische Konjunktiv II kommt naturgemäß häufig in Konditionalgefügen vor, in denen beiden Teilsätzen ohnehin hypothetische Bedeutung zugeschrieben wird. Damit stehen nebeneinander

> *Würde bar bezahlt, so käme der Wagen auf 5000 Euro.* (Konjunktiv II)
> *Wird bar bezahlt, so kommt der Wagen auf 5000 Euro.* (Präsens)

Der Unterschied besteht darin, dass der konjunktivische Satz den hypothetischen Charakter stärker betont; der Sprecher/Schreiber zweifelt also stärker an der Erfüllung der Bedingung.

Bei atelischen Verben wird der Unterschied deutlicher. Während nämlich telische Verben (*bezahlen, kommen auf*) automatisch in die Zukunft projiziert werden, die Realisierung des Sachverhalts also ohnehin offen bleibt, beschreiben atelische Verben einen gegenwärtigen Zustand, über den die Gesprächsbeteiligten natürlich Bescheid wissen. Der Konjunktiv II eines atelischen Verbs lässt daher die Interpretation zu, dass der Sachverhalt nicht realisiert ist: Aus

> *Wäre sie hier*

muss gefolgert werden, dass sie nicht hier ist.

Der hypothetische Konjunktiv II liegt, neben dem Konjunktiv I (s. oben), auch in irrealen Vergleichssätzen vor:

> *Du redest, als ob du hier der Chef wärst.*

Steht der Konjunktiv II in einer vergangenheitsbezogenen Form (Perfektform), so bezeichnet er nicht negiert den Sachverhalt als **irreal**:

> *Wäre sie hergekommen*

lässt unter anderem den Schluss zu:

> *Sie ist nicht hergekommen.*

Nebenbedeutung A:

Eine Äußerung wird als „**wiedergegeben**" markiert:

> *Von Hannes hört man, er wäre unpässlich.*

In dieser Bedeutung konkurriert der Konjunktiv II mit dem Konjunktiv I (s. oben).

Die „Ersatzregel" (Konjunktiv II ersetzt den Konjunktiv I) ist für den Spracherwerb wichtig. Es muss allerdings gesagt werden, dass sie auch bei nicht eindeutigen Konjunktiv-I-Formen nicht ausnahmslos angewandt wird und dass sie andererseits oft auch dann angewandt wird, wenn die Konjunktiv-I-Form eindeutig wäre.

In der hier generell möglichen *würde*-Umschreibung ist vielfach versteckt ein Merkmal ‚zukünftig' enthalten, zumal wenn es um zukünftige Sachverhalte geht:

> *Sie schrieb, sie würde nächste Woche umziehen.*

Bei atelischen Verben ist die *würde*-Umschreibung weniger üblich als bei telischen Verben, vgl.

> (?) *Sie schrieb, sie würde jetzt bei Bopp & Co. arbeiten.*

Dafür wird eher die Verbform *arbeite* verwendet.

Nebenbedeutung B:

Ein Sachverhalt wird

- als **nicht wirklich**, aber
- **erwünscht (zu realisieren)** und
- für die Gesprächsbeteiligten **von Belang** ausgewiesen.

Diese Bedeutung wird in **Wunschsätzen** realisiert:

Wenn sie sich doch melden würde!

Wunschsätze erscheinen als
– Subjunktorsätze (meist durch *wenn* eingeleitet):

Wenn es doch endlich regnen würde!

Der Subjunktorsatz fungiert hier als selbständige Äußerung.
– Frontsätze:

Würde es doch endlich regnen!

Die Einleitung *o* oder *ach* ist häufig.

Insgesamt sind auch die Partikeln *doch* und *nur* charakteristisch für Wunschsätze:

Wenn es doch nur endlich regnen würde!

Nebenbedeutung C:
Ein Sachverhalt wird als **nebensächlich**, als für die Gesprächsbeteiligten **belanglos** bezeichnet.
Diese Bedeutung steht im Dienst der sprachlichen Höflichkeit: Man will den Partner nicht direkt mit einem (eventuell doch wichtigen) Sachverhalt konfrontieren:

Wir würden das anders sehen.
Könnten Sie die Arbeit vielleicht nochmal lesen?
Das hätten wir geschafft.
Nun wären wir da.

Wörtlich genommen sind die meisten dieser Äußerungen nicht sehr sinnvoll: Man sagt *Das hätten wir geschafft.*, wo doch feststeht, dass der Sprecher und seine Mitarbeiter es **wirklich** geschafft haben. Die Bagatellisierung des Geleisteten dient wiederum der Rücksichtnahme, der Höflichkeit.
Für die Wiedergabe verschiedener Zeitstufen gilt (außer beim Konjunktiv II der Höflichkeit) dasselbe wie beim Konjunktiv I (s. oben).

4.4.6. Imperativ

Diese Form kann zu allen Verben gebildet werden, die ein willentlich steuerbares Verhalten bezeichnen.
Der Imperativ kommt nur in der 2. Pers. Sing. und in der 1. und 2. Pers. Plur. vor. Für die 2. Person gibt es zwei Formen, eine vertrauliche und eine Distanzform.

Hör endlich auf! Hören Sie endlich auf!
Hören wir doch auf!
Hört doch auf damit! Hören Sie doch auf damit!

Die Konjugationsendungen für die vertrauliche Form werden im Singular von der 2. Stammform, für alle übrigen Formen von der 1. Stammform gebildet. Dabei ist der Imperativ der 1. Pers. Plur. mit der entsprechenden Konjunktiv-I-Form identisch. Die Distanzform stimmt immer mit der entsprechenden Präsensform überein (Ausnahme: *sein – seien Sie*).

		vertraulich	**Distanzform**
Singular	1. Pers.	–	–
	2. Pers.	*gib*	*geben Sie*
	3. Pers.	–	–
Plural	1. Pers.	*geben wir*	–
	2. Pers.	*gebt*	*geben Sie*
	3. Pers.	–	–

Noch selten, aber immer häufiger wird auch die 2. Pers. Sing. von der 1. Stammform gebildet:

gebe statt *gib*
lese statt *lies*
vernehme statt *vernimm*

Zum Imperativ gibt es keine Perfektformen und keine Passivformen (Ausnahme: *Sei gegrüßt!*).

VERTRAULICHE FORM DES IMPERATIVS

Besonderheiten im Singular:
In der Standardsprache ist das Endungs-*e* in folgenden Fällen obligatorisch:

bei Verben auf *el* (oft mit Kürzung des Suffixes): *lächeln – lächle*
bei Verben auf *er* (teilweise mit Kürzung des Suffixes): *löchern – löch(e)re*
bei Verbern auf *ig*: *verteidigen – verteidige*
bei Verben auf Konsonant + *m*, *n* u. a.: *atmen – atme, wachsen – wachse*
oft bei Verben auf Dental oder Reibelaut: *achten – achte, lachen – lach(e)*

Besonderheiten im Plural:
Neben der Endung *t* (2. Pers.) gibt es gelegentlich die Endung *et*, die gehoben und veraltet klingt (*gebet, lachet, lasset* u. a.), aber in Texten älteren Ursprungs verbindlich ist:

Ihr Kinderlein, kommet (Weihnachtslied)
Erbarmet euch.
Lasset die Kindlein zu mir kommen und wehret ihnen nicht. (Neues Testament)

Auch bei dentalem Stammauslaut ist die Endung *et* obligatorisch:

betet, findet, ladet, rettet

Bei der vertraulichen Form des Imperativs wird das Subjekt meist nicht genannt. Es kann aber zum Zweck der Hervorhebung als Partnerpronomen realisiert werden und wird dann dem Imperativ meist nach-, selten vorangestellt:

Geh du zum Bäcker.
Kommt ihr mal rein.
Du geh zum Bäcker.

Die vertraulichen Imperativformen stehen also meistens am Satzanfang. Gelegentlich geht in der 2. Person das Subjekt voran (s. oben: *Du geh zum Bäcker.*), oft auch andere Elemente (dies namentlich in der Alltagssprache):

Den beachte gar nicht.
Mit dem lass dich lieber nicht ein.
Dann kauf eben das Buch.
Bitte sei ruhig.

DISTANZFORM DES IMPERATIVS

Diese Form wird immer zusammen mit dem Partnerpronomen *Sie* realisiert. Formen ohne *Sie* kommen nicht vor (sie galten bis ins 19. Jahrhundert in Unterschicht und unterer Mittelschicht als untertänig-höflich). Die kombinierten Pronominal- und Verbformen sind in Singular und Plural identisch.

Imperativ der 1. Person

Sie wird immer mit dem Sprecherpronomen *wir* realisiert und ist mit den Präsensformen identisch (Ausnahme: *sein – seien wir*).

Hauptbedeutung des Imperativs:
Ein Sachverhalt

- **soll realisiert werden,**
- ist also im Sprechzeitpunkt **noch nicht realisiert** und
- ist für den Sprecher **von Belang.**

Obwohl Imperativsätze in dieser Bedeutung ausnahmslos Aufforderungen sind, können Aufforderungen auch anders ausgedrückt werden (vgl. 2.3.3.2 „Festlegung des Partners"). Häufige Konkurrenzformen zum Imperativ werden mit den Modalverben *sollen, wollen* (1. Pers.) und *lassen* (1. Pers.) realisiert:

> *Ihr sollt aufstehen.*
> *Wir wollen gehen.*
> *Lasst uns keine vorschnellen Entschlüsse fassen.*

Die *lassen*-Formen gelten als gehoben.

Nebenbedeutung des Imperativs:
Ein Sachverhalt

- wird **als Bedingung verstanden,**
- nach der obligatorisch die **Folge genannt** wird (als Konstativsatz).

Auf diese Art lassen sich Konditional- und Konzessivgefüge wiedergeben:

> *Geh ohne Mantel, und du holst dir die Grippe.*
> *Schick diesen schönen Brief ab – du wirst ihn trotzdem nicht umstimmen.*

Konkurrenzformen mit *sollen, wollen* (s. oben) gibt es bei dieser Bedeutung nicht.

4.5.   DAS INFINITE VERB

4.5.1. Allgemeines

Infinite Verben können nie allein einen Satz konstituieren. Sie können aber als Bestandteile eines Verbalkomplexes in Sätzen vorkommen.
Äußerungen, die als oberstes Element ein infinites Verb enthalten, sind keine Sätze:

> *Nach rechts sehen.*
> *Endlich aufgestanden?*

Die infiniten Verben gliedern sich in drei Subkategorien:

Partizip I
Partizip II
Infinitiv

Infinite Verben sind grundsätzlich unveränderlich. Partizipien können jedoch in die Klasse der Adjektive übertreten und werden dann wie Adjektive dekliniert (s. 5.5.2). Infinitive können in die Klasse Nomen übertreten und werden dann nach Deklinationsklasse 5 dekliniert (s. 5.2.3).

4.5.2. Partizip I

Es wird gebildet, indem man der 1. Stammform ein *d* anhängt:

> *lachen – lachend*
> *wickeln – wickelnd*
> *nehmen – nehmend*
> *heißen – heißend*
> *liegen – liegend*
> *schließen – schließend*

Ausnahmen: *tun – tuend, sein – seiend.*
Das Partizip I kommt nie als Bestandteil eines Verbalkomplexes vor. Häufig wird es als Attribut zum Nomen gebraucht und dann (sofern nicht appositiv verwendet) wie ein Adjektiv dekliniert; außerdem kommt es unverändert als Apposition und als Disjunkt vor:

> *das Gasthaus zum **singenden** Wirt*
> *der Wirt, aus vollem Halse **singend**, …*
> *Der Wirt kam **singend** die Treppe herab.*

Bedeutung des Partizip I:

- **simultan,**
- **im Vollzug,**
- **aktivisch.**

Das Merkmal **simultan** besagt, dass das vom Partizip beschriebene Geschehen (z. B. *singen*) gleichzeitig mit einem anderen Geschehen (z. B. *kam die Treppe herab*) oder einer weiteren Zeitbestimmung erfolgt:

> *das zur Zeit noch schwebende Verfahren*
> *ihr ständig nörgelnder Mann*

Das Merkmal **im Vollzug** besagt, dass das vom Partizip beschriebene Geschehen zur angegebenen Zeit noch abläuft, also noch nicht abgeschlossen ist:

> *meine lächelnde Nichte*
> *das ausfließende Öl*

Das Merkmal **aktivisch** besagt, dass das Partizip I immer durch einen Relativsatz im Aktiv (s. 3.7.4 „Relativsätze") ersetzt werden kann:

> *eine jubelnde Menge – eine Menge, die jubelt(e)*

Nur Partizipien I, die völlig zu Adjektiven geworden sind, lassen sich komparieren, so *aufregend, reizend, rührend* u. a.
Das Partizip I kann Partizipialphrasen bilden. Dabei bleibt die Valenz des Verbs erhalten, jedoch lässt sich das Subjekt nicht realisieren (es erscheint meist als nominaler Kopf):

Heinz verkauft Arzneimittel. ⇒
der Arzneimittel verkaufende Heinz

Vom Partizip I abgeleitet ist das **Gerundivum**. Es wird aus *zu* + Partizip I gebildet und erscheint meist als vorangestelltes Attribut des Nomens:

die in der nächsten Woche zu besichtigende Alm

1. Bedeutung des Gerundivums:

* **zukünftig,**
* **zu realisieren,**
* **passivisch.**

Das Merkmal **zukünftig** besagt, dass das beschriebene Geschehen erst nach der Sprechzeit realisiert wird.
Das Merkmal **zu realisieren** besagt, dass dieses Geschehen realisiert werden soll.
Das Merkmal **passivisch** besagt, dass das Gerundivum jederzeit durch einen Relativsatz im Passiv (s. 3.7.4 „Relativsätze") ersetzt werden kann:

die zu verkaufenden Arzneimittel – die Arzneimittel, die verkauft werden müssen/ sollen

2. Bedeutung des Gerundivums:

* **zeitlich nicht festgelegt,**
* **realisierbar,**
* **passivisch.**

Das Merkmal **zeitlich nicht festgelegt** besagt, dass das beschriebene Geschehen zu beliebiger Zeit realisierbar ist.
Das Merkmal **realisierbar** besagt, dass dieses Geschehen realisiert werden **kann**.
Das Merkmal **passivisch** besagt, dass das Gerundivum jederzeit durch einen Relativsatz im Passiv ersetzt werden kann.
Beispiele:

die einzuhaltende Zusage
der zu behebende Fehler
der an diese Leitung anzuschließende Geschirrspüler

Der wesentliche Unterschied zwischen den beiden Bedeutungen liegt im jeweils zweiten Merkmal. Welche der beiden Bedeutungen in konkreten Ausdrücken vorliegt, muss durch den Kontext geklärt werden, bleibt aber de facto häufig ungeklärt, so in

der durch Olivenöl zu verbessernde Geschmack

Das Gerundivum ist im Wesentlichen auf die geschriebene Sprache beschränkt; in der Alltagssprache kommt es nicht vor.

4.5.3. Partizip II

Dieses Partizip kann zu jedem Verb gebildet werden. Dabei tritt das Affixpaar *ge* und *(e)t/ en* an den Stamm der 4. Stammform; kurz: Das Partizip II ist identisch mit der 4. Stammform. Die Endung *(e)t* gilt für die schwachen Verben, dabei lautet sie *et* bei dentalem Stammauslaut, sonst *t*; die Endung *en* gilt für die starken Verben.
Das Präfix *ge* erscheint nicht bei allen Verben. Es wird realisiert bei den Verben, die im Infinitiv auf der ersten Silbe betont werden. Das sind neben vielen einfachen Verben (*ge-treten* zu *treten*) alle Verben mit trennbarem Präfix (Verbzusatz) – hier wird es zwischen

Verbzusatz und Stamm eingefügt (*ein-ge-treten* zu *eintreten*). Das Präfix *ge* wird nicht realisiert bei allen übrigen Verben. Das sind vor allem die Verben mit festem (nicht abtrennbarem) Präfix (*beendet* zu *beenden*), ferner die Verben auf *ieren* (*kassiert* zu *kassieren*). Auch bei den Verben, die sowohl einen Verbzusatz als auch ein festes Präfix haben, entfällt *ge* (*anvertraut* zu *anvertrauen*).

Das Partizip II der Modalverben ist mit dem Infinitiv formgleich (s. 4.7.4 „Allgemeines").

Partizipähnliche Adjektive wie *bekannt, beliebt* gehören nicht zu den Partizipien II, weil zu ihnen kein Infinitiv (mehr) existiert.

Das Partizip II kommt als Bestandteil des Verbalkomplexes und als Attribut vor.

Als **Teil des Verbalkomplexes** wird es zur Bildung der Perfektformen (s. 4.7.2) und des Passivs (s. 4.7.3) verwendet:

> *Der Kanzler hat den Kompromiss abgelehnt.*
> *Der Kompromiss wurde von den Gewerkschaften abgelehnt.*

In **Nominalphrasen** kommt das Partizip II „adjektiviert" als vorangestelltes Attribut, als Apposition und als Disjunkt vor:

> *ein feurig gewürzter Eintopf*
> *der Eintopf, feurig gewürzt, …*
> *Sie servierte das Fleisch unnachahmlich gewürzt.*

In Partizipialphrasen bleibt gewöhnlich die Valenz des Verbs erhalten, das Subjekt erscheint als Präpositionalphrase mit *durch* oder *von*:

> *Der Nachbar hat Else hinters Licht geführt.* ⇒
> *die durch den Nachbarn hinters Licht geführte Else*

Die Strukturen zeigen die beiden Diagramme:

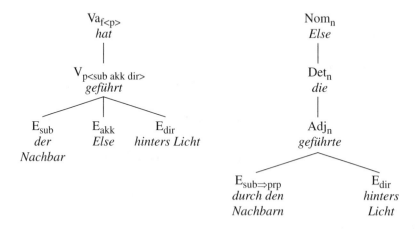

Gelegentlich erscheint das Partizip II auch als Satellit des Partnerpronomens:

> *ich hinters Licht Geführte*
> *ich Betrogene*

Als Attribute verwendbar sind vor allem die Partizipien II der passivfähigen Verben (sie alle bilden das Perfekt mit *haben*) sowie die telischen Verben mit *sein*-Perfekt:

> *die hinters Licht geführte Else*
> *die auf den Betrug gekommene Else*

Das Partizip II nicht passivfähiger Verben mit *haben*-Perfekt sowie nichttelischer Verben mit *sein*-Perfekt ist nicht attributiv verwendbar:

> *die gearbeitete Else*
> *die gegangene Else*

Nichttelische Verben können aber durch Zusätze zu telischen werden, etwa wenn eine Direktivergänzung hinzugefügt wird:

> *die nach Mannheim gegangene Else*

Bedeutung des Partizip II:

- **zu beliebiger Zeit,**
- **abgeschlossen/vergangen.**

Dabei gilt das Merkmal ‚abgeschlossen‘ für telische, das Merkmal ‚vergangen‘ für atelische Verben. Beide Merkmale sollten nicht verwechselt werden. Wenn von der *hinters Licht geführten Else* die Rede ist, so bedeutet dies, dass der Vorgang des ‚Hinters-Licht-Führens‘ **abgeschlossen** und damit der Zustand des ‚Hinters-Licht-Geführt-Seins‘ erreicht ist. Wenn aber gesagt wird, dass Else mit ihren Freundinnen *gesungen* hat, so ist von einem **vergangenen** Geschehen die Rede. Dieses Merkmal ‚vergangen‘ liegt bei attributiver Verwendung nie vor.

4.5.4. Infinitiv

Der Infinitiv ist mit der 1. Stammform identisch. Die Endung lautet in nahezu allen Fällen *en*. Sie lautet *n* bei den Verben mit Stammauslaut *el, er* (*lispeln, hämmern*) sowie bei *sein* und *tun*.

Im gesprochenen Deutsch kann die Endung *en* auch in anderen Flexionsformen zu *n* reduziert werden: *gehn, laufn, ziehn*. Dabei kommt es auch zu lautlichen Assimilationen: *gebm, denkng*. Diese Erscheinungen schlagen sich aber gewöhnlich nicht in der Schreibung nieder.

Modalverben sowie die mit einem abhängigen Infinitiv verbundenen Verben *helfen, hören, lassen, sehen* haben die Form des Infinitivs auch auf das Partizip II übertragen (s. 4.7.4 „Allgemeines“).

Der Infinitiv lässt sich verwenden als Teil des Verbalkomplexes, als Satzglied und als Attribut. Er bleibt in diesen Fällen meist unverändert, nur als nominalisierter Infinitiv kann er Flexionsendungen erhalten. Die Valenz des Verbs bleibt in allen Verwendungsweisen erhalten. Allerdings sind die Ergänzungen bei der Verwendung des Infinitivs als Satzglied und als Attribut fakultativ, und das Subjekt wird in den meisten Fällen nicht realisiert.

Als **Teil des Verbalkomplexes** wird der Infinitiv an die Modalverben und an das futurbildende *werden* direkt angeschlossen („reiner Infinitiv“), an Modalitätsverben und einige andere Verben jedoch mit *zu*:

> *Isabell kann gut klettern.*
> *Isabell wird die Geschichte anders erzählen.*
> *Isabell versteht gut zu klettern.*

Dieses subjunktive *zu* tritt bei infinitivischen Verben mit Verbzusatz zwischen diesen und die Basis:

> *ab – zu – holen* (zu *abholen*)

Als **Satzglied** erscheinen Infinitive/Infinitivphrasen als Realisierung gewisser Ergänzungen oder Angaben. Dabei werden Ergänzungen meist direkt angeschlossen. In dem Satz *Adolf hat mich mit der Sense mähen gelehrt.* ist *mit der Sense mähen* eine Akkusativergänzung:

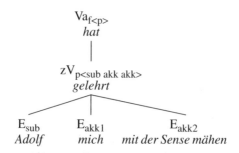

In dem Satz *Anna ging Kartoffeln holen.* ist *Kartoffeln holen* eine Direktivergänzung. In dem Satz *Sie hat uns die Scherben aufzulesen befohlen.* ist *die Scherben aufzulesen* eine Verbativergänzung.

Als Angabe wird der Infinitiv meist mit *anstatt zu, ohne zu, um zu* angeschlossen: *Er arbeitet, anstatt/ohne/um zu essen.* Auch solche Infinitive können durch Satelliten erweitert werden: *Er arbeitet, ohne den ganzen Tag auch nur das Geringste zu essen.*

Als **Attribut** zu Nomen oder Adjektiv werden Infinitive/Infinitivkonstruktionen immer mit *zu* angeschlossen:

> *die Hoffnung, das Kriegsgeschehen zu überleben*
> *stolz, alles Holz gespalten zu haben*

Infinitivische Attribute zur Normergänzung (s. 5.5.5) werden mit *um zu* angeschlossen:

> *zu alt, um bei diesen Dingen noch mitreden zu können*

Infinitive können jedoch auch **nominalisiert** werden. Sie treten damit in die Wortklasse Nomen über und werden nach Deklinationsklasse 5 flektiert (s. 5.2.3):

> *Das Mähen macht mir nichts mehr aus.*
> *Sie konnte dem Spielen mit anderen Kindern nichts abgewinnen.*

Zur Bedeutung des Infinitivs:
Der Infinitiv hat keine eigene (strukturelle) Bedeutung.

4.6. WORTBILDUNG DES VERBS

4.6.1. Überblick

Der Großteil der Verben wird aus einfachen Verben und anderen Bestandteilen zusammengefügt. In allen solchen kombinierten Gebilden gibt es eine **Basis**. Wenn nur die Konjugationsendungen an die Basis treten (teilweise mit Umlaut verbunden), sprechen wir von **Stammbildungen** (*Erde – erden*). Wenn Präfixe oder Suffixe an die Basis treten, liegen **Ableitungen** vor. Verbinden sich zwei ursprüngliche selbständige Wörter, so ergibt sich eine **Zusammensetzung (Komposition)**.

Manche Bildungen sind noch **produktiv**, d. h. nach ihrem Muster lassen sich ständig neue Verben bilden; wo das Muster keine neuen Bildungen erlaubt, nennen wir es **unproduktiv**. Kann der Bildungsprozess vom Sprecher und vom Hörer noch nachvollzogen werden, so ist die Bildung **lebendig**; ist dieser Nachvollzug aber nicht mehr möglich, kann das neue Wort also nur noch als semantische Einheit gelernt werden, so ist das Muster **erstarrt**.

Wirklich lebendig und produktiv sind heute vor allem die Präfixbildungen; sie sorgen für die ständige Erweiterung des Verbbestandes. Alle übrigen Verfahren sind nur Randerscheinungen.

4.6.2. Stammbildungen

Basen sind meist Nomina, seltener Adjektive.
Es lassen sich folgende Bedeutungsklassen unterscheiden:

Empfindungsverben: *sich fürchten, träumen, zweifeln.*
Vergleichsverben: *Aal* ⇒ *sich aalen, Hamster* ⇒ *hamstern, Diesel* ⇒ *dieseln.*
Resultatverben: *faulen, gelieren.*
Transitionsverben: *rosten, schimmeln.*
Aktualisierungsverben: *fluchen, scherzen.*
Effektverben: *kalben, mosten.*
Sekretionsverben: *bluten, eitern, tränen.*
Ornative Verben: *fetten, ölen, polstern.*
Privative Verben: *pellen, schälen.*
Lokative Verben: *landen, stranden.*
Mutative Verben: *kehren, säubern.*
Instrumentverben: *hupen, eggen.*

4.6.3. Präfixbildungen

Bei den Verben haben wir feste und abtrennbare Präfixe zu unterscheiden. Die festen Präfixe bleiben stets mit der Basis verbunden, und sie sind unbetont. Die abtrennbaren Präfixe – wir nennen sie „Verbzusätze" – werden in den finiten Formen des Hauptsatzes von der Basis getrennt und sind immer betont. Die Unterschiede zeigt die folgende Gegenüberstellung:

bestellen	*abstellen*
Sie bestellt.	*Sie stellt ab.*
Sie bestellte.	*Sie stellte ab.*
Sie hat bestellt.	*Sie hat abbestellt.*

Es gibt Präfixe, die nur fest, und es gibt Präfixe, die nur trennbar sind. Bald trennbar, bald fest sind die Präfixe *durch, um, über, unter, wider, wieder.*
Die Präfixe haben einen erheblichen Einfluss auf die Verbbedeutung. Deshalb werden bei den einzelnen Präfixen knappe semantische Hinweise gegeben.
In der folgenden Liste werden Präfixe fremder Herkunft mit **f** gekennzeichnet. Die meisten Ableitungen mit fremdem Präfix werden „fertig" übernommen.

ABLEITUNGEN MIT FESTEM PRÄFIX

be	(bewirkend oder ornativ): *begrenzen, belegen, besorgen*
f *de*	(Gegensatz, Aufhebung): *destabilisieren, demontieren*
f *dis*	(Gegensatz, Trennung): *displazieren, disqualifizieren*
durch	(von Anfang bis Ende; durchdringend): *durchleben, durchwandern; durchleuchten*
ent	(privativ; Entfernung; Beginn): *entrosten; enteilen; entflammen*
er	(Beginn; Resultat): *erblassen; erhalten*
hinter	(negativ): *hinterziehen*; („zurück"): *hinterlassen*
f *in*	(ornativ; eindringend): *indoktrinieren; injizieren*
miss	(negativ): *missdeuten, misslingen*
f *re*	(rückbildend): *reprivatisieren*
über	(räumlich höher; normüberschreitend u. a.): *überspringen; überheizen*
um	(räumlich umgreifend): *umgeben, umschreiben*
unter	(räumlich tiefer; verhindernd): *unterbauen; unterbinden*
ver	(resultativ; fehlerhaft; ornativ): *vermarkten; sich verschreiben; vergolden*
wider	(Gegensatz): *widersprechen*
wieder	(iterativ): *wiederholen*
zer	(auseinander gerichtet): *zerreden, zertrümmern*

ABLEITUNGEN MIT VERBZUSATZ

ab	(dislokativ; vermindernd; gegensätzlich): *abfahren; abtrennen; abwählen*
an	(zielgerichtet; anfänglich): *anfahren; anbraten*
auf	(nach oben; öffnend; beginnend; verstärkend; beendend): *aufstehen; aufmachen; aufschreien; aufhellen; aufessen*
aus	(separativ; beendend): *ausschütten; ausdiskutieren*
bei	(komitativ): *beifügen*
durch	(transitiv): *durchblicken, durchgreifen*
ein	(zentripetal; gewöhnend): *eindringen; sich einleben*
fehl	(erfolglos): *fehlschlagen*
los	(beginnend): *losgehen, losziehen*
mit	(komitativ): *mitdenken, mitschreiben*
nach	(folgend): *nachfahren, nachsprechen*
über	(transitiv; Norm überschreitend): *übergehen; überinterpretieren*
um	(mutativ): *umdrehen, umhauen*
unter	(nach unten; Norm nicht erreichend): *untergraben; unterbewerten*
vor	(nach vorne; modellhaft): *vorschieben; vorsingen*
weiter	(kontinuativ): *weiterfahren, weitersprechen*
wider	(entgegen): *widerspiegeln*
wieder	(iterativ): *wiederschreiben, wiedersehen*
zu	(schließend; zielgerichtet): *zumachen; zugehen (auf), zuordnen*
zurecht	(an Norm anpassend): *zurechtrücken, zurechtschieben*
zusammen	(einigend, gemeinsam): *zusammenfassen, zusammenkommen*

4.6.4. Suffixbildungen

Die meisten der wenigen Verbsuffixe sind heute nicht mehr produktiv. Am ehesten gibt es noch Neubildungen auf *er* (*gackern, zwitschern*), auch wenn es sich dabei zum großen Teil nicht um echte Suffixbildungen handelt, sondern um eine Art Stammbildungen aus pluralischen oder komparativischen Basen (*löchern, sich nähern*).
Daneben sind heute nur zwei Suffixe produktiv:

el	(diminutiv, oft pejorativ): *hüsteln, schwächeln, tänzeln.*
ieren	(ohne eigene Bedeutung, vor allem für Basen fremder Herkunft): *drapieren, delektieren, platzieren.* Diese Verben werden gewöhnlich als Ganzes aus fremden Sprachen übernommen.

4.6.5. Ableitungen durch Vokaländerung

Zu einer Reihe starker Verben sind in vorliterarischer (germanischer) Zeit kausative (bewirkende) Parallelformen mit abweichendem Stammvokal entstanden. Die Verwandtschaft ist noch erkennbar bei den Verbpaaren:

dringen	*drängen*
fallen	*fällen*
liegen	*legen*
saugen	*säugen*
sitzen	*setzen*
trinken	*tränken*
	und anderen.

4.6.6. Zusammensetzungen

Solche Bildungen sind bei deutschen Verben (im Gegensatz zum nominalen Bereich) extrem selten. Als Basis fungiert immer ein Verb, als Bestimmungswörter kommen Lexeme verschiedener Wortklassen in Frage:

weit + *springen* ⇒ *weitspringen*
Bock + *springen* ⇒ *bockspringen*
heim + *leuchten* ⇒ *heimleuchten*

Zu manchen Komposita sind nicht alle finiten Formen möglich. So gibt es zum Infinitiv *brustschwimmen* nicht die Präteritumform **Er schwamm brust.*
Kopulativkomposita aus zwei semantisch gleichwertigen Bestandteilen sind besonders selten: *schälfräsen.* Determinativkomposita wie die oben angeführten sind häufiger.
„Zusammenrückungen" häufig benachbarter Elemente führen scheinbar zu neuen Komposita: *Du sollst das Brett glatt schleifen.* ergab *glattschleifen*, das aber sinnvollerweise (auch nach der neuen Orthographieregelung) getrennt zu schreiben ist: *glatt schleifen.*
Auf ähnliche Art sind auch zusammengesetzte Verben wie *heimgehen* entstanden, die angemessener *heim gehen* geschrieben werden sollten, schon weil der erste Bestandteil *heim* Satzgliedwert hat.

4.7. VERBALKOMPLEXE

4.7.1. Allgemeines

Mehrere strukturell verbundene Verben bilden einen Verbalkomplex. Es gibt zwei- bis fünfgliedrige Verbalkomplexe:

> *Ich **habe** dich nicht **gesehen**.*
> *Ich **hätte wollen** die Maschine **landen sehen dürfen**.*

Der Verbalkomplex enthält nicht notwendig ein finites, aber mindestens ein infinites Verb (Partizip II oder Infinitiv).

Dependentiell oberstes Element im Verbalkomplex ist – falls ein solches vorhanden ist – immer das finite Verb; dependentiell unterstes Element ist das zentrale Verb, das immer ein Hauptverb ist.

Meist enthält der Verbalkomplex außer dem einen Hauptverb nur Nebenverben. Es gibt aber auch Verbalkomplexe mit zwei Hauptverben:

> *Wer hat sie kommen hören?*

Obligatorisches Reflexivpronomen und Verbzusatz sind integrale Bestandteile des Verbs, zu dem sie gehören. Da sie von diesem Verb losgelöst werden können (in den finiten Formen), müssen sie, wo es um die Wortstellung geht, als quasi selbständige Elemente aufgefasst werden, so in den Sätzen

> *Sie hat **sich** eben nicht der Situation gemäß verhalten.*
> *Machen Sie bitte das linke Auge **zu**.*

Die Struktur des Verbalkomplexes ergibt sich aus der **Valenz** seiner Bestandteile. Die Valenz des Hauptverbs verlangt meist nichtverbale Elemente (lässt aber gelegentlich auch Verben zu). **Die Valenz jedes Nebenverbs** jedoch **verlangt ein anderes Verb in bestimmter Form**, d. h. als

Verb im Infinitiv (V_i) oder
Verb als Partizip II (V_p).

Da diese Kategorialindizes den Valenzindizes entsprechen, ergeben sich für die Verbalkomplexe durchschaubare Strukturen. Jedes verbale Element des Komplexes regiert unmittelbar dasjenige Verb, dessen Form es durch seine Valenz steuert. Wir führen weiter für die verbalen Subklassen folgende Abkürzungen ein:

Va   Auxiliarverb
Vm   Modalverb
Vn   Modalitätsverb
zV   zentrales Verb

Die Hauptverben fungieren meist als zentrale Verben; letzte Klarheit schafft immer der Valenzindex.

Den im Folgenden genannten Verbalkomplexen werden jeweils entsprechende Strukturbäume zugeordnet.

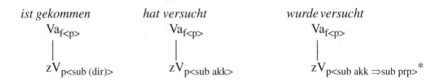

$$\underset{\underset{zV_{p<sub\ (dir)>}}{|}}{Va_{f<p>}} \qquad \underset{\underset{zV_{p<sub\ akk>}}{|}}{Va_{f<p>}} \qquad \underset{\underset{zV_{p<sub\ akk\ \Rightarrow sub\ prp>}}{|}}{Va_{f<p>}}^{*}$$

ist gekommen   *hat versucht*   *wurde versucht*

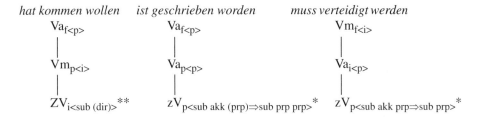

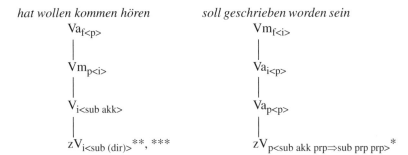

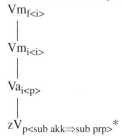

* Merke: Der Valenzindex wurde durch die Passivierung verändert.

** *wollen* fungiert hier als infinitivförmiges Partizip.

*** Dieser Verbalkomplex enthält zwei Hauptverben (*hören, kommen*). Die Akkusativergänzung zu *hören* wird hier als Infinitivkonstruktion realisiert.

Die **Semantik** verläuft im Verbalkomplex parallel zur Ausdruckssyntax. Das jeweilige Regens bestimmt also nicht nur die Ausdrucksform seines Dependens, sondern es legt auch seine Bedeutung genauer fest. In *ist gekommen* liegt ein ‚Kommen‘ vor, das (angezeigt durch das Auxiliarverb *sein*, das die Partizip-II-Form verlangt) ‚abgeschlossen‘ ist. In *ist geschrieben worden* liegt ein ‚Schreiben‘ vor, das (angezeigt durch das Auxiliarverb *werden*, das ein Partizip II verlangt) ‚geschehensbezogen‘ (vgl. 4.7.3 „Bedeutung des Passivs“) dargestellt wird. Und dieses ‚geschehensbezogene Schreiben‘ wird durch das Auxiliarverb *sein* als ‚abgeschlossen‘ ausgewiesen.

Auch die **Wortstellung** lässt sich problemlos aus der Dependenzstruktur ableiten. Indem man einfach den Dependenzast nach rechts kippt –

–, erhält man eine grammatisch fundierte Wortfolge. Und zu den oben abgebildeten Diagrammen erhält man die Wortfolgen

1. *gekommen ist*
2. *versucht hat*
3. *versucht wurde*
4. *kommen wollen hat*
5. *geschrieben worden ist*
6. *verteidigt werden muss*
7. *kommen hören wollen hat*
8. *geschrieben worden sein soll*
9. *untersucht werden dürfen sollte*

In den meisten Fällen handelt es sich hier um die korrekte Nebensatz-Wortstellung. Nur die Folgen 4, 7 und 9 sind nicht korrekt. Schaut man genauer hin, so sieht man, dass diese Verbalkomplexe mindestens eines der Verben enthalten, deren Partizip II infinitivförmig realisiert wird. Wir nennen diese Verben **Vip** (= Verb mit infinitivförmigem Partizip). Aus zahlreichen Einzelforschungen hat sich im Laufe der Zeit die **Vip-Regel** ergeben. Sie lautet:

▸ Enthält ein Verbalkomplex zwei aufeinander folgende Vip oder ein Vip in der Funktion des Partizips, so rücken alle folgenden Verbformen in umgekehrter Reihenfolge nach links vor die übrigen Verbformen.

Nach der Vip-Regel ergeben sich also die korrigierten Nebensatzfolgen

4. *hat kommen wollen* (Vip: *wollen* als Partizip II)
7. *hat kommen hören wollen* (Vip: *wollen* als Partizip II)
9. *sollte untersucht werden dürfen* (Vip: *sollen, dürfen*)

Man muss jedes Dependenzdiagramm von oben nach unten abprüfen. An der ersten Stelle, an der die Bedingung erfüllt ist, tritt die Vip-Regel in Kraft.

Die Hauptsatzstellung erhält man durch die **Hauptsatzregel**:

▸ Im Konstativsatz rückt das finite Verb in den linken Klammerteil.

So erhält man die Folgen

1. *ist ... gekommen*
2. *hat ... versucht*
3. *wurde ... versucht*
...
9. *sollte ... untersucht werden dürfen*

Dabei ist die Vip-Regel immer vor der Hauptsatzregel anzuwenden.

4.7.2. Perfektformen

DIE MÖGLICHKEITEN

Zu fast jedem Verb (Ausnahme z. B. *stammen* mit Ableitungen) lassen sich Perfektkomplexe bilden. Dazu wird eines der Auxiliarverben *haben* und *sein* mit dem Partizip II des Verbs verbunden.

Mit *haben* bildet der Großteil der Verben das Perfekt, nämlich

• alle passivfähigen Verben (*greifen, nennen, schützen*),
• alle obligatorisch reflexiven Verben (*sich benehmen, sich rühmen*),
• die nicht passivfähigen Verben mit Akkusativergänzung (*haben, erhalten*),
• die Verben ohne Subjekt (*es gibt, es gilt, es regnet*),
• die Modalverben,
• die atelischen Verben ohne Akkusativergänzung (*arbeiten, schlafen*).

Mit *sein* bilden das Perfekt

- vor allem telische, aber nicht passivfähige Verben (*einschlafen, zerbrechen*),
- nicht voll-passivfähige Richtungsverben (*gehen, reisen, schwimmen*),
- ferner *sein, bleiben, werden* und wenige andere.

Besonderheiten: Die Verben *angehen* ‚sich befassen mit‘, *eingehen* ‚abschließen‘, *durchgehen* ‚lesen/prüfen‘ bilden das Passiv in der Regel mit *sein*, obwohl sie eigentlich zur dritten oben angeführten Teilmenge der *haben*-Verben gehören:

Wir sind die Sache ganz falsch angegangen.
Am Ende sind wir doch einen Kompromiss eingegangen.
Seid ihr das Protokoll aufmerksam durchgegangen?

Teils mit *haben*, teils mit *sein* bildet eine Reihe von Verben, die sowohl mit als auch ohne Akkusativergänzung verwendbar sind, ihr Perfekt (im ersten Fall *haben*, im zweiten Fall *sein*). Es sind dies die Verben *abbiegen, abbrechen, anlaufen, anspringen, aufbrechen, ausbrechen, ausziehen, brechen, fahren, fliegen, heilen, laufen, schießen, schmelzen, spritzen, stoßen, treten, trocknen, verderben, vorfahren, vorstoßen, ziehen* und andere.
Die Bewegungsverben *klettern, reiten, schwimmen*, soweit sie ohne Direktivergänzung verwendet sind, sowie *liegen, sitzen, stehen* haben im Süden Deutschlands ein *sein*-Perfekt, nördlich des Mains bzw. des Thüringer Waldes jedoch ein *haben*-Perfekt:

Wir sind zwei Stunden dort gestanden.
Wir haben zwei Stunden dort gestanden.

Beide Bildungsweisen sind gleichberechtigt.
Die Bedeutungen der Perfektkomplexe ergeben sich aus den Bedeutungen ihrer Teile.

DAS PERFEKT (Präsensperfekt)

Hier steht das Auxiliarverb im Präsens: *sie hat geschlafen, sie ist eingeschlafen.*

Bedeutung des Perfekts:
Ein Sachverhalt ist

- zu einer **bestimmten, anderweitig festzulegenden Zeit**
- **wirklich,**
- **vergangen** oder **abgeschlossen** und
- für die Gesprächsbeteiligten **von Belang.**

Dass Perfektkomplexe selbst keine zeitliche Festlegung vornehmen, lässt sich leicht an Sätzen wie

Wir sind soeben nach Heidelberg abgefahren.
Um halb fünf heute Abend sind wir längst abgefahren.
Wann seid ihr gestern abgefahren?

zeigen. Es handelt sich im ersten Fall um einen vor kurzem vergangenen Vorgang, im zweiten Fall um einen zukünftigen, im dritten Fall um einen länger vergangenen Vorgang. Aber diese zeitlichen Festlegungen werden nicht durch das Perfekt, sondern durch adverbiale Bestimmungen (*soeben, um halb fünf heute Abend, gestern*) getroffen.
Problematisch ist das dritte Bedeutungsmerkmal: ‚vergangen‘ oder ‚abgeschlossen‘. Die Zuordnung der beiden Merkmale erfolgt nach einem einfachen Schlüssel:

- Bei telischen Verben (wie *abfahren*) besagt das Perfekt immer, dass nach Abschluss eines Vorgangs ein **Zustand erreicht** ist, der freilich eine „Rückschauperspektive“ auf den vorausgegangenen Vorgang enthält. Hier gilt das Merkmal ‚abgeschlossen‘.

– Bei atelischen Verben (wie *fahren*) hingegen gilt im Perfekt das Merkmal ‚vergangen‘:

Wir sind in Siebenbürgen herum gefahren.

Das Perfekt atelischer Verben kann im Allgemeinen nicht für Zukünftiges verwendet werden. Es lässt sich aber häufig gegen das Präteritum austauschen (das allerdings anderes aussagt, weil ihm das Merkmal ‚von Belang‘ fehlt).

DAS PLUSQUAMPERFEKT (Präteritumperfekt)

Hier steht das Auxiliarverb im Präteritum: *hatte geschlafen, war eingeschlafen.*

Bedeutung des Plusquamperfekts:
Ein Sachverhalt ist

* zu einem **vergangenen** Zeitpunkt
* **wirklich**,
* **abgeschlossen** oder **vergangen** und
* für die Gesprächsbeteiligten **ohne Belang**.

Das Plusquamperfekt erweist sich so als echte Vergangenheitsform. Entscheidend ist das erste Merkmal. Beim dritten Merkmal gilt wieder ‚abgeschlossen‘ für telische, ‚vergangen‘ für atelische Verben:

Sie war nach langem Nachdenken eingeschlafen.
Kurz nach Zehn klingelte es. Sie hatte noch tief geschlafen.

Gelegentlich wird behauptet, das Plusquamperfekt könne auch Nachzeitigkeit gegenüber dem Präteritum bezeichnen, so im folgenden Satzgefüge:

Sie suchten fieberhaft, bis sie den Beleg gefunden hatten.

Hier sei *finden* dem *suchen* zeitlich nachgeordnet. Aber diese Interpretation läuft in die Irre. Hier bezeichnet *suchen* als atelisches Verb etwas Vergangenes, *finden* als telisches Verb aber etwas in der Vergangenheit ‚Abgeschlossenes‘. Das ‚Finden‘ ist beim Ende des Suchens (dieses Ende wird durch *bis* markiert) als ‚abgeschlossenes‘ Ereignis zeitgleich mit dem auslaufenden Suchen.

PERFEKT ZUM KONJUNKTIV I

Das im Konjunktiv I stehende Auxiliarverb verbindet sich mit dem Partizip II eines weiteren Verbs.

Hauptbedeutung:
Ein Sachverhalt wird als

* nur **referiert** und
* **abgeschlossen oder vergangen** ausgewiesen.

Das zweite Merkmal ist hier bedingt durch die Tatsache, dass es semantisch keinen Konjunktiv zur Vergangenheitsform Präteritum gibt. Hier tritt das Perfekt zum Konjunktiv I ersatzweise ein, d. h. bei der „Wiedergabe“ des Präteritums hilft das Perfekt zum Konjunktiv aus:

Sie kam aus Persien zurück. ⇒ *Es hieß, sie sei aus P. zurück gekommen.*
Irina war schwanger. ⇒ *Es hieß, I. sei schwanger gewesen.*

Nebenbedeutung:
Ein Sachverhalt wird als

- **irreal** sowie als
- **abgeschlossen oder vergangen** ausgewiesen.

Diese Bedeutung gilt in irrealen Vergleichssätzen:

Sie weinte, als ob sie sich das Bein gebrochen habe.

PERFEKT ZUM KONJUNKTIV II

Hier verbindet sich das Auxiliarverb im Konjunktiv II mit dem Partizip II des eines anderen Verbs.

Bedeutung:
Ein Sachverhalt wird als

- **irreal** sowie
- **vergangen oder abgeschlossen** ausgewiesen.

Die Verteilung der Merkmale ,abgeschlossen' und ,vergangen' ist wie oben geregelt:

Sie wäre gerne gekommen. (telisch, d. h. abgeschlossen)
Hans hätte schon geschlafen. (atelisch, d. h. vergangen)

Die Unwirklichkeit des Sachverhalts erklärt sich daraus, dass das Merkmal ,hypothetisch wirklich', das für den Konjunktiv II gilt, in der Rückschauperspektive des Perfekts aufgehoben wird: Was ursprünglich von einer Bedingung abhängig war, ist aus der Sprechzeitperspektive de facto nicht realisiert worden.

Nebenbedeutung A:
Das Perfekt zum Konjunktiv II ersetzt das Perfekt zum Konjunktiv I., wo dieses formal nicht eindeutig ist. Es hat dann die Hauptbedeutung des Perfekts zum Konjunktiv I:

Berta erklärte, ich hätte (statt habe) vergessen das Licht auszumachen.

Nebenbedeutung B:
Ein Sachverhalt wird als

- **irreal**, aber
- **erwünscht** ausgewiesen.

Diese Bedeutung liegt in Wunschsätzen vor:

Wenn sie doch gekommen wäre!

PERFEKT ZUM INFINITIV

Ausdrücke wie *gesehen haben, gewohnt haben* kommen vor allem als Satelliten von Modalverben in sprecherbezogener Verwendung (s. 4.7.4) vor und bezeichnen dann einen vergangenen Sachverhalt:

*Sabine will nichts **gesehen haben**.*
*Einer von euch muss es doch **gehört haben**.*

Auch als Kopf von satzgliedwertigen Infinitivkonstruktionen kommt das Perfekt zum Infinitiv vor:

*Droben **gewesen sein** ist schon ein tolles Gefühl.*
***Mitgemacht haben** reicht mir schon.*

In allen diesen Ausdrücken trägt das Partizip die Bedeutung des Ganzen. Der Infinitiv trägt, da er keine strukturelle Bedeutung hat, nichts zur strukturellen Bedeutung des Komplexes bei.

DAS DOPPELPERFEKT

Es handelt sich um eine Erscheinung, deren Entstehung Rätsel aufgab. Sätze wie

> *Gerhards Eltern waren vor einem Jahr umgezogen gewesen.*

drücken die „Vor-Vergangenheit" zweimal aus. Eine Erklärung könnte der Konjunktiv liefern, der ja Zeitstufen der Vergangenheit nur unvollkommen wiederzugeben vermag. So kann ein indikativischer Satz wie

> *Gerhards Eltern waren vor einem halben Jahr umgezogen.*

nur dann präzise wiedergegeben werden, wenn ein Doppelperfekt verwendet wird:

> *Susanne erzählte, Gerhards Eltern seien vor einem halben Jahr umgezogen gewesen.*

Aus solchen Formulierungen können dann indikativische Fügungen mit Doppelperfekt entstehen, wie sie in der Tat in der neueren Literatur nicht ganz selten begegnen.

4.7.3. Passivformen und Konkurrierendes

MÖGLICHKEITEN

Die bisher beschriebenen Verbformen und Verbalkomplexe bezeichnet man als **Aktiv** (Aktivformen, aktivische Verbformen). Aktivformen können zu jedem Verb gebildet werden; sie kommen auch bei weitem am häufigsten vor.

Zu einem Teil der Verben können auch Passivformen gebildet werden. Dabei verbindet sich eines der Auxiliarverben *werden, sein, gehören, bekommen, erhalten, kriegen* mit dem Partizip II des zentralen Verbs. So entsprechen sich

Finites zentrales Verb bzw. Infinitivkonstruktion	und	Passiv-Auxiliarverb + Partizip II des zentralen Verbs bzw. Infinitivkonstr.
Hanna brachte den Wagen weg.		*Der Wagen wurde (von H.) weggebracht.*
(Sie wollte den Wagen) wegbringen.		*(Der Wagen sollte von ihr) weggebracht werden.*
Hugo schrieb ihr eine Änderung vor.		*Ihr wurde (von H.) eine Änderung vorgeschrieben.*
		Sie bekam (von H.) eine Änderung vorgeschrieben.

Passivformen können auch zum Konjunktiv gebildet werden.

Passivfähig sind die meisten Verben mit Akkusativergänzung sowie viele Verben mit Dativergänzung (diese erlauben das *bekommen*-Passiv).

Viele passivfähige Verben erlauben ein „volles Passiv", das in allen finiten Formen durchkonjugiert werden kann. Ein beträchtlicher Teil der Verben erlaubt aber nur ein „generelles Passiv", das beim Finitum lediglich die 3. Pers. Sing. zulässt. Dieses generelle Passiv kann zu allen Verben gebildet werden, die auch ein volles Passiv zulassen, sowie zu einer Reihe weiterer Verben.

Insgesamt kommt das *werden*-Passiv am häufigsten vor; es kann zu den meisten passivfähigen Verben gebildet werden. Das *gehören*-Passiv kann zu praktisch allen Verben gebildet werden, die ein *werden*-Passiv erlauben. Das *sein*-Passiv kann zu den meisten Verben gebildet werden, die ein *werden*-Passiv erlauben.

Nicht passivfähig sind *haben, besitzen, bekommen, enthalten, gelten, kennen, kosten, umfassen, wiegen* u. a. sowie die Verben ohne Subjekt (s. 3.5 „Deutsche Verben mit ihren Satzmustern").

ZUR BEDEUTUNG DES PASSIVS

In aktivischen Sätzen spielen sowohl das verbale Geschehen als auch die beteiligten Größen eine tragende Rolle. In Passivsätzen hingegen konzentriert sich die Aufmerksamkeit auf das Geschehen, die Größen treten zurück und werden teilweise auch gar nicht genannt. So lässt sich das Passiv am Besten semantisch als **geschehensbezogene Sehweise** kennzeichnen. Damit hängt zusammen, dass das Subjekt bei der „Passivierung" wegfällt. Zwar kann die betreffende Größe in Form einer Präpositionalphrase wieder eingeführt werden, was allerdings sehr selten (in durchschnittlich weniger als 10 Prozent aller Passivsätze) geschieht. Gleichzeitig wird bei der Passivierung die Akkusativergänzung bzw. (beim *bekommen*-Passiv) die Dativergänzung morphologisch: zum Subjekt:

> *Der Minister händigte Gisela die* ⇒ *Die Urkunde wurde Gisela (durch den*
> *Urkunde aus.*   *Minister) ausgehändigt.*
>   *Gisela bekam die Urkunde (vom Minister) ausgehändigt.*

Sofern das Aktivsubjekt durch eine Präpositionalphrase restituiert wird, kann die Präposition *von* oder *durch* lauten. Dabei wird *von* eher bei selbsttätig Bewirkenden (meist Personen) gewählt, *durch* eher bei unwillentlich Auslösendem, also auch unbelebten Ursachen. Oft hängt dann die Interpretation eines Passivsatzes von der Präposition ab:

> *Diese Ausgabe muss erst vom Bundestag/durch den Bundestag gebilligt werden.*

von deutet hier auf die Entscheidungsfreiheit des Bundestages hin, in dem jeder Abgeordnete nach seinem Gewissen abzustimmen hat; *durch* deutet darauf hin, dass der Bundestag hier lediglich als Instrument zur Ermöglichung einer Ausgabe betrachtet wird.

Nicht passivische Formen, die ebenfalls eine geschehensbezogene Sehweise ausdrücken, bezeichnen wir als „Konkurrenzformen" des Passivs.

DAS VOLLE PASSIV

Dieses in allen finiten Formen mögliche Passiv kann mit *werden, gehören, sein* und *bekommen* gebildet werden.

Das *werden*-Passiv

Es ist nur bei Verben mit Akkusativvalenz möglich. Sämtliche Finitformen außer dem Imperativ kommen vor:

> *Die Sitzung wird geschlossen.*
> *Die Sitzung wurde geschlossen.*
> *Die Sitzung werde geschlossen.*
> *Die Sitzung würde geschlossen.*
> *Die Sitzung ist geschlossen worden.*
> *Die Sitzung war geschlossen worden.*

Das Subjekt des Aktivsatzes geht bei der Passivierung meist verloren:

> *Der Vorsitzende schloss die Sitzung.* ⇒
> *Die Sitzung wurde geschlossen.*

Bedeutung des *werden*-Passivs:
Ein Sachverhalt wird

- als **geschehensbezogen** und
- **im Verlauf befindlich** gekennzeichnet.

Das zweite Merkmal lässt sich auf das Auxiliarverb *werden* zurückführen, das einerseits die strukturelle Bedeutung des Partizip II (,vergangen/abgeschlossen') neutralisiert. Andererseits hat dieses Auxiliarverb noch einen Rest an lexikalischer Bedeutung, der sich deutlicher am Hauptverb *werden* ablesen lässt: ,im Verlauf/in der Veränderung befindlich'. Der Verbalkomplex *wurde geschlossen* besagt also, dass der geschehensbezogen gesehene Akt des ,Schließens' als zu einem vergangenen Zeitpunkt real verlaufend aufzufassen ist; gleichzeitig gilt der gesamte Akt (wegen des Präteritums) als für die Gesprächsbeteiligten belanglos. Dieses Zusammenwirken der strukturellen Bedeutungen von finitem Verb und Passivkonstruktion lässt sich auch durch die folgende Formel wiedergeben:

,ohne Belang' (,vergangen' (,real' (,geschehensbezogen' (,*schließen*'))))

Das *werden*-Passiv kommt – man hat eine riesige Menge von Texten deutscher Gegenwartssprache ausgezählt – durchschnittlich in jedem zwanzigsten deutschen Satz vor. Besonders häufig findet es sich in Fachtexten, Gebrauchsanweisungen u. ä., besonders selten in der mündlichen Alltagssprache.

Das *gehören*-Passiv

Diese Passivart kann zu allen Verben gebildet werden, die ein *werden*-Passiv erlauben. Zur **Bedeutung** des *werden*-Passivs tritt hier noch eine ethische Komponente: Der Sachverhalt **soll**, gemäß einer ethischen Norm, **realisiert werden** (woraus auch folgt, dass er derzeit noch nicht realisiert ist):

Solcher Unfug gehört streng bestraft.

Präpositive Restitution des Aktivsubjekts ist möglich, kommt aber selten vor (*Solcher Unfug gehört durch die Gerichte bestraft.*). Perfektformen kommen höchstens beim Konjunktiv vor (*Das hätte streng bestraft gehört.*). Der Komplex

hätte bestraft gehört

bedeutet also, dass der geschehensbezogen gesehene Akt des ,Bestrafens' als nicht realisiert, aber – und zwar ,in der Vergangenheit' – ,zu realisieren' zu verstehen ist. Wie die einzelnen Elemente zu dieser Gesamtbedeutung zusammenwirken, lässt sich auch aus dem folgenden Diagramm ablesen:

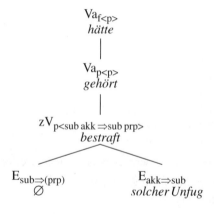

Das *sein*-Passiv

Es kann zu fast allen Verben mit Akkusativvalenz gebildet werden. Das Auxiliarverb *sein* hat die Bedeutung ‚in einem Zustand befindlich‘. In Verbindung mit der Bedeutung ‚abgeschlossen‘ des Partizip II **bedeutet** das *sein*-Passiv also, dass ein Sachverhalt

- **geschehensbezogen gesehen** und
- **abgeschlossen** ist.

Daher wird das *sein*-Passiv oft auch als „Zustandspassiv" bezeichnet. Der Komplex *ist gebilligt* in dem Satz

> *Diese Ausgabe ist bereits gebilligt.*

besagt also, dass der ‚geschehensbezogen gesehene‘ Akt des ‚Billigens‘ ‚abgeschlossen‘ ist und dass der so erreichte Zustand ‚belangvoll‘ für die Gesprächsbeteiligten (Präsens!) ist. Zugehöriges Strukturdiagramm:

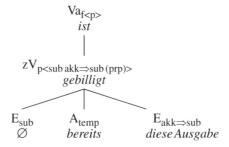

Perfektformen des *sein*-Passivs kommen kaum vor.

Das *sein*-Passiv darf nicht mit dem Perfekt des *werden*-Passivs verwechselt werden, auch wenn die Formen ähnlich klingen:

> *ist verabschiedet* (Präsens des *sein*-Passivs)
> *ist verabschiedet worden* (Perfekt des *werden*-Passivs)

Das *sein*-Passiv bezeichnet immer einen Zustand. Das *werden*-Passiv bezeichnet immer einen Vorgang (der beim Perfekt abgeschlossen ist).

Übrigens haben das Perfekt des Aktivs (*hat gebilligt*) und das *sein*-Passiv (*ist gebilligt*) mit dem Partizip II eine Komponente ‚abgeschlossen‘ gemeinsam. Das ermöglicht es, bei den telischen Verben beide Strukturen für Zukünftiges einzusetzen (vgl. auch 4.7.2 „Das Perfekt"):

> *Morgen Abend haben sie die Ausgabe bestimmt gebilligt.*
> *Morgen Abend ist die Ausgabe bestimmt gebilligt.*

Ein Perfekt des *werden*-Passivs (**Morgen Abend sind die Ausgaben bestimmt gebilligt worden.*) wäre hier nicht zulässig.

Das *bekommen*-Passiv

Diese Passivform kann zu allen Verben mit Dativvalenz gebildet werden:

> *Ellen soll die Urkunde morgen ausgehändigt bekommen.*

Bedeutung: Ein Sachverhalt wird

- **geschehensbezogen** gesehen,
- als **personenorientiert** und als
- **im Verlauf befindllich** ausgewiesen.

Der syntaktische Unterschied zum *werden*-Passiv liegt darin, dass beim *bekommen*-Passiv das Dativelement (das eine begünstigte oder geschädigte Größe bezeichnet) zum Subjekt wird; semantisch liegt der Unterschied darin, dass diese nur sekundär betroffene Größe in den Mittelpunkt des Geschehens gerückt wird. Der Komplex *soll ausgehändigt bekommen* besagt also, dass der ‚geschehensbezogen gesehene' Akt des ‚Aushändigens' ‚auf den Empfänger (die ursprüngliche Dativgröße) hin orientiert' ist und (Modalverb *sollen*) gemäß den Forderungen eines Anderen ‚zu realisieren' ist. Strukturdiagramm:

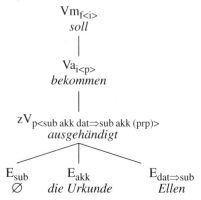

Auch zum *bekommen*-Passiv lassen sich alle finiten Formen sowie Perfektkomplexe bilden.

DAS GENERELLE PASSIV

Diese Passivart kann von allen Verben gebildet werden, die ein willentlich gesteuertes Tun bezeichnen:

> *Hier wird nicht geraucht.*
> *Da gehört doch dreingeschlagen!*
> *Jetzt ist ausdiskutiert.*

Im generellen Passiv

- gibt es nie ein Subjekt („Passivsubjekt"),
- steht das finite Verb immer in der 3. Pers. Sing.

Das generelle Passiv kann, wie die Beispiele zeigen, mit den Auxiliarverben *werden, gehören, sein* gebildet werden. Seine **Bedeutung** ist entsprechend

- **geschehensbezogen,**
- **im Verlauf befindlich/zu realisieren/abgeschlossen.**

Der Komplex *darf geraucht werden* besagt also, dass es erlaubt ist, den ‚geschehensbezogen gesehenen' Vorgang des ‚Rauchens' zu realisieren. Strukturdiagramm zu *Hier darf nicht geraucht werden.*:

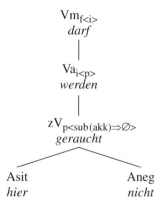

Am häufigsten kommt das generelle Passiv mit dem Auxiliarverb *werden* vor. Mit *sein* kann es wahrscheinlich nur bei telischen Verben verwendet werden:

> *Jetzt ist auspalavert.*
> *Damit war zu Ende demonstriert.*
> *Hier ist geschlossen.*

Perfektformen sind nur begrenzt möglich.

Das Aktivsubjekt wird nur sehr selten in Form einer Präpositionalphrase realisiert (am ehesten bei *werden-* und *gehören*-Komplexen):

> *Da gehört vom Schulleiter eingegriffen.*
> *Warum wird nicht vom Schulleiter eingegriffen?*

KONKURRENZFORMEN DES PASSIVS

Es gibt eine Reihe aktivischer Formen, die Vorgänge und Zustände ebenfalls „geschehensbezogen" darzustellen vermögen. Wir können syntaktische und lexikalische Konkurrenzformen unterscheiden.

Syntaktische Konkurrenzformen des Passivs

Hier sind vier Konstruktionen zu nennen:

- Manche obligatorisch reflexiven Verben, bei denen kein „Täter" genannt werden kann, so in

  > *Es hat sich leider kein Erfolg eingestellt.*
  > *Daraus ergibt sich noch keine Lösung unseres Problems.*
  > *Ein Ausweg wird sich finden.*
  > *Die Folgen werden sich zeigen.*

- manche partimreflexiven Verben, die ein willentliches Tun bezeichnen. Ein „Täter" kann auch hier nicht genannt werden. Solche Konstruktionen enthalten immer ein qualifikatives Adjektiv:

  > *In diesem Stuhl sitzt es sich sehr bequem.*
  > *Diese Schrift liest sich besonders leicht.*
  > *Das Buch verkauft sich gut.*

- manche „rezessiv" (hier: mit Aussparung der Akkusativergänzung) gebrauchten Verben, so in

  > *Die Suppe kocht.* (vs. *Peter kocht Bohnensuppe.*)
  > *Die Vase zerbrach.* (vs. *Peter hat den Stab zerbrochen.*)

- Das Gerundivum (s. 4.5.2), das ein Attribut des Nomens geschehensbezogen darstellt:

  > *eine vom Senat zu entscheidende Frage*
  > *diese nicht hoch genug einzuschätzende Arbeit*

Lexikalische Konkurrenzformen des Passivs

Es sind fünf Konstruktionen zu nennen:

- Sätze mit dem indefiniten Subjekt *man*:

  > *So kann man aber nicht sagen.*
  > *Früher ging man nur mit Hut auf die Straße.*

- Sätze mit pronominalem Subjekt in der 2. Pers. Sing.:

  > *Du ahnst nicht, wie leicht das geht.*
  > *Das glaubst du nicht.*

Hinzu kommen folgende Konstruktionen mit modaler Komponente:

- *sich lassen* + Infinitivkonstruktion:

  So lässt es sich aushalten.
  Das lässt sich nicht beschreiben.

- die Modalitätsverben *sein, bleiben, stehen* (und wenige andere) mit Infinitivkonstruktion:

  Es ist noch viel zu tun.
  Das bleibt zu überlegen.
  Es steht zu hoffen, dass sich das nicht wiederholt.

- Verben wie *es gilt, es gibt, es heißt* mit Infinitivkonstruktion:

  Es gibt noch viel zu tun.
  Es heißt jetzt konsequent bleiben.
  Nun gilt es aufzupassen.

4.7.4. Modalverben und Modalverbkomplexe

ALLGEMEINES

Die deutsche Sprache kennt sieben Modalverben:

brauchen, dürfen, können, mögen, müssen, sollen, wollen.

Für alle Modalverben gilt, dass sie eine Subjektsgröße haben, die mit der Subjektsgröße des abhängigen (infinitivischen) Verbs identisch ist. Dieses gemeinsame Subjekt wird aber nur einmal genannt.[29] Es kongruiert mit dem finiten Verb in Person und Numerus. Das abhängige (infinitivische) Verb hingegen selegiert das Subjekt semantisch. Deshalb kann es heißen

Hans sollte mit dem Betriebsrat verhandeln.

aber nicht

*Die Überlegung sollte mit dem Betriebsrat verhandeln.

weil *verhandeln* eine menschliche Subjektsgröße verlangt.

Die Abhängigkeiten ergeben sich aus dem folgenden Diagramm:

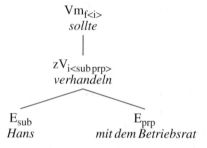

$$Vm_{f<i>}$$
sollte

$$zV_{i<sub\,prp>}$$
verhandeln

$$E_{sub}$$ $$E_{prp}$$
Hans   *mit dem Betriebsrat*

---

[29] Das ist für Sprachen wie die deutsche und westeuropäische Sprachen selbstverständlich. Aber es gibt Sprachen, die das Subjekt im Modalverbkomplex zweimal nennen (das zweite Mal mindestens in der Finitendung des Verbs), so das Serbische: *Du musst nicht singen.* heißt auf serbisch *Ne moraš da pevaš.* ‚du musst nicht dass du singst'.

Die Modalverben haben in der 3. Pers. Sing. Präs. kein *t*:

> *ich darf/kann/mag/muss/soll/will*

Zu den Modalverben lassen sich alle finiten und infiniten Formen bilden mit Ausnahme des Imperativs.

Die Modalverben haben ein Partizip II, das mit dem Infinitiv formgleich ist:

> *Ich hätte nicht hingehen sollen.*

Zu den Modalverben lässt sich kein Passiv bilden.

Zu allen Modalverben gibt es homonyme Hauptverben. Diese regieren keine Infinitiv-konstruktionen, sondern andere Ergänzungen und Angaben:

> *Ich brauche mehr Informationen.*
> *Sandra will nach Kronstadt.*

Die homonymen Hauptverben haben ein regelmäßig gebildetes Partizip II:

> *gedurft, gekonnt, gemocht, gemusst, gesollt, gewollt*

Einige Modalverben erlauben unter Umständen doch einen Imperativ, allerdings nur in der Alltagssprache.

Die Abgrenzung zwischen Modalverben und homonymen Hauptverben ist relativ durchlässig. In der Alltagssprache zeigen Modalverben gelegentlich ein „regelmäßiges" Partizip II:

> *Ich hätte nicht rauchen gesollt.*

In süddeutscher Regionalsprache kommt umgekehrt auch bei Hauptverben gelegentlich ein Partizip II in Infinitivform vor:

> *Das hättest du nicht dürfen.*

Beiderlei Formen gelten jedoch als unkorrekt.

Alle Modalverben lassen sich auf zwei grundsätzlich verschiedene Arten verwenden, die im folgenden Beispielpaar deutlich wird:

> *Hanna soll absagen.*
> *Hanna soll abgesagt haben.*

Im ersten Fall bezieht sich die modale Bedeutung von *sollen* auf das Subjekt: Hanna steht unter einem Zwang, etwas zu tun. Deshalb sprechen wir hier vom „subjektbezogenen Gebrauch" des Modalverbs.

Im zweiten Fall bezieht sich die modale Bedeutung von *sollen* eher auf den Sprecher: Er hat gehört, dass Hanna angerufen hat (zweifelt aber daran). Deshalb sprechen wir hier vom „sprecherbezogenen Gebrauch" des Modalverbs.

Perfektformen sind nur bei subjektbezogenem Gebrauch möglich.

brauchen tritt meist für *müssen* ein, wenn dieses negiert oder restringiert ist. Dann hat es, wie die übrigen Modalverben, ein Partizip II, das mit dem Infinitiv formgleich ist:

> *Du hättest nicht anzurufen brauchen.*

Auch die 3. Pers. Sing. Präs., die bei den Modalverben im Allgemeinen endungslos ist (*ich darf/muss/soll*), erscheint in der Alltagssprache bei *brauchen* oft ohne *t*:

> *Der brauch nicht mehr anrufen.*

brauchen hat zwar in der Standardsprache ein *zu* vor dem Infinitiv, aber in der Alltagssprache verschwindet auch dieses *zu* oft.

Alle Modalverben regieren einen „reinen" Infinitiv (ohne *zu*):

> *Ich will das Buch noch einmal lesen.*

Ähnlich wie die Modalverben wird das Nebenverb *werden* (mit Infinitiv) gebraucht:

> *Er wird nicht mehr anrufen.*

Allerdings lässt sich zu *werden* kein Partizip II bilden.

In der folgenden Einzelbeschreibung wird nicht nur *brauchen*, sondern auch das „futurbildende" *werden* berücksichtigt.

SUBJEKTBEZOGENER GEBRAUCH DER MODALVERBEN

Zu den Modalverben im subjektbezogenen Gebrauch lassen sich uneingeschränkt Perfektformen bilden. Jedoch lassen die so gebrauchten Modalverben kein Perfekt des abhängigen Infinitivs zu.

Wird ein Satz mit einem subjektbezogen gebrauchten Modalverb negiert, so bezieht sich die Negation meist auf das Modalverb:

> *Hanna will ihm nicht schreiben.* ≅
> *Hanna hat nicht den Wunsch, ihm zu schreiben.*

brauchen s. *müssen.*

dürfen

Bedeutung: ‚auf Grund einer Erlaubnis die **Berechtigung haben**‘

> *In diesem Raum dürfen Sie rauchen.*
> *Hanna hatte mitfahren dürfen.*

Negiertes *dürfen* drückt ein Verbot aus:

> *In ihrem Haus durfte nicht Deutsch gesprochen werden.*

können

Erste Bedeutung: ‚auf Grund objektiver Gegebenheiten die **Möglichkeit haben**‘

> *Man kann noch nicht Schlittschuh laufen, das Eis ist zu dünn.*
> *Wir konnten nicht fahren, weil der Wagen noch nicht zurück war.*
> *Du hättest auch nichts verstehen können.*

Zweite Bedeutung: ‚auf Grund einer Fähigkeit oder Bereitschaft **imstande sein**‘

> *Johanna kann schon lesen.*
> *Es heißt, er könne ganz gut singen.*
> *Patrick hat nicht aufhören können.*

Gelegentliche Bedeutung: ‚auf Grund einer Erlaubnis die **Möglichkeit haben**‘

> *Du kannst doch nicht machen, was du willst.*

mögen

Ursprüngliche und Hauptbedeutung: ‚den **Wunsch haben**, etwas **gerne tun**‘

In dieser Bedeutung wird für Präsens und Konjunktiv I die einstige Konjunktiv-II-Form *möchte* verwendet, die ihre frühere Bedeutung ‚hypothetisch‘ nahezu völlig verloren hat:

> *Ich möchte mich gerne beteiligen.*
> *Man sagt, sie möchte noch eine Woche bleiben.*

Die übrigen Formen werden regelmäßig gebildet:

> *Hanna mochte keine Spielverderberin sein.*
> *Bruno hätte nie aufgeben mögen.*

In dieser Bedeutung konkurriert *mögen/möchte* mit *wollen.*

Die ursprünglichen Formen für Präsens und Konjunktiv I werden am ehesten in folgenden Fällen verwendet:

1. bei Negation und Einschränkung:

   Ich mag das Gemüse nicht anfassen.

   Hier wirkt *möchte* freundlicher, höflicher.

2. in Konzessivsätzen:

   Mag der Grieche seinen Ton zu Gestalten drücken ... (Goethe)
   Du magst Recht haben (, aber sagen solltest du so etwas nicht.)

3. bei indirekter Wiedergabe von Aufforderungen:

   Fahren Sie bitte rechts ran. ⇒
   Der Polizist sagte zu ihr, sie möge bitte rechts ran fahren.

4. formelhaft in Aufforderungen der 3. Person, wie sie in Versammlungen u. ä. üblich sind (nur Konjunktiv I):

   Die Mitgliederversammlung möge beschließen ...

5. In Wunschsätzen (nur Konjunktiv I):

   Möge die Heilige Mutter Gottes ihm helfen.
   Möget ihr immer glücklich miteinander sein.

Nur im ersten und begrenzt im dritten Fall ist Ersatz durch *möchte* zulässig.

müssen

Bedeutung: ‚auf Grund äußerer Gegebenheiten zu etwas **gezwungen, veranlasst sein**‘

Müssen Sie wirklich jetzt schon gehen?
Ich müsste mal mit Uta telefonieren.
Hättest du das Abonnement nicht kündigen müssen?

Die Negation von *müssen* bedeutet ‚Aufhebung des Zwanges‘, gewährt also **Freiheit**. Dabei wird *müssen* meist (aber nicht obligatorisch) durch *brauchen* ersetzt:

Sie müssen nicht unterschreiben.
Sie brauchen nicht (zu) unterschreiben.

Ein **negativer Zwang** (Verbot) kann nur mit dem Modalverb *dürfen* ausgedrückt werden:

Man darf kein Eis in den Rotwein tun.

Auch bei restriktiver Verwendung wird *müssen* meist durch *brauchen* ersetzt:

Sie müssen nur zuhören.
Sie brauchen nur zuzuhören.

sollen

Hauptbedeutung: ‚**verpflichtet sein** auf Grund einer Aufforderung anderer‘

Du sollst nicht töten.
Man sollte es noch einmal versuchen.
Du hättest ihn nicht provozieren sollen.

In vier speziellen Verwendungen liegen weitere Bedeutungen vor:

1. bei Wiedergabe primärer Aufforderungen:

   Geben Sie nach, Susanne. ⇒
   Er sagte Susanne, sie solle nachgeben.

2. in nicht eingeleiteten Konditionalsätzen (mit Konjunktiv II):

Sollte Hanna zustimmen, so kann das Haus verkauft werden.

Gegenüber *wenn*-Sätzen unterstreichen solche Frontsätze den hypothetischen Charakter (Vermutung, dass Hanna nicht zustimmt).

3. in intensivierten Fragen, nur Konjunktiv II:

Ist das Haus verkauft? ⇒ Sollte das Haus verkauft sein?
Wird er absagen? ⇒ Sollte er wirklich absagen?

4. in vergangenheitsbezogenen Erzählungen: ‚zukünftig' (nur Präteritum):

Er sollte noch oft an dieses Gespräch denken.

wollen

Hauptbedeutung: ‚**Absicht, Wunsch haben**'

Sie will jetzt endlich Klarheit schaffen.
Er wollte ein neues Buch schreiben.
Du hast den Hund doch haben wollen!

Bei „Subjektschub" wird auch Gegenständen u. a. diese Einstellung zugeordnet:

Das Buch will die Problematik ungehemmten Flächenverbrauchs aufzeigen.
Diese Entscheidung will gründlich überlegt sein.

Erste Nebenbedeutung: ‚**Aufforderung**'. Am häufigsten ist die 1. Pers. Plur. („Krankenschwester-Plural") bei Pflegepersonal:

Jetzt wollen wir noch unsere Tabletten nehmen.

Indirekte Aufforderungen können in der 2. Person (meist in Interrogativsätzen) stehen:

Willst du dir noch die Hände waschen?
Vielleicht wollen Sie es sich nochmal überlegen.

Formelhaft wird *wollen* in Anträgen in der 3. Pers. Sing. Konjunktiv I gebraucht (in Konkurrenz mit *mögen*):

Der Parteitag wolle beschließen …

Zweite Nebenbedeutung: (in vergangenheitsbezogenen Erzählungen) ‚**unmittelbar bevorstehend**':

Karl wollte eben weggehen, als das Telefon läutete.

Diese Bedeutung kommt, wie die Hauptbedeutung, auch sprechzeitbezogen vor, dann meist in der 1. Pers.

Ich will noch die Flasche aufmachen.

Das futurbildende Verb *werden*

Zu diesem Verb kann kein Präteritum und kein Partizip II gebildet werden.
Wie die Modalverben verbindet sich *werden* mit dem „reinen" Infinitiv.
Subjektbezogenes *werden* hat zwei Bedeutungen:
Erste Bedeutung (subjektbezogen): ‚**zukünftig**':

Sie wird pünktlich da sein.
Die Auflage wird schnell verkauft sein.

In Erzählungen wird die Bedeutung ‚zukünftig von vergangenem Standpunkt aus' durch den Konjunktiv II ausgedrückt:

Der Plan würde sich nicht realisieren lassen.

würde konkurriert in dieser Verwendung mit *sollte*. Nur die Perspektive differiert: *würde* sieht den Sachverhalt aus der Perspektive der Subjektsgröße, *sollte* aus der Sprecherperspektive.

Zukunftsbezogenes *werden* lässt sich auch für nachdrückliche Aufforderungen verwenden (meist in der 2. Pers.):

> *Sie werden dieses Angebot ablehnen.*

Zweite Bedeutung (subjektbezogen): ‚**hypothetisch**‘:

In dieser Bedeutung wird nur die Konjunktiv-II-Form *würde* verwendet. Diese Form wird allgemein als Ersatzform für einfache Konjunktivformen gebraucht, vor allem wenn diese morphologisch nicht eindeutig oder veraltet sind:

> *Ich sagte, ich komme später.* ⇒ *Ich sagte, ich würde später kommen.*
> *Für dieses Stück böte sie mehr.* ⇒ *Für dieses Stück würde sie mehr bieten.*

Allerdings fungiert die *würde*-Umschreibung nicht durchweg als reine Umschreibung einfacher Formen. Häufig wird durch das futurbildende *werden* zusätzlich eine Komponente ‚zukünftig‘ eingebracht, so dass sich die Formen

> *Sie nähme teil*

und

> *Sie würde teilnehmen.*

gelegentlich auch durch das Fehlen bzw. Vorhandensein dieses Merkmals unterscheiden.[30]

Die insgesamt drei Varianten von *werden* (als Haupt- oder als Nebenverb) unterscheiden sich folgendermaßen:

Das Hauptverb *werden*
verlangt keine anderen Verben in seiner Umgebung (*Monika wird Staatsanwältin.*),
hat das Partizip II *geworden*,
bildet sämtliche Finitformen,
lässt sich mit Modalverben kombinieren (*Monika will Staatsanwältin werden.*).

Das Auxiliarverb *werden*
wird ausschließlich zur Passivbildung verwendet, verlangt also das Partizip II eines passivfähigen Verbs,
hat das Partizip II *worden* (*Hanna ist gesehen worden.*),
bildet sämtliche Finitformen außer dem Imperativ,
lässt sich mit Modalverben kombinieren (*Hanna wollte nicht gesehen werden.*).

Das futurbildende *werden*
verlangt immer den Infinitiv eines beliebigen anderen Verbs in seiner Umgebung,
hat kein Partizip II,
bildet Finitformen, aber kein Präteritum und keinen Imperativ,
lässt sich mit Modalverben kombinieren.

---

[30] Dies gilt nicht für die süddeutschen Mundarten und teilweise regionalen Umgangssprachen, denn sie verwenden statt *werden* in der funktionsgleichen Umschreibung das Verb *tun*, vgl. schwäbisch *i dät*, Bairisch *i daat* ‚ich würde‘.

SPRECHERBEZOGENER GEBRAUCH DER MODALVERBEN

Bei diesem Gebrauch lässt sich zum Modalverb kein Perfekt bilden; Perfekt zum Konjunktiv ist allerdings möglich. Der abhängige Infinitiv hingegen steht häufig im Perfekt.

Wird ein Satz mit sprecherbezogen gebrauchtem Modalverb negiert, so bezieht sich die Negation manchmal auf das zentrale Verb, manchmal aber auch auf das Modalverb:

> *Hanna kann nicht im Urlaub sein.* ‚Es ist möglich, dass Hanna nicht im Urlaub ist' oder ‚Es ist unmöglich, dass Hanna im Urlaub ist'

brauchen s. müssen

dürfen

Bedeutung entspricht ‚**vermutlich**'

Sprecherbezogenes *dürfen* kommt nur im Konjunktiv II vor:

> *Hanna dürfte nicht im Urlaub sein.* ‚H. ist vermutlich nicht im Urlaub'

können

Bedeutung entspricht ‚**möglicherweise, vielleicht**'

> *Hanna kann in Kärnten sein.* ‚H. ist vielleicht in Kärnten'
> *Hanna hätte in Kärnten sein können.* ‚H. wäre vielleicht in Kärnten gewesen'

mögen

Bedeutung: gibt **Unsicherheit des Sprechers** wieder

> *Wo mag Hanna sein?* ‚wo ist H. wohl'
> *Hanna mochte in Kärnten gewesen sein.* ‚H. war vielleicht in Kärnten'

müssen

Bedeutung entspricht ‚**höchstwahrscheinlich, ohne Zweifel**'

> *Sie muss in Kärnten gewesen sein.* ‚H. war ohne Zweifel in Kärnten'

Die Negation bezieht sich immer auf das Modalverb:

> *Sie muss/braucht nicht in Kärnten gewesen (zu) sein.* ‚H. war möglicherweise in Kärnten'

Da hier Aufhebung der Wahrscheinlichkeit vorliegt, ergibt sich bei Negation die Bedeutung ‚möglicherweise, vielleicht'. Soll die ursprüngliche Bedeutung (‚ohne Zweifel') erhalten bleiben, so muss auf *können* ausgewichen werden:

> *Sie kann nicht in Kärnten gewesen sein.* ‚H. war ohne Zweifel nicht in Kärnten'

sollen

Bedeutung: ‚**Äußerung eines Dritten**, zusätzlich **Skepsis** des Sprechers'

> *Hugo soll das geändert haben.* ‚jemand sagt, dass Hugo das geändert hat, aber ich bin nicht sicher, ob das richtig ist'

Die Negation bezieht sich immer auf das zentrale Verb:

> *Hugo soll das nicht geändert haben.* ‚jemand sagt, dass Hugo das nicht geändert hat, aber …'

wollen

Bedeutung: ‚**Äußerung der Subjektsgröße, Skepsis** des Sprechers'

Hans will das beweisen können. ‚Hans behauptet, dass er das beweisen könne, und ich bin nicht sicher, dass er es kann'

Die Negation bezieht sich meist auf das zentrale Verb:

Hans will das nicht bemerkt haben. ‚Hans behauptet, dass er das nicht bemerkt hat, und ich bin nicht sicher, dass er die Wahrheit sagt'

4.7.5. Infinitivkomplexe bei *bleiben* und *tun*

Bei diesen Verben handelt es sich nicht um Modalverben; allerdings weisen sie mit diesen einige Gemeinsamkeiten auf, vor allem die Identität der Subjektsgrößen bei Nebenverb und Hauptverb.

bleiben

Bedeutung ‚einen Zustand beibehalten'

> *Bleib sitzen!*
> *Bleiben Sie bitte sitzen.*
> *Jetzt wird sitzen geblieben.*

bleiben kann nur wenige Zustandsverben wie *liegen, sitzen, stehen* regieren.

tun

Ohne eigene Bedeutung; nur in Periphrasen oder bei anaphorischer Wiederaufnahme des voran- oder herausgestellten zentralen Verbs:

> *Jetzt tut sie wieder lachen.*
> *Lachen tut sie eigentlich nie.*

Dieses *tun* erlaubt kein Passiv.

4.7.6. Modalitätsverben und Modalitätsverbkomplexe

ALLGEMEINES

Alle Modalitätsverben regieren eine Verbativergänzung. Diese besteht aus *zu* und einer Infinitivkonstruktion.

Auch die Modalitätsverben haben eine Subjektsgröße, die mit der Subjektsgröße des abhängigen Infinitivs identisch ist („Subjektsidentität").

Die deutsche Sprache kennt 30 Modalitätsverben. Zwei von ihnen können auch ohne Ergänzung vorkommen; sie erscheinen in der folgenden Liste in < >.

Zu vielen Modalitätsverben gibt es homonyme Hauptverben mit eigener Bedeutung.

anheben	*bleiben*
es darauf anlegen	*brauchen*
sich anschicken	*drohen*
(nicht) anstehen	*sich erbieten*
<sich anstrengen>	*sich erfrechen*
belieben	*es fertig bringen*

gedenken	*(nicht) umhin können*
geruhen	*sich unterstehen*
sich (ge)trauen	*sich vermessen*
haben	*vermögen*
pflegen	*versprechen*
scheinen	*verstehen*
sein	*wähnen*
stehen	*<sich weigern>*
suchen	*wissen*

Die „Subjektsidentität" gilt bei den Verben *bleiben* und *sein* nur unter der Voraussetzung, dass man von einem Passivsubjekt der abhängigen Infinitivkonstruktion ausgeht.

Es gibt zahlreiche Stellungsmöglichkeiten. Die abhängige Infinitivkonstruktion kann zerlegt werden. Der Infinitiv steht dann grundsätzlich im Mittelfeld, kann aber auch ins Vorfeld und ins Nachfeld verschoben werden:

> *Hanna hätte sich nicht beim Rektor nachzufragen getraut.*
> *Beim Rektor nachzufragen hätte sich Hanna nicht getraut.*
> *Nachzufragen hätte sich Hanna beim Rektor nicht getraut.*
> *Beim Rektor hätte sich Hanna nicht nachzufragen getraut.*
> *Hanna hätte sich nicht getraut, beim Rektor nachzufragen.*
> usw.

anheben
Bedeutung ‚beginnen', veraltet.

> *Die Vögel hoben an zu singen.*

Perfektformen sind kaum möglich.

es darauf anlegen
Bedeutung ‚planen'

> *Karl legte es darauf an, das Grundstück zu erwerben.*

Mittelfeldstellung der Infinitivkonstruktion ist nicht möglich.

sich anschicken
Bedeutung ‚im Begriff sein, etwas gleich tun wollen'

> *Konrad schickte sich an, das Tafelsilber zu verkaufen.*

nicht anstehen
Bedeutung ‚nicht zögern, keine Bedenken haben'

> *Ich stehe nicht an, ihn als den Dämon meiner Jugend zu bezeichnen.*

sich anstrengen
Bedeutung ‚Kraft einsetzen, sich Mühe geben'

> *Kilian strengte sich an, alle Details zu verstehen.*

Mittelfeldstellung der Infinitivkonstruktion ist kaum möglich.

belieben
Bedeutung ‚bereit sein, gerne tun', veraltet.

> *Der Herr Major beliebte einen kleinen Scherz zu machen.*

Perfektformen sind nicht üblich.

bleiben
Bedeutung ‚weiterhin nötig sein'
Die Infinitivkonstruktionen haben passivische Bedeutung:
> *Es blieb noch das Meiste zu tun.*

Perfektformen sind weniger üblich, immerhin:
> *Es wäre noch viel zu besprechen geblieben.*

brauchen
Bedeutung ‚notwendig sein'. Kommt nur in negierten oder restriktiven Sätzen vor. Es handelt sich um das oben beschriebene Modalverb *brauchen*, das, falls die Infinitivkonstruktion mit *zu* angeschlossen wird, zu den Modalitätsverben zu rechnen ist. Einzelheiten s. bei den Modalverben.

drohen
Bedeutung ‚bevorstehen', auf etwas Unerwünschtes bezogen.
> *Sein Finanzgebaren droht die ganze Sippe in die Pleite zu treiben.*

sich erbieten
Bedeutung ‚seine Bereitschaft bekunden'
> *Sie erbot sich, den Garten solange zu pflegen.*

sich erfrechen
Bedeutung ‚etwas Ungehöriges tun'
> *Erfrechst du dich, mir die Biographie meines Vaters vorzuhalten?*

es fertig bringen
Bedeutung ‚etwas Unerwartetes, oft Normwidriges tun'
> *Der bringt es fertig, den Pfarrer zu betrügen.*

gedenken
Bedeutung ‚vorhaben', gehoben.
> *Er gedachte auf Deutsch zu prüfen.*

geruhen
Bedeutung ‚entgegenkommenderweise tun' oder ‚seine Bereitschaft erklären', veraltet, heute oft ironisch gebraucht.
> *Geruhen Sie an der Feier teilzunehmen?*

sich (ge)trauen
Bedeutung ‚unter Überwindung von Angst tun oder seine Bereitschaft erklären'
> *Erst Anna traute sich ihm zu widersprechen.*
> *Erich hatte sich nicht getraut, die Wahrheit zu sagen.*

haben
Bedeutung ‚verpflichtet sein'
> *Wir haben noch Wichtiges zu tun.*

pflegen

Bedeutung ‚gewohnheitsmäßig tun'

Anton pflegt nach dem Essen zu schlafen.

Heidemarie pflegte nicht zu diesen Zusammenkünften zu gehen.

Perfektformen sind nicht möglich.

scheinen

Bedeutung ‚vermutlich tun/der Fall sein'. Die Einschätzung des Sachverhalts kann bis zur Nichtwirklichkeit gehen.

Es scheint bald zu regnen.

Sie schien bewusstlos zu sein.

sein

Bedeutung ‚geschehen sollen oder können'

Der Plan ist zu überarbeiten.

Der Plan ist noch zu retten.

stehen

Bedeutung ‚geschehen müssen', bei Verben der Erwartung

Es steht zu hoffen, dass sie diese Summe bezahlen kann.

Dass er demnächst Pleite macht, steht zu erwarten.

suchen

Bedeutung ‚sich bemühen um etwas', nur literarisch.

Sie suchte zu verstehen, was vorhergegangen war.

(nicht) umhin können

Bedeutung ‚nicht vermeiden können, widerwillig tun'

Ich konnte nicht umhin, meinen Fehler einzugestehen.

sich unterstehen

Bedeutung ‚normwidrig handeln', meist in (negiertem) Imperativ.

Unterstehen Sie sich, das noch einmal zu sagen.

sich vermessen

Bedeutung ‚normwidrig, ungebührlich handeln'

Sie vermaß sich, ihm Parteilichkeit vorzuwerfen.

Sie hätte sich nie vermessen, ihn in diesem Punkt zu kritisieren.

vermögen

Bedeutung ‚imstande sein'

Sabine vermochte ihn nicht zu überzeugen.

versprechen

Bedeutung ‚eine positive Erwartung wecken'

Er versprach ein guter Richter zu werden.

verstehen
    Bedeutung ‚die Fähigkeit haben‘, oft mit Korrelat *es*.
        Sie verstand Probleme plaudernd zu überspielen.
        Sie verstand es, Probleme plaudernd zu überspielen.

sich weigern
    Bedeutung ‚erklären, etwas nicht zu tun‘
        Tanja weigerte sich, an diesem Kurs teilzunehmen.

wähnen
    Bedeutung ‚irrtümlich glauben‘, gehoben, veraltend.
        Sie wähnte ihren Vater gesehen zu haben.

wissen
    Bedeutung ‚die Fähigkeit haben‘
        Emil weiß wunderbar zu schmeicheln.

4.7.7. Überblick über die Bedeutungen, die durch Modal-, Modalitäts- und andere Verben aktualisiert werden

Bedeutungs-kategorie	Modalverb, subjektbez.	Modalverb, sprecherbez.	Modalitätsverb
Aufforderung, Zwang	*werden*		*bleiben*
	wollen (1. Pers. Plur.)		*haben*
	sollen		*sein*
	müssen		*stehen*
			nicht umhin können
Aufhebung des Zwangs	*müssen* negiert		
	brauchen negiert		
Verbot	*dürfen* negiert		
Möglichkeit	*dürfen*		*belieben*
	können		*sein*
	müssen negiert		*vermögen*
	brauchen negiert		*verstehen*
	können		*wissen*
Wunsch, Absicht	*möchte*		
	mögen negiert		
	wollen		

Bedeutungs-kategorie	Modalverb, subjektbez.	Modalverb, sprecherbez.	Modalitätsverb
zukünftig	*werden, würde*		*bleiben*
	wollen		*gedenken*
	sollen		*drohen*
			versprechen
Aussage unter Vorbehalt	*würde*		
	sollte		
	mögen		
Vermutung		*werden*	*scheinen*
		dürfte	
		können	
		müssen	
		sollen	
		wollen	
intensivierte Frage	*sollte*		
Verwunderung		*mögen*	
Bereitschaft			*belieben*
			geruhen
			sich (ge)trauen
			nicht umhin können
			anstehen
Geschehensphase			*anheben*
			anstehen
Geschehensart			*pflegen*
Normverstoß			*sich unterstehen*
			sich vermessen

Man sieht aus dieser Zusammenstellung, dass Modalverben und Modalitätsverben in verschiedenen semantischen Bereichen miteinander konkurrieren. Meist sind Modalitätsverben dann gewählter, gehobener als die entsprechenden Modalverben.

4.7.8. Finitverben und ihre Komplexe

Im Gegensatz zu den Modal- und den Modalitätsverben gilt für die im Folgenden zu beschreibenden Verben keine „Subjektsidentität": Sie haben entweder selbst kein Subjekt oder eines, das eine andere Größe bezeichnet als das Subjekt des abhängigen infinitivischen Verbs.

Finitverben regieren immer eine Verbativergänzung. Diese wird, in Abhängigkeit vom jeweiligen Finitverb, als Nebensatz oder als Hauptsatz realisiert. Abhängige Hauptsätze hängen unmittelbar, Nebensätze nur mittelbar vom Obersatzverb ab: Unmittelbares Dependens des Obersatzverbs und zugleich Regens des abhängigen (finiten) Nebensatzes ist dann ein subjunktives Element.

Wie die Finitverben ihre Satelliten regieren, soll im Folgenden an den Sätzen *Ich finde, dass sie gute Gründe hat.* und *Ich finde, sie hat gute Gründe.* gezeigt werden. In den beiden Diagrammen ist die abhängige Verbativergänzung jeweils durch eine gestrichelte Linie umgrenzt. Subjunktive Elemente können *dass, ob* sowie *w*-Wörter sein.

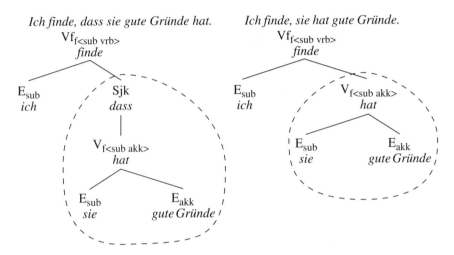

Finitverben sind

> *bedeuten*
>
> *finden*
>
> *sich fragen*
>
> *es heißt*
>
> *sich sagen*
>
> *wähnen* (das auch als Modalitätsverb vorkommt)

bedeuten

Bedeutung ‚einen Hinweis geben, mitteilen', veraltend, nur literarisch.

> *Hugo bedeutete ihr, dass die Entscheidung bereits gefallen sei.*
> *Hugo bedeutete ihr, die Entscheidung sei bereits gefallen.*

finden

Bedeutung ‚der Meinung sein'

> *Regine fand, dass diese Regelung äußerst ungerecht sei.*
> *Regine fand, diese Regelung sei äußerst ungerecht.*

sich fragen

Bedeutung ‚überlegen, rätseln'

> *Der Besucher fragte sich, ob er überhaupt bei der richtigen Behörde sei.*
> *Der Besucher fragte sich, welches wohl die richtige Tür sei.*

Welches wohl die richtige Tür sei, schien sich der Besucher zu fragen.
Der Besucher fragte sich: Bin ich wirklich auf dem Sozialamt?
Bin ich wirklich auf dem Sozialamt? fragte sich der Besucher.

heißen, es

Bedeutung ‚vom Hörensagen wissen, erzählt werden‘, nur 3. Pers. Sing.

Es hieß, dass Manfred plötzlich erkrankt sei.
Es hieß, Manfred sei plötzlich erkrankt.
Es hatte geheißen, dass Manfred erkrankt sei.

sich sagen

Bedeutung ‚nach Überprüfung meinen‘

Sie sagte sich, dass dies noch nicht das ganze Leben gewesen sein könne.
Sie sagte sich, dies könne noch nicht das ganze Leben gewesen sein.
Sie hat sich eben gesagt, dies könne noch nicht das ganze Leben gewesen sein.

wähnen

Bedeutung ‚irrtümlich der Meinung sein‘, veraltend.

Marlene wähnte, dass man sie hinters Licht geführt habe.
Marlene wähnte, man habe sie hinters Licht geführt.
Wähntest du etwa, ich sollte das Leben hassen …? (Goethe)

4.7.9. Infinitverben und Infinitverbkomplexe

Es gibt Nebenverben, die infinite Verbkomplexe regieren: Infinitivkonstruktionen oder Partizipialphrasen. Demgemäß unterscheiden wir Infinitivverben und Partizipverben.

INFINITIVVERBKOMPLEXE

Die meisten Infinitivverben haben eine andere Subjektsgröße als das abhängige (infinite) Verb. Die Infinitivkonstruktion wird teils direkt, teils mit Hilfe des Subjunktors *zu* angeschlossen. In der folgenden Liste bedeuten

- − vor dem Verb: reiner Infinitiv (direkt angeschlossen)
- + vor dem Verb: *zu* + Infinitivkonstruktion
- ± vor dem Verb: Anschluss mit oder ohne *zu* möglich

Eine Anzahl von Hauptverben regieren Infinitivkonstruktionen als Ausbauformen und verhalten sich dabei ähnlich wie die Infinitivverben. Sie erscheinen in der folgenden Liste in Klammern:

+ *bedeuten*	± *heißen, es*
(− *fahren*)	(± *helfen*)
(− *fühlen*)	(− *hören*)
+ *geben, es*	(− *kommen*)
(− *gehen*)	− *lassen*
+ *gelten, es*	(± *lehren*)
(− *haben*)	(± *schicken*)
± *heißen*	(− *spüren*)

bedeuten

Bedeutung ‚auffordern‘, gehoben; kann nur Verben regieren, die ein willentliches Tun bezeichnen. Die Subjektsgrößen von Infinitivverb und abhängigem Verb sind **nicht** identisch. Das Subjekt des abhängigen Verbs wird obligatorisch als Dativphrase realisiert:

Die Frau in Rot bedeutete mir, mich zu setzen.
Mir wurde bedeutet, noch zu warten.
Sie hatte ihm bedeutet, nicht weiter zu gehen.

(fahren)

Bedeutung ‚sich in einem Fahrzeug an einen bestimmten Ort begeben, um dort etwas zu tun‘. Kann nur Verben regieren, die ein willentliches Tun bezeichnen. Die Subjektsgrößen von Infinitivverb und abhängigem Verb sind identisch.

Beatrix ist Zigaretten holen gefahren.
Fährst du mit demonstrieren?
Wir fahren gleich essen.

(fühlen, spüren)

Bedeutung ‚taktil wahrnehmen; nicht rational wahrnehmen‘. Kann nur Vorgangsverben regieren. Die Subjektsgrößen von Infinitivverb und abhängigem Verb sind **nicht** identisch. Das Subjekt des abhängigen Verbs wird als Akkusativphrase realisiert:

Sie fühlte ihr Herz heftig schlagen.
Ich spürte ihn zittern.

Mit den Infinitivkonstruktionen alternieren Nebensätze mit *dass* und *wie*:

Sie fühlte, dass/wie ihr Herz heftig schlug.

geben, es

Bedeutung ‚erforderlich sein, sich gehören‘. Nur in der 3. Pers. Sing. Kann nur Verben regieren, die ein willentliches Tun bezeichnen. Ohne Subjekt. Gelegentlich wird das Subjekt des abhängigen Verbs durch eine *für*-Phrase realisiert.

Es gibt hier nichts mehr zu tun.
Was gibt es noch zu besprechen?
Hier gibt es für uns noch viel zu tun.

(gehen)

Bedeutung ‚sich (meist zu Fuß) an einen bestimmten Ort begeben, um dort etwas zu tun‘. Kann nur Verben regieren, die ein willentliches Tun bezeichnen. Die Subjektsgrößen von Infinitivverb und abhängigem Verb sind identisch.

Wollt ihr wirklich noch schwimmen gehen?
Geht ihr auch demonstrieren?
Anja ist schnell telefonieren gegangen.

gelten, es

Bedeutung ‚erforderlich sein, sich gehören‘, gehoben, nur in geschriebener Sprache. Nur in der 3. Pers. Sing. Kann nur Verben regieren, die ein willentliches Tun bezeichnen. Ohne Subjekt. Das Subjekt des abhängigen Verbs wird gelegentlich als *für*-Phrase realisiert.

Jetzt gilt es alle Kraft zusammenzunehmen.
Für uns galt es, nichts zu übersehen.

(haben)
Bedeutung ‚verfügen über etwas, das sich an einem bestimmten Ort befindet'. Nur bei Verben der Befindlichkeit. Das Subjekt des abhängigen Verbs wird als Akkusativphrase realisiert.

> *Sie hatte noch einen Koffer in Berlin stehen.*
> *Sie hatte die geerbte Summe auf einem anderen Konto liegen.*

Eine norddeutsche Variante erlaubt auch den Anschluss mit *zu*:

> *Sie hatte noch einen Koffer daheim zu stehen.*

heißen
Bedeutung ‚auffordern', gehoben, veraltet. Kann nur Verben regieren, die ein willentliches Tun bezeichnen. Die Subjektsgrößen von Infinitivverb und abhängigem Verb sind **nicht** identisch. Das Subjekt des abhängigen Verbs wird als Akkusativphrase realisiert. Die Infinitivkonstruktion wird vor allem dann mit *zu* angeschlossen, wenn sie sehr umfangreich ist.

> *Wir heißen euch hoffen.* (Goethe)
> *Man hieß ihn beiseite zu treten.*

heißen hat, wie die Modalverben, ein infinitivförmiges Partizip:

> *Sie haben uns die Scherben zusammenkehren heißen.*

Wo die Infinitivkonstruktion mit *zu* angeschlossen wird, ist das Partizip II meist regelmäßig gebildet:

> *Sie haben uns geheißen, die Scherben zusammenzukehren.*

heißen, es
Bedeutung ‚erforderlich sein'. Nur 3. Pers. Sing. Kann nur Verben regieren, die ein willentliches Tun bezeichnen. Ohne Subjekt. Das Subjekt des abhängigen Verbs wird gelegentlich als *für*-Phrase realisiert.

> *Jetzt heißt es alle Kraft zusammen(zu)nehmen.*
> *Für uns heißt es jetzt, nichts zu übersehen.*

(helfen)
Bedeutung ‚unterstützen'. Kann nur Verben regieren, die ein willentliches Tun bezeichnen. Die Subjektsgrößen von Infinitivverb und abhängigem Verb sind **nicht** identisch. Das Subjekt des abhängigen Verbs wird gewöhnlich als Dativphrase realisiert. *helfen* kann, wie die Modalverben, ein infinitivförmiges Partizip II haben.

> *Er half mir die Pflanzen gießen.*
> *Er hilft mir, Omas selbstgezogene Pflanzen zu gießen.*
> *Er hat mir gießen helfen.*

(hören)
Bedeutung ‚auditiv wahrnehmen'. Kann nur Vorgangsverben regieren, die auditiv Wahrnehmbares bezeichnen. Die Subjektsgrößen von Infinitivverb und abhängigem Verb stimmen **prinzipiell nicht** überein. Das Subjekt des abhängigen Verbs wird gewöhnlich als Akkusativphrase realisiert.

> *Susanne hörte den Besucher kommen.*
> *Susanne hatte den Besucher kommen hören.*

Mit der Infinitivkonstruktion alternieren Nebensätze (mit *dass, wie*):

> *Susanne hörte, dass/wie die Gäste kamen.*

Durch *dass*-Sätze wird die Faktizität des Geschehens, durch *wie*-Sätze eher die Modalität, der detaillierte Verlauf des Geschehens bestätigt.

(kommen)

Bedeutung ‚einen Zielpunkt ansteuern oder erreichen‘. Kann nur Verben regieren, die ein willentliches Tun bezeichnen. Die Subjektsgrößen des Infinitivverbs und des abhängigen Verbs sind identisch.

> *Kommen Sie auch noch den Alten besuchen?*
> *Wäre er doch auch mit essen gekommen!*

lassen

Bedeutung ‚veranlassen‘ oder ‚zulassen‘. Kann in der ersten Bedeutung nur Verben regieren, die ein willentliches Tun bezeichnen; die zweite Bedeutung lässt beliebige abhängige Verben zu. Die Subjektsgrößen von Infinitivverb und abhängigem Verb stimmen **nicht** überein. Das Subjekt des abhängigen Verbs wird gewöhnlich als Akkusativphrase realisiert:

> *Hugo ließ seinen Assistenten den Saal ausräumen.*
> *Lass ihn doch schlafen!*

Lassen hat wie die Modalverben ein infinitivförmiges Partizip II:

> *Hätten wir ihn doch schlafen lassen!*

lehren

Bedeutung ‚beibringen, unterrichten‘. Kann nur Verben regieren, die eine Fertigkeit bezeichnen. Die Subjektsgrößen von Infinitivverb und abhängigem Verb sind **nicht** identisch. Die Subjektsgröße des abhängigen Verbs wird meist als Akkusativphrase realisiert. Die Infinitivkonstruktion kann mit oder ohne *zu* angeschlossen werden; bei steigendem Umfang der Infinitivkonstruktion wird *zu* wahrscheinlicher.

> *Hanna lehrt ihn das Geschirr spülen.*
> *Hanna lehrt ihn, das Geschirr mit kaltem Wasser zu spülen.*

lehren kann wie die Modalverben ein infinitivförmiges Partizip II haben, jedoch kommen Perfektformen relativ selten vor:

> *Ich habe sie aufräumen lehren.*
> *Hunderte von Kindern hat sie schwimmen lehren/gelehrt.*

In gesprochener Alltagssprache wird das Subjekt des abhängigen Verbs manchmal auch durch eine Dativphrase realisiert:

> *Hanna hat ihm das Geschirr spülen lehren.*

In der Standardsprache gilt dies als unkorrekt.

schicken

Bedeutung ‚veranlassen, dass sich jemand an einen bestimmten Ort begibt‘. Kann nur Verben regieren, die ein willentliches Tun bezeichnen. Die Subjektsgrößen von Infinitivverb und abhängigem Verb stimmen **nicht** überein. Das Subjekt des abhängigen Verbs wird gewöhnlich als Akkusativphrase realisiert.

> *Helga schickt Wilfried das Garagentor schließen.*

Anschluss der Infinitivkonstruktion mit *zu* ist selten, bei umfangreicherem Satelliten immerhin möglich:

> *Helga schickte Wilfried, im „Halben Mond“ Quartier zu machen.*

spüren s. fühlen

PARTIZIPVERBKOMPLEXE

Partizipverben sind unter anderem *kommen* und *stehen*.

kommen

Bedeutung ‚einen bestimmten Ort ansteuern oder erreichen'. Kann nur Verben der Fortbewegung bezeichnen. Die Subjektsgrößen von Partizipverb und abhängigem Verb stimmen überein.

> *Ruth kam herbeigewankt.*
> *Sabine kommt die Mole entlang geschritten.*

stehen

Bedeutung ‚graphisch dokumentiert sein'. Kann nur Verben regieren, die die Form schriftlicher Fixierung beschreiben. Die Subjektsgrößen von Partizipverb und abhängigem Verb stimmen überein (wobei beim abhängigen Verb allerdings von der Passivversion auszugehen ist).

> *So steht es auch in der Bibel geschrieben.*
> *Gestern stand das schwarz auf weiß gedruckt in der Zeitung.*
> *So steht es groß und deutlich gezeichnet.*

INFINITIV-/PARTIZIPVERBKOMPLEXE

Es gibt zwei Verben, die sowohl Infinitivkonstruktionen als auch Partizipialphrasen regieren können: *finden* und *sehen*.

finden

Bedeutung ‚nach Suche ermitteln'. Kann Infinitivkonstruktionen, Partizip-I-Phrasen oder Partizip-II-Phrasen regieren. Die Subjektsgrößen des regierenden und des abhängigen Verbs stimmen **nicht** überein. Das Subjekt des abhängigen Verbs wird in allen Fällen durch eine Akkusativphrase realisiert. *finden* ist kombinierbar

1. mit einer Infinitivkonstruktion. Das abhängige Verb ist ein Verb des räumlichen Sich-Befindens; es kommt obligatorisch mit einer Ortsbestimmung vor:

   > *Sie fand den Koffer mitten im Zimmer stehen.*

2. mit einer Partizip-I-Phrase. Abhängig können alle Verben sein, die sich mit einer Ortsbestimmung verbinden lassen; diese wird gewöhnlich mitgenannt:

   > *Sie fand Udo am Kiosk stehend.*
   > *Sie fand Udo die Zeitungen am Kiosk studierend.*
   > *Sie fand Udo am anderen Ufer den Kahn suchend.*

3. mit einer Partizip-II-Phrase. Abhängen können alle voll passivfähigen und viele reflexive Verben, soweit sie sich mit einer Ortsbestimmung verbinden lassen:

   > *Sie fanden das Kind in Windeln gewickelt ...* (Evang. Lucas, übers. von M. Luther)
   > *Sie fand ihn auf dem Boden ausgestreckt.*
   > *Sie fanden das Rad an einen Zaun gekettet.*

sehen

Bedeutung ‚visuell wahrnehmen'. Kann nur Verben regieren, die ein visuell wahrnehmbares Geschehen bezeichnen. Die Subjektsgrößen des regierenden und des abhängigen Verbs sind **nicht** identisch. Das Subjekt des abhängigen Verbs wird als Akkusativphrase realisiert. *sehen* ist kombinierbar

1. mit einer Infinitivkonstruktion. Das abhängige Verb ist ein Verb des räumlichen Sich-Befindens:

    Sie sah den Koffer mitten im Zimmer stehen.

2. mit einer Partizip-I-Phrase. Abhängen können alle Verben, die sich mit einer Ortsbestimmung verbinden lassen; diese wird häufig mitgenannt:

    Sie sah den Koffer mitten im Zimmer stehend.
    Sie sah Udo die Speisekarte studierend.

3. mit einer Partizip-II-Phrase. Abhängen können viele Verben, die sich mit einer Ortsbestimmung verbinden lassen; sie müssen allerdings voll passivfähig oder reflexiv sein:

    Sie sah das Fahrrad an einen Zaun gekettet.
    Sie sah den Jungen zu Boden gestürzt.
    Sie sah den Jungen hinter einem Gebüsch verborgen.

4.8. TEMPUS?

Der Autor glaubt das folgende kleine Kapitel dem Leser zur besonderen Aufmerksamkeit empfehlen zu müssen, weil es sich hier um eine traditionell ganz zentrale Komponente der deutschen Grammatik handelt, und weil diese Komponente, genau besehen, Probleme aufwirft, die mit den herkömmlichen Beschreibungen nicht gelöst werden können. Sollte der Leser den Darlegungen des Autors zustimmen, so hätte er ohne Zweifel etwas dazu gelernt. Sollte er aber nicht zustimmen, so hätte er ein triftiges Argument in der Hand, die Denk- und Beschreibungsweise des Autors und damit auch das vorliegende Buch in toto in Frage zu stellen; und der Autor hätte Grund darüber nachzudenken, warum er ein seiner Meinung nach stimmiges Konzept dem Leser nicht überzeugend zu vermitteln vermochte.

Jedenfalls soll im Folgenden gezeigt werden,

- warum die herkömmliche Darstellung der „Tempora" aus formalen Gründen unangemessen ist,
- warum sie überdies aus semantischen Gründen unangemessen ist,
- was der primäre Gegenstand von Beschreibungen finiter Verben sein sollte,
- wie die Perfektformen einzuordnen sind und
- ob man künftig überhaupt noch von „Tempus" reden sollte.

WIE DIE TEMPORA IN DEN (MEISTEN) GRAMMATIKEN DARGESTELLT WERDEN

Die herkömmliche und heute noch weithin übliche Tempuslehre ist aus der Grammatik des Griechischen über das Lateinische, das ein gutes Jahrtausend lang im abendländischen Denken eine dominierende Rolle spielte, auf das Deutsche übertragen worden. Die lateinische Grammatik kannte in der Tat sechs Tempora:

Präsens:	*educo* ‚ich erziehe'
Perfekt:	*educavi*
Präteritum:	*educabam*
Plusquamperfekt:	*educaveram*
Futur I:	*educabo*
Futur II:	*educavero*

In der reicher strukturierten Grammatik des Griechischen gab es mehr als diese sechs Tempora. Hätte man sich also statt des Lateinischen an das Griechische gehalten, so hätte man aus dem Deutschen noch einige weitere „Tempora" herauspressen müssen.

Auch im Lateinischen ist die Formenvielfalt größer, als es die oben stehende Liste suggerieren mag, denn es gibt mehrere Konjugationsklassen. Aber jedes lateinische Verb weist unter anderem diese sechs Formen auf. Und diese Formen unterscheiden sich inhaltlich durch einen je eigenen Zeitwert. Das Perfekt ist das Erzähltempus schlechthin, das vergangene Ereignisse wiedergibt. Das Präteritum liefert, ebenfalls aus der Vergangenheit, Hintergründe, Zustandsschilderungen. Das Plusquamperfekt ist das Tempus der Vor-Vergangenheit, das von einem zeitlich zurückliegenden Standpunkt aus Vergangenes betrachtet. Das Futur I gibt Zukünftiges wieder, das Futur II von einem zukünftigen Standpunkt aus Vergangenes. Auch wenn dieses System Lücken aufweist – es lassen sich ja durchaus noch weitere Zeitstufen und Zeitbezüge denken –, eignet es sich recht gut zur zeitlichen Einbettung von Sachverhalten, über die man spricht.

Dieses Tempussystem wurde seit der Zeit des Humanismus auf die deutsche Sprache übertragen. Dass man die inhaltlichen Vorstellungen der lateinischen Grammatik übernahm, zeigt sich an den Verdeutschungsversuchen vieler Lehrbücher. Da findet man die Entsprechungen

Präsens	„Gegenwart"
Perfekt	„vollendete Gegenwart"
Präteritum	„Vergangenheit"
Plusquamperfekt	„vollendete Vergangenheit"
Futur I	„Zukunft"
Futur II	„vollendete Zukunft"

Diese „Eindeutschungsversuche" – neben anderen – werden vielfach irrtümlich den Purismusbestrebungen der Hitlerzeit zugeschrieben. Sie finden sich aber schon viel früher, vor allem – nach vereinzelten Vorläufern – in den höchst einflussreichen pädagogischen Grammatiken der 1. Hälfte des 19. Jahrhunderts.

Das simple sechsstufige System der „Zeiten" wurde noch vor der Mitte des 20. Jahrhunderts ergänzt durch den Philosophen Hans Reichenbach, der durch Einführung dreier Zeitstufen bei jedem Sachverhalt die Möglichkeit eröffnete, minutiöse Zeitrelationen anzugeben. Diese drei Zeitstufen fanden unter Benennungen wie „Sprechzeit", „Aktzeit" und „Betrachtzeit" Eingang in viel gebrauchte Grammatiken und Sprachlehrbücher. Damit schien alles in bester Ordnung. Zwar wurde schon früh darauf hingewiesen, dass Grammatisches Tempus und objektive Zeit keineswegs identisch seien, auch nicht einfach parallel liefen. Zwar wurden in den letzten Dezennien des 20. Jahrhunderts Beziehungen zwischen den Tempora, den Aktionsarten und dem in manchen Sprachen grammatikalisierten Aspekt aufgedeckt. Aber dies rührte nicht an den Kern des Tempusbegriffes. Alle wesentlichen Tempusmonographien, die kurz vor der Wende zum 21. Jahrhundert erschienen, weisen den Tempora, ausschließlich oder mindestens vorrangig, zeitliche Bedeutungen zu.

WARUM DIE HERKÖMMLICHE DARSTELLUNG AUS FORMALEN GRÜNDEN UNHALTBAR IST

Die Grammatiker des Lateinischen haben wichtige **Verbformen** zusammengestellt. Diese Formen sind kategorienbildend: Alle lassen sich nach Person und Numerus flektieren (konjugieren), nach einigen Grammatiken zusätzlich nach dem Modus. Der Versuch ist jedenfalls legitim, solche Kategorien von Verbformen zusammen zu stellen und auch inhaltlich zu unterscheiden. Und da diese Verbformen allem Anschein nach zeitliche Informationen vermitteln, ist das Bestreben, jeder dieser Formkategorien einen individuellen Zeitwert zuzuschreiben, zumindest verständlich.

Es kann auch nicht kritisiert werden, dass man die lateinischen Verbformen ins Deutsche übersetzte. Wenig Aufmerksamkeit schenkte man dann aber der Tatsache, dass sich nur ein Teil der lateinischen durch deutsche Verbformen wiedergeben lässt, dass vielmehr in der Mehrzahl der Fälle auf der deutschen Seite zwei- oder gar dreigliedrige Komplexe erscheinen, wie die folgende Gegenüberstellung zeigt:

educo	*(ich) erziehe*
educavi	*(ich) habe erzogen*
educabam	*(ich) erzog*
educaveram	*(ich) hatte erzogen*
educabo	*(ich) werde erziehen*
educavero	*(ich) werde erzogen haben*

Dabei sollte man sich nicht daran stoßen, dass es sich in dieser Gegenüberstellung nicht unbedingt in jedem Einzelfall um Übersetzungsäquivalente handelt bzw. dass teilweise auch andere Übersetzungen möglich sind. Es wurden nur Belege für die sechs „etablierten" Tempora Präsens, Perfekt, Präteritum, Plusquamperfekt, Futur I, Futur II aufgelistet. Man ersieht daraus, dass im Deutschen, ganz im Gegensatz zum Lateinischen, sechs ganz verschiedenartige Ausdrucksformen – zwei einfache Verbformen, drei zweigliedrige und ein dreigliedriger Verbalkomplex – zusammenzustellen waren. Ohne die Folie des Lateinischen wäre man vermutlich nie auf die Idee gekommen, gerade diese Ausdrücke zusammenzufassen und daraus auch für das Deutsche ein „System" zu bilden.

Das Lateinische, vor allem wo es andere Strukturen zeigt, sollte der deutschen Grammatik nicht ihre Kategorien vorgeben. Von der Ausdrucksseite her lässt sich ein System aus sechs Tempora im Deutschen jedenfalls nicht rechtfertigen.

WARUM DIE ÜBLICHE DARSTELLUNG AUS SEMANTISCHEN GRÜNDEN UN-ANGEMESSEN IST

Würde jedes Tempus eine individuelle Zeitinformation (Zeitstufe oder auch Zeitrelation) liefern, so wären herkömmliche Darstellungen einigermaßen im Recht. Es sei einmal dahingestellt, ob das im Lateinischen der Fall war.[31] Im Blick auf das Deutsche erscheint es jedenfalls äußerst problematisch, die Tempora von der Zeit her zu beschreiben und voneinander zu unterscheiden. Dass das Präsens sich zeitlich nicht definieren lässt, räumen heute praktisch alle ein. Der korrekte deutsche Satz

> *Karl erneuert die Idee des römischen Imperiums durch die von ihm selbst inszenierte Kaiserkrönung am Weihnachtsfest des Jahres 800.*

verträgt sich durchaus mit unserem historischen Wissen, nach dem dieses Ereignis mehr als 1200 Jahre zurück liegt. Und der Satz

> *In diesem Jahr wird er siebenundsechzig.*

– ebenfalls ein Präsenssatz – bezeichnet, vom Sprechzeitpunkt aus gesehen, etwas Zukünftiges. Dass das Futur (I) nicht nur und im Ganzen relativ selten Zukünftiges bezeichnet, weiß man spätestens seit 1975.[32] Dass das Perfekt häufig Zukünftiges (in der Zukunft

---

[31] Mindestens das Präsens ist auch im Lateinischen als Zeitstufe keineswegs eindeutig, ist nur höchst selten „Gegenwart": Alle Sprichwörter sind im Lateinischen im Präsens formuliert, und alle haben sie überzeitliche Bedeutung.

[32] In diesem Jahr erschien die Monographie zum Futur von Hermann Gelhaus, die auf umfangreichen Corpusanalysen beruht.

Abgeschlossenes, aber „jetzt", das heißt im Sprechzeitpunkt noch nicht Realisiertes) bezeichnet, lehrt uns nicht nur der Satz:

> *Bis morgen früh haben wir alles erledigt.*

Die Reihe der Beispiele könnte nach Belieben fortgesetzt werden.

Natürlich ist es möglich (und in gewisser Weise auch sinnvoll), die „Zeitsemantik" der klassischen sechs Tempusformen zu untersuchen, also diese Formen auf ihre zeitlichen Inhalte hin abzufragen. Es ist sinnvoll, so sinnvoll wie Erhebungen der Art, wieviele Schulkinder Karies haben. Aber niemand käme auf die Idee anzunehmen, durch solche notwendigen und nützlichen Untersuchungen allein könne man ein repräsentatives Gesamtbild über den Zustand unserer schulpflichten Jugend gewinnen.

Was nur ist schief gelaufen in der Tempusforschung?

WORAUF SICH UNSER PRIMÄRES INTERESSE BEI DER UNTERSUCHUNG/ BESCHREIBUNG DER VERBEN RICHTEN SOLLTE

Das Interessanteste an den oben aufgelisteten Tempusausdrücken sind ohne Zweifel ihre finiten Teile. Unser Augenmerk sollte vor allem dem **finiten Verb** gelten. Zwar sind auch die infiniten Formen – der Infinitiv und die beiden Partizipien – problembeladen und aufschlussreich. Wichtigster Bedeutungsträger aber ist das Finitum.

Wir wissen, dass das Finitum den Satz konstituiert. Was leistet es außerdem?

Man kann leicht bemerken, dass jedes finite Verb eine Stellungnahme zur Wirklichkeit eines Sachverhaltes impliziert. Über einen Sachverhalt kann man sich vielfältig äußern:

> *die Beschäftigung mit der Umwelt*

ist eine Möglichkeit, eine andere

> *sich mit der Umwelt zu beschäftigen*

Es gibt viele weitere Möglichkeiten. Aber erst wenn wir sagen

> *Sie **hat** sich eingehend mit der Umwelt beschäftigt.*

haben wir aus einem **möglichen** einen **wirklichen** Sachverhalt gemacht, und dies allein dank dem finiten Verb *hat*. Auf diese Art wird durch das verbum finitum, und durch dieses allein, ein Sachverhalt als wirklich ausgewiesen. Diese Wirklichkeitsbehauptung kann durch Negation in ihr Gegenteil verkehrt werden (der Sachverhalt kann somit als nicht wirklich ausgewiesen werden), sie kann durch andere sprachliche Mittel eingeschränkt werden. Es bleibt das Faktum, dass einzig das finite Verb Wirklichkeit in der sprachlichen Welt unserer Vorstellungen schafft.[33]

Sollte aber diese Leistung nicht viel wichtiger sein als alle anderen? Sollte für uns nicht vorrangig sein, **ob** etwas der Fall ist, gegenüber der Frage, **wann** es der Fall ist?

Und wenn dies als Hauptleistung des finiten Verbs gesichert und anerkannt ist, dann sollten die zu untersuchenden Formen in der Kategorie des finiten Verbs zusammengestellt und auf ihre Stellungnahme zur Wirklichkeit hin befragt werden. Dann ergibt sich:

---

[33] Dies ist vermutlich der Hauptmangel des „Gastarbeiterdeutschs", der Pidginsprache mancher Arbeitsmigranten. Stellungnahmen zur Wirklichkeit von Sachverhalten sind, soweit sie nicht ein finites Verb enthalten, nicht eindeutig: *Branislav nicht trinken* sowie *der Nichttrinker Branislav* und *Branislavs Enthaltsamkeit* geben Wirklichkeitsausschnitte, sagen aber nichts über deren Faktizität aus.

Präsens: wirklich
Präteritum: wirklich
Konjunktiv I: hypothetisch, als Aussage eines Andern referiert
Konjunktiv II: hypothetisch, von der Erfüllung einer Bedingung abhängig
Imperativ: postuliert = nicht wirklich, aber zu verwirklichen

Jetzt kann auch nach weiteren Leistungen der finiten Verben gefragt werden. Solche Fragen konkretisieren sich, wenn wir Sätze wie

> *Karl erneuert das Römische Imperium.*
> *Karl erneuerte das Römische Imperium.*

die ja beide denselben Sachverhalt, dieselbe historische Wirklichkeit, beschreiben, miteinander vergleichen. Der erste Satz ist spannender, emotionaler, unmittelbarer; der zweite ist nüchterner, sachlicher, distanzierter. Offenbar gibt es eine semantische Kategorie, die wir „modal" nennen können und die die Bedeutung einer Äußerung für die Gesprächsbeteiligten reguliert: der Präsenssatz ist „von Belang" für die Teilnehmer am Gespräch, am Kommunikationsakt, geht sie unmittelbar an; für den Präteritumsatz gilt dies nicht. Von Belang für die Gesprächsbeteiligten sind auch alle Imperativsätze, während Sätze mit konjunktivischem Finitum sich in dieser Hinsicht neutral verhalten.

Und schließlich gibt es, ohne Zweifel, auch noch eine **zeitliche** Dimension bei der Bedeutung der finiten Verben. Verben im Präteritum beschreiben im Allgemeinen einen vergangenen Sachverhalt, finite Verben im Imperativ beschreiben im Allgemeinen einen zukünftigen Sachverhalt. Mehr gilt nicht. Das Präsens ist, wie schon gezeigt, an sich selbst zeitneutral, und Gleiches gilt für die Konjunktive. Natürlich kann auch in präsentischen und in konjunktivischen Sätzen eine Zeitinformation vermittelt werden, aber dies geschieht nicht durch die Finitform, sondern gewöhnlich durch adverbiale Ausdrücke:

> ***Zur Zeit*** *bin ich gesund.*
> ***Morgen*** *bin ich wieder gesund.*
> ***Gestern nach dem Frühstück*** *kommt der Dr. Küster, und* ***augenblicklich*** *bin ich wieder gesund.*

Aus diesen Überlegungen ergibt sich für die Semantik der finiten Verbformen die folgende Tabelle:

Finitform	Wirklichkeit	Modalität	Zeit
Präsens	+	+	–
Präteritum	+	–	vergangen
Konjunktiv I	+/–	+/–	–
Konjunktiv II	+/–	+/–	–
Imperativ	–	+	zukünftig

Diese Verteilung der Werte sollte für die Forschung, sollte vor allem für die Lehre, für die Vermittlung der Tempora und der finiten Verbformen im Fremdsprachenunterricht, grundlegend sein. Es war nicht alles falsch, was bisher gesagt und gelehrt wurde; in gewisser Hinsicht war (fast) nichts falsch. Aber man ist Richtiges von der falschen Seite her angegangen, und so entsteht in den Köpfen der Lernenden (und der Lehrenden) ein Zerrbild, das blind macht für die Dinge, auf die es uns ankommen sollte.

UND WOHIN NUN MIT DEM PERFEKT?

Bei der Fokussierung der finiten Verbformen sind die Perfektkomplexe und damit auch gewisse infinite Verbformen fast aus dem Blick geraten. Dabei spielte doch das Perfekt im herkömmlichen Tempussystem eine wichtige Rolle.

Alle Perfektformen sind Kombinationen eines Nebenverbs mit dem Partizip II eines Hauptverbs. Das Nebenverb (*haben* oder *sein*) kann finit sein oder im Infinitiv stehen; die Form des Partizip II ist unveränderlich. Und dieses Partizip hat eine beschreibbare strukturelle Bedeutung: Es vermittelt das Merkmal ‚abgeschlossen' (bei den telischen Verben) oder das Merkmal ‚vergangen' (bei atelischen Verben):

> *eingeschlafen* (der Vorgang des Einschlafens ist abgeschlossen)
>
> *geschlafen* (der Zustand des Schlafens ist vergangen)

Mit der Kombination der Formen geht die Kombination ihrer Bedeutungen einher:

> *war eingeschlafen* (der Vorgang des Einschlafens war in der Vergangenheit wirklich abgeschlossen und ist für die Gesprächsbeteiligten ohne Belang)
>
> *hatte geschlafen* (der Zustand des Schlafens war in der Vergangenheit wirklich vergangen = „vorvergangen" und ist für die Gesprächsbeteiligten ohne Belang)

Diese „kompositionale Methode" lässt sich auf sämtliche Perfektformen anwenden:

> *ist eingeschlafen* (der Vorgang des Einschlafens ist zu beliebiger Zeit wirklich abgeschlossen und für die Gesprächsbeteiligten von Belang)
>
> *hat geschlafen* (der Zustand des Schlafens ist zu beliebiger Zeit wirklich vergangen und für die Gesprächsbeteiligten von Belang)
>
> *sei eingeschlafen* (der Vorgang des Einschlafens ist zu beliebiger Zeit als abgeschlossen referiert)

Näheres s. 4.4.

Alle Perfektformen sind also abgeleitete Tempusformen und erfordern daher eine relativ komplizierte Beschreibung.

Hat man sich aber Eigenart und Leistung der einfachen Tempusformen erst einmal zu eigen gemacht, so wird man auch mit den Perfektformen zurechtkommen.

TOTENGELÄUT FÜR DIE TEMPORA?

Es ist gezeigt worden, dass die Annahme eines „Systems" von sechs deutschen Tempora ungerechtfertigt und wenig hilfreich ist. Und es ist gezeigt worden, wie man, ausgehend von der Kategorie des finiten Verbs, mittels der kompositionalen Methode zu besserer Einsicht in Geltung und Wirkung der Verbformen und Verbalkomplexe gelangen kann. Hat man dies verstanden und akzeptiert, so mag man weiterhin von „Tempora" reden. Sie sind wohldefiniert, man kann also mit ihnen umgehen. Da nahezu jeder sich in ihnen auskennt, werden keine Verständigungsprobleme entstehen.

Es ging hier nicht darum, einen Popanz zu verbrennen. Es ging darum, einen solchen zu entlarven. Nachdem dies nun geschehen ist, lässt sich wohl mit ihm leben.

5. DER NOMINALE BEREICH

5.1. ÜBERBLICK

Das lateinische Wort *nomen* und das deutsche Wort *Name* sind nicht nur historisch verwandt, sie haben im Grunde heute noch dieselbe Bedeutung: Sie geben den Dingen dieser Welt, den „Größen", ihren Namen. Damit kommen sie dem satzbildenden Verb zu Hilfe: Die nominalen Elemente benennen alle Dinge, die durch das Verb verbunden und damit in die Wirklichkeit gehoben werden und so eine Sachverhaltsbeschreibung konstituieren. Nominale Elemente sind aber nicht nur die Nomina, sondern auch die Wörter, die Nomina vertreten: die Pro-Nomina. Und weiter rechnen wir zu den nominalen Elementen alle Satelliten von Nomen und Pronomen, vor allem die Determinative und die Adjektive. Und da alle nominalen Elemente als Köpfe von Phrasen auftreten können, wird abschließend bei jeder der hier wesentlichen Wortklassen auch nach Möglichkeiten und Formen der Phrasenbildung gefragt.

5.2. DAS NOMEN

5.2.1. Allgemeines

Nomina sind genuskonstante Wörter. Damit ist gesagt: Jedes Nomen hat genau **ein** Genus. Da das Deutsche über insgesamt drei Genera verfügt (Maskulinum, Femininum, Neutrum), hat jedes Nomen eines der drei Genera.

> Gleichbedeutend mit „Nomen" ist der in der deutschen Grammatik noch häufig verwendete Terminus „Substantiv". Im vorliegenden Buch wird der Terminus „Nomen" verwendet, weil er international viel weiter verbreitet ist (vgl. engl. *noun*, frz. *nom*).

Es gibt eine Reihe von Nomina, die scheinbar genusvariabel sind. Dabei handelt es sich größtenteils um Adjektive, die in die Klasse der Nomina übergetreten sind:

> *der Vorsitzende– die Vorsitzende*
> *der Grüne– die Grüne*

Solche Wörter werden auch wie Adjektive flektiert:

> *der Vorsitzende– ein Vorsitzender*
> *die Grüne– mit der Grünen*

Wir betrachten diese Wörter trotzdem als Nomina, weil sie deutliche Bedeutungsunterschiede zu ihrer Verwendung als (attributive) Adjektive aufweisen. Indem wir *der Vorsitzende* und *die Vorsitzende* nicht als Flexionsformen eines Wortes, sondern als zwei verschiedene Wörter auffassen (genau übrigens wie *der Pfarrer* und *die Pfarrerin*), dürfen wir beide als genuskonstant auffassen.

Nomina werden im Deutschen mit großen Anfangsbuchstaben geschrieben.

Die **Flexion** der Nomina ist beim Numerus noch recht gut erhalten (vgl. 5.2.3). Zwar ist die Kasusflexion weitgehend verfallen; die Kasusmarkierung ist dann aber an den linksseitigen Satelliten, vor allem am Adjektiv und am Determinativ, ablesbar.

Die deutsche Sprache, verstanden als verfügbares Lexikon, enthält etwa achtzig Prozent Nomina (auch in anderen Sprachen bilden die Nomina die umfangreichste Wortklasse). Zählt man das Vorkommen in Texten, so reduziert sich der Anteil der Nomina, weil Verben und „Strukturwörter" (z. B. Präpositionen) hier besonders häufig erscheinen. Aber auch in Texten machen die Nomina den größten Anteil aller Wortklassen aus.

5.2.2. Nominale Subklassen

In Bezug auf Genus, Numerus, Bedeutung und Valenz verhalten sich die einzelnen Nomina recht unterschiedlich. Es gibt Subklassen, die auf dem Genus, dem Numerus, der Semantik oder der Kombinatorik der Nomina beruhen.

GENUSKLASSEN

Da im Prinzip jedes Nomen ein spezifisches Genus hat, bestehen zunächst die drei großen Klassen der Maskulina, der Feminina und der Neutra.

Entgegen unserer Definition gibt es eine Reihe von Nomina, die mehrere Genera haben. Dabei bleibt die Bedeutung unverändert bei folgenden Nomina (im Folgenden wird das Genus durch „m." = Maskulinum, „f." = Femininum und „n." = Neutrum gekennzeichnet):

Dschungel m., f., n. (meist m.)   *Liter* m., n.
Halfter m., f., n. (meist n.)   *Meter* m., n.
Filter m., n.   *Teil* m., n.
Katheder m., n.   *Verhau* m., n.
Knäuel m., n.   *Zubehör* m., n.

Der Gebrauch unterschiedlicher Genera ist zum Teil regional bedingt. Ein einzelner Sprecher verwendet allerdings in der Regel nur ein bestimmtes Genus.

Bei folgenden Nomina ändert sich mit dem Genus die Bedeutung:

Balg m. ‚Fell eines getöten Tieres', n. ‚ungezogenes Kind'

Band m. ‚Buch in einer Buchreihe', f. (meist engl. ausgesprochen) ‚Musikergruppe vorwiegend für Unterhaltungsmusik', n. ‚flexibles Verbindungselement von gewisser Breite'

Bauer m. ‚Landwirt', n. ‚Vogelkäfig'

Bulle m. ‚erwachsenes männliches Rind', f. ‚schriftliche Verfügung mit gesetzesähnlicher Geltung, von höchster Instanz ausgehend'

Erbe m. ‚Nachlassberechtigter', n. ‚Nachlass'

Ekel m. ‚Abscheu', n. ‚abstoßender Mensch'

Flur m. ‚Korridor', f. ‚offenes, natürlich bewachsenes Gelände'

Gehalt m. ‚wesentlicher Inhalt', n. ‚regelmäßiges Einkommen für Beamte und Angestellte'

Gummi m. meist ‚Radiergummi', n. ‚Materialbezeichnung'

Heide m. ‚Nichtchrist', f. ‚baumlose Ebene'

Junge m. ‚männl. Minderjähriger', n. ‚Tierkind'

Kiefer m. ‚Gesichtsknochen', f. ‚Nadelbaumart'

Koppel f. ‚Einfriedung für Weidetiere', n. ‚Gürtelart'

Kristall m. ‚Art von Edelstein', n. ‚geschliffenes Glas'

Kunde m. ‚potentieller Käufer', f. ‚Nachricht'

Leiter m. ‚Anführer, Vorgesetzter', f. ‚Steiggerät'

Mangel m. ‚Fehlen von Notwendigem', f. ‚Wäschewalze'

Mark f. ‚ehemal. Währungseinheit', histor. auch ‚Grenzland', n. ‚Knocheninneres'

Maß f. ‚Liter', bes. bair.-österr. bei Bier, n. ‚Gradmesser, Grenze' u. a.

Mast m. ‚Teil des Segelschiffes', f. ‚forcierte Ernährung von Tieren mit dem Ziel der Gewichtsvermehrung'

Moment m. ‚Augenblick', n. ‚auslösende, bewegende Kraft'

Schild m. ‚Abwehrwaffe', n. ‚Hinweistafel'

See m. ‚stehendes Gewässer‘, f. ‚Meer‘
Steuer f. ‚staatlich festgelegte Abgabe‘, n. ‚Lenkvorrichtung‘
Stift m. ‚längliches spitzes Werkstück‘, n. ‚geistliche Körperschaft‘
Tau m. ‚Niederschlag der Nachtfeuchtigkeit‘, n. ‚starkes Seil‘
Tor m. ‚dummer Mann‘, n. ‚große Tür‘

Oft ist das Genus der Nomina am Suffix ablesbar; Näheres s. 5.2.4.

Komposita übernehmen immer das Genus des Basisworts:

Kindergarten m. (da *Garten* m.)
Kinderschule f. (da *Schule* f.)
Kinderzimmer n. (da *Zimmer* n.)

Man muss Genus und Sexus strikt auseinanderhalten. Zwar entsprechen sich Genus und Geschlecht bei vielen Personenbezeichnungen, aber relativ selten bei Tierbezeichnungen; so ist das *Pferd* (n.) männlich oder weiblich, ebenso das *Rind* (n.) und die *Schnecke* (f.). Bei Sachbezeichnungen kann es ohnehin keinen Geschlechtsunterschied geben. Wohl aber wird hier das Genus vielfach durch Gruppenbedeutungen bestimmt:

Maskulina sind

Autos: *Audi, Golf, Smart*
Von Zahlen abgeleitete Geldmittel: *Fünfer, Fünfziger, Hunderter* (auch *der Euro*)
Himmelsrichtungen: *Norden, Süden*
Jahreszeiten (meist): *Frühling, Sommer, Herbst, Winter* (aber *das Frühjahr*)
Kaffee- und Teesorten: *Hochland, Arabica; Darjeeling*
Mineralien und Gesteine (größtenteils): *Achat, Stubensandstein*
Monate und Wochentage: *Juni, Freitag*
Niederschläge: *Regen, Schnee*
Spirituosen und Weine: *Weinbrand, Sliwowitz* (serbisch f.), *Wodka* (russ. f.); *Trollinger, Stemmler, Riesling*
häufig Winde: *Monsun, Passat*
Züge: *ICE, Regionalexpress*

Feminina sind

Bäume: *Akazie, Buche, Eibe, Eiche, Erle, Fichte, Kiefer, Lärche, Linde, Tanne* (Ausnahme: *Ahorn* m.)
Flugzeuge: *Boeing 757, Cessna, DC 10* (Ausnahmen: *Airbus* m., *Jet.* m., *Jumbo* m.)
Motorräder: *BMW, Honda, Kawasaki*
Schiffe: *Bismarck, Prinz Eugen, Queen Mary*
nominalisierte Zahlen: *die Eins, die Fünf*
Zigarren, Zigaretten: *Brasil, Havanna; Lord, Lucky Strike, Marlborough*

Neutra sind

Buchstaben: *A, N, I*
Cafés: *Kaufmann, Guglhupf, Bohème*
Farben: *Grün, Weiß, Dunkelblau*
Inseln: *(das sonnige) Malta, (das erholsame) Rügen*
Kontinente: *(das alte und das junge) Europa*
Länder: *(liebes altes) Württemberg, (verführerisches) Frankreich.* Ausnahmen: *Irak* m., *Iran* m., *Kongo* m., Libanon m., *Sudan* m., *Tschad* m.; *Mongolei* f., *Schweiz* f., *Türkei* f.
Noten: *(das zweigestrichene) C, (das) Des*
Ortschaften: *(das schöne) Heppenheim, (das alte) Stuttgart*
Häufig Wasch- und Putzmittel: *(das zuverlässige) Spüli, (das gewohnte) Persil*

NUMERUSKLASSEN

Grundsätzlich verfügt jedes Nomen über Singular- und Pluralformen. Einige Nomina kommen jedoch nur im Singular vor (Singularia tantum), einige nur im Plural (Pluralia tantum).

Singularia tantum sind Benennungen für

– die meisten Stoffe: *Öl, Ton, Wein* (Pluralformen sind fachsprachlich und bei Sortenbezeichnungen möglich: *Öle, Tone, Weine*);
– gewisse Kollektiva: *Adel, Bürgerschaft, Europäertum, Geschirr*;
– Eigenschaften und Zustände (häufig): *Faulheit, Ruhe, Müdigkeit* (aber bei Hofmannsthal: *ganz vergessener Völker Müdigkeiten*);
– Vorgänge (bes. nominalisierte Infinitive): *Abriss, Entzug, Gelächter*;
– Unikate (bes. Personen- und Ländernamen): *Wilfried, Sonderegger, Frankreich, Galizien* (Ausnahmen bei mehreren Größen gleichen Namens: *die Manns, die beiden Koreas*).

Pluralia tantum sind Benennungen für

– bestimmte Personengruppen: *Eltern, Gebrüder, Geschwister, Leute*;
– bestimmte Zeiträume: *Ferien, Hundstage, Zwölfnächte* (*Ostern* und *Weihnachten*, einstige Pluralformen, sind heute Singular);
– wenige geographische Namen: *Anden, Karawanken, Karpaten, Sudeten, Vereinigte Emirate*;
– einige Begriffe aus Handel und Wirtschaft: *Aktiva, Passiva, Bezüge*; *Finanzen, Immobilien, Lebensmittel, Spirituosen*.

SEMANTISCHE KLASSEN

Von einer Einigung über die semantische Klassifikation der Nomina ist die Forschung weit entfernt. Immerhin gibt es bestimmte Grundgliederungen, über die weitgehende Einigkeit besteht.

Dies gilt vor allem für die Dichotomie Eigennamen – Appellative. **Eigennamen** bezeichnen Unikate (unbeschadet der Tatsache, dass manche Unikate denselben Namen tragen können): *Hanna, Oskar, Schmitt, Italien, Mongolei*. **Appellativa** bezeichnen „Gattungen", d. h. Mengen gleichartiger Größen: *Mädchen, Freund, Kaplan, Land, Staat*.

Weiterhin spricht die Forschung von „zählbaren" und „nicht zählbaren" Nomina, richtiger: von Benennungen für zählbare bzw. nicht zählbare Größen (denn die Nomina selbst sind allemal zählbar). **Zählbar** sind die meisten Nomina (jedenfalls die, die ein Numerusparadigma haben), z. B. *Landschaft, Name, Wegbeschreibung, Zugang*. **Nicht zählbar** sind die Singularia tantum und die meisten Pluralia tantum.

Im Allgemeinen unterscheidet man auch die Benennungen für materielle und die für immaterielle Größen (höchst irreführend ist die immer noch verwendete Terminologie „Konkreta" und „Abstrakta"). Als **materiell** sind alle sinnlich wahrnehmbaren Größen aufzufassen: *Berg, Brust, Darm, Fasan, Nebenhaus, Zecke*. **Immateriell** sind Größen wie *Breite, Härte, Raum, Müdigkeit, Zeit* – auch soweit solche Begriffe als Formen sinnlicher Anschauung zu gelten haben oder ihre Auswirkungen sinnlich wahrnehmbar sind.

Weitere semantische Klassen zeigen sich in Benennungen für

– Belebtes vs. Unbelebtes: *Frau, Katze, Wurm – Anzug, Schuh, Gebäude*;
– Natürliches vs. Artifizielles: *Efeu, Blut, Wasser – Gerät, Mauer, Vordach*.

Vielfach nützlich ist eine geschehensbezogene Klassifikation, die vor allem, aber keineswegs nur bei deverbativen Nomina vorkommt. Man unterscheidet

Nomina actionis, die einen Vorgang benennen: *Erkundigung, Inspektion, Ansiedlung, Bewegung, Zulauf*;

Nomina agentis, die den Urheber, Auslöser eines Vorgangs benennen: *Anstifter, Leiterin, Helfer.* Sie lassen sich durch einen Relativsatz erklären: *Ein Anstifter ist einer, der etwas anstiftet.*

Nomina acti, die das Ergebnis eines Vorgangs benennen: *Druck, Kruste, Zerwürfnis;*

Nomina patientis, die den von einem Vorgang Betroffenen benennen: *Firmling, Konfirmand, Angeklagter.* Sie lassen sich durch einen passivischen Relativsatz erklären: *Ein Beschuldigter ist einer, der beschuldigt wird.*

Nomina qualitatis, die eine Eigenschaft, Fähigkeit u. ä. benennen: *Brutalität, Gewandtheit, Liebenswürdigkeit, Verzagtheit.*

VALENZKLASSEN

Das Nomen kann wie das Verb Satelliten haben, die nicht bei allen Nomina vorkommen können, sondern durch die Valenz nominaler Subklassen selegiert werden. Es handelt sich dann um **Ergänzungen** des Nomens, um Nomenergänzungen (NomE). Alle Ergänzungen des Nomens sind fakultativ. Je nachdem, welche Ergänzungen ein Nomen regieren kann, gehört es einer bestimmten Valenzklasse an. Die wichtigsten nominalen Valenzklassen sind

– Nomina mit genitivus subiectivus: *Annahme (des Verkäufers), (Antons) Vergehen,*
– Nomina mit genitivus obiectivus: *die Beschriftung (der Tafel), die Zerstörung (Dresdens),*
– Nomina mit Präpositivergänzung: *Freude (über die Geburt), Stolz (auf den Präsidenten).*

Weiteres s. 5.3.1–5.3.4.

5.2.3. Die Deklination des Nomens

Im Prinzip lassen sich die Nomina nach dem Kasus (Nominativ, Akkusativ, Genitiv, Dativ) und dem Numerus (Singular, Plural) abwandeln. Die regelmäßige Abwandlung mit Hilfe von Endungen wird „Flexion" genannt. Die Kasus-Numerus-Flexion bei Nomen, Determinativ, Adjektiv, Pronomen wird Deklination genannt.

Die Deklination der Nomina gilt auch für wesentliche Teile der Nominalphrase. Vor allem die links stehenden Attribute des Nomens – Determinative und Adjektive – haben dieselben Deklinationsmerkmale wie der nominale Kopf. Diese Entsprechung der Elemente im linken Feld zum Kopf nennt man **Kongruenz** (vgl. 7.4, bes. 7.4.2).

De facto ist die Deklination der Nomina heute weitgehend verfallen, besonders hinsichtlich der Kasus, während die Numerusunterscheidung noch ziemlich gut erhalten ist. Die Kasusflexion ist heute noch am ehesten im Genitiv Singular und im Dativ Plural erhalten. In den übrigen Kasus werden die Flexionsmerkmale weitgehend von Determinativen und Adjektiven übernommen.

Will man die Nomina auf Grund der Flexionsmerkmale klassifizieren, so empfiehlt sich eine erste Gliederung nach den Numerusmerkmalen. Dies führt zu insgesamt fünf Deklinationsklassen. Subklassen (insgesamt 12) ergeben sich aus Besonderheiten der Kasusmarkierung.

Deklinationsklasse 1: Pluralendung *(e)n*

	Singular	**Plural**
N.	*der Mensch*	*die Menschen*
A.	*den Menschen*	*die Menschen*
G.	*des Menschen*	*der Menschen*
D.	*dem Menschen*	*den Menschen*

Subklasse 1.1 (wie *Mensch*): zahlreiche Maskulina wie *Bär*, auch solche fremden Ursprungs: *Garant, Germanist, Interessent, Konfirmand, Student* u. a.; ferner *Ungar* (mit Endung *n* statt *en*).

Subklasse 1.2. (im Nom. Sing. *e*, sonst wie *Mensch*): *Bote, Bürge, Hase, Hirte, Knabe, Knappe, Kunde, Pate, Rabe, Riese, Zeuge*, ferner Benennungen für Volks- und Staatsangehörige auf *e*: *Bulgare, Däne, Finne, Franzose, Grieche, Kroate, Pole, Russe, Schwabe, Schwede, Serbe, Türke*.

Subklasse 1.3 (im Nom. Sing. *e*, im Gen. Sing. *ns*, sonst wie *Mensch*): das Maskulinum *Buchstabe*, ferner *Friede, Glaube, Name, Same* (die allerdings im Nom. Sing. auch mit *en* vorkommen und dann in die Deklinationsklasse 5 gehören). Hinzu kommt das Neutrum *Herz* mit Gen. Sing. *Herzens*, Dat. Sing. *Herz/Herzen*.

Subklasse 1.4 (im Gen. Sing. *(e)s*, sonst im Sing. endungslos, im Plur. wie *Mensch*): Die Maskulina *Autor, Doktor, Lektor, Professor, See*, die Neutra *Bett, Ende, Ohr*. Ein *e* im Dat. Sing. haben fakultativ *Bett, Mann, Ohr*; *Muskel, Pantoffel* haben die Pluralendung *n*. *Mann* gehört hierher, wenn es den Plur. *Mannen* hat (meist lautet der Plur. allerdings *Männer*, dann gehört das Nomen in Kl. 3).

Subklasse 1.5 (im Sing. endungslos, im Plur. wie *Mensch*): Die meisten Feminina wie *Drohne, Formel, Frau, Gabel, Kartoffel, Röhre, Schwester, Weise, Wespe, Wiege*, dazu alle Feminina auf *in* (Plur. *innen*): *Designerin, Direktorin, Schneiderin* sowie die Feminina auf *heit, keit, schaft, ung*: *Feinheit, Kleinigkeit, Patenschaft, Ordnung*.

Subklasse 1.6 (im Nom. Sing. *a, um, us*, im Gen. Sing. *s*, sofern der Nom. Sing. nicht auf *s* endet; die Pluralendung lautet anstelle der Nominativendung einheitlich *en*): die Neutra auf *a* (*Drama, Schema, Thema*), die Feminina auf *a* (*Arena, Firma*), die Neutra auf *um* (*Album, Ministerium*), die Maskulina auf *us* (*Orgasmus, Rhythmus, Syllogismus*). Selten gilt abweichende Flexion bei *Thema* (Pl. *Themata*).

Subklasse 1.7: Nominalisierte Adjektive wie *der Alte/Bedauernswerte/Betroffene/Neugierige/Angestellte/Vorsitzende*, auch *der Beamte* werden wie andere Adjektive gemäß dem zugeordneten Artikel flektiert (*ein Betroffener*, Näheres s. 5.5.2). Wenn man die entsprechenden femininen bzw. neutralen Formen als eigene Wörter/Lexikoneinheiten betrachtet, ist auch die Genuskonstanz als wesentliches Merkmal gesichert. Diese Wörter sind also, obwohl Formen in mindestens zwei Genera existieren (das Neutrum kommt hier seltener vor), Nomina. Da diese Nomina in den meisten Fällen mit definitem Artikel vorkommen, rechnen wir sie zur Deklinationsklasse 1. Mit indefinitem oder Nullartikel würden sie in die Deklinationsklasse 2 gehören.

Deklinationsklasse 2: Pluralendung *e*, im Plur. oft Umlaut

	Singular		**Plural**	
N.	*der Ball*	*der Rest*	*die Bälle*	*die Reste*
A.	*den Ball*	*den Rest*	*die Bälle*	*die Reste*
G.	*des Ball(e)s*	*des Rest(e)s*	*der Bälle*	*der Reste*
D.	*dem Ball(e)*	*dem Rest(e)*	*den Bällen*	*den Resten*

Subklasse 2.1 (wie *Ball, Rest*): viele Maskulina und Neutra (in den folgenden Listen wird der Plur. dann angegeben, wenn Umlaut möglich wäre, aber nicht eintritt): *Bein, Berg, Boss (Bosse), Brand, Damm, Darm, Dickicht, Duft, Erlebnis, Flug, Firmament, Gang, Gas (Gase), Gebirge, Hang, Heim, Kamel, König, Laib, Lauf, Lehrling, Maß (Maße), Meer, Montag (Montage)* etc., *Moos (Moose), Offizier, Öl, Parlament, Pass, Pferd, Rausch, Reich, Reiz, Rohr (Rohre), Ruf (Rufe), Saal, Säugling, Schild, Schlips, Schwein, Spaß, Stein, Stockwerk, Strauß* ‚Blumengebinde', *Strauß (Strauße)* ‚Laufvogel', *Tanz, Term, Tritt, Umschwung, Vorzug, Wein, Wirt, Zopf.* Hierzu gehören auch *Land* mit Plur. *Lande* (nur noch poet. und in der Werbesprache), *Wort* mit Plur. *Worte* ‚Ausspruch', ferner *Ballon, Block, Ballett*, wenn Plur. auf *e* (bei Plur. auf *s*: Deklinationskl. 4).

Alle Neutra auf *nis* haben Plur. auf *nisse* (*Erlebnisse*).

Subklasse 2.2 (im Sing. endungslos, im Plur. wie *Ball, Rest*): Viele einsilbige Feminina wie *Hand, Kunst, Magd* (alle mit Umlaut im Plur.). Ferner alle Feminina auf *nis*: *Finsternis, Kenntnis, Wildnis* (Plur. allg. *nisse*).

Deklinationsklasse 3: Pluralendung *er*, gegebenenfalls Umlaut

	Singular			Plural		
N.	das Kalb	Brett	Kind	die Kälber	Bretter	Kinder
A.	das Kalb	Brett	Kind	die Kälber	Bretter	Kinder
G.	des Kalb(e)s	Brett(e)s	Kindes	der Kälber	Bretter	Kinder
D.	dem Kalb	Brett	Kind	den Kälbern	Brettern	Kindern

Diesem Muster folgen vor allem Neutra: *Brett, Gesicht, Gut, Haus, Holz, Lamm, Licht, Rind, Schild, Volk, Wort* mit Plur. *Wörter* ‚Lexikoneinheit', dazu die Maskulina *Leib, Mann* mit Plur. *Männer, Mund, Ski* u. a.

Deklinationsklasse 4: Pluralendung *s*

	Singular	Plural
N.	das Auto	die Autos
A.	das Auto	die Autos
G.	des Autos	der Autos
D.	dem Auto	den Autos

Diesem Muster folgen vor allem Wörter fremder Herkunft und Abkürzungswörter, in erster Linie Maskulina und Neutra, aber auch Feminina: *AG, Billett, BMW, Café, (das) Ich, (das) Du, Foto, GmbH, Honda, Kaffee, KG, Kino, Pkw, PC, Radio, Salon, Streik, Taxi, Tee, Waggon, Uhu*, überdies bei Plur. auf *s* auch *Ballon, Block, Ballett* (s. auch Deklinationskl. 2).

Deklinationsklasse 5: ohne Pluralendung, teilweise mit Umlaut

	Singular		Plural	
N.	der Kater	der Wagen	die Kater	die Wagen
A.	den Kater	den Wagen	die Kater	die Wagen
G.	des Katers	des Wagens	der Kater	der Wagen
D.	dem Kater	dem Wagen	den Katern	den Wagen

In dieser Klasse stimmen also der Nom. Sing. und der Nom. Plur. überein.

In der folgenden Liste, die Wörter aller drei Genera enthält, wird der Plural angegeben, wenn trotz Umlautfähigkeit nicht umgelautet wird: *Beutel, Boden, Essen, Fenster, Fohlen, Garten, Gebirge, Getriebe, Hafen, Kloster, Küken, Leben, Lehrer, Leiden, Minister,*

Mutter, Rätsel, Schlüssel, Segen, Segel, Sommer (Plur. *Sommer*), *Tochter, Wecker, Winter, Zimmer.*
Alle Wörter dieser Deklinationsklasse haben, unabhängig von der Form des Nom. Sing., im Dativ Plural die Endung *n*.
Alle Maskulina und Neutra dieser Deklinationsklassen haben im Gen. Sing. die Endung *s*; Feminina sind hier endungslos.
Hierher gehören auch die Wörter *Frieden, Glauben, Samen* (neben den Formen auf *e* aus Deklinationskl. 1).
Ferner gehören hierher alle Benennungen für Volks- und Stammesangehörige auf *er* (*Grönländer, Norweger, Schweizer*) sowie alle Neutra auf *chen, lein.*

Überblick über die Singularendungen

Der NOM. SING. hat als endungslos zu gelten.
Der AKK. SING. ist meist indentisch mit dem Nom. Sing.; Ausnahme bei den Maskulina der Deklinationskl. 1.
Der GEN. SING. hat die Endung *(e)n* oder *(e)s*, selten *(e)ns*.
(e)n gilt in Deklinationskl. 1, *en* meist bei konsonantischem Auslaut im Nom. Sing., bei *e* im Nom. Sing. jedoch *n*. Ausnahmen: bei *Bauer, Herr, Nachbar, Ungar* u. a. nur *n*.
(e)s gilt bei Maskulina und Neutra in Klasse 2–5 und teilweise Klasse 1, *es* nach *s*-Lauten und Zischlauten: *s* bei Nom. Sing. auf Vokal und bei Nomina mit unbetonter Auslautsilbe. In vielen Fällen schwankt die Deklination.
ens gilt nur bei *Buchstabe, Friede, Herz, Glaube, Name, Same.*
Fremdwörter auf *us, os* bleiben meist ohne Endung, bei *Barock* u. a. schwankt die Deklination.
Bei allen Personennamen, auch femininen, gilt die Genitivendung *s*. Erscheinen Personennamen jedoch mit Artikel oder als Nomen invarians (s. 5.3), so bleiben sie unverändert. Folgen mehrere Namen einer Person aufeinander, so wird gewöhnlich nur der letzte flektiert.
Der DAT. SING. hat in Deklinationskl. 1, Subkl. 1.1–1.3, die Endung *(e)n*, in den Deklinationskl. 2 und 3 die fakultative Endung *e* (jedoch nicht bei Nomina mit unbetonter Auslautsilbe). Gewisse Schwankungen sind auch stilistisch bedingt: Der Dat. *Herzen* kommt nur in poetischen Texten vor, in Fachsprache und Werbesprache heißt es nur *Herz.* Alte Dativendungen kommen noch in Wendungen vor: *zu Kreuze kriechen.*

Probleme bei der Deklination des Nomens

Bei einer Reihe von Nomina ist die Zuordnung zu einer Deklinationsklasse schwierig, weil sie sich in einem Übergangsstadium befinden. Dies gilt etwa für das Nomen *Magnet*, das ursprünglich zur Deklinationskl. 2 gehörte; also: *des Magnets, die Magnete*. In materieller („eigentlicher") Bedeutung gilt diese Deklination teilweise immer noch. Jedoch setzt sich, besonders bei übertragener Bedeutung, heute immer mehr die Deklination nach Klasse 1 durch: *des Magneten, die Magneten*, vgl.: *Mit diesem Kassenmagneten war der Abend gerettet.*

5.2.4. Wortbildung der Nomina

ALLGEMEINES

Die Nomina bilden nicht nur die bei weitem umfangreichste Wortklasse, sondern sie vermehren sich auch besonders schnell. Neue Entwicklungen in Wissenschaft und Wirtschaft bringen neue Gegenstände und Begriffe hervor, die benannt werden müssen. Einen weiteren, sicher quantitativ bescheidenen, aber oft nachhaltigeren Beitrag leisten die Sprachmeister; Hans Magnus Enzensberger, Günter Grass, Erwin Strittmatter mögen für viele stehen.

Die Bildung neuer Nomina erfolgt großenteils aus schon vorhandenen Elementen. „Urzeugung", absolute Neuschöpfung, ist extrem selten. Zwei Hauptverfahren der Wortbildung sind zu unterscheiden: Bei der **Ableitung** wird dem Zentralelement, der **Basis**, meist einem auch selbständig vorkommenden Wort, ein unselbständiges Element hinzugefügt. Dieses additive Element wird entweder – als **Präfix** – der Basis voran- oder ihr – als **Suffix** – nachgestellt: *Aus-nahme* bzw. *Eigen-schaft*. Beim zweiten Wortbildungsverfahren, der **Komposition**, werden zwei (oder mehrere) ursprünglich selbständige Wörter miteinander verbunden. Eines fungiert dabei als Basis (oder Grundwort); das andere tritt, als Bestimmungswort, immer vor die Basis. Ein drittes, in begrenztem Umfang lebendiges, neuerdings vermehrt angewandtes Verfahren der Wortbildung ist die **Abkürzung**: *AG* ‚Aktiengesellschaft', *TÜV* ‚Technischer Überwachungsverein'.

Bei Präfigierung und Komposition legt die Basis Genus und Deklinationsklasse des neuen Wortes fest. Bei der Suffigierung hängen Genus und Deklinationsklasse vom Suffix ab. Beispiele:

Präfigierung:

> *Vor + Bild* ⇒ *Vorbild* (Neutr., Deklinationskl. 3)

Komposition:

> *Wort + Sinn* ⇒ *Wortsinn* (Mask., Deklinationskl. 2)

Suffigierung:

> *Bild + ung* ⇒ *Bildung* (Fem., Deklinationskl. 1)

Die Beispiele machen unter anderem deutlich, dass im Zuge der Wortbildung radikale Bedeutungsmodifikationen eintreten können. Der verbale Stamm *bild(en)* ‚formen, gestalten' erscheint in *Vorbild* als ‚Modell, Gestaltungsziel', in *Bildung* entweder als ‚geistig-seelische Persönlichkeitsformung' oder als ‚Produktionsverfahren'.

Alle Wortbildungsverfahren können mehrfach angewandt und auch kombiniert werden.

BILDUNG VON NOMINA DURCH PRÄFIGIERUNG (ABLEITUNG)

Die ca. 30 Nominalpräfixe des Deutschen treten fast nur an Nomina; nur *ge* (oft verbunden mit dem Suffix *e*) kann auch an verbale Basen treten. Im Folgenden werden die Präfixe alphabetisch geordnet aufgeführt und mit Beispielen versehen. Präfixe fremder Herkunft sind durch vorangestelltes **f** gekennzeichnet.

> *Alt* ‚ehemalig' oder ‚seit langem tätig', bei Amtsbenennungen und Nomina agentis: *Altkanzler, Altrocker.*
> **f** *Anti* ‚Gegensatz': *Antifaschist, Antikriegsbewegung.*
> *Blitz* ‚schnell, eindrucksvoll': *Blitzoperation, Blitzkerl.*
> *Bomben* ‚eindrucksvoll, sehr gut' (alltagssprachlich): *Bombenerfolg, Bombenbesetzung.*
> *Erz* ‚von hohem Grad': *Erzbetrüger, Erzfeigling.*

f *Ex* ‚ehemalig‘, oft pejorativ: *Exkandidat, Exmann.*

f *Extra* ‚besonders, ungewöhnlich‘: *Extrageschenk, Extralob, Extramodell.*

Fehl ‚irrtümlich, mangelhaft, fehlend‘: *Fehlbuchung, Fehlinvestition, Fehlbestand.*

Ge ‚diffuse Menge‘: *Geäst, Gedärm, Gewürm;* bei verbaler Basis häufig kombiniert mit dem Suffix *e* ‚lästig oft wiederholter Vorgang‘: *Gebrüll, Geschrei, Gezerre.*

Gegen ‚gegensätzlich‘: *Gegenangriff, Gegenbewegung, Gegenvorschlag.*

Haupt ‚wichtigstes Element‘: *Hauptbereich, Hauptstraße, Hauptproblem.*

f *Hyper* ‚höher; übergeordnet‘, meist zu Basen fremder Herkunft: *Hyperreaktion, Hypersatz.*

f *Ko* ‚gemeinsam‘: *Koautor, Kohabitation.*

f *Mini* ‚sehr klein‘: *Minigarage, Miniproblem, Minivorgarten.*

Miss ‚schlecht, fehlerhaft‘: *Missbildung, Missorientierung, Misswirtschaft.*

Mit ‚gemeinsam‘: *Mitbesitzer, Mitverfasser.*

Nach ‚später; modellgemäß‘: *Nachbehandlung, Nachwort; Nachdruck, Nachschlüssel.*

Nicht ‚gegensätzlich, gegenteilig‘: *Nichteuropäer, Nichtzustimmung.*

f *Non* ‚gegensätzlich, gegenteilig‘, meist zu Basen fremder Herkunft: *Nonkollegialität, Nonsubsumption.*

Ober ‚oberhalb, übergeordnet‘: *Oberleutnant, Oberstock, Obertitel.*

Riesen ‚hochgradig, sehr groß‘: *Riesenangst, Riesenfreude, Riesenspannung.*

Sonder ‚irregulär‘, meist positiv: *Sondergesandter, Sonderposten, Sonderzug.*

Spitzen ‚von höchstem Grad, besonders wertvoll‘: *Spitzenangebot, Spitzenmanager.*

f *Super* ‚hochgradig, positiv‘, alltagssprachlich: *Superberatung, Supererfolg, Superwein.*

Über ‚normüberschreitend‘, auch ‚oberhalb, umkleidend‘: *Überreaktion, Übererregung; Übertopf.*

Un ‚gegenteilig; schlecht; bes. hochgradig‘: *Unlust, Unschuld; Unart, Unsitte; Unmenge.*

Unter ‚unterhalb, untergeben‘: *Unterrock, Unteroffizier, Untertitel.*

Ur ‚anfänglich, wichtig‘: *Urerlebnis, Ursprache, Urzeit.*

f *Vize* ‚stellvertretend‘: *Vizebürgermeister, Vizepremierminister.*

Vor ‚früher, näher; modellhaft‘: *Vorgespräch, Vorüberlegung, Vorbau, Vorzimmer; Vorsingen, Vortrag.*

Zwischen ‚intermediär, vorläufig‘: *Zwischenbericht, Zwischenstation.*

Weitere Präfixe sind teils alltagssprachlich (*Klasse, Mega, Mords*), teils fachsprachlich (*Allo, Auto, Bio, Iso, Öko*). Sie beeinflussen die Standardsprache wenig, teils weil sie kurzlebig, teils weil sie breiten Sprecherkreisen nicht zugänglich sind.

ABLEITUNG VON NOMINA DURCH SUFFIXE

Suffixe sind im Gegensatz zu den Präfixen genuskonstant: Sie sind auf je ein spezifisches Genus festgelegt und bestimmen damit auch das Genus des neu gebildeten Wortes. Nur wenige Suffixe kommen mit mehreren Genera vor: *at* m., n.; *eur* m., f.; *e* f., n.; *nis* f., n.

Maskuline Suffixe

f *agoge* ‚Anführer‘, nur zu Basen fremder Herkunft: *Demagoge, Pädagoge.*

f *and* ‚dem etwas widerfährt‘, nur zu Basen fremder Herkunft: *Doktorand, Konfirmand, Magistrand, Proband.*

aner ‚Anhänger, Zugehöriger‘: *Chomskyaner, Kantianer, Amerikaner, Lippizaner.*

f *ant* ‚Handelnder‘, nur zu Basen fremder Herkunft: *Asylant, Immigrant, Sekundant.*

f *ar* ‚Handelnder, Funktionsträger', nur zu Basen fremder Herkunft: *Bibliothekar, Referendar.*

f *är* ‚Handelnder, Funktionsträger', nur zu Basen fremder Herkunft: *Milliardär, Sekretär.*

f *at* ohne festlegbare Eigenbedeutung, nur zu Basen fremder Herkunft: *Prinzipat, Senat;* auch *at* als neutrales Suffix.

f *ent* ‚Handelnder', nur zu Basen fremder Herkunft: *Absolvent, Student.*

er hat mindestens 6 Bedeutungen: 1. ‚Handelnder': *Helfer, Marschierer, Schriftsteller;* 2. ‚Vorgang': *Rülpser, Versprecher;* 3. ‚Instrument': *Aktenvernichter, Fleckenentferner, Rechner, Staubsauger, Turbolader;* 4. ‚Gegenstand beliebiger Art': *Allradler, Offroader, Fronttriebler;* 5. ‚Herkunftsangabe': *Holländer, Mecklenburger, Schwarzwälder, Thomaner;* 6. ‚allg. Klassenzugehörigkeit': *Hunderter, Abweichler, Wissenschaftler.*

f *eur* ‚Handelnder, Instrument', nur zu Basen fremder Herkunft: *Deserteur, Gouverneur, Hasardeur.*

i Nomina agentis u. a., Diminutiva: *Brummi, Fundi, Schwuli, Schatzi.* Diese Nomina gehören unterschiedlichen Genera an; sie sind auch nicht durchweg genusgebunden.

f *iker* ‚Anhänger, Experte; an bestimmter Krankheit Leidender': nur zu Basen fremder Herkunft: *Häretiker, Lyriker; Diabetiker.*

f *ismus* ‚geistige Bewegung, Stilrichtung; Leiden', fast nur zu Basen fremder Herkunft: *Nationalismus, Marxismus, Symbolismus; Autismus.*

f *ist* ‚Anhänger eines „ismus"', Experte; häufig zu Basen fremder Herkunft: *Monarchist, Faschist; Pianist, Germanist.*

ling bei nominaler Basis ‚Element einer Menge', häufig pejorativ: *Schreiberling, Keimling;* ‚Zugehörigkeitsangabe': *Fingerling;* bei adjektivischer Basis ‚Größe bestimmter Art': *Feigling, Rundling, Zwilling;* bei verbaler Basis ‚Handelnder oder Betroffener': *Abkömmling, Eindringling.*

o ‚Anhänger, Instrument' u. a.: *Realo, Mikro.* Diese Nomina gehören unterschiedlichen Genera an; sie sind auch nicht durchweg genusgebunden.

f *ologe* ‚Experte', nur zu Basen fremder Herkunft': *Ägyptologe, Gerontologe, Psychologe.*

f *or* ‚Handelnder, Instrument', nur zu Basen fremder Herkunft: *Autor, Doktor, Multiplikator.*

Feminine Suffixe

f *age* (franz. ausgesprochen) ‚Handlung, Resultat': *Drainage, Garage, Massage.*

f *anz* ‚Eigenschaft, Zustand, Vorgang', meist zu Basen fremder Herkunft: *Arroganz, Eleganz, Vakanz,*

f *(at)ur* ‚Handlung, Ergebnis': *Kandidatur, Reparatur, Dressur;* ‚Lokalität': *Registratur.*

e bei verbaler Basis ‚Vorgang, Ergebnis, Instrument, Lokalität': *Anfrage, Aussage, Bremse, Anrichte;* bei adjektivischer Basis ‚Eigenschaft, Zustand': *Dicke, Schräge, Muskelschwäche.*

ei ‚Tätigkeit', oft pejorativ, zu nominaler oder verbaler Basis: *Heulerei, Lumperei, Singerei, Frömmelei, Deutschtümelei;* ‚Lokalität': *Bäckerei, Druckerei;* veraltet ‚Gruppe': *Reiterei.*

f *enz* ‚Handlung, Ergebnis', nur zu Basen fremder Herkunft: *Konkurrenz, Insolvenz.*

f *erie* ‚Handlung, Eigenschaft', nur zu Adjektiven fremder Herkunft: *Prüderie, Pedanterie.*

f *ess(e)* ‚weibliche Entsprechung', nur zu Nomina fremder Herkunft: *Komtess(e), Stewardess(e).*

f *ette* ‚diminutiv', meist zu Nomina fremder Herkunft: *Diskette, Sandalette, Stiefelette.*

f *eur* ‚Eigenschaft', zu Basen fremder Herkunft: *Couleur.*

f *euse* ‚weibliche Entsprechung' zu Nomina auf *eur: Friseuse, Masseuse.*

heit, keit, igkeit (variieren in Abhängigkeit von der Basis): *heit* zu einfachen Adjektiven, auch Nomina: *Faulheit, Offenheit, Menschheit; keit* zu Adjektiven auf *bar, ig, isch, lich, sam, el, er: Dankbarkeit, Einsamkeit, Bitterkeit; igkeit* zu Adjektiven auf *haft, los* u. a.: *Wahrhaftigkeit, Mittellosigkeit.* Alle drei Varianten bezeichnen ‚Eigenschaften', auch ‚Träger von Eigenschaften', treten meist zu Adjektiven, selten zu Nomina: *Dunkelheit, Torheit, Schönheit, Christenheit.*

f *ie* ‚Eigenschaft, Ergebnis, Regelsystem': *Autonomie, Eurhythmie, Biographie, Demokratie, Orthographie.*

f *ik* ‚Eigenschaft, regelgesteuertes Verhalten, Stilrichtung, Resultat', nur zu Adjektiven fremder Herkunft auf *isch: Hektik, Lyrik, Gotik, Grammatik, Germanistik.*

in ‚weibliche Entsprechung', nur zu nominalen Basen: *Lehrerin, Sprecherin, Wölfin.* Nicht zu Maskulina auf *ling.* Veraltet: ‚weiblicher Träger eines Familiennamens': **Moserin* (Frau eines Mannes namens *Moser*) usw.

f *ion* ‚Vorgang, Ergebnis, Eigenschaft, Institution', nur zu Basen fremder Herkunft (v. a. Adjektiven und Verben): *Absolution, Konstruktion, Diskretion, Redaktion.*

f *ität* ‚Eigenschaft, Träger derselben, Veranstaltung, Lokalität', nur zu Basen fremder Herkunft (Nomina, Adjektiven): *Loyalität, Spezialität, Festivität, Universität.*

f *itis* ‚Krankheit, Gepflogenheit (dann pejorativ)', meist zu Basen fremder Herkunft: *Arthritis, Meningitis; Telephonitis.*

nis ‚Eigenschaft, Zustand', zu adjektivischen Basen: *Trübnis, Finsternis.* Schwache Partizipien II werfen vor *nis* ihr *t* ab: *Betrübnis, Verdammnis.*

schaft ‚Eigenschaft, Ergebnis einer Handlung': *Schwangerschaft, Errungenschaft;* bei nominaler Basis auch ‚Menschenmenge, geograph. Begriff': *Arbeiterschaft, Ortschaft.*

ung ‚Handlung, Ergebnis, Krankheit, Lokalität', selten ‚Institution': *Räumung, Erzählung, Erkältung, Siedlung; Regierung.*

Neutrale Suffixe

f *at* ‚Institution, Lokalität; Ergebnis', seltener ‚Vorgang', nur zu Basen (Nomina, Verben) fremder Herkunft: *Dekanat, Patriarchat, Destillat; Diktat.* S. auch *at* als maskulines Suffix.

chen, lein ‚Diminution, Intimisierung'. Die Alternation der beiden synonymen Suffixe hängt im Wesentlichen von der Basis ab. Lautet diese auf *l, le* aus, so wird *chen* angeschlossen: *Tälchen, Seelchen.* Lautet die Basis auf *ch, g* aus, so wird in der Regel *lein* gewählt: *Bäuchlein, Zweiglein.* In den übrigen Fällen sind beide Endungen möglich, doch bevorzugt die Standardsprache *chen,* der Süden allgemein *lein.* Beide Suffixe bewirken in der Regel Umlaut: *Körbchen, Härlein.* Allerdings werden Personennamen vor *chen* oft nicht umgelautet: *Annchen* neben *Ännchen,* nur *Karlchen,* andererseits immer *Kläuschen.* Die Diminutivendung tritt meist an Nomina, selten an adjektivische Basen: *Bübchen, Kindchen, Tässchen, Zwiebelchen; Töchterlein, Büchlein, Ringlein, Häuslein.* Bei adjektivischer Basis stark intimisierend: *Dummchen.* Besonders stark intimisierend, wenn das Adjektiv mitflektiert wird (wie bei Nullartikel): *Alterchen, Dickerchen, Dummerchen.*

f *ement* (meist franz. ausgesprochen) ‚Vorgang, Einstellung', nur zu verbalen Basen: *Bombardement, Raffinement.*

e immer zusammen mit dem Präfix *ge* (Beispiele s. dort!).

en ‚Vorgang, Zustand‘, nur zu verbalen Basen: *Lachen, Rennen, Staunen.* Praktisch lässt sich auf diese Art jedes Verb nominalisieren.

gut ‚Kollektivum, Mittel‘, zu nominalen und verbalen Basen: *Erbgut, Erzählgut, Treibgut.*

icht ‚Kollektivum‘, erstarrt, zu nominalen und verbalen Basen: *Kehricht, Röhricht.* Vereinzelt an adjektivischer Basis: *Dickicht.*

nis ‚Vorgang, Ergebnis‘, auch ‚Ursache‘, zu verbalen Basen: *Ereignis, Vorkommnis; Ärgernis.*

tum ‚Eigenschaft, Kollektivum‘, zu nominalen, adjektivischen und verbalen Basen: *Bürgertum, Heldentum, Kaisertum, Wachstum.* Vereinzelt ‚Gegenstand‘: *Heiligtum.*

werk ‚Kollektivum‘, zu nominalen und verbalen Basen: *Backwerk, Buschwerk.*

zeug ‚Kollektivum, Instrument‘, zu nominalen, adjektivischen, verbalen Basen: *Grünzeug, Rasierzeug, Spielzeug.*

Überblick über die Suffixbedeutungen

Es folgt eine Zusammenfassung der semantischen Grundkategorien, die durch Nominalsuffixe realisiert werden können. Die beigegebenen Suffixe sind wiederum nach Genera geordnet.

GESCHEHEN im weiteren Sinne

‚Vorgang, Handlung‘ fem.: *age, anz, atur, e, ei/erei/elei, enz, ik, ion, itis, ung.* neutr. *(at), ement, en* (Infinitiv), *Ge ... e, nis, tum.*
‚Zustand‘ fem.: *anz, e.*

PERSON

‚Nomen agentis‘ mask.: *ant, ar, är, ent, er, eur, ling.*
‚Anführer‘ mask.: *agoge.*
‚Anhänger‘ mask.: *aner, er, iker, ist.*
‚Berufsbezeichnung‘ mask.: *er, ist.*
‚Angehöriger‘ mask.: *er.*
‚Betroffener‘ (Nomen patientis) mask.: *and, ling.*

GEGENSTAND im weiteren Sinne

‚Ergebnis (Nomen acti)‘ fem.: *age, (a)tur, e, ei/erei/elei, ie, ion, schaft, ung*; neutr.: *at, nis, werk.*
‚Instrument‘ mask.: *er, eur;* fem.: *e;* neutr.: *zeug.*
‚Institution‘ fem.: *ei, ie, ung;* neutr.: *at, tum.*
‚Regelsystem‘ fem.: *ie, ik.*
‚Qualifizierte Größe‘ fem.: *heit/keit/igkeit;* neutr.: *tum.*
‚Geistige Strömung‘ mask: *ismus.*
‚Veranstaltung‘ fem.: *age, ion, ität, ung.*
‚Schauplatz, Ort‘ fem.: *atur, ei/elei/erei, ität, ung*; neutr. *at.*
‚geograph. Einheit‘ fem.: *schaft.*

EIGENSCHAFT, RELATION

‚Eigenschaft allg. (Nomen qualitatis)‘ fem.: *anz, e, enz, ie, heit/keit/igkeit, ik, ion, schaft, ität, ung;* neutr.: *tum.*
‚Krankheit‘ fem.: *e, ie, itis, ung.*

‚Einstellung, Denkhaltung' mask.: *ismus*; neutr.: *ement*.

‚Herkunft' mask.: *er*.

‚Kollektivbenennung' fem.: *ei/elei/erei, ie, heit/keit/igkeit, schaft*; neutr.: *gut, icht, tum, werk, zeug*.

‚Regelsystem' mask.: *ismus*; fem. *ik*.

‚Stilform' mask.: *ismus*; fem.: *ik*.

‚Diminution' fem.: *ette*; neutr.: *chen, lein*.

‚Intimisierung' neutr.: *chen, lein*.

‚Normüberschreitung' fem.: *itis*.

‚Pejoration (Verschlechterung)' mask.: *ling;* fem.: *ei/elei/erei;* neutr.: *Ge ... e*.

‚Ursache' neutr.: *nis*.

SONSTIGE BEDEUTUNGEN

‚Element einer Klasse' mask: *er, ling;* fem.: *ität;* neutr.: *gut*.

‚Genuswechsel (Movierung)' mask. ⇒ fem.: *esse, in*.

KOMPOSITION

Dieses Verfahren darf als „Spezialität" der deutschen Sprache gelten. Viele andere Sprachen kennen entweder keine oder nur sehr wenige Zusammensetzungen, oder aber sie bilden sie auf andere Weise. Im Deutschen sind Zusammensetzungen gängig und können vielfach ad hoc gebildet werden, zum Beispiel

die Schlechtbergapologeten

– das sind Leute, die das künftige Baugebiet *Schlechtberg* rechtfertigen wollen.
Komposita lassen sich aus nahezu unbegrenzt umfangreichen Bestandteilen bilden. Wird ein Mehrfach-Kompositum zu unübersichtlich, so hilft man sich in der geschriebenen Sprache oft mit Bindestrichen; statt

Zeichnersitzstehgerätpatentanmeldungsgebühr

schreibt man in der Regel

Zeichner-Sitzstehgerät-Patentanmeldungsgebühr

Obligatorisch ist der Bindestrich, wenn einer der Bestandteile eine Abkürzung ist:

Pkw-Abschleppseil

Das Grundverfahren der Komposition besteht darin, dass zwei selbständige Wörter zu einem neuen Wort – eben dem Kompositum – zusammen gefügt werden. Dabei steht das Grundwort, die **Basis**, rechts, ihm wird das **Bestimmungswort** vorangestellt:

Kinder + Wagen ⇒ Kinderwagen

Die Basis ist Träger der Grundbedeutung, sie legt auch Genus und Deklinationsklasse des Kompositums fest. Das Bestimmungswort, das die Grundbedeutung modifiziert, trägt den Wortakzent.
Es gibt zwei Typen von Komposita: Kopulativ- und Determinativkomposita.
In **Kopulativkomposita** haben beide Bestandteile gleichrangige Geltung. Zwischen beiden besteht entweder die Relation ‚sowohl – als auch' (*Hemdhose*) oder die Relation ‚teils – teils' (*Strumpfhose*). Kopulativkomposita kommen im Ganzen sehr selten vor.
Die **Determinativkomposita** machen im Fremdsprachenerwerb vor allem deshalb Schwierigkeiten, weil die semantische Beziehung zwischen Bestimmungswort und Basis sehr vielfältig sein kann und es kaum formale Merkmale für ihre Spezifizierung gibt; man vergleiche

Mitgliederfragen	die Mitglieder sind Urheber (Agens) der Fragen
Mitgliederbefragung	die M. sind Betroffene der Frageaktion
Mitgliederversammlung	die M. sind Träger der Versammlung
Mitgliedereingang	die M. haben (als Begünstigte) einen besonderen Eingang
Mitgliederrabatt	die M. zahlen (als Begünstigte) weniger
Mitgliederschwund	die M. nehmen an Zahl ab
usw.	

Wer keine Fehler machen will, der muss die Bedeutung eines Kompositums, weil er sie nicht aus den Bedeutungen der Teile ableiten kann, wie die Bedeutung eines Einzelworts lernen.

Die Teile eines Kompositums werden vielfach einfach aneinander gereiht. In bestimmten Fällen wird dabei aber ein **Fugenzeichen** eingefügt. Es lautet

e	*Hängebrücke, Hundehütte* (neben *Laufsteg, Arztpraxis*)
er, wo das Bestimmungswort der Deklinationskl. 3 angehört und pluralische Bedeutung hat	*Hühnerleiter, Kälberstrick*
(e)n, wo das Bestimmungswort der Deklinationskl. 1 angehört:	*Firmenschild, Frauenbeauftragte, Witwenmantel*
(e)ns, wo das Bestimmungswort die Endung *ens* im Gen. Sing. hat	*Friedensbewegung, Glaubenssatz*
(e)s, wo das Bestimmungswort die Endung *(e)s* im Gen. Sing. hat	*Königsmantel*, ferner bei Nomina auf *heit, schaft, ung: Schönheitswettbewerb, Meisterschaftstraining, Zeitungsausträger*
o oft bei Bestimmungswort fremder Herkunft	*Linguostilistik, Anarchorevolutionär, Agroingenieur*

Es gibt Komposita, deren Basis allein nicht vorkommt (das Bestimmungswort ist dann oft kein Nomen):

> *Kopffüßler*, aber **Füßler*
> *Viertürer*, aber **Türer*
> *Zweibeiner*, aber **Beiner*

Diese Komposita sind in der Regel aus Sequenzen in Sätzen entstanden (*Er hat nur einen Kopf und Füße*), die dann als neues Kompositum zusammen geschrieben werden. Solche Komposita nennt man **Zusammenbildungen**. Sie haben immerhin als Basis ein Element, das, auch wenn es in keinem Wörterbuch verzeichnet ist, als Nomen gelten kann.

Daneben erscheinen aber auch Komposita, deren zweiter Bestandteil – also die Basis – unzweifelhaft kein Nomen ist:

> *Schlagtot*

Fest steht nur, dass das Ganze als Nomen anzusehen ist. Solche zusamengezogenen Satzbruchstücke, deren letzter Teil separat verwendet kein Nomen ist, heißen **Zusammenrückungen**.

Semantische Gliederung der Komposita

Es sind vier semantische Typen von Komposita zu erkennen: Nomina agentis oder instrumenti, Nomina actionis, Nomina acti, sonstige Größenbezeichnungen. Zu jedem dieser Typen werden Beispiele gegeben und kurz erläutert.

NOMINA AGENTIS/INSTRUMENTI. Folgende Verfahren sind häufig:

Das Bestimmungswort nennt das von einer Tätigkeit Betroffene:

Raumpflegerin ‚eine Person, die Räume pflegt‘
Rinderzüchter ‚eine Person, die Rinder züchtet‘

Das Bestimmungswort präzisiert den Zielzustand des Betroffenen:

Muntermacher ‚etwas, das eine Person munter macht‘

Das Bestimmungswort präzisiert die Handlung:

Hochdruckreiniger ‚ein Apparat, der einen Gegenstand mit Hochdruck reinigt‘

NOMINA ACTIONIS. Folgende Verfahren sind häufig:

Das Bestimmungswort nennt den Handelnden:

Jahrgangstreffen ‚ein Treffen, zu dem die Angehörigen eines Jahrgangs zusammen kommen‘

Das Bestimmungswort nennt den/die Betroffenen:

Wildschweinjagd ‚eine Jagd, die Wildschweinen gilt‘

Das Bestimmungswort nennt Ursache oder Ziel:

Wiedersehensfreude ‚die Freude über das Wiedersehen‘
Santiagoreise ‚die Reise, die Santiago als Ziel hatte‘

Das Bestimmungswort lokalisiert einen Vorgang:

Jahrmarktschlägerei ‚eine Schlägerei, die auf einem Jahrmarkt stattfand‘

NOMINA ACTI. Folgende Verfahren sind häufig:

Das Bestimmungswort nennt das Resultat eines Vorgangs:

Lachfalten ‚Falten, die durch häufiges Lachen verursacht sind‘

Das Bestimmungswort nennt Ausgangspunkt oder Bestandteile:

Gemüseeintopf ‚ein Eintopf, der aus Gemüse hergestellt wurde‘

Das Bestimmungswort nennt den Zweck:

Vortragstext ‚der Text, der als Grundlage für den Vortrag dient‘

SONSTIGE GRÖSSENBEZEICHNUNGEN. Folgende Verfahren sind zu beobachten:

Das Bestimmungswort nennt den Anlass der Benutzung im weitesten Sinne:

Weihnachtsgans ‚Gans, die zu Weihnachten gegessen wird‘

Das Bestimmungswort nennt den Anlass der Kennzeichnung:

Geburtstag ‚Tag, der auf die Wiederholung eines Ereignisses fällt‘

Das Bestimmungswort nennt den Zweck einer Größe:

Nähnadel ‚Nadel, die zum Nähen bestimmt ist‘
Antragstext ‚Text, der für einen Antrag verwendet wird‘

Das Bestimmungswort nennt den Zuständigkeitsbereich:

Schlafwagenschaffner ‚Schaffner, der den Schlafwagen überwacht‘

Das Bestimmungswort nennt die Zugehörigkeit:

Fingernagel ‚Nagel, der zum Finger gehört‘

Das Bestimmungswort spezifiziert eine Menge:

Nahostproblem ‚Problem, das den Nahen Osten betrifft/mit dem Nahen Osten zu tun hat‘

Das Bestimmungswort präzisiert eine Größe:

Knollennase ‚Nase, die wie eine Knolle aussieht'
Schnellstraße ‚Straße, auf der man schnell fahren kann'

Das Bestimmungswort spezifiziert Straßennamen u. ä.:

Marktstraße ‚Straße, die zum Markt führt'
Lessingstraße ‚Straße, die an G. E. Lessing erinnert'
Burgweg ‚Weg, der zur Burg führt'

Sind Straßen oder Plätze nach Personen benannt, die mehrwortig angegeben sind, so müssen alle Teile der Gesamtbezeichnung durch Bindestriche verbunden werden:

Friedrich-Schiller-Straße
Johann-Wolfgang-von-Goethe-Platz

Diese Regel gilt nicht bei nachgestellten Spezifikatoren:

Platz der deutschen Einheit

WORTKÜRZUNG (KURZWÖRTER)

Dieses letzte, immer noch seltene, aber unleugbar immer häufiger angewandte Verfahren zur Bildung neuer Wörter erzeugt Kopfwörter und Abkürzungen.

Kopfwörter entstehen, indem bei einem Wort alles außer der ersten Silbe (oder auch: alles außer Teilen bestimmter Silben) weggelassen wird. Kopfwörter sind immer als Silben sprechbar: *Abi* ⇐ *Abitur, Konfi* ⇐ *Konfirmandenunterricht, Stasi* ⇐ *Staatssicherheit, Azubi* ⇐ *Auszubildender, Ziwi* ⇐ *Zivildienstleistender.*

Abkürzungswörter setzen sich aus den Anfangsbuchstaben einzelner Wörter oder Wortsilben zusammen. Zum kleineren Teil sind sie als „Neuwörter" sprechbar. Dies setzt eine entsprechende Verteilung von Konsonanten und Vokalen voraus: *Asta* ⇐ *Allgemeiner Studentenausschuss, Helaba* ⇐ *Hessische Landesbank, TÜV* ⇐ *Technischer Überwachungsverein.*

Die große Zahl der „nicht sprechbaren" Abkürzungswörter lässt sich natürlich ebenfalls sprechen, aber nur buchstabenweise: *ADAC* spr. *Aa-Dee-Aa-Tsee = Allgemeiner deutscher Automobil-Club, DVG* spr. *Dee-Vau-Gee = Dependenz-Verb-Grammatik, M. S.* spr. *Emm-Ess = Multiple Sklerose, TSG* spr. *Tee-Ess-Gee = Turn-und Sportgemeinschaft.*

Diese Abkürzungswörter werden im Singular gewöhnlich nicht dekliniert. Der Plural endet in der Regel auf *s: die CDs* spr. *die tsee-dees = die compact disks.*

5.3. DIE NOMINALPHRASE

5.3.1. Allgemeines

Es ist ein gewaltiger Schritt vom Nomen, dem Wort, das Größen benennt, zu der Phrase, die von ihm den Namen bekommen hat. Die Nominalphrase

der Tag, als Albert starb

ist nicht einfach ein erweitertes Nomen. Der Unterschied zwischen Nomen und Nominalphrase ist fundamental. Das Nomen hat nur **Benennungs**funktion. Ein Topf mit der Aufschrift *Knoblauch* gibt den Zweck des Topfes an, gleichviel ob dieser etwas enthält oder nicht. Fragt aber jemand bei Tische

Hast du den Knoblauch vergessen?

so wird die Gewürz- und Heilpflanze durch die Nominalphrase *den Knoblauch* **bezeichnet**. Dadurch wird der Knoblauch als ein Stück Wirklichkeit ausgewiesen – ein Stück virtueller Wirklichkeit freilich: Die Nominalphrase erhebt einen Wirklichkeitsanspruch; die Wirklichkeit selbst kann nur das finite Verb dokumentieren.

Es gibt ein einziges, äußerlich unscheinbares Element, das den Übergang vom Nomen zur Nominalphrase markiert. Dieser „Markant" der Nominalphrase ist das Determinativ (s. 5.4). Sichtbar muss dieses Element übrigens nicht jederzeit sein, wir lassen auch einen „Nullartikel" zu. Personennamen etwa erscheinen, obwohl sie immer als Nominalphrasen zu gelten haben, in der Standardsprache gewöhnlich artikellos. Man hat davon auszugehen, dass in beschreibenden Texten keine isolierten Nomina, sondern nur Nominalphrasen vorkommen. Das lediglich benennende Nomen hingegen gibt es nur in Wörterbüchern, in Grammatiken, schließlich auch in etikettenartigen Kurztexten.

Das Determinativ ist also eines der wichtigsten Elemente in der Nominalphrase. Dennoch halten wir das Nomen für wichtiger, weil es die Struktur der gesamten Phrase bestimmt. Diese reiche Struktur wird erkennbar, wenn man sich auf die möglichen Satelliten des Nomens besinnt. Neben dem Determinativ sind dies Adjektive, genitivische Nominalphrasen, Präpositionalphrasen, Partizipien, Nebensätze und Infinitivkonstruktionen. Von all diesen Satelliten steht das Determinativ am weitesten links, es eröffnet die Nominalphrase. Alle übrige Satelliten folgen rechts. Sie können ihrerseits fast unbegrenzt erweitert werden, während die Erweiterungsmöglichkeiten des Determinativs beschränkt sind. Viele Nomina haben, ähnlich dem Verb, eine eigene Valenz, die die Nomenergänzungen festlegt.

Die Ergänzungen des Nomens sind ohne Ausnahme fakultativ.

Es folgen einige Strukturbeispiele für Nominalphrasen.

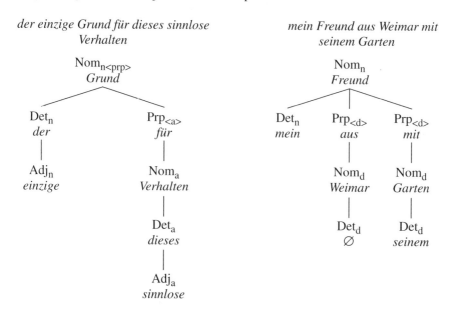

Zur Anordnung des Adjektivs als Satellit des Determinativs s. 5.3.2 „Determinative" sowie 5.5.2 Anfang.

Besonders reiche Erweiterungsmöglichkeiten haben die attributiv verwendeten Partizipien; vgl.

ein unlängst vom Direktor des Instituts mit der Erforschung der Vertreibung aus dieser Region beauftragter Kollege

Die Struktur dieser Nominalphrase wird großenteils durch das Adjektiv/Partizip II *beauftragt* bestimmt. Das Partizip „erbt" hier die Valenz vom Verb *beauftragen*. Dabei erscheint – nach erfolgter Passivierung (*jemand hat den Kollegen beauftragt ⇒ der Kollege wurde beauftragt*) – das Subjekt des Verbs als Präpositionalphrase mit *von*; der Valenzindex hat daher die Form <sub ⇒ prp *von*>. Die Präpositionalphrase *mit der Erforschung* bleibt erhalten. Der Genitivus obiectivus *der Vertreibung aus dieser Region*, der einer Akkusativergänzung beim zugrunde liegenden Verb *erforschen* entspricht, erhält den Kategorialindex <geno>. Das Genitivattribut *des Instituts* zum Nomen *Direktor* ist nicht valenzgesteuert, es handelt sich um einen Genitivus possessivus, also eine Nomenangabe.

Die gesamte Phrase hat folgende Struktur:

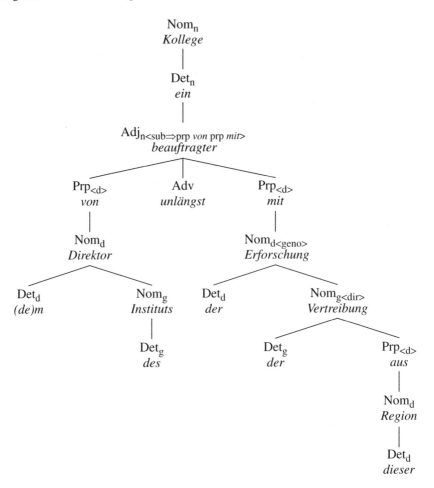

Es gibt Wortgruppen, die Nominalphrasen ähneln, aber selbst kein Nomen enthalten, so

> *dieser kupferne aus der Mongolei*
> *aufs Äußerste*

Es handelt sich offensichtlich um Nominalphrasen mit getilgtem Nomen. Man findet sie häufig im Textzusammenhang und in Phraseologismen. Ihre Struktur wird aus den folgenden Diagrammen deutlich:

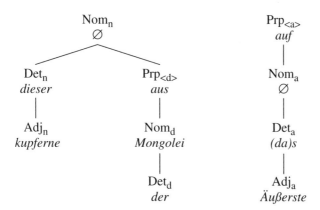

Die **Linearstruktur** der Nominalphrase ist einfach und rigide. Das Nomen hat eine Art Mittelstellung, daraus ergibt sich ein linkes und ein rechtes Feld. Im **linken** Feld stehen Determinativ und Adjektiv(e) sowie wenige andere Satelliten, im **rechten** Feld steht alles Übrige. Alle Satelliten sind in obligatorisch geregelter Folge angeordnet. Dieses einfache Schema wird nur dadurch etwas komplizierter, dass ein Teil der Genitivattribute, die grundsätzlich am Beginn des rechten Feldes angesiedelt sind, unter bestimmten Umständen auch im linken Feld erscheinen kann und dann das ganze linke Feld insofern neu ordnet, als jetzt hier keine Determinative mehr zugelassen sind:

> *das Theater Hans Richters*
> ⇒ *Hans Richters Theater*

Es handelt sich dabei um den so genannten „sächsischen Genitiv", der im Allgemeinen nur bei Personenbezug möglich ist.
Außerdem gibt es einige wenige Attribute, die sich vom nominalen Kopf trennen lassen. Die Satelliten des Nomens werden im Folgenden gemäß ihrer linearen Anordnung im Einzelnen besprochen.

5.3.2. Satelliten im linken Feld

Hier stehen obligatorisch

> Determinative und
> Adjektive

Hinzu kommen fakultativ das Genitivattribut (Genitivus possessivus, subiectivus, obiectivus), Nomen invarians/varians und gelegentlich die Disjunkte, die auch vom nominalen Kopf getrennt werden können.
Determinative und Adjektive sind, da sie bei allen Nomina vorkommen können, Angaben (Nomenangaben, NomA). Nomen invarians und Nomen varians sind subklassenspezifisch, also Nomenergänzungen (NomE). Die Genitivattribute sind teils Ergänzungen, teils Angaben. Die Disjunkte sind ausnahmslos Angaben.

DETERMINATIVE

Diese Nomenangabe (einschließlich des Nullartikels) ist in beschreibenden Texten mit sämtlichen Nomina kombiniert. In den folgenden Beispielen ist das Determinativ jeweils fett gesetzt:

> auf **diesen** *Felsen*
> **mehrere** *Zeugen*
> **das** *Schweigen* **der** *Lämmer*
> *heiße Eisen* (mit Nullartikel)

Das Determinativ kongruiert in Genus, Kasus und Numerus mit dem nominalen Kopf. Näheres zum Determinativ s. 5.3.

Das Determinativ dient der **Identifikation** der Größe, die durch die Nominalphrase bezeichnet wird.

Subklassen der Determinative steuern die Flexion der Adjektive (Näheres s. 5.4); vgl.

> *das heiße Eisen : ein heißes Eisen*
> *die heißen Eisen : heiße Eisen*

Wir tragen dieser Tatsache Rechnung, indem wir das Adjektiv als Dependens des Determinativs ansehen:

Nom
Eisen

Det
das

Adj
heiße

Die Determinative lassen sich mit allen Satelliten des linken Feldes – mit Ausnahme des sächsischen Genitivs – kombinieren, vgl.

> *die Brille des Großvaters*
> **die Großvaters Brille*

ADJEKTIVE

Diese Nomenangabe steht im linken Feld zwischen dem realisierten Determinativ und dem Nomen (Ausnahmen s. 5.3.3 „Adjektive") oder zwischen sächsischem Genitiv und Nomen:

> *mein **altes** Fahrrad*
> *Eugens **altes** Fahrrad*

Sind weder Determinativ noch sächsischer Genitiv realisiert, so steht das Adjektiv in der Nominalphrase an erster Stelle.

Das Adjektiv dient der **näheren Bestimmung** (Quantifikation, Qualifikation, Klassifikation u. a.) einer Größe, die durch die Nominalphrase bezeichnet wird.

Das vorangestellte attributive Adjektiv kongruiert in Genus, Kasus und Numerus mit dem nominalen Kopf:

> *die monatelange Dürre*
> *nach monatelanger Enthaltsamkeit*
> *monatelange Streitigkeiten*

In den folgenden Fällen bleibt das vorangestellte Adjektiv, älterem Gebrauch folgend, jedoch unflektiert:

1. in bestimmten Bezeichnungen für Buchstaben und Zahlen:

    groß A, arabisch 3

2. Adjektive auf *isch* in bestimmten Typenbezeichnungen:

    Kölnisch Wasser, Russisch Leder

3. die Adjektive *ganz* und *halb* bei bestimmten geographischen Bezeichnungen ohne realisiertes Determinativ:

    ganz Dresden, halb Württemberg

4. in vielen Wendungen:

    auf gut Glück, ein gut Teil, ruhig Blut, gut Freund, fließend Wasser u. a.

5. Oft bei Personennamen ohne realisiertes Determinativ, wenn die Namen intimisierend gebraucht sind:

    Jung Siegfried (auch: *Jung-Siegfried*), *Klein Erna, schön Rotraut, arm Frieder*

6. in poetischer Sprache, vor allem im Nominativ und Akkusativ von Neutra:

    wie ein blutig Eisen (Büchner)
    ein gar gefährlich Mann (M. Claudius)
    ein griechisch Trauerspiel (Goethe)
    meiner Mutter einzig Kind (Mörike)

Attributive Adjektive können unabhängig von ihrer Lexikonbedeutung restriktiv oder nichtrestriktiv verwendet werden. Der Unterschied zwischen beiden Verwendungsweisen ist gewöhnlich erst im Kontext festzustellen. Bei restriktiver Verwendung sondern sie die betreffenden Größen von allen im Übrigen gleichartigen Größen ab:

> *Die **finnischen** Gläser bestechen durch ihr eigenwilliges Dekor, die **italienischen** durch ihre klassische Form.*

Bei nichtrestriktiver Verwendung wird lediglich ein zusätzliches, nicht absonderndes Merkmal angegeben:

> *Die finnischen Gläser erregten wie zahlreiche andere Stücke der Sammlung das Interesse vieler Besucher.*

Gehäufte attributive Adjektive haben, mögen sie gleichgeordnet oder einander untergeordnet sein, identische Deklination:

> *mit ausgesuchten italienischen Weinen* (Unterordnung)
> *ein exquisiter, verführerischer Mantel* (Nebenordnung)

Wenn attributive Adjektive ihrerseits Phrasen bilden, also eigene Satelliten haben, stehen diese gewöhnlich links von ihnen. Es ist bekannt, dass ursprüngliche Partizipien besonders umfangreiche Phrasen bilden könen:

> *dieser von seinem Vater zum späteren Leiter des Unternehmens ausersehene Jüngling*

Dabei „erbt" das Partizip großenteils die Valenz des zugrunde liegenden Verbs. Bei Partizipien mit passivischer Bedeutung (wie *ausersehen*) sind die regelmäßigen Valenzänderungen (s. dazu 4.7.3) zu beachten: Die E_{akk} wird zum Passivsubjekt, das Subjekt erscheint fakultativ als Präpositionalphrase (*von seinem Vater*). Das ursprüngliche Subjekt des Verbs allerdings erscheint nicht als Satellit des Partizips, sondern als nominales Regens des Partizips (hier: *Jüngling*).

GENITIVATTRIBUTE

Als sächsischer, also vorangestellter Genitiv kommen Genitivus possessivus, subiectivus, obiectivus vor, der erste als Nomenangabe, die beiden letzteren als Nomenergänzungen:

> *Wilfrieds Haus*
> *Wilfrieds Reise*
> *Wilfrieds Irreführung*

Der sächsische Genitiv hat wie der definite Artikel ein semantisches Merkmal ‚bekannt‘, daher ist neben ihm kein Determinativ (als Satellit des nominalen Kopfes der Phrase) möglich:

> **die Wilfrieds Irreführung*

Der sächsische Genitiv ist nur zulässig als Bezeichnung für eine bekannte Person oder Institution:

> *Wilfrieds Kur*
> *Onkels Kur*
> *Kanzlers Sorgen*
> *Deutschlands Wälder*

NOMEN INVARIANS

Diese Ergänzung kommt nur bei nominalen Köpfen vor, die Personen mit ihrem Namen bezeichnen. Das Nomen invarians bleibt unverändert, wenn der Kopf dekliniert wird. Es fungiert als Vorname, Titel, Berufsbezeichnung oder einfach als Anredenomen, gelegentlich auch als Verwandtschaftsbezeichnung. In den folgenden Beispielen ist jeweils das zweite Nomen Kopf der Phrase (es werden die unflektierte und die Genitivform angegeben), voran geht das Nomen invarians:

> *Helga Kühne(s)*
> *Professor Kühne(s)*
> *Schlosser Kühne(s)*
> *Frau Kühne(s)*
> *Kusine Kühne(s)*

Als linker Satellit kommt das Nomen invarians nur singularisch vor. Von vielen Grammatikern wird es auch als „engere Apposition" bezeichnet (s. dazu auch 7.3).

NOMEN VARIANS

Es handelt sich bei dieser Ergänzung um eine ganz ähnliche Erscheinung wie beim Nomen invarians – mit der einen Ausnahme, dass sich das Nomen varians bei Flexion mit seinem Kopf ändert. In Frage kommen hier nur die Anredenomina *Herr, Genosse, Kollege*:

> *Herr(n) Kühne(s)*
> *Genosse(n) Kühne(s)*
> *Kollege(n) Kühne(s)*

Als linker Satellit kommt das Nomen varians nur singularisch vor. Es wird von vielen Grammatikern als „engere Apposition" bezeichnet (s. dazu auch 7.3).
Die DISJUNKTE, die gelegentlich im linken Feld erscheinen, werden bei den dislozierbaren Elementen (s. 5.3.4) besprochen.

5.3.3. Satelliten im rechten Feld

Hier stehen obligatorisch

präpositive Attribute
direktive Attribute
expansive Attribute
nominale Attribute
verbative Attribute
qualitative Angaben
situative Angaben
komitative Angaben
Relativsätze
Appositionen

Hinzu kommen fakultativ

Genitivattribute
Nomen varians
Nomen invarians

Die ersten fünf dieser Attribute sind Ergänzungen. Relativsätze und genitivische Attribute kommen als Ergänzungen wie als Angaben vor. Die übrigen aufgeführten Attribute sind Angaben.

Neben den oben registrierten Attributen werden auch einige Phänomene besprochen, die nur ausnahmsweise im rechten Feld erscheinen. Es handelt sich vor allem um die typischerweise vorangestellten Determinative und Adjektive.

(DETERMINATIVE)

Das heute fast ausnahmslos vorangestellte Determinativ konnte in früheren Sprachstufen dem Nomen auch nachgestellt werden. Spuren davon finden sich heute noch vor allem in poetischen oder stark traditionsverhafteten Texten:

Kindlein mein (aus einem Volkslied)
Vater unser (Neues Testament)

Nachgestellte Determinative kommen nur singularisch vor, selbst wenn der Kopf im Plural steht.

(ADJEKTIVE)

Es gilt grundsätzlich dasselbe wie beim Determinativ. So kommen nachgestellte Adjektive noch in poetischen Texten vor:

Brüderlein fein (Trinklied)
Kindelein zart (Volkslied)
Kaiserkron und Päonien rot (Eichendorff)

Aber es gibt auch in der Gegenwartssprache gültige Regeln für die Nachstellung von Adjektiven. Drei Möglichkeiten sind zu unterscheiden:

1. Nachstellung des Adjektivs (unflektiert) in Vergleichskonstruktionen: Neben

    Ein so heftiger Sturm, wie man ihn seit Menschengedenken nicht erlebt hatte, verwüstete in dieser Nacht mehrere Odenwaldgemeinden.

ist möglich

Ein Sturm so heftig, wie man ihn ...

Die zweite Formulierung dient der Hervorhebung des Adjektivs. Damit verwandt ist die folgende Konstruktion.

2. Nachstellung des Adjektivs (unflektiert) in der Apposition:

Ein Mensch, geldbesessen und bar aller menschlichen Gefühle, ...

Näheres zur Apposition s. 7.3.

3. Nachstellung des Adjektivs (unflektiert) in Bezeichnungen für Gegenstände des Marktes sowie in Ausdrücken der Alltagssprache:

Cola light
Danone mild
Dornfelder trocken

Das Benennungsverfahren, heute allseits beliebt, ist nicht ganz jung. Schwäbische Hausfrauen kauften schon in der ersten Hälfte des 20. Jahrhunderts (und, wenn die Kochbücher sprachprägend waren, durchaus schon im 19. Jahrhundert) *Siedfleisch überzwerch*, und österreichischer *Kaffee verkehrt* scheint uralt zu sein, so dass man sich heute, wenn man *Hackfleisch gemischt* verlangt oder *Spargel überbacken* bestellt, in ehrwürdiger Tradition bewegt. Das Verfahren wird ohne Zweifel weiter Raum gewinnen, und da es nicht nur bei der Jugend, sondern auch bei der Schickeria und bei Intellektuellen mit Fortschrittlichkeitsdünkel beliebt ist, könnte es die Vorstufe einer Umstrukturierung des nominalen Bereichs darstellen, an deren Ende das Adjektiv eine postnominale Stellung einnimmt. Bis dahin hat es freilich noch gute Weile.

GENITIVATTRIBUTE

Sie stehen prototypisch (das heißt, soweit sie nicht als „sächsischer Genitiv" fungieren) unmittelbar rechts vom nominalen Kopf. Es gibt auch Genitivattribute – wie den Genitivus explicativus –, die ausnahmslos nachgestellt werden, also nie als sächsischer Genitiv zugelassen sind.

Semantisch gliedern sich die Genitivattribute in

Genitivus possessivus (als Angabe) einschließlich des Genitivus partitivus,
Genitivus subiectivus,
Genitivus obiectivus,
Genitivus explicativus.

Genitivus possessivus

Er stellt allgemein ein Zugehörigkeitsverhältnis her:

*das Fahrrad **des Kommissars***
*die Hälfte **des Landes***

Soweit keine Partitivrelation vorliegt, lässt sich dieser Genitiv durch ein possessives Determinativ ersetzen:

sein Fahrrad
aber: **seine Hälfte*

Bei partitiver Relation ist Ersatz durch ein possessives Determinativ nur teilweise möglich:

die zuverlässigste Frau des Komitees ⇒
seine zuverlässigste Frau

Wo keine eindeutigen Flexionsmerkmale vorliegen, wird der Possessivus durch eine *von*-Phrase ersetzt:

> **die Taktik Duisburger Mädchen ⇒ die Taktik von Duisburger Mädchen*
> **die Behauptungen Max' ⇒ die Behauptungen von Max*

In anderen Fällen ist der Ersatz des Possesivus durch eine *von*-Konstruktion nur alltagssprachlich oder in Dialekten zulässig.

Der Genitivus possessivus lässt sich mit anderen Attributen des rechten Feldes kombinieren.

Genitivus subiectivus

Dieses Attribut lässt sich (daher der Name) auf das Subjekt eines zugrunde liegenden Satzes zurückführen:

> *Die Entscheidung Gisela Keplers ⇐ Gisela Kepler hat etwas entschieden.*

Der Subiectivus lässt sich im Textzusammenhang (bei Vorerwähnung) durch ein possessives Determinativ ersetzen:

> *die Entscheidung Gisela Keplers ⇒ ihre Entscheidung*
> *die Unterstellung Erwins ⇒ seine Unterstellung*

Liegen keine eindeutigen Flexionsmerkmale vor, so wird der Subiectivus durch eine Präpositionalphrase ersetzt. Dabei lautet die Präposition *von*, wenn der Genitiv einen Verursacher benennt; sie lautet *durch*, wenn er das „Instrument", den lediglich Ausführenden benennt:

> *die Unterstellung Hans' ⇒ die Unterstellung von Hans*
> *die Kontrolle Max Weiß' ⇒ die Kontrolle durch Max Weiß*

Der Genitivus subiectivus lässt sich mit anderen Attributen des rechten Feldes kombinieren.

Genitivus obiectivus

Dieses Attribut lässt sich auf das „ Objekt ", nämlich die Akkusativergänzung eines zugrunde liegenden Satzes zurückführen:

> *die Verhaftung des Geschäftsführers ⇐ Man hat den Geschäftsführer verhaftet.*

Der Obiectivus lässt sich im Textzusammenhang (bei Vorerwähnung) durch ein possessives Determinativ ersetzen:

> *die Veröffentlichung des Berichts ⇒ seine Veröffentlichung*
> *die Bloßstellung der Gräfin ⇒ ihre Bloßstellung*

Liegen keine eindeutigen Flexionsmerkmale vor, so wird der Obiectivus durch eine *von*-Phrase ersetzt:

> *die Verhaftung Max' ⇒ die Verhaftung von Max*
> *die Förderung Kohle ⇒ die Förderung von Kohle*

aber:

> *die Förderung sibirischer Kohle*

Der Genitivus obiectivus lässt sich mit anderen Attributen des rechten Feldes kombinieren. Allerdings wird hier ein Zusammentreffen von Obiectivus und Subiectivus im Allgemeinen vermieden:

> **der Umbau Wilfrieds des Sommerhauses*

Eignet sich jedoch eines der beiden Genitivattribute als sächsischer Genitiv (gewöhnlich ist dies dann der Subiectivus), so ist eine Verteilung auf die beiden Felder möglich. Dem Satz

> *Wilfried hat das Sommerhaus umgebaut.*

entspricht dann die Nominalphrase

> *Wilfrieds Umbau des Sommerhauses*

Auch wenn eines der beiden Genitivattribute durch eine Präpositionalphrase ersetzt wird, ist Kookkurrenz möglich. Dies ergäbe zum Beispiel die Nominalphrase:

> *der Umbau des Sommerhauses durch Wilfried*

GENITIVUS EXPLICATIVUS

Dieses genitivische Attribut kommt bei Nomina vor, die Immaterielles bezeichnen; es erklärt diese (immaterielle) Größe, indem es ihren wesentlichen Inhalt nennt:

> *das Phänomen des dreißigjährigen Krieges*
> *das Problem des Primärspracherwerbs*

Nur selten kann der Genitivus explicativus durch ein possessives Determinativ ersetzt werden (immerhin: *seine Geschichte*), in der Regel aber durch die Determinative *dieser* oder *ein solcher*:

> *dieses Problem*
> *ein solches Problem*

Wo im Plural eine flexivische Markierung dieses Genitivs fehlt, ist Ersatz durch eine *von*-Phrase möglich:

> **das Phänomen Rebellionen* ⇒ *das Phänomen von Rebellionen*

Der Explicativus kommutiert häufig mit Nebensätzen und Infinitivkonstruktionen:

> *das Problem, wer informiert war (≅ das Problem der Informiertheit)*
> *die Erwartung, befreit zu werden (≅ die Erwartung der Befreiung)*

Der Explicativus lässt sich mit anderen Attributen des rechten Feldes kombinieren, im Allgemeinen aber nicht mit den übrigen Genitivattributen.

PRÄPOSITIVE ATTRIBUTE (als Nomenergänzungen)

Diese Attribute – mit nicht austauschbarer Präposition – kommen nur bei Nomina vor, die Immaterielles benennen, und zwar Vorgänge oder Zustände:

> *Hoffnung auf Erlösung*
> *Sehnsucht nach Freiheit*

Wichtige Nomina mit fakultativer Präpositivergänzung sind[1]

Ähnlichkeit mit	*Begehren nach*
Angebot an	*Begierde nach*
Angriff gegen	*Beliebtheit bei/unter*
Angst vor	*Bereitschaft zu/für*
Auswahl unter/zwischen	*Bericht über, an*
Bedarf an	*Beschuldigung wegen*
Bedürfnis nach	*Besorgtheit um/wegen*

---

[1] Ein Komma zwischen zwei Präpositionen bedeutet: Es sind gleichzeitig zwei Attribute mit den angegebenen Präpositionen möglich. Schrägstrich zwischen Präpositionen bedeutet: Es ist nur ein Attribut mit einer der angegebenen Präpositionen möglich.

Bitte um	*Misstrauen gegenüber*
Dank an, für	*Mitteilung an, über*
Dankbarkeit für, gegenüber	*Mord an, wegen*
Drohung mit	*Neid auf, wegen*
Druck auf, mit	*Opfer für*
Einladung an, zu	*Pfand für*
Empfänglichkeit für	*Preis für*
Entschuldigung bei, für	*Rat an/für*
Ergebenheit gegenüber	*Reichtum an*
Erzählung von	*Ruf nach*
Forderung nach	*Schande für*
Frage an, nach	*Schauder vor*
Freude an/auf/über/wegen	*Schutz vor/gegen*
Furcht vor	*Spaß an*
Gedenken an	*Stellungnahme zu*
Gehorsam gegenüber	*Stolz auf*
Genugtuung für	*Streben nach*
Gier nach	*Strenge gegen*
Glückwunsch an, zu	*Treue zu*
Gnade für	*Trost für*
Gruß an	*Übergabe an*
Hass auf/gegen	*Unterweisung in*
Hilfe an/für	*Urteil gegen/über/zu*
Interesse an/für	*Verdacht auf/gegen*
Kampf für/gegen	*Vertrauen auf/zu*
Krieg um	*Verwandtschaft mit*
Kummer wegen	*Verzeihung für*
Liebe zu	*Vorurteil gegen*
Lieferung an	*Vorwand für*
Lob für, wegen	*Warnung an, vor*
Lust auf	*Wunsch nach*
Mahnung an, wegen	*Zerwürfnis mit*
Meldung an	*Zustimmung zu*
Meinung über/zu	*Zutrauen zu*

In allen präpositiven Attributen sind neben Ausdrucksformen mit nominalem Kern auch Formen mit pronominalem Kern sowie Präpositionaladverbien möglich:

Bereitschaft zum Handeln, Bereitschaft dazu
Mitteilung an Oskar, Mitteilung an ihn

Viele präpositive Attribute kommutieren mit Nebensätzen oder Infinitivkonstruktionen:

Hoffnung auf Katelbachs Ankunft
Hoffnung, dass Katelbach kommt
Angst vor der Vereinsamung
Angst, einsam zu werden

Präpositive Attribute lassen sich prinzipiell mit allen anderen Attributen des Nomens kombinieren. Sie stehen im rechten Feld immer rechts von den Genitivattributen. Viele von ihnen können allerdings auch vom nominalen Kopf getrennt im Vorfeld des Satzes erscheinen:

Sie hatte keine Lust mehr auf Süßigkeiten. ⇒
Auf Süßigkeiten hatte sie keine Lust mehr.

NOMEN INVARIANS

Diese Nomenergänzung hat mit dem gleichnamigen pränominalen Attribut nur das Eine gemeinsam, dass sie auch bei Kasuswechsel des Kopfes unverändert bleibt. Im Übrigen vermittelt sie weitgehend andere Inhalte als das Nomen invarians des linken Feldes, nämlich

Personennamen und Beinamen
geographische Namen
Namen für Zeiteinheiten
Material- und Typenbezeichnungen

Die regierenden Nomina liefern Titel- und Funktionsbezeichnungen, Verwandtschaftsbezeichnungen, Anredenomina, Raum- und Zeitbegriffe, Gattungsbezeichnungen, Maße. Alle diese nominalen Köpfe erscheinen im Gegensatz zum pränominalen Nomen invarians mit Artikel. Beispiele:

> *der König Rudolf – des Königs Rudolf*
> *der Direktor Bassauer – des Direktors Bassauer*
> *der Kollege Brechtel – des Kollegen Brechtel*
> *der Internist Blasius – des Internisten Blasius*
> *der Notar Haas – des Notars Haas*
> *der Onkel Alois – des Onkels Alois*
> *der Herr Vollmaier – des Herrn Vollmaier*
> *das Land Thüringen – des Landes Thüringen*
> *der Monat Juli – des Monats Juli*
> *ein Becher Saft – eines Bechers Saft*
> *der Ford Fiesta – des Ford Fiesta*

Es wurden hier Beispiele mit maskulinem oder neutralem Kopf gewählt, weil hier (Ausnahme: letztes Beispiel) der Casus obliquus erkennbar ist.

Die Verhältnisse in den beiden Feldern stimmen, wie man sieht, überein: Im linken wie im rechten Feld fungiert jeweils das unveränderliche Element als Nomen invarians, das veränderliche als Kopf der Phrase. Nur die Stellung ist verschieden: Im linken Feld steht der Kopf an zweiter, im rechten Feld an erster Stelle.

NOMEN VARIANS

Diese Nomenergänzungen des rechten Felds, die sich mit dem nominalen Kopf verändern, kommen als Zusätze zu Herrschernamen sowie als Materialhinweise bei Maß- und Mengenbezeichnungen vor:

> *Wilhelm der Zweite* (geschrieben meist: *Wilhelm II.*)
> *ein Becher roter Wein – eines Bechers roten Weins*

Deutlich sichtbar ist die Flexion ohnehin oft nur, wenn das Nomen varians seinerseits attribuiert ist:

> *mit einem Becher rotem Wein*

Freilich wird die Kongruenz zwischen Kopf und Nomen varians nur bei den Herrschernamen streng durchgehalten. Nach Maß- und Mengenbezeichnungen kann das Attribut vielfach auch unverändert bleiben:

> *eines Bechers roter Wein*

Gelegentlich dominiert auch der alte Genitivus partitivus (der Teile der Gesamtmenge angibt), so dass es durchgehend heißt:

ein Becher roten Weins
einen Becher roten Weins
eines Bechers roten Weins
einem Becher roten Weins

DIREKTIVE ATTRIBUTE

Diese Nomenergänzung kommt bei Nomina vor, die Wege, Fortbewegungsmittel, zielgerichtete Bewegung u. ä. bezeichnen:

Straße nach Mostar
Flugzeug aus Barcelona
Vertreibung aus dem Paradies

Das direktive Attribut nennt Ziel, Herkunft oder Richtung. In den meisten Fällen hat es die Form einer Präpositionalphrase. Gelegentlich kommen adverbiale oder präpositionale Anaphern vor:

die Straße dorthin
der Marsch von dort

Direktive Attribute kommutieren teilweise mit Relativsätzen:

die Straße, die nach Mostar führt
das Flugzeug, das aus Barcelona kommt

Die direktiven Attribute stehen – wie alle adverbialen Attribute – im rechten Feld rechts von den Genitivattributen:

die Fahrt der Familie nach Mostar

Ganz selten ist Voranstellung des direktiven Attributs möglich:

(?) nach Mostar die Straße

EXPANSIVATTRIBUTE

Diese Nomenergänzung kommt nur bei Nomina vor, die Ausdehnung, Bewegung oder quantitative Veränderung bezeichnen. Es handelt sich ausnahmslos um Maßbestimmungen, die in der Regel mit *von* oder *um* angeschlossen werden:

Breite von 8 Metern
Alterung um sieben Jahre

Expansivattribute stehen im rechten Feld rechts von den Genitivattributen.

NOMINALE ATTRIBUTE

Diese Attribute kommen bei Nomina vor, die einen Vorgang oder eine Tätigkeit bezeichnen. Sie präzisieren dieses Nomen, indem sie entweder einen Ausführenden – „Agens" – oder eine Subkategorie angeben. Sie werden mit *als* angeschlossen:

Arbeit als Obermelker
Registrierung als Asylbewerber

Genau genommen beziehen sich die nominalen Attribute auf ein Genitivattribut (des Kopfes), das aber nicht immer realisiert wird:

Arbeit des Schweizers als Obermelker
Interpretation dieses Unglücks als einer Folge menschlichen Versagens

VERBATIVE ATTRIBUTE

Diese Nomenergänzungen kommen bei wenigen deverbativen Nomina vor:

> *die Überzeugung, dass keiner das Dokument gelesen hat*
> *die Befürchtung, nicht mehr zeitig anzukommen*

Verbative Attribute kommen nur satzartig – meist als Nebensätze oder Infinitivkonstruktionen – vor. Sie stehen im rechten Feld ganz rechts.

QUALITATIVE ATTRIBUTE

Diese Nomenangaben werden meist mit einer Präposition (*mit, aus, in, von*) angeschlossen:

> *ein Junge mit blonden Stoppelhaaren*
> *das Kleid aus blauem Samt*
> *die Puppen in altmodischen Gewändern*
> *eine Frau von dreißig Jahren*

Genitivische Qualitativattribute kommen selten vor, sie sind Relikte früher verbreiteten Gebrauchs:

> *Fahrkarte zweiter Klasse*
> *Aufsatz obskurer Herkunft*
> *ein Mann mittleren Alters*
> *ein Jüngling edlen Wuchses* (veraltet)

SITUATIVE ATTRIBUTE

Diese Nomenangabe kommt als Adverb oder Präpositionalphrase vor:

> *die Birkengruppe dort*
> *der Unfall gestern*
> *die Bank im Garten*

Zeitangaben können auch die Form einer akkusativischen Nominalphrase haben:

> *der Streit vergangene Woche*

KOMITATIVE ATTRIBUTE

Diese Nomenangaben kommen meist als Präpositionalphrasen mit *mit* oder *ohne* vor:

> *Mädchen mit gelbem Schal*
> *Dame ohne Schirm*

RELATIVSÄTZE

Diese nur satzartigen Attribute kommen bei beliebigen Nomina vor. Sie stehen, falls mehrere Attribute vorliegen, immer ganz rechts im rechten Feld:

> *der Baum dort hinten, den wir erhalten wollen*
> *ein Antrag meiner Nachbarin, der abgelehnt wurde*

Näheres zum Relativsatz s. 3.7.4.

APPOSITIONEN

Auch diese Nomenangabe steht äußerst rechts im rechten Feld; sie konkurriert mit dem Relativsatz um diese Stelle. Als Ausdrucksformen sind Nomen/Nominalphrase, Adjektiv/Adjektivalphrase, Adverb/Adverbialphrase möglich:

Noras Haus, eine ausgebaute Jagdhütte, ...
Noras Haus, einsam am Ausgang des Tales gelegen, ...
Noras Haus, drunten am Fluss, ...

Kommen Relativsatz und Apposition zusammen vor, so ist ihre Reihenfolge beliebig:

Noras Haus, das am Verfallen war, drunten am Fluss, ...
Noras Haus, drunten am Fluss, das am Verfallen war...

Die traditionelle wie die moderne Grammatik fassen den Begriff der Apposition wesentlich weiter. Nach ihnen gelten auch die vorangestellten Attribute in

Wagner Ludwig
der König Ludwig

als „engere Appositionen"; in den weiter oben aufgeführten Beispielen sehen sie eine „weitere Apposition". Dies ist schon deshalb verwirrend, weil „engere" und „weitere" Apposition sich in wichtigen Merkmalen (Stellung, Intonation, Interpunktion, Sprechpausen) unterscheiden. Deshalb behandeln wir die „engere Apposition" als eigene Kategorie von Attributen und nennen sie Nomen invarians bzw. Nomen varians (jeweils im linken Feld).
Näheres zur Apposition s. 7.3.

5.3.4. Satelliten mit variabler Position

Drei Mengen sind zu unterscheiden.

1. Es wurde schon erwähnt, dass Determinative und Adjektive, die an sich fest im linken Feld angesiedelt sind, ausnahmsweise im rechten Feld erscheinen können (*Kindlein mein, Vater unser*).
Ähnliche Sonderbedingungen (selten, meist in poetischen Texten oder in der Alltagssprache) gelten auch für Präpositiv- und Direktivergänzungen, die prinzipiell im rechten Feld stehen, aber ausnahmsweise auch im linken Feld erscheinen können:

um diesen Acker der Streit
aus Dresden der Zug

Gleiches gilt für situative und qualitative Attribute:

im Garten der Brunnen
mit aufgelösten Haaren Isabell

Dies alles sind jedoch Sonderfälle, die höchst selten eintreten und bei zu sorgloser Anwendung störend wirken.
Anders ist der vorangestellte Relativsatz zu beurteilen, der in gehobener Sprache durchaus zulässig ist:

Der immer nur Schäbigkeit demonstrierte, der verdient keine Nachsicht.

Wesentlich ist, dass auch hier im Obersatz ein Bezugswort (*der*) vorhanden ist; wo dieses fehlt, wie in

Der immer nur Schäbigkeit demonstrierte, verdient keine Nachsicht.

liegt kein Relativsatz, sondern ein definiter oder ein generalisierender Nebensatz (s. 3.7.1) vor.

2. Die **Genitivattribute** können, wenn sie Personen bezeichnen, im linken wie im rechten Feld auftreten:

> *das Fahrrad des Briefträgers*
> *(des) Briefträgers Fahrrad*

Die meisten Genitivattribute mit anderer Bedeutung können höchstens in poetischer Sprache die „sächsische" Stellung im linken Feld einnehmen:

> *der Heimat Ruf*
> *des Lebens Ende*

Nomen invarians und Nomen varians erscheinen zwar ebenfalls in beiden Feldern. Sie sind aber dann semantisch und syntaktisch so deutlich unterschieden, dass man von zwei weitgehend disjunkten Mengen sprechen muss. Daher wäre es nicht sinnvoll, auch bei diesen beiden Attributklassen von variabler Position zu sprechen.

3. Die **dislozierbaren Elemente** können aus der Nominalphrase gelöst werden und dann an anderer Stelle im Satz erscheinen. Da diese Dislozierung fakultativ ist, können sie natürlich auch unmittelbar neben dem nominalen Kopf (d. h. rechts oder links von ihm) stehen.

Dislozierbar sind vier Teilmengen: Quantoren und Adjektive, präpositive Attribute, Disjunkte und der Pertinenzdativ.

Als **Quantoren** bezeichnen wir die Determinative *all-, einig-, kein-* und die Zahladjektive *beid-, viel-, wenig-*. Sie können ihre Stellung vor dem nominalen Kopf verlassen und weiter rechts im Satz erscheinen. Das Determinativ wird dann zu dem entsprechenden Pronomen. Zugleich rückt der Kopf meist nach links und wird thematisch hervorgehoben, während der Quantor ins Rhema fällt:

> *Ich habe nur einige Touristen gesehen.* ⇒
> *Touristen habe ich nur einige gesehen.*
> *Kein Auto war in der Stadt.* ⇒
> *Auto war keines in der Stadt.*
> *Er hat viele/keine Freunde.* ⇒
> *Freunde hat er viele/keine.*

Soweit die Attribute das Merkmal ‚bekannt' tragen, muss nach der Permutation vor das Nomen ein weiteres Determinativ mit diesem Merkmal treten:

> *Alle Verwandten waren gekommen.* ⇒
> *Die/meine Verwandten waren alle gekommen.*
> *Beide Besucher gaben sich sehr höflich.* ⇒
> *Die Besucher gaben sich beide sehr höflich.*

In der Alltagssprache sind weitere – steigerbare – Adjektive auf diese Weise dislozierbar:

> *Man bekommt dort sehr modische Schuhe.* ⇒
> *Schuhe bekommt man dort sehr modische.*
> *Karl hat eine artgerechte Tierhaltung.* ⇒
> *Tierhaltung hat Karl eine artgerechte.*
> *Sie haben den besten Honig.* ⇒
> *Honig haben sie den besten.*

Auch ein Teil der **präpositiven Nomenergänzungen** ist dislozierbar. Dabei wird in der Regel die linke Teilkonstruktion thematisch hervorgehoben oder auch rhematisiert:

> *Konrad hatte seit jeher Lust auf Abenteuer.* ⇒
> *Auf Abenteuer hatte Konrad seit jeher Lust.*
> *Lust hatte Konrad seit jeher auf Abenteuer.*

Aber in vielen Fällen, die noch keineswegs zureichend erforscht sind, ist eine solche Dislozierung blockiert.

Als **Disjunkte** erscheinen teils Adjektive (auch ursprüngliche Partizipien), teils mit *als* angeschlossene Nominalphrasen, teils Adverbien wie *allein, blindlings, selbst* u. a.:

> **Lächelnd** *wandte Anna sich dem Besucher zu.*
> *Sie wandte sich* **lächelnd** *dem Besucher zu.*
> **Verwirrt** *blickte der Gast auf.*
> *Der Gast blickte* **verwirrt** *auf.*
> **Als Museumswächter** *hatte Bastian an solchen Tagen viel zu tun.*
> *An solchen Tagen hatte Bastian* **als Museumswächter** *viel zu tun.*
> *Er hatte* **als Museumswächter** *an solchen Tagen viel zu tun.*
> *Ich habe es doch* **selbst** *gesehen!*
> **Selbst** *habe ich es gesehen!*

Die Disjunkte tragen ihren Namen zu Recht: In den meisten Fällen sind sie von dem nominalen Kopf getrennt. Wo sie im Einzelfall stehen, wird durch die Thema-Rhema-Gliederung geregelt.

Dass die Disjunkte Attribute des Nomens sind, wurde und wird vielfach bezweifelt. Jedenfalls findet man Grammatiker, die sie als „modale Angaben" zum Verb oder auch einfach als „Adverbiale", „Adverbialbestimmung" o. ä. kategorisieren. Grundlage dieser Zuordnung ist die Meinung, dass durch die Disjunkte nicht etwa Größen, sondern das verbale Geschehen näher bestimmt werde. In dem Beispiel *Lächelnd wandte Anna sich dem Besucher zu.* wäre also das ‚Sich-Zuwenden' ein ‚lächelndes', ebenso wie in *Ich habe es doch selbst gesehen.* das ‚Sehen' durch *selbst* modifiziert wäre. Wer aber bereit und in der Lage ist, seine in der Grundschule erworbenen Grammatik-„Kenntnisse" über Bord zu werfen und die fraglichen Sätze ohne Vorurteil zu prüfen, müsste schnell zu der Erkenntnis kommen, dass *Anna* lächelte (und nicht irgendein Geschehen) und dass *ich* durch das Element *selbst* ausdrücklich identifiziert wird, nicht aber der Vorgang des ‚Sich-Zuwendens'. All diese Elemente sind in der Tat nähere Bestimmungen zu einem Nomen oder Pronomen, sie beziehen sich also immer auf eine Größe, sie sind damit dessen Attribut.

Es gibt gewisse Einschränkungen für das Vorkommen von Disjunkten, vor allem durch die syntaktische Funktion des nominalen Kopfes. So ist die Stellung des folgenden Disjunkts als Attribut zu *Irene* nicht zulässig:

> **Als Sekretärin habe ich mich auf Irene verlassen.*

Korrekt wäre dieser Satz nur, wenn *als Sekretärin* Disjunkt zu *ich* wäre.

Der **Pertinenzdativ** (oder „possessive Dativ") erscheint als dativische Nominal- oder Pronominalphrase:

> *Anna strich* **dem Kind** *über die Haare.*
> *Anna strich* **ihm** *über die Haare.*

Viele Grammatiker betrachten solche dativischen Phrasen als Ergänzungen zum Verb. Sie müssten damit in der Valenz des Verbs angegeben werden:

> *streichen*<sub dat dir>

In der Tat hat die Valenz des Verbs mit der Zulässigkeit solcher Dativphrasen zu tun. Sie sind nur erlaubt, wenn das regierende Nomen zentrales Element eines Subjekts, einer Akkusativergänzung, einer Situativ- oder einer Direktivergänzung ist:

> *Mir tut der Kopf weh.*
> *Ich habe mir den Kopf angeschlagen.*
> *Es dröhnt mir im Kopf.*
> *Sie haben ihm in den Kopf geschossen.*

Aber die Verben treffen nur eine Vorentscheidung. Hinge alles allein von ihnen ab, so müsste auch der ungrammatische Satz

> **Es dröhnt mir im Vorzimmer.*

erlaubt sein. Die letzte Entscheidung liegt in der Bedeutung des nominalen Kopfes. Nur wenn dieser einen Körperteil oder ein unmittelbares Zubehör (ein Kleidungsstück o. a.) eines höheren Lebewesens bezeichnet, ist ein Pertinenzdativ zugelassen, der dann den „Besitzer" dieses Gegenstandes nennt. Deshalb erscheint es sinnvoll, den Pertinenzdativ als Attribut dieses Nomens anzusehen, denn nur dessen Merkmal ‚höheres Lebewesen' oder ‚animal superior' ([as]) erlaubt einen Pertinenzdativ.

Dem Satz

> *Sie strich dem Kind über die Haare.*

wird dann folgendes Strukturdiagramm zugeordnet.

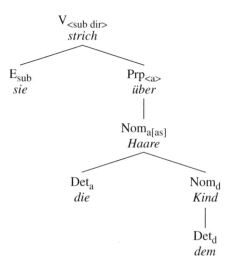

Was als „höheres Lebewesen" zu gelten hat, ist übrigens kulturspezifischem Wandel unterworfen. Unter diesen Begriff wird offenbar alles subsumiert, was dem Menschen wertvoll ist und als Wesen von hohem Rang angesehen wird. Darunter fällt heute auch das Auto. Man kann daher durchaus sagen:

> *Dieser Fahrer hat meinem Auto einen Kotflügel eingedellt.*

Der Pertinenzdativ ist nicht nur häufig von seinem nominalen Kopf disloziert, sondern er lässt sich auch gemäß den geltenden Wortstellungsregeln innerhalb des zugehörigen Satzes verschieben.

5.3.5. Die Stellung in der Nominalphrase

Die Abfolge der Elemente in der Nominalphrase ist ziemlich streng geregelt. Da aber bei bestimmten Satelliten Häufungen[2] möglich sind, die man durch Subkategorien präziser beschreiben kann, empfiehlt es sich dennoch, ein Folgeschema festzulegen, das der Grundfolge im Satz entspricht:

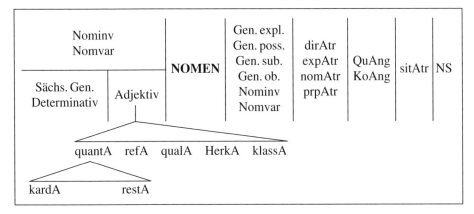

Für die (seltenen) Häufungen von Determinativen gilt:

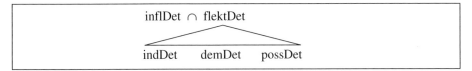

Abkürzungen:

demDet	demonstratives Determinativ
dirAtr.	direktives Attribut
expAtr.	expansives Attribut
flektDet	flektierbares Determinativ
Gen. expl.	Genitivus explicativus
Gen. ob.	Genitivus obiectivus
Gen. poss.	Genitivus possessivus
Gen. sub.	Genitivus subiectivus
indDet	indefinites Determinativ
inflDet	unveränderliches Determinativ
kardA	Kardinalzahlwort
klassA	klassifikatives Adjektiv
KoAng	Komitativangabe
nomAtr	nominales Attribut
Nominv	Nomen invarians
Nomvar	Nomen varians
NS	Nebensatz

---

[2] Zur Häufung (Koordination, Nebenordnung u. a.) s. 6.8.3. Im Falle der Nominalphrase bedeutet dies zum Beispiel, dass, wenn mehrere Adjektivattribute erscheinen, diese sich oft semantisch subkategorisieren lassen, z. B. nach quantifikativen, qualifikativen, klassifikativen und Herkunftsadjektiven. Solche Subkategorien sind dann meist positionell festgelegt.

prpAtr	präpositives Attribut
qualA	qualifikatives Adjektiv
QuAng	Qualitativangabe
quantA	quantifikatives Adjektiv
refA	referentielles Adjektiv
restA	restl. quantifikativ. Adjektiv (nach Abzug der Kardinalia)
sitAtr	situatives Attribut

Erläuterungen zum Stellungsschema:

LINKES FELD

Nomen invarians und Nomen varians im linken Feld schließen hier alle weiteren Satelliten aus.

Der sächsische Genitiv schließt im Vorfeld alle Determinative zum nominalen Kopf aus; man vergleiche

> *dieses schöne Haus*
> *Konrads schönes Haus*

Determinative nehmen, soweit weder Nomen invarians/varians noch sächsischer Genitiv im Vorfeld stehen, immer die erste Stelle in der Nominalphrase ein. Dabei stehen die wenigen unveränderlichen Formen (*all, manch, solch*) vor den flektierten Formen. Unter diesen ist Häufung sehr begrenzt möglich; gegebenenfalls stehen die indefiniten Determinative am Anfang, es folgen demonstrative und possessive Determinative:

> *all meine Blumen* (inflexibel – possessiv)
> *manch ein Zufall* (inflexibel – indefinit)
> *diese meine Kinder* (demonstrativ – possessiv)

Hinter den Determinativen (und zwischen Determinativen und nominalem Kopf) stehen die Adjektive. Unter diesen nehmen die erste Stelle die quantifikativen Adjektive ein:

> *meine* **beiden** *Kinder*
> *meine* **drei** *Enkel*
> *meine* **wenigen** *Habseligkeiten*

Es folgen die referentiellen Adjektive, die auf Außersprachliches oder auf Textstellen verweisen (Ordinalzahlen, ferner *damalig, hiesig, erwähnt* u. a.):

> *die wenigen* **siebten** *Kinder*
> *meine drei* **damaligen** *Stellvertreter*
> *meine drei* **hiesigen** *Häuser*
> *meine drei* **erwähnten** *Aufsätze*

Darauf folgt die große Menge der qualifikativen Adjektive – der Wörter, die einem am ehesten als Beispiele einfallen, wenn die Klasse „Adjektiv" angesprochen wird. Neben *jung, schön, fleißig* u. a. gehören hierher auch viele Partizipien sowie existimatorische Adjektive wie *angeblich, vermutlich, vorgeblich* u. a.:

> *diese vielen* **fleißigen** *Ameisen*
> *die beiden* **angeblichen** *Dealer*

An die qualifikativen schließen sich die Herkunftsadjektive an, darunter unveränderliche auf *er* und flektierbare auf *isch*:

> *der berühmte* **Hamburger** *Fischmarkt*
> *unsere hochgerühmten* **schwäbischen** *Spätzle*

Die letzte Subklasse umfasst die klassifikativen Adjektive, die keine Eigenschaft angeben, sondern eine Größe/Größen nur in eine Klasse einordnen:

> *der erwähnte* **kommunale** *Zweckverband*
> *ihre hervorragenden* **schulischen** *Leistungen*

RECHTES FELD

Im Nachfeld stehen die genitivischen Attribute sowie Nomen varians/invarians an erster
Stelle. Da sie sich gegenseitig ausschließen, verursachen sie untereinander keine Folgeprobleme.
Die Kategorien der direktiven, der expansiven, der nominalen und der präpositiven Attribute schließen sich ebenfalls gegenseitig aus. Je eines von ihnen kann an nächster Stelle
folgen

> *Schlosser Isenberg* **aus Hambach**
> *eine Wassertiefe* **von achtzig Metern**
> *Anstellung des Mannes* **als Eisenflechter**
> *Hoffnung des Volkes* **auf Frieden**

Auch qualitative und komitative Angaben, die die nächste Stelle einnehmen, schließen
sich aus:

> *die Tante Oskars* **mit der schwarzen Perücke**
> *der Garten Utas* **mit den vielen Stauden**

Die situativen Angaben folgen rechts:

> *der Garten Irmgards* **in Iserlohn**
> *der Garten mit den Stauden* **in Iserlohn**

Am Ende stehen alle satzartigen Attribute des Nomens sowie die Apposition:

> *die Mitteilung Isabells,* **dass sie am Freitag komme**
> *die Mitteilung Isabells,* **eine reine Provokation,** ...

Von dem gezeigten und illustrierten Folgeschema kann nur in geringem Maße – und nur
im linken Feld – abgewichen werden. Permutationen sind allenfalls möglich zwischen
quantifikativen, referentiellen und qualifikativen Adjektiven. Dabei ergeben sich subtile
Bedeutungsunterschiede:

> *die drei grünen Kugeln* (Grundfolge)

Gemeint ist eine kleine Menge grüner Kugeln, deren Zahl mit *drei* angegeben wird.

> *die grünen drei Kugeln*

Hier wird vorausgesetzt, das es mehrere Dreiermengen von Kugeln gibt, die jeweils nach
Farben charakterisiert sind; unter ihnen wird die grüne Teilmenge angesprochen.

> *der dritte durchgefallene Kandidat*

Von den Kandidaten, die die Prüfung nicht bestanden haben, ist der Dritte gemeint (es
gibt also mindestens drei durchgefallene Kandidaten):

> *der durchgefallene dritte Kandidat*

Der dritte Kandidat, der in die Prüfung ging, hat sie nicht bestanden (möglicherweise ist
lediglich er durchgefallen).

5.3.6. Die Bedeutungsstruktur der Nominalphrase

Alle Nomina können Angaben regieren. Ein Teil der Nomina kann auch Ergänzungen regieren, hat also eigene Valenz. Alle Satelliten des Nomens tragen zur Bedeutung der Nominalphrase bei – die Nomenergänzungen, indem sie mittels eines Relators einen engeren Bedeutungskomplex mit dem Nomen bilden; die Angaben, indem sie diesen engeren Bedeutungskomplex (bzw. das reine Nomen) prädizieren.

> Dass es im Folgenden nicht um Wörter oder um syntaktische Kategorien geht, sondern um deren Bedeutungen, muss auch graphisch deutlich gemacht werden. Wir verwenden dafür einfache Anführungszeichen. Dann bedeutet
>
> ‚Kampagne‘
>
> die (inhärente) Bedeutung des Wortes *Kampagne*, und
>
> ‚Nom‘
>
> bedeutet die Bedeutung eines bestimmten, hier zu beschreibenden Nomens.

So gilt für die Bedeutungsstruktur der Nominalphrase die generelle Formel

▶ ‚A‘ (‚Nom‘ (R: ‚E‘))

DER BEITRAG DER ERGÄNZUNGEN

Das Nomen als Kopf der Nominalphrase legt – genau wie das Verb als Kopf des Satzes – zweierlei fest: Mit den kategoriellen Bedeutungen schreibt es den Ergänzungen die notwendigen minimalen semantischen Merkmale vor, und mit den Relatoren gibt es das semantische Verhältnis zwischen Kopf und Ergänzung an.

Die **kategoriellen Bedeutungen** sind naturgemäß teilweise anders zu definieren als die kategoriellen Bedeutungen der Verbergänzungen. Es hat sich gezeigt, dass man mit den folgenden Merkmalen den größten Teil der Nomenergänzungen erfassen kann:

fam	Familienname
hum	menschliche Größe
mas	sinnlich Wahrnehmbares, nicht zählbar
obj	sinnlich Wahrnehmbares, zählbar
nge	geographischer Name
njz	Jahreszahl
nms	Maßangabe
nmt	Monatsname
vor	Vorname
vws	Verwandtschaftsbezeichnung
zoo	Lebewesen, nicht menschlich

Die Sammelcharakteristika „mat" für Materielles, „imm" für Immaterielles ermöglichen abgekürzte Schreibung.

Relationale Bedeutungen: Zu den aus dem Satzbereich bekannten Relatoren AGT, AFF, KLS und LOC treten hier noch VOC (für ‚Anrede‘) und FKT (für ‚Funktion‘). So ergibt sich folgende Liste:

AGT	Agentiv: Ursache, Bewirkendes
AFF	Affektiv: Betroffenes
KLS	Klassifikativ: Subsumierendes, in eine Klasse Einordnendes
LOC	Lokativ. Hier kommt bei den Ergänzungen nur der Direktiv (LOCdir) in Frage. Da lediglich diese eine Möglichkeit besteht, kann jedoch auf den Index

„dir" verzichtet werden. Benutzt werden aber die Subindizes „all" (Hin-Richtung) und „abl" (Her-Richtung).

VOC   „Vokativ" (Anredenomen)

FKT   „Funktion" (Nomen nennt eine Funktion)

Die engere Nomengruppe

> *Hoffnung des Volkes auf Frieden*

in der *des Volkes* als Genitivus subiectivus durch den Relator AGT, *auf Frieden* als prä-positive Ergänzung durch den Relator AFF mit dem Kopf verbunden sind, lässt sich also durch die Formel

▶ ‚Nom' (AGT: ‚Gensub', AFF: ‚E_{prp}')

oder lexikalisiert als

> ‚*Hoffnung*' (AGT: ‚*des Volkes*', AFF: ‚*auf Frieden*')

beschreiben.

DER BEITRAG DER ANGABEN

Die einzelnen Angaben stehen in unterschiedlich enger Beziehung zum Kopf. Nach die-ser spezifischen Distanz lassen sich drei Subklassen unterscheiden:

1. Die präzisierenden Angaben

Hierher ist der größte Teil der Nomenangaben zu rechnen, vor allem die Adjektive, da-neben Situativ- und Komitativangaben, auch die meisten Relativsätze. Sie schränken auf je eigene Weise die Bedeutung des nominalen Kopfes ein, indem sie seiner Bedeutung ein Merkmal hinzufügen und dadurch die Menge der betreffenden Größen verringern. Man kann sich die Bedeutung der Nominalphrase

> *kluge Frauen*

so erklären, dass es eine Menge kluger Größen und eine Menge von Frauen gibt; die Schnittmenge ergibt die Menge ‚kluge Frauen', die Größen also, die sowohl ‚*Frauen*' als ‚*klug*' sind. Dass in diesem Zusammenhang das Adjektiv *klug* keinen unverrückbaren und gemeinverbindlichen Wert hat, dass es kulturspezifisch variiert und man überdies zwischen aktueller und habitueller Bedeutung zu unterscheiden hat, ist zuzugestehen, beeinflusst aber unsere Beschreibung nicht weiter.

Die Angaben sind also Prädikate über den nominalen (und gegebenenfalls erweiterten) Kopf. In der Formel erscheint dieser eingeklammert, und die Angaben stehen vor der Klammer. Dies ist die klassische Formel der Aussagenlogik für die Beschreibung von Aussagen. Da es sich bei solchen Beschreibungen aber nicht um Aussagen, sondern um Ausdrücke handelt, muss zu Beginn der Formel ein DESKRIPTOR stehen. Wir schreiben ihn, indem wir die Formel mit dem zu beschreibenden Ausdruck „NomP" einleiten, dann einen senkrechten Strich anbringen und darauf die Formel folgen lassen:

▶ ‚NomP' | ‚Atr_{pr}' (‚Nom')

Zu lesen ist dies folgendermaßen: „Die Nominalphrase, für die gilt, dass das präzisieren-de Attribut Atr_{pr} das Nomen (als Kopf) prädiziert". Angewandt auf das konkrete Beispiel *kluge Frauen*: „Die Nominalphrase, in der das präzisierende Adjektiv *klug* für den Kopf *Frau* gilt".

Auf diese Art lassen sich beliebige Wortgruppen logisch beschreiben.

Die Formeln werden natürlich komplizierter, wenn mehrere präzisierende Attribute vor-liegen:

viele kluge Hamburger Frauen

In solchen Fällen entspricht die lineare Kopfnähe auch der semantischen Kopfnähe, kurz: Die kopffmeren (weiter links stehenden) Elemente prädizieren die rechts von ihnen stehende Gruppe aus Attribut(en) und nominalem Kopf. Man kann also

▶ ‚NomP' | ‚Atr$_{pr1}$' (‚Atr$_{pr2}$' (‚Atr$_{pr3}$' (‚Nom')))

oder, lexikalisiert,

‚viele' (‚kluge' (‚Hamburger' (‚Frauen')))

schreiben.

Kommen präzisierende Attribute im linken und im rechten Feld vor, so haben die im rechten Feld als die verbferneren zu gelten:

alter Mann mit Regenschirm

hat demnach die Struktur

‚mit Regenschirm' (‚alter' (‚Mann'))

2. Die identifizierenden Angaben

Zu diesen Angaben sind vor allem die Determinative zu rechnen, daneben der sächsische Genitiv (soweit er als Angabe fungiert) und Nomen invarians/varians, soweit sie im linken Feld stehen. Die identifizierenden Angaben haben die primäre Funktion, eine Größe als „Wirklichkeitsanspruch" zu identifizieren, sie sind es also, die eine Nomengruppe zur Nominalphrase machen.[3] Neben ihrer identifizierenden Funktion haben sie in der Regel auch präzisierende Aufgaben.

Die identifizierenden Angaben operieren über die Komplexe aus nominalem Kopf, Nomenergänzungen und präzisierenden Angaben:

▶ ‚NomP' | ‚Atr$_{id}$' (‚Atr$_{pr}$' (‚Nom' (Rel: ‚E')))

Der Nominalphrase

Die drei Könige aus dem Morgenland

ist somit die Formel

▶ ‚NomP' | ‚Atr$_{id}$' (‚Atr$_{pr}$' (Nom' (LOCabl: ‚E$_{dir}$')))

lexikalisiert

▶ ‚NomP' | ‚die' (‚drei' (‚Könige' (LOCabl: ‚aus dem Morgenland')))

zuzuordnen.

3. Die (zusätzlich) informierenden Angaben

Es handelt sich um Angaben, die weder präzisierend noch identifizierend sind, die ursprünglich überhaupt nicht zur Nominalphrase gehören, sondern erläuternd an sie herantreten. Eine NomP$_{inf}$ ist dann eine durch (zusätzlich) informierende Angaben angereicherte Nominalphrase:

▶ ‚NomP$_{inf}$' | ‚A$_{inf}$' (‚NomP')

---

[3] Insofern könnte man die oben beschriebenen Ausdrücke als „Nominalgruppen" („Nomg") bezeichnen, denn sie enthalten kein sichtbares Determinativ oder dergl. Wir dürfen aber davon ausgehen, dass der Wortgruppe *kluge Frauen* ein Singular *eine kluge Frau* entspricht, dass somit der Nullartikel als Pluralform des indefiniten Artikels anzusetzen und die Wortgruppe damit eine Nominalphrase ist. Unter dieser Voraussetzung haben wir sie wie gezeigt beschrieben.

Zu diesen Angaben gehören Appositionen, nicht restriktive Relativsätze und nicht restriktive Disjunkte u. a., wie sie jeweils in den folgenden Beispielen erscheinen:

> *mein Bruder,* **ein verdienter Beamter**
> *mein Bruder,* **der dort erfolgreiche Aufbauarbeit leistete**
> *mein Bruder* **als Beauftragter einer Hilfsorganisation**

Die informierenden Angaben schränken also die Bedeutung einer Größe nicht ein (wie die meisten übrigen Attribute), sondern ergänzen sie lediglich.

Bedeutungsbeschreibungen für komplexe Nominalphrasen

In den folgenden Beispielen werden der Kopf der Nominalphrase sowie jeder einzelne Satellit angegeben; die Satelliten selbst werden nicht analysiert.

Der Kater Wenzel aus Michelbach, eine schmerzliche Kindheitserinnerung

Kater:	Kopf
der:	A_{id}
Wenzel:	Nom_{inv} (nachgestellt)
aus M.:	$NomE_{dir}$
eine schmerzliche Kindheitserinnerung:	App

Bedeutungsstruktur:

> ▸ ‚NomP$_{inf}$' │ ‚A$_{inf}$' (‚A$_{id}$' (‚Nom' (KLS: ‚Nom$_{inv}$', LOCabl: ‚E$_{dir}$')))

Aus dieser Formel wird auch ersichtlich, dass im rechten Feld kopfnähere Satelliten (hier: *Wenzel*) einen engeren semantischen Komplex mit dem nominalen Kopf bilden als kopffernere Satelliten (hier: *aus Michelbach*).

Lexikalisiert ist zu schreiben:

> ‚eine schmerzl. Kindheitser.' (‚der' (‚Kater' (KLS: ‚Wenzel', LOCabl: ‚aus *M.*')))

ein Ansturm auf unseren Stand am ersten Tag der Messe

Ansturm:	Kopf
auf uns. Stand:	$NomE_{prp}$
am 1. T. d. Messe:	A_{pr} (Asit)
ein:	A_{id}

Bedeutungsstruktur:

> ▸ ‚NomP' │ ‚A$_{id}$ (‚Asit' (‚Nom' (AFF: ‚E$_{prp}$)))

lexikalisiert:

> ‚ein (‚am 1. T. d. Messe' (‚Ansturm' (AFF: ‚auf uns. Stand')))

die fortdauernde Versorgung der abgeschnittenen Bevölkerung mit Decken und Lebensmitteln

Versorgung:	Kopf
der abg. Bev.:	NomE (Gen. obi.)
m. Decken u. Leb.:	$NomE_{prp}$
fortdauernde:	A_{pr}
die:	A_{id}

Bedeutungsstruktur:

> ▸ ‚NomP' │ ‚A$_{id}$' (‚A$_{pr}$' (‚Nom' (AFF: ‚Genobi', AFF: ‚E$_{prp}$')))

lexikalisiert:

> ‚die' (‚fortd.' (‚Versorgg.' (AFF: *der abg. Bev.*', AFF: *m. Decken u. Leb.*')))

die Gewinnung des Stroms aus Windkraft als Ausweg aus der Energiekrise

Gewinnung:	Kopf
des Stroms:	NomE (Gen. obi.)
aus Windkraft:	$NomE_{prp}$
die:	A_{id}
als Ausw. a. d. Energiekrise:	A_{inf} (Disjunkt)

Bedeutungsstruktur:

▶ ‚$NomP_{inf}$‘ | ‚A_{inf}‘ (‚A_{id}‘ (‚Nom‘ (AFF: ‚Genobi‘, KLS: ‚E_{prp}‘)))

lexikalisiert:

‚*als Ausw. a. d. Energiekrise*‘ (‚*die*‘ (‚*Gewinnung*‘ (AFF: ‚*des Stroms*‘, KLS: ‚*aus Windkraft*‘)))

5.4. DAS DETERMINATIV

5.4.1. Allgemeines

▶ **Determinative sind Wörter, die – sofern sie als Satelliten des Nomens vorkommen – nicht mit dem sächsischen Genitiv kompatibel sind.**

Diese Inkompatibilität wird am folgenden Beispielpaar deutlich:

das Fahrrad Maximilians
Maximilians Fahrrad

Man könnte sagen, dass der sächsische Genitiv das Determinativ aus der Nominalphrase verdrängt. Von diesen nicht allzu häufigen Fällen abgesehen, ist das Determinativ ein regelmäßiger Begleiter des Nomens, jedenfalls in beschreibenden Texten (nicht unbedingt aber in etikettenartigen Kurztexten).

In solchen Texten hat das Determinativ die Funktion, das Nomen (bzw. die Nominalgruppe) zur Nominalphrase zu machen, damit für eine Größe einen Wirklichkeitsanspruch zu erheben. Dasselbe leisten übrigens der sächsische Genitiv und das vorangestellte Nomen varians/invarians.

Zusätzlich bringen die einzelnen Determinative je spezifische Bedeutungsmerkmale in die Nominalphrase ein. Dies geschieht indessen nicht, indem sie (etwa in der Art der meisten Adjektive) das Nomen qualifizieren, quantifizieren o. ä., sondern indem sie Bezüge zu anderen Größen herstellen. Das Determinativ *mein* in der Nominalphrase *mein Enkelkind* sagt nichts über die Beschaffenheit dieses Enkelkindes aus, sondern weist es als in der zweiten Generation vom Sprecher abstammendes Kind aus. Ersetzt man *mein* durch *dieses*, so wird ein Bezug zu einer anderen Textstelle hergestellt; steht stattdessen *ein*, so wird im Ungewissen gelassen, welches der überhaupt existierenden Enkelkinder einer im Text genannten Person gemeint ist. Übrigens gibt es auch in gleicher Weise bezugsstiftende Adjektive: *hiesig, oben genannt, kommunal* u. a.

Vielfach werden die Determinative zu den Pronomina gerechnet. Dies ist nach unserer Definition nicht möglich: Determinative sind immer attributiv zum Nomen verwendbar (auch soweit sie autonom vorkommen können); Pronomina können ausschließlich anstelle von Nominalphrasen verwendet werden. Deshalb können die Pronomina *man, jemand, nichts* keine Determinative sein, und wenn sie Pronomina sind, haben sie nichts (Wesentliches) mit den hier als „Determinative" eingeführten Wörtern zu tun. Oberflächlicher Gleichklang sollte nicht verwirren: *kein-* (Nom. Sing. Mask: und

Neutr.) ist Determinativ: *kein Licht, kein Ziel*; *keiner* (Nom. Sing. Mask.) ist Pronomen: *Keiner hat etwas gesehen.* Eine Klasse „Begleiter und Stellvertreter des Nomens/Substantivs" verwischt diesen wichtigen Unterschied und ist deshalb abzulehnen.

Die Determinative lassen sich in 6 Subklassen gliedern:

Artikel
Possessiva
Demonstrativa/Definita
Indefinita
Negativa
Interrogativa

Hinzu nehmen wir das Adjektiv *beide*, das wie einige Determinative definit-identifikative Funktion hat.
Phrasen wie *dieser mit dem gelben Hut* lassen sich als Nominalphrasen (*dieser Mann mit dem gelben Hut*) beschreiben, in denen der nominale Kopf getilgt wurde.

5.4.2. Der Artikel

PROLOG: ARTIKEL UND ADJEKTIV

Neben dem definiten Artikel (*der, die, das*) und dem indefiniten Artikel (*ein, eine, ein*) setzen wir einen Nullartikel an, der, auch wenn er nicht an der Oberfläche sichtbar wird, die Deklination folgender Adjektive steuert, wie die folgende Tabelle zeigt.

definierter Artikel	indefiniter Artikel	Nullartikel
Nom. Sing.		
der kleine Kerl *die reife Frucht* *das schnelle Auto*	*ein kleiner Kerl* *eine reife Frucht* *ein schnelles Auto*	*kleiner Kerl* *reife Frucht* *schnelles Auto*
Dat. Sing.		
dem kleinen Kerl *der reifen Frucht* *dem schnellen Auto*	*einem kleinen Kerl* *einer reifen Frucht* *einem schnellen Auto*	*kleinem Kerl* *reifer Frucht* *schnellem Auto*
Nom. Plur.		
die kleinen Männer *die reifen Früchte* *die schnellen Autos*	*kleine Männer* *reife Früchte* *schnelle Autos*	*kleine Männer* *reife Früchte* *schnelle Autos*
Gen. Plur.		
der kleinen Männer *der reifen Früchte* *der schnellen Autos*	*kleiner Männer* *reifer Früchte* *schneller Autos*	*kleiner Männer* *reifer Früchte* *schneller Autos*

Die Unterschiede der Adjektivendungen korrelieren mit dem Wechsel des Artikels. Man kann daher sagen, dass der jeweilige Artikel die Adjektivdeklination steuert. Dies lässt sich diagraphisch dadurch wiedergeben, dass das attributiv gebrauchte Adjektiv vom Artikel abhängt:

FLEXION DES ARTIKELS

Definiter Artikel:

	Singular			Plural
N.	*der*	*die*	*das*	*die*
A.	*den*	*die*	*das*	*die*
G.	*des*	*der*	*des*	*der*
D.	*dem*	*der*	*dem*	*den*

Indefiniter Artikel:

	Singular			Plural
N.	*ein*	*eine*	*ein*	–
A.	*einen*	*eine*	*ein*	–
G.	*eines*	*einer*	*eines*	–
D.	*einem*	*einer*	*einem*	–

Der Nullartikel, der nicht realisiert wird, erscheint naturgemäß nicht in diesen Tabellen.
Es sei aber darauf aufmerksam gemacht, dass der indefinite Artikel, der im Plural keine
Formen aufweist, hier mit dem Nullartikel zusammenfällt.

Der Artikel erscheint sehr selten kombiniert mit anderen Determinativen.

Alle Artikel kommen nur attributiv vor. Autonom erscheinen die teilweise gleichlautenden Pronomina *der* und *einer* mit je eigener Deklination.

GEBRAUCH DES ARTIKELS

Die drei Artikel konkurrieren zwar prinzipiell miteinander. Es gibt jedoch eine Reihe von
Kriterien, von denen die Selektion einzelner Artikel gesteuert wird.

1. Bekanntheit

Ist eine Größe schon bekannt, so verlangt sie den **definiten Artikel** oder ein anderes
Determinativ mit dem Merkmal ‚bekannt' (Possessiva oder Demonstrativa, auch sächs.
Genitiv).

Bekanntheit ergibt sich oft aus Erwähnung im Vortext oder aus direkter sinnlicher Wahrnehmung:

> *Eine junge Frau saß hinter dem riesigen Schreibtisch ... Die Frau begann sich
> Notizen zu machen.*
> *Siehst du den Mann dort hinter der Hecke?*

Sind solche Größen, obwohl selbst unbekannt, definierter Teil oder Zubehör einer bekannten Größe, so erhalten sie den definiten Artikel:

> *Sie betrat den dunklen Hausflur. Die erste Tür links war nur angelehnt.*

Auch Größen, die weder vorerwähnt noch sinnlich wahrnehmbar sind, können, soweit sie attribuiert sind, als ,bekannt' gelten und dann den definiten Artikel erhalten:

> *die Chilenin, die ich meine*
> *das schmucke Häuschen in der Nachbarschaft*

Größen erscheinen mit definitem Artikel, wenn sie auf Grund allgemeiner Erfahrung bekannt bzw. einordenbar oder aber Unikate sind:

> *Die alleinstehenden Rentner hat man bei dieser Planung einfach vergessen.*
> *Der Mond geht heute um 21.27 Uhr auf.*

Sind Teile oder Zubehör einer ,bekannten' Größe nicht definiert, etwa wenn andere gleichartige Teile zur Auswahl stehen, so wird der indefinite Artikel (bzw. das entsprechende Pronomen) verwendet:

> *Eine Tür war geöffnet.*

Streng genommen signalisiert der indefinite Artikel nicht das Merkmal ,nicht bekannt', sondern er weist eine Größe als ,beliebiges Element einer Menge' aus. Dies zeigt sich deutlich bei Eigennamen, die grundsätzlich den definiten Artikel erhalten:

> *Eine Frau Vorschütz hat angerufen.*

Hier wird die Anruferin als beliebiges Element einer Menge von Menschen mit dem Familiennamen *Vorschütz* dargestellt. Und in

> *Ein Mörike hätte das ganz anders formuliert.*

ist ein beliebiges Element der Menge von Dichtern „in der Art Mörikes" gemeint. Schließlich steht der indefinite Artikel auch, wenn die Existenz einer Größe bezweifelt oder bestritten wird:

> *Ich habe nichts von einer Koalitionsvereinbarung gehört.*
> *Eine Koalitionsvereinbarung gibt es meines Wissens nicht.*

2. Allgemeinbegriffe

erhalten grundsätzlich den definiten Artikel:

> *Der Mensch ist ein sprachbegabtes Säugetier.*
> *Die Einheimischen schätzen das überhaupt nicht.*

Der indefinite Artikel deutet in solchen Fällen an, dass nur eine Teilmenge oder ein Einzelexemplar gemeint ist:

> *Ein Mensch ist ein sprachbegabtes Säugetier.*
> *Einheimische schätzen das überhaupt nicht.*

3. Die nominale Prädikativergänzung

Im Regelfall erhält diese Ergänzung, die eine Obermenge benennt, den indefiniten Artikel:

> *Dieser Mann ist ein Schaumschläger.*
> *Igelsbach ist ein idyllisches Odenwalddorf.*
> *Warum nennt ihr sie eine Tratschtante?*

Nur bei Mengenidentität steht der definite Artikel:

> *Dieser Mann ist der Graf von Boxberg.*
> *Igelsbach ist die Heimat von Nikolaus.*
> *Warum nennt ihr sie die Kupplerin vom Oberdorf?*

Mengenidentität liegt auch beim relativen Superlativ vor:

> *Monika ist die tüchtigste (von allen).*
> *Dieser Weg ist mir der liebste.*

Berufsbezeichnungen sowie Bezeichnungen für anerkannte soziale Klassen haben den Nullartikel:

> *Magda war Lehrerin.*
> *Er ist Schwabe.*
> *Sie ist praktizierende Katholikin.*

Ist aber die Oberklasse nicht allgemein eingeführt oder ist die Bezeichnung durch ein Attribut erweitert, so steht meist der indefinite Artikel:

> *Er ist ein Pedant.*
> *Er ist ein Wichtigtuer,*
> *Magda war eine Lehrerin, die ihren Beruf mit Hingabe ausübte.*

Wird die Ergänzung durch *als* angeschlossen, so steht meist kein Artikel:

> *Er gilt als Pedant.*

4. Absoluter Superlativ (s. dazu 5.5.3)

Es ist Schwanken zwischen definitem und Nullartikel festzustellen:

> *mit (den) besten Grüßen*
> *mit meinem schönsten Dank/mit schönstem Dank*
> *von (den) exzellentesten Weinen*

Manche Wendungen lassen nur Nullartikel zu:

> *Eine Person von edelster Gesinnung*

5. Immaterielles

Bezeichnungen für Empfindungen, Eigenschaften, Zustände haben meist den definiten Artikel:

> *Der Anlass für die Aufregung war offenkundig.*
> *Die Eitelkeit des Hotelchefs überraschte uns nicht.*
> *Man wollte die öffentliche Ordnung wieder herstellen.*

In vielen Wendungen erscheinen diese Bezeichnungen jedoch ohne Artikel:

> *Hast du Lust, noch einen Tag zu bleiben?*
> *Sie sollten mit Gelassenheit reagieren.*
> *Es fehlt ihr noch an Erfahrung in solchen Dingen.*

6. Nominale Apposition zum Nomen

Der Artikelgebrauch folgt hier den schon dargelegten Regeln. Gibt die Apposition Bekanntes wieder oder enthält sie ein Adjektiv im relativen Superlativ, so steht der definite Artikel:

> *Regina, die Initiatorin des Protestes, …*
> *Monika, die jüngste im Vorstand, …*

Gibt die Apposition Unbekanntes wieder, so wird der indefinite Artikel verwendet:

> *Regina, eine Neubürgerin aus Oberhessen, ...*
> *Monika, eine Sozialpolitikerin mit großen Ambitionen, ...*

Gibt die Apposition Beruf, Funktion oder Titel an, so erscheint sie mit zunehmender Tendenz ohne Artikel:

> *Wilhelmine, Diakonisse aus Leidenschaft, ...*
> *Gregor, Kanzlerkandidat, ...*
> *Erika, Schulleiterin, ...*

7. Maß- und Mengenbezeichnungen

Distributiv verwendete Maßeinheiten haben den definiten Artikel:

> *Die Tomaten kosten diesen Sommer drei Euro das Kilo.*
> *Inas Putzfrau kommt einmal die Woche.*

Nicht distributiv verwendete Maßeinheiten erhalten den indefiniten Artikel:

> *Ein Kilo kostet jetzt schon vier Euro.*
> *In einer Woche war sie sogar zweimal da.*

Bei Bezeichnungen für quantitative Kategorien wird der definite Artikel verwendet, wenn ein erwartetes, „normales" oder ein genaues Maß genannt ist; der indefinite Artikel wird verwendet, wenn das Maß ungewöhnlich ist, oder wenn es nicht oder ungenau spezifiziert ist; der indefinite und der Nullartikel konkurrieren in bestimmten elativischen Ausdrücken:

> *Der ewige Zänker hatte das Alter von sechzig Jahren überschritten.*
> *Der ewige Zänker hatte ein Alter von über neunzig Jahren erreicht.*
> *ein Turm von einer atemberaubenden Höhe*
> *ein Turm von atemberaubender Höhe*

Wendungen mit dem Verb *haben* verlangen meist den indefiniten Artikel:

> *Der Baum hat ein Alter von über 300 Jahren.*

Bezeichnungen für unbestimmte Mengen erhalten, wenn sie bekannt oder spezifiziert sind, den definiten Artikel, bei generischer Verwendung den Nullartikel:

> *Der Kaffee ist fertig.*
> *Tabakwaren sind kreislaufschädigend.*
> *(Die) Milch aus Salzburg ist würzig und gesund.*

8. Eigennamen

GEOGRAPHISCHE BEZEICHNUNGEN:
Landschaftsnamen erscheinen mit definitem Artikel:

> *der Lungau, die Schwäbische Alb, das Donaudelta*

Unter den Ländernamen haben wenige den definiten Artikel:

> *der Irak, der Iran, der Kongo, die Philippinen, die Schweiz, der Sudan, der Tschad,*
> *die Türkei, die Ukraine, die USA*

Die meisten Ländernamen erscheinen ohne Artikel:

> *Äthiopien, Belgien, Deutschland, Frankreich, Großbritannien, Pakistan, Polen, Sri*
> *Lanka, Ungarn, Zypern u. v. a.*

Städtenamen haben grundsätzlich Nullartikel:

> *Böblingen, Gelnhausen, Nürnberg, Schwieberdingen, Worms*

Attribuierte Länder- und Städtenamen erhalten jedoch meist den definiten Artikel, in Buchtiteln u. ä. auch den Nullartikel:

> *das verbaute Böblingen, das unvergessliche Schwieberdingen*
> *unvergessenes Schwieberdingen* (als Buchtitel)

Namen von Straßen und Plätzen haben im Satzzusammenhang in der Regel den definiten Artikel. Wenn jedoch eine Auswahl unter gleichlautenden Straßennamen zu treffen ist oder wenn ihre Existenz bezweifelt oder bestritten wird, erscheinen sie mit indefinitem Artikel. Nullartikel gilt nur im Briefverkehr:

> *Die Dieter-Wunder-Straße ist hinter dem Bahnhof.*
> *Eine Dieter-Wunder-Straße gibt es auch in Dresden/gibt es hier nicht.*
> *Herrn Bernd Seligmann, Dieter-Wunder-Straße 73, Bamberg*

PERSONENNAMEN:

Vornamen erscheinen in der Standardsprache ohne Artikel, bei Attribuierung sowie in süd- und mitteldeutscher Alltagssprache jedoch mit definitem Artikel:

> *(der) Anton, (die) Hedwig*
> *der gute Anton, die umsichtige Hedwig*

Gleiches gilt für Familiennamen, denen jedoch bei Erwachsenen meist ein Anredenomen vorangestellt wird:

> *(der) Struck, (der) Herr Struck*
> *(die) Möbius, (die) Frau Möbius*

Die Verbindung von definitem Artikel und Familiennamen (ohne Anredenomen) wirkt häufig unhöflich, herablassend. Auf Künstlerinnen angewandt, drückt sie jedoch besonderen Respekt aus:

> *Deshalb haben wir die Kückelmann gemocht.*
> *Die Bachmann hat das einmalig ausgedrückt.*

Bezeichnungen für enge Verwandte werden wie Vornamen behandelt:

> *(Die) Mama hat den Schlüssel wieder gefunden.*
> *(Der) Opa hat das alles vorausgesagt.*

9. Häufungen (Aufzählungen)

Werden Nomina mit definitem Artikel gehäuft, so erscheinen sie häufig ohne Artikel:

> *Der Autor verfolgt dieselben Interessen wie der Leser.* ⇒
> *Autor und Leser verfolgen dieselben Interessen.*

Auch in vielen Wendungen erscheinen gehäufte Nomina artikellos:

> *Land und Leute, Stadt und Land, Kopf oder Wappen*

10. Ordinalzahlen

haben in der Regel den definiten Artikel:

> *der dritte Mann*
> *die zweite Stufe von oben*
> *Du bist der Erste, der so etwas behauptet.*

Bei Wettbewerben wird neben dem definiten Artikel häufig der Nullartikel eingesetzt:

> *Er ist nur der Zweite.*
> *Sie ist Dritte geworden.*

Zwei Nachbemerkungen

1. Mit den genannten zehn Kriterien sind nicht alle Voraussetzungen erfasst, die den Artikelgebrauch steuern. Es gibt zum Beispiel Funktionsverbgefüge, die grundsätzlich artikellos sind:

   in Augenschein nehmen
   in Anrechnung bringen

   In anderen Funktionsverbgefügen ist das Nomen immer vom definiten Artikel begleitet:

   zur Aufführung bringen
   ins Vertrauen ziehen

2. Was über den Gebrauch bestimmter Artikelformen gesagt wurde, gilt auch für andere Determinative mit entsprechenden Merkmalen. So kann der definite Artikel prinzipiell jederzeit durch Determinative ersetzt werden, die das Merkmal ‚bekannt' enthalten, also durch Possessiva und Demonstrativa:

   das Haus im Tessin
   ihr Haus im Tessin
   jenes Haus im Tessin

   Auch der sächsische Genitiv kann den definiten Artikel ersetzen:

   Roberts Haus im Tessin

5.4.3. Possessiva

Hierher gehören die deklinierbaren Wörter *mein, dein, sein/ihr, unser, euer*. Zu den Possessiva der 3. Person (*sein, ihr*) gibt es die unveränderlichen (demonstrativen) Parallelformen *dessen, deren*.

Die possessiven Determinative etablieren eine Zugehörigkeitsrelation (nur ausnahmsweise eine Besitzrelation). Die beteiligten Größen nennen wir jedoch vereinfachend „Besitzer" und „Besitztum".

Die Wahl des Possessivums richtet sich nach dem Besitzer:

Besitzer		Singular	Plural
1. Person		*mein*	*unser*
2. Person		*dein* *Ihr*	*euer* *Ihr*
3. Person	Mask. Fem. Neutr.	*sein* *ihr* *sein*	*ihr*

In der 2. Person werden vertrauliche Form (*dein, euer*) und Distanzform (*Ihr*) unterschieden. Vgl. auch 4.4.6 und 5.6.2.

Die Deklination des Possessivums richtet sich nach dem Besitztum.

	Singular			Singular		
N.	*mein*	*meine*	*mein*	*unser*	*uns(e)re*	*unser*
A.	*meinen*	*meine*	*mein*	*unser(e)n*	*uns(e)re*	*unser*
G.	*meines*	*meiner*	*meines*	*uns(e)res*	*uns(e)rer*	*uns(e)res*
D.	*meinem*	*meiner*	*meinem*	*unser(e)m*	*uns(e)rer*	*unser(e)m*

Plural		
N.	*meine*	*uns(e)re*
A.	*meine*	*uns(e)re*
G.	*meiner*	*uns(e)rer*
D.	*meinen*	*unser(e)n*

dein, sein, ihr/Ihr werden wie *mein* dekliniert.

euer wird wie *unser* dekliniert. Der eingeklammerte Vokal wird bei *unser* meist realisiert, bei *euer* meist weggelassen. In den Deklinationsformen auf *m* und *n* unterscheiden sich *unser* und *euer*: Hier wird bei *unser* oft das letzte *e* weggelassen (es heißt also *unserm*, *unsern*), bei *euer* fehlt meist das vorletzte *e* (es heißt also eher *eurem* als *euerm*).

Die indeklinablen Wörter *dessen* und *deren* werden mitunter statt *sein, ihr* (3. Pers. Sing.) verwendet, um den Bezug zu klären. So bleibt bei

> *Sophie ging mit Annette und ihrer Freundin in die Stadt.*

ungewiss, ob es sich um Sophies oder um Annettes Freundin handelt. *deren* kann sich jedoch immer nur auf das nächstvorangehende Nomen beziehen. In dem Satz

> *Sophie ging mit Annette und deren Freundin in die Stadt.*

kann es sich also nur um Annettes Freundin handeln.

Die Possessiva steuern die Deklination nachfolgender Adjektive: Im Singular werden Adjektive wie nach indefinitem Artikel, im Plural wie nach definitem Artikel dekliniert:

> *mein ungebärdiges Kind, meine ungebärdigen Kinder* usw.

Die durch das Possessivum ausgedrückte Zugehörigkeitsrelation lässt sich durch *haben*-Sätze paraphrasieren:

> *ihre Ansprüche – Sie hat Ansprüche.*

Das possessive Determinativ enthält immer das Merkmal ‚bekannt‘. Es dient daher auch zur Anaphorisierung vorausgegangener Genitiv-Attribute (allerdings nur bei Genitivus possessivus, Genitivus subiectivus und Genitivus obiectivus):

> *Wilfrieds Wagen*   ⇒ *sein Wagen*
> *Wilfrieds Brief*   ⇒ *sein Brief*
> *Wilfrieds Unterrichtung* ⇒ *seine Unterrichtung*

Die Possessiva lassen sich mit den Determinativa *all(e)* und *diese* kombinieren:

> *all(e) ihre Bekannten*
> *dieses unser Fest*

5.4.4. Demonstrativa und Definita

Hierher gehören *all(er)*, *dér/díe/dás* (immer betont), *dieser, jener, derjenige, derselbe, solcher* sowie das definit identifizierende Adjektiv *beide*.

solcher verweist auf Eigenschaften. Die anderen Demonstrativa verweisen auf Größen. Die definiten Wörter *all(er)* und *beide* bezeichnen bekannte Mengen von Größen in pauschaler Weise.

Alle Demonstrativa und Definita steuern die Deklination nachfolgender Adjektive wie der definite Artikel.

Folgende Kombinationen mit anderen Determinativen sind möglich:

> – *all(er)* mit allen Demonstrativa, Definita und Possessiva (außer *derselbe*),
> – *beide* mit allen Demonstrativa und Possessiva,
> – *dieser* mit allen Possessiva.

aller

Deklination:

	Singular			Plural
	Mask.	**Fem.**	**Neutr.**	
N.	*aller*	*alle*	*alles*	*alle*
A.	*allen*	*alle*	*alles*	*alle*
G.	*allen/alles*	*aller*	*allen/alles*	*aller*
D.	*allem*	*aller*	*allem*	*allen*

Im Gen. Sing. Mask. und Neutr. gelten gleichberechtigte Doppelformen:

> *die Erklärung allen/alles Ärgers*

Es existiert die unveränderliche Nebenform *all.* Sie kommt nur vor definitem, possessivem oder demonstrativem Determinativ oder Pronomen vor:

> *all die/meine/diese Kinder*
> *all diese*

Das Determinativ *aller* bezeichnet die Totalität einer Menge:

> *aller Unfug, bei allem Unfug*
> *die Vorschläge aller Mitbewohner*

aller lässt sich mit dem definiten Artikel sowie mit possessiven und demonstrativen Determinativen kombinieren:

> *alle die/diese/eure Beiträge*

Im Singular kommt *aller* nur bei Benennungen für unbestimmte Mengen oder Immaterielles vor:

> *alles Salz, alle Hoffnung*

Nachfolgende Adjektive werden wie nach definitem Artikel dekliniert:

> *aller freiwillige Beistand*
> *alle freiwilligen Helfer*

(*beides, beide*)

Dieses Adjektiv kommt im Singular nur als Neutrum vor. Deklination:

	Singular	Plural
	Neutr.	
N.	*beides*	*beide*
A.	*beides*	*beide*
G.	–	*beider*
D.	*beidem*	*beiden*

beide bezeichnet immer eine bekannte Zweiermenge:

> *beide Brüder/Schwestern/Kinder*
> *Koriander und Anis – beides ist für dieses Gebäck nötig.*
> *Wir wollen beides: Fleiß und Beständigkeit.*

Häufig ist die Kombination mit dem definiten Artikel:

> *Beide/die beiden habe ich schon.*

Die zweite Form wird verwendet, wenn nicht nur die beiden Größen, sondern auch ihre „Paarigkeit" schon bekannt ist.

beide lässt sich außerdem mit vorausgehenden possessiven und demonstrativen Determinativen kombinieren:

> *meine beiden Brüder*
> *mit diesen beiden Kürbissen*

beide kann zu nominalen und zu pronominalen Köpfen treten:

> *beide Halunken*
> *ihr beide*

beide kann – als Disjunkt – auch von seinem Kopf getrennt werden. Vor den nominalen Kopf tritt dann der definite Artikel:

> *Beide Brüder sind polizeibekannt.* : *Die Brüder sind beide polizeibekannt.*
> *Wir beide haben dasselbe Ziel.* : *Wir haben beide dasselbe Ziel.*

Nachfolgende Adjektive werden wie nach definitem Artikel dekliniert:

> *beide jämmerlichen Gestalten*
> *beider jämmerlichen Gestalten* (Gen. Plur.)

Allerdings ist im Gen. Plur. auch die Form wie nach Nullartikel zulässig:

> *beider jämmerlicher Gestalten*

der, die, das

Dieses Demonstrativum hat stark hinweisende Bedeutung. Es lässt sich durch Flexionseigenschaften (vgl. *dén Leuten – denen*) leicht vom teilweise gleich lautenden Pronomen unterscheiden.

dér wird wie der definite Artikel dekliniert. Der Hauptvokal wird wegen der Betonung allerdings gedehnt gesprochen.

dér ist mit vorausgehendem *all(er)* kombinierbar:

> *mit all dém Unsinn*

Adjektive werden nach *dér* wie nach dem definiten Artikel dekliniert:

> *díe alten Schuhe*

Das Demonstrativum *dér* erscheint oft als Bezugselement restriktiver Nebensätze:

> *die Hoffnung auf dén Mann, der gestern losgeschickt wurde*

dieser, diese, dieses

Deklination:

	Singular			Plural
	Mask.	**Fem.**	**Neutr.**	
N.	*dieser*	*diese*	*dieses*	*diese*
A.	*diesen*	*diese*	*dieses*	*diese*
G.	*dieses*	*dieser*	*dieses*	*dieser*
D.	*diesem*	*dieser*	*diesem*	*diesen*

Im Nom. Akk. des Neutr. Sing. gibt es eine veraltete Nebenform *dies*:

> *Dies Haus soll allezeit unversehrt sein.*

Bei autonomem Gebrauch, wenn auf Sachverhalte verwiesen wird, ist jedoch *dies* die Regelform, *dieses* wirkt hier ungewöhnlich:

Arnold verließ brüllend den Raum. Dies (kaum: *dieses*) *war für die Vorsitzende Anlass, die Abstimmung zu vertagen.*

dieser weist auf Naheliegendes (wie *jener* auf Fernerliegendes) hin:

Man sprach über Jakob und Sophie. Diese war noch verhandlungsbereit, jener jedoch zeigte sich völlig unzugänglich.

In vielen Zeitbestimmungen hat *dieser* die Bedeutung ,laufend, gegenwärtig':

dieses Jahr, diesen Monat, diesen Sommer, diesen Dienstag (d. h. ,Dienstag der laufenden Woche')

Für den jeweils vorangehenden Zeitabschnitt wird *letzter, voriger*, für den jeweils folgenden Zeitabschnitt wird *nächster, kommender* verwendet.

dieser lässt sich mit vorausgehendem *all(-)* und nachfolgendem possessivem Determinativ kombinieren:

all(e) diese Ärgernisse
diese seine Handschuhe

Nachfolgende Adjektive werden wie nach definitem Artikel dekliniert:

diese neuen Handschuhe

jener, jene, jenes

Dieses Determinativ wird wie *dieser* dekliniert.

jener verweist im Gegensatz zu dieser auf Fernerliegendes:

Dieser Brief ist von Anton, jener von Hedwig.
Diesen Antrag verstehe ich nicht, jenem könnte ich zustimmen.

Es gibt allerdings Schriftsteller, die *jener* undifferenziert verweisend, d. h. ohne Betonung des „Ferneren", verwenden.

jener lässt sich mit vorangehendem *all(-)* kombinieren:

all(e) jene Beschwerden

Nachfolgende Adjektive werden wie nach definitem Artikel dekliniert:

die Ansprüche jener vergessenen Tante

derjenige, diejenige, dasjenige

Bei diesem Determinativ werden beide Teile dekliniert:

	Singular			Plural
	Mask.	**Fem.**	**Neutr.**	
N.	*derjenige*	*diejenige*	*dasjenige*	*diejenigen*
A.	*denjenigen*	*diejenige*	*dasjenige*	*diejenigen*
G.	*desjenigen*	*derjenigen*	*desjenigen*	*derjenigen*
D.	*demjenigen*	*derjenigen*	*demjenigen*	*denjenigen*

derjenige fungiert ausschließlich als Bezugselement für restriktive Relativsätze. Es hat stark hinweisenden Charakter und betont damit die Exklusivität der Teilmenge, die durch den Relativsatz definiert wird:

Wir wenden uns vor allem an diejenigen Urlauber, die unsere Naturlandschaft erhalten wollen.

derjenige lässt sich mit vorausgehendem *all(-)* kombinieren.

Nachfolgende Adjektive werden wie nach definitem Artikel dekliniert:

diejenigen einsichtigen Urlauber

derselbe, dieselbe, dasselbe

Auch bei diesem Determinativ werden beide Teile dekliniert:

	Singular			Plural
	Mask.	**Fem.**	**Neutr.**	
N.	*derselbe*	*dieselbe*	*dasselbe*	*dieselben*
A.	*denselben*	*dieselbe*	*dasselbe*	*dieselben*
G.	*desselben*	*derselben*	*desselben*	*derselben*
D.	*demselben*	*derselben*	*demselben*	*denselben*

derselbe kennzeichnet eine Größe als mit einer zweiten Größe identisch:

> *Das ist derselbe Journalist wie gestern.*

Gelegentlich kennzeichnet es auch Gleichartigkeit von Größen:

> *Das ist dieselbe Unverfrorenheit wie gestern in Göttingen.*

Gewöhnlich wird aber bei Gleichartigkeit das Adjektiv *gleich* verwendet (*Das ist die gleiche Unverfrorenheit wie gestern in Göttingen.*).
Nachfolgende Adjektive werden wie nach definitem Artikel dekliniert:

> *vor demselben geschlossenen Portal*

solcher, solch, solches

Dieses Determinativ wird weitgehend wie *dieser* flektiert:

	Singular			Plural
	Mask.	**Fem.**	**Neutr.**	
N.	*solcher*	*solche*	*solches*	*solche*
A.	*solchen*	*solche*	*solches*	*solche*
G.	*solchen(!)*	*solcher*	*solchen(!)*	*solcher*
D.	*solchem*	*solcher*	*solchem*	*solchen*

solcher verweist auf schon erwähnte oder anderweitig bekannte Eigenschaften von Größen:

> *Wir bewunderten die herrlichen sonnengereiften Früchte. Solche Tomaten wuchsen bei uns nicht.*
> *Wir suchten solche Texte, in denen besonders viele Abtönungspartikeln vorkamen.*

Rechtsverweisendes *solcher* (wie im letzten Beispiel) ist allerdings redundant und findet sich vor allem bei Ausländern, deren deutschsprachige Kompetenz noch nicht voll ausgebildet ist.
Die Kombination *ein solcher* wird bei jeweils einer einzigen zählbaren Größe angewandt:

> *Einen solchen Schwachsinn habe ich noch nie gehört.*
> *Eine solche Frau lügt nicht.*

In der Kombination *solch ein* bleibt *solch* unverändert. Die Bedeutung ist weitgehend dieselbe wie bei *ein solcher*, allerdings ist *solch ein* deutlich stärker emotiv markiert:

> *Solch einen Schwachsinn habe ich noch nie gehört.*
> *Solch eine Frau lügt nicht.*

solche kann sich mit indefiniten Determinativen sowie mit *kein* verbinden. Es wird dann wie ein Adjektiv dekliniert:

bei manchen solchen Abstürzen
keine solchen Vorkommnisse

Auf *solcher* folgende Adjektive werden wie nach definitem Artikel dekliniert:

solcher ökologische Wein
solchen ökologischen Wein
solchen ökologischen Weines

Im Dat. Sing. des Mask. und des Neutr. schwankt die Deklination nachfolgender Adjektive:

bei solchem ausgezeichneten Wein, bei solchem herrlichen Wetter

seltener:

bei solchem ausgezeichnetem Wein, bei solchem herrlichem Wetter

Im Plural konkurriert die Deklination wie nach definitem Artikel mit der Deklination wie bei Nullartikel:

solche engstirnige(n) Landsleute

Im Gen. Plur. überwiegt sogar die Deklination wie bei Nullartikel:

solcher engstirniger (selten: engstirnigen) Landsleute

Nach *ein solcher* oder *solch ein* werden Adjektive immer wie nach indefinitem Artikel dekliniert:

ein solcher/solch ein ökologischer Wein
von einem solchen/solch einem ökologischen Wein

5.4.5. Indefinita

Hierher gehören die Determinative *ein bisschen, ein wenig, einiger, etlicher, irgendein, irgendwelcher, jeder, lauter, mancher, mehrere.*
Die Indefinita quantifizieren oder identifizieren Größen in abstrakter und unbestimmter Weise.
Wegen ähnlicher Verwendung werden in diesem Zusammenhang auch die quantitativen Adjektive *viel* und *wenig* beschrieben.
Das Determinativ *irgendein* wird wie der indefinite Artikel dekliniert. Alle übrigen Indefinita (außer *ein wenig* und *lauter*) folgen der Deklination von *dieser.*

ein bisschen, ein wenig

Von diesen im Wesentlichen gleich bedeutenden komplexen Determinativen wird nur *ein bisschen* dekliniert (*ein wenig* ist unveränderlich und kommt im Genitiv überhaupt nicht vor):

N.	*ein bisschen*
A.	*ein bisschen*
G.	*eines bisschens*
D.	*einem bisschen*

Beide bezeichnen eine kleine, nicht abzählbare Menge:

Ein bisschen/ein wenig Salz würde nicht schaden.
mit einem bisschen/ein wenig Vertrauen

Sind *ein bisschen/ein wenig* Subjekt eines Satzes, so steht das finite Verb in der 3. Pers. Sing.

Die beiden Determinative lassen sich durch das Adjektiv *klein* verstärken, das bei *ein bisschen* wie andere Adjektive dekliniert wird, bei *ein wenig* unverändert bleibt:

mit einem kleinen bisschen/mit ein klein wenig Vertrauen

ein bisschen/ein wenig lassen sich nicht mit anderen Determinativen kombinieren. Nachfolgende Adjektive werden wie nach Nullartikel dekliniert:

ein bisschen/ein wenig polnische Wurst
eines bisschens polnischer Wurst
aus einem bisschen polnischer Wurst

In *ein bisschen* kann der erste Teil durch den definiten Artikel, ein Possessivum, ein Demonstrativum oder ein Negativum ersetzt werden:

das bisschen Ausdruckskraft
mit seinem bisschen Sprachkenntnis
mit diesem bisschen Sprachkenntnis
von keinem bisschen Selbstkritik

ein bisschen/ein wenig können auch als modifikative Satzangaben und als graduative Angaben verwendet werden:

Man sollte wohl ein bisschen/ein wenig nachhelfen.
Ein bisschen/ein wenig lauter, bitte!

einiger, einige, einiges

Das vorwiegend pluralisch verwendete Determinativ wird folgendermaßen dekliniert:

	Singular			Plural
	Mask.	**Fem.**	**Neutr.**	
N.	*einiger*	*einige*	*einiges*	*einige*
A.	*einigen*	*einige*	*einiges*	*einige*
G.	*einigen*	*einigen*	*einigen*	*einiger*
D.	*einigem*	*einiger*	*einigem*	*einigen*

einiger bezeichnet im Singular eine – häufig unerwartete – begrenzte Menge oder eine Teilmenge, im Plural eine begrenzte Anzahl von Größen:

einige Anstrengung
mit einiger Anstrengung
Ich wüsste schon noch einiges dazu zu sagen.
einige besonders groteske Hüte
mit einigen ausgesuchten Stücken
Einige haben darüber gelacht.

Vor Zahladjektiven hat pluralisches *einige* die Bedeutung ‚ungefähr‘:

Einige fünfzig (= ‚etwa 50‘) waren erschienen.

Vor multiplizierbaren Zahladjektiven und Zahlnomina wie *Dutzend, hundert, tausend* bedeutet *einige* jedoch ‚mehrere‘:

Man hat einige tausend Demonstranten gezählt.
Einige Millionen sind nicht zur Wahl gegangen.

Einiger ist mit *solcher* kombinierbar:

> *einige solche Untersuchungen*

solcher wird dabei, ebenso wie nachfolgende Adjektive, wie bei Nullartikel, im Singular aber auch wie nach definitem Artikel dekliniert:

> *einiger raffinierte(r) Zucker*
> *mit einigem raffiniertem/n Zucker*
> *einige solche/interessante Sonderangebote*
> *bei einigen solchen/interessanten Sonderangeboten*
> *einiger solcher/interessanter Sonderangebote* (Gen. Plur.)

Nur im Genitiv Plural gilt gelegentlich auch Deklination wie nach definitem Artikel:

> *einiger neuer/neuen Bücher*

etlicher, etliche, etliches

Dieses Determinativ wird wie *einiger* dekliniert.
Es hat im Wesentlichen auch dieselbe Bedeutung wie dieses und wird in gleicher Weise verwendet, gilt jedoch als veraltend. Etwas stärker als *einiger* weist es auf die Überschreitung einer Erwartungsnorm hin:

> *mit etlichem Aufwand*
> *etliche bemerkenswerte Diskussionsbeiträge*
> *die Einsprüche etlicher Grundbesitzer*

irgendein, irgendeine, irgendein

irgendein wird wie der indefinite Artikel dekliniert. Im Plural tritt für *ein* das Determinativ *welcher* ein:

> *irgendeine Grenzgemeinde*
> *irgendwelche Grenzgemeinden*

irgendein betont die Unbestimmtheit wesentlich stärker als der indefinite Artikel:

> *irgendwelche alten Papiere*
> *die Einsprüche irgendwelcher Grundeigentümer*

Nachfolgende Adjektive sowie *solcher* werden wie nach indefinitem Artikel, im Plural auch wie nach definitem Artikel dekliniert:

> *irgendein ärgerlicher Zwischenfall*
> *der Ärger irgendwelcher betroffener/betroffenen Nachbarn*
> *irgendwelche solche(n) Vorschläge*

Bei autonomer Verwendung wird das Pronomen *irgendeiner* (s. 5.6.8) verwendet.

irgendwelcher, irgendwelche, irgendwelches

Dieses Determinativ kommt nicht nur suppletiv als Pluralform zu *irgendein* vor, sondern auch als eigenständiges Indefinitum. Es wird dann folgendermaßen dekliniert:

	Singular			Plural
	Mask.	**Fem.**	**Neutr.**	
N.	*irgendwelcher*	*irgendwelche*	*irgendwelches*	*irgendwelche*
A.	*irgendwelchen*	*irgendwelche*	*irgendwelches*	*irgendwelche*
G.	*irgendwelchen /irgendwelches*	*irgendwelcher*	*irgendwelchen/ irgendwelches*	*irgendwelcher*
D.	*irgendwelchem*	*irgendwelcher*	*irgendwelchem*	*irgendwelchen*

irgendwelcher bezeichnet in unbestimmter Weise Größen oder Mengen, vor allem wenn sie in Zweifel gezogen oder in Abrede gestellt werden:

> *Mir ist von irgendwelchem Ärger nichts bekannt.*
> *Haben Sie noch irgendwelche Fragen?*
> *Irgendwelche Fragen gab es nicht.*

Nachfolgende Adjektive sowie das Determinativ *solcher* werden im Singular wie nach definitem, im Plural wie nach definitem oder bei Nullartikel dekliniert:

> *irgendwelcher lächerliche Hochmut*
> *irgendwelches seltsame Zögern*
> *irgendwelche kleinliche(n) Streitereien*
> *die Einsprüche irgendwelcher rechthaberischen/rechthaberischer Nachbarn*

jeder, jede, jedes

Dieses Determinativ kommt nur im Singular vor. Deklination:

	Singular		
	Mask.	**Fem.**	**Neutr.**
N.	*jeder*	*jede*	*jedes*
A.	*jeden*	*jede*	*jedes*
G.	*jedes/jeden*	*jeder*	*jedes/jeden*
D.	*jedem*	*jeder*	*jedem*

Die Genitivformen *jeden* sind seltener als *jedes*.

jeder bezeichnet alle Elemente einer Menge, betont also (im Gegensatz zu *aller*) weniger die Gesamtheit als die einzelnen Elemente.

Nachfolgende Adjektive sowie *solcher* werden wie nach definitem Artikel dekliniert, angeschlossenes *solcher* jedoch häufiger wie bei Nullartikel:

> *zu jedem erlesenen Geschenk*
> *zu jedem solchem/solchen Geschenk*

Das gleich bedeutende Determinativ *jedweder* ist veraltet.

jeglicher, jegliche, jegliches

Deklination:

	Singular			Plural
	Mask.	**Fem.**	**Neutr.**	
N.	*jeglicher*	*jegliche*	*jegliches*	*jegliche*
A.	*jeglichen*	*jegliche*	*jegliches*	*jegliche*
G.	*jeglichen/es*	*jeglicher*	*jeglichen/es*	*jeglicher*
D.	*jeglichem*	*jeglicher*	*jeglichem*	*jeglichen*

jeglicher bezeichnet noch stärker als *jeder* alle einzelnen Elemente einer Menge. Das Determinativ wird vor allem in negierten Ausdrücken verwendet:

> *ohne jegliches Verständnis*
> *bar jeglicher Sicherheiten*

Nachfolgende Adjektive sowie *solcher* werden wie nach definitem Artikel dekliniert, angeschlossenes *solcher* jedoch häufiger wie bei Nullartikel;

> *bar jeglicher glaubhafter Erklärungen*
> *ohne jegliche solche(n) Zutaten*

lauter

Dieses unveränderliche Determinativ ist nur attributiv verwendbar.
Es kennzeichnet eine exklusive Menge und kann in der Regel durch die Partikel *nur* ersetzt werden. Im Singular kommt es nur bei nicht zählbaren Nomina vor:

> *Es waren lauter Einheimische in der Kirche.*
> *lauter Geschwätz*

Nachfolgende Adjektive sowie *solcher* werden wie bei Nullartikel dekliniert:

> *lauter seichtes Geschwätz*
> *lauter alte Leute*
> *Dafür bedarf es lauter versierter Handwerker.*
> *der Vorteil lauter frischen Obstes*
> *der Vorteil lauter solchen Obstes*

mancher, manche, manches

Die Deklination entspricht weitgehend der von *dieser*:

	Singular			Plural
	Mask.	**Fem.**	**Neutr.**	
N.	*mancher*	*manche*	*manches*	*manche*
A.	*manchen*	*manche*	*manches*	*manche*
G.	*manches/manchen*	*mancher*	*manches/manchen*	*mancher*
D.	*manchem*	*mancher*	*manchem*	*manchen*

Im Gen. Sing. Mask. und Neutr. ist *manchen* häufiger als *manches*.
Das Determinativ *mancher* weist eine Teilmenge als begrenzt, aber gleichwohl beachtlich aus. Dabei werden im Singular mehr einzelne Elenente, im Plural mehr die Gesamtheit betont:

> *mancher Salzburger*
> *manche Enttäuschung*
> *manche Information*
> *manche Behauptungen*

Im Singular lässt sich autonom gebrauchtes *mancher* mit dem indefiniten Artikel verbinden; dabei wird die Einzelheit der Elemente noch stärker betont:

> *Das ist schon einem manchen passiert.*

mancher wird in solchen Fällen wie ein Adjektiv nach indefinitem Artikel dekliniert. Nachfolgende Adjektive sowie *solcher* werden wie nach definitem Artikel dekliniert:

> *Er hat mit einem manchen hübschen Mädchen getanzt.*
> *Manche einfältigen Zeitgenossen sehen den Wald vor lauter Bäumen nicht.*

Im Gen. Plur. allerdings werden nachfolgende Adjektive wahlweise, nachfolgendes *solcher* ausschließlich wie bei Nullartikel dekliniert:

> *Sie schätzte den Reiz mancher österreichischen/er Landschaften.*
> *Sie schätzte den Reiz mancher solcher Landschaften.*

Die unveränderliche Nebenform *manch* kommt vor allem in Verbindung mit dem indefiniten Artikel vor. Sie betont stärker als flektiertes *mancher* die Individualität der betreffenden Größen:

Manch ein Ehrgeizling hat sich an dieser Aufgabe die Zähne ausgebissen.
Sie hatte sich mit manch einem Provinzhäuptling angelegt.

manch ein gehört dem gehobenen Sprachgebrauch an.

Vor maskulinen und neutralen Nomina kommt auch unveränderliches *manch* allein vor. In dieser Verwendung, die ebenfalls dem gehobenen Sprachgebrauch angehört, wird die Beachtlichkeit der begrenzten Menge stärker hervorgehoben:

manch Provinzjournalist
manch Grundschulmeister
manch Diplomatenkind
manch Haustürgeschäft

Folgt dem indeklinablen *manch* ein Adjektiv, so wird es wie bei Nullartikel flektiert. Solche Kombinationen kommen verbreitet vor:

manch interessanter Beigabe (Dat. Sing.)
manch modische Attribute

Im gehobenen Sprachgebrauch können *mancher* und *manch ein* durch *gar* oder *so* verstärkt werden. Diese Zusätze lassen die Menge von Größen als ansehnlich erscheinen:

So mancher hat das nicht bedacht.
Gar manch ein Linguist weiß nichts von dem Buch.

mehrere

Dieses Determinativ kommt nur im Plural vor. Deklination:

N.	*mehrere*
A.	*mehrere*
G.	*mehrerer*
D.	*mehreren*

mehrere ist fast bedeutungsgleich mit *einige*, betont aber stärker die Pluralität der Elemente:

Ich habe mehrere Fehler gefunden.
Ich habe mit mehreren gesprochen.

Nachfolgende Adjektive sowie *solcher* werden wie bei Nullartikel dekliniert:

mehrere gravierende Fehler
die Feststellung mehrerer gravierender Fehler

Nur im Gen. Plur. gilt gelegentlich auch die Deklination wie nach definitem Artikel:

mehrerer neuen Bücher

vieler, viele, vieles
weniger, wenige, weniges

Diese Adjektive kommen mit definitem oder mit Nullartikel vor. Zur Deklination s. 5.5.2.

vieler und *weniger* signalisieren große bzw. kleine Mengen, wobei sich die Größe jeweils an einer Normvorstellung orientiert: *viele Bewohner dieses Hauses* bilden eine kleinere Menge als *viele Bewohner der Stadt Berlin*.

Die indeklinablen Parallelformen *viel* und *wenig* lassen sich mit *solcher*, nicht aber mit anderen Determinativen kombinieren:

viel Milch
viel frische Milch
viel solche Milch

Zur Verteilung der deklinierten und der indeklinablen Formen:

viel, wenig werden im Nom. Akk. Sing. sowie bei unbestimmten Mengen bevorzugt:

viel Zucker (neben *vieler Zucker* bzw. *vielen Zucker*)

Im Gen. Dat. Sing. und bei Bezeichnungen für Immaterielles werden häufiger die deklinierten Formen verwendet:

mit vielem Zureden
die Unvernunft vieler Neugieriger
mit vieler Mühe

Bei Bekanntem, Vorerwähntem wird eher die deklinierte Form, bei Unbekanntem eher die undeklinierte Form verwendet. So stehen sich gegenüber *vieles Unangenehme* (vorerwähnt) und *viel Unangenehmes* (erstmals erwähnt).

Im Plural können die indeklinablen Formen nur alltagssprachlich verwendet werden. Die deklinierten Formen lassen sich mit vorausgehendem definitem Artikel und mit ebenfalls vorausgehendem *dieser, jener* sowie mit nachfolgendem *solcher* kombinieren:

die vielen Blumen
diese vielen Regelfälle
jene vielen Toten

Nachfolgende Adjektive sowie *solcher* werden wie bei Nullartikel dekliniert:

vieler berauschender Farben (Gen. Plur.)
vieler solcher Farben (Gen. Plur.)

Im Nom. Plur. schwankt die Deklination:

viele beklemmende(n) Frage

5.4.6. Das negative Determinativ *kein, keine, kein*

Dieses Determinativ wird dekliniert wie der indefinite Artikel, hat aber Pluralformen:

	Singular			Plural
	Mask.	**Fem.**	**Neutr.**	
N.	*kein*	*keine*	*kein*	*keine*
A.	*keinen*	*keine*	*kein*	*keine*
G.	*keines*	*keiner*	*keines*	*keiner*
D.	*keinem*	*keiner*	*keinem*	*keinen*

kein stellt die Existenz von Größen in Abrede:

kein Mensch, keine Schranke, kein Haus
keine Zuschauer

kein lässt sich mit dem nachfolgenden Determinativ *solcher* kombinieren. Dieses sowie folgende Adjektive werden im Singular wie nach indefinitem Artikel, im Plural wie nach definitem Artikel dekliniert:

> *kein solcher/schöner Zug*
> *aus keinem solchen/ersichtlichen Grund*
> *keine solchen/unerwarteten Widersprüche*

Verstärkung der Negation ist möglich durch die vorangehenden Partikeln *gar* und *überhaupt*:

> *gar keine Zuschauer*
> *überhaupt keine Zuschauer*

Im Singular dient auch das nachgestellte Adjektiv *einziger* der Verstärkung:

> *kein einziger Zuschauer*

Mit *kein* werden Größen negiert, soweit sie in der positiven Form indefiniten Artikel oder Nullartikel haben:

> *Ein Brief war eingetroffen. : Kein Brief war eingetroffen.*
> *Ausdauer war erforderlich. : Keine Ausdauer war erforderlich.*

Größen mit definitem Artikel werden im Allgemeinen mit *nicht* negiert:

> *Ich habe den Brief gesucht. : Ich habe den Brief nicht gesucht.*

Mit *nicht* werden grundsätzlich auch Sachverhalte negiert (s. dazu Weiteres 7.2, bes. 7.2.3). Aber Sachverhalte lassen sich unter bestimmten Voraussetzungen auch durch *kein* negieren, nämlich wenn der positive Satz ein Funktionsverbgefüge mit indefinitem Artikel oder Nullartikel enthält:

> *Wir sollten dem Beachtung schenken. : Wir sollten dem keine Beachtung schenken.*

Auch bei Prädikativergänzungen mit indefinitem oder Nullartikel ist teilweise Negation des gesamten Sachverhaltes durch *kein* möglich:

> *Sie sind ein Versager. : Sie sind kein Versager.*

5.4.7. Interrogativa

Hierher gehören alle mit *w* beginnenden Determinative: *was für ein, welcher, welch ein, wessen, wieviel(er)*.
Diese Wörter erfragen Größen, Eigenschaften oder Relationen. Sie können als Einleiteelemente direkter wie indirekter Interrogativsätze verwendet werden.
Es ist zu betonen, dass indirekte Interrogativsätze selbst keine Fragefunktion haben.
In der Regel stehen die Interrogativa am Anfang des Satzes bzw. des vom Interrogativum eingeleiteten Nebensatzes, vorausgehen können ihnen nur Präpositionen:

> *Welche Stimme war das?*
> *Ich möchte wissen, welche Stimme das war.*
> *Für welchen Kandidaten habt ihr gestimmt?*

was für ein (Plur. *was für*)

Dekliniert wird lediglich der letzte Teil (dieser wie der indefinite Artikel).
Zur Austauschbarkeit von *was für ein* und *welcher* s. unter *welcher*.
was für ein fragt nach Eigenschaften. In Ausrufen signalisiert es einen besonders hohen Grad einer Eigenschaft:

Was für ein Medikament ist das?
Was für eine herrliche Aussicht du von hier hast!

Die Folge *für ein* (mit zugehörigem Nomen) kann vom Fragewort *was* abgetrennt werden. *was* steht dann im Vorfeld bzw. am Anfang des Nebensatzes, *für ein X* gewöhnlich am Ende des Mittelfeldes. So stehen gleichrangig nebeneinander:

Was für eine Pflanze meinst du? und *Was meinst du für eine Pflanze?*
Was für Wörterbücher haben Sie? und *Was haben Sie für Wörterbücher?*
Patrick will wissen, was für ein Auto sein Vater bekommt. und *Patrick will wissen, was sein Vater für ein Auto bekommt.*

Die Möglichkeit der Distanzstellung gilt auch für gleich strukturierte Ausrufe – hier ist, soweit es sich um Hauptsätze handelt, sogar nur diese Stellung zugelassen:

Was war das für eine tolle Bergtour!

Bei Nebensätzen mit Verbendstellung gibt es auch hier beide Möglichkeiten:

Was für verrückte Ideen Karl-Udo hat!
Was Karl-Udo für verrückte Ideen hat!

was für ein lässt sich mit nachfolgenden Adjektiven kombinieren; diese werden dann wie nach indefinitem Artikel dekliniert.

welcher, welche, welches

Dieses Determinativ wird wie *dieser* flektiert.

welcher zielt auf die Auswahl aus einer gegebenen Menge:

Welchen Hut nehmen wir?
Welcher von euch ist es gewesen?

Da die Auswahl häufig von einer Eigenschaft der betreffenden Größe gesteuert wird, andererseits nicht alle Elemente der gegebenen Menge näher bekannt sein müssen, ist *welcher* oft gegen *was für ein* austauschbar:

Welches/was für ein Gewürz hast du da verwendet?
Welchen/was für einen Arzt haben Sie angerufen?

welcher wird auch bei Ausrufen (in Haupt- wie in Nebensätzen) gebraucht:

Welchen Unsinn mutet er euch zu!
Welchen Unsinn er euch zumutet!

welcher kommt ferner als Indefinitum vor:

Hier fehlt Salz. Hast du welches?
Meine Büroklammern sind aus. Haben Sie noch welche?

In dieser Bedeutung kommt *welcher* nur autonom (d. h. als Pronomen) vor. Attributive Verwendung des indefiniten *welcher* ist ein typischer „Ausländerfehler":

*Haben Sie noch welche Büroklammern?

welcher lässt sich mit nachfolgenden Adjektiven kombinieren (diese werden wie nach definitem Artikel dekliniert):

Welche angemeldeten Gäste haben noch kein Zimmer?

Hier konkurrieren im Gen. Plur. die Endungen *en* und *er*:

welcher bayrischer/bayrischen Luxushotels

welch ein

welch ist hier indeklinabel, *ein* wird wie der indefinite Artikel dekliniert.

welch ein signalisiert in Ausrufen Staunen über die Beschaffenheit einer Größe:

> *Welch ein Skandal!*
> *Welch eine Unordnung!*
> *Welch eine blühende Fantasie!*
> *Welch wirre Fantastereien!*

Nachfolgende Adjektive (wie im letzten Beispiel) werden wie bei Nullartikel dekliniert.

Die Nebenform *welch* erfordert im Allgemeinen ein nachfolgendes Adjektiv:

> *Welch blühende Fantasie!*
> *Welch geniale Unordnung!*

Ohne Adjektiv ist *welch* allenfalls bei Maskulina und Neutra in gehobener Sprache möglich:

> *(?)Welch Versager!*
> *Welch Lumpengesindel!*

wessen

Dieses unveränderliche Determinativ fragt nach dem „Besitzer" in einer Possessivrelation:

> *Wessen Wagen könnte das sein?*
> *In wessen Sold steht dieser Wissenschaftler?*

Nachfolgende Adjektive werden wie bei Nullartikel dekliniert:

> *Wessen alte Bergstiefel sind das?*

wievieler, wieviele, wieviel

Dieses Determinativ wird wie ein Adjektiv bei Nullartikel dekliniert.

Es fragt, attributiv oder autonom verwendet, nach dem Umfang einer Teilmenge oder nach der Anzahl von Größen:

> *Wieviel (Knoblauch) wollen wir zugeben?*
> *Wieviele (Eier) brauchst du für diesen Kuchen?*

Die unflektierte Nebenform *wieviel* ist im Singular häufiger als die flektierte Form; nachfolgende Adjektive werden nach dieser unflektierten Form wie bei Nullartikel dekliniert:

> *Mit wieviel importiertem Weizen haben wir es zu tun?*

Im Plural kommt die unflektierte Form nur alltagssprachlich vor.

Auf flektiertes *wievieler* usw. folgende Adjektive werden im Singular wie nach definitem Artikel, im Plural wie bei Nullartikel dekliniert:

> *Wieviel artgerechte Tierhaltung können wir uns leisten?*
> *Wieviele ökologische Betriebe haben wir in der Region?*

Im Dat. Sing. Mask. und Neutr. können nachfolgende Adjektive auch die Endung *em* haben (die nach unverändertem *wieviel* obligatorisch ist):

> *Mit wievielem importiertem Weizen haben wir es zu tun?*

Im Nom. Akk. Plur. können nachfolgende Adjektive auch die Endung *en* haben:

> *Wieviele defekte(n) Schalter haben Sie festgestellt?*

5.5. DAS ADJEKTIV

5.5.1. Allgemeines

▸ **Adjektive sind genusvariable Wörter, die immer zwischen Determinativ und Nomen stehen können.**

Hiervon ausgenommen ist die geringe Menge von Wörtern mit im Übrigen identischen Eigenschaften, die in 5.4 als Determinative ausgewiesen wurden (z. B. *mancher*).

Die hier festgelegte Definition des Adjektivs widerspricht den Definitionen in gängigen Grammatiken und Lehrbüchern. Es sind vor allem zwei Definitionen, zu denen Stellung genommen werden muss.

Die **semantische Definition** will die Adjektive als Wörter aussondern, die Eigenschaften bezeichnen und damit Größen qualifizieren. Aber einerseits bezeichnen auch andere Wörter und Wortgruppen Eigenschaften, so *Schönheit, Alter, erster Klasse.* Andererseits bezeichnet die Mehrheit der gemeinhin als Adjektive anerkannten Wörter eben keine Eigenschaften, man denke an *hiesig, ehemalig* und die Zahlwörter.

Eine **flexivische Definition** möchte die Adjektive klassifizieren nach ihrer Fähigkeit, gesteigert zu werden. Aber schon ein kurzer Blick auf die Menge der anerkannten Adjektive zeigt, dass nur ein recht kleiner Teil der Wörter, die als Adjektive gelten, sich steigern lässt: *trächtig, kommunal, cholesterinfrei* und wieder die unbegrenzte Menge der Zahlwörter widersetzen sich jeder Steigerung. Es reicht eben nicht, eine Reihe von Adjektiven herauszugreifen und mit deren Merkmalen die gesamte Klasse charakterisieren zu wollen. „Definieren" heißt abgrenzen, heißt, wo es um Mengen geht, die Festsetzung von Merkmalen, die für alle Elemente dieser Menge und nur für diese gelten. Wer vom Definieren nichts versteht, wer das Definieren nicht vom Beschreiben zu unterscheiden vermag, sollte sich nicht auf den Streit um Wortklassen einlassen. Leider geschieht das immer noch viel zu oft.

Gemäß der oben formulierten Definition gehören zu den Adjektiven einige Teilmengen, die manchmal anders zugeordnet werden.

– Zahlwörter, und zwar Kardinalzahlen (außer Nomina wie *Dutzend, (das) Hundert* u. a.) und Ordinalzahlen,
– Partizipien, soweit sie attributiv gebraucht werden, also *lachend, ausgetrunken* und andere als Satelliten des Nomens,
– gerundivische Formen (*zu tadelnd*).

Man kann die so definierten Adjektive nach ihrer Veränderlichkeit subklassifizieren. Fast alle Adjektive sind veränderlich und werden bei attributiver Verwendung auch dekliniert:

blonde Sünde, rechtschaffene Helfer, heiteres Gemüt, faule Leute, planmäßige Durchführung, trauriger Augen (Gen. Plur.) usw.

Indeklinabel sind wenige: *lila, prima, rosa, klasse* u. a., die höchstens alltagssprachlich dekliniert werden, ferner Herkunftsadjektive wie *Stuttgarter* sowie die meisten Kardinalzahlen (s. 5.5.4 „Bildung der Zahladjektive"). *ganz* und *halb* werden in geographischen Bezeichnungen nicht dekliniert, sofern Nullartikel vorliegt:

ganz Württemberg, halb Deutschland
(aber: *das ganze Württemberg, das halbe Deutschland*)

Hinsichtlich der Verwendbarkeit der Adjektive gilt zunächst, dass alle attributiv verwendbar sind (dies verlangt die Definition). Es gibt also keine „nur prädikativ verwendbaren Adjektive". Wörter wie *quitt, leid, schade* u. a. können daher keine Adjektive sein; sie werden im vorliegenden Buch als „Kopulapartikeln" klassifiziert (s. 6.5).

Viele Adjektive können allerdings auch nichtattributiv verwendet werden, dann vorwiegend als Prädikativergänzungen; dabei bleibt das Adjektiv prinzipiell unverändert. Nur beim Superlativ und bei Ordnungszahlen wird auch in dieser Verwendung dekliniert:

> *Diese Monographie war die neueste zum Thema.*
> *Dieser Anruf war der siebte.*

Und auch das Adjektiv *folgend* wird, mit oder ohne Artikel, in sämtlichen Verwendungsarten (im Folgenden in Subjektsfunktion) dekliniert:

> *Mein Vorschlag wäre folgender.*
> *Mein Vorschlag wäre der folgende.*

Gebrauch des indefiniten Artikels vor prädikativ gebrauchtem und dekliniertem Adjektiv gilt als wichtigtuerisch und sollte vermieden werden:

> *(*)Dieser Anruf war ein rätselhafter.*

Gemäß den VERWENDUNGSMÖGLICHKEITEN ergeben sich fünf Subklassen von Adjektiven:

(1) Nur attributiv verwendbar sind Adjektive, die Klasse, Ort oder Zeit angeben, ferner *anderer*:

> *bischöflich(er Segen), dortig(er Bürgermeister), heutig(e Zeitung), ander(e Frauen)*

(2) Attributiv und als Modifikativangabe verwendbar sind viele qualifikative, referentielle und existimatorische Adjektive:

> *ein leidenschaftlicher Sänger/Er hat früher leidenschaftlich gesungen.*
> *der allwöchentliche Schwachsinn/Wir werden Ihnen die Broschüre wöchentlich zusenden.*
> *sein tatsächliches Verhalten/Sie haben sich tatsächlich so verhalten.*

(3) attributiv, als Apposition, als Disjunkt und als Modifikativangabe verwendbar sind viele ursprüngliche Partizipien:

> *ein glänzender Erfolg/ihre Augen, glänzend vor Freude, .../Ihr habt die Prüfung glänzend bestanden.*
> *Betroffenes Schweigen/die Ankömmlinge, betroffen verharrend, .../Sie hielt betroffen inne.*

(4) attributiv, als Apposition oder Prädikativergänzung (Adjektivalerg.) verwendbar sind Adjektive wie *tätig, gemeldet, registriert* u. a.:

> *Die in Zusmarshausen tätige Person/die Person, seit fünf Jahren in Zusmarshausen tätig, ... /Sie war seit fünf Jahren in Zusmarshausen tätig.*

(5) attributiv, als Apposition, Satzergänzung oder Satzangabe verwendbar sind qualifikative, referentielle und existimatorische Adjektive:

> *der wahrscheinliche Ausgang des Experiments/das Ergebnis, nach allen Prognosen wahrscheinlich, .../Das baldige Ende der Affäre war sehr wahrscheinlich./Die Geschichte wird wahrscheinlich gut ausgehen.*

Hinsichtlich der BEDEUTUNG lassen sich unterscheiden:

(1) quantifikative Adjektive, die Menge oder Anzahl von Größen nennen. Hierher gehören die Kardinalzahlen, *viel(er)* und *wenig(er)* und einige andere;

(2) referentielle Adjektive, die Größen räumlich oder zeitlich situieren, die Abfolge angeben o. ä. (*linksseitig, gestrig, folgend* u. a. sowie die Ordinalzahlen);

(3) qualifikative Adjektive, die Eigenschaft oder Beschaffenheit von Größen angeben. Hierher gehören *alt, jung, lang* u. a., die Stoffadjektive (*seiden, steinern*) sowie die meisten Partizipien;

(4) klassifikative Adjektive, die lediglich Größen einer Klasse zuweisen, ohne zu qualifizieren (*kommunal, päpstlich, staatlich* u. a.);

(5) Herkunftsadjektive wie *polnisch, Frankfurter* u. a.

Wie zu sehen ist, gibt es unter den Adjektiven einige, die mit großen Anfangsbuchstaben geschrieben werden (*Frankfurter*). Spätestens hier müssten die militanten Verteidiger der Großschreibung von „Hauptwörtern" erkennen, dass ihre Vorschläge an der Wirklichkeit zerschellen. Ihre Argumentation ist in der Tat so löcherig wie der *Schweizer Käse*, der zwei groß geschriebene Wörter, aber nur ein einziges „Hauptwort" (= Nomen) enthält.

5.5.2. Deklination des Adjektivs

Die Adjektive werden, sofern sie deklinierbar sind, bei attributivem Gebrauch dekliniert. Dabei ergeben sich in Abhängigkeit vom vorausgehenden Determinativ drei Deklinationsklassen. Die Unterschiede dieser drei Klassen sind so wichtig, dass die Steuerungsfunktion der Determinative auch dependentiell zum Ausdruck gebracht wird. Die Grundstruktur der Nominalphrase stellt sich daher folgendermaßen dar:

Nom
|
Det
|
Adj

DEKLINATIONSLASSE I

	Singular			Plural
	Mask.	**Fem.**	**Neutr.**	
N.	*gute*	*gute*	*gute*	*guten*
A.	*guten*	*gute*	*gute*	*guten*
G.	*guten*	*guten*	*guten*	*guten*
D.	*guten*	*guten*	*guten*	*guten*

Diese Deklination gilt nach **definitem Artikel** sowie nach *aller, derjenige, derselbe, dieser, irgendwelcher, jener* und meist nach *mancher, solcher, welcher*. Beispiele:

den guten Hirten (Akk. Sing. Mask., Dat. Plur.)
der guten Frau (Gen. Dat. Sing. Fem.)
die guten Würste (Nom. Akk. Plur.)
der guten Vorsätze (Gen. Plur.)

DEKLINATIONSKLASSE II

	Singular			Plural
	Mask.	**Fem.**	**Neutr.**	
N.	*guter*	*gute*	*gutes*	*gute*
A.	*guten*	*gute*	*gutes*	*gute*
G.	*guten*	*guten*	*guten*	*guter*
D.	*guten*	*guten*	*guten*	*guten*

Diese Deklination gilt nach **indefinitem Artikel** sowie nach *manch ein, solch ein, welch ein, irgendein, einige, etliche, mehrere*. Beispiele:

> *einen guten Vorschlag* (Akk. Sing. Mask.)
> *einer guten Suppe* (Gen./Dat. Sing. Fem.)
> *gute Speisen* (Nom. Akk. Plur.)
> *guter Vorschläge* (Gen. Plur.)

DEKLINATIONSKLASSE III

	Singular			Plural
	Mask.	**Fem.**	**Neutr.**	
N.	*guter*	*gute*	*gutes*	*gute*
A.	*guten*	*gute*	*gutes*	*gute*
G.	*guten*	*guter*	*guten*	*guter*
D.	*gutem*	*guter*	*gutem*	*guten*

Diese Deklination gilt bei **Nullartikel** sowie nach unflektiertem *deren, dessen, manch, solch, welch*. Beispiele:

> *guten Grund* (Akk. Sing. Mask.)
> *guter Hoffnung* (Gen. Dat. Sing. Fem.)
> *gute Speisen* (Nom. Akk. Plur.)
> *guter Gründe* (Gen. Plur.)

BESONDERHEITEN DER ADJEKTIVDEKLINATION

Nach den Partnerpronomina *ich, du, Sie* gilt für Adjektive Deklinationsklasse III:

> *ich dummer Mensch, dir hilflosem Wesen, Sie aufgeweckte Frau*

Nach *wir, ihr* gilt für Adjektive im Nominativ meist Deklinationsklasse I, im Akkusativ meist Deklinationsklasse III:

> *wir armen Leute, ihr neugierigen Zuschauer*
> *uns arme Leute* (Akk.), *euch neugierige Zuschauer* (Akk.)

Im Nominativ ist nach *wir, ihr* Deklinationsklasse III selten, immerhin steht *wir Deutsche* neben *wir Deutschen*. Im Akkusativ ist Deklinationsklasse III etwas häufiger: *uns arme Leute* (neben *uns armen Leute*).

Im Plural der Deklinationsklasse III können vor dem Adjektiv die Determinative *einige, etliche, mehrere* stehen, jedoch kein Artikel.

Gehäufte Adjektive, ob durch Komma getrennt oder nicht, werden immer gleich dekliniert:

> *Mit teurem frischem Obst*

Eine ältere Regel, nach der das zweite Adjektiv und alle folgenden der Deklinationsklasse I folgen, hat heute keine Gültigkeit mehr. Ausnahme:
Nach *sämtlich* folgen Adjektive gewöhnlich der Deklinationsklasse I, im Gen. Plur. aber der Deklinationsklasse III.

Das Adjektiv *folgender* wird in allen Verwendungen dekliniert. Nachfolgende Adjektive werden im Singular nach Deklinationsklasse I, im Plural gewöhnlich nach Deklinationsklasse III flektiert. In Verbindung mit dem definiten Artikel (*die folgenden*) erzwingt *folgend-* allerdings auch im Plural bei nachfolgenden Adjektiven Deklinationsklasse I:

> *die folgenden näheren Erläuterungen.*

ZUR DEKLINATION DER ZAHLWÖRTER (s. auch 5.5.4 „Bildung der Zahlwörter“)

Kardinalzahlen sind im Allgemeinen nicht deklinierbar. Ausnahme ist *ein*, das wie der indefinite Artikel dekliniert wird, allerdings meist betont ist:

> *éinem neuen Patienten*

Wenn dem Kardinalzahlwort *ein* ein Determinativ vorausgeht, wird *ein* wie ein Adjektiv dekliniert, richtet sich also nach diesem Determinativ:

> *dem éinen neuen Patienten*

Von den übrigen Kardinalzahlen weisen nur *zwei* und *drei* mit eigenen Genitivformen noch Reste früherer Deklination auf:

> *zweier/dreier Patienten*

Die Zahlen *zwei* bis *zwölf* haben, wenn sie autonom gebraucht werden, noch die Dativformen erhalten (Ausnahme ist die Zahl *sieben*):

> *mit zweien, dreien, vieren, …, zwölfen*

Auch Genitivformen finden sich noch, wenngleich seltener:

> *vierer, fünfer, sechser* (?), *…, zwölfer*

Eine begrenzte Menge von Kardinalzahlen gehört zu den Nomina:

> *das Dutzend, das Hundert, das Tausend*

Diese Kardinalia werden wie Nomina der Klasse 2 dekliniert. *Million* u. a. werden nach Deklinationsklasse 1 dekliniert.

Ordinalzahlen folgen in attributivem wie in prädikativem Gebrauch den allgemeinen Regeln der Adjektivdeklination:

> *die erste Reiterin*
> *Hans wurde Erster/der Erste.*

Bruchzahlen sind Zwei-Wort-Phrasen mit einer Kardinalzahl als „Zähler“ und dem Divisor, der aus Ordinalzahl + *el* gebildet wird:

> *Dritt-el, Siebt-el.*

Die Bruchzahl hat das Genus des regierenden Nomens; ist kein solches vorhanden, so ist die Bruchzahl ein Neutrum:

> *aus einer drittel Flasche*
> *aus einem Drittel*

Divisor und regierendes Nomen werden in viel gebrauchten Verbindungen auch zusammen geschrieben:

> *ein Viertelliter, drei Achtelliter*

¾ wird meist mit dem nominalen Kopf zusammen geschrieben:

> *eine Dreiviertelstunde*

Das mengenbezeichnende Nomen kann fehlen, wo es sich von selbst versteht; der Divisor wird dann groß geschrieben:

> *ein Viertel* (Liter) *Wein*
> *drei Achtel* (Pfund) *Butter*

Der Divisor 2 wird in gemischten Zahlen *halb* gesprochen:

> *2½ zweieinhalb*

Für *1½ (eineinhalb)* gibt es die Nebenform *anderthalb*.

Vervielfältigungszahlen (auf *fach*) werden wie andere Adjektive dekliniert:

> *ein dreifacher Salto, der siebenfache Betrag*

Sie geben an, wie oft oder in welchem Umfang Größen vorhanden sind. Statt *zweifach* kann auch *doppelt* gesagt werden, jedoch sind beide Ausdrücke nicht in jedem Fall völlig synonym.

Gattungszahlwörter (auf *erlei*) sind indeklinable Adjektive:

> *mit zweierlei Maß, fünferlei Farben*

Sie geben an, wie oft oder in welchem Umfang Eigenschaften vorhanden sind. *einerlei* wird jedoch nicht nur als Gattungszahl verwendet, sondern auch als Kopulapartikel in der Bedeutung ‚gleichgültig, egal‘.

LAUTLICHES

Adjektive auf *el* verlieren das *e* vor einer Deklinationsendung:

> *eitel – eitler, flexibel – flexible*

Adjektive auf *en* (jedoch nicht auf *nen*) und *er* verlieren manchmal vor Deklinationsendungen das *e*:

> *selten – seltner/seltener*
> *heiser – heisre/heisere*

Adjektive auf Diphthong + *er* (jedoch nicht auf *rer*) verlieren vor Deklinationsendungen ihr *e* fast immer:

> *sauer – saures* (seltener: *saueres*)

Dies gilt teilweise auch für Komparativformen:

> *bitter – bittrer/bitterer*

5.5.3. Steigerung von Adjektiven

Eine kleine, aber zentrale Teilmenge von Adjektiven ist graduierbar. Diese Adjektive benennen eine Eigenschaft oder Menge, die stufenweise verändert werden kann. Es handelt sich vorwiegend um qualifikative, zum kleineren Teil um quantifikative Adjektive.

Die Veränderung des Grades wird „Steigerung" genannt. Steigerung ist auf dreierlei Arten möglich:

- durch Wortbildungsmittel,
- durch lexikalische Mittel,
- durch Flexion („Komparation").

STEIGERUNG DURCH WORTBILDUNGSMITTEL

Bestimmungswörter in Vergleichskomposita (s. 5.5.4 „Zusammensetzungen") können steigernde Wirkung haben. Im absoluten Positiv bezeichnen sie dann einen besonders hohen Grad:

> *riegeldumm, rotzfrech, blitzschnell*

Solche Steigerung ist auch bei einigen Kopulapartikeln möglich:

> *mutterseelenallein, jammerschade, spinnefeind*

Der absolute Superlativ lässt sich durch *aller* verstärken:

> *allerdümmst, allerletzt, allerschnellst*

Ebenso können Präfixe und Präfixoide steigernd wirken:

> *schwerverletzt, tiefgekränkt, superpraktisch*

STEIGERUNG DURCH LEXIKALISCHE MITTEL

Beim absoluten Positiv können verschiedene Wörter als Graduativergänzungen einen hohen Grad bezeichnen:

> *außerordentlich (empfindlich), besonders (hilfreich), sehr (liebenswürdig, überaus (zuvorkommend)* u. a.

Begrenzt steigernde Wirkung haben *einigermaßen, ganz, recht, ziemlich* und andere. Eine Art „Steigerung nach unten" bewirken *kaum* und *weniger*:

> *kaum erfolgreich, weniger tauglich*

Beim relativen Komparativ und beim relativen Superlativ können andere Wörter und Wortgruppen in der Funktion von Graduativergänzungen Steigerung bewirken:

> *viel, noch, noch viel (lauter)*
> *erheblich, weit, weitaus (lauter)*
> *bei weitem (teurer, teuerst)*
> *mit Abstand (schneller, schnellst)*

STEIGERUNG DURCH FLEXION: KOMPARATION

Ausdrucksformen

Das Komparationsparadigma besteht aus Positiv, Komparativ und Superlativ.
Bei attributiver Verwendung werden alle Komparationsformen dekliniert.
Der **Positiv** ist die „Normalform", die Lexikonform jedes Adjektivs. Grundsätzlich werden alle Adjektive im Positiv angegeben.
Beim **Komparativ** wird an die Positivform *er* angehängt. Umlautfähige Vokale werden dabei zum Teil umgelautet (*höher*, aber: *mutiger*).
Für den Komparativ gelten folgende Besonderheiten:

Adjektive auf *el* verlieren das *e*: *eitel – eitler, sensibel – sensibler.*

Einige Adjektive auf *en* können ihr *e* verlieren: *bescheiden – bescheid(e)ner,* aber: *selten – seltener.*

Adjektive auf *er* können das *e* verlieren, besonders wenn dem Komparativsuffix ein Diphthong vorausgeht: *sauber – saub(e)rer, teuer – teu(e)rer.*

Allgemein gilt, dass das *e* umso eher getilgt wird, wenn die Komparativform dekliniert ist.

Der **Superlativ** wird durch Anhängen von *(e)st* an die Positivform gebildet. Dabei wird wie beim Komparativ teilweise umgelautet (*höchst,* aber: *mutigst*).

Die Superlativendung lautet *est,* wenn der Positiv auf einen dentalen Konsonanten (*d, t, s, st, x, z*) oder auf *sch* oder *sk* endet und die letzte Silbe betont ist: *blind-est, ält-est, süß-est, wüst-est, lax-est, pittoresk-est.*

Sonst lautet die Superlativendung immer *st.* Ausnahme: Der Superlativ zu *groß* lautet *größt.*

Umlaut im Komparativ und im Superlativ haben *alt, arg, arm, dumm, fromm, gesund, grob, groß, hart, hoh, kalt, klug, krank, kurz, lang, nah, scharf, schwach, schwarz, stark, warm.* Beispiele:

dümmer, dümmst; schärfer, schärfst; wärmer, wärmst.

Bald mit, bald ohne Umlaut erscheinen *bang, blass, karg, krumm, nass, rot, schmal.*

Besonderheiten: Zu *hoch* (undekliniert) gibt es den Stamm *hoh,* von dem alle Deklinations- und Komparativformen (*hohen, höher*) gebildet werden. Der Superlativ hingegen lautet *höchst.*

Zur Bedeutung der Komparationsformen

Im Allgemeinen werden die Komparationsformen so erklärt, dass man den Komparativ als „Höherstufe" und den Superlativ als „Höchststufe" (jeweils gegenüber dem Positiv) bezeichnet. Das trifft zu für Sätze wie

Hans ist größer als Inge, aber Richard ist der größte von den dreien.

Aber im Widerspruch dazu steht die Tatsache, dass *ein neueres Haus* nicht so neu ist wie *ein neues Haus* und dass *eine bessere Wohngegend* meist weniger gut ist als *eine gute Wohngegend.* Ein weiterer Widerspruch scheint darin zu liegen, dass die Bedeutung eines Adjektivs bald eine ganze Skala von Werten zu umfassen scheint (dies gilt für *lang* in *Wie lang ist diese Latte*), bald aber einen Extremwert auf dieser selben Skala (dies gilt für *lang* in *Das ist aber eine lange Latte!*). Man kann sehen, dass *lang* in diesen beiden Sätzen ganz unterschiedliche Bedeutungen hat. Man ist versucht zu sagen, die Latte im ersten Satz sei überhaupt nicht „lang", müsse es wenigstens nicht sein – wohl aber die im zweiten Satz. Man kann diese Unklarheiten und Widersprüche relativ leicht auflösen, indem man für eine Teilmenge der komparierbaren Adjektive (eben für diejenigen Adjektive, bei denen die genannten Widersprüche auftreten) **zwei Arten der Komparation** annimmt. Wir sprechen dann von relativer Komparation (Beispiel: *Wie lang ist diese Latte?*) und von absoluter Komparation (Beispiel: *Das ist aber eine lange Latte!*). Beide unterscheiden sich grundlegend voneinander.

Manchem Leser mag diese Neuerung, die er bisher nicht kannte, unnötig umständlich vorkommen. Aber dann sollte er bedenken, dass eine Grammatik eine Sprache, wie sie eben ist, zu beschreiben hat – sie kann und darf sie nicht einfacher machen, als sie nun einmal ist. Wer der Einführung zweier Komparationsarten nicht zuzustimmen bereit ist, wird nie erklären können, dass *eine lange Straße* tatsächlich lang ist, *eine fünfzig Meter lange Straße* jedoch nicht, dass *die längere von zwei Straßen* durchaus nicht lang sein muss, während *eine längere Straße* ziemlich lang sein dürfte, dass *die längsten Straßen* allesamt sehr lang sind, *die längste Straße in unserem Viertel* aber recht kurz sein kann.

Die beiden Komparationsarten werden im Folgenden ausführlich beschrieben.

DIE RELATIVE KOMPARATION

Diese Art der Komparation kommt bei allen komparierbaren Adjektiven vor.
Die Bedeutung des betreffenden Adjektivs umfasst hier die gesamte Skala aller Möglichkeiten. *lang* in relativer Komparation bedeutet also alle Grade des ‚Langseins‘, von ‚ein bisschen lang‘ bis ‚sehr lang‘. Damit aus dieser abstrakten Bedeutung eine konkrete wird, bedarf das relativ komparierte Adjektiv zusätzlich einer Ergänzung, nämlich entweder einer Vergleichskonstruktion (*so alt wie Monika*) oder einer spezifizierenden Bestimmung (*25 Jahre alt*).
Wichtig ist dabei, dass jede solche Skala eine bestimmte Ausrichtung hat. Es gibt am einen Ende der Skala einen Bereich der **semantischen Präferenz**, auf den hin sozusagen die ganze Skala ausgerichtet ist, den Bereich, der einem spontan zu dem betreffenden Adjektiv einfällt: *lang* heißt ja im spontanen Sprachgebrauch, in der vor-wissenschaftlichen Reflexion über Sprache nicht einfach ‚eine bestimmte Länge habend‘, sondern meist ‚eine beachtliche Länge erreichend‘. Damit entspricht die semantische Präferenz dem absoluten Positiv des Adjektivs.

DER RELATIVE POSITIV

Er hat in seiner Umgebung stets

- eine spezifizierende Bestimmung, gewöhnlich ein Zahlwort mit Maßeinheit (z. B. *25 Jahre*), oder
- eine Vergleichskonstruktion, meist verbunden mit dem Verweiselement *so* (z. B. *so … wie X*).

Der gemeinte Wert in den Sätzen

Monika ist 25 Jahre alt.
Monika ist so alt wie Antje.

fällt hier mit der spezifizierenden Bestimmung (*25 Jahre*) bzw. mit dem Wert der Vergleichskonstruktion (*wie Antje*) zusammen.
Die semantische Präferenz spielt beim relativen Positiv zunächst keine Rolle. Sie wird aber wichtig bei der Negation des Ausdrucks mit Vergleichskonstruktion:

Monika ist nicht so alt wie Antje.

Dies bedeutet nicht einfach, dass die beiden Frauen ein unterschiedliches Alter haben; mitgemeint ist immer, das Monika **ein geringeres Alter** als Antje hat. Es gilt also in negierten Sätzen ein Wertbereich, der im Gegenbereich zur semantischen Präferenz liegt.
Ein Adjektiv im relativen Positiv kann also – in Abhängigkeit vom spezifizierenden Element oder von der Vergleichskonstruktion – sehr unterschiedliche Punkte auf der semantischen Skala bezeichnen.
Zum Sonderfall *alt wie ein Rabe* s. unten unter „Der absolute Positiv“.
Attributiv kommen Adjektive im relativen Positiv im Allgemeinen nur mit spezifizierender Bestimmung vor, weil Vergleichskonstruktionen die attributive Konstruktion sprengen würden:

die 26 Jahre alte Monika
*die wie Antje alte Monika

Möglich ist allerdings eine entsprechende appositive Struktur:

Monika, so alt wie Antje, …

DER RELATIVE KOMPARATIV
Hier sind sowohl spezifizierendes Element als auch Vergleichskonstruktion fakultativ:

> *Willi ist älter.*

Allerdings ist eine Vergleichskonstruktion immer mitgedacht, d. h. sie muss in der Regel im Vortext erwähnt sein. Andererseits werden spezifizierendes Element und Vergleichskonstruktion häufig auch kombiniert:

> *Willi ist 25 Jahre älter als Klaus.*

Der gemeinte Wert liegt hier immer in Richtung der semantischen Präferenz vom entsprechenden Wert der Vergleichskonstruktion ab (Willi hat also 25 Jahre mehr auf dem Buckel als Klaus).

Das spezifizierende Element besteht, wie oben, aus Zahlwort und Maß- oder Mengenbezeichnung, häufig mit *um* versehen (*Willi ist um 25 Jahre älter.*), oder aus einem komparierenden Ausdruck wie *bei weitem, weitaus, noch, viel* u. ä.:

> *Willi ist weitaus/noch viel älter.*

Das spezifizierende Element *immer* drückt eine kontinuierliche Steigerung aus:

> *Ludwig wird immer dünner.*

Die Vergleichskonstruktion, die eine Größe oder eine Situation bezeichnet, wird mit *als* angeschlossen.

In definiten Nominalphrasen kann nur eine Auswahlmenge, in indefiniten Nominalphrasen nur eine Vergleichskonstruktion genannt werden:

> *das intelligentere Kind von beiden*
> *ein intelligenteres Kind als früher*

Wird die Auswahl aus einer Menge durch eine Prädikativergänzung ausgedrückt, so erscheint das relativ-komparativische Adjektiv mit definitem Artikel und wird entsprechend flektiert:

> *Antje ist die hübschere von beiden.*

Bei dieser Formulierung wird eine Auswahlmenge genannt, eine Vergleichskonstruktion ist hier nicht möglich.

Attributiv kommen Adjektive im relativen Komparativ im Allgemeinen häufig mit spezifizierender Bestimmung vor:

> *die entschieden hübschere Antje*

DER RELATIVE SUPERLATIV
Diese Form des Adjektivs erscheint immer mit dem definiten Artikel.
Hier muss immer eine Auswahlmenge genannt oder wenigstens mitgedacht werden:

> *die Frechste von allen*

bezeichnet den höchsten Grad einer Eigenschaft im Rahmen dieser Menge. Es geht also immer um einen Wert, der im gegebenen Rahmen (der Auswahlmenge) am nächsten bei der semantischen Präferenz liegt.

Die Auswahlmenge erscheint als Präpositionalphrase (mit *von, unter*) oder als Genitivphrase:

> *die Frechste der Klasse*

Spezifizierende Elemente sind *bei weitem, weitaus, mit Abstand* und wenige andere:

> *die bei weitem Frechste der Klasse*

Mit ähnlicher Bedeutung erscheint das Präfix *aller*:

> *die Allerfrechste der Klasse*

Anstelle der Auswahlmenge kann auch eine Situativbestimmung genannt werden:

die Schönste hier

Auswahlmenge oder Situativbestimmung stehen bei attributiver Verwendung hinter dem nominalen Kopf:

der kleinste Motor des Tests/im Test

Bei prädikativer Verwendung sind zwei Formen möglich:

Monika war die schnellste.
Monika war am schnellsten.

Die erste Form ist zu bevorzugen, wenn man eher an die Größe denkt, die zweite, wenn man eher an die Eigenschaft oder die Art eines Geschehens denkt. Deshalb erscheinen modifikative Angaben nur in der *am*-Form:

Rita beseitigt solche Schäden am einwandfreiesten.

DIE ABSOLUTE KOMPARATION

Diese Art der Komparation kommt im Positiv bei allen komparierbaren Adjektiven vor. Komparativ und Superlativ lassen sich nur von wenigen Adjektiven wie *alt, gut, herzlich, innig, jung, schön* bilden.

Die **Bedeutung** absolut komparierter Adjektive umfasst nicht, wie bei der relativen Komparation, die gesamte Skala, die dann durch zusätzliche Mittel konkretisiert werden muss, sondern jeweils einen bestimmten Punkt oder Bereich auf dieser Skala, der in der Nähe der semantischen Präferenz liegt oder auch mit dieser identisch ist. Deshalb haben absolut komparierte Adjektive im Allgemeinen weder Vergleichskonstruktion noch Auswahlmenge noch situative Bestimmung bei sich. Sie tragen ihre Bedeutung in sich selbst, lassen sich aber durch Graduativergänzungen präzisieren.

DER ABSOLUTE POSITIV

Diese Komparationsstufe ist identisch mit der semantischen Präferenz:

Lisas Mann ist alt.

bedeutet also, dass Lisas Mann einen besonders hohen Grad des ‚Altseins‘ erreicht hat. Auch wenn die semantische Präferenz gemäß den speziellen Lebensumständen und den kultursoziologischen Rahmenvorstellungen wechselt, so bleibt doch gültig, dass ein Extremwert am „positiven" Ende der Skala gemeint ist. Deshalb verträgt sich der absolute Positiv auch nicht mit Verweiselement und Vergleichskonstruktion, denn das Adjektiv würde sofort und zwangsläufig als relativ kompariert interpretiert:

Lisas Mann ist so alt wie Anton.

Wenn Anton 25 Jahre alt ist, dann ist Lisas Mann nicht alt (im absoluten Sinn). Allerdings lässt sich der absolute Positiv mit einer Vergleichskonstruktion kombinieren, jedoch ohne Verweiselement:

Alt ist er wie ein Rabe.

meint durchaus, dass er ein objektiv hohes Alter erreicht hat, und dies wird durch das Vergleichselement *wie ein Rabe* bekräftigt – man weiß, dass Raben zu den Vögeln gehören, die besonders alt werden.

Man kann allerdings allgemein den Geltungsrahmen des absolut komparierten Adjektivs festlegen, durch eine *für*-Phrase oder einen Zusatz *gemessen an ...* o. ä. Dann verschieben sich die Werte auf der Skala:

Für einen Schwaben ist er recht freigebig.

bedeutet, vorausgesetzt dass man den Schwaben insgesamt ungewöhnliche Sparsamkeit konzediert, in diesem Fall eine höhere Freigebigkeit als gewohnt, sie liegt dann also in einem Bereich, in dem man normalerweise bei Schwaben noch keine Freigebigkeit erwarten würde.

Zum absoluten Positiv können graduierende Elemente treten: *sehr, besonders, überaus* und andere für ‚hohen Grad‘, *ganz, recht, ziemlich* und andere für ‚mittleren Grad‘, *kaum, weniger* und andere für ‚niedrigen Grad‘. Auch dadurch kann sich der Wert gegenüber der semantischen Präferenz verschieben.

Absolut positive Adjektive können attributiv verwendet werden (jedoch nie mit Vergleichskonstruktion):

> *ein alter Beamter*

DER ABSOLUTE KOMPARATIV

Diese Komparationsstufe vermittelt einen Wert nahe der semantischen Präferenz, ohne diese aber zu erreichen:

> *ein älterer Beamter*

ist schon ziemlich alt, aber eben noch etwas jünger als *ein alter Beamter.*

Der absolute Komparativ wird nie von einer spezifizierenden Bestimmung oder einer Vergleichskonstruktion begleitet (dann würde man den Ausdruck automatisch als relativen Komparativ interpretieren).

Der absolute Komparativ kommt fast nur attributiv vor. Es gibt allerdings Fälle, in denen er als Prädikativergänzung fungiert:

> *War der Mann noch jung? – Nein, er war schon älter.*

Der absolute Komparativ wird häufig für approximative Charakterisierungen verwendet, vgl.

> *bessere Leute*
> *neuere Informationen*
> *jüngere Gäste*
> *größere Ausgaben*
> *kleinere Schriften*

Da beim relativen Komparativ spezifizierendes Element und Vergleichskonstruktion fakultativ sind, bestehen Verwechslungsmöglichkeiten. Ob es sich bei den *größeren Ausgaben* in dem Satz

> *Wir hatten dieses Jahr größere Ausgaben.*

um ‚ziemlich große Ausgaben‘ (absolute Komparation) oder um ‚Ausgaben, die größer waren als letztes Jahr‘ (relative Komparation) handelt, muss sich aus Kontext und Redehintergrund ergeben. Ein Indiz kann auch die Betonung sein: Während bei relativer Komparation in der Regel das Adjektiv den Hauptton der Nominalphrase trägt, gilt bei absoluter Komparation gewöhnlich zweigipflige Betonung: Adjektiv und Nomen sind gleichwertig betont:

> *Wir hatten dieses Jahr **größere Aus**gaben.*

DER ABSOLUTE SUPERLATIV

Die Bedeutung dieser Komparationsstufe ist mit dem Höchstwert der semantischen Präferenz identisch:

> *die ältesten Bergsteiger*

sind Bergsteiger, zu denen man sich keine noch älteren vorstellen kann.

Der absolute Superlativ kommt nur attributiv und immer dekliniert vor. Er erscheint mit definitem oder mit Nullartikel:

> *beste Grüße/die besten Grüße*

Von den graduierenden Elementen ist nur das Präfix *aller-* üblich:

> *die allerältesten Bergsteiger*

Es kann auch keine Auswahlmenge angegeben werden, weil dann der gesamte Ausdruck (z. B. *die ältesten von allen Teilnehmern*) automatisch als relative Komparation interpretiert werden müsste.

Typisch ist der absolute Superlativ in festen Wendungen wie

> *mit (den) besten Empfehlungen*
> *mit meinen herzlichsten Grüßen*
> *schönsten Dank*

5.5.4. Wortbildung des Adjektivs

Einfache Adjektive sind vergleichsweise selten. Der größte Teil der Adjektive ist aus schon vorhandenen Bestandteilen gebildet. Dabei existiert auch hier in jedem Fall eine Basis, die entweder durch Präfixe oder Suffixe erweitert wird oder sich mit einem anderen, ursprünglich selbständigen Wort zu einem Kompositum verbindet.

Wortbildungsmuster können noch produktiv (wie die Bildungen auf *lich*) oder unproduktiv (wie die Bildungen auf *sam*) sein. Wo Bildungen noch vom Sprecher nachvollzogen werden können, bezeichnen wir sie als lebendig; die nicht mehr nachvollziehbaren Bildungen nennen wir erstarrt.

ABLEITUNGEN MIT PRÄFIXEN ODER PRÄFIXOIDEN

Präfixe modifizieren die Bedeutung der Basis. Präfixe fremder Herkunft werden im Folgenden durch vorangestelltes **f** gekennzeichnet.

Die wichtigsten Adjektivpräfixe sind *a/an, alt, anti, außer, bi, binnen, des, di, dis, erz, extra, grund, hetero, hoch, homo, homöo, hyper, il/in/ir, inner, inter, intra, iso, krypto, mono, multi, nach, neo, neu, nicht, non, ober, pan, para, poli/poly, post, prä, pro, pseudo, quasi, sau, schein, scheiß, semi, sub, super, supra, tief, trans, über, ultra, un, unter, ur, voll, vor, zwischen.*

Semantisch lassen sich acht Subklassen festlegen.

1. **scheinbar** oder nur **teilweise realisiert**

   halb: *halbamtlich, halbvertraulich*
   f *pseudo*: *pseudochristlich, pseudowissenschaftlich*
   f *quasi*: *quasidemokratisch, quasioffiziell*
   schein: *scheinreligiös, scheintot*
   Weitere Präfixe: **f** *para*, **f** *semi*, **f** *krypto*

2. **gleich, ähnlich, andersartig**

   f *homo*: *homogen, homonym*
   f *iso*: *isomer, isomorph*
   f *hetero*: *heterosexuell, heterosem*
   Weiteres Präfix: *homöo*

3. **höher-, höchstgradig, normüberschreitend**

erz: *erzfaul, erzverschlagen*
f *extra*: *extradünn, extraglatt*
hoch: *hochgeehrt, hochveredelt*
f *hyper*: *hyperelegant, hypertolerant*
sau: *saudamm, saufrech* (grob alltagssprachlich)
f *super*: *superflach, supersteil*
f *ultra*: *ultrahart, ultraschwarz*
voll: *vollintegriert, vollversichert*
Weitere Präfixe: *grund, mega, ober, scheiß, tief, über, ur*

4. **räumlich**

außer: *außerstädtisch, außerehelich*
inner: *innerstädtisch, innerfamiliär*
f *inter*: *interfamiliär, interdependentiell*
f trans: *transsexuell, transatlantisch*
zwischen: *zwischenmenschlich, zwischenstaatlich*
Weitere Präfixe: *binnen,* **f** *extra,* **f** *intra,* **f** *sub,* **f** *supra, über*

5. **zeitlich**

alt: *altgedient*
f *neo*: *neoromantisch, neoliberal*
f *post*: *postkapitalistisch, postmodern*
vor: *vorkapitalistisch, vorromanisch*
Weitere Präfixe: *nach, neu,* **f** *prä, zwischen*

6. **fördernd, hindernd**

f *anti*: *antidemokratisch, antipreußisch*
f *pro*: *prodeutsch, prorussisch*

7. **quantifikativ**

f *bi*: *bipolar, bisexuell*
f *mono*: *monochrom, monosem*
f *multi*: *multilateral, multinational*
f *poli, poly*: *polychrom, polylateral*
Weitere Präfixe: **f** *di,* **f** *pan*

8. **negativ**

f *des*: *desinteressiert, desorientiert*
f *il/in/ir*: *illegal, intolerant, irregulär*
nicht: *nichtamtlich, nichtöffentlich*
un: *ungeschminkt, unerwünscht*
Weitere Präfixe: **f** *an/an,* **f** *dis,* **f** *non*

Manche Präfixe treten an Basen, die selbständig nicht vorkommen, so *unaufhaltsam, unverbesserlich*. Solche Adjektive nennt man **Zusammenbildungen**.

Präfixoide sind präfixartige, meist auch selbständig vorkommende Wörter wie *bitter, blitz, brand, hunde, kreuz, leicht, mittel, schwer, stink, stock, tod*. Auch mit ihnen werden Ableitungen gebildet: *bitterkalt, brandneu, kreuzbrav, mittelbraun, schwerverletzt, stinkwütend, stocksteif, todmüde*.

ABLEITUNGEN MIT SUFFIXEN UND SUFFIXOIDEN

Die wichtigsten **Suffixe** sind *abel, al, ant, ar, är, bar, ell, en, ent, ern, esk, haft, ibel, ig, isch, iv, lich, mäßig, oid, ös, sam.* Sie treten an Basen verschiedener Wortklassen (selten Adjektive). Beispiele:

f *abel* ‚geeignet, fähig‘: *passabel, rentabel*
f *ant* ‚handelnd, ursächlich‘ o. a.: *signifikant, vakant*
bar ‚möglich‘: *denkbar, sagbar, zitierbar*
en ‚bestehend aus‘: *seiden, wollen*
f *esk* ‚nach Art von‘: *chevaleresk, kafkaesk*
f *ibel* ‚geeignet, fähig‘: *konvertibel, reversibel*
lich ‚nach Art von, abschwächend‘: *österlich, gräulich*
f *ös* ‚nach Art von‘: *philiströs, monströs*
sam ‚möglich, fähig‘: *erholsam, ratsam*

Auch Partizipien II gehören im Grunde, wenn sie attributiv gebraucht werden, zu den abgeleiteten Adjektiven. Streng genommen handelt es sich bei ihnen um Präfix-Suffix-Bildungen. Viele von ihnen gehen auf Verben zurück, die aber in anderen Formen nicht (mehr) gebräuchlich sind, vgl. *schwarzbestrumpft, teigummantelt* u. a.

Suffixoide sind suffixähnliche, ursprünglich großenteils selbständige Adjektive. Die meisten von ihnen bilden Reihen. Die wichtigsten: *bedürftig, bereit, bezogen, dicht, durstig, entsprechend, fähig, fest, frei, fremd, freundlich, gefährlich, gemäß, gerecht, haltig, hungrig, lang, lüstern, pflichtig, selig, sicher, tauglich, tief, wert, würdig* und andere. Wie sie zu jeweils einer Basis Reihen bilden, sei an wenigen Beispielen illustriert:

$$
\textit{einsatz-}\left\{\begin{array}{l}\textit{bereit}\\\textit{fähig}\\\textit{lüstern}\\\textit{pflichtig}\\\textit{tauglich}\end{array}\right.
\quad
\textit{wasser-}\left\{\begin{array}{l}\textit{dicht}\\\textit{frei}\\\textit{haltig}\\\textit{sicher}\\\textit{tauglich}\end{array}\right.
\quad
\textit{daumen-}\left\{\begin{array}{l}\textit{breit}\\\textit{dick}\\\textit{kurz}\\\textit{lang}\end{array}\right.
$$

$$
\textit{vitamin-}\left\{\begin{array}{l}\textit{reich}\\\textit{arm}\\\textit{haltig}\end{array}\right.
$$

ZUSAMMENSETZUNGEN (KOMPOSITA)

Wir haben zwei Typen zusammengesetzter Adjektive zu unterscheiden: Kopulativkomposita und Determinativkomposita.

Die **Kopulativkomposita** bestehen aus zwei gleichwertigen Elementen. Oft handelt es sich dabei um Farbadjektive. Die erste Subklasse signalisiert eine Beziehung zwischen zwei Bereichen (deutsch-polnisch, jüdisch-christlich); hier sind die Elemente gewöhnlich durch Bindestrich verbunden. Die zweite Subklasse signalisiert ein ‚Sowohl-als-auch‘ zweier Bereiche (schwarz-rot-golden, blau-weiß); auch hier gilt meist Bindestrich-Schreibung. Die dritte Subklasse bezeichnet eine Mischung, Zwischentöne oder eine Nuance (grauweiß, blaurot).

In den **Determinativkomposita** modifiziert das Bestimmungswort, das häufig ein Nomen ist, die Basis. Man unterscheidet hier:

Vergleichsbildungen, in denen eine Eigenschaft mit Hilfe einer Größe spezifiziert wird:

rabenschwarz (d. i. ‚schwarz wie ein Rabe‘)
wunderhübsch
wieselflink

In den **Valenzbildungen** hat die Basis eine bestimmte Valenz, regiert also bestimmte Ergänzungen; das Bestimmungswort entspricht diesen Ergänzungen:

E_{akk}: *kriegsmüde* ('X ist den Krieg müde')
E_{gen}: *zielbewusst, trostbedürftig*
E_{dat}: *katzengleich, zweckentsprechend*
E_{prp}: *küchenfertig, urlaubsgeeignet*
E_{prd}: *krummbeinig*

Viele Komposita sind **Zusammenbildungen**, haben also eine Basis, die selbständig nicht vorkommt:

> *dreiachsig* (aber **achsig*), *sanftäugig* (aber **äugig*), *langbeinig* (aber **beinig*), *rundköpfig* (aber **köpfig*), *beidhändig* (aber **händig*).

BILDUNG DER ZAHLADJEKTIVE (s. auch 5.5.2 „Zur Deklination der Zahlwörter")

Kardinalzahlen

Diese Zahlen werden numerisch oder alphabetisch geschrieben. Die alphabetische Schreibung wird, da sie die Grundlage der Aussprache ist, jeweils mit angegeben.

0–10	**11–19**	**20–90**	**100–900**
0 *null*			
1 *ein-*	11 *elf*		100 *(ein)hundert*
2 *zwei*	12 *zwölf*	20 *zwanzig*	200 *zweihundert*
3 *drei*	13 *dreizehn*	30 *dreißig*	300 *dreihundert*
4 *vier*	14 *vierzehn*	40 *vierzig*	400 *vierhundert*
5 *fünf*	15 *fünfzehn*	50 *fünfzig*	500 *fünfhundert*
6 *sechs*	16 *sechzehn*	60 *sechzig*	600 *sechshundert*
7 *sieben*	17 *siebzehn*	70 *siebzig*	700 *siebenhundert*
8 *acht*	18 *achtzehn*	80 *achtzig*	800 *achthundert*
9 *neun*	19 *neunzehn*	90 *neunzig*	900 *neunhundert*
10 *zehn*			

Höhere Zahlen:
1000 *(ein)tausend*, 2000 *zweitausend*, 300 000 *dreihunderttausend* usw.
1 000 000 *eine Million*, 2 000 000 *zwei Millionen* usw.

eine Milliarde	(= 1000 Millionen)
eine Billion	(= 1000 Milliarden)
eine Billiarde	(= 1000 Billionen)
eine Trillion	(= 1000 Billiarden)
eine Trilliarde	(= 1000 Trillionen)
eine Quadrillion	(= 1000 Trilliarden)
eine Quinquillion	(= 1000 Quadrillionen)

Verbindung der Zahlen 1–9 mit den Zahlen 20–90: Schreibt man numerisch, so werden die „Einer" hinter die „Zehner" gestellt. Gelesen und alphabetisch geschrieben wird jedoch umgekehrt, dabei werden Einer und Zehner durch *und* verbunden. Diese Sprechweise gilt aber nur für die Einer-Zehner-Verbindungen:

> *einundzwanzig*
> *dreiundvierzig*
> *siebenundneunzig*

Verbindung von Hundertern mit kleineren Zahlen:

101	*(ein)hundert(und)ein(s)*
227	*zweihundertsiebenundzwanzig*
348	*dreihundertachtundvierzig*
987	*neunhundertsiebenundachtzig*

Verbindung von Tausendern mit kleineren Zahlen:

1001	*(ein)tausendundein(s)*
7 064	*siebentausendundvierundsechzig*
17 968	*siebzehntausendneunhundertachtundsechzig*
143 690	*einhundertdreiundvierzigtausendsechshundertneunzig*
678 123	*sechshundertachtundsiebzigtausendeinhundertdreiundzwanzig*

Auch die weiteren höheren Zahlen werden den kleineren Zahlen vorangestellt. Dabei werden die Zahlen ab einer Million wie Nomina behandelt und alphabetisch vom Rest getrennt geschrieben.

BESONDERHEITEN BEI BILDUNG UND GEBRAUCH DER KARDINALZAHLEN

Das Zahlwort *ein* wird, wenn das regierende Nomen fehlt, *eins* gesprochen. Diese Form ist die beim Rechnen übliche.

Bei Jahreszahlen von 1100 bis 1999 werden die Jahrhunderte gezählt:

1149 *elfhundertneunundvierzig*, 1881 *achtzehnhunderteinundachtzig*, 1974 *neunzehnhundertvierundsiebzig*

Um Verwechslungen zu vermeiden, wird am Telefon statt *zwei* häufig *zwo* (sowie das Ordinalzahlwort *zwoter*) verwendet.

Ältere Zahlwörter, die noch verwendet werden, sind *ein Dutzend* (= 12), *ein Gros* (= 12 Dutzend = 144).

Mit dem Suffix *er* werden teils die Jahrzehnte, teils die einzelnen Jahrgänge gekennzeichnet: die *Sechziger* dieses Jahrhunderts sind die Jahre von 1960–1969, ein *dreiundneunziger* ist ein Wein, der im Jahr 1993 geerntet wurde. Mit demselben Suffix werden auch Geldscheine und Geldstücke benannt: *ein Fünfziger* ist entweder ein Schein im Wert von 50 Euro oder eine Münze im Wert von 50 Cent.

Zur Angabe von Uhrzeit und Datum s. auch 3.6.4 „Temporalangaben".

DIE GRUNDRECHENARTEN

1 + 3 = 4	*eins und drei ist vier* oder *eins plus drei sind vier*
9–3 = 6	*neun weg drei ist sechs* oder *neun minus drei sind sechs*
4 · 7 = 28	*vier mal sieben ist achtundzwanzig*
28 : 7 = 4	*achtundzwanzig geteilt durch/dividiert durch sieben ist vier*

Ordinalzahlen

Numerisch werden sie gebildet, indem hinter die Kardinalzahl ein Punkt gesetzt wird.

Alphabetisch werden sie gebildet, indem der Kardinalzahl ein *t*, ab 20 *st* angefügt wird:

vier-t-er, neun-t-er; zwanzig-st-er, siebzig-st-er

Sonderformen: *erst-er* (1.), *dritt-er* (3.), *siebt-er* (7.) neben *siebent-er*

Alle Ordinalia sind Adjektive und werden bei attributivem Gebrauch entsprechend dekliniert.

Distributivzahlen

Mit diesen Zahlen werden einzelne Elemente numerisch definierten Mengen zugeordnet. Zwei Verfahren sind zu unterscheiden:
Mit *je* + Kardinalzahl teilt man eine Gesamtmenge in gleich große Teilmengen: *je fünf, je sieben.*
Mit *jeder* + Ordinalzahl bildet man Teilmengen, die in gleich großen Intervallen aufeinander folgen: *jeder Fünfte, jeder Siebte.*

Bruchzahlen

dienen zur Darstellung von Teilen eines Ganzen (s. auch 5.5.2). Bruchzahlen bestehen aus Zähler und Nenner:
ein Viertel ist einer von vier gleichen Teilen eines Ganzen.
Bruchzahlen können numerisch und alphabetisch geschrieben werden. Häufiger ist die numerische Schreibung; die alphabetische wird im Folgenden ebenfalls angegeben, weil sie die Grundlage der Aussprache ist.

$\frac{1}{4}$ *ein Viertel*
$\frac{3}{4}$ *drei Viertel*

In der Mathematik wird der Bruchstrich waagerecht gezogen, der Nenner steht dann unter dem Zähler.
Gemischte Zahlen sind Verbindungen von ganzen Zahlen und Bruchzahlen:

$4\frac{3}{8}$ *vier drei Achtel*
$7\frac{2}{3}$ *sieben zwei Drittel*

In gemischten Zahlen über 100, die gesprochen mit *eins* enden, wird diese Zahl *Eintel* ausgesprochen:

$\frac{1}{701}$ *ein siebenhunderteintel*

In gemischten Zahlen über 100, die gesprochen mit *zwei* enden, wird diese Zahl *Zweitel* ausgesprochen:

$\frac{1}{102}$ *ein Hundertzweitel*

Im Übrigen wird der Nenner 2 *halb* ausgesprochen:

$\frac{1}{2}$ kg   *ein halbes Kilo(gramm)*

Die gemischte Zahl 1½ wird entweder *eineinhalb* oder *anderthalb* ausgesprochen.
Dekliniert wird in Bruchzahlen nur der Zähler 1 und der Nenner 2:

> *von einem drittel Liter*
> *von einem halben Pfund*

Bei autonomem Gebrauch (d. h. ohne nominalen Kopf) sind die Bruchzahlen Neutra und werden dann groß geschrieben:

> *ein Fünftel*
> *zwei Fünftel*

½ lautet autonom gebraucht *die Hälfte*.

Vervielfältigungszahlen

s. 5.5.2 „Deklination der Zahlwörter".

Gattungszahlen

s. 5.5.2 „Deklination der Zahlwörter".

5.5.5. Die Adjektivalphrase

ALLGEMEINES

In ihrer einfachsten Form besteht die Adjektivalphrase (AdjP) nur aus einem Adjektiv. Treten Satelliten hinzu, wie in *überaus zufrieden mit deinem Entwurf*, so fungiert das Adjektiv als Kopf der Phrase:

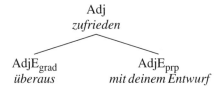

Satelliten sind hier zwei Ergänzungen des Adjektivs (s. unten).

Es sind also auch beim Adjektiv Ergänzungen und Angaben zu unterscheiden, je nachdem ob diese Satelliten bei beliebigen Adjektiven oder nur bei einer definierbaren adjektivischen Subklasse vorkommen können. Fast alle Satelliten des Adjektivs sind fakultativ, es gibt nur ganz wenige obligatorische Ergänzungen (z. B. bei *erpicht*).

Wenn ein Partizip als attributives Adjektiv verwendet wird, behält es teilweise die Valenz des Verbs bei. Dann lässt sich die Nominalphrase mit adjektivischem Satelliten aus einem Satz ableiten, dessen Subjekt zum Kopf der Nominalphrase wird. Beispiel:

Abdel-Hafiez wurde in Bonn zum Dr. phil. promoviert.
$\Rightarrow$ *der in Bonn zum Dr. phil. promovierte Abdel-Hafiez*

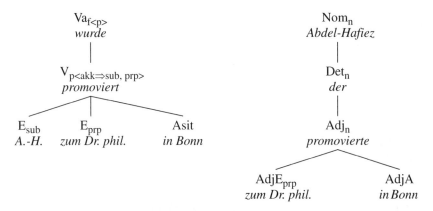

Der Ableitungsprozess einschließlich der Valenz-„Vererbung" wird hier nicht nachgezeichnet, obwohl die erforderlichen Regeln ohne großen Aufwand formulierbar wären. Die Verwandtschaft der Konstruktionen wird immerhin aus den beiden Diagrammen ersichtlich.

Im Folgenden wird zunächst die Dependenzstruktur der Adjektivalphrase, getrennt nach Ergänzungen und Angaben, beschrieben. Anschließend wird die Linearstruktur und zum Schluss die Bedeutungsstruktur der Adjektivalphrase skizziert.

ADJEKTIVERGÄNZUNGEN

Die Ergänzungen des Adjektivs werden in den meisten deutschen Grammatiken und Lehrbüchern nicht oder nur nebenbei erwähnt. Dies ist schwer zu begreifen, da sie in der deutschen Sprache eine zunehmend wichtige Rolle spielen. Es sind 16 Adjektivergänzungen zu unterscheiden:

Akkusativergänzung	Graduativergänzung zum Positiv
Genitivergänzung	Graduativergänzung zum Komp.
Dativergänzung	Graduativergänzung zum Superlativ
Präpositivergänzung	Normergänzung
Verbativergänzung	Vergleichsergänzung zum Positiv
Situativergänzung	Vergleichsergänzung zum Komp.
Direktivergänzung	Vergleichsergänzung zum Superlativ
Prädikativergänzung	Proportionalergänzung

Diese Ergänzungen werden wie die Satzergänzungen durch Anaphern definiert. Adjektivergänzungen können theoretisch im Satz als

(1) Attribut,
(2) Apposition,
(3) Disjunkt,
(4) Prädikativergänzung,
(5) modifizierende Angabe

erscheinen. Nicht alle dieser syntaktischen Funktionen sind bei allen Adjektivergänzungen realisierbar. Im Folgenden werden zu jeder Adjektivergänzung die Anapher und Beispiele für die Realisierungsmöglichkeiten angegeben. Der adjektivische Kopf wird in den Beispielen fett gesetzt.

AKKUSATIVERGÄNZUNG (AdjE$_{akk}$, kurz E$_{akk}$)
Anapher: Pronomen im Akkusativ

(1) *die den allnächtlichen Lärm **gewohnten** Nachbarn*
(2) *die Nachbarn, den allnächtlichen Lärm **gewohnt**, ...*
(4) *Sie waren den Lärm längst **gewohnt**.*

Weitere mögliche Köpfe: *müde, satt, wert.*

GENITIVERGÄNZUNG (AdjE$_{gen}$)
Anapher: *dessen, deren*

(1) *ein der Auszeichnung **würdiger** Forscher*
(2) *der Forscher, der Auszeichnung durchaus **würdig**, ...*
(3) *Hans Stetter eröffnete seines Erfolges **sicher** die Konferenz.*
(4) *Hans Stetter war seines Erfolges ziemlich **sicher** gewesen.*

Weitere mögliche Köpfe: *bar, bedürftig, bewusst, fähig, gewärtig, kundig, ledig, mächtig, voll, wert, würdig.*

DATIVERGÄNZUNG (AdjE$_{dat}$)
Anapher: Pronomen im Dativ

(1) *eine ihm **angeborene** Sehschwäche*
(2) *der Junge, ihm treu **ergeben**, ...*
(3) *Der Assistent übernahm, seinem Lehrer **dankbar**, die ungewohnte Rolle.*
(4) *Sie war ihrer Schwester treu **ergeben**.*
(5) *Annabell verfasste allen **verständlich** einen neuen Entwurf.*

Weitere mögliche Köpfe: *ähnlich, angemessen, angenehm, behilflich, begreiflich, bekannt, bequem, beschwerlich, böse, eigen, eigentümlich, entbehrlich, erinnerlich, erklärlich, erwünscht, feindlich, fern, fremd, gefährlich, gefällig, gegenwärtig, geheuer, gehorsam, geläufig, gemäß, gemeinsam, genehm, geneigt, gerecht, gesinnt/gesonnen, gewachsen, gewogen, gleich, gleichgültig, günstig, heilsam, hinderlich, hold, hörig, klar, lästig, lieb, möglich, nahe, neu, nützlich, peinlich, recht, schädlich, schuldig, teuer, treu, überlegen, verbunden, verhüllt, verwandt, wert, wichtig, widerlich, willkommen, zuträglich.*

PRÄPOSITIVERGÄNZUNG (AdjE$_{prp}$)
Anapher: Präposition + Pronomen/Präpositionaladverb

(1) *ein mit allen Zusätzen* **einverstandener** *Interessent*
(2) *ein Interessent, mit allen Zusätzen* **einverstanden**, ...
(3) *Margarete suchte* **benommen** *vom Rauch die Tür.*
(4) *Margarete war halb* **benommen** *vom Rauch.*

Weitere mögliche Köpfe: *abgeklärt (gegenüber), abhängig (von), alt (an), angenehm (für), anständig (zu), arm (an), aufgelegt (zu), aufgeschlossen (für), barmherzig (zu), bedenklich (für), begabt (in), begierig (auf), behaftet (mit), bekannt (mit), beliebt (bei), bereit (zu), berufen (zu), beschränkt (in), besessen (von), beständig (gegen/in), bewandert (in), bitter (für), blind (gegen/gegenüber), böse (zu), brav (zu), dankbar (für), ehrlich (zu), eingeschworen (auf), einig (in), empfänglich (für), empfindlich (gegen), entfernt (von), entlegen (von), entschieden (in), erfreulich (für), erhaben (über), ersichtlich (aus), fähig (zu), fern (von), fertig (mit/zu), firm (in), frech (zu), frei (von), fruchtbar (an), geeignet (für/zu), gefährlich (für), gefasst (auf), gefeit (gegen), gehörig (zu), geneigt (zu), gerecht (zu), gespannt (auf), gleichgültig (gegenüber), glücklich (über), grob (zu), gut (für/zu), haftbar (für), heilsam (für), herzlich (zu), höflich (zu), immun (gegen), interessant (für), intim (mit), kombinierbar (mit), kompatibel (mit), krank (vor), kritisch (gegenüber), nett (zu), reich (an), schroff (zu), schuld/schuldig (an), stolz (auf), streng (zu), teuer (für), tragbar (für), überzeugt (von), unschuldig (an), verbindlich (für), vereinbar (mit), verschieden (in/von), verständlich (für), verträglich (mit), verwurzelt (in), voll (von), zufrieden (mit).*

Diese Aufzählung ist keineswegs vollständig. Sie lässt sich erweitern durch viele Adjektive, an die durch *für* eine allgemeine Bezugsgröße, durch *von* oder auch *vor* eine Ursache angeschlossen wird (*ungesund für, erschöpft von/vor*), sowie durch viele andere.

VERBATIVERGÄNZUNG (AdjE$_{vrb}$)
Anapher: *etwas zu tun* u. ä.

(1) *eine da zu bleiben* **gewillte** *Genossin*
(2) *eine Genossin, da zu bleiben* **gewillt**, ...
(3) *Sie schloss sich, hart zu bleiben* **gewillt**, *den Anderen an.*
(4) *Sie war nicht mitzukommen* **gewillt**.

Weitere mögliche Köpfe existieren vermutlich nicht.

SITUATIVERGÄNZUNG (AdjE$_{sit}$)
Anapher: *da* u. ä.

    eine im Schrank **befindliche** *Schatulle*
    eine Schatulle, gestern noch in der Wohnung **befindlich**, ...
    Sie kam, in Softwarefragen **erfahren**, *zu unserer Firma.*
    Sie war in Softwarefragen **erfahren**.

Weitere mögliche Köpfe: *anwesend, bekannt, heimisch, tätig, wohnhaft.*

DIREKTIVERGÄNZUNG (AdjE$_{dir}$)
Anapher: *von dort* (nur bei Partizipien), *dorthin*

(1) *eine aus Finnland **stammende** Linguistin*
(2) *eine Linguistin, aus Finnland **stammend**, …*
(4) *Sofia war aus Lettland **gebürtig**.*

Weitere mögliche Köpfe: *anrufend, befahrbar* sowie zahlreiche Partizipien wie *abfahrend, eintreffend, kommend* u. a.

PRÄDIKATIVERGÄNZUNG (AdjE$_{prd}$)
Anapher: *so, als solcher*

(1) *meine als Fremdsprachenkorrespondentin **tätige** Schwester*
(1) *ein als fleißig **bekannter** Beamter*
(2) *meine Schwester, als Fremdsprachenkorrespondentin **tätig**, …*
(2) *ein Bekannter, als ungewöhnlich fleißig **bekannt**, …*
(3) *Er hatte, als Postbote **angestellt**, mehrere Briefe geöffnet.*
(3) *Er hatte, mit solchen Winkelzügen nicht **vertraut**, geschlafen.*
(4) *Er war seit sieben Jahren als Postbote **angestellt**.*
(4) *Annabell war als zuverlässig **bekannt**.*

Weitere mögliche Köpfe: *angestellt als, bekannt, geführt als, genannt, registriert als, verdächtig* als. Partizipien II können nicht als Satzergänzung verwendet werden, weil sie dann als Bestandteil des Verbalkomplexes zu interpretieren sind.

GRADUATIVERGÄNZUNG ZUM POSITIV (AdjE$_{grdpos}$)
Anapher: *so*
Beim relativen Positiv:

(1) *dieser 700 Gramm **schwere** Stein*
(2) *dieser Stein, fast 700 Gramm **schwer**, …*
(3) *Man hatte die Brücke 70 Tonnen **schwer** geplant.*
(4) *Die Brücke war 70 Tonnen **schwer**.*

Beim absoluten Positiv:

(1) *ein recht **schwerer** Stein*
(2) *ein Stein, auffallend **schwer**, …*
(3) *Sie hatte entwaffnend **schlagfertig** geantwortet.*
(4) *Sie erschien besonders **schlagfertig**.*
(5) *Wir wurden ausnehmend **höflich** bedient.*

Diese Ergänzung ist mit der „spezifizierenden Bestimmung" (s. 5.5.3 „Die relative Komparation") identisch.
Weitere mögliche Köpfe: graduierbare Adjektive.

GRADUATIVERGÄNZUNG ZUM (RELATIVEN) KOMPARATIV (AdjE$_{grdkomp}$)
Anapher: *(um) soviel*

(1) *das um 12 Euro **günstigere** Hemd …*
(2) *das Hemd, um 12 Euro **günstiger**, …*
(3) *Wir haben das Hemd in diesem Geschäft um 12 Euro **günstiger** erstanden.*
(4) *Das Hemd war dort um 12 Euro **günstiger**.*
(5) *Ich würde Ihnen das Hemd 12 Euro **billiger** geben.*

Die Graduativergänzung nennt beim relativen Komparativ die Differenz zur Vergleichsgröße. Sie ist mit der „spezifizierenden Bestimmung" (s. 5.5.3 „Die relative Komparation") identisch.
Weitere mögliche Köpfe: graduierbare Adjektive.

GRADUATIVERGÄNZUNG ZUM (VORWIEGEND RELATIVEN) SUPERLATIV ($AdjE_{grdsup}$)
Keine Anapher!

(1) *die bei weitem **intelligenteste** Grammatikerin im Land*
(1) *mit den aller**herzlichsten** Grüßen* (absoluter Superlativ!)
(2) *diese Grammatikerin, bei weitem **am intelligentesten**, ...*
(3) *Sie hatte **als** weitaus **Schnellste** mitgearbeitet.*
(4) *Sie war die weitaus **intelligenteste** im Team.*
(5) *Sie hatte **am** weitaus **schnellsten** mitgearbeitet.*
(5) *Wir danken dir **aufs** aller**herzlichste**!* (absoluter Superlativ!)

Die Graduativergänzung zum Superlativ ist mit der „spezifizierenden Bestimmung" bzw. der Angabe des Geltungsbereiches identisch.
Weitere mögliche Köpfe sind die graduierbaren Adjektive.

NORMERGÄNZUNG ($AdjE_{norm}$)
Streng genommen handelt es sich hierbei um eine Sonderform der Graduativergänzung zum Positiv. Wegen ihrer charakteristischen Ausdrucksform klassifizieren wir sie aber als eigene Ergänzung.
Die Normergänzung signalisiert das Erreichen oder Überschreiten einer geltenden Norm. Ausdrucksformen sind *zu* (vorangestellt) oder *ausreichend* (vorangestellt), *genug* (nachgestellt, nicht bei attributiver Verwendung) und wenige andere.
Anapher: *so, solch*. Oft ist allerdings keine akzeptable Anaphorisierung möglich.

(1) *ausreichend **warme** Kleidung*
(2) *ein Pullover, viel zu **warm**, ...*
(3) *Sie hatte den Aufstieg zu **schnell** begonnen.*
(4) *Die Hose ist **robust** genug.*
(5) *Die Wohnung war zu **hastig** verlassen worden.*

Die Normergänzung ist oft mit einem Dativus sympathicus oder einer *für*-Phrase kombiniert. Beide Konstruktionen legen den Geltungsbereich der Norm fest:

> *Der Pulli ist mir zu **weit**/zu **weit** für mich.*

Der Dativ drückt hier eine persönliche Stellungnahme, ein Geschmacksurteil aus, die *für*-Phrase eher eine objektive Gegebenheit.
Der Geltungsrahmen der Norm kann auch durch eine Final- oder Konsekutivkonstruktion signalisiert werden, die den nicht erreichten/nicht erreichbaren Zustand wiedergibt:

(1) *ein ausreichend **informatives** Buch, dass man damit arbeiten kann*
(2) *ein Buch, **informativ** genug, dass man damit arbeiten kann*
(2) *ein Buch, **informativ** genug, um damit arbeiten zu können*

Negierte oder negative Ausdrücke lassen nur *um zu*-Konstruktionen und *als dass*-Nebensätze zu:

(2) *ein Buch, nicht **informativ** genug, als dass man damit arbeiten könnte*
(2) *ein Buch, nicht **informativ** genug, um damit arbeiten zu können*
(2) *ein Buch, zu **langweilig**, um damit arbeiten zu können*

Vergleichsergänzungen kommen prinzipiell nur bei relativer Komparation vor. Sie sind mit der „Vergleichskonstruktion" (s. 5.5.3 „Die relative Komparation") identisch. Vergleichsergänzungen sind häufig als Nominalphrasen anzusehen, deren Kopf getilgt wurde:

> *eine bessere Lösung als die früher vorgeschlagene* ~~*Lösung*~~

Stattdessen kann auch der Kopf der vorausgehenden Phrase getilgt werden:

> *eine bessere* ~~*Lösung*~~ *als die früher vorgeschlagene Lösung*

VERGLEICHSERGÄNZUNG ZUM POSITIV (AdjE$_{vglpos}$)
Anapher: *wie* + Pronomen/Adverb
In der Regel wird die Vergleichsergänzung mit dem Verweiselement *so* kombiniert:

(1) *ein so **schöner** Garten wie eurer*
(2) *ein Garten, so **schön** wie eurer, ...*
(3) *Gisela hat das so **sorgfältig** wie immer erledigt.*
(4) *Gisela war so **aufmerksam** wie niemand sonst.*
(5) *Sie hat das so **anschaulich** wie keine beschrieben.*

Das Verweiselement regiert hier offensichtlich die Vergleichsergänzung. Diagraphisch ist der Ausdruck *so sorgfältig wie immer* folgendermaßen zu beschreiben:

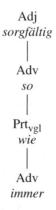

Adj
sorgfältig

|

Adv
so

|

Prt$_{vgl}$
wie

|

Adv
immer

Erklärung: Prt Partikel
Entsprechendes gilt bei attributivem Gebrauch, wo die Vergleichsergänzung „ausgelagert", jedenfalls vom Adjektiv getrennt wird (*ein ebenso heiterer Himmel wie gestern*). Vergleichsergänzungen liegen auch vor, wo es um einen gewünschten besonders hohen Grad geht:

(1) *so **cholesterinarme** Kost wie möglich*

Die semantisch äquivalente Konstruktion

(1) *möglichst **cholesterinarme** Kost*

ist anders zu beschreiben: *möglichst* ist hier unmittelbares Dependens des Adjektivs *cholesterinarm*.
Dieselben Konstruktionen sind auch bei steigerbaren Adverbien möglich:

> *so bald wie möglich, möglichst bald,* ja sogar *baldmöglichst*

wie

> *so schnell wie möglich, möglichst schnell, schnellstmöglich*

Die Vergleichsergänzung zum Positiv kommt auch als Nebensatz vor:

(4) *Ihr Gesang war so **perfekt**, wie man es sich kaum vorstellen konnte.*

(4) *Ihr Gesang war so **perfekt**, dass nichts mehr daran zu verbessern war.*

Auch in der absoluten Komparation taucht die Vergleichsergänzung zum Positiv bisweilen auf:

> ***Alt** war er wie ein Rabe.*

bedeutet nicht, dass er das (grundsätzlich variable) Alter eines Raben hatte, sondern dass er sehr alt war. Dieses hohe Alter wird bestätigt durch den Vergleich mit Raben, die ein notorisch hohes Alter erreichen.

Weitere mögliche Köpfe: Komparierbare Adjektive.

Vergleichsergänzung zum Komparativ ("Vergleichskonstruktion") ($AdjE_{vglkomp}$)

Anapher: *als* + Pronomen/Adverb

(1) *eine **höhere** Drehzahl als zulässig*

(2) *Berge, **höher** als vorstellbar, …*

(3) *Er hatte das Gebäude **vorsichtiger** als vorgestern durchsucht.*

(4) *Diese Unternehmung ist weit **gefährlicher** als die letzte.*

(5) *Wir leben heute **gefährlicher** als vor zwanzig Jahren.*

Nebensatzförmige Vergleichsergänzungen zum Komparativ kommen vor:

(1) *ein **gefährlicheres** Unternehmen, als es der Afghanistaneinsatz war*

Weitere mögliche Köpfe: Komparierbare Adjektive.

Vergleichsergänzung zum Superlativ ($AdjE_{vglsup}$)

Diese Ergänzung gibt die Auswahlmenge oder den Situationsrahmen an. Sie führt daher ihren Namen nur bedingt zu Recht.

Anapher: *davon, darunter; da*

(1) *das **glücklichste** Gesicht von allen*

(2) *das Kind, **am scheusten** von allen, …*

(3) *Anita hat **am tapfersten** von allen ausgehalten.*

(4) *Anita war die **tapferste** von allen.*

(4) *Anita ist die **verwegenste** hier.*

(5) *Anita ist **am frühesten** von allen aufgestanden.*

Satzförmig kommen Vergleichsergänzungen zum Superlativ in Form von Relativsätzen vor:

(1) *die **traurigste** Ehegeschichte, die mir je zu Ohren kam*

Ist Bezugselement ein neutrales Adjektiv, so wird der Relativsatz mit *das* oder *was* angeschlossen:

> *das **Schönste**, das/was ich dort gesehen habe*

Vgl. hierzu auch 5.6.6 (Relativpronomen).

Weitere mögliche Köpfe: Komparierbare Adjektive.

PROPORTIONALERGÄNZUNG (AdjE$_{prop}$)

Diese Ergänzung hat im Allgemeinen Nebensatzform. Sie wird durch *je* eingeleitet und weist das Korrelat *desto* (oder *umso*) im Obersatz auf.

Die Proportionalergänzung drückt aus, dass sich zwei Eigenschaften im gleichen Maß oder im gleichen Rhythmus verändern. Deshalb verlangt sie immer zwei Wörter im Komparativ.

(1) *ein desto wilderes Durcheinander, je mehr er die Leute zu beruhigen versuchte*

(2) *die Tanne, desto schwankender, je hektischer er sie festzuzurren versuchte*

(3) *Ina zitterte umso mehr, je näher die Schritte kamen.*

ADJEKTIVANGABEN

Diese Angaben kommen im Wesentlichen bei attributivem und bei appositivem Gebrauch der Adjektive vor. Auch hier lassen sich modifikative, situative, existimatorische und negative Angaben unterscheiden.

MODIFIKATIVANGABEN (AdjAmod)

(1) *diese eifrig **geförderte** Polin*

(2) *eine Polin, vom Präsidenten eifrig **gefördert**, …*

SITUATIVANGABEN (AdjAsit)

(1) *der seinerzeit **hochgepriesene** Autor*

(2) *der Autor, seinerzeit **hochgepriesen**, …*

EXISTIMATORISCHE ANGABEN (AdjAex)

(1) *ein vermutlich **unbekanntes** Buch*

(2) *ein Buch, vermutlich **unbekannt**, …*

NEGATIVE ANGABEN (AdjAneg)

(1) *die keineswegs **ideale** Kooperation*

(2) *diese Kooperation, keineswegs **ideal**, …*

ZUR STELLUNG INNERHALB DER ADJEKTIVALPHRASE

Ist das Adjektiv attributiv verwendet, so stehen alle Satelliten mit Ausnahme der Vergleichsergänzung vor dem adjektivalen Kopf (der im Folgenden fett gesetzt ist):

(1) *diese ziemlich **üble** Geschichte*

(2) *diese Geschichte, von Anfang an **verfahren**, …*

Hat das Adjektiv mehrere Satelliten, wie dies vor allem bei ursprünglichen Partizipien oft der Fall ist, so gilt die Grundfolge im Satz (s. 3.8.2):

(1) *die versehentlich an Karin **geschickte** Rechnung*

(2) *das neue Baugebiet, seinerzeit vom Ortsbeirat **befürwortet**, …*

Vergleichsergänzungen stehen hinter dem nominalen Kopf:

(1) *eine **bessere** Lösung als die früher vorgeschlagene*

Enthält die Vergleichsergänzung ein Determinativ, so wird dieses, falls der nominale Kopf getilgt wird, durch das entsprechende Pronomen ersetzt:

ein besserer Rat als mein Rat $\Rightarrow$
ein besserer Rat als meiner

Einigen Adjektiven können, wenn sie nicht attributiv verwendet sind, bestimmte Adjektivergänzungen nachgestellt werden:

> *Sie ist von allen die gescheiteste/die gescheiteste von allen.*
> *Waren Sie mit Anna zufrieden/zufrieden mit Anna?*

Auch die *für*-Phrasen bei der Normergänzung können voran- oder nachgestellt werden:

> *Das ist für mich zu schwierig./zu schwierig für mich.*

Satzförmige Ergänzungen werden immer dem (adjektivalen) Kopf nachgestellt, in Sätzen stehen sie im Nachfeld:

> *so fleißig, wie er es früher war*
> *Er ist nicht mehr so leistungsfähig, wie er es früher war.*
> *So leistungsfähig kann er nicht mehr sein, wie er (es) früher war.*

ZUR BEDEUTUNGSSTRUKTUR DER ADJEKTIVALPHRASE

Semantisch ist die Adjektivalphrase gleich aufgebaut wie Satz und Nominalphrase: Der adjektivische Kopf bildet mit den Ergänzungen einen engeren Bedeutungskomplex, der durch die Angaben prädiziert wird.

Regiert ein Adjektiv Ergänzungen, so hat es eine entsprechende **Valenz**. Wir verwenden für den Valenzindex die oben bei der Beschreibung der Ergänzungen eingeführten Abkürzungen. Das Adjektiv *zufrieden* etwa regiert eine Präpositivergänzung ($AdjE_{prp}$), wir schreiben daher

$$Adj_{<prp>}$$

Da *zufrieden* jedoch steigerbar ist, kann es auch Graduativ- und Vergleichsergänzungen zu sich nehmen (so in *weitaus zufriedener als gestern*), eventuell sogar eine Normergänzung (*nicht ausreichend zufrieden*). Und da alle diese Ergänzungen fakultativ sind, lautet die vollständige Valenzbeschreibung des Adjektivs *zufrieden*

$$Adj_{<(prp)(grd)(vgl)/(norm)>}$$

Will man eine konkrete Adjektivalphrase beschreiben, so führt man zweckmäßigerweise nur die realisierten Ergänzungen an.

Bei den Ergänzungen sind auch hier kategorielle und relationale Bedeutungen zu unterscheiden.

Die **kategoriellen Bedeutungen** regeln die minimale Semantik der einzelnen Ergänzungen.

Zum konkreten Adjektiv ***zufrieden***:

Da nichts denkbar ist, mit dem man unter bestimmten Umständen nicht zufrieden sein könnte, ist die kategorielle Bedeutung für die Präpositivergänzung leer, es gibt also hier keine semantischen Restriktionen:

> prp: —

Die Graduativergänzung besteht aus numerischen oder intensivierenden Elementen (,num' bzw. ,int'); wir schreiben

> grd: num, int

Die Vergleichsergänzung erlaubt wieder keine semantischen Restriktionen, weil man die zufriedene Größe oder auch deren Befindlichkeit mit Beliebigem vergleichen kann, also

> vgl: —

Die Normergänzung schließlich lässt sich nur durch intensivierende Elemente (*zu, genug* u. a.) realisieren; folglich

> norm: int

Für die **relationalen Bedeutungen** greifen wir wieder auf die vier Relatoren zurück, mit denen oben die Sätze beschrieben wurden. Es zeigt sich, dass in Adjektivalphrasen die Rolle „Agentiv" nicht vorkommt – sie wird allenfalls vom übergeordneten Nomen eingenommen. So bleiben Affektiv (AFF), Lokativ (LOC) und Klassifikativ (KLS). Der Affektiv gilt für irgendwie betroffene, involvierte Größen, der Lokativ für Zeit- oder Raumbestimmungen, der Klassifikativ für Qualifizierungen und sonstige Kennzeichnungen.

Für das Adjektiv *zufrieden* gilt dann

prp: AFF; —
grd: KLS; num int
vgl: AFF; —
norm: KLS; int

Die Adjektivalphrase in dem Satz

> Man war **mit seinen Vorschlägen höchst zufrieden.**

ist somit syntaktisch zu beschreiben als

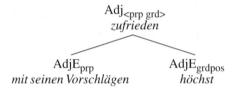

$$\text{Adj}_{<\text{prp grd}>}$$
zufrieden

AdjE$_{prp}$ AdjE$_{grdpos}$
mit seinen Vorschlägen   *höchst*

Die semantischen Beschreibungen der einzelnen Ergänzungen lauten, sofern wir wieder die Bedeutungen der konkreten Ausdrücke in einfache Anführungszeichen setzen:

AdjE$_{prp}$:   AFF; *‚seine Vorschläge'* (keine kategorielle Restriktion)
AdjE$_{grdpos}$: KLS; *‚höchst'* (kategorielle Restriktion: int)

Die konkreten Bedeutungen genügen, wie man sieht, den semantischen Restriktionen.

Bei der Bedeutungsbeschreibung von Adjektivalphrasen ist besonders darauf zu achten, dass Adjektivalphrasen nie Sachverhalte beschreiben können, also nie die Form logischer Aussagen erhalten dürfen. Sie können allenfalls als „offene Prädikate" beliebigen Größen zugeordnet werden. Logisch lassen sie sich am besten auf zwei Arten beschreiben:

- entweder als offene Prädikate zu einer Größe x (in der Nominalphrasen)
- oder als Teil eines Sachverhalts (in Sätzen).

Eine solche Teilstruktur einer Nominalphrase oder eines Satzes kann dann folgendermaßen beschrieben werden:

> *‚zufrieden'* (KLS; *‚höchst'*, AFF; *‚seine Vorschläge'*)

Sie erscheint in der Nominalphrase

> *die mit seinen Vorschlägen höchst zufriedene Vorsitzende*
> *‚Vorsitzende'* | {*‚zufrieden'* (KLS; *‚höchst'*, AFF; *‚seine Vorschläge'*)} (*‚Vors.'*)

Näheres zur Schreibweise s. 5.3.6.

Sie erscheint in dem Satz

> *Der Vorsitzende war mit seinen Vorschlägen höchst zufrieden.*
> *‚sein'* (AFF; *‚Vorsitz.'*, KLS; *‚zufrieden'* (KLS; *‚höchst'*, AFF; *‚seine Vorschl.'*))

Näheres zur Schreibweise s. 3.6.

Weitere Bedeutungsbeschreibungen von Adjektivalphrasen

> *siebzig Jahre alt* (mit Graduativergänzung)
> ‚alt‘ (KLS; ‚70 Jahre‘)

> *zu alt für Tante Hedwig*
> ‚alt‘ (KLS; ‚zu‘, AFF; ‚Tante Hedwig‘)

> *mir dankbar für die Hilfe*
> ‚dankbar‘ (AFF; ‚mir‘, AFF; ‚Hilfe‘)

> *bei der oberen Naturschutzbehörde tätig*
> ‚tätig‘ (LOC; ‚obere Naturschutzbehörde‘)

Eine Adjektivalphrase mit Adjektivangabe ist

> *dem Parlament jederzeit für alle Reisen verantwortlich*
> ‚jederzeit‘ (‚verantwortlich‘ (AFF; ‚Parlament‘, AFF; ‚alle Reisen‘)

Das Hantieren mit solcherlei Formeln ist kein nutzloses Spiel. Wer wirklich wissen will, wie sich die Teilbedeutungen von Ausdrücken aneinander fügen, wie daraus eine komplexe neue Bedeutung entsteht, wird um derartige oder ähnliche Formeln nicht herum kommen. Sie sind eine unabdingbare Voraussetzung für das Verstehen von Adjektivalphrasen; eine Garantie dafür geben sie freilich nicht.

5.6. DAS PRONOMEN

5.6.1. Allgemeines

▶ **Pronomina sind Wörter, die Größen bezeichnen.**

Eine weitere Wortklasse mit dieser ausschließlichen Eigenschaft gibt es nicht. Nomina können, wie wir in 5.3.1 gesehen haben, Größen nur benennen; lediglich in Kooperation mit einem Determinativ können sie Größen bezeichnen. Deshalb kann man auch sagen:

▶ **Pronomina sind Wörter, die Nominalphrasen ersetzen können.**

Diese Eigenschaft haben zwar auch die meisten Determinative. So ersetzt *dieser* in dem Satz *Dieser war nicht wieder zu erkennen.* zum Beispiel die Nominalphrase *der Brauereibesitzer.* Das Wesentliche ist aber, dass die Pronomina ausschließlich diese „Ersatzfunktion" haben; **nie können sie,** wie die Determinative ausnahmslos, **Nomina begleiten.**

Damit sollte einem lästigen Gebrechen der traditionellen Grammatik abgeholfen sein: Determinative und Pronomina wurden früher meist als eine einzige Wortklasse aufgefasst, verdeutschende Termini wie „Begleiter und Stellvertreter des Nomens" zeigen dies deutlich. Übersehen wurde dabei freilich, dass man nicht eine Klasse bilden sollte aus Elementen, von denen viele überhaupt kein gemeinsames Merkmal aufweisen:

> *lauter* kann ein Nomen begleiten, sonst nichts;

> *man* kann eine Nominalphrase ersetzen, sonst nichts. Beide haben keine Gemeinsamkeiten, werden aber vielfach ununterschieden in der traditionellen Klasse „Begleiter und Stellvertreter des Nomens" geführt.

Zwar kann man eine Klasse auch „extensional" definieren, indem man ihre Elemente einfach aufzählt. Mit solchen Klassen lässt sich aber schlecht arbeiten, weil die Definition ja lediglich in der Aufzählung besteht: Wer nicht jederzeit die gesamte Liste der

Elemente parat hat, kann oft nicht sicher sein, ob er ein Element der Klasse A oder der Klasse B vor sich hat. Praktischer ist es allemal, sämtliche Klassen „intensional" zu definieren, nämlich durch ein Merkmal oder eine Merkmalskombination, die nur für diese eine Klasse gilt. Von diesem Prinzip wird im vorliegenden Buch Gebrauch gemacht, wo immer es der Forschungsstand erlaubt.

Die Unterscheidung zwischen Determinativen und Pronomina ist also jederzeit ohne Weiteres möglich: Determinative können immer Nomina begleiten (dass einige von ihnen auch Nominalphrasen ersetzen können, ist zweitrangig); Pronomina können nie Nomina begleiten, sondern nur Nominalphrasen ersetzen. Anders: Alle Determinative lassen sich attributiv, einige auch autonom verwenden; Pronomina lassen sich nur autonom verwenden.

Es gibt scheinbare Grenzfälle, die aber leicht zu erklären sind. *mein, kein* haben eine Art Nebenformen: *meiner, keiner.* Dabei sind *mein, kein* nur attributiv, *meiner, keiner* nur autonom verwendbar. Wir legen fest: Wenn Determinative bei autonomem Gebrach Deklinations-Besonderheiten zeigen, werden diese autonomen Formen zu den Pronomina gerechnet. *mein, kein* sind daher Determinative, *meiner, keiner* Pronomina.

Ebenso sind definiter Artikel (*der, die, das*) und das attributive Demonstrativum *dér, díe, dás* Determinative, das autonome Demonstrativum *dér, díe, dás* hingegen ist ein Pronomen – dies beweist der Gen. Sing., der beim Determinativ *des, der,* beim Pronomen *dessen, derer* lautet, ebenso der Dat. Plur., der hier *denen,* dort *den* lautet.

Beim Pronomen lassen sich folgende **Subklassen** unterscheiden:

Partnerpronomina
Reine Verweispronomina
Possessivpronomina
Demonstrativpronomina
Relativpronomina
Reflexivpronomina
Indefinitpronomina
Negativpronomina
Interrogativpronomina

Alle diese Pronomina können Satelliten zu sich nehmen, also Phrasen bilden. Es gibt aber keine Satelliten, die bei jeder Subklasse vorkommen könnten. Daher sind alle Satelliten des Pronomen Ergänzungen. Sie bilden mit dem pronominalen Kopf mittels eines Relators einen Bedeutungskomplex. Semantisch-relational gesehen sind die Satelliten des Pronomens Lokative oder Klassifikative. Damit sieht die semantische Struktur einer Pronominalphrase folgendermaßen aus:

> ▶ ‚Prn' | ‚Prn' (LOC; ‚Sat')

oder

> ▶ ‚Prn' | ‚Prn' (KLS; ‚Sat')

Zu lesen als: „das Pronomen, von dem gilt: Das Pronomen bildet mit Hilfe des Relators LOC (bzw. KLS) mit dem jeweiligen Satelliten einen Bedeutungskomplex".

5.6.2. Partnerpronomina: *ich, wir; du, ihr, Sie*

Es handelt sich um die Pronomina der 1. und der 2. Person. Jene bezeichnen den Spre-cher/Schreiber, diese den Hörer/Leser.
Die Partnerpronomina sind genusneutral. Sie werden nach Numerus und Kasus dekli-niert:

	1. Person		2. Person		
			vertrauliche Form		Distanzform
	Singular	**Plural**	**Singular**	**Plural**	
N.	*ich*	*wir*	*du*	*ihr*	*Sie*
A.	*mich*	*uns*	*dich*	*euch*	*Sie*
G.	*mein(er)*	*unser*	*dein(er)*	*euer*	*Ihrer*
D.	*mir*	*uns*	*dir*	*euch*	*Ihnen*

Die Genitivformen *mein, dein* sind veraltet, aber in Wendungen und älteren Namen (*Ver-gissmeinnicht*) noch erhalten.
Die vertrauliche Form der 2. Person wird immer klein, die Distanzform immer groß ge-schrieben.
Die **1. Pers. Plur.** bezeichnet eine Menge, die Sprecher oder Schreiber einschließt. Diese Form wird in folgenden Fällen auch zur Bezeichnung des Sprechers/Schreibers allein verwendet:

1. im „Autorenplural" (pluralis auctoritatis), auch „Plural der Bescheidenheit" (pluralis modestiae):

> *Wir behandeln solche Erscheinungen als Sonderfälle.*

2. früher für Vertreter des Hochadels:

> *Wir, Philipp, Kurfürst von Hessen, …*

Zur Bezeichnung des Hörers dient die 1. Pers. Plur. in freundlich-intimen Aufforderun-gen („Krankenschwester-Plural"):

> *So, jetzt nehmen wir noch unsere Tropfen.*

Die **vertraulichen Formen der 2. Person** werden gegenüber Kindern und Jugendlichen bis zur Pubertät, auch gegenüber engeren Verwandten und Freunden oder guten Bekann-ten verwendet, ähnlich gegenüber Parteifreunden besonders linker Parteien, oft auch ge-genüber Arbeitskollegen.
Ist das vertrauliche Pronomen der 2. Person Subjekt, so steht das finite Verb in der 2. Person.
Die **Distanzform der 2. Person** wird gegenüber Einzelnen und Menschengruppen ver-wendet. Sie ist kein Ausdruck der Höflichkeit, sondern signalisiert soziale Distanz. Ge-genüber Erwachsenen ist sie die Standard-Anrede.
Ist die Distanzform Subjekt, so steht das finite Verb, unabhängig von der Zahl der Ange-sprochenen, immer in der 3. Pers. Plur.
Phrasen mit dem Partnerpronomen als Kopf sind auf mehrere Arten möglich. Die Satel-liten stehen in allen Fällen hinter dem Kopf.

> ▸ Typ 1: ‚Prn$_{part}$' | ‚Prn$_{part}$' (KLS; ‚NomP')
>
>   Das Pronomen regiert eine Nominalphrase:
>
>   *ich dummer Kerl, ich armer Mensch*
>   *ihr blöden Heinis, Sie unverschämte Gaffer*

du Armer, Sie Bedauernswerte
dir Kleinem, euch Furchtsamen, Ihnen Neuem
Sie komischer Geschichtenerzähler mit dem schwarzen Schlapphut

Grundsätzlich ist bei diesen Satelliten des Partnerpronomens von Nominalphrasen auszugehen, in denen, abgesehen vom Possessivum, kein Determinativ realisiert ist. Das
Adjektiv wird entsprechend dekliniert, also gewöhnlich wie bei Nullartikel. Der nominale Kopf kann getilgt werden. Sächsischer Genitiv ist nicht möglich.

▶ Typ 2: ‚Prn$_{part}$‘ | ‚Prn$_{part}$‘ (KLS; ‚RS‘)

Das Pronomen regiert einen Relativsatz.

Fungiert der Relativsatz als direkter Satellit des Partnerpronomens, so sind zwei Formen
möglich (vgl. 3.7.4 „Relativsätze"):

du, die mich nie hintergangen hat
du, die du mich nie hintergangen hast

Ferner:

Sie, der ich immer vertrauen konnte

▶ Typ 3: ‚Prn$_{part}$‘ | ‚Prn$_{part}$‘ (LOC; ‚Adv‘/‚PrpP‘)

Das Pronomen regiert ein Adverb oder eine Präpositionalphrase.

du da drüben
du selbst
Sie in der letzten Reihe
Sie aus Jena

Auch Appositionen verschiedener Art sind möglich (s. dazu 7.3).
Singularische Phrasen sind meist normorientiert: Sie bezeichnen einen Verstoß gegen
eine Verhaltensnorm (*du Feigling* weist darauf hin, dass man normalerweise nicht feige
zu sein hat) oder heben mahnend eine geltende Norm hervor (*du Lateiner* unterstellt, dass
der Angesprochene etwas Bestimmtes eigentlich wissen sollte). Häufig sind solche singularischen Phrasen emotiv markiert.
Im Plural lassen sich entsprechende Phrasen (*ihr Hambacher*) meist emotionsfrei verwenden.

5.6.3. Reine Verweispronomina: *er, sie, es*

Diese Pronomina haben ihren Namen daher, dass es weitere Pronomina mit Verweisfunktion gibt: Possessiva und Demonstrativa. *er, sie, es* aber, in der traditionellen Grammatik
die „Personalpronomina der 3. Person", verweisen ausschließlich, und zwar meist anaphorisch, auf vorausgehende Textstellen.
Deklination:

	Singular			Plural
	Mask.	**Fem.**	**Neutr.**	
N.	*er*	*sie*	*es*	*sie*
A.	*ihn*	*sie*	*es*	*sie*
G.	*sein(er)*	*ihrer*	*sein(er)*	*ihrer*
D.	*ihm*	*ihr*	*ihm*	*ihnen*

Die Genitivform *sein* ist veraltet.

Die reinen Verweispronomina lassen sich nicht nur anaphorisch, sondern auch deiktisch (als direkte Verweise auf Außersprachliches) verwenden, vgl. *Sie* oder *Er* als Aufschrift an Toilettentüren – dann sind diese Pronomina sogar sexusgebunden.
In religiösen Texten, zumal älteren, steht *Er* oder *ER* für Gott.
Das reine Verweispronomen sollte mit Bezug auf Personen nicht gebraucht werden, wenn die Gemeinten zuhören können. Solche Verwendung gilt als unhöflich. Empfohlen wird für solche Fälle die Verwendung von Anredenomen und/oder Titel + Namen. Also nicht: *Sie ist da.*, sondern

> *Frau Dr. Möbius ist da.*

Phrasen mit reinem Verweispronomen:

▸ Typ 1: ‚Prn$_{\text{rvw}}$' | ‚Prn$_{\text{rvw}}$' (KLS; ‚Det'/‚Adj')

> Das Pronomen regiert ein Determinativ oder ein Adjektiv.
>
> *sie beide, sie alle*

Soweit es sich um dislozierbare Elemente handelt, sind im Satz auch andere Stellungen möglich:

> *Sie beide wollten zum Jahrmarkt fahren.*
> *Sie wollten beide zum Jahrmarkt fahren.*
> *Beide wollten sie zum Jahrmarkt fahren.*

▸ Typ 2: ‚Prn$_{\text{rvw}}$' | ‚Prn$_{\text{rvw}}$' (KLS; ‚PrpP')

> Das Pronomen regiert eine Präpositionalphrase.
>
> *sie mit den Wanderstöcken*
> *sie in dem hellbraunen Mantel*

▸ Typ 3: ‚Prn$_{\text{rvw}}$' | ‚Prn$_{\text{rvw}}$' (LOC; ‚Adv'/‚PrpP')

> Das Pronomen regiert ein Adverb oder eine Präpositionalphrase.
>
> *er auf der Treppe*
> *er da drüben*

▸ Typ 4: ‚Prn$_{\text{rvw}}$' | ‚Prn$_{\text{rvw}}$' (KLS; ‚RS')

> Das Pronomen regiert einen Relativsatz.
>
> *sie, die alles gesehen hat*
> *sie, die sie alles gesehen hat* (gehoben)

Ferner sind Appositionen möglich.

5.6.4. Possessivpronomina: *meiner*, *deiner*, *seiner* usw.

Diese Pronomina stiften ein Zugehörigkeitsverhältnis zwischen zwei Größen. Wir sprechen vereinfachend vom „Besitzer" (Eigner) und vom „Besitztum" (Zubehör). Der „Besitzer" entscheidet über die Wahl des jeweiligen Lexems, wie die folgende Tabelle zeigt:

	Singular	**Plural**
1. Person	*meiner*	*unserer*
2. Person	*deiner, Ihrer*	*eurer, Ihrer*
3. Person		
Mask.	*seiner*	
Fem.	*ihrer*	*ihrer*
Neutr.	*seiner*	

Die Deklination unterliegt, gesteuert vom „Besitztum", das vor allem das Genus bestimmt, folgendem Schema:

	Singular			Plural
	Mask.	**Fem.**	**Neutr.**	
N.	*meiner*	*meine*	*meines*	*meine*
A.	*meinen*	*meine*	*meines*	*meine*
G.	–	*meiner*	–	*meiner*
D.	*meinem*	*meiner*	*meinem*	*meinen*
N.	*der meine*	*die meine*	*das meine*	*die meinen*
A.	*den meinen*	*die meine*	*das meine*	*die meinen*
G.	*des meinen*	*der meinen*	*des meinen*	*der meinen*
D.	*dem meinen*	*der meinen*	*dem meinen*	*den meinen*

Zu den Formen mit vorangesetztem Artikel s. unten.
Wie *meiner* werden auch die übrigen Possessiva dekliniert.
Es gibt eine Reihe von Nebenformen:

> zu *meines, deines, seines: meins, deins, seins* (salopper)
> zu *unserer, unsere, unseres: unsrer, unsre, unsres* (salopper, jedoch üblich)
> zu *eurer, eure, eures: euerer, euere, eueres* („gestelzt", selten)

Zu allen Possessiva in der Funktion einer Prädikativergänzung gibt es die Nebenformen *mein* usw., *unser* usw. (gehoben, veraltet):

> *Du bist mein, ich bin dein ...*
> *Denn er war unser* (Goethe)

Obwohl die Possessiva ein Merkmal ‚bekannt' enthalten, lassen sie sich mit dem definiten Artikel (s. Tabelle oben) kombinieren und werden dann wie Adjektive nach definitem Artikel dekliniert:

> *der meine, der ihre* usw.

Diese Formen sind bedeutungsgleich mit den einfachen Possessiva. In manchen Fällen sind sie obligatorisch, z. B.

> in Grußformeln: *ganz der deine*
> angewandt auf Angehörige: *die Meinen*

Weitere Nebenformen zum Possessivum mit definitem Artikel bilden Ausdrücke mit dem Suffix *ig*:

> *der Meinige, die Unsrigen*

Groß geschrieben werden nur die Possessiva der Distanzform: *Ihres, das Ihre*, ferner alle Possessiva mit definitem Artikel, wenn sie Angehörige, ein Besitztum oder etwas, auf das man Anspruch hat, bezeichnen:

> *die Unseren, das Ihre*
> *Jedem das Seine.* (Redensart)

Wie possessive Determinative Genitive anaphorisch ersetzen können, so vermögen sich Possessivpronomina oft auf Nominalphrasen mit Genitivattribut zu beziehen:

> *Isabelles Fahrrad wurde gestohlen. Meines wird immer im Keller aufbewahrt.*

Aber diese Verwendung hat Grenzen, deren Bedingungen noch nicht zureichend erforscht sind.
Phrasen mit Possessivpronomen:

▸ Typ 1: ‚Prn_{pos}' | ‚Prn_{pos}' (LOC; ‚Adv'/‚PrpP')

Das Possessivpronomen regiert eine Situativ- oder Direktivergänzung.

deiner da drüben, meiner aus Ägypten

▸ Typ 2: ‚Prn_{pos}' | ‚Prn_{pos}' (KLS; ‚Prt'/‚Adj')

Das Possessivpronomen regiert ein Disjunkt.

seiner selbst
seiner persönlich

▸ Typ 3: ‚Prn_{pos}' | ‚Prn_{pos}' (KLS; ‚PrpP')

Das Possessivpronomen regiert eine Komitativangabe.

Ihrer mit Passierschein
Ihrer ohne Unterschrift

▸ Typ 4: ‚Prn_{pos}' | ‚Prn_{pos}' (KLS; ‚RS')

Das Possessivpronomen regiert einen Relativsatz.

deiner, der ständig schweigt

Auch Appositionen zum Possessivpronomen sind möglich (s. 7.3).

5.6.5. Demonstrativpronomina: *der, die, das* (betont)

Dieses stark hinweisende Pronomen wird folgendermaßen dekliniert:

	Singular			Plural
	Mask.	**Fem.**	**Neutr.**	
N.	*der*	*die*	*das*	*die*
A.	*den*	*die*	*das*	*die*
G.	*dessen*	*deren/derer*	*dessen*	*deren/derer*
D.	*dem*	*der*	*dem*	*denen*

Zum Gen. Sing. Fem. und Gen. Plur.: *derer* gilt bei autonomem, *deren* bei attributivem Gebrauch:

Derer kann ich mich nicht mehr erinnern.
An deren Kinder hatten wir nicht gedacht.

Aber bei Nachstellung des Kopfes lautet das Attribut *derer*:

(deren Hoffnungen)
die Hoffnungen derer im Bunker

Das Demonstrativpronomen wird vor allem für anaphorische Verweise auf Sachverhalte gebraucht:

Das haben wir nicht gewusst.
Mich stört das schon.

In der Alltagssprache wird *dér, díe, dás* fast ausschließlich als Verweisform der 3. Person verwendet, vor allem in älteren Texten:

*Es waren einmal ein König und eine Königin. **Die** hatten zwei Kinder.*
*Er machte sich auf mit seiner Frau, **die** war schwanger.*

Heute würde man die Folgesätze in der Standardsprache eher als Relativsätze anschließen.

Phrasen mit Demonstrativpronomen:

▸ Typ 1: ‚Prn$_{dem}$‘ | ‚Prn$_{dem}$‘ (LOC; ‚Adv‘/‚PrpP‘)

Das Demonstrativpronomen regiert eine Lokal- oder Direktivergänzung.

der da drüben

die aus Rudolstadt

▸ Typ 2: ‚Prn$_{dem}$‘ | ‚Prn$_{dem}$‘ (KLS; ‚Det‘/‚Adj‘/‚PrpP‘)

Das Demonstrativpronomen regiert ein Disjunkt oder eine Präpositivergänzung.

die alle

der mit der Stirnlocke

▸ Typ 3: ‚Prn$_{dem}$‘ | ‚Prn$_{dem}$‘ (KLS; ‚RelS‘)

Das Demonstrativpronomen regiert einen Relativsatz.

der, den ich gemeint habe

Auch Appositionen sind möglich.

5.6.6. Relativpronomina: *der, die, das*

Die Deklination ist völlig mit der des Demonstrativpronomens identisch. Allerdings ist das Relativpronomen gewöhnlich unbetont.

Numerus und Genus des Relativpronomens richten sich nach dem Bezugswort, der Kasus hingegen nach der Funktion im Relativsatz, daher:

die Frau, die mir das sagte

die Bücher, denen ich nachtrauern würde

Um die Doppelfunktion des Relativpronomens sichtbar zu machen, ist eine Aufspaltung in Transferem und Anaphorem (vgl. 3.7.4 „Relativsatz") hilfreich. Das Transferem subjungiert den Nebensatz, das Anaphorem hat in diesem eine syntaktische Funktion.

Zur Verdeutlichung, auch um Wiederholungen zu vermeiden, wird das Relativpronomen gelegentlich durch das Determinativ *welcher* ersetzt:

Die, welche die Birnen gestohlen haben, sind gefasst worden.

statt

Die, die die Birnen gestohlen haben, sind gefasst worden.

Das neutrale *was* (statt *das*) wird in folgenden Fällen als relatives Anschlusselement verwendet:

1. wenn das Bezugswort ein neutrales Indefinitpronomen ist:

alles, was ich weiß

2. wenn das Bezugswort ein autonom gebrauchtes neutrales Adjektiv (oft im Superlativ) ist:

das Gute, was mir widerfahren ist

das Spannendste, was ich je gelesen habe

Phrasen mit Relativpronomen sind ausschließlich Relativsätze.

5.6.7. Reflexivpronomina: *mir/mich, dir/dich, sich, uns, euch*

Die Formen verteilen sich nach folgendem Schema:

	Singular			Plural		
	1. Person	**2. Person**	**3. Person**	**1. Person**	**2. Person**	**3. Person**
N.	–	–	–	–	–	–
A.	*mich*	*dich*	*sich*	*uns*	*euch*	*sich*
G.	*(meiner)*	*(deiner)*	*(seiner/ihrer)*	*(unser)*	*(euer/eurer)*	*(ihrer)*
D.	*mir*	*dir*	*sich*	*uns*	*euch*	*sich*

Wirklich „reflexiv" (rück-bezüglich) sind diese Pronomina nur bei den sogenannten partimreflexiven Verben, d. h. bei Verben, die auch nichtreflexiv gebraucht werden können. Ein solches Verb ist *befreien*. Man kann *jemanden befreien*, man kann auch *sich selbst* aus einer schwierigen Lage usw. *befreien*. Die Subjektsgröße ist dann der „Täter", aber sie ist zugleich von der Tätigkeit Betroffener. Dieser „Rückbezug" liegt bei Verben wie *jemanden ernähren, jemandem nachgeben, jemandem raten, jemanden verraten* und vielen anderen dann vor, wenn sie mit Reflexivpronomen verwendet werden. Der Rückbezug liegt, trotz des Reflexivpronomens, nicht vor bei den so genannten obligatorisch reflexiven Verben wie *sich entsinnen, sich verhalten* u. a. Hier ist das Reflexivum ein fester Bestandteil des Verbs, es hat keine erkennbare eigene Bedeutung.

Trotz oberflächlicher Übereinstimmung bestehen erhebliche Unterschiede zwischen den Reflexivpronomina bei partimreflexiven und denen bei obligatorisch reflexiven Verben. Jenes lässt sich betonen, und es kann auch im Vorfeld des Satzes erscheinen:

> *Mir hätte ich nie nachgegeben.*

Letzteres ist immer unbetont und nur im Mittelfeld verschiebbar:

> *Kannst du dich wirklich noch daran erinnern?*
> *Kannst du wirklich dich noch daran erinnern?*

Das Reflexivpronomen kongruiert in jedem Fall mit dem Subjekt. Wo, wie in Infinitivkonstruktionen, kein Subjekt realisiert ist, wird das Reflexivpronomen der 3. Person *sich* verwendet:

> *Sich regen bringt Segen.* (Sprichwort)

Teilweise wird das Reflexivpronomen allerdings vom Obersatzverb und seiner Valenz gesteuert:

> *Ich hatte dich gebeten, dich besser zu informieren.*
> *Es nützt dir nichts, dich bei ihr auszuheulen.*

Man sagt eher

> *Sich ständig abstrampeln hilft dir auch nicht.*

als

> *Dich ständig abstrampeln hilft dir auch nicht.*

Zwar heißt es (gleicher Index bezeichnet referenzidentische Größe):

> *Er₁ ließ den Besucher zu sich₁ bringen.*
> *Er₁ sah den Besucher auf sich₁ zukommen.*

Bei Verben des Aufforderns gilt jedoch allgemein das nichtreflexive Pronomen:

> *Er forderte den Besucher auf, zu ihm herüber zu schauen.*

Die Regeln scheinen nicht immer klar zu sein, sie sind auch noch nicht zureichend erforscht.

Bezeichnet das Subjekt, gehäuft oder nicht, eine Mehrheit von Größen, so lässt sich das Reflexivpronomen auch **reziprok** verwenden, sofern die Handlung wechselseitig erfolgt:

> *Wir haben uns geeinigt.*

Ein sicheres Anzeichen für reziproken Gebrauch ist immer, dass das Reflexivpronomen durch *einander* ersetzt werden kann. Dies ist aber nur bei partimreflexiven Verben möglich:

> *Wir haben einander getäuscht.*

heißt, dass A den B und B den A *getäuscht* hat, nicht aber dass jeder von beiden *sich getäuscht* hat (dies wäre der obligatorisch reflexive Gebrauch). In Fällen reziproken Gebrauchs lässt sich das Reflexivpronomen auch mit *gegenseitig* kombinieren:

> *Wir haben uns gegenseitig getäuscht.*

Bei den obligatorisch reflexiven Verben lässt sich jedoch, falls eine weitere Ergänzung mit Präposition vorliegt, die Partikel *einander* hier einfügen:

> *Sie lassen sich voneinander scheiden.*

Hier ist **nicht** das Reflexivpronomen, sondern die Nominalphrase in der Präpositivergänzung durch *einander* ersetzt.
Zu den Stellungsregeln für die Reflexivpronomina im Satz s. 3.8, bes. 3.8.2.

5.6.8. Indefinitpronomina

Hierher gehören *alles, einer, etwas, jedermann, jemand, man, meinesgleichen* usw., *unsereiner* usw., *was* sowie verschiedene Pronomina mit dem Präfix *irgend*. In diesem Zusammenhang beschreiben wir wegen vielfach gleicher Verwendung auch das Determinativ *welcher* und das Interrogativum *wer*.
Auf indefinite Determinative (wie *aller, ein bisschen, ein paar, etliche* u. a.), die häufig autonom und damit wie Pronomina verwendet werden, sei nachdrücklich hingewiesen (s. zu Einzelheiten 5.4.5).
Alle Indefinita bezeichnen „dritte" Personen oder Gegenstände, sind also nicht auf die Gesprächspartner anwendbar. Die eigentlichen Indefinitpronomina kommen nur im Singular vor.

alles

Dieses Pronomen hat keinen Genitiv, aber die Dativform *allem*; im Übrigen ist es unveränderlich.
alles bezeichnet eine Gesamtheit (auch von Menschen), eine vollständige Menge:

> *Alles stob auseinander, als der Wagen in die Marktstände fuhr.*
> *Das kannst du alles haben.*
> *Die kann aus allem etwas machen.*

alles konkurriert – allerdings fast nur bei Anwendung auf Menschen – mit dem Determinativ *jeder*, das aber eher einzelne Elemente bezeichnet:

> *Jeder weiß das.*

Wird *alles* durch *nicht* negiert, so wird nur die Totalität in Abrede gestellt, eine Teilmenge gilt weiterhin. Soll die gesamte Menge negiert werden, so tritt für *alle* das Pronomen *nichts* ein:

> *Du wirst nichts behalten.*

Phrasen bildet *alles* vor allem mit nachgeordneten Adjektiven, auch Partikeln, Präpositionalphrasen und Relativsätzen. Adjektive (außer *anderer*) werden dann groß geschrieben:

> *alles Gute, alles Erlebte*
> *alles da unten*
> *alles aus Lettland*

Relativsätze werden in der Regel mit *was*, wenn sie Konkretes bezeichnen, auch mit *das* angeschlossen:

> *alles, was uns Freude macht*
> *alles, das dir vorschwebt*

Bei präpositionalem Anschluss tritt ein Präpositionaladverb ein:

> *alles, worüber wir uns gefreut hatten*

einer, eine, eines

Dieses Pronomen hat als einziges Indefinitum ein Genusparadigma:

	Mask.	Fem.	Neutr.
N.	*einer*	*eine*	*eines*
A.	*einen*	*eine*	*eines*
G.	–	–	–
D.	*einem*	*einer*	*einem*

einer bezeichnet eine beliebige, identifizierbare Größe aus einer Menge. Es betont die Singularität des Elements:

> *(Nur) eine ist übrig geblieben.*

Meist wird das Pronomen anaphorisch (rückverweisend) verwendet:

> *... ein Stoß Briefe. Blindlings griff er nach einem.*
> *... Genossinnen. Eine war soeben bei mir.*

Nichtanaphorisches *einer* verweist gewöhnlich auf Menschen, dann stimmen Genus und Sexus überein:

> *Gestern wollte mir einer eine Versicherung verkaufen.*

Die neutrale Form *eines* wird auch auf Menschen beliebigen Geschlechts angewandt:

> *Da soll eines nicht den Durchblick verlieren!*

Zu einer usw., wenn diese Pronomina Menschen bezeichnen, gibt es Konkurrenzformen: *jemand, man, wer*. Das Pronomen *einer* usw. gilt bei Bezug auf Menschen als nicht sehr respektvoll; *jemand* bezeichnet wertneutral eine dem Sprecher unbekannte Person. So unterscheiden sich

> *Es steht einer draußen.*

und

> *Es steht jemand draußen.*

man, stets unbetont, meint grundsätzlich eine Mehrheit von Menschen:

> *Darüber spricht man nicht.*

wer, stets unbetont, ist alltagssprachlich:

> *Es steht wer draußen.*

Negiert wird *einer* usw. durch *niemand, keiner*, bei Betonung auch durch *nicht*:

Es ist niemand/keiner/nicht einer da gewesen.

Verstärkung der Negation ist durch das Adjektiv *einzig* möglich:

Es ist kein einziger/nicht ein einziger gekommen.

Phrasen lassen sich bilden mit nachgestellter Präpositionalphrase u. a., auch mit Appositionen und Relativsätzen als Satelliten:

eine mit Locken
eine aus der asturischen Provinz
Eine ist persönlich erschienen.
eine, ausgewiesen im Programmieren, ...
eine, die das durchgestanden hat

etwas

ist unveränderlich. Dieses Pronomen bezieht sich auf unbestimmte Art auf nicht menschliche Größen, auch Sachverhalte:

Mir ist etwas eingefallen.
Da war etwas in seiner Tasche.

Negiert wird *etwas* durch *nichts*:

Mir ist nichts eingefallen.

Phrasen lassen sich bilden mit nachgestellten Adjektiven, Präpositionalphrasen u. a., Appositionen und Relativsätzen als Satelliten. Attributive Adjektive werden dabei groß geschrieben und gegebenenfalls wie bei Nullartikel dekliniert:

etwas Besseres
mit etwas Besserem
etwas von euch
etwas aus dem Odenwald
etwas, bisher noch nie festgestellt, ...
etwas, das bisher noch nie festgestellt worden war

etwas wird auch als Gradpartikel zur Bezeichnung eines geringen Grades oder einer geringen (unbestimmten) Menge verwendet:

Können Sie das Bild etwas schärfer stellen?
Nehmen Sie noch etwas Soße?

Das Präfix *irgend*

verbindet sich mit den Pronomina *einer* usw., *etwas, jemand, was, wer* zu neuen Pronomina, wobei die Unbestimmtheit betont wird:

Ich habe irgendeinen von euch gesehen.
Da ist irgendetwas/irgendwas schief gelaufen.
Ich habe dich mit irgendjemand(em) verwechselt.
Kann ich irgendwen mitnehmen?

jedermann

hat noch eine Genitivform *jedermanns*, ist im Übrigen unveränderlich. Es gehört der gehobenen Standardsprache an. In der Alltagssprache wird es durch *jeder* oder *alle(r)* ersetzt. Das Pronomen *jedermann* bezeichnet eine Gesamtheit von (meist) erwachsenen Menschen beliebigen Geschlechts:

Das Geschäft ist für jedermann geöffnet.
Ich arbeite mit jedermann zusammen.

Negiert wird *jedermann* durch *nicht* (wobei eine Teilmenge weiterhin gilt), *keiner* und *niemand* (was totale Negation bedeutet):

> *Das wird nicht jedermann gefallen.*
> *Das wird keinem/niemandem gefallen.*

Phrasen lassen sich mit Adverbien, Präpositionalphrasen u. a., Appositionen und Relativsätzen als Satelliten bilden:

> *jedermann dort*
> *jedermann in Südfrankreich*
> *jedermann sonst*
> *jedermann, auf dem Land oder in der Großstadt ansässig, ...*
> *jedermann, an den ich denken würde*

jemand

kommt nur im Singular vor und wird folgendermaßen dekliniert:

N.	*jemand*
A.	*jemanden*
G.	*jemand(e)s*
D.	*jemandem*

Dativ und Akkusativ bleiben in der Alltagssprache, bei Phrasenbildung auch in der Standardsprache unverändert:

> *Ich habe das von jemand gehört.* (alltagssprachlich)
> *Ich habe das von jemand gewöhnlich gut Informiertem gehört.*

Das Pronomen *jemand* bezeichnet Menschen beliebigen Geschlechts als Einzelne, die nicht weiter identifizierbar sind:

> *Es ist jemand da gewesen.*
> *Man sollte jemanden von der Stadtverwaltung fragen.*
> *Es wurde nach jemands Papieren gefragt.*
> *Hättest du jemandem deinen Wagen gegeben?*

Negiert wird in der Regel durch *niemand* (totale Negation):

> *Davon wird mich niemand überzeugen.*

Phrasen lassen sich mit Adjektiven, Adverbien, Präpositionalphrasen u. a., Appositionen und Relativsätzen als Satelliten bilden. Adjektive werden groß geschrieben und haben die Form des Neutrums. Sie werden gegebenenfalls wie bei Nullartikel dekliniert:

> *Ist jemand Neues im Saal?*
> *Habt ihr jemand Neues/Neuen gesehen?*
> *Sie hatte sich mit jemand anderem verabredet.*

Beispiele für weitere Phrasen:

> *jemanden hier unten*
> *jemand mit zwei Koffern*
> *von jemandem persönlich*
> *jemandem, alt oder jung, ...*
> *jemand, der so übers Ohr gehauen wurde*

man

Dieses nur singularische und stets unbetonte Pronomen wird dekliniert, hat aber keine obliquen Kasus. Diese werden von *einer* „entlehnt", was wegen der semantischen Ähnlichkeit beider Pronomina einleuchtet.

man bezeichnet eine nicht umgrenzte Menge von Menschen beiderlei Geschlechts. Es ist nicht sinnvoll, *man* künstlich auf das männliche Geschlecht einzugrenzen und für weibliche Personen ein neues „Pronomen" *frau* einzuführen (dem sich dann anstelle des ursprünglichen *man* noch ein geschlechtsneutrales *mensch* zuzugesellen hätte), nur weil *man* phonetisch an das Nomen *Mann* erinnert. Derlei Versuche verraten nicht nur geringe Vertrautheit mit den Regularitäten sprachlicher Veränderungen, sondern verwechseln auch auf ungeschickte Weise grammatisches Genus und biologischen Sexus.

Beispiele:

> *Darüber spricht man nicht.*
> *Diese Leute machen es einem nicht leicht.*
> *Das kann einen ganz schön ins Schwitzen bringen.*

In bestimmten Fällen kann *man* einzelne Personen bezeichnen, meist den Sprecher:

> *Man wird ja schließlich noch fragen dürfen.*
> *Man kann ja nicht alles selber machen.*

Bezeichnet *man* den Hörer, so ist es meist spöttisch oder ironisch gemeint:

> *Hat man wieder mal den Wecker nicht gehört?*
> *Und warum hält man sich nicht daran?*

Phrasen mit *man* lassen sich nur in geringem Umfang mit dislozierbaren Attributen bilden:

> *Das kann man auch **selbst** machen.*
> *Muss man das immer **persönlich** erledigen?*
> *Schließlich muss das einem **persönlich** gefallen.*

meinesgleichen

Zu dem unveränderlichen Pronomen gibt es Parallelformen, die alle mit dem genitivischen Possessivpronomen gebildet sind: *deines-, seines-, ihres-, unseres-, euresgleichen.* Alle diese Formen wirken etwas altertümlich, werden aber noch verwendet. *X-es-gleichen* bedeutet ‚Größen wie der „Besitzer" von X‘; *meinesgleichen* bedeutet somit ‚Größen wie ich‘, in der Regel ‚Leute oder Institutionen wie ich‘:

> *Ihresgleichen kennt kein Schuldbewusstsein.*
> *Ich hatte nie mit seinesgleichen zu tun.*

Beliebt ist die Wendung:

> *(Diese Stadt) hat nicht ihresgleichen.* = ‚ist unvergleichlich‘

Auch paarige Wendungen sind häufig:

> *er und seinesgleichen* (‚er und Leute wie er‘)

Phrasen lassen sich in geringem Umfang bilden:

> *euresgleichen dort*
> *euresgleichen vom Hindukusch*
> *euresgleichen, seit kurzem genesen, …*
> *euresgleichen, die alles Mögliche versuchen*

unsereiner

In diesem nur singularischen Pronomen mit der Parallelform *euereiner* wird nur der zweite Teil, das Pronomen *einer*, dekliniert.

unsereiner bedeutet ‚eine Person, die zu uns gehört‘, auch ‚eine Person wie wir‘, ein beliebiges und nicht identifizierbares Element der Menge ‚wir‘. Von dieser Menge wird angenommen, dass sie gemeinsame, typische Eigenschaften hat:

> *Unsereiner sieht das erheblich anders.*
> *Mit euereinem möchte ich nichts mehr zu tun haben.*

Phrasen mit Präpositionalphrase, Apposition oder Relativsatz lassen sich in begrenztem Maße bilden:

> *euereiner mit seinen ökologischen Skrupeln*
> *euereiner, aufgeklärt und dennoch traditionsverhaftet, ...*
> *unsereiner, der eh schon alles weiß*

(viel, wenig)

Diese beiden Adjektive bezeichnen jeweils eine unbestimmte, große bzw. kleine Menge. Bei autonomem Gebrauch bleiben sie häufig unverändert und verhalten sich dann wie Pronomina, was sich besonders bei der Phrasenbildung zeigt:

> *viel Lärm, wenig Wolle*
> *viel Neues, wenig Sinnvolles*
> *viel über euch, wenig von uns*
> *viel, was ich gehört habe; wenig, was man vergessen sollte*
> *mit viel Neuem, von wenig Sinnvollem*

was

Dieses unveränderliche, immer unbetonte und nie vorfeldfähige indefinite Pronomen (andere Vorkommen von *was* sind durchaus betonbar und vorfeldfähig!) bezeichnet unbestimmte nicht menschliche Größen. Es hat als alltagssprachliche Variante zu *etwas* zu gelten:

> *Ich sollte noch was erledigen.*

Phrasen lassen sich u. a. mit Adjektiven, Präpositionalphrasen, Appositionen und Relativsätzen als Satelliten bilden:

> *Er ist noch mit was Wichtigem beschäftigt.*
> *Ich hab euch was aus Paris mitgebracht.*
> *Ich weiß was, klein und glänzend, ...*
> *Ich sehe was, was du nicht siehst.*

(welcher)

Dieses interrogative Determinativ (s. 5.4.7) kann bei autonomer Verwendung auch indefinite Bedeutung haben. Es bezeichnet dann, im Text nach rückwärts verweisend, unbestimmte Elemente oder Teilmengen:

> *Uns ist die Butter ausgegangen. Habt ihr vielleicht noch welche?*
> *Ich sehe, ihr habt keine Äpfel mehr. Braucht ihr noch welche?*

Indefinites *welche* kann nicht attributiv verwendet werden.

Phrasen lassen sich vor allem mit Präpositionalphrasen und Relativsätzen als Satelliten bilden:

> *Ich habe noch welche aus Finnland.*
> *Ich habe noch welche, die sie mir in Ungarn gegeben haben.*

(wer)

Dieses nur singularische Interrogativpronomen kann alltagssprachlich auch mit indefiniter Bedeutung verwendet werden, sofern es autonom verwendet wird. Es bezeichnet dann einen beliebigen, nicht weiter identifizierbaren Menschen. Indefinites *wer* ist nicht betonbar und nicht vorfeldfähig:

> *War vorhin wer da?*
> *Haben Sie wen gesehen?*
> *Ich hab wem beim Graben zugesehen.*

Phrasen lassen sich vor allem mit Adjektiven, Präpositionalphrasen und Relativsätzen als Satelliten bilden. Adjektive haben dann die Form des Sing. Neutr., werden groß geschrieben und mitdekliniert:

> *Es war wer Fremdes da.*
> *Ich habe wen Verdächtigen gesehen.*
> *Robert hatte wen ohne Papiere entdeckt.*
> *Anna zeigte auf wen, der keinen Schirm dabei hatte.*

Das verstärkte Indefinitum *irgendwer* ist betonbar und vorfeldfähig:

> *Irgendwen müssen sie doch finden.*

ZUR BEDEUTUNGSSTRUKTUR INDEFINITER PRONOMINALPHRASEN

Auch hier ist davon auszugehen, dass alle Pronomina nur Ergänzungen als Satelliten haben können. Der pronominale Kopf bildet also mit seinen Satelliten einen semantischen Komplex, wobei er jedem Satelliten einen semantischen Relator (LOC oder KLS) zuordnet.

Der indefiniten Pronominalphrase

> *jemand aus Sardinien, jung und engagiert, ...*

entspricht dann die folgende semantische Struktur:

▶ ‚jemand‘ │ ‚jemand‘ (LOC$_{abl}$; ‚Sardinien‘, KLS; ‚jung‘, ‚engagiert‘)

5.6.9. Negative Pronomina

Hierher gehören *keiner, nichts, niemand.*

keiner, keine, keines

keiner wird wie *einer* dekliniert, hat aber auch Pluralformen:

	Singular			Plural
	Mask.	**Fem.**	**Neutr.**	
N.	keiner	keine	keines	keine
A.	keinen	keine	keines	keine
G.	–	keiner	–	keiner
D.	keinem	keiner	keinem	keinen

keiner bezeichnet eine leere Menge von Menschen, Tieren oder auch Gegenständen. Dabei wird die Individualität der Größen hervorgehoben:

Keiner ist gekommen.
Keinen habe ich gesehen.
Das war damals keinem bewusst.
Ich konnte mich keiner entsinnen.

Verstärkung von *keiner* ist durch Partikeln möglich:

Gar keiner war da.
Ich habe überhaupt keine gesehen.

Phrasen lassen sich mit Präpositionalphrasen, Adverbien und Partikeln sowie mit Appositionen und Relativsätzen als Satelliten bilden:

keiner aus Heslach
keiner dort unten
keiner (…) persönlich
keinem, der Pubertät gerade eben entkommen, …
keinen, der das gesehen hat

nichts

Dieses unveränderliche Pronomen bezeichnet leere Mengen von (meist unbelebten) Größen und Sachverhalten:

Nichts ist ewig.
Ich habe nichts gesehen.
Aus nichts kann ich keinen Salat machen.

Verstärkung ist möglich: *gar nichts, überhaupt nichts.*

Phrasen lassen sich mit Adjektiven, Präpositionalphrasen, Partikeln, Appositionen und Relativsätzen als Satelliten bilden. Adjektive haben dabei die Form des Sing. Neutr. und werden in den obliquen Kasus wie bei Nullartikel dekliniert. Sie werden als Satelliten immer groß geschrieben:

nichts Gutes
von nichts Gutem
nichts aus Melsungen
nichts dergleichen
nichts, was mich freute

niemand

Dieses Pronomen wird wie *jemand* dekliniert. Es bezeichnet eine leere Menge von Menschen, hebt dabei die Individualität der einzelnen Elemente hervor, allerdings weniger stark als *keiner*:

Niemand konnte das wissen.
Sie konnte niemanden finden.
Ich habe mit niemandem darüber gesprochen.

Dativ und Akkusativ bleiben in der Alltagssprache, bei Phrasenbildung auch in der Standardsprache unverändert:

Ich habe das von niemand gehört. (alltagssprachlich)
Ich habe das von niemand aus dem Lager gehört.

Phrasenbildung ist wie bei *nichts* möglich:

niemand Neues
von niemand Neuem
niemand aus Bautzen
niemand sonst
niemand, von dem ich Interessantes erzählen könnte

ZUR BEDEUTUNGSSTRUKTUR NEGATIVER PRONOMINALPHRASEN

Es gilt dasselbe wie bei den zuvor beschriebenen Phrasen. Der Phrase

niemand persönlich aus Bautzen

ist die folgende Struktur zuzuordnen:

▸ ‚*niemand*‘ │ ‚*niemand*‘ (KLS; ‚*persönlich*‘, LOCabl; ‚*Bautzen*‘)

5.6.10. Interrogativpronomina

Hierher gehören die Pronomina *was, wer, was für einer.*
Sie erfragen Größen oder deren Beschaffenheit.
In Fragefunktion stehen sie immer am Satzanfang; nur eine Präposition kann ihnen gegebenenfalls vorher gehen.

was

Dieses nur singularische Pronomen ist mit Ausnahme der Genitivform *wessen* (veraltet: *wes*) unveränderlich. Es erfragt unbelebte Größen und Sachverhalte:

Was soll ich denn tun?
Was wisst ihr davon?

Verlangt eine Präposition zum Fragepronomen den Dativ, so wird in der Alltagssprache meist *was* verwendet; in der Standardsprache steht statt dessen das entsprechende Präpositionaladverb:

Von was habt ihr gesprochen? (alltagssprachlich)
Wovon habt ihr gesprochen? (Standardsprache)

Oft wird *was* auch in der Bedeutung von *warum* verwendet:

Was heulst du nur so?
Was führt sie sich so auf?
Was telefoniert er so lange?

was findet sich oft mit generalisierendem *alles* verbunden:

Was habt ihr in Bonn alles gesehen?
Erzähl mal, was ihr in Bonn alles gesehen habt.

was fungiert auch als relatives Anschlusselement; vgl. 3.7.4 „Relativsätze".
Phrasen lassen sich mit Adjektiven, Präpositionalphrasen, Partikeln, Appositionen und Relativsätzen als Satelliten bilden. Adjektive werden dabei groß geschrieben und haben die Form des Sing. Neutr. Die meisten Satelliten sind vom Kopf dislozierbar:

Was kann schon Gefährliches passieren?
Was gibt es Neues?
Was von all den Sachen ist noch brauchbar?
Was können Sie mir sonst berichten?
Was, vergessen und verrottet, wollt ihr hier noch finden?
Was, das so viel Arbeit wert wäre, willst du dort finden?

was für einer

Der letzte Teil dieses komplexen Pronomens wird wie das Indefinitum *einer* dekliniert. Im Plural treten ersatzweise die Formen des Determinativs *welcher* ein. So ergibt sich folgendes Paradigma:

	Singular			Plural
	Mask.	**Fem.**	**Neutr.**	
N.	was für einer	was für eine	was für eines	was für welche
A.	was für einen	was für eine	was für eines	was für welche
G.	–	was für einer	–	was für welcher
D.	was für einem	was für einer	was für einem	was für welchen

was für einer fragt nach Eigenschaften, Beschaffenheiten:

> *Was für einer würde hier passen?*
> *Was für einen magst du?*
> *Mit was für einem schreibst du?*

Bei unbestimmten Mengen wird oft auch im Singular *was für welcher* (neben *was für einer*) verwendet:

> *(… Kies …)Was für welchen/einen?*
> *(… Öl …) Was für welches/eines?*

Phrasen lassen sich nur beschränkt bilden:

> *Was für eines aus Galizien soll das sein?*

wer

Das nur singularische Pronomen hat folgende Deklinationsformen:

	Mask.
N.	wer
A.	wen
G.	wessen
D.	wem

wer fragt nach Personen:

> *Wer war das?*
> *Wen meinen Sie?*
> *Wessen Handschuhe sind das?*
> *Wem willst du das geben?*
> *Mit wem hat sie sich gestritten?*

wer wird oft mit generalisierendem *alles* verbunden:

> *Wen habt ihr auf dem Markt alles gesehen?*

Phrasen lassen sich mit Adjektiven und vielen anderen Satelliten bilden. Adjektive haben dann die Form des Sing. Neutr. und werden groß geschrieben:

> *Wer hat sich Besonderes eingetragen?*

Im Akkusativ wird das Adjektiv teilweise mitdekliniert:

> *Wen habt ihr Besonderes/Besonderen gesehen?*
> *Wer aus Solingen könnte gemeint sein?*
> *Wer sonst wird dabei sein?*
> *Wer, Einheimischer oder Zugezogener, wollte diese Straße haben?*
> *Wer, der noch einen Funken Verstand hat, kann hier zustimmen?*

ZUR BEDEUTUNGSSTRUKTUR INTERROGATIVER PRONOMINALPHRASEN

Es gelten dieselben Strukturen wie bei den anderen Pronominalphrasen. Dem Ausdruck *wer von diesen Leuten* ist damit folgende semantische Strukturbeschreibung zuzuordnen:

▸ ‚wer' | ‚wer' (KLS; ‚diese Leute')

6. PARTIKELN

6.1.   ALLGEMEINES

▸ **Partikeln sind unveränderliche Wörter.**

Ausnahmen sind wenige Adverbien, die komparierbar sind. Auch sie rechnen wir wegen ihres im Übrigen gleichen Verhaltens zu den Partikeln.

Zwar sind auch einige Nomina und Adjektive (*Milch* bzw. *rosa* u. a.) unveränderlich. Da sie aber schon zuvor auf Grund anderer Merkmale klassifiziert wurden (s. 1.2), gehören sie nicht zu den Partikeln.

Partikeln haben Nebenfunktionen in der Sprache. Die Hauptfunktionen werden von Verben und den Wörtern des nominalen Bereichs ausgeübt: Verben bezeichnen „Geschehen" im weitesten Sinne, Nomina, Determinative, Adjektive und Pronomina bezeichnen bzw. charakterisieren Größen. Partikeln liefern dazu nähere Bestimmungen, verbinden Wörter oder Wortgruppen oder leisten Sonstiges.

Näher bestimmende Partikeln sind erstens solche, die Geschehen oder Größen präzisieren. Zu ihnen gehören vor allem Adverbien, die hier teilweise mit undeklinierten Adjektiven konkurrieren, sowie Kopulapartikeln:

> *Sie haben das Haus **dorthin** gebaut.*
> *Der Herr **hier** ist mein Schwager.*
> *Jetzt sind wir **quitt**.*
> ***Schade**, dass sie faul ist.*

Zweitens gehören hierher Partikeln, die die Illokution präzisieren oder modifizieren:

> *Abends sah die Sache **allerdings** ganz anders aus.* (Modalpartikel)
> ***Übrigens** ist das nicht mein Wagen.* (Rangierpartikel)
> *Wir haben **sogar** Löwenzahn gegessen.* (Gradpartikel)
> *Männer sind **eben** so.* (Abtönungspartikel)

Zu den **verbindenden** Partikeln gehören vor allem die Präpositionen. Sie verbinden in erster Linie größenbezeichnende Elemente:

> *Annette setzte sich **auf** den Stuhl.*
> *Ich habe die halbe Nacht **an** dich gedacht.*

Subjunktoren, die Nebensätze einleiten, verbinden Geschehensbeschreibungen:

> ***Wenn** du kommst, mache ich alle Lichter an.*

Konjunktoren verbinden gleichartige Elemente:

> *dort **und** hier*
> *mit Mann **und** Maus*

Ähnlich funktionieren Vergleichspartikeln:

> *schneller, **als** die Polizei erlaubt*
> *so klug **wie** Oskar*

Die **sonstigen** Partikeln ersetzen Äußerungen (als Satzäquivalente):

> *(Meinst du das im Ernst? –) **Ja**.*

So sind die Partikeln hinsichtlich der Struktur von Äußerungen nur Begleiterscheinungen. Was die **Semantik** betrifft, bilden sie dennoch oft den Schwerpunkt einer Äußerung. Dies zeigt sich deutlich etwa an der Gradpartikel *nicht*, die den Inhalt einer Äußerung in ihr Gegenteil verkehren kann.

6.2. PRÄPOSITIONEN

6.2.1. Allgemeines

▶ **Präpositionen sind Partikeln, die jederzeit eine Nominalphrase in spezifischem Kasus regieren können.**

Im Standardfall kommen Präpositionen nicht allein vor. Sie bilden die Köpfe von Präpositionalphrasen, in denen ihre Valenz gegebenenfalls den spezifischen Kasus festlegt:

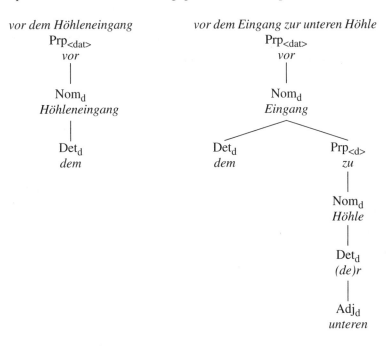

Die meisten Präpositionen stehen vor ihren Satelliten (lat. praepositio ‚Voranstellung‘), wenige dahinter; einige zweiteilige schließen den Satelliten ein.

6.2.2. Die Präpositionen im Einzelnen

In der folgenden Liste, die Vollständigkeit anstrebt, wird zu jeder Präposition ihre (Kasus-)Valenz angegeben.

Zur Stellung: Nachstellung der Präposition wird durch → markiert, alternative Voran- oder Nachstellung durch → | ←, Voran- plus Nachstellung (bei den wenigen zweiteiligen Präpositionen) durch →← .

Zu jeder Präposition werden Verwendungsbeispiele angegeben.

Zur Valenz: Dativ ist (neben Genitiv) häufig im Plural möglich, wo der Genitiv nicht eindeutig flexivisch gekennzeichnet ist.

Die einfachen Präpositionen dürfen nicht mit den gleichlautenden Verbzusätzen (= trennbaren Präfixen) *ab, an, auf, aus, bei, ein, mit, nach, um, vor, zu* verwechselt werden.

*à*_{<a>}

> *zwei Stifte à einen Euro siebzig*

*ab*_{<n, a, d>}

> *Fußmarsch ab neuer Bahnhof*
> *ab nächsten Freitag*
> *Bücher ab einem Euro*

*abseits*_{<g>}

> *abseits des Weges*

*abzüglich*_{<g, a, seltener d>}

> *abzüglich des üblichen Skontos*
> *abzüglich den Freibetrag*
> *abzüglich dem vereinbarten Rabatt*

*an*_{<a, d>}

> *an die Kante*
> *an der Kante*

Der Kasus ist von der Bedeutung (a = Richtung, d = Lage) abhängig.

*anfangs*_{<seltener a, eher g>}

> *anfangs diese Woche*
> *anfangs dieser Woche*

*angesichts*_{<g>}

> *angesichts zusätzlicher Enthüllungen* ·

an Hand, anhand_{<g>}

> *anhand weiterer Belege*

*anlässlich*_{<g>}

> *anlässlich des ersten Jahrestages*

*anstatt*_{<g, seltener d>}

> *anstatt eines neuen Affronts*
> *anstatt weiterem Ärger*

anstelle, an Stelle_{<g>} ·

> *anstelle eines einwandfreien Kriteriums*

*auf*_{<a, d>}

> *auf diesen faszinierenden Berg*
> *auf einem Bein*

Der Kasus ist von der Bedeutung (a = Richtung, d = Lage) abhängig.

aufgrund, auf Grund_{<g>}

> *auf Grund eines anonymen Hinweises*

*aus*_{<d>}

> *aus dem Keller*

*ausgangs*_{<g, a>}

> *ausgangs letzten Sommers*
> *ausgangs letzten Sommer*

Akkusativ wird vorwiegend in der Alltagssprache gebraucht.

*ausgenommen*_{<a>} → | ←

> *ausgenommen Mittwoch Abend*
> *Mittwoch Abend ausgenommen*

*außer*_{<g, d>}

> *außer deinem Freund*
> *außer Landes (gehen)*

Dativ ist der Standardfall, Genitiv nur in bestimmten Wendungen.

*außerhalb*_{<g, d>}

> *außerhalb des Siedlungsgebietes*
> *außerhalb unserem Hoheitsgebiet*

Genitiv ist der Standardfall, Dativ wird selten gebraucht.

*ausschließlich*_{<g, d>}

> *ausschließlich des zweiten Weihnachtsfeiertages*
> *ausschließlich dem Hochzeitsfest*

Genitiv ist der Standardfall, Dativ wird selten verwendet.

*ausweislich*_{<g>}

> *ausweislich eines nachgereichten Dokuments*

*bar*_{<g, d>} → | ←

> *bar jedes Sachverstandes/jedem Sachverstand*
> *jedes Sachverstandes bar*

Genitiv herrscht vor, Dativ selten und nur bei vorangestellter Präposition.

*behufs*_{<g>}

> *behufs weiterer Zuschüsse*

*bei*_{<d>}

> *beim gegenwärtigen Diskussionsstand*

*beiderseits*_{<g>}

> *beiderseits des Flusses*

betreffend_{<a>} → | ←

den ersten Vorsitzenden betreffend
betreffend den ersten Vorsitzenden

betreffs_{<g>}

betreffs Ihres Schreibens vom 2. Januar

bezüglich_{<g>}

bezüglich Ihres Schreibens vom 3. August

binnen_{<g, d>}

binnen eines Monats
binnen einem Monat

bis_{<a>}

bis kommenden Herbst

contra, kontra_{<a>}

contra unnötigen Flächenverbrauch

dank_{<g, d>}

dank deinem Eingreifen
dank seines Entgegenkommens

diesseits_{<g>}

diesseits des Jordans

durch_{<a>}

durch dieses Loch

eingangs_{<g>}

eingangs letzten Jahres

einbegriffen, auch inbegriffen_{<a>} → | ←

einbegriffen deinen Schwiegervater
deinen Schwiegervater einbegriffen

eingedenk_{<g>} → | ←

eingedenk seines Verzichts
seines Verzichtes eingedenk

einschließlich_{<a, g, d>}

einschließlich den Hausmeister/des Hausmeisters/dem Hausmeister

entgegen_{<d>} → | ←

dem Feierabend entgegen
entgegen meinem ausdrücklichen Wunsch

Nachstellung der Präposition vor allem in sinnlich wahrnehmbaren Situationen, bei metaphorischer Verwendung eher Voranstellung.

entlang_{<a, g, d>} → | ←

entlang der Hecke, des Gartens
den Garten, dem Garten entlang

Genitiv nur bei Voranstellung, Akkusativ nur bei Nachstellung der Präposition.

entsprechend_{<d>} → | ←

entsprechend seinem Testament
ihrem Wunsch entsprechend

fern_{<d>} → | ←

fern der Heimat
dem Herzen fern

fernab_{<g>} (selten)

fernab des Siedlungsgebietes

frei_{<n, a>}

frei offizieller Wohnsitz
frei offiziellen Wohnsitz

für_{<a>}

für einen Sozialhilfeempfänger

gegen_{<a>}

gegen den Wind

gegenüber_{<d>} → | ←

gegenüber dem Rathaus
dem Rathaus gegenüber

gelegentlich_{<g>}

gelegentlich eines weiteren Gesprächs

gemäß_{<d>} → | ←

gemäß den geltenden Bestimmungen
den Bestimmungen gemäß

halber_{<g>} →

der Getränke halber

hinsichtlich_{<g>}

hinsichtlich dieser beiden Dokumente

hinter_{<a, d>}

hinter diesen Steinhaufen
hinter diesem Steinhaufen

Der Kasus ist von der Bedeutung (a = Richtung, d = Lage) abhängig.

*in*_{<a, d>}

> *in den See*
> *in dem See*

Der Kasus ist von der Bedeutung (a = Richtung, d = Lage) abhängig.

*infolge*_{<g>}

> *infolge eines Unfalls*

*inklusive*_{<a, g, d>}

> *inklusive einen Schnaps*
> *inklusive eines Getränks*
> *inklusive Getränken*

Akkusativ wird nur in salopper Alltagssprache gebraucht.

*inmitten*_{<g>}

> *inmitten des lärmenden Haufens*

*innerhalb*_{<g, d>}

> *innerhalb eines Tages*
> *innerhalb vielen Jahren*

*je*_{<n, a>}

> *je ausgelieferter PC*
> *je ausgelieferten PC*

*jenseits*_{<g>}

> *jenseits des Tales*

kontra s. *contra*

*kraft*_{<g>}

> *kraft ihres Einflusses*

*längs*_{<g, d>}

> *längs des Flusses*
> *längs dem Flusse*

*längsseits*_{<g>}

> *längsseits des Bordsteins*

*laut*_{<g, d>}

> *laut dieser Veröffentlichung*
> *laut Erlassen der Besatzungsmacht*

*links*_{<g>}

> *links des Bahnhofs*

*mangels*_{<g, d>}

> *mangels tieferen Verständnisses*
> *mangels Beweisen*

*minus*_{<n, a, g, d>}

> *minus eingeräumter Bonus*
> *minus eingeräumten Bonus*
> *minus vereinbarten Rabatts*
> *minus vereinbartem Rabatt*

*mit*_{<d>}

> *mit solchen Leuten*

*mithilfe, mit Hilfe*_{<g>}

> *mit Hilfe einer Fahrradspeiche*

*mitsamt*_{<d>}

> *mitsamt allen Auszeichnungen*

*mittels*_{<g, d>}

> *mittels dieses Gewürzes*
> *mittels Gewürzen*

*nach*_{<d>} → | ←

> *nach diesem Vortrag*
> *seinen Ausführungen nach*

Die Stellung der Präposition ist semantisch bedingt: *nach* i. S. von ‚räuml. oder zeitl. nachgeordnet' verlangt Voranstellung, *nach* i. S. von ‚gemäß' verlangt Nachstellung.

*nächst*_{<d>}

> *nächst dem Altar*

*nahe*_{<d>}

> *nahe dem Zentrum*

*namens*_{<g>}

> *namens des Vorstandes*

*neben*_{<a, d>}

> *neben den Stuhl*
> *neben dem Stuhl*

Der Kasus ist von der Bedeutung (a = Richtung, d = Lage) abhängig.

*nebst*_{<d>}

> *nebst allen Enkeln*

*ob*_{<g, d>}

> *ob dieses Zwischenfalles*
> *ob der Stiege*

Der Kasus ist semantisch bedingt: Der Genitiv hat nur kausale, der Dativ nur lokale Bedeutung. Beide Verwendungen sind veraltet.

oberhalb_{<g>}

    oberhalb des Grundstücks

ohne_{<a>}

    ohne meinen Mann

per_{<a>}

    per ersten Januar

plus_{<n, a, d>}

    plus ein Taschenrechner
    plus einen Taschenrechner
    plus einem Taschenrechner

pro_{<a>}

    pro angefangenen Monat

rechts_{<g>}

    rechts des Gartentors

samt_{<d>}

    samt allen Einwohnern

seit_{<d>}

    seit dem Beginn des Krieges

seitens_{<g>}

    seitens dieser Regierung

seitlich_{<g>}

    seitlich des Stadtbachs

statt_{<g, d>}

    statt eines Waffenfundes
    statt einem Waffenfund

trotz_{<g, d>}

    trotz dieses Vorbehalts
    trotz diesem Vorbehalt

    Immer nur: *trotzdem, trotz allem.*

über_{<a, d>}

    über das Dach
    über dem Dach

    Der Kasus ist von der Bedeutung (a = Richtung, d = Lage) abhängig.

um_{<a>}

    um den See
    um das Erbe

um ... willen_{<g>} →←

    um des Friedens willen

unbeschadet_{<g>}

    unbeschadet unseres Einspruchs

unfern_{<g, d>}

    unfern des Waldsees
    unfern dem Waldsee

unerachtet_{<g>}

    unerachtet unseres Widerspruchs

ungeachtet_{<g>} → | ←

    ungeachtet seines Fanatismus
    seiner Beschränktheit ungeachtet

unter_{<a, d>}

    unter den Tisch
    unter dem Tisch

    Der Kasus ist von der Bedeutung (a = Richtung, d = Lage) abhängig.

unterhalb_{<g>}

    unterhalb des Simses

unweit_{<g, d>}

    unweit der Hauptstadt
    unweit dem Exporthafen

vermittels_{<g, d>}

    vermittels eines Vorschusses
    vermittels Vorschüssen

vermöge_{<g>}

    vermöge extremen Selbstbewusstseins

via_{<n, a>}

    via alter Bahnhof
    via alten Bahnhof

vis-à-vis_{<g, d>}

    vis-à-vis des Schlosses
    vis-à-vis dem Schloss

    Der Dativ wird häufiger gebraucht.

von_{<d>}

    von aller Hoffnung

von ... an_{<d>} →←

    vom ersten Tag an

von ... wegen_{<g>} →←

    von Rechts wegen
    vom Amts wegen

vor_{\<a, d\>}

vor den Garten
vor dem Garten

Der Kasus ist von der Bedeutung (a = Richtung, d = Lage) abhängig.

vorbehaltlich_{\<g\>}

vorbehaltlich der Zustimmung des Sicherheitsrats

während_{\<g, d\>}

während des Sturms
während vieler/vielen Wochen

Der Dativ wird vor allem in der Alltagssprache verwendet, auch wo der Genitiv nicht eindeutig erkennbar ist.

wegen_{\<g, d\>} → | ←

wegen ihres Einspruchs
wegen diesem Zeitraum
ihrer Ansprüche wegen

Dativ nur bei Voranstellung.

wider_{\<a\>}

wider den tierischen Ernst

zeit_{\<g\>}

zeit meines Lebens

Kommt meist in Wendungen mit *Leben* vor.

zu_{\<d\>} → | ←

zum Schluss
dem Ende zu

zufolge, zu Folge_{\<g, d\>} → | ←

zufolge eures Einspruchs
eurem Einspruch zufolge

Der Kasus hängt von der Stellung ab: Genitiv (neben Dativ) nur bei Voranstellung, Dativ immer bei Nachstellung.

zugunsten, zu Gunsten_{\<g\>}

zugunsten ihres zweiten Sohnes

Ebenso wird *zuungunsten, zu Ungunsten* verwendet.

zuliebe, zu Liebe_{\<d\>} →

den Kindern zuliebe

zuwider_{\<d\>} →

den Vorschriften zuwider

zuzüglich_{\<n, a, g, d\>}

zuzüglich ein halber Monat
zuzüglich einen halben Monat
zuzüglich eines Zuschlags
zuzüglich Zuschlägen

zwecks_{\<g, d\>}

zwecks besseren Überblicks
zwecks besserem Überblick

zwischen_{\<a, d\>}

zwischen alle Stühle
zwischen allen Stühlen

Der Kasus ist von der Bedeutung (a = Richtung, d = Lage) abhängig.

ADJEKTIVE/ADJEKTIVALPHRASEN MIT PRÄPOSITIONSARTIGER FUNKTION

ähnlich_{\<d\>} → | ←

ähnlich seinem Vater
seinem Vater ähnlich

angefangen bei_{\<d\>}

angefangen beim ersten Geistlichen der Familie

ausgehend von_{\<d\>}

ausgehend von Walters Ausführungen

beginnend mit_{\<d\>}

beginnend mit dem Brief des Bischofs

eingeschlossen_{\<a\>} → | ←

eingeschlossen ihre Kinder
ihre Kinder eingeschlossen

gleich_{\<d\>} → | ←

gleich dem Vorredner
dieser Kollegin gleich

*mitgerechnet*_{<a>} → | ←

> *mitgerechnet einen Zuschuss*
> *den Zuschuss mitgerechnet*

*nicht gerechnet*_{<a>} → | ←

> *nicht gerechnet den Teuerungszu-*
> *schlag*
> *den Teuerungszuschlag nicht ge-*
> *rechnet*

*treu*_{<d>} → | ←

> *treu seinem Gelöbnis*
> *seiner Überzeugung treu*

*übereinstimmend mit*_{<d>} → | ←

> *übereinstimmend mit sämtlichen In-*
> *formationen*
> *mit allen Informationen überein-*
> *stimmend*

*ungleich*_{<d>}

> *ungleich ihrer Tochter*

sowie weitere Adjektive (vorwiegend Partizipien).

PRÄPOSITIONALPHRASEN MIT PRÄPOSITIONALER FUNKTION

Im Folgenden wird – ohne Beispiele – nur eine Auswahl gegeben.

*in Abhängigkeit von*_{<d>}	*im Laufe*_{<g>}
*im Abstand*_{<g>}	*im Lichte*_{<g>}
*auf der Basis*_{<g>}	*im Namen*_{<g>}
*unter der Bedingung*_{<g>}	*zum Preis*_{<g>}
*im Benehmen mit*_{<d>}	*im Rahmen*_{<g>}
*im Bereich*_{<g>}	*auf Rechnung*_{<g>}
*unter Berücksichtigung*_{<g>}	*mit Rücksicht auf*_{<a>}
*im Betrag von*_{<d>}	*zum Schaden*_{<g>}
*zu Ehren*_{<g>}	*auf Seiten*_{<g>}
*im Einklang mit*_{<d>}	*von Seiten*_{<g>}
*im Einvernehmen mit*_{<d>}	*im Sinne*_{<g>}
*unter dem Einfluss*_{<g>}	*im Vergleich zu*_{<d>}
*im Falle*_{<g>}	*im Verhältnis zu*_{<d>}
*in Form*_{<g>}	*im Verlauf*_{<g>}
*im Gegensatz zu*_{<d>}	*auf Vermittlung*_{<g>}
*im Geiste*_{<g>}	*unter der Voraussetzung*_{<g>}
*in den Grenzen*_{<g>}	*nach dem Vorbild*_{<g>}
*auf der Grundlage*_{<g>}	*im Zeichen*_{<g>}
*im Interesse*_{<g>}	*zur Zeit*_{<g>}
*auf Kosten*_{<g>}	*zum Zwecke*_{<g>}

Präpositionsartige Phrasen mit Genitivrektion können auch eine *von*-Phrase regieren. Diese Substitution ist obligatorisch, wenn die Genitivflexeme nicht eindeutig sind:

> *zum Schaden wohlhabender Bürger* oder
> *zum Schaden von wohlhabenden Bürgern*
> **zum Schaden Bürger* – dafür immer
> *zum Schaden von Bürgern*

Viele dieser präpositionsartigen Phrasen sind unveränderlich. Diejenigen aber, die auch eine abhängige Präposition enthalten, lassen sich meist erweitern:

> *im **indirekten** Benehmen mit*

BESONDERHEITEN VON TEILMENGEN UND VON EINZELNEN PRÄPOSITIONEN

1. Präpositionaladverbien

Aus den Präpositionen *an, auf, aus, bei, durch, für, gegen, hinter, in, mit, nach, neben, über, um, unter, von, zu, zwischen* und den Adverbien *da, wo, hier* lassen sich neue Adverbien bilden:

> *da + nach* ⇒ *danach*
> *wo + nach* ⇒ *wonach*
> *hier + nach* ⇒ *hiernach*

Dabei tritt, wenn die Präposition mit einem Vokal beginnt, ein *r* zwischen *da, wo* und die Präposition:

> *dabei, wobei, hierbei*
> *daran, woran, hieran*

Allerdings sind nicht alle denkbaren Kombinationen möglich. Mit der Präposition *hinter* lässt sich zum Beispiel nur das Päpositionaladverb *dahinter*, mit der Präposition *zwischen* nur das Präpositionaladverb *dazwischen* bilden.

Diese Präpositionaladverbien konkurrieren mit Präpositionalphrasen, die anstelle des Adverbs ein Pronomen enthalten:

> *dabei*: *bei der*
> *daran: an dem*

Zur Verteilung der konkurrierenden Formen s. 6.4.4.

2. Verschmelzungen

Viele Präpositionen lassen sich mit bestimmten Artikelformen verschmelzen. Es gibt folgende Möglichkeiten:

> Präposition + *dem*: *am, beim, im, vom, zum*, alltagssprachlich auch *(aufm, ausm, außerm,)* *hinterm, überm, unterm, vorm*. Manche dieser Formen sind auch in Namen erhalten, vgl. den Ortsnamen *Radevormwald*.
> Präposition + *der*: *zur*
> Präposition + *das*: *ans, ins*, dazu alltagssprachlich und teilweise in Wendungen auch standardsprachlich *aufs, durchs, fürs, hinters, übers, ums, unters, vors*.
> Präposition + *den* (vorwiegend alltagssprachlich): *hintern, übern, untern*.

Viele dieser Verschmelzungen sind bei bestimmtem Gebrauch obligatorisch:

- *am* beim Superlativ, beim Datum, bei geographischen Bezeichnungen: *am schönsten, am 11. September, Tübingen am Neckar*.
- *am, beim, im, vorm, zum* bei nominalisiertem Infinitiv: *am Reden, beim Denken, im Atemholen, vom Rauchen, zum Essen*
- sowie in zahlreichen Wendungen.

3. Dativ vs. Akkusativ

Die „alten" Präpositionen *an, auf, hinter, in, neben, über, unter, vor, zwischen* haben bei lokaler Verwendung mit dem Akkusativ direktive, mit dem Dativ statisch-situative Bedeutung:

> *in die Stube*: *in der Stube* usw.

4. *von*-Phrasen für Genitiv

Viele Präpositionen mit Genitiv können statt der abhängigen Genitivphrase auch eine *von*-Phrase regieren:

> *angesichts laufender Misserfolge*: *angesichts von laufenden Misserfolgen*

Unzulässig sind *von*-Phrasen jedoch bei den Präpositionen *anfangs, ausweislich, bar, behufs, betreffs, bezüglich, dank, eingedenk, halber, hinsichtlich, kraft, mangels, mittels, namens, seitens, statt, trotz, um … willen, unerachtet, ungeachtet, von … wegen, während, wegen, zeit, zufolge, zwecks* und meist auch bei *anstatt, entlang, längs, unbeschadet, vermittels, vorbehaltlich.*

5. Determinativ für Genitiv

Bei fast allen präpositionsartigen Präpositionalphrasen mit Genitivrektion kann der genitivische Satellit durch ein Determinativ ersetzt werden:

> *unter dem Einfluss seines Vaters*: *unter dessen Einfluss*
> *im Lichte der Nachbarsprachen*: *in ihrem/diesem Lichte*
> *zum Zwecke der Versöhnung*: *zu solchem Zwecke*

Lediglich possessive Determinative können den genitivischen Satelliten vertreten bei *unter Berücksichtigung, bei Berücksichtigung, zu Ehren, im Interesse, auf Kosten, im Namen, auf Rechnung, zum Schaden, zum Schutze, im Verlauf, auf Vermittlung.*
Kein solcher Ersatz ist möglich bei *im Laufe, auf Seiten, von Seiten.*

6. Dativ statt Genitiv

Bei fast allen Präpositionen mit Genitivrektion wird, nicht nur in gesprochener Sprache, häufig statt des korrekten Genitivs ein Dativ verwendet, vor allem wenn der Genitiv flexivisch nicht deutlich markiert ist oder wenn Genitivhäufungen stören:

> *mangels Vorschläge* ⇒ *mangels Vorschlägen*
> *laut Einspruchs des Finanzdezernenten* ⇒ *laut dem Einspruch des Finanzdezernenten*

7. Zu einzelnen Präpositionen

ab regiert bei numerischen Mengenangaben und in Zeitbestimmungen den Akkusativ oder den Dativ:

> *ab 14 Jahre(n)*
> *ab 2. Januar/dem zweiten Januar*

In Ortsbestimmungen regiert *ab* Dativ oder Nominativ:

> *Sie fahren ab altem Bahnhof/ab alter Bahnhof*

bis regiert, wenn es allein verwendet wird, den Akkusativ:

> *bis nächsten Freitag*

Häufig kommt es in lokaler oder temporaler Bedeutung zusammen mit einer anderen (nachfolgenden) Präposition vor, die dann den Kasus bestimmt:

> *bis auf den Gipfel, bis an die Brücke, bis nach der Pause*
> *Sie aßen alles bis auf den letzten Rest.* (= es blieb nichts übrig)
> *Sie aßen alles bis auf einen kleinen Rest.* (= es blieb etwas übrig)

nach hat unterschiedliche Bedeutungen, von denen auch seine Stellung abhängt:

nach$_1$ (vorangestellt) nennt das Ziel, besonders bei Städte- und Ländernamen ohne Artikel:

> *nach Straßburg, nach Spanien, nach Süden*

nach$_2$ (vorangestellt) nennt Vor- oder Leitbild:

> *Eingriff nach Prof. Siewert*
> *Tierhaltung nach den Bio-Richtlinien*

nach₃ (nachgestellt) bezeichnet eine Richtung, der zu folgen ist:

> *Den Gleisen nach kommen Sie zum Wasserturm.*

nach₄ (nachgestellt) heißt ‚gemäß' und wird nie auf Menschen angewandt:

> *den Vorschriften nach, der Reihe nach*

über kann neben seiner Hauptbedeutung ‚höher, oberhalb' auch die Überschreitung eines numerischen Wertes bezeichnen. Dann hat es keine eigene Rektion, der Kasus des Satelliten wird durch das nächsthöhere Element bestimmt:

> *über einen Monat lang, vor über einem Monat*

unter kann, vergleichbar mit *über,* die Nichterreichung eines numerischen Wertes bezeichnen. Der Kasus des Satelliten wird auch hier durch das nächsthöhere Element bestimmt:

> *im Alter von unter 15 Jahren*
> *Auf unter einen Monat (schätze ich die Bauzeit).*

von in lokaler oder temporaler Bedeutung kann durch *ab, an, aus, her* präzisiert werden (diese Präpositionen stehen dann hinter dem Satelliten, dessen Kasus wird durch *von* bestimmt):

> *vom Werk ab*
> *von Anfang an*
> *von Scheuerberg aus*
> *von Westen her*

6.2.3. Zur Bedeutung der Präpositionen

Der größte Teil der Präpositionen hat eine klar erkennbare und beschreibbare Bedeutung. Aber die meistgebrauchten, „alten" Präpositionen *an, auf, aus, bei, durch, für, gegen, in, mit, nach, über, um, von, vor, zu* haben wechselnde und in manchen Verwendungen überhaupt keine klar fassbare Bedeutung. Man sieht dies an Kombinationen wie *denken an, hoffen auf, schließen aus, halten für, rechnen mit, nachdenken über, streiten um, sprechen von* u. a. Ursprünglich waren ihre Bedeutungen lokaler Natur, und diese Bedeutung ist in vielen Fällen noch erhalten, wie die beiden folgenden Abbildungen mit den erläuternden Texten zeigen.

*Peter kommt müde aus dem Regen **nach** Hause. Der Kater Wenzel flüchtet sich **unter** den Stuhl. Den nassen Schirm hängt Peter **an** den Stuhl. Der Schirm hängt jetzt **am** Stuhl. Er zieht seine Schuhe aus und wirft sie **hinter** den Stuhl, jetzt stehen sie **hinter** dem Stuhl. Seine Mutter hat ihm noch die Pantoffeln **vor** den Stuhl gestellt. Sie stehen immer noch **vor** dem Stuhl. Peter ist zu müde, um sie anzuziehen. Erschöpft sinkt er **auf** den Stuhl. Nach wenigen Minuten ist er **auf** dem Stuhl eingeschlafen. Der Kater Wenzel sitzt immer noch **unter** dem Stuhl.*

*Ein Mann steigt **über** die Leiter **auf** das Dach (**aufs** Dach). Oben **auf** dem Dach steht der Schornsteinfeger. **Über** das Haus ziehen Wolken. **Über** den Wolken sieht man ein Flugzeug. Es ist ein älteres Haus. **Über** dem linken Fenster/**oberhalb** des linken Fensters ist der Verputz abgeblättert. **Unter** dem rechten Fenster/**unterhalb** des rechten Fensters ist die Fassade ebenfalls beschädigt.*
***In** dem Zimmer im Erdgeschoss sieht man eine Uhr. Eine junge Frau geht **in** das Haus (**ins** Haus). Der Hund Muggel und die Katze Poffi jagen **um** das Haus (**ums** Haus). **Bei** der Laterne/**neben** der Laterne/**links** von der Laterne/**links neben** der Laterne stehen drei Männer. Genau genommen stehen sie **zwischen** dem Haus und der Laterne. Erst waren es zwei, der dritte kam erst später **zu** ihnen. Er hat sich **zwischen** den Langen und den Dicken gestellt. Ein junger Mann lehnt **an** dem Pfosten (**am** Pfosten). Das Hinweisschild steht **rechts** (von) der Laterne. Folgt man ihm, so kommt man **nach** Jena.*

6.2.4. Präpositionalphrasen

Die Präpositionen sind auf Phrasenbildung festgelegt, ohne Satelliten kommen sie praktisch nicht vor. Sie bilden dann Satzglieder und Attribute.

Satzergänzungen mit präpositionalem Kopf sind oft

Präpositivergänzungen (E_{prp}): *(denken) an die Kinder, (zittern) vor Kälte*
Situativergänzungen (E_{sit}): *(wohnen) auf dem Lande, (leben) in der Großstadt*
Direktivergänzungen (E_{dir}): *(reisen) ins Heilige Land, (wandern) durch den Spessart*
Expansivergänzungen (E_{exp}): *(verbreitern) um sieben Meter*

Satzangaben mit präpositionalem Kopf sind oft

Situativangaben (Asit): *auf der Reise, in den Ferien*
Modifikativangaben (Amod): *mit großem Geschick*
existimatorische Angaben (Aex): *mit Sicherheit*
Negativangaben (Aneg): *in keinem Fall*

Attribute mit präpositionalem Kopf lauten oft *(zufrieden) mit den Lehrern, (Straße) nach Kammerstatt, (Münster) zu Straßburg, (enttäuscht) von Ina, (wohnhaft) in Steglitz, (zu schwer) für mich.*

Die Struktur solcher Präpositionalphrasen ist im Prinzip einfach, der Komplexitätsgrad richtet sich allein nach der Struktur des Satelliten, vgl.

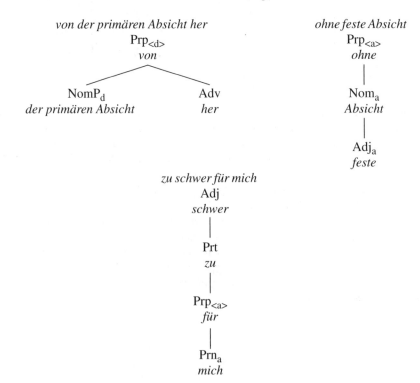

Die Abkürzung „Prt" steht hier für eine Partikel, die noch nicht wortklassenmäßig erfasst ist.

6.3. SUBJUNKTOREN

6.3.1. Allgemeines

▸ **Subjunktoren sind Partikeln, die einem Wort Nebensätze oder Infinitivkonstruktionen unterordnen können.**

Diese Hauptfunktion teilen die Subjunktoren mit Fragewörtern und Relativpronomina, vgl.

> *Sie kann mitkommen,* **wenn** *sie Zeit hat.* (Subjunktor)
> *Sie kann mitkommen,* **wann** *sie will.* (Fragewort)
> *Hanna,* **die** *dabei war, hat es erzählt.* (Relativpronomen)

Subjunktoren, Fragewörter und Relativpronomina fassen wir als **subjunktive Elemente** zusammen.

Ohne subjunktive Elemente kann keine satzartige Konstruktion eingebettet werden. Es gibt allerdings Einbettungen, bei denen kein subjunktives Element sichtbar ist:

> *Kommt er, so zahlt er.*
> *Wäre sie krank, so müsste sie dennoch anrufen.*
> *Kannst du ihn hören?*
> *Ihn hören macht Spaß.*

In solchen Fällen sprechen wir von „Nullsubjunktoren", die, auch wenn sie im Diagramm erscheinen, nicht lexematisiert sind:

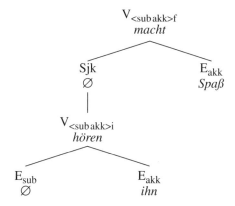

Diagramme mit derartigen Einbettungen mit Nullsubjunktor, vor allem die mit reinem Infinitiv, vereinfachen wir in der Regel, indem wir den Nullsubjunktor aussparen und den Infinitiv direkt an das regierende Verb anhängen.

Alle subjunktiven Elemente haben eine Doppelfunktion: Sie weisen einerseits der eingebetteten Konstruktion eine bestimmte syntaktische Funktion im Obersatz zu und haben andererseits selbst eine syntaktische Rolle in der eingebetteten Konstruktion. So weist in dem komplexen Satz

> *Wenn du kommst, mache ich alle Lichter an.*

der Subjunktor *wenn* den Nebensatz als Temporal- oder Konditionalangabe aus (*zu diesem Zeitpunkt, dann* o. ä.). Zugleich repräsentiert *wenn* eine Temporalangabe im Untersatz (‚du kommst zu einem bestimmten Zeitpunkt'). Diese beiden Funktionen sind (keineswegs immer, aber in diesem vorliegenden Fall) semantisch identisch, deshalb ist es leicht verständlich, dass sie an der Oberfläche nur einmal realisiert werden. Auch im Diagramm lassen wir die zweitgenannte Funktion meist unberücksichtigt. Ein peinlich vollständiges Diagramm des letzten Beispiels würde indessen folgendermaßen aussehen:

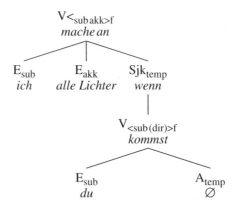

Diese Doppelfunktion der Subjunktoren (die ebenso bei einbettend verwendeten Fragewörtern sowie bei Relativpronomina vorliegt) könnte man als zwei unterschiedliche Funktionsträger, das einbettende Transferem und die verweisende Anapher, darstellen (s. 3.7.4 „Relativsätze"), weil „adverbiale" Subjunktoren sich zugleich in Ober- wie Untersatz semantisch niederschlagen.

6.3.2. Die Subjunktoren im Einzelnen

Die folgende Liste enthält temporale, kausale, modale und sonstige Subjunktoren. In den Einzelbeschreibungen wird zu jedem Subjunktor eine knappe semantische Charakteristik, gegebenenfalls auch ein Hinweis stilistischer Art gegeben. Im Regelfall ist davon auszugehen, dass der Subjunktor einen finiten Nebensatz einleitet. Der Zusatz „I" bedeutet, dass der Subjunktor eine Infinitivkonstruktion einleitet; der Zusatz „P" bedeutet, dass der Subjunktor auch Adjektivalphrasen (einschließlich Partizipialphrasen) einleiten kann.

Bei den Subjunktoren mit temporaler Bedeutung ist zu berücksichtigen, dass die angegebenen Merkmale ‚gleichzeitig'/, nachzeitig'/, vorzeitig' sich nicht auf reale Vorgänge, sondern auf die von den Verbformen vermittelten Informationen beziehen. So liegt in dem Satz

Als er aufgestanden war, brachen plötzlich alle Gespräche ab.

nicht Vorzeitigkeit, sondern Gleichzeitigkeit beider Vorgänge vor, weil das Plusquamperfekt des telischen Verbs aufstehen einen vergangenen **Zustand** beschreibt, der sich mit dem Vorgang des ‚Abbrechens' zeitlich überlappt. Dessen ungeachtet liegt natürlich der Vorgang des ‚Aufstehens' hier vor dem Vorgang des ‚Abbrechens'.

LISTE DER SUBJUNKTOREN

als	*obgleich*
als dass	*obschon*
als ob	*obwohl*
als wenn	*obzwar*
als ... zu I	*ohne dass*
(an)statt dass	*ohne ... zu* I
(an)statt ... zu I	*seit(dem)*
auch wenn	*so*
auf dass	*sobald*
außer	*so dass, sodass*
außer dass	*sofern*
außer ... um zu I	*solange*
außer wenn	*sooft*
bevor	*soviel*
bis (dass)	*soweit*
da	*sowenig*
damit	*sowie*
dass	*trotzdem*
ehe	*um ... zu* I
falls	*ungeachtet*
indem	*während*
indes(sen)	*weil*
(in)sofern (als)	*wenn*
(in)soweit (als)	*wenn ... auch*
je	*wenngleich*
je nachdem	*wenn ... schon*
kaum dass	*wiewohl*
nachdem	*wohingegen*
nun (da)	*zu* I
nur dass	*zumal (da)*
ob	

BESCHREIBUNG DER EINZELNEN SUBJUNKTOREN

Es wird zuerst die Bedeutung, dann die Stellung des Nebensatzes angegeben.

als temporal: gleichzeitig; voran- oder nachgestellt.

> *Als Heinz anrief, waren die Kinder schon im Bett.*

kausal i. e. S. mit obligator. Korrelat *umso* im Obersatz; nur nachgestellt:

> *Das Knacken war umso beunruhigender, als man bis dahin keinen Laut gehört hatte.*

modal: komparativ; nur nachgestellt:

> *angenehmer, als man erwarten durfte*

Im komparativischen Nebensatz erscheint das Verb oft mit rezessiver Valenz.
modal: hypothetisch-komparativ, mit Nebensatzverb im Konjunktiv I oder II; meist nachgestellt:

> *Sie lächelte, als wüsste/wisse sie Bescheid.*

als dass, als … zu I modal: komparativ; nur nachgestellt. Eine im Nebensatz gesetzte Norm wird durch das Obersatzgeschehen überschritten. Der Obersatz enthält *zu* + Adjektiv oder ein Adjektiv im Komparativ:

> *zu alt, als dass er noch mitlaufen könnte*
> *langweiliger, als dass sie noch interessiert gewesen wäre*

Sind die Subjektsgrößen von Ober- und Nebensatz identisch, so kann die Infinitivkonstruktion mit *zu* verwendet werden:

> *zu alt, um noch mitlaufen zu können*

als ob, als wenn modal: komparativ; voran- oder (meist) nachgestellt. Beide Subjunktoren, die frei austauschbar sind (sowie gelegentlich *wie wenn* und *als*) leiten irreale Vergleichssätze ein. Das Nebensatzverb steht im Konjunktiv I oder II:

> *Er macht ein Gesicht, als ob er keine Ahnung hätte.*
> *Sie bewegte sich, wie wenn sie betrunken sei.*

(an)statt dass, (an)statt … zu I modal: alternativ; voran- oder nachgestellt. Der Nebensatz nennt ein alternativ mögliches, aber de facto nicht realisiertes Geschehen:

> *Anstatt dass sie die Solarenergie fördern, streichen sie die Zuschüsse.*

Sind die Subjektsgrößen von Obersatz und Nebensatz identisch, so wird meist die Infinitivkonstruktion gewählt, die auch als stilistisch höherwertig gilt:

> *Anstatt die Solarenergie zu fördern, streichen sie die Zuschüsse.*

auch wenn s. **wenn auch**

auf dass kausal: final. Der Nebensatz nennt Ziel/Zweck des Obersatzgeschehens; meist nachgestellt:

> *Helft den Andern, auf dass auch euch geholfen werde.*

Der Subjunktor *auf dass* ist veraltet.

außer modal: restriktiv-komitativ, konditional; stets nachgestellt. Der Nebensatz leitet ein negatives Begleitgeschehen, eine „negative Bedingung" ein:

> *Wir bleiben dieses Wochenende zu Hause, außer Mutter ruft an.*

außer ist der einzige Subjunktor, der Frontsätze einleitet. Er ist gegen *außer wenn* (der aber Nebensätze mit Endstellung des Finitums einleitet) austauschbar.

außer dass, außer … zu I modal: restriktiv-komitativ; in der Regel nachgestellt. Der Nebensatzinhalt wird als Ausnahme zum Obersatzgeschehen dargestellt. Findet dieses statt, so wird das Nebensatzgeschehen nicht realisiert, oder es weicht vom Obersatzgeschehen ab:

> *Es war ein herrliches Fest, außer dass Gregor gegen Mitternacht zu streiten anfing.*

Sind die Subjektsgrößen von Ober- und Nebensatz identisch, so wird meist die Infinitivkonstruktion realisiert:

> *Sie tat alles Notwendige, außer ihr Auto warten zu lassen.*

außer um … zu I modal: restriktiv-komitativ und final; meist nachgestellt, aber auch voranstellbar. Das Nebensatzgeschehen wird als „Gegenzweck" dargestellt, d. h. als Sachverhalt, der das Obersatzgeschehen ausnahmsweise verhindert (bzw. im Falle der Negation ausnahmsweise ermöglicht):

> *Er traf sich gerne mit den Beiden, außer um über das Haus zu reden.*
> *Hanna verweigerte jede Stellungnahme, außer um den Todesfall zu klären.*

außer wenn modal: restriktiv-komitativ und konditional; in der Regel nachgestellt. Das Nebensatzgeschehen wird als „Gegengrund" zum Obersatzgeschehen dargestellt, als Sachverhalt, der das Obersatzgeschehen ausnahmsweise verhindert (im Negationsfall ausnahmsweise ermöglicht):

> *Annabell ist immer vergnügt, außer wenn Christoph kommt.*
> *Ina erscheint nicht zum Essen, außer wenn es Maultaschen gibt.*

bevor temporal: nachzeitig; voran- oder nachgestellt:

> *Kämm dich, bevor du ausgehst.*

Bei negiertem Obersatz erhält der Nebensatz häufig ein redundantes *nicht*:

> *Ich kann das nicht glauben, bevor ich es (nicht) gesehen habe.*

Gelegentlich hat *bevor* konditionale Nebenbedeutung.
bevor ist gegen *ehe* austauschbar.

bis temporal: limitativ; meist nach-, gelegentlich vorangestellt. Das Nebensatzgeschehen wird als Endpunkt des Obersatzgeschehens festgelegt:

> *Warten Sie hier, bis Katelbach kommt.*

bis dass (gleichbedeutend) ist veraltet, kommt aber formelhaft noch vor:

> *bis dass der Tod euch scheidet*

da kausal i. e. S.; voran- oder nachgestellt:

> *Da sie arm war, musste sie früher sterben.*

da ist häufig gegen *weil* austauschbar, nennt aber immer einen bekannten oder plausiblen Grund, was bei *weil* nicht automatisch der Fall ist. Der Obersatz enthält bei *da*-Sätzen nie ein Korrelat:

> **Er ist deshalb geflohen, da er ein Auto aufgebrochen hatte.*

da-Sätze können nie auf *warum*-Fragen antworten:

> *Warum ist es hier so kalt? – *Da nie geheizt wurde.*

Gelegentlich wird *da* noch als temporaler Subjunktor (für Gleichzeitigkeit) verwendet, vor allem in Attributsätzen:

> *der Tag, da Tom Dooley kam*
> *das Jahr, da kein Regen fiel*

damit kausal: final; meist nach-, gelegentlich voranstellt. Das Nebensatzgeschehen ist Ziel, Zweck des Obersatzgeschehens:

> *Kommen Sie bitte nach vorn, damit ich Sie besser verstehen kann.*

Ist die Subjektsgröße des Nebensatzes mit einer Größe des Obersatzes identisch, so kann *damit* durch eine Infinitivkonstruktion mit *um … zu* ersetzt werden:

> *Sie trat näher, um die fremden Buchstaben entziffern zu können.*

dass ohne eigene Bedeutung, bettet lediglich Nebensätze ein; voran- oder nachgestellt:

> *Dass Sie mir zustimmen, freut mich.* (Subjektsatz)
> *Ich nehme an, dass Sie das wissen.* (Akkusativ-Ergänzungssatz)
> *Ich entsinne mich, dass Marlene dabei war.* (Genitiv-Ergänzungssatz)
> *Verlassen Sie sich darauf, dass niemand davon erfährt.* (Präpositiv-Ergänzungssatz)
> *die Tatsache, dass alle Angestellten informiert waren* (Nomen-Attributsatz)
> *Ich fand die Arbeit so ausgezeichnet, dass ich sie sofort akzeptierte.* (Nebensatz als Vergleichsergänzung zum Adjektiv)

ehe temporal: nachzeitig; voran- oder nachgestellt. Das Nebensatzgeschehen folgt auf das Obersatzgeschehen:

> *Hanna schloss das Skript ab, ehe sie zu ihren Eltern fuhr.*

Bei negiertem Obersatz enthält der Nebensatz oft ein redundantes *nicht*:

> *Die Urkunden dürfen nicht ausgehändigt werden, ehe die Daten (nicht) noch einmal überprüft sind.*

Gelegentlich haben *ehe*-Sätze eine konditionale oder auch komitative Nebenbedeutung, aber die temporale Komponente herrscht immer vor.

falls konditional; voran- oder nachgestellt. Der Nebensatz nennt die Bedingung, Voraussetzung für das Obersatzgeschehen:

> *Falls es morgen regnet, müssen wir die Tour verschieben.*

Gelegentlich wird an Stelle von *falls* auch *im Falle (dass)* verwendet.

falls kann nur dann gegen *wenn* ausgetauscht werden, wenn dieses reine konditionale Bedeutung (also keine temporale Nebenbedeutung) hat.

indem kausal/instrumental; voran- oder nachgestellt. Der Nebensatzinhalt bezeichnet Grund oder Mittel zur Erreichung des Obersatzgeschehens:

> *Indem du den roten Streifen abziehst, kannst du den Beutel leicht öffnen.*

Veraltet ist der temporale Gebrauch (Gleichzeitigkeit):

> *Indem sie ans Fenster trat, öffnete sich hinter ihr lautlos die Tür.*

indes (selten *indessen*) temporal: gleichzeitig; häufiger voran- als nachgestellt. Veraltet.

> *Indes Amalie die Hortensien goss, lachten die Anderen zusammen.*

(in)sofern (als), (in)soweit (als) kausal: konditional; voran- oder nachgestellt. Das Untersatzgeschehen wird als Voraussetzung für das Obersatzgeschehen dargestellt:

> *Sofern Sie den Plan für realisierbar halten, können Sie doch unterschreiben.*

Gelegentlich hat aber *(in)sofern (als)* noch seine ursprüngliche modale (graduative) Bedeutung. Es schränkt dann die Geltung des Obersatzgeschehens graduell ein:

> *Insofern als der Plan realisierbar ist, können ihm die Stadtverordneten ja zustimmen.*

Bei *insoweit* ist die modal-restriktive Bedeutung noch stärker als bei *insofern*.

je proportional, signalisiert gleichartige Veränderung bei Obersatz- und Untersatzgeschehen; voran- oder nachgestellt. Bei vorausgehendem Untersatz enthält der Obersatz eines der Korrelate *desto, umso* oder (veraltet) *je*:

> *Je lauter sie redete, desto unruhiger wurden die Zuhörer.*
> *Die Zuhörer wurden immer unruhiger, je lauter sie redete.*
> *Je älter er wird, je mehr trinkt er.*

Die Formel *je ... je ...* findet sich noch in alten Bezeichnungen wie *Jelängerjelieber* (Geißblatt).

je nachdem modal: proportional; voran- oder nachgestellt. Obersatz- und Untersatzgeschehen ändern sich entsprechend, dabei hängt das Obersatz- vom Untersatzgeschehen ab. Meist folgt auf *je nachdem* ein Fragewort:

> *Je nachdem wann die Infostunde zu Ende ist, kommen wir gleich zu dir.*

kaum dass temporal: unmittelbar vorangehend; voran-, zwischen- oder nachgestellt:

> *Kaum dass Martin abgefahren war, erschien seine Frau bei uns.*
> *Seine Frau erschien bei uns, kaum dass Martin abgefahren war.*

Die Kurzform *kaum* leitet Adjektival-/Partizipialphrasen ein:

> *Peter, kaum angekommen, ging in den Garten.*

Sie kann auch Vorfeldsätze (mit *kaum* im Vorfeld) einleiten. Diese Sätze werden vorangestellt; der folgende Hauptsatz erscheint entweder ohne eigenes Vorfeld, oder im Vorfeld steht ein Korrelat *da*:

> *Kaum war Martin abgefahren, (da) erschien seine Frau bei uns.*

modal: restriktiv-illustrativ, stets nachgestellt. Das Nebensatzgeschehen, eine spezielle Ausprägung des Obersatzgeschehens, ist allenfalls unter Schwierigkeiten realisierbar oder realisiert worden. Dadurch wird auch das Obersatzgeschehen als negativ, restringiert oder schwierig ausgewiesen:

> *Es kamen immer weniger ortsansässige Gäste, kaum dass an Sonntagen gelegentlich ein paar Touristen da saßen.*

nachdem temporal: vorzeitig; voran-, zwischen- oder nachgestellt. Obersatz- und Untersatzgeschehen liegen meist in der Vergangenheit:

> *Nachdem er den Braten abgeschmeckt hatte, rief er die Gäste zum Essen.*

kausal i. e. S., voran-, zwischen- oder nachgestellt. Das Untersatzgeschehen ist eine bekannte oder selbstverständliche Ursache des Obersatzgeschehens:

> *Nachdem der Termin erneut verschoben ist, sagen wir die Teilnahme an dem Wochenendseminar ab.*

nachdem in kausaler Bedeutung wird heute nur noch selten verwendet.

nun (da) temporal: gleichzeitig oder vorzeitig, zugleich kausal i. e. S.; meist voran-, zwischen- oder (selten) nachgestellt:

> *Nun (da) die Familie wieder vereint ist, können wir über das Haus reden.*

Alltagssprachlich kommt auch die Variante *nun wo* vor:

> *Nun wo die Familie wieder vereint ist, können wir über das Haus reden.*

nur dass modal: restriktiv-komitativ; stets nachgestellt. Das Untersatzgeschehen wird als Ausnahme zum Obersatzgeschehen dargestellt (ohne dass, wie bei *außer dass*, ein Gegensatz zwischen beiden Sachverhalten bestehen muss). Der Untersatz ist gewöhnlich rhematisch:

> *Die Trassenführung liegt fest, nur dass mit einem Grundeigentümer noch keine Einigung erzielt ist.*

ob keine eigene Bedeutung, signalisiert Alternative, leitet indirekte Interrogativsätze ohne Fragewort ein; voran- oder nachgestellt (Attributsätze werden nur nachgestellt):

> *Er hat nicht gesagt, ob er kommt.*
> *Wir wissen nicht, ob Anja unterschrieben hat.*
> *die Frage, ob Anja unterschrieben hat*

***ob … ob* P** kausal: konzessiv; stets voran- oder zwischengestellt. Das Untersatzgeschehen ist der unwirksame, unerhebliche Gegengrund gegen das Obersatzgeschehen:

> *Ob ihr den alten Mann zu euch holt, ob ihr ihn einem Pflegedienst anvertraut, ihr solltet ihn keinesfalls in ein Altersheim geben.*
> *Der Vorsitzende, ob krank, ob nur enttäuscht, gibt mir zu denken.*

Vergleichbare Bedeutung hat der Doppelsubjunktor *ob ... oder* (voran- oder nachgestellt), sofern der Obersatz kein Verb des Wissens enthält:

> *Ob Peter einkauft oder wir Katja um ein paar Kartoffeln bitten, heute mache ich
> auf jeden Fall Kartoffelpuffer.*

Allerdings liegt bei vorangestelltem *ob ... oder*-Satz nur dann konzessive Bedeutung
vor, wenn der Obersatz ein eigenes Vorfeldelement (oben: *heute*) aufweist.
Die Kombination *ob ... oder* kann auch bei gehäuften Ergänzungssätzen (dann mit
Subjunktor *ob* und Konjunktor *oder*) vorliegen:

> *Ob er mit dem Bus kommt oder das Rad nimmt, weiß ich nicht.*

obwohl/obgleich/obschon/obzwar P kausal: konzessiv; voran-, zwischen- oder nachgestellt. *obwohl* ist der konzessive Standardsubjunktor, *obgleich* ist gehoben, *obschon*
und *obzwar* sind gehoben und veraltet. Alle diese Subjunktoren kennzeichnen zugleich den Untersatz-Sachverhalt bei indikativischem Verb als faktisch:

> *Obwohl es im Hause bitter kalt war, wollte sie die Heizung nicht einschalten.*
> *Sie wollte die Heizung nicht einschalten, obwohl es im Hause bitter kalt war.*
> *Sie hatte die Heizung, obwohl es bitter kalt war, nicht eingeschaltet.*
> *Annette, obwohl längst geheilt, blieb zu Hause.*

Bei vorangestelltem Untersatz erscheint im Obersatz oft das Korrelat *doch* (teilweise
ergänzt durch *so*):

> *Obwohl er krank war, (so) nahm er doch an der Sitzung teil.*
> *Die Droge, obwohl verboten, wird doch eifrig konsumiert.*

Bei Konstativsatzstellung im nachgestellten Untersatz –

> *Er nahm an der Sitzung teil, obwohl er war krank.*

bezieht sich der Untersatz auf einen illokutiven Hypersatz (*Ich sage/finde das beachtlich* u. a.).
In

> *Ich meine auch – obwohl wir die Frage heute eigentlich ausklammern wollten –,
> dass ein Sofortverkauf zu erheblichen Einbußen führen würde.*

(mit parenthetischem *obwohl*-Satz) bezieht sich der konzessive Untersatz wieder auf
einen illokutiven Hypersatz (*ich erwähne das* o. ä.).
Zur Abgrenzung dieses konzessiven Subjunktors von den konkurrierenden Subjunktoren *auch wenn, wenn ... auch* s. unten: *wenn auch*.
Weiteres zu den Konzessivsätzen s. 3.7.3 „Konzessivsätze".

ohne dass/ohne ... zu I modal: komitativ; voran-, zwischen- oder (häufiger) nachgestellt.
Der Untersatz weist auf einen fehlenden, üblicherweise aber begleitenden Sachverhalt
hin:

> *Sie protestierte, ohne dass jemand davon Notiz nahm.*
> *Ohne dass jemand es bemerkt hätte, räumten die Drei fast das gesamte Lager aus.*
> *Die hatten, ohne dass es einer bemerkt hätte, das Schloss aufgebrochen.*

Sind die Subjektsgrößen von Ober- und Untersatz identisch, so wird meist die Infinitivkonstruktion verwendet:

> *Er ging weiter, ohne das Haus eines Blickes zu würdigen.*

In Sätzen wie

> *Der Betrieb scheint in jenen Jahren, ohne damit jemanden persönlich beschuldigen
> zu wollen, nicht sehr professionell geführt worden zu sein.*

bezieht sich der komitative Untersatz nicht auf den vorliegenden Obersatz, sondern auf einen (hier nicht realisierten) illokutiven Hypersatz, der *ich erwähne das* o. ä. lauten könnte.

seit(dem) temporal: vorzeitig, gleichzeitig; voran-, zwischen- oder nachgestellt. Der *seit-dem*-Satz signalisiert, dass Obersatz- und Untersatzgeschehen gleichzeitig beginnen oder begonnen haben:

> *Seit er in Indien war, hat er diese fixe Idee.*
> *Er hatte, seit er in Indien gewesen war, diese fixe Idee.*

seit ist häufiger als *seitdem*.

so kausal: konzessiv; meist vorangestellt. Der Untersatz nennt einen unwirksamen Gegengrund zum Obersatzgeschehen. Dabei ist der Untersatz-Sachverhalt graduiert. Der Obersatz enthält bei vorausgehendem Untersatz gewöhnlich ein Korrelat *so*:

> *So fleißig er war, so gelang ihm doch nie ein Abschluss.*

Oft sind auch Untersatz- und Obersatz-Sachverhalt parallel graduiert:

> *So fleißig er war, so erfolglos blieb er allezeit.*

Der Obersatz kann, wenn er nachgestellt ist, auch Konstativsatzform haben:

> *So fleißig er war – er blieb doch allezeit erfolglos.*

Durch die Partikel *auch* kann der konzessive Charakter des Untersatzes verstärkt werden:

> *So fleißig er auch war, so blieb er doch allezeit erfolglos.*

Kausal: konditional (veraltet); meist vorangestellt. Der Untersatz wird als Bedingung für das Obersatzgeschehen ausgewiesen. Geht der Untersatz voraus, so erhält der Obersatz meist ein Korrelat *so*:

> *So dich aber deine Hand ärgert, so haue sie ab.* (Bibel)

sobald temporal: gleichzeitig; voran-, zwischen- oder nachgestellt. Der Untersatz legt den Beginn des Obersatzgeschehens fest:

> *Sobald Oskar da ist, gehen wir in die Stadt.*
> *Ich rufe ihn an, sobald es Abend ist.*
> *Ich werde ihn, sobald es Abend ist, anrufen.*

so dass, sodass kausal: konsekutiv; nachgestellt. Das Untersatzgeschehen wird als Folge des Obersatzgeschehens ausgewiesen:

> *Sie verschloss das Fenster mit einer Kette, so dass kein Fremder es öffnen konnte.*

sofern s. *(in)sofern (als)*

solange temporal: gleichzeitig; voran-, zwischen- oder nachgestellt. Untersatz- und Obersatzgeschehen haben gemeinsame Ausdehnung. Dabei kann das Ende, ebenso aber der Anfang eines Zeitraums im Vordergrund stehen:

> *Solange die Borreliose nicht erforscht ist, kann auch niemand wirksam helfen.*
> *Mir kann, solange die Borreliose nicht erforscht ist, niemand wirksam helfen.*
> *Es gibt Steuersünder, solange es Steuern gibt.*

sooft temporal: gleichzeitig, iterativ; voran-, zwischen- oder nachgestellt. Untersatz- und Obersatzgeschehen wiederholen sich gleich oft (und in der Regel gleichzeitig):

> *Sooft ich „basta" sage, empört sie sich.*
> *Sie hatte ihn verhört, sooft sie ihn gesehen hatte.*

sooft ist jederzeit gegen *immer wenn* und *jedesmal wenn* austauschbar.

soviel modal: graduativ-konditional; voran-, zwischen- oder nachgestellt. Das Obersatz-geschehen wird durch das Untersatzgeschehen bestätigt und zugleich restringiert. Dabei bezieht sich der Untersatz auf einen nicht realisierten faktiven Hypersatz *es trifft zu* o. ä.:

> *Soviel ich weiß, hat er seine Spendenzusage nicht eingelöst.*
> *Er hat seine Spendenzusage nicht eingelöst, soviel ich weiß.*
> *Er hat seine Spendenzusage, soviel ich weiß, nicht eingelöst.*

Kausal: konzessiv; voran- oder nachgestellt. Das Untersatzgeschehen stellt einen unwirksamen Gegengrund gegen das Obersatzgeschehen dar. Der Obersatz hat dabei immer Konstativsatzform:

> *Soviel sie auch schreibt, man glaubt ihr kein Wort.*

soweit modal: graduativ-konditional; voran-, zwischen- oder nachgestellt. Der Untersatz nennt eine Voraussetzung für das Obersatzgeschehen und legt zugleich dessen Grenzen fest:

> *Soweit die Bestimmungen dies zulassen, können Sie die Pflanzenkübel auf den Gehweg stellen.*
> *Sie half, soweit ihr dies möglich war.*

sowenig kausal: konzessiv; voran- oder nachgestellt. Der Untersatz nennt einen unwirksamen Gegengrund gegen das Obersatzgeschehen und weist diesen Gegengrund zugleich als relativ geringfügig aus. Oft enthält der Untersatz die verstärkende Partikel *auch*:

> *Sie ist sehr wichtig für uns, sowenig sie auch vom Geschäft versteht.*

sowie temporal: gleichzeitig; meist voran-, gelegentlich nachgestellt. Der Untersatz nennt ein Geschehen, das als unmittelbarer Auslöser des Obersatzgeschehens fungiert:

> *Sowie Isabell erschien, stand Hans auf.*
> *Emil rannte vor die Tür, sowie der Postbus hielt.*

statt dass, statt … zu s. **(an)statt dass, (an)statt … zu**

trotzdem kausal: konzessiv; voran-, zwischen- oder nachgestellt. Wie *obwohl* u. dergl. signalisiert dieser Subjunktor einen unwirksamen Gegengrund zum Obersatz-Sachverhalt. Als Subjunktor wird *trotzdem* immer auf der zweiten Silbe betont:

> *Trotzdem wir Ihnen nicht völlig zustimmen, verzichten wir auf eine weitere Verhandlung.*

trotzdem hat, auch wenn es von manchen Stilisten als Subjunktor immer noch abgelehnt wird, neben *obwohl* u. dergl. heute als korrekt zu gelten.

um … zu I Dieser Subjunktor, der Infinitivkonstruktionen einleitet, setzt in der Regel identische Subjektsgrößen in Untersatz und Obersatz voraus. Er erscheint in drei Bedeutungen:

Kausal: final; voran-, zwischen- oder nachgestellt. Der Untersatz nennt den Zweck des Obersatzgeschehens:

> *Er fuhr nach Karlsruhe, um mit Simon zu sprechen.*

Modal: komitativ; nachgestellt. Der Untersatz nennt ein unbeabsichtigtes Folgegeschehen zum Obersatz-Sachverhalt:

> *Sie reist nach Prien, um dort eine überraschende Bekanntschaft zu machen.*

Modal: komparativ; nachgestellt. Der Untersatz nennt erläuternd einen Sachverhalt zur Normergänzung (s. 5.5.5 „Adjektivergänzungen"). Diese Erläuterung verweist auf ein weiteres Geschehen, das durch die Normergänzung ermöglicht oder verhindert wird:

> *Du bist alt genug, um dein Zimmer selbst in Ordnung zu halten.*
> *Brigitte war zu schwach, um sich aufzurichten.*

ungeachtet kausal: konzessiv; veraltet. Meist voran-, gelegentlich nachgestellt. Der Untersatz nennt einen unwirksamen Gegengrund zum Obersatzgeschehen:

> *(?)Ungeachtet Paul wieder zu spät kam, machte Anton keine Bemerkung.*

während temporal: gleichzeitig; voran-, zwischen- oder nachgestellt. Der Subjunktor weist Untersatz- und Obersatzgeschehen als gleichzeitig und parallel verlaufend aus:

> *Ich mache das Essen fertig, während du dich ausruhst.*
> *Während ich einkaufe, kannst du den Brief an Clara schreiben.*

Modal: adversativ; voran- oder nachgestellt. Der Subjunktor weist Untersatz- und Obersatzgeschehen als gegensätzlich aus:

> *Italien verdurstet, während wir hier der Überschwemmung nicht Herr werden.*

Die beiden Verwendungsweisen von *während* (gleichzeitig, adversativ) lassen sich nicht immer säuberlich trennen.

weil P kausal i. e. S.; voran-, zwischen- oder nachgestellt. Der Untersatz nennt die Ursache für das Obersatzgeschehen:

> *Weil du arm bist, musst du früher sterben.*
> *Du musst früher sterben, weil du arm bist.*
> *Der Schlüssel, weil verrostet, versagte seinen Dienst.*

Ein Korrelat (*deshalb, darum*) im Obersatz ist möglich:

> *Weil du arm bist, deshalb musst du früher sterben.*
> *Du musst deshalb früher sterben, weil du arm bist.*

Bei Konstativsatzstellung bezieht sich der *weil*-Satz auf einen nicht realisierten illokutiven Hypersatz:

> *Trinken Sie noch was? Weil ich muss jetzt Schluss machen.*

Zu ergänzen wäre hier *Ich frage, weil...*

wenn P temporal: gleichzeitig; voran-, zwischen- oder nachgestellt. Temporales *wenn* ist nur möglich, wenn der Nebensatz im Präsens steht oder ein wiederholtes Geschehen bezeichnet:

> *Wenn die Maschine abhebt, solltest du mir ein Zeichen geben.*
> *Wenn sie unpässlich war, erschien sie immer grässlich geschminkt.*

Kausal: konditional; voran- oder nachgestellt. Der Untersatz nennt die Bedingung für das Obersatzgeschehen:

> *Wenn du jetzt zustimmt, schaffen wir es.*
> *Wenn du zugestimmt hättest, hätten wir es geschafft.*

Konditionales *wenn* ist immer gegen *falls*, oft auch gegen *sofern* u. dgl. austauschbar.

wenn ... auch, auch wenn P kausal: konzessiv; voran- oder nachgestellt. Beide Subjunktoren signalisieren unwirksame Gegengründe. Es besteht aber ein grundlegender Unterschied, der an den folgenden Beispielen deutlich wird:

Wenn sie auch Recht hat, (so) sollte sie dennoch verzichten.
Auch wenn sie Recht hat, sollte sie (dennoch) verzichten.

Im ersten Fall wird implizit bestätigt, dass *sie* Recht hat; im zweiten Fall bleibt dies völlig offen. Deshalb darf nur im ersten Fall der Subjunktor *obwohl* u. dergl. eingesetzt werden. Allerdings bezeichnet *obwohl* immer einen primären, *wenn … auch* einen sekundären Gegengrund. Weitere Beispiele:

Die Bremsen, wenn auch jüngst erneuert, haben versagt.
Dieses Gebäck, auch wenn ungesüßt, kann ich nicht essen.

Bei Voranstellung des Untersatzes kann der Obersatz auch Konstativsatzform erhalten:

Wenn sie auch/auch wenn sie Recht hat – sie sollte doch verzichten.

wenngleich P kausal: konzessiv; voran- oder nachgestellt. Dieser Subjunktor ist bedeutungsgleich mit *obwohl* u. dergl., hat aber als stilistisch gehoben zu gelten:

Wenngleich er die Dame nicht schätzte, sondern eher lächerlich fand, hörte er sehr gerne ihre populären Ausführungen zur Medizin an.
Er war, wenngleich angemeldet, nicht willkommen.
Wolfgang, wenngleich Außenseiter, siegte mit einer unwahrscheinlichen Zeit.

wenn … schon P kausal: konzessiv; voran- oder nachgestellt. Der Untersatz nennt einen unerwarteten, oft unerwünschten Gegengrund zum Obersatzgeschehen, das gleichwohl nicht verhindert wird:

Wenn sie schon verhindert ist, hat sie vielleicht doch eine Nachricht hinterlassen.
Peter, wenn schon erkältet, hätte wenigstens anrufen können.

wiewohl P kausal: konzessiv; voran-, zwischen- oder nachgestellt. Veraltet. Der Untersatz nennt einen unwirksamen Gegengrund zum Obersatzgeschehen:

Sie tappte, wiewohl man sie gewarnt hatte, blindlings in die Falle.
Wiewohl man sie gewarnt hatte, tappte sie blindlings in die Falle.
Sie tappte blindlings in die Falle, wiewohl man sie gewarnt hatte.
Sie tappte, wiewohl mehrfach gewarnt, blindlings in die Falle.

Dieser Subjunktor ist heute weitgehend durch das bedeutungsgleiche *obwohl* u. dergl. verdrängt.

wohingegen modal: adversativ; nachgestellt. Der Untersatz weist einen Sachveralt als gegensätzlich zum Obersatzgeschehen aus:

Erwin musste aufgeben, wohingegen Annabell alle Rekorde schlug.

zu I ohne eigene Bedeutung; leitet Infinitivkonstruktionen ein; meist nach-, gelegentlich auch vorangestellt (Attributsätze nur nachgestellt):

Das Haus zu verkaufen hatte er zuletzt gedroht. (Präpositivergänzung)
die Sorge, auch das Letzte zu verlieren (Attributsatz)

Finale Infinitivkonstruktionen werden meist mit *um … zu* eingeleitet; mit bloßem *zu* wirken sie gehoben:

Er fuhr nach Frankfurt, dort seine Frau zu treffen
Zeit zu leben, Zeit zu sterben

zumal (da) kausal i. e. S.; nachgestellt. Dieser Subjunktor bezeichnet im Gegensatz zu *da* und *weil* einen zusätzlichen Grund, der jedoch nicht minder wichtig zu sein braucht:

Ich werde an der Redaktion nicht mitwirken, zumal auch Kurt abgesagt hat.

Zu den bisher beschriebenen Subjunktoren treten einige **Frageelemente** insoweit, als sie ihre ursprüngliche Bedeutung weitgehend verloren haben und heute vorwiegend subjunktive Funktion ausüben. Es handelt sich um die Elemente

> *wie*
> *wie ... auch*
> *wie wenn* und
> *wo*

Wir bezeichnen sie im Folgenden als **Quasisubjunktoren**.

wie temporal: gleichzeitig; voran- oder nachgestellt. In der Schriftsprache nur bei vergangenen Sachverhalten verwendet, die aber im Präsens („historisches Präsens") wiedergegeben sind:

> *Wie sie aufschaut, kommt er durch das Tor.*

In der Alltagssprache ist *wie* auch bei anderen Tempora verwendbar:

> *Wie sie aufschaute, kam er durch das Tor.*

Modal: graduativ (gleicher Grad); nachgestellt. Vergleichselemente werden mit *wie* an Adjektive im Positiv und an Partikeln angeschlossen:

> *Sie war (so) zufrieden, wie wir sie lange nicht mehr erlebt hatten.*
> *Du kannst so oft kommen, wie du magst.*

wie ... auch kausal: konzessiv; meist voran-, seltener nachgestellt. Der Untersatz enthält meist ein graduierbares (aber nicht graduiertes) Element, und der Obersatz hat immer Konstativsatzform:

> *Wie ungeschickt sich Richard auch anstellte, am Ende schaffte er doch den Sprung übers Pferd.*

Das graduierbare Element kann nur fehlen, wenn ein Verb mit graduierter Bedeutung vorliegt:

> *Wie sie sich auch mühten, das Ziel erreichten sie als Letzte.*

In allen Verwendungen kann die Partikel *auch* den konzessiven Charakter des Untersatzes verstärken.

Kausales *wie* lässt sich gegen den Subjunktor *so* austauschen.

wie wenn modal: komparativ; voran- oder nachgestellt. Das Untersatzgeschehen schildert vergleichend das Obersatzgeschehen. Bei Voranstellung des Untersatzes erhält der Obersatz ein Korrelat *so*:

> *Wie wenn die Enkel kommen, so kocht und backt sie den ganzen Tag.*
> *Sie kocht und backt, wie wenn die Enkel kommen.*

Propositional vollständig würde das letzte Beispiel lauten: *Sie kocht und backt, wie sie kocht und backt, wenn die Enkel kommen.*

Steht das Untersatzverb im Konjunktiv II, so handelt es sich um einen „irrealen Vergleich":

> *Sie würde kochen und backen, wie wenn die Enkel kämen.*

In diesem Fall ist *wie wenn* gegen *als ob* austauschbar.

wo kausal i. e. S.; meist nachgestellt. Der Untersatz nennt einen bekannten Grund für das Obersatzgeschehen. Die Bekanntheit des Grundes wird häufig durch die Verständigung heischende Abtönungspartikel *doch* im Untersatz bekräftigt:

> *Wir müssen sparen, wo die Inspektion doch so teuer war.*
> *Der Brief ist unauffindbar, wo sie doch alle Schreibtischfächer durchgesehen hat.*

Solche *wo*-Sätze sind jederzeit gegen Frontsätze mit *doch* austauschbar:

Der Brief ist unauffindbar, hat sie doch alle Schreibtischfächer durchgesehen.

wo wird alltagssprachlich auch als generelles relatives Einleiteelement verwendet:

*der Mann, wo Birnen verkauft

Standardsprachlich ist diese Form nicht zulässig.

6.3.3. Subjunktivphrasen

Als Phrasen mit subjunktivem Element als Kopf kommen nur Nebensätze, Infinitivkonstruktionen oder subjunktive Adjektivalphrasen in Frage.

NEBENSÄTZE UND INFINITIVKONSTRUKTIONEN

In diesen Konstruktionen sind Subjunktor/subjunktives Element u. a. theoretisch doppelt vertreten (s. zum Folgenden auch 3.7.4 „Relativsätze"): sowohl als subjungierendes Element wie als Satzglied der eingebetteten Konstruktion. Faktisch werden alle subjungierenden Elemente in das einleitende Element amalgamiert.

Jedes subjunktive Element regiert direkt das Verb (den Verbalkomplex der abhängigen Konstruktion). Dabei wird im Falle der Infinitivkonstruktion gleichzeitig deren Subjekt getilgt.

Nebensätze und Infinitivkonstruktionen kommen vor als

Ergänzungen:

> *Ich glaube, was ich gehört habe.* (Akkusativerg.)
> *Ich bin erfreut, Sie zu sehen.* (Präpositiverg.)

Angaben:

> *Anja war erleichtert, als Gregor eintraf.* (Asit als A_{temp})
> *Mach deine Aufgaben, statt ständig herumzunörgeln.* (Asit als A_{komit})

Attribute zu Nomen und Adjektiv:

> *die Vermutung, dass sich alles noch ändern könne* (NomE)
> *der Wunsch, dich zu sehen* (NomE)
> *heimtückischer, als ich mir vorstellen konnte* (AdjE)
> *zu leichtsinnig, um damit betraut werden zu können* (AdjE)

Aber Nebensätze und Infinitivkonstruktionen kommen auch als selbständige Äußerungen vor, und zwar in folgenden Fällen:

1. als **Antwort auf Fragen:**

> *(Warum zündest du die Kerze nicht an? –) Weil ich die Streichhölzer nicht finde.*
> *(Was fehlt noch? –) Dass er weiter trinkt.*
> *(Wovor hast du Angst? –) Ihn hier zu treffen.*

2. als **indirekte Interrogativsätze** mit Vermutungs- oder Vorwurfscharakter:

> *Ob das wohl noch klappt?*
> *Wen die wieder mitbringt!*
> *Dass ihr mir ja leise seid!*

3. als **Aufforderung**:

> *Bitte nicht rauchen!*

sowie in zahlreichen anderen Fällen.

SUBJUNKTIVE ADJEKTIVALPHRASEN

In gängigen Formulierungen kann das subjunktive Element direkt das sinntragende Adjektiv regieren. Solche Konstruktionen werden gelegentlich als gekürzte Nebensätze erklärt.

Es sind bestimmte Subjunktoren, die diese Konstruktionen begünstigen, vor allem

kausale i. e. S. (*da, weil*):

> *Anja, da erkältet, kommt nicht mit.*
> *Die Post, weil notorisch überlastet, kommt nicht in Frage.*

konditionale (*wenn, falls* u. a.):

> *Wenn geschlossen, bitte läuten.*

konzessive:

> *Ludwig, wenngleich verspätet, nahm doch noch teil.*

6.4. ADVERBIEN

6.4.1. Allgemeines

▶ **Adverbien sind Partikeln, die stets im Vorfeld eines Konstativsatzes stehen können und entweder als Antwort auf *w*-Fragen dienen können oder selbst Fragewörter sind.**

Beispiele:

> **Heute** *habe ich keine Zeit.*
> *(Wann kommt ihr? –)* **Morgen.**

Adverbien fungieren oft als Ergänzungen oder Angaben, kommen jedoch auch als Attribute vor:

> *Ich bin* **heute** *in Mannheim gewesen.* (Satzangabe)
> *der Anruf* **heute** (Adjektivangabe)

Für eine Reihe von Adverbien gelten jedoch Restriktionen:

(1) Nur als **Satzglieder** erscheinen *bald, beiseite, beizeiten, bisweilen, eher, einmal, einstweilen, genauso, gleich, herum, nie, niemals, nimmer, nimmermehr, nirgends, oft, öfters, so, sofort, sogleich, währenddessen, wann, wie, wieso, wo* sowie die modifikativen Adverbien auf *ens: bestens, schönstens* u. a. und die Präpositionaladverbien mit *wo: worauf, wozu* usw.

(2) Nur als **Satzergänzungen** erscheinen die direktiven Adverbien *darein, fort, her, hin, weg, woher, wohin, worein.*

(3) Nur als **Ergänzungen oder Attribute** erscheinen direktive Attribute, die auch attributiv verwendbar sind: *dahin, daneben, darüber, dazwischen, dorther, dorthin(auf), geradeaus, hinterher, vorwärts* sowie alle weiteren Adverbien auf *wärts.*

(4) Nur als **Satzangaben** erscheinen Zahladverbien auf *ens (erstens, fünftens),* Adverbien auf *lings, mal, weise (jählings, dreimal, scheibchenweise),* ferner *ehemals, insgeheim, rundheraus, weiter* u. a.

(5) Nur als **Satzangaben oder Attribute** erscheinen *kopfüber, mehrmals, nebenher.*

6.4.2. Die Adverbien im Einzelnen

LISTE DER EINFACHEN ADVERBIEN

Die folgende Liste enthält die gängigen Adverbien mit kurzer semantischer Charakteristik und Beispielen. Mit „präpositiv" werden Präpositionaladverbien ohne erkennbare Bedeutung bezeichnet. Es fehlen in dieser Liste die meisten Adverbien mit reihenbildenden Sufixen (wie *wärts, weise* u. a.) sowie die meisten zusammengesetzten Adverbien; Näheres dazu s. 6.4.3.

abseits ‚lokal‘

Das Häuschen lag abseits am Ende des Tales.

allein ‚modifikativ‘

Sie hat es ganz allein gemacht.

allenthalben ‚lokal‘

Allenthalben war Lärm zu hören.

allezeit ‚temporal‘

Sie waren allezeit verfügbar.

anders ‚modifikativ‘

Das hätte Erwin ganz anders gemacht.

anfangs ‚temporal‘

Anfangs hatten wir alle noch Hoffnung.

außen ‚lokal‘

Der Spaten steht noch außen.

auswärts ‚lokal‘

Der Chef ist nicht hier, er befindet sich auswärts.

bald ‚temporal‘

Komm bald wieder!

barfuß ‚modifikativ‘

Wir hatten keine Schuhe, wir sind barfuß zur Schule gegangen.

bäuchlings ‚lokal/modifikativ‘

Er fiel bäuchlings auf den Küchenboden.

beiderseits ‚lokal‘

Er war beiderseits gelähmt.

beiseite ‚lokal‘

Sie nahm den Besucher beiseite.

beizeiten ‚temporal‘

Er musste beizeiten ein Handwerk lernen.

bisher ‚temporal‘

Wir haben dich bisher geschont.

bislang ‚temporal‘

Das ist bislang das beste Ergebnis.

bisweilen ‚temporal‘

Sie fanden sich bisweilen zu einer Skatrunde zusammen.

blindlings ‚modifikativ‘

Und sie stürzten sich blindlings ins Getümmel.

da ‚lokal, temporal, konditional‘

Da stand früher das Schloss.
Da erhob sich großes Wehklagen im Lande.
Da kann ich nichts machen.

dabei ‚komitativ, präpositiv‘

Und dabei bleibt es auch.

dadurch ‚kausal, instrumental‘

Willst du ihn etwa dadurch beeinflussen?

daheim ‚lokal‘

Wärst du besser daheim geblieben.

dahinter ‚lokal, komitativ‘

Dahinter verbirgt sich konventionelles Denken.

damals ‚temporal‘

Damals waren die Leute bescheidener.

dann ‚temporal, konditional‘

Und dann ging alles ganz schnell.
Dann helfe ich euch nicht.

daran ‚lokal, präpositiv‘

Daran hing ein Zettel.
Daran liegt mir nichts.

darauf ‚lokal, temporal, präpositiv‘

Darauf musst du noch die Vase stellen.

Darauf sagte Herr Unger gar nichts mehr.

Darauf kann ich jetzt nicht näher eingehen.

darein ‚lokal, direktiv‘

Du musst noch Wasser darein gießen.

darin ‚lokal, präpositiv‘

Ist darin wirklich eine Maus?

Sie hat sich darin geirrt.

darum ‚lokal, präpositiv‘

Ihr müsst darum herum laufen.

Darum kann ich mich nun wirklich nicht auch noch kümmern.

demnächst ‚temporal‘

Darauf kommen wir demnächst zurück.

dennoch ‚adversativ-konzessiv‘

Ich habe ihn dennoch geliebt.

dereinst ‚temporal‘

Sie wird dereinst in Ohio leben.

derzeit ‚temporal‘

Er ist derzeit mit Baumschneiden beschäftigt.

deshalb ‚kausal‘

Ich wollte deshalb um Entschuldigung bitten.

dessenungeachtet ‚konzessiv‘

Dessenungeachtet war er mein Freund.

deswegen ‚kausal‘

Man gibt doch deswegen nicht auf.

dort ‚lokal‘

Dort war es wenigstens ruhig.

draußen ‚lokal‘

Warten Sie bitte draußen.

drin(nen) ‚lokal‘

Sie sind alle drei drinnen in der Stube.

droben ‚lokal‘

Wen hast du droben auf der Alm getroffen?

drüben ‚lokal‘

Ich wollte sie drüben treffen.

drunten ‚lokal‘

Hast du drunten schon nachgefragt?

eben ‚temporal‘

Sie ist eben weggegangen.

ebenso ‚modifikativ‘

Wir hätten es ebenso gemacht.

ehedem ‚temporal‘

Man konnte ihn ehedem im Schlosspark sehen.

ehemals ‚temporal‘

Er war ehemals bei der Flak gewesen.

eher ‚temporal‘

Ich hätte den Zins eher gesenkt.

einmal ‚temporal‘

Einmal wäre es beinahe passiert.

einstweilen ‚temporal‘

Bleib einfach einstweilen im Haus.

einst(mals) ‚temporal‘

Einstmals waren die Familien noch stabil.

fern(e) ‚lokal (temporal)‘

Sie lebten fern im Süden.

fort ‚lokal‘

Maria ist leider schon wieder fort.

fortan ‚temporal‘

Fortan benahmen sie sich besser.

genauso ‚modifikativ‘

Ich hätte es genauso gemacht.

gerade ‚temporal‘

Gerade war er noch hier.

geradeheraus ‚modifikativ‘

Sie sagte es ganz geradeheraus.

gern(e) ‚modifikativ‘

Ich habe es doch gerne getan.

gestern ‚temporal‘

Wo waren Sie gestern um elf Uhr?

glattweg ‚modifikativ‘

> *Sie hat das glattweg abgestritten.*

gleich ‚temporal‘

> *Ich bin gleich wieder da.*

großenteils ‚graduativ‘

> *Das können wir großenteils über-nehmen.*

größtenteils ‚graduativ‘

> *Das können wir größtenteils über-nehmen.*

herab, herauf, herein, herunter ‚lokal, di-rektiv‘

> *Sie taumelte den Pfad herab.*
> *Kommt mit herauf.*
> *Lass ihn doch herein.*
> *Käme er doch herunter.*

hernach ‚temporal‘

> *Und hernach kommen wir wieder hier zusammen.*

heute ‚temporal‘

> *Heute ist ein seltsamer Tag.*

heutzutage ‚temporal‘

> *Heutzutage ist kein Verlass mehr auf die Leute.*

hier ‚lokal‘

> *Ich bin immer noch hier.*

hierfür ‚final, präpositiv‘

> *Hierfür gibt es einen Staubsauger.*
> *Hierfür habe ich kein Verständnis.*

hinab (veraltet), *hinauf, hinein, hinunter* ‚lokal, direktiv‘

> *Sie taumelte den Pfad hinab.*
> *Kommt mit hinunter.*
> *Will er nicht hinein?*
> *Lass den Korb hinunter.*

hinten ‚lokal‘

> *Hinten ist ein Haken.*

hinterher ‚lokal, temporal‘

> *Hinterher kam noch ein Gefährt.*
> *Das kann man erst hinterher sagen.*

hinterrücks ‚modifikativ‘

> *Sie haben ihn hinterrücks niederge-schlagen.*

immer ‚temporal‘

> *Sie tun immer das Gleiche.*

immerfort ‚temporal‘

> *Warum müsst ihr immerfort nör-geln?*

immerzu ‚temporal‘

> *Immerzu musst du nörgeln.*

innen ‚lokal‘

> *Innen befindet sich eine Schraube.*

insgeheim ‚modifikativ‘

> *Wir hatten uns insgeheim verabre-det.*

insgesamt ‚modifikativ, graduativ‘

> *Ich lehne das Konzept insgesamt ab.*
> *Sie haben insgesamt teilgenommen.*

inwiefern ‚graduativ‘

> *Inwiefern soll das für mich neu sein?*

inwieweit ‚graduativ‘

> *Inwieweit hast du das geprüft?*

jählings ‚modifikativ‘

> *Ich wurde jählings überrascht.*

jederzeit ‚temporal‘

> *Du kannst jederzeit anrufen.*

jedesmal ‚temporal‘

> *Warum sagst du das jedesmal?*

jetzt ‚temporal‘

> *Ich habe jetzt keine Zeit.*

kopfüber ‚modifikativ‘

> *Er fiel kopfüber ins Wasser.*

lange ‚temporal‘

> *Sie haben lange ausgehalten.*

längst ‚temporal‘

> *Das hätte man mir längst sagen müssen.*

letztens ‚temporal‘

> *Ich habe sie letztens getroffen.*

manchmal ‚temporal‘

> *Manchmal fand sie sich gar nicht mehr zurecht.*

mehrmals ‚temporal‘

> *Ist sie mehrmals hier gewesen?*

meist(ens) ‚temporal'

  Er nimmt meistens teil.

mitunter ‚temporal'

  Er nimmt mitunter teil.

morgen ‚temporal'

  Was machen wir morgen?

nachher ‚temporal'

  Gehst du nachher mit?

nächstens ‚temporal'

  Den könnten wir nächstens besuchen.

nebenan ‚lokal'

  Sie wohnt gleich nebenan.

nebenher ‚modifikativ'

  Sie erledigt so etwas nebenher.

neulich ‚temporal'

  Wo seid ihr neulich gewesen?

nie(mals) ‚temporal'

  Das hätte sie niemals zugelassen.

nimmer(mehr) ‚temporal'

  Das darf nimmer passieren.

nirgends ‚lokal'

  Ich konnte sie nirgends finden.

nirgendwo ‚lokal'

  Nirgendwo war er aufzutreiben.

nun ‚temporal'

  Und nun hatte er alles verspielt.

oben ‚lokal'

  Oben wohnt nur der Opa.

obenauf ‚lokal'

  Und obenauf sahen wir den frechen Peter.

obenhin ‚modifikativ'

  Das sagte er so ganz obenhin.

oft(mals) ‚temporal'

  Wir haben das oft so gemacht.

quer ‚lokal'

  Wir legten das Brett quer über die Grube.

rings(um) ‚lokal'

  Die Mädchen setzten sich ringsum.

ringsherum ‚lokal'

  Junge Bäume waren ringsherum gepflanzt.

rittlings ‚modifikativ'

  Er setzte sich rittlings auf den Hocker.

rundheraus ‚modifikativ'

  Ich werde es ihm rundheraus sagen.

rundweg ‚modifikativ'

  Anja hat das rundweg abgelehnt.

sehr ‚graduativ'

  Wir haben das alle sehr bedauert.

seinerzeit ‚temporal'

  Ich habe das seinerzeit schon gesehen.

seither ‚temporal'

  Er hat das seither oft gesagt.

selten ‚temporal'

  Das ist mir nur ganz selten passiert.

so ‚modifikativ'

  So sollte man das aber nicht sehen.

soeben ‚temporal'

  Sie hat soeben angerufen.

sofort ‚temporal'

  Wir müssen das sofort erledigen.

sogleich ‚temporal'

  Das werden wir sogleich überprüfen.

stets ‚temporal'

  Ich habe mich stets auf sie verlassen.

tags ‚temporal'

  Ich habe tags nie darauf geachtet.

tagsüber ‚temporal'

  Tagsüber haben Sie immer das Licht im Keller an.

teilweise ‚graduativ'

  Ich habe den Vortrag leider nur teilweise verstanden.

trotzdem ‚konzessiv'

  Ich will es trotzdem wissen.

überall ‚lokal‘

> *Ich habe schon überall im Haus ge-
> sucht.*

überallhin ‚lokal, direktiv‘

> *Du kannst den Brief überallhin
> schicken.*

übermorgen ‚temporal‘

> *Was morgen nicht geht, machen wir
> eben übermorgen.*

umsonst ‚modifikativ‘

> *Nun war die ganze Arbeit umsonst.*

unlängst ‚temporal‘

> *Ich habe das unlängst irgendwo ge-
> lesen.*

unten ‚lokal‘

> *Oben waren sie schon, jetzt schauen
> sie unten nach.*

unversehens ‚modifikativ‘

> *Unversehens erhob sich ein Ge-
> schrei unter einigen Gästen.*

vergebens ‚modifikativ‘

> *Udo hatte sie vergebens gewarnt.*

vorerst ‚temporal‘

> *Wir wollen vorerst nicht darüber re-
> den.*

vorgestern ‚temporal‘

> *Gestern war er nicht da, aber vor-
> gestern.*

vorher ‚temporal‘

> *Seit zehn wart ihr in der Uni. Und
> was habt ihr vorher gemacht?*

vorhin ‚temporal‘

> *Sie ist weg. Vorhin war sie doch
> noch da.*

vorn(e) ‚lokal‘

> *Sie kam von hinten herbeigeeilt, um
> nachzusehen, was vorne los war.*

wann ‚temporal‘

> *Wann geht euer Zug?*

warum ‚kausal‘

> *Warum hast du uns nicht geholfen?*

weg ‚lokal‘

> *Er schob vorsichtig die Blumenvase
> weg.*

weshalb ‚kausal‘

> *Weshalb haben Sie das nicht gleich
> gesagt?*

weswegen ‚kausal‘

> *Weswegen muss diese Sache immer
> wieder auf die Tagesordnung?*

wie ‚modifikativ‘

> *Wie öffnet man diesen Safe?*

wieso ‚kausal‘

> *Wieso haben Sie das nicht gleich ge-
> sagt?*

wo ‚lokal‘

> *Weißt du, wo die Blumen sind?*

woher ‚direktiv‘

> *Woher kommst du denn?*

wohin ‚direktiv‘

> *Wohin ist Max wirklich gegangen?*

zeitlebens ‚temporal‘

> *Robert war zeitlebens ein biederer,
> aber anständiger Mensch.*

zeitweise ‚temporal‘

> *Ich hatte zeitweise geschäftlich mit
> ihm zu tun.*

zugleich ‚temporal, komitativ‘

> *Sie kamen zugleich ins Rathaus.*
> *Er war aggressiv und liebenswürdig
> zugleich.*

zusammen ‚modifikativ‘

> *Wir beide haben es zusammen ge-
> macht.*

zuvor ‚temporal‘

> *Eine Stunde zuvor war das Wetter
> noch schön.*

zuweilen ‚temporal‘

> *Zuweilen macht mir dein Bruder so-
> gar Spaß.*

zwischendurch ‚temporal‘

> *Sollten wir nicht zwischendurch et-
> was essen?*

6.4.3. Zur Form der Adverbien

KOMPARIERBARE ADVERBIEN

Zwar werden alle Adverbien zu den Partikeln gerechnet. Dessen ungeachtet lassen sich einige von ihnen geringfügig verändern: Sie weisen Reste von Komparierbarkeit auf. Allerdings sind die Komparationsformen teilweise von Adjektiven entlehnt. Es handelt sich um die folgenden vier Adjektive:

Positiv	Komparativ	Superlativ
bald	*bälder/eher/früher*	*am ehesten/frühesten*
gern(e)	*lieber*	*am liebsten*
oft	*öfter/häufiger*	*am häufigsten*
sehr	*mehr*	*am meisten*

DISKONTINUIERLICHE ADVERBIEN

Es gibt einige zusammengesetzte Adverbien, die auch getrennt auftreten. Sie setzen sich zusammen aus

da
dort
hier } und { *her*
wo   *hin*

Diese Adverbien kommen sowohl kompakt als auch diskontinuierlich vor:

> *Daher kam auch mein Urgroßvater.* :
> *Da kam auch mein Urgroßvater her.*

> *Man wollte sie dorthin bringen.* :
> *Dort wollte man sie hinbringen.*

> *Wohin gehst du?* :
> *Wo gehst du hin?*

REIHENBILDENDE SUFFIXE

Weitere Adverbreihen werden mit Hilfe bestimmter Suffixe gebildet.

ens tritt an superlativische Adjektive und bildet modifikative Adverbien:

> *best-ens, schönst-ens* u. a.

lings veraltet, trat an nominale und adjektivale Basen und erzeugte lokale und modifikative Adverbien:

> *bäuchlings, blindlings, meuchlings, rittlings, rücklings* u. a.

mal tritt an Adjektive und bildet temporale Adverbien:

> *manchmal, tausendmal* u. a.

s bildet aus Nomina, die Zeiteinheiten benennen, temporale Adverbien:

> *montags* usw., *morgens* usw., *eilends, öfters* u. a.

weise tritt an Adjektive + *er* und bildet modifikative Adverbien:

> *heimlicherweise, verdächtigerweise* u. a.
>
> tritt an Nomina und bildet distributive Adverbien:
>
> *bündelweise, büschelweise, minutenweise, zentimeterweise* u. a.

wärts tritt an Nomina, Adverbien und Präpositionen und bildet direktive Adverbien:

> *heimwärts, heimatwärts, abwärts* u. a.

ZUSAMMENSETZUNGEN

Neben *dorthin, hierhin* u. a. (s. oben) gibt es folgende Möglichkeiten der Zusammensetzung:

> Adverb + Präposition ⇒ direktives Adverb:
>
> *heran* usw., *hinauf* usw.
> *mitten* + Lokal- oder Direktivadverb ⇒ spezielle Lokal- oder Direktivadverbien:
> *mittendrin, mittenhinein* usw.
> *(n)irgend* + Frageadverb ⇒ indefinites bzw. negatives Adverb:
> *irgendwo, nirgendwo, irgendwie, nirgendwann* usw.

Pronomen oder Adjektiv + *erseits* ⇒ Adverbien, die das Agens spezifizieren:

> *meinerseits, ihrerseits*
> *staatlicherseits, städtischerseits*

Präposition + Pronomen ⇒ temporales Adverb:

> *seitdem, vordem*

Als Zusammenbildungen (s. 5.2.4 „Komposition") sind Komposita aus den Präpositionen *halber, wegen* + Pronomen, Determinativ oder Nomen zu werten:

> *ehrenhalber*
> *deinetwegen*

KURZFORMEN VON ADVERBIEN

Formen wie *dran, drauf, drüber* (für *daran, darauf, darüber*) sind in der Alltagssprache üblich, kommen aber auch standardsprachlich in Wendungen vor (*Ich sollte wohl noch etwas drauf legen*).
Außerdem kann bei den mit *her* beginnenden Adverbien diese Silbe in der gesprochenen Sprache auf das *r* reduziert werden:

> *ran, rauf, raus, rein, rüber, rum, runter*

6.4.4. Präpositionaladverbien

Aus Adverbien und vielen Präpositionen können neue Adverbien gebildet werden nach folgendem Muster:

$$
\left.\begin{matrix} da(r) \\ hie(r) \\ wo(r) \end{matrix}\right\} + \left\{\begin{matrix} an \\ auf \\ aus \\ bei \\ durch \\ für \\ gegen \\ hinter \\ in \\ mit \\ nach \\ neben \\ über \\ um \\ unter \\ von \\ vor \\ zu \\ zwischen \end{matrix}\right.
$$

Im Prinzip lassen sich diese Elemente frei kombinieren. Bei *hinter* ist aber nur *dahinter* (*hierhinter, *wohinter), ebenso bei *neben, vor, dazwischen* nur *daneben, woneben; davor, wovor; dazwischen* möglich.

Der erste Bestandteil *hier* wird nur selten zu *hie* verkürzt (gelegentlich *hiefür, hiemit*). Streng geregelt ist das Verfahren bei *da(r)* und *wo(r)*: Das *r* wird immer dann realisiert, wenn die folgende Präposition mit einem Vokal beginnt (also *da-r-an,* aber *da-zu*).

Die seltsamerweise immer noch verbreitete Bezeichnung „Pronominaladverbien" für diese Wort-Subklasse ist ungeeignet, weil in diesen Wörtern kein Pronomen enthalten ist. Wir nennen sie „Präpositionaladverbien", weil jedes von ihnen eine Präposition enthält.

Präpositionaladverbien konkurrieren mit Präpositionalphrasen, die ein Pronomen enthalten; so steht *daran* neben *an dem, an ihm/ihr* usw. Es trifft aber nicht zu, was viele Grammatiken immer noch unentwegt behaupten: dass nämlich, wenn von Personen die Rede ist, die Präpositionalphrase mit Pronomen gelte, in allen übrigen Fällen jedoch das Präpositionaladverb. Die Dinge sind wesentlich komplizierter; sie lassen sich mit den folgenden 7 Regeln erfassen.

1. Handelt es sich um einen oder mehrere Menschen (aber nicht um Menschengruppen), so gilt die Phrase mit Pronomen:

   ***Mit dir** geht es leichter.*
   ***Auf ihn** kommt es schließlich nicht an.*

2. Handelt es sich um unbelebte Gegenstände, die konkret benannt und abgegrenzt werden, so gilt ebenfalls die Phrase mit Pronomen:

   *Leg das Buch **auf ihn!** (den Tisch)*
   ***Unter ihr** schlafen Obdachlose.* (der Brücke)

3. Geht es um Materielles (belebt oder unbelebt), das nicht konkret benannt und nicht scharf abgegrenzt ist, so gilt das Präpositionaladverb:

> (Eine Baumgruppe) ***Darin*** *muss er sich versteckt haben.*
> (Eine Menschenmenge) ***Darunter*** *befand sich der Präsident.*

4. Für Nichtmaterielles wird immer das Präpositionaladverb verwendet:

> (Dunkelheit) ***Darin*** *erst fühlte er sich richtig wohl.*
> (Dankbarkeit) ***Damit*** *war Egon zufrieden.*
> (Erregung) ***Dafür*** *hatte er kein Verständnis.*

5. Wird auf Sätze verwiesen, so gilt in der Regel das Präpositionaladverb:

> *(Sie war in diesen Dingen unerbittlich.)* ***Daran*** *hatte er sich allmählich gewöhnt.*

6. Käme eine Präposition vor *es* oder *was* zu stehen, so tritt automatisch das Präpositionaladverb ein (diese Regel setzt alle vorausgehenden außer Kraft):

> *Man kann* **dadurch** *(*durch es) nicht reicher werden.*
> *Ich frage mich,* **wofür** *(*für was) das gut sein soll.*

7. Relativer Anschluss zieht die Phrase mit Pronomen vor (diese Regel macht die Regeln 1–5 zu bloßen Wahrscheinlichkeitsaussagen):

> *diese Leute,* **auf die** *ich mich verlassen hatte*
> *die Stadt,* **in der** *ich mich immer wohl gefühlt hatte*
> *die Begeisterung,* **mit der** *er sich engagiert hatte*
> *das Denkmal,* **auf dessen** *Enthüllung wir gespannt waren*
> *die Atmosphäre,* **in der** *ich so lange gelebt hatte*

6.4.5. Adverbialphrasen

Adverbien sind nur begrenzt attribuierbar. Immerhin lassen einige Teilmengen bescheidene Phrasenbildung zu. Im Folgenden werden nur Beispiele gegeben.

Situative Phrasen:

genau davor	*direkt heimwärts*
weiter links	*nur deshalb*
ungefähr dienstags	*erst dann*
erst morgen	*genau dafür*
steil bergab	

Modale Phrasen:

fast ebenso	*ganz anders*

Interrogative Phrasen:

wann ungefähr	*wie denn*
wo genau	

Komparierbare Phrasen:

mir zu oft	*möglichst oft*
zu oft für uns	*immer öfter*

6.5. KOPULAPARTIKELN

6.5.1. Allgemeines

▸ **Kopulapartikeln sind unveränderliche Wörter, die als Prädikativergänzungen, jedoch nicht als Attribute des Nomens verwendet werden können.**

Sie haben ihren Namen daher, dass sie vorzugsweise bei den so genannten Kopulaverben sowie einigen weiteren Verben stehen, nämlich

bleiben	*scheinen*
finden	*sein*
gehen	*tun*
machen	*werden*

Allerdings lässt sich keine der Kopulapartikeln mit allen diesen Verben verbinden.

„Kopulaverben" wurden diese Verben in der älteren Grammatik genannt, weil in ihrer typischen Verbindung mit der Prädikativergänzung diese immer den Hauptteil der Bedeutung des „Prädikats" trug, während die Verben bloß grammatische Funktion hatten und damit lediglich als Verbindungsglied („Kopula") zwischen Subjekt und Prädikativergänzung fungierten.

Die Kopulapartikeln wurden in der traditionellen Grammatik den Adjektiven zugerechnet und liefen hier unter der Bezeichnung „nur prädikativ verwendbare Adjektive". Unsere Definition (s. 5.5.1) schließt sie jedoch von vornherein aus der Menge der Adjektive aus.

6.5.2. Die Kopulapartikeln im Einzelnen

Im Folgenden werden zu jeder Partikel die Verben angegeben, mit denen sie sich kombinieren lässt. Die neue Rechtschreibung hat in diesem Zusammenhang einige Änderungen verfügt; soweit diese unverständlich oder schlecht motiviert scheinen, wurden sie hier nicht befolgt.

abhold bleiben, scheinen, sein veraltet

> *Sie war ihm immer abhold gewesen.*

abspenstig machen

> *Du sollst ihn seiner Frau nicht abspenstig machen.*

angst machen, sein, werden

> *Mir ist wirklich angst.*
> *Der Kleine macht mir Angst.*

anheischig sich machen

> *Er machte sich anheischig, den Entwurf über Sonntag auszuarbeiten.*

ausfindig machen

> *Wo habt ihr sie denn ausfindig gemacht?*

egal finden, scheinen, sein

> *Mir ist das alles egal.*

einerlei scheinen, sein

> *Dies alles ist mir einerlei.*

eingedenk bleiben, sein

> *Und bleiben Sie immer dieses Tages eingedenk.*

feind bleiben, sein

> *Er war mir seit langem feind.*

getrost bleiben, sein

> *Du kannst getrost sein.*

gewahr werden

> *Er wurde seines Fehlers gewahr.*

gewillt   bleiben, scheinen, sein

> *Bist du immer noch gewillt, bei dem Unternehmen mitzumachen?*

gram   scheinen, sein

> *Er war ihm zeitlebens gram.*

handgemein   sein, werden

> *Die drei Männer wurden vor der Tür handgemein.*

leid   (,überdrüssig') *sein, werden*

> *Sie war es leid, die Essensreste der Anderen wegzuräumen.*

leid   (,bedauerlich') *tun*

> *Das tut mir außerordentlich leid.*

los   sein, werden

> *Jetzt bin ich endlich dieses Übel los.*

perplex   machen, scheinen, sein

> *Das hat sie völlig perplex gemacht.*

pleite   gehen, scheinen, sein

> *Sie sind seit letzten Monat pleite.*

quitt   bleiben, scheinen, sein

> *Jetzt sind wir beiden endlich quitt.*

schade   finden, sein

> *Das finde ich sehr schade.*

schuld   bleiben, scheinen, sein

> *Renate war an allem schuld.*

teilhaftig   bleiben, sein, werden gehoben, veraltend

> *Sie wurden seiner Gunst teilhaftig.*

untertan   bleiben, machen, scheinen, sein, werden

> *Sie blieben ihm zeitlebens untertan.*

vorstellig   werden

> *Wir wurden beim Personalrat vorstellig.*

wett   machen

> *Das machen wir leicht wieder wett.*

zugetan   bleiben, scheinen, sein

> *Er blieb beiden Schwestern zugetan.*

Hier sind auch einige (großenteils alliterierende) Wortgruppen zu erwähnen, die ebenfalls wie Kopulapartikeln fungieren:

angst und bange   machen, sein, werden

> *Mit einem Schlag wurde ihr angst und bange.*

fix und fertig   machen, scheinen, sein

> *Das hat ihn fix und fertig gemacht.*

gang und gäbe   finden, scheinen, sein

> *Bei uns war das seinerzeit gang und gäbe.*

klipp und klar   bleiben, scheinen, sein, werden

> *Ist das jetzt nicht klipp und klar?*

los und ledig   sein, werden

> *Jetzt bin ich ihn endlich los und ledig.*

null und nichtig   finden, scheinen, sein

> *Ich finde den Vertrag null und nichtig.*

recht und billig   finden, scheinen, sein

> *Ich finde das ja auch nur recht und billig.*

tip-top, tipp-topp   bleiben, finden, scheinen, sein

> *Ist das Rad nicht wieder tipp-topp?*

In der Alltagssprache gibt es eine Reihe zusätzlicher Kopulapartikeln:

futsch   bleiben, scheinen, sein

> *Jetzt ist wohl alles futsch.*

gaga   bleiben, finden, scheinen, sein

> *Der ist jetzt wohl völlig gaga.*

k. o.   bleiben, scheinen, sein

> *Er war völlig k. o.*

meschugge   bleiben, finden, machen, scheinen, sein, werden

> *Jetzt scheint er total meschugge.*

o. k., okay, okey   finden, scheinen, sein

> *Ich finde das ganz o. k.*

plemplem   bleiben, finden, machen, scheinen, sein, werden

> *Diese Person ist ja wohl plemplem.*

schnuppe   sein

> *Das ist mir doch schnuppe.*

6.5.3. Kopulapartikelphrasen

Auch Kopulapartikeln bilden Phrasen, einesteils soweit sie eine eigene Valenz haben, andernteils soweit sie steigerbar sind.

Kopulapartikeln mit Valenz. Für die Ergänzungen werden dieselben Abkürzungen wie für die Satzergänzungen verwendet.

abhold$_{<\text{dat}>}$	*leid*$_{<\text{akk}>}$
abspenstig$_{<\text{dat}>}$	*leid*$_{<\text{dat}>}$
angst$_{<\text{dat}>}$	*los und ledig*$_{<\text{akk}>}$
anheischig$_{<\text{vrb}>}$	*los*$_{<\text{akk}>}$
egal$_{<\text{dat}>}$	*quitt*$_{<\text{prp } mit>}$
einerlei$_{<\text{dat}>}$	*schade*$_{<\text{prp } um>}$
eingedenk$_{<\text{gen}>}$	*schnuppe*$_{<\text{dat}>}$
feind$_{<\text{dat}>}$	*schuld*$_{<\text{prp } an>}$
gewahr$_{<\text{gen}>}$	*teilhaftig*$_{<\text{gen}>}$
gewillt$_{<\text{vrb}>}$	*untertan*$_{<\text{dat}>}$
gram$_{<\text{dat}>}$	*vorstellig*$_{<\text{sit}>}$
handgemein$_{<\text{prp } mit>}$	*zugetan*$_{<\text{dat}>}$

Steigerbare Kopulapartikeln. Teilweise werden die steigernden Elemente als Präfixe mit der Partikel zusammen geschrieben.

abhold	*k. o.*
angst: höllenangst, himmelangst	*leid*
angst und bange	*meschugge*
egal: scheißegal (derb)	*o. k.*
einerlei	*perplex*
feind: spinnefeind	*pleite*
fit: topfit	*plemplem*
fix und fertig	*quitt*
futsch	*schade: jammerschade*
getrost	*schnuppe*
gang und gäbe	*untertan*
gram	*zugetan*

6.6. MODALPARTIKELN

6.6.1. Allgemeines

▶ **Modalpartikeln sind unveränderliche Wörter, die im Vorfeld des Konstativsatzes stehen können und als Antwort auf *Ja-/Nein*-Fragen verwendbar sind.**

Mit dieser Definition soll nebenbei auch dem terminologischen Wirrwarr der letzten Jahrzehnte ein Ende gemacht werden. Unter „Modalpartikeln" wurde in neuerer Zeit alles Mögliche verstanden, teils Partikeln mit existimatorischer Bedeutung schlechthin, teils das, was seit Harald Weydt „Abtönungspartikeln" genannt wird u. a. m. Zwar sind die Modalpartikeln auch nach der hier verwendeten Definition größtenteils existimatorischer Natur. Das ist freilich kein distinktives Merkmal: „Einschätzend" sind auch viele Adjektive (vgl. *offenkundig, angeblich*), die auf Grund des hier angewandten Definitionsverfahrens (s. 5.5.1) schon zuvor ausgesondert worden sind.

6.6.2. Die Modalpartikeln im Einzelnen

Zu jeder Modalpartikel wird im Folgenden ein Anwendungsbeispiel gegeben.

allerdings

> *(Hast du das etwa schon gewusst? –)*
> *Allerdings!*

anscheinend

> *Anscheinend haben sich die Kinder*
> *verlaufen.*

beinahe

> *(Haben Sie sich weh getan? –) Bei-*
> *nahe.*

doch (betont)

> *Und doch hat sie am Ende Recht be-*
> *halten.*

einigermaßen

> *(Geht es Ihnen gut? –) Einigerma-*
> *ßen.*

fast

> *Fast hätte ich Sie übersehen.*

freilich

> *(Mögen Sie Walnüsse überhaupt? –)*
> *Freilich.*

größtenteils

> *Größtenteils sind die Einwohner*
> *hier katholisch.*

halbwegs

> *(Sind Sie mit dem Essen zufrieden?*
> *–) Halbwegs.*

hoffentlich

> *Hoffentlich gibt es heute nicht wie-*
> *der Grießbrei.*

keinesfalls, keineswegs

> *(Wollen Sie noch einmal hinfahren?*
> *–) Keineswegs/keinesfalls.*

leider

> *Leider sind die Bücher noch nicht*
> *angekommen.*

mitnichten

> *(Finden Sie die Möbel geschmack-*
> *voll? –) Mitnichten.*

möglicherweise

> *Gisela ist nicht gekommen, mögli-*
> *cherweise ist sie krank.*

schwerlich

> *(Könnte Heinz mich vertreten? –)*
> *Schwerlich.*

selbstredend

> *Selbstredend erhält er dasselbe*
> *Zimmer wie im letzten Jahr.*

sicherlich

> *(Können Sie bei diesem Licht lesen?*
> *–) Sicherlich.*

teilweise

> *Teilweise hat sie wirklich Recht.*

unzweifelhaft

> *(Ist seine Dissertation wirklich so*
> *gut? –) Unzweifelhaft.*

vielleicht

> *Vielleicht hat er sich einfach ge-*
> *täuscht.*

zweifellos, zweifelsohne

> *(Wird der Wagen diese Steigung*
> *schaffen? –) Zweifellos/zweifelsoh-*
> *ne.*

Die Modalpartikeln sind ohne Ausnahme leicht verschiebbar, sie können also nicht nur im Vorfeld, sondern auch im Mittelfeld erscheinen, zum Beispiel:

> *Ich habe das **einigermaßen** vorausgesehen.*
> *Sie hatte es **leider** nicht bemerkt.*
> *Das sollten wir **sicherlich** überprüfen.*

6.7. RANGIERPARTIKELN

6.7.1. Allgemeines

▸ **Rangierpartikeln sind unveränderliche Wörter, die im Vorfeld des Konstativsatzes stehen können, aber nicht als Antworten auf irgendwelche Fragen verwendbar sind.**

Auch die Rangierpartikeln sind existimatorischer Natur. Sie tragen also nichts zur Beschreibung des Sachverhaltes bei, sondern enthalten ein Urteil des Sprechers über den Sachverhalt.

Rangierpartikeln sind (wie auch ihr Name andeutet) leicht verschiebbar.

6.7.2. Die Rangierpartikeln im Einzelnen

Im Folgenden werden die wichtigsten Rangierpartikeln mit je einem Verwendungsbeispiel aufgeführt.

also

> *Sie haben also nichts davon gewusst.*

auch

> *Auch hatte niemand an die Kinder gedacht.*

bedauerlicherweise

> *Ich musste ihn bedauerlicherweise um seine Fahrzeugpapiere bitten.*

begreiflicherweise

> *Begreiflicherweise gab es zunächst Widerstand gegen die Neuregelung.*

beispielsweise

> *Du könntest beispielsweise den Wagen waschen.*

eigentlich

> *Eigentlich ist das kein schlechter Vorschlag.*

erstaunlicherweise

> *Jürgen ist erstaunlicherweise mit dem Fahrrad gekommen.*

glücklicherweise

> *Glücklicherweise regnet es hierzulande viel.*

gottlob

> *Am nächsten Tag schien gottlob wieder die Sonne.*

höchstens

> *Höchstens könnte man über die Zahlungsfrist noch einmal reden.*

immerhin

> *Peter hat immerhin bezahlt.*

jedoch

> *Jedoch haben sich folgende Mängel herausgestellt.*

mindestens

> *Jochen sollte mindestens die Blumen gießen.*

möglichst

> *Möglichst solltet ihr bis Weihnachten bleiben.*

noch

> *Noch ist nicht alles verloren.*

nur

> *Nur haben sie das Buch angeblich nie bekommen.*

schätzungsweise

> *Sie haben schätzungsweisse ihre privaten Interessen vor die der Universität gestellt.*

schon

> *Schon war ein Sündenbock gefunden.*

überhaupt

> Darf man diese Leute überhaupt ernst nehmen?

unglücklicherweise

> Unglücklicherweise ging Pettersson genau in dieser Minute über den Zebrastreifen.

vielmehr

> Die Dame handelte vielmehr auftragsgemäß.

wenigstens

> Wenigstens hätte Achmed antworten können.

wohl (betont)

> Wohl haben sie sich ahnungslos gestellt.

womöglich

> Sie haben womöglich eine schlimme Fälschung begangen.

zumindest

> Zumindest hätten sie nicht so plump lügen dürfen.

zwar

> Sie haben zwar viel Macht, aber nur in ihrer Stadt.

6.8. KONJUNKTOREN

6.8.1. Allgemeines

▸ **Konjunktoren sind unveränderliche Wörter, die gleichrangige und funktionsgleiche Elemente verbinden.**

Das Merkmal der **Gleichrangigkeit** stellt sicher, dass die durch einen Konjunktor verbundenen Elemente ein identisches unmittelbares Regens haben und somit derselben syntaktischen Ebene angehören:

> Dieter und Monika plaudern.

Hier sind zwei Subjektrealisierungen (*Dieter, Monika*) durch den Konjunktor *und* verbunden. Es gibt aber auch Elemente, die im aktuellen Kontext nicht regiert sind, etwa Verben als Köpfe von Sätzen wie in

> Sie lachten und sie tranken.

Hier gilt Erstrangigkeit umso eher, als beide Köpfe höchste Elemente auf gleicher Ebene sind.

Das Merkmal der **Funktionsgleichheit** verhindert, dass zwei Elemente mit verschiedener Funktion – etwa ein Subjekt und eine Akkusativergänzung oder eine existimatorische und eine situative Angabe – verbunden werden:

> *Da hatte Heinrich und die Brille aufgesetzt.
> *Leider und gestern war alles schief gegangen.

Grundsätzlich können die **Konjunkte**, d. h. die gehäuften und durch Konjunktor verbundenen Elemente, auf beliebiger syntaktischer Ebene stehen. Aber bei den einzelnen Konjunktoren gibt es Einschränkungen.

Konjunktoren verändern die Wortstellung in Sätzen nicht. Dies unterscheidet sie von anderen Konnektoren:

> Daran konnte Herbert nichts ändern.
> ⇒ Aber daran konnte Herbert nichts ändern. (mit Konjunktor *aber*)
> ⇒ Freilich konnte Herbert nichts daran ändern. (mit Konnektor *freilich*)

6.8.2. Die Konjunktoren im Einzelnen

Man kann die Konjunktoren syntaktisch oder semantisch gliedern.
In **syntaktischer** Hinsicht stehen vornean die Konjunktoren, die beliebige Elemente verbinden können: Sätze, Satzglieder und andere Wortgruppen, Wörter, Teile von Wörtern. Hierher gehören die Konjunktoren *bzw., d. h., (entweder) … oder, ja, sondern, sowohl … als auch, und*. Beispiele für *oder*:

> *Der Motor ist defekt oder das Benzin geht zu Ende.*
> *Wollen wir nach Hause oder zu Manfred gehen?*
> *Ich werde vormittags oder abends anrufen.*
> *junge oder einfallsreiche Menschen*
> *an- oder absagen*

Keine Wortteile, sonst aber beliebige Elemente verbinden *aber, jedoch, nämlich, und zwar*. Beispiele für *jedoch*:

> *Der Motor ist nicht defekt, jedoch das Benzin ist zu Ende.*
> *Wir wollen nicht zu Manfred, jedoch an den See gehen.*
> *Sie hat nicht vormittags, jedoch abends angerufen.*
> *alte, jedoch einfallsreiche Menschen*

Keine Sätze, im Übrigen aber beliebige Elemente verbinden *sowie* und *sowohl … als (auch)*:

> *Wir werden Manfred sowie Adelheid besuchen.*
> *Sie hat vormittags sowie abends angerufen.*
> *junge sowie einfallsreiche Menschen*
> *an- sowie unterstreichen*

Ausschließlich Sätze verbinden *allein, denn, doch, nur*.
In **semantischer** Hinsicht lassen sich unterscheiden:

> kopulative Konjunktoren: *und, sowie, sowohl … als auch, weder … noch*
> adversative Konjunktoren: *aber, allein, doch, jedoch, nur, sondern*
> disjunktive Konjunktoren: *bzw., oder, entweder … oder, respektive*
> kausale Konjunktoren: nur *denn*
> korrektive Konjunktoren: *d. h., vielmehr*
> präzisierende Konjunktoren: *ja, nämlich, und zwar*

Einige Konjunktoren haben auf Grund unterschiedlicher Definitionen Homonyme in anderen Wortklassen.
In der folgenden Einzelbeschreibung wird jeweils vermerkt, welche Bedeutung(en) der Konjunktor hat und welche Elemente er verbinden kann.

aber signalisiert ‚(nicht notwendig ausschließenden) Gegensatz‘; häuft Sätze, Nebensätze und Infinitivkonstruktionen, Phrasen und Wörter:

> *Sie haben sich für die Erklärung ausgesprochen, aber das haben Sie längst vergessen.*
> *Kuno, der schwer krank war, aber reden konnte*
> *die Absicht, ihn zu warnen, aber ihn nicht zu kränken*
> *Wir haben keinen Läufer, aber einen Springer gefunden.*
> *ein kleiner, aber bedeutsamer Unterschied*

Die Abschwächung des Gegensatzes kann durch *zwar … doch/wohl* hervorgehoben werden:

> *ein zwar kleiner, wohl aber bedeutsamer Unterschied*

Bei Häufung von Sätzen werden identische Elemente beim zweiten Vorkommen oft getilgt:

> *Sie haben sich für die Erklärung ausgesprochen, haben das aber längst vergessen.*

Konkurrenzformen zu *aber*: *allein* (gehoben), *d. h.* (korrektiv), *doch* (unbetont, gehoben), *jedoch* (Konjunktor oder Rangierpartikel, gehoben), *nur* (schwach adversativ), *sondern* (nur nach negiertem Erstkonjunkt), *vielmehr* (korrektiv).

allein ‚adversativ'; verbindet Sätze; gehoben.

> *Sie hat uns überzeugt, allein das genügt ihr nicht.*

Zu Konkurrenzformen s. *aber*.

bzw. (*beziehungsweise*) ‚alternativ' (ausschließender Gegensatz); häuft beliebige Elemente.

> *Wir müssen den Antrag überarbeiten bzw. er muss neu gestellt werden.*
> *wenn sie alle entlassen bzw. auf halbes Deputat gesetzt würden*
> *Man sollte Hohlblocksteine bzw. Gasbetonsteine verwenden.*
> *Leute sind aus- bzw. eingezogen.*

Nur bei ausschließendem Gegensatz ist *bzw.* durch *oder* ersetzbar.

d. h. (*das heißt*) ‚korrektiv' oder ‚nachträglich erklärend'; häuft beliebige Elemente.

> *Der Brief kommt morgen, d. h. er sollte morgen kommen.*
> *Ina hat zugestimmt, d. h. unterschrieben.*

d. h. kann nie gegensätzliche Elemente verbinden.

Konkurrenzformen: *vielmehr* (Rangierpartikel, eindeutig nur korrektiv), *besser gesagt* (eindeutig korrektiv).

denn ‚kausal, erklärend'; verbindet Sätze.

> *Man sollte ihnen verzeihen, denn sie wissen nicht, was sie tun.*

Konkurrenzformen: *weil* (Subjunktor, streng kausal), *nämlich* (erklärend).

doch (unbetont) ‚adversativ'; häuft alles außer Wortteilen.

> *Er weiß zwar viel, doch er möchte mehr wissen.*
> *Sie ist keine Kämpferin, doch eine gute Vermittlerin.*

Konkurrenzformen: *allein, jedoch, d. h., nur, sondern* und die bedeutungsgleiche Rangierpartikel *doch*.

Der Konjunktor *doch* darf nicht verwechselt werden mit der Abtönungspartikel *doch* (unbetont) und der Modalpartikel *doch* (betont).

entweder ... oder s. *oder*

ja ‚intensivierend-präzisierend'; häuft alles außer Wortteilen.

> *Es regnete, ja es schüttete draußen.*
> *ein fleißiger, ja arbeitswütiger Mensch*

jedoch ‚adversativ'; häuft alles außer Wortteilen.

> *Der Präsident kann sich nicht durchsetzen, jedoch er sieht es immer noch nicht ein.*
> *Sie kam langsam, jedoch betont würdevoll zurück.*

Bei Häufung von Sätzen kann *jedoch* auch ins Mittelfeld des zweiten Konjunkts treten:

> *Der Präsident kann sich nicht durchsetzen, er sieht es jedoch immer noch nicht ein.*

Konjunktor und Rangierpartikel *jedoch* sind bedeutungsgleich.
Konkurrenzformen: s. *aber*.

nämlich ‚präzisierend-erklärend‘, nennt immer einen neuen Sachverhalt bzw. eine neue Größe; häuft alles außer Wortteilen.

> *Ludwig kommt diese Woche nicht, er ist nämlich bei seinem Schwager.*
> *Wir liefern landestypisches Gemüse, nämlich Kohl und Gurken.*

Bei Häufung von Sätzen steht *nämlich* im Mittelfeld des zweiten Konjunkts. Konkurrenzformen bei Satzhäufung: *denn* (kausal), *schließlich* (Rangierpartikel, kausal, leicht vorwurfsvoll).

nur ‚adversativ (nicht ausschließend), meldet einen Vorbehalt an‘; häuft Sätze.

> *Er möchte Ingenieur werden, nur dazu fehlt ihm das Abitur.*

Konjunktor und Rangierpartikel *nur* sind bedeutungsgleich.
Konkurrenzformen s. *aber*.

oder, entweder ... oder ‚adversativ, alternativ‘; häuft beliebige Elemente.

> *Sie haben uns missverstanden, oder sie haben einfach keine Lust mehr.*
> *weil er den Termin vergessen hat oder verhindert war*
> *Sie handelt mit Immobilien oder Kapitalanlagen.*
> *Sie wollen an- oder ausbauen.*

oder kennzeichnet ausschließenden oder nicht ausschließenden Gegensatz. Will man ‚ausschließenden Gegensatz‘ signalisieren, so ist *entweder ... oder* zu verwenden:

> *Entweder er drückt sich wieder, oder er ist wirklich krank.*

Die Partikel *entweder* steht meist vor dem ersten Konjunkt, bei Sätzen gelegentlich auch im Mittelfeld des ersten Satzes; *oder* steht immer vor dem zweiten Konjunkt. Steht *entweder* am Satzbeginn, so kann es auch (wie eine Rangierpartikel) das Vorfeld besetzen:

> *Entweder drückt er sich wieder, oder er ist wirklich krank.*

respektive (*resp.*) ‚alternativ (ausschließender Gegensatz)‘, veraltend, selten; häuft alles außer Wortteilen.

> *Isabell nimmt teil, respektive sie gibt uns vorher nochmal Bescheid.*
> *Er gab seinen Kranken Milch respektive Gemüsesaft.*

sondern ‚adversativ (ausschließender Gegensatz)‘, nur verwendbar, wenn das erste Konjunkt negiert ist; häuft beliebige Elemente.

> *Der Fahrer war nicht eingeschlafen, sondern er hat einen Herzinfarkt erlitten.*
> *als nicht der Strom ausgefallen, sondern eine Birne kaputt gegangen war*
> *Man sollte nicht um-, sondern ausbauen.*

Konkurrenzformen s. *aber*. Wird *aber* verwendet, so tritt insofern eine Bedeutungsänderung ein, als der Gegensatz nicht mehr ausschließend gilt:

> *Man sollte nicht um-, aber ausbauen.*

nicht nur ... sondern auch ‚adversativ (nicht ausschließend)‘; häuft Beliebiges, aber selten Sätze. Das zweite Konjunkt bestätigt oft das erste:

> *Sie haben nicht nur gesungen, sondern auch getanzt.*

Hier wird implizit auf eine gemeinsame Oberkategorie (etwa ‚Unterhalten‘) hingewiesen.
Bedeutungsgleich sind Nebensatz-Hauptsatz-Konstruktionen wie:

> *Nicht nur dass sie gesungen haben – sie haben auch getanzt.*

sowie ‚gemeinsame Geltung'. Häuft Phrasen, Wörter, Wortteile.

> *Sie müssten potentielle Kunden anschreiben sowie später anrufen.*

Konjunktor und Subjunktor *sowie* sind strikt auseinander zu halten.

sowohl ... als (auch), sowohl ... wie (auch) ‚gemeinsame Geltung'. Häufen Phrasen, Wörter, Wortteile. Dabei werden beide Konjunkte in gleicher Weise hervorgehoben, während beim Konjunktor *sowie* nur das zweite Konjunkt hervorgehoben wird.

> *Sie kennt sowohl indoeuropäische Sprachen als auch Arabisch.*

und – der häufigste Konjunktor – hat verschiedene Bedeutungen; häuft Beliebiges.

1. ‚gemeinsame Geltung'.

> *Der Anwalt schlug eine Bewährungsstrafe vor, und der Angeklagte akzeptierte dies.*
> *auch wenn ich nur meine Ruhe haben will und die Oma sowieso nichts mehr hört*
> *Er hat privat und beruflich Federn lassen müssen.*
> *bloß die Tür auf- und zumachen*

Gegenüber den gehobenen Konkurrenzformen *sowie* und *sowohl ... als auch* usw. ist *und* stilistisch neutral, es hebt auch keines der gehäuften Elemente hervor.

2. ‚konditional' (leitet ‚Folge' ein); nur bei Häufung von Sätzen.

> *Drücken Sie den Verschluss ein, und Sie können die Milch ausgießen.*
> *Sie drücken den Verschluss ein, und Sie können die Milch ausgießen.*

3. ‚adversativ'; nur bei Häufung von Sätzen.

> *Wir versuchten hektisch die Verwundeten zu bergen, und diese junge Frau stand nur da und jammerte um ihr schönes Auto.*

Gegenüber den ebenfalls adversativen Konjunktoren *aber, allein, d. h., jedoch, nur, sondern* drückt *und* hier zusätzlich Verwunderung, Ärger, Empörung aus.

4. ‚graduativ: unbegrenzt steigernd'; bei gehäuften Adjektiven im Komparativ.

> *lauter und lauter*
> *schneller und schneller*

Diese Konstruktion ist nahezu gleichbedeutend mit der Konstruktion:

> *immer lauter, immer schneller*

5. in höflichen umschriebenen Aufforderungen. Dabei umschreibt das erste Konjunkt das gewünschte Verhalten des Partners, das zweite spezifiziert die spezielle Handlung:

> *Vielleicht bist du mal so nett und gibst mir die Milch rüber.*
> *Seien Sie doch bitte so freundlich und helfen mir mal mit dem Koffer.*

Gelegentlich erscheint *und* am Textanfang (*... und sagte kein einziges Wort*). Damit wird ein weiterer Vortext suggeriert, an den die konkrete Äußerung angeschlossen wird. So ist auch hier die typische Verbindungsfunktion des Konjunktors erfüllt.

und zwar ‚erläuternd-präzisierend'. Häuft alles außer Wortteilen.

> *Ich suche was ganz Bestimmtes, und zwar Digitalistropfen.*
> *Sie brauchte neue Schuhe, und zwar winterfeste.*

vielmehr ‚korrektiv'. Häuft Sätze, wobei der erste Satz negiert ist.

> *Wir haben unsere Erklärung nicht vergessen. Vielmehr wir sehen die Situation der Stadt heute ganz anders.*

Gelegentlich erscheint *vielmehr* als Rangierpartikel und besetzt das Vorfeld des zweiten Konjunkts:

Wir haben unsere Erklärung nicht vergessen. Vielmehr sehen wir die Situation der Stadt heute ganz anders.

Zu den Konkurrenzformen s. *aber.*

weder ... noch ‚gemeinsam negierend'. Häuft Beliebiges.

Ich wollte weder den Helden spielen noch ein Exempel statuieren.
Das ist doch weder heiß noch kalt.

Bei der Negation von (vollständigen) Sätzen wird die gleichbedeutende Rangierpartikel *weder ... noch* verwendet, die jeweils das Vorfeld besetzt:

Weder wollte ich den Helden spielen noch sollte ein Exempel statuiert werden.

6.8.3. Konjunktorphrasen

Nichts hindert uns, die mit Hilfe von Konjunktoren entstehenden Gebilde als Konjunktorphrasen aufzufassen. Dies setzt freilich voraus, dass der Konjunktor jeweils als Kopf einer solchen Phrase fungiert. Zu beschreiben ist also in Kürze das Zustandekommen und die Struktur von Konjunktorphrasen. Dieser Vorgang wird auch als **Häufung** bezeichnet.

WAS LÄSST SICH ÜBERHAUPT HÄUFEN?

Gemäß der Definition in 6.8.1 lassen sich gleichrangige und funktionsgleiche Elemente häufen. Das bedeutet, wie oben gezeigt, dass Elemente einer und derselben Ergänzungsklasse, nicht aber Elemente verschiedener Ergänzungsklassen häufbar sind. Gleiches gilt für die Angaben: Zwei Temporalangaben sind häufbar, nicht aber eine Temporal- und eine Lokalangabe:

heute oder morgen
*heute oder drüben

Dieses Prinzip lässt sich auch auf Attribute übertragen:

Hoffnung auf Freiheit und Wohlstand (2 präpositive Nomenergänzungen)
Verhaftung des Fahrers und seiner Komplizen (2 genitivische Nomenergänzungen)
muntere und traurige Gesichter (2 adjektivische Qualitativangaben)

Allerdings lassen sich attributive Adjektive und Relativsätze, so eng sie auch verwandt sein mögen[1], nicht ohne Weiteres häufen:

*eine knifflige Aufgabe, und die noch keiner gelöst hat

Zwar ist konjunktorfreie Häufung von Adjektiv und Relativsatz möglich (als so genannte Asyndese). Dass sich aber Adjektiv und Relativsatz gegen die Konjunktorsyndese sperren, dürfte mit ihrer Stellung zusammen hängen: Elemente des linken Feldes und solche des rechten Feldes sind nicht durch Konjunktoren häufbar.[2]

---

[1] Es hat seriöse Versuche gegeben, attributive Adjektive aus Relativsätzen herzuleiten nach dem Muster *ein windschiefes Haus* ⇐ *ein Haus, das windschief ist.* Auch wenn solche Versuche heute aufgegeben sind, ist der Bezug zwischen beiden Konstruktionen nicht zu leugnen, was auch daraus abzuleiten ist, dass jemand, der die Bedeutung eines Adjektivs A erklären soll, spontan zum Relativsatz greift: *Was ist ein leichtfertiger Mensch? – Das ist ... ein Mensch, der leichtfertig ist.*

[2] Im Französischen ist das durchaus möglich: *un problème difficile, et qui jusqu'ici personne n'a pu soluer.* Aber diese Möglichkeit scheint nur gegeben, da das Adjektiv hier nachgestellt ist, so dass auch für das Französische die Regel gilt, dass sich nur Elemente eines Feldes durch Konjunktor häufen lassen.

WELCHE FORMEN DER HÄUFUNG GIBT ES?

Wir unterscheiden zwischen Syndese und Asyndese. **Asyndese** kann, sofern die Kriterien der Häufbarkeit (gleichrangig, funktionsgleich) erfüllt sind, zwei Konjunkte ohne zwischengeschaltetes Zeichen häufen:

> *die strahlende kleine Annette*

Auf höheren syntaktischen Ebenen wird nur syndetisch gehäuft. Hierbei ist die **Kommasyndese** von der Konjunktorsyndese zu unterscheiden. Das Komma verbindet dabei ähnlich dem Konjunktor. Eine Faustregel besagt, dass überall, wo *und* eingefügt werden könnte, alternativ ein Komma zu setzen ist:

> *Hans und Grete* ⇒ *Hans, Grete*
>
> *dumm und eitel* ⇒ *dumm, eitel*

Die Kommasyndese tritt oft bei umfangreicheren Häufungen (s. auch unten) ein:

> *dumme, ehrgeizige und eitle Leute*

Mischsyndese tritt bei bestimmten Konjunktoren auf. Die Konjunktoren *bzw., oder, sowie, und* stehen meist ohne Komma, die anderen Konjunktoren verlangen meist ein vorausgehendes Komma:

> *kleine, aber feine Plätzchen*
>
> *unappetitlich, d. h. seltsam riechende Speisen*

Von **Konjunktorsyndese** schließlich sprechen wir, wenn zwei Konjunkte durch einen dazwischen stehenden Konjunktor verbunden sind:

> *kreuz und quer*
>
> *Arbeiter und Angestellte*
>
> *Sie fragte, und er antwortete.*

WIE LÄSST SICH DIE HÄUFUNG FORMAL BESCHREIBEN?

Ohne Zweifel ist die Häufung eines der schwierigsten Kapitel jeder Grammatik. Tesnière führte für die Häufung (jonction) in seiner Strukturalen Grammatik waagerechte Verbindungslinien ein und verstieß damit gegen das hierarchische Prinzip der Dependenzgrammatik. Andere versuchten, alle einfachen Häufungen aus aneinander gereihten Sätzen abzuleiten, was indessen zu unvertretbar umständlichen Beschreibungen führte. Wirklich gelöst, allseits zufrieden stellend gelöst hat das Problem noch niemand.

Wir gehen im Folgenden vom alles beherrschenden Prinzip der vertikalen Anordnung aus: Das jeweils Obere ist Vorkommensbedingung für das jeweils Untere. Die Eigenschaft eines Elements, das Vorkommen eines untergeordneten Elements zu steuern, heißt „Rektion" (das Obere regiert das Untere). Diese Eigenschaft wird, sofern sie für die gesamte Wortklasse des Regens gilt, also aspezifisch ist, „Dominanz" genannt; wir zeigen sie beim regierenden Element durch einen tief gestellten Index, der zwischen senkrechten Strichen steht:

> *trockenes Brot* $\text{Nom}_{|\,\text{adj}\,|}$
> *Brot*
> |
> Adj
> *trockenes*

Ist die Eigenschaft zu regieren aber subklassenspezifisch eingeschränkt, gilt sie also nur für eine Subklasse (im vorliegenden Fall: eine Subklasse der Wortklasse Nomen), so nennen wir sie „Valenz" und setzen sie beim regierenden Element in Spitzklammern:

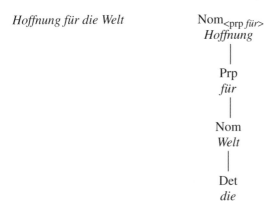

Soll jedoch die Eigenschaft zu regieren nur generell charakterisiert werden, also ohne Differenzierung zwischen subklassenspezifischer Valenz und aspezifischer Dominanz, so sprechen wir einfach von „Rektion" und setzen den Index in Schweifklammern. Dann haben die regierenden Elemente der beiden letzten Diagramme folgende Formen:

$$\mathrm{Nom}_{\{adj\}} \qquad\qquad \mathrm{Nom}_{\{prp\,für\}}$$

Mit der Rektion nun haben wir, soweit zu sehen ist, bei der Häufung meist zu tun (der Unterschied zwischen Dominanz und Valenz spielt hier keine Rolle).
Häufung (als Konjunktorsyndese) kommt zustande, wenn an Stelle eines einfachen abhängigen Elements ein Konjunktor erscheint. Dies ist grundsätzlich immer möglich. Deshalb müsste die übliche Schreibweise ergänzt werden durch einen Schrägstrich hinter dem einfachen abhängigen Element, der symbolisiert, dass hier auch ein anderes Element erscheinen könnte, zum Beispiel der Konjunktor. Wir hätten also zu schreiben:

usw. Gewöhnlich verzichten wir auf solche Präzisierungen, um die Diagramme nicht zu überlasten, müssen aber im Grunde den Schrägstrich immer mitdenken.
Wesentlich ist jedoch, dass sich der Index des regierenden Elements, falls eine Häufung mit Konjunktor vorliegt, auf den Konjunktor „vererbt" und hier gleichzeitig verdoppelt wird:

$$\mathrm{Nom}_{\{adj\}}$$
$$|$$
$$\mathrm{Kjk}_{\{adj,\ adj\}}$$

Auf diese Art kann der Konjunktor zwei gleichartige – gleichrangige und funktionsgleiche – Dependentien haben:

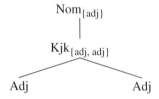

Dieses Diagramm könnte für den Ausdruck *alte und streitsüchtige Leute* stehen.

Und dieses Verfahren kann jederzeit rekursiv angewandt werden. Eines der beiden Symbole „Adj" oder auch beide erscheinen dann als Kjk mit entsprechendem Rektionsindex. So lassen sich Ketten wie

> *altes und trockenes, verschimmeltes und … Brot*

beschreiben.

Jeder weiß, dass Häufungen von Adjektiven selten so aussehen, dass vielmehr mindestens ein Teil der Konjunktoren durch Kommas ersetzt wird. Dies ist ein Grund für die

ELISIONEN BEI HÄUFUNGEN

Eine rekursive Anwendung der Konjunktionsregel könnte etwa folgendes Diagramm ergeben:

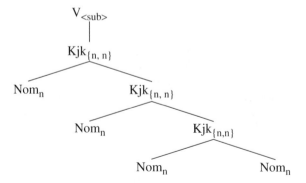

Dies könnte nach erfolgter Linearisierung der Kette

> *Frauen und Kinder und Greise und Schwerstkranke hungerten.*

entsprechen. Die kanonische Form solcher Häufungen ist dies freilich nicht. In der Regel würde man

> *Frauen, Kinder, Greise und Schwerstkranke*

sagen. Dem kann Rechnung getragen werden durch eine Zusatzregel, nach der alle Konjunktoren bis auf den letzten durch ein Komma ersetzt werden. Damit sind allerdings nicht sämtliche möglichen Fälle erfasst. Es gibt die Möglichkeit, die Konjunkte zu Gruppen zusammen zu fassen, etwa

> *Frauen und Kinder, Greise und Schwerstkranke.*

Dies lässt sich durch weitere Zusatzregeln steuern.

Ein zweiter Grund für Elisionen bei Häufungen ist das Vorkommen referenzidentischer Elemente. Sind in durch *und, oder, bzw.* u. a. gehäuften Strukturen zwei Elemente referenzidentisch, beziehen sich also beide auf dasselbe Stück Wirklichkeit, so wird in der

Regel eines von ihnen getilgt. Bei identischen Vorfeldelementen ist dies das jeweils zweite, das erste bleibt erhalten.

Bei Häufung von Sätzen gilt diese Tilgung automatisch für gleiche Satzglieder. Aus den Sätzen

> *Hans bestellte ein Bier.*

und

> *Hans bezahlte hernach die Rechnung.*

wird, falls es sich um dieselbe Person mit Namen *Hans* handelt, dann:

> *Hans bestellte ein Bier und bezahlte hernach die Rechnung.*

Von referenzidentischen Mittelfeldelementen bleibt jeweils das zweite erhalten. Aus den Sätzen

> *Hans verlangte die Rechnung.*

und

> *Hans bezahlte die Rechnung.*

wird also:

> *Hans verlangte und bezahlte die Rechnung.*

Und aus

> *Ein Bier will ich.*

und

> *Die Rechnung will ich.*

wird:

> *Ein Bier und die Rechnung will ich.*

Daraus wird deutlich, dass die Tilgung referenzidentischer Elemente nicht nur von ihrer syntaktischen Funktion abhängt, sondern auch von ihrer Stellung.

Gleiches gilt für niedrigere Strukturen (Phrasen).

Aus den Nominalphrasen

> *die Entlarvung des Täters* und *die Verhaftung des Täters*

wird:

> *die Entlarvung und (die) Verhaftung des Täters*

Aus

> *Peters Kinder* und *Peters Enkel*

wird:

> *Peters Kinder und Enkel*

Von den referenzidentischen Elementen im linken Feld bleibt wieder das erste, von den referenzidentischen Elementen im rechten Feld das zweite erhalten.

Haben in den gehäuften Sätzen die referenzidentischen Elemente unterschiedliche syntaktische Funktionen, so wird nicht getilgt, sondern pronominalisiert:

> *Ich komme morgen Nachmittag mit dem Programm.*

und

> *Ich erkläre dir das Programm.*

ergibt dann:

> *Ich komme morgen Nachmittag mit dem Programm und erkläre es dir.*

DAS KOMMA IN HÄUFUNGEN

Gehäufte Sätze werden, falls der Konjunktor *und, oder, bzw.* u. a. lautet, nicht durch Komma getrennt. Gehäufte Sätze, die durch andere Konjunktoren verbunden sind, müssen immer durch Komma getrennt werden:

> *Hans bestellte ein Bier, aber Dieter bestellte einen Apfelsaft.*

Auch andere satzartige Konstruktionen (Nebensätze, Infinitivkonstruktionen, Partizipialphrasen) werden bei Häufung wie Sätze behandelt: Sind sie durch *und, oder, bzw.* u. a. verbunden, so werden sie nicht durch Komma getrennt, gleichviel ob jedes Konjunkt einen Subjunktor enthält oder ein einziger Subjunktor für alle Konjunkte gilt:

> *wenn die Unterstellungen nicht aufhören und wenn er weiterhin nicht gesprächsbereit ist*
> *wenn die Unterstellungen nicht aufhören und er weiterhin nicht gesprächsbereit ist*

Bei anderen Konjunktoren ist ein Komma zu setzen:

> *Wenn die Unterstellungen nicht aufhören, er aber weiterhin nicht gesprächsbereit ist*

Entsprechendes gilt für niedrigere Strukturen. Allgemein gilt für nicht satzartige Satzglieder, dass sie bei Häufung kein Komma verlangen, wenn sie durch *bzw., (entweder ...) oder, respektive, sowie, sowohl ... als auch, und, weder ... noch* verbunden sind. Alle anderen Konjunktoren und Konnektoren verlangen ein Komma:

> *der Übungsleiter, d. h. Hans Wagner*
> *bald frühmorgens, bald am späten Vormittag*

DETERMINATIVE IN GEHÄUFTEN NOMINALPHRASEN

Es ist seit langem bekannt, dass die Ausdrücke

> *die alten und die neuen deutschen Meister*

und

> *die alten und neuen deutschen Meister*

gänzlich Verschiedenes bezeichnen. Beim ersten Mal sind zwei Mannschaften gemeint; die eine war letztes Jahr deutscher Meister, die andere ist es dieses Jahr geworden. Im zweiten Fall ist eine einzige deutsche Mannschaft gemeint; die war letztes Jahr deutscher Meister und ist es dieses Jahr wieder geworden.

Der definite Artikel kann in beiden Fällen auch durch ein anderes Determinativ (etwa *mein, jener*) ersetzt werden.

Die Regel ist klar und eindeutig: „ein Determinativ – eine Menge". An Doppelausdrücken wie

> *der alte und der neue Vorsitzende*
> *der alte und neue Vorsitzende*

wird deutlich, dass dies auch für Einermengen gilt.

Gewiss wird gegen diese Regel verstoßen, auch in Linguistenkreisen. Buchtitel wie

> **Die Steigerung des Adjektivs im Deutschen und Polnischen*

sind gängig, obwohl hier für zwei Sprachen nur ein einziges Determinativ verwendet wird (*im ⇐ in dem*), was streng genommen unterstellt, dass es eine Sprache gebe, die deutsch und polnisch zugleich sei. Solchen Sprachgebrauch zu korrigieren ist unumgänglich, und in der Tat häufen sich allmählich Formulierungen wie:

> *Die Steigerung des Adjektivs im Deutschen und im Polnischen*

Aber wird solch fachinterne Bereinigung auf den allgemeinen Sprachgebrauch durchschlagen? Da gibt es Usancen, die Tag für Tag fröhliche Urständ feiern, in privaten und publiken Kreisen, bei Politikern, in den Medien, und dies, obwohl seit mindestens einem Vierteljahrhundert bewiesen ist, dass

> *Meine Damen und Herren*

Unfug, irreführend, jedenfalls normwidrig und eigentlich sinnlos ist, da es doch keine Wesen gibt, die Damen und Herrn zugleich sind (bis auf die wenigen Zwitter, und gerade die sind nicht gemeint), so dass es korrekt heißen müsste

> *Meine Damen, meine Herren*

oder auch

> *Meine Damen und meine Herren*

Möglicherweise wird hier die Sprachnorm letzten Endes über das Sprachsystem siegen. Die deutsche Sprache wird das überleben. Aber die Frage muss dennoch gestellt werden, ob nicht das Nachdenken über die Regel „ein Determinativ – eine Menge" mehr an unsere Wurzeln rühre als der geschäftige Kampf gegen ein paar lausige Fremdwörter.

6.9. GRADPARTIKELN

6.9.1. Allgemeines

> ▸ **Gradpartikeln sind unveränderliche Wörter, die im Konstativsatz zwischen Konjunktor und Vorfeldelement stehen können, aber für sich allein nicht als Vorfeldelemente verwendbar sind.**

Diese Eigenschaft erfüllt die Partikel *zumal* in dem Satz:

Konjunktor   Vorfeldelement
  ↓   ↓
Aber { zumal im Winter } kamen Annas Kinder nicht zur Schule.

Gradpartikeln können auch im Mittelfeld erscheinen. Je nach Stellung ändert sich dann ihr Skopus.

Gradpartikeln tragen selten zur Beschreibung eines Sachverhalts bei. Vielfach präzisieren sie den Grad der Erwartbarkeit oder setzen aus Sprechersicht Elemente zu anderen Elementen in Beziehung. Man sollte aus dem Terminus „Gradpartikel" auch keine Eigenschaften herauszulesen versuchen, die nicht notwendig gemeint sind. In der Tat gibt es einige Gradpartikeln, die (auch) graduierende Bedeutung haben, so *höchst, nahezu, recht, sehr, überaus*. Aber das distinktive Klassenmerkmal ergibt sich allein aus der Definition.

6.9.2. Die Gradpartikeln im Einzelnen

Zu jeder Gradpartikel werden eine kurze Bedeutungsangabe und Hinweise auf Homonyme, überdies Verwendungsbeispiele gegeben.

allein ‚exklusiv'; Homonyme als Adjektiv und Rangierpartikel.

> *Aber allein Oskar hätte dies bezeugen können.*
> *Aber Oskar hätte dies allein bezeugen können.*

Verstärkung ist möglich: *einzig und allein.*

auch verweist auf eine Reihe gleichartiger Elemente; Homonym: Abtönungspartikel.

> *Und auch Renate hat davon gewusst.*
> *Und Renate hat auch davon gewusst.*

bereits signalisiert unerwartet frühen Zeitpunkt.

> *Doch bereits im August gab es die ersten Toten.*

bloß ‚exklusiv‘, alltagssprachliche Variante zu *nur*; Homonym: Abtönungspartikel, Rangierpartikel.

> *Und bloß gestern hätte man dich gebraucht.*

eben ‚nachdrücklich identifizierend‘; Homonym: Adjektiv, Adverb, Abtönungspartikel.

> *Aber eben Jeannette hat doch davon erzählt.*

erst ‚unerwartet spät‘. Homonym: Adjektiv.

> *Aber erst gestern hat er geschrieben.*

etwa (bei Zahlbezeichnungen) ‚möglicherweise geringfügig abweichend‘.

> *Denn etwa zwei Kilo sollten es schon sein.*

gerade ‚verstärkt identifizierend‘; Homonyme: Adjektiv, Adverb.

> *Und gerade von dir hätte ich das nicht gedacht.*

geradezu ‚unerwartet hoher Grad‘, bei Adjektiven, selten bei Verben.

> *Und geradezu kaltschnäuzig hat er sich benommen.*
> *Und geradezu blamiert haben sie sich.*

höchst ‚extrem hoher Grad‘; bei Adjektiven.

> *Doch höchst erstaunt war ich dann schon.*

immer ‚fortdauernde Steigerung‘; bei Adjektiven im Komparativ.

> *Und immer lauter wurden sie allmählich.*

lediglich ‚exklusiv‘.

> *Doch lediglich die Reste von eurem Essen wollen wir auch nicht.*

nahezu ‚geringfügig weniger‘.

> *Und nahezu Kinder waren sie damals noch.*

nicht ‚negierend‘.

> *Aber nicht mit ihm wollte ich das machen.*

nicht einmal ‚abgeschwächt negierend‘, s. v. wie *auch nicht*.

> *Doch nicht einmal Marlene konnte das schaffen.*

noch ‚weiterhin‘/‚stärker graduierend‘ (bei Adjektiven).

> *Denn noch viele werden es versuchen.*
> *Und noch schöner wird es werden.*

nur ‚exklusiv‘. Homonym: Rangierpartikel.

> *Aber nur Sonja hat es geschafft.*

recht ‚mäßig hoher Grad‘. S. v. wie *ziemlich*, bei Adjektiven, selten bei Verben.

> *Und recht laut sind sie ja schon gewesen.*

schon ‚kleiner, aber ausreichender Grad‘/‚unerwartet früh‘. Homonym: Abtönungspartikel.

> *Aber schon drei wären genug.*
> *Denn schon Bismarck hat das gewusst.*

sehr ‚hoher Grad‘; bei Adjektiven und wenigen Verben.

> *Denn sehr mitteilsam war sie gerade nicht.*
> *Aber sehr vordrängen wollte ich mich auch nicht.*

selbst ‚nachdrücklich identifizierend‘.

> *Und selbst Macheiner weiß noch nichts davon.*
> *Und dir selbst fällt auch nichts dazu ein?*

sogar ‚unerwartet in Erwartungsrichtung‘.

> *Aber sogar Angela hat es nicht geschafft.*

überaus ‚hoher Grad‘, bei Adjektiven.

> *Und überaus langweilig fanden wir das Buch auch.*

weitaus ‚hoher Grad‘, bei Adjektiven im Komparativ oder Superlativ.

> *Aber weitaus höher ist sie gesprungen.*
> *Denn weitaus am höchsten ist vor allem Renée gesprungen.*

zu ‚normüberschreitend‘, bei Adjektiven. Subjunktor.

> *Aber zu schnell war er nicht.*

zumal ‚verstärkt identifizierend‘. Homonym: Subjunktor.

> *Und zumal im Sommer heizt man doch nicht.*

6.10. SATZÄQUIVALENTE

6.10.1. Allgemeines

▸ **Satzäquivalente sind unveränderliche Wörter, die für sich allein eine Äußerung bilden können und mit satzförmigen Äußerungen kommutieren.**

Diese Definition trifft im Grunde auf eine sehr große Anzahl von Partikeln zu. Als „Satzäquivalente" fassen wir jedoch nur diejenigen Partikeln auf, die nach der Ausfilterung von Adverbien, Kopulapartikeln, Modalpartikeln, Rangier- und Gradpartikeln noch übrig geblieben sind und der Definition genügen.
Wir unterscheiden folgende Teilmengen:
Antwortpartikeln (als Reaktion auf Entscheidungsfragen): *ja, nein, mhm, hm-m, eben.*
Initiativpartikeln (abstrakte Aufforderungen oder Fragen): *bitte, los, hallo, also?, ja?* u. a.
Reaktive Partikeln (auf Feststellungen oder Aufforderungen): *bitte, danke, pardon.*
Interjektionen (emotive Reaktionen auf verbale oder nonverbale Ereignisse).

6.10.2. Die Satzäquivalente im Einzelnen

Die folgende Liste ist vor allem hinsichtlich der Interjektionen nicht vollständig. Interjektionen, die nicht übliche Phonemkombinationen, auch im Deutschen sonst nicht zulässige Phoneme (z. B. Schnalzlaute) aufweisen können, werden ständig neu gebildet und sind teilweise von der Sprachmode abhängig.

ach Interjektion, drückt Bedauern, Enttäuschung, Schmerz, auch Überraschung aus.

> *(Jetzt ist auch Sonja weggezogen. –) Ach!*

ah Interjektion, drückt Staunen, Überraschung aus.

also? Initiativpartikel, drängend.

> *(Ich hätte schon etwas dazu zu sagen. –) Also?*

au, aua Interjektion, drückt plötzlichen physischen Schmerz aus.

bitte Initiativpartikel, freundlich auffordernd.

> *Bitte (gehen Sie doch vor).*

bitte Reaktivpartikel.

> *(Das hat Sonja nicht so gemeint. –) Bitte?*
> *(Soll Sonja ihr Konzept noch einmal erklären? –) Bitte!*

bums Interjektion, lautmalend: signalisiert plötzliches Geräusch.

danke Reaktivpartikel.

1. als positiv gewertetes Partnerverhalten anerkennend:

> *(Ich hab dir das Brot mitgebracht. –) Danke!*
> *(Herzliches Beileid zum Tod deiner Tante. –) Danke!*

2. Höflich auf Partnerverhalten reagierend:

> *(Nehmen Sie noch eine Tasse? –) Ja, danke/nein, danke.*
> *(Wie geht es Ihnen? –) Danke, gut/danke, ordentlich/danke, nicht so gut.*

[doch] ist eine Modalpartikel, die jedoch in der Art von Satzäquivalenten verwendet wird und in einem Paradigma mit *ja, nein* u. a. steht. Während positive Fragen zustimmend mit *ja*, ablehnend mit *nein* beantwortet werden –

> *Kommen Sie einen Augenblick mit rein? – Ja, gerne/nein, ich muss noch zur Bank.*

–, werden negative Fragen ablehnend mit *doch* beantwortet:

> *Hat sie keine Kinder? – Doch.*

eben Antwortpartikel, nachdrücklich zustimmend.

> *Wir dürfen ihm nicht alles glauben. – Eben!*

hallo Interjektion: Anruf zwecks Kontaktaufnahme, neuerdings Eröffnungsgruß (mündlich, in Briefen).

> *Hallo Grit!*
> *Hallo Herr Benzinger!*

hej Interjektion, familiäre Grußformel, besonders in der jungen Generation.

hm-m Antwortpartikel, familiär, ablehnend:

> *Kommen Sie auch mit? – Hm-m.*

hopp Interjektion, zu schneller Reaktion auffordernd.

hoppla Interjektion, verweist auf plötzliches, überraschendes Ereignis, familiär, oft als Quasi-Entschuldigung verwendet.

hopsassa Interjektion, Reit- oder Hüpfbewegung imitierend, oft zu Kindern.

ja Reaktivpartikel, zustimmend auf positive Entscheidungsfrage.

> *Ist Bernd auch dabei? – Ja.*

los Initiativpartikel, zum Handeln auffordernd.

mhm Antwortpartikel, familiär, s. v. wie *ja*.

mmm Interjektion, Skepsis, Zurückhaltung oder Missbilligung signalisierend.

m-m Antwortpartikel, familiär, s. v. wie *nein*.

nein Antwortpartikel, ablehnend auf positive, zustimmend auf negative Entscheidungsfrage.

> *Brauche ich einen/keinen Schirm? – Nein.*

nun Interjektion, leitet neuen Argumentationsstrang ein.

> *Damit wäre dieser Tagesordnungspunkt wohl erledigt. – Nun, da hätte ich schon noch eine Frage.*

o Interjektion, drückt Staunen, Überraschung aus.

oho Interjektion, drückt Überraschung, Abwehr aus.

pfui Interjektion, drückt scharfe Missbilligung aus.

plumps Interjektion, imitiert Fallgeräusch.

pst Interjektion, mahnt äußerste Ruhe an.

ratsch Interjektion, imitiert kurzes, lautes Reib- oder Reißgeräusch.

6.11. VERGLEICHSPARTIKELN

▸ **Vergleichspartikeln sind unveränderliche Wörter, die Bezeichnungen für Größen oder Eigenschaften (selten Geschehnisse) vergleichend miteinander verbinden.**

Sie stehen den Konjunktoren nahe, verbinden aber – jedenfalls an der Oberfläche – nicht nur gleichrangige und funktionsgleiche Elemente.

In der Gegenwartssprache gibt es nur die Vergleichspartikeln *als* und *wie*. Veraltetes *denn* ist in Wendungen und Sprichwörtern noch erhalten:

> *Geben ist seliger denn Nehmen.*

wie gilt bei Gleichheit:

> *Sie macht es wie ihre Mutter.*
> *Hans ist so groß wie Manfred.*

als gilt bei Ungleichheit. Es wird in der Regel nach komparativischen Adjektiven und nach *anders* verwendet:

> *Sie macht es anders als ihre Mutter.*
> *Bernd ist größer als Manfred.*

In regionaler Alltagssprache wird *wie* häufig an Stelle von *als* verwendet:

> *(*)Bernd ist größer wie Manfred.*

Als schließt auch Disjunkte an ihren Kopf an:

> *Als Stadtverordnete sieht sie das natürlich anders.*
> *Sie sieht das als Stadtverordnete natürlich anders.*
> *Sie sieht das natürlich anders als Stadtverordnete.*

Vergleichskonstruktionen lassen sich gewöhnlich auf Satzgefüge zurückführen:

> *Sie macht es wie ihre Mutter.*
> ⇐ *Sie macht es, wie es ihre Mutter gemacht hat.*
> *Bernd ist größer als Manfred.*
> ⇐ *Bernd ist größer, als Manfred (es) ist.*

Solche Herleitungen stellen klar, warum die Vergleichspartikeln nicht zu den Konjunktoren gerechnet werden dürfen: Sie verbinden in diesen Fällen Elemente, die weder gleichrangig noch funktionsgleich sind.

6.12. ABTÖNUNGSPARTIKELN

▶ **Abtönungspartikeln sind unveränderliche Wörter, die nicht allein im Vorfeld von Konstativsätzen stehen können, nicht als Antwort auf Fragen fungieren können, nicht negiert werden können und nicht häufbar** (vgl. 6.8.3) **sind.**

Diese Wörter bilden im Satz die selbständige Subklasse der „Abtönungsangaben" und sind als solche im Abschnitt 3.6.5 eingehend beschrieben. Hier folgt daher nur eine unkommentierte Liste.

aber	*ja*
also	*lediglich*
auch	*mal*
bitte	*nämlich*
bloß	*nicht*
denn	*noch*
doch	*nun mal*
durchaus	*nur*
eben	*ruhig*
eigentlich	*schnell*
einfach	*schon*
etwa	*vielleicht*
gleich	*wohl*
halt	

Fast alle diese Wörter haben Homonyme in anderen Wortklassen.

7. ERGÄNZENDE KAPITEL

7.1. ALLGEMEINES

Die vorangegangenen Teile waren nach den grammatischen „Ebenen" angeordnet und gegliedert: Es wurden zunächst Texte beschrieben, dann Sätze, dann Verben, dann Nomina, Pronomina usw., schließlich Partikeln. Die Funktionen dieser grammatischen Einheiten betrafen das Zustandekommen bzw. Zusammenfügen von Äußerungen (in Texten), die Beschreibung von Sachverhalten (in Sätzen), von Geschehen (mittels Verben), von Größen (durch Nomina und Pronomina), schließlich die Möglichkeiten, solche Beschreibungen zu modifizieren und zu bewerten (durch Partikeln). Damit sind die wesentlichen Aspekte des Sprechens und des Schreibens dargelegt und erklärt.

Es bleiben einige Verfahren, die sich keiner der geschilderten Ebenen zuordnen lassen. Sie sind gleichfalls wichtig, wenn auch nur teilweise verbindlich. So gehören Negation und Apposition zu den Regelsystemen, die nur fakultativ anzuwenden sind. Kongruenz, Rechtschreibung und Zeichensetzung hingegen sind obligatorisch: Wer die hierher gehörenden Regeln nicht befolgt, macht zwangsläufig Fehler.

7.2. NEGATION

7.2.1. Allgemeines

Von Negation reden wir immer dann, wenn etwas **in Abrede gestellt** wird. Dies kann auf verschiedenen grammatischen Ebenen geschehen, die im Folgenden besprochen werden.

Vielfach wird angenommen, dass die Negation in der Sprache nicht ins Ermessen des Sprechers/Schreibers gestellt, sondern durch die Natur der Dinge erzwungen werde. Dass diese Auffassung irrig ist, geht schon daraus hervor, dass man ja nicht sagen muss

> *Anna geht heute Abend nicht mit ins Kino.*
> *Das ist kein erfreulicher Brief.*

sondern dass man stattdessen auch sagen kann

> *Anna bleibt heute Abend zu Hause.*
> *Das ist ein sehr ärgerlicher Brief.*

Mit anderen Worten: Es gibt keine negativen Sachverhalte, Größen, Eigenschaften usw. Es hängt jeweils vom Standpunkt, der Perspektive, auch den Normvorstellungen des Sprechers ab, ob er positiv oder negativ formuliert. Die Negatoren sind damit den existimatorischen Elementen vergleichbar.

Negiert wird auf vier verschiedene Arten: durch Zurückweisen, Bestreiten, Ausnehmen und Absprechen; das Bestreiten lässt seinerseits zwei unterschiedliche Negationsarten (Widerspruch, Verneinen) zu.

7.2.2. Zurückweisen

Diese Negationsart gibt es in dialogischen Texten. Dabei drückt der Sprecher aus, dass die Illokution (meist des Partners) im bestehenden Kontext ungerechtfertigt sei. Die Zurückweisung bezieht sich nicht auf die Proposition der Voräußerung.

Zurückweisungen sind immer selbständige Äußerungen. Sie enthalten in der Regel neben einem negierenden auch einen sprechaktbeschreibenden Ausdruck. Grundsätzlich kann man alle Sprechakte zurückweisen:

> *Das ist doch keine seriöse Information!* (auf Mitteilung)
> *Aber dazu kannst du doch nicht im Ernst Ja sagen.* (auf Zustimmung)
> *Gib doch nicht so an!* (auf Intensivierung)
> *Das ist keine Entschuldigung.* (auf Entschuldigung)
> *Sie haben mir nichts zu befehlen.* (auf Aufforderung)
> *Ich bin auf Ihren Rat nicht angewiesen.* (auf Ratschlag)
> *Von Ihnen lasse ich mich nicht beschimpfen.* (auf Beschimpfung)
> *Was soll denn diese Warnung?* (auf Warnung)
> *Was soll diese blöde Frage?* (auf Frage)
> *Sie brauchen mir nicht zu drohen.* (auf Drohung)
> *Lassen Sie doch bitte die Titel weg.* (auf Anrede)

7.2.3. Bestreiten

Man kann den **Inhalt** einer Voräußerung durch Widerspruch und durch Verneinung bestreiten.

Der **Widerspruch** erfolgt in einer eigenen Äußerung häufig durch das Satzäquivalent *nein* oder entsprechende Äquivalente:

> *Das ist ein guter Schachspieler. – Nein!*
> *Ich finde den Vortrag sehr überzeugend. – Nein.*
> *Hast du die Baupläne gesehen? – Nein.*

Verneinten Äußerungen wird mit *doch* widersprochen:

> *Wir brauchen die Pläne nicht mehr zu sehen. – Doch.*

Kontaktsignale und einige andere Sprechakte erlauben keinen Widerspruch.

Der Negator *nein* kann verstärkt werden durch *nein, nein/keineswegs/in keinem Fall/ganz und gar nicht* u. a. Die Formel

> *Aber nicht doch!*

drückt nicht nur Widerspruch, sondern zugleich Ärger, Empörung aus. Besonders nachdrücklich wirkt der Widerspruch, wenn er in einer partiellen Wiederholung der Voräußerung besteht:

> *Das ist nicht sorgfältig ausgeführt. – Das ist sehr sorgfältig gemacht.*

In lebhafter Konfrontation kann auch mit der Formel *Was heißt da ...* widersprochen werden:

> *Ich halte das für einen angemessenen Preis. – Was heißt da angemessen?*

Bestreiten als **Verneinung** ist die klassische Form der Negation. Hier wird eine Sachverhaltsbeschreibung durch Hinzusetzen eines Negators in ihr Gegenteil verkehrt:

> *Helmut hilft **nicht** beim Kirschenpflücken.*

Verneinung erfolgt immer innerhalb einer satzartigen Konstruktion mittels eines Negators:

*Ich will das **nicht**.*

*wenn du das **nicht** willst*

***nicht** helfen zu können*

Viele Sprachen lassen innerhalb einer satzartigen Konstruktion mehrere Negatoren zu. Im Deutschen ist das nicht möglich, ein Negator hebt den anderen auf:

Nichts ist unmöglich. = Alles ist möglich.

In satzartigen Konstruktionen verneint der Negator den genannten Sachverhalt, nicht aber die existimatorischen Elemente. So bedeuten

Der Zug kommt vermutlich bald. ‚es ist zu vermuten, dass der Zug bald kommt'

Der Zug kommt vermutlich heute nicht mehr. ‚es ist zu vermuten, dass der Zug heute nicht mehr kommt'

7.2.4. Ausnehmen

Soll ein Sachverhalt nicht insgesamt in Abrede gestellt, sondern lediglich seine Geltung eingeschränkt werden, so können mittels Negator einzelne Satzglieder ausgenommen werden. Dabei kann es sich um Größen handeln:

Ich hatte nicht den Hausmeister gemeint.

Ebenso gut können situative oder modifikative Bestimmungen ausgenommen werden:

Sie wollte nicht gestern anrufen.

Schließlich kann auch (verbal beschriebenes) Geschehen ausgenommen werden:

Sie haben nicht gesungen, nur gepfiffen.

Bei der Negation von Sachverhalten (die durch satzartige Konstruktionen beschrieben werden) machen Sätze, die eine modifikative Angabe enthalten, eine Ausnahme. Ein Satz wie

Sie hat das offensichtlich nicht freiwillig getan.

bedeutet, ‚dass sie es offensichtlich getan hat' – verneint wird hier nur die Angabe *freiwillig*. Solche Sätze lassen sich normalerweise gar nicht verneinen, es können nur Teile ausgenommen werden.

Werden Sätze mit Größen, die durch Kardinalzahlen quantifiziert sind, durch *nicht* erweitert, so gilt *nicht* entweder für den ganzen Satz (= Verneinung):

Er hat nicht diese drei Äcker verkauft.

Oder *nicht* betrifft lediglich die Anzahl der verkauften Äcker (= Ausnehmen), was bedeutet, dass zum Beispiel zwei oder auch vier Äcker verkauft wurden. Einen speziellen Effekt hat das Determinativ *kein*:

Er hat keine drei Äcker verkauft.

bedeutet, dass er weniger als drei, also nur einen oder zwei Äcker verkauft hat.

Zur Verwendung der Negatoren *nicht* und *kein* vgl. im Übrigen unten.

Der Akt des Ausnehmens wird in den meisten Grmmatiken als „Sondernegation", auch „Satzgliednegation" bezeichnet, was mindestens terminologisch verwirrend ist, weil hier keine Sachverhalte negiert, sondern nur durch Ausnehmen eingeschränkt werden.

7.2.5. Absprechen

Durch diese letzte Form der Negation wird eine Beschaffenheit oder ein Zustand einer Größe in Abrede gestellt:

Bettina hat nicht glücklich ausgesehen.

Von hier ist nur ein kleiner Schritt zu

Bettina hat unglücklich ausgesehen.

In der Tat spielt sich das Absprechen hauptsächlich im Bereich der Wortbildung ab. Präfixe wie *Nicht (Nichteinmischung)*, *Non (Nonkonformismus)*, *un (unangenehm)* und andere, Suffixe und Suffixoide wie *frei (cholesterinfrei)*, *los (interesselos)*, sogar *arm (nikotinarm)* spielen hier eine wichtige Rolle.

7.2.6. Zur Verwendung von *nicht* und *kein*

Im Grunde geht es hier um die Konkurrenz von Partikelnegation (neben *nicht* stehen *keineswegs* u. a.) und Anaphernegation (zwar ist *kein* hier prototypischer Negator, aber *niemand, nichts, nirgends* u. a. funktionieren genau so). Da das Nebeneinander der beiden Formen auf allen Ebenen vorkommt, wird es hier im Zusammenhang besprochen. Zwei Regeln steuern die Verwendung der konkurrierenden Formen auf eindeutige Weise:

▶ **Erste Negationsregel: Satzartige Konstruktionen, die keine indefiniten Elemente enthalten, werden mit *nicht* (etc.) negiert.**

Von dir lasse ich mir nicht drohen. (Zurückweisung)
Sie will das nicht zur Kenntnis nehmen. (Verneinung)
Es sind nicht die schlechtesten Früchte, an denen die Wespen nagen. (Ausnehmen)
Michaela war nicht misstrauisch. (Absprechen)

Einzig der Widerspruch ist hier nicht dokumentiert, weil er im Allgemeinen satzextern durch Satzäquivalente erfolgt.

▶ **Zweite Negationsregel: Satzartige Konstruktionen, die indefinite Elemente enthalten, werden negiert, indem an Stelle des ersten indefiniten Elements in der Kette die entsprechende negative Form eingesetzt wird.**

Auf diese Art erhält der Satz

Er hat sich einen neuen PC zugelegt.

die negierte Form

Er hat sich keinen neuen PC zugelegt.

Weitere Negationen durch negative Anaphern:

*Mir hat hier **niemand** etwas zu befehlen.* (Zurückweisung)
*Ich habe **nichts** gesehen.* (Verneinung)
***Nichts anderes** habe ich gemeint.* (Ausnehmen)

Bei einigen Indefinita sind Abstufungen der Negation möglich. Dies zeigt sich besonders deutlich beim Determinativ *all*, das durch *nicht* nur **partiell**, durch *kein* aber **total** negiert wird:

Sie haben nicht alle Akten vernichtet. (= ein Teil ist übrig geblieben)
Sie haben keine Akten vernichtet. (= alle sind erhalten geblieben)

7.2.7. *sondern*-Konstruktionen

Einer negierten Konstruktion kann in den meisten Fällen eine Konstruktion zur Seite gestellt werden, die eine positive Alternative wiedergibt. In dieser Funktion konkurrieren *aber* und *sondern*:

> *Der Saft schmeckt nicht gut, aber er ist gesund.*
> *Der Saft schmeckt nicht gut, sondern gesund.*

Der wesentliche Unterschied zwischen den beiden Konjunktoren besteht darin, dass *sondern* eine explizit negierte Vorgängerkonstruktion voraussetzt, *aber* jedoch nicht:

> *Der Saft schmeckt scheußlich, aber er ist gesund.*

Semantisch unterscheiden sich *aber* und *sondern* dadurch, dass *sondern* immer eine gemeinsame Oberkategorie beider Konjunkte (und sei sie auch noch so abstrakter Art) voraussetzt, *aber* jedoch nicht. So unterscheiden sich

> *Das ist keine Bitte, sondern eine Drohung.*

und

> *Das ist keine Bitte, aber beunruhigend ist das schon.*

Die Oberkategorie könnte beim ersten Beispiel ein ,den Sprecher auffordernder/veranlassender Sprechakt' sein, während bei zweiten Beispiel eine solche Oberkategorie nicht festzustellen ist.

sondern-Konstruktionen sind bei Negation auf verschiedenen Ebenen möglich, nicht jedoch beim Widerspruch, selten auch beim Absprechen. Beispiele:

> *Sie haben nicht mitgemacht, sondern nur damit geliebäugelt.*
> *Sie war nicht die Botschafterin, sondern die Botschaftsrätin.*
> *Sie war nicht zerstreut, sondern übermüdet.*

7.2.8. Wortstellung und Negation

Werden satzförmige Konstruktionen als Ganzes negiert, so stehen negierende Partikeln in der Mitte des Mittelfeldes (zwischen den Ergänzungen mit Linkstendenz und denen mit Rechtstendenz, ebenso zwischen situativen/existimatorischen und modifikativen Angaben):

> *Er hat den Antrag einfach **nicht** an die Stiftung weiter geleitet.*
> *Sie ist schließlich in dieser Situation **keineswegs** absichtlich erkrankt.*

Negierende Determinative schließen sich an Nomina an, gelten dabei meist für Ergänzungen, seltener für Angaben, die eine Nominalphrase enthalten. In solchen Fällen verschwimmt die Grenze zwischen Verneinen und Ausnehmen:

> *Wir sind gestern leider zu **keiner** Einigung gekommen.*
> *Solch ein Schicksal würde ich meinem ärgsten Feind in **keiner** Situation wünschen.*

Wird der Negator aus seiner Grundposition verschoben, so ergeben sich gewöhnlich spezielle Arten der Negation (häufig Ausnehmen von Satzgliedern):

> *Er hat nicht den Antrag weiter geleitet(, sondern nur unseren Kommentar).*
> *Hanna hat nicht gestern angerufen(, sondern vorgestern).*

In solchen Fällen wird der Sachverhalt als Ganzes nicht verneint, er bleibt gültig, nur eine Komponente des Sachverhalts ist nicht mehr konstitutiv, d. h. sie wird ,ausgenommen'.

Ausnehmen einzelner Komponenten des Sacherhalts erfolgt besonders effektiv durch Vorfeldstellung. Dabei kann das auszunehmende Element zusammen mit dem Negator (als „Quasi-Attribut") ins Vorfeld treten:

> *Nicht den Antrag hat er weiter geleitet(, sondern nur unseren Kommentar).*

Ein vergleichbarer Effekt wird erreicht, wenn das auszunehmende Element allein im Vorfeld steht und der Negator seine Grundfolgeposition beibehält:

> *Den Antrag hat er nicht weiter geleitet(, sondern nur unseren Kommentar).*

Allerdings ist in diesem Fall das Vorfeldelement thematisch hervorgehoben, entweder durch ungewöhnliche Stellung (z. B. Akkusativergänzung im Vorfeld) oder durch phonische Markierung:

> *Ér hat den Antrag nicht weiter geleitet.*

7.3. ABGESETZTE SPEZIFIKATOREN: APPOSITION UND PARENTHESE

7.3.1. Allgemeines

Die Tradition, in den beiden fett hervorgehobenen Ausdrücken

> **Schlossermeister** *Franke*

und

> *Klaus Franke,* **Schlossermeister,** *...*

jeweils eine „Apposition" zu sehen und sie allenfalls als „engere" und „lockere" Apposition zu unterscheiden, wird von den meisten Grammatikern weiterhin sorgsam gepflegt. Da diese beiden Konstruktionen aber kein gemeinsames Merkmal aufweisen, das sie von anderen Attribuierungen eindeutig unterscheidet, und da sich beide zudem nach Position, Syntax (Kongruenz), Interpunktion und Intonation deutlich unterscheiden[1], wird hier nur der nachgestellte Ausdruck *Schlossermeister* als Apposition aufgefasst.[2] Wir definieren die Apposition durch insgesamt sechs Merkmale:

Jede Apposition

1. ist ein Attribut, also ein Satellit zu einem nichtverbalen Kopf,
2. ist dem Kopf nachgestellt,
3. ist durch Kommas bzw. Sprechpausen von ihrer Umgebung abgesetzt,
4. erlaubt sprecherpräsentische Zusätze (existimatorische Elemente)[3],
5. hat den Charakter einer selbständigen Äußerung (in gesprochener Sprache mit eigenem Tonbogen),
6. tendiert zur Kongruenz mit dem Kopf.

Damit verwenden wir, obwohl die „engere Appostion" ausgeschlossen wird, einen sehr weiten Appositionsbegriff. Wir sondern lediglich satzförmige Konstruktionen (Konstruktionen, die ein finites Verb enthalten) aus.

---

[1] Vgl. dazu Raabe (1979), auch Engel (1986).
[2] Der vorangestellte Ausdruck *Schlossermeister* gilt in der vorliegenden Grammatik als „Nomen invarians"; vgl. dazu 5.3.2.
[3] Einen solchen Zusatz enthält etwa die Konstruktion *Klaus Franke, bekanntlich Schlossermeister, ...*

Die Apposition als „abgesetztes Attribut" steht semantisch in unmittelbarer Nähe der Parenthese wie in

> *Klaus Franke – er ist, wie du weißt, Schlossermeister –*

Auch Parenthesen sind nachgestellte Attribute, auch sie sind interpunktionell oder durch Sprechpausen von ihrer Umgebung abgesetzt, auch sie erlauben sprecherpräsentische Zusätze und haben den Charakter selbständiger Äußerungen. Allerdings handelt es sich bei Ihnen oft um satzartige Konstruktionen.

7.3.2. Typen abgesetzter Spezifikatoren

Appositionen kommen als Attribute zu Nomina, Pronomina und Situativbestimmungen vor; Parenthesen sind in ihrem Vorkommen unbeschränkt.

Ausdrucksformen von Appositionen sind Nominalphrasen, Qualitativphrasen und Situativbestimmungen. Parenthesen erscheinen meist satzförmig, jedoch sind auch andere Formen möglich, die sich meist aus Sätzen ableiten lassen. Im Folgenden werden zu den wichtigsten Typen und Subtypen Beispiele gegeben.

Appositionen lassen sich durch Paraphrasen mit *sein* oder *meinen* erläutern:

> *Klaus Franke ist Schlossermeister.*
> *Mit Klaus Franke meine ich den Schlossermeister.*

Appositionen zum Nomen sind die häufigsten Typen abgesetzter Attribute:

> *Franz Mai, ein angesehener Finanzexperte, ...*

Haben Appositionen die Form von Nominalphrasen, so gilt tendenzielle Kasuskongruenz mit dem Regens:

> *den neuen Wagen, einen himmelblauen Franzosen, ...*
> *in dem neuen Wagen, einem himmelblauben Franzosen, ...*
> *des neuen Wagens, eines himmelblauen Franzosen, ...*

Steht das Regens im Akkusativ, Genitiv oder Dativ, so steht die Apposition manchmal im Nominativ:

> *mit diesem hinterhältigen Rabatt, letzter Trumpf der Schweden, ...*

Bei genitivischem Regens steht die Apposition gelegentlich im Dativ:

> *des scheidenden Amtsleiters, einem tüchtigen und beliebten Beamten, ...*

Qualitativausdrücke als Apposition zum Nomen haben als Kopf meist ein unflektiertes Adjektiv:

> *Franz Mai, angesehen und gefürchtet, ...*

Neben Adjektivalphrasen kommen auch Präpositionalphrasen vor:

> *Elise Roller, mit Brille und ständig pfeifendem Hörgerät, ...*

Situativbestimmungen als Apposition zum Nomen erscheinen meist als Präpositionalphrasen, gelegentlich auch als Partikeln:

> *Isabell, auf dem Schornstein, ...*
> *Patrick, ganz tief unten im Schacht, ...*

In solchen Fällen weisen nur Komma, Sprechpause und Intonation das nachgestellte Attribut als Apposition aus. Normale situative Attribute (*Isabell auf dem Schornstein*) sind ebenfalls dem Kopf nachgestellt und sagen Ähnliches aus, liefern allerdings eher habituelle Charakteristiken, während Appositionen meist auf Okkasionelles verweisen.

Parenthesen lassen sich in der Regel weniger eindeutig zuweisen; immerhin vermag auch hier die Stellung den Kopf zu identifizieren (er geht meist unmittelbar voraus). **Parenthesen zum Nomen:**

> *Franz Mai – du weißt, er ist ein angesehener Finanzexperte –*
> *Franz Mai – trotz seines Ansehens fürchten ihn viele –*
> *Elise Roller – ihr Hörgerät gab ständig Pfeiftöne von sich –*
> *Isabell – in diesem Moment saß sie oben auf dem Schornstein –*

Appositionen zum Pronomen werden in den meisten Grammatiken überhaupt nicht erwähnt. Sie haben Wesentliches mit den Appositionen zum Nomen gemein. Sie kommen bei Partnerpronomen und reinem Verweispronomen, bei Demonstrativ-, Possessiv-, Negativ- und Indefinitpronomen vor:
Haben sie die Form von Nominalphrasen, so kongruieren sie im Kasus immer mit dem Regens:

> *du, bisher mein bester Mitarbeiter, …*
> *dir, meinem bisher besten Mitarbeiter, …*
> *meinen, einen promovierten Germanisten und gescheiterten Lehrer, …*
> *irgendwem, Diplomaten unter der alten Regierung, …*

Als Qualitativausdrücke weisen sie wiederum meist ein unflektiertes Adjektiv als Kopf auf:

> *ich, oft getäuscht und mittlerweile pleite, …*
> *ihn, zielstrebig und unbestechlich, …*
> *keine, gutgläubig wie Sonja, …*

Situativbestimmungen zum Nomen sind ebenfalls meist Präpositionalphrasen:

> *sie, hinter der Tür, …*
> *denen, drunten im Weinkeller, …*
> *meine, in jener heillosen Zeit, …*

Parenthesen zum Pronomen:

> *dir – ich hielt dich bisher für meinen besten Mitarbeiter –*
> *ich – mich haben sie so oft hintergangen, dass ich mittlerweile pleite bin –*
> *irgendeine – sie war noch drüben –*

Appositionen zur Situativbestimmung. Hier sind als abgesetzte Spezifikatoren ebenfalls nur Situativbestimmungen möglich:

> *damals, in der Nachkriegszeit, …*

Man hat situative Appositionen zur Situativbestimmung sorgfältig von kommasyndetisch gehäuften Situativbestimmungen zu unterscheiden. Jene gelten simultan, diese oft alternativ. Jene stehen zwischen Kommas, diese haben am Ende kein Komma. So ist die Folge

> *im Odenwald, im Rheintal, in der Pfalz …*

notwendig eine Häufung von (alternativen) Situativbestimmungen, weil sich die drei Lokalitäten ausschließen; dagegen kann

> *in Zotzenbach, im Odenwald, …*

durchaus eine Situativbestimmung mit Apposition sein, weil das Dorf Zotzenbach im Odenwald liegt.

Parenthesen zur Situativbestimmung:

> *damals – der Krieg war noch nicht lange zu Ende –*
> *in Zotzenbach – im Odenwald –*

7.3.3. Appositionen und Konkurrenzformen

Mit den Appositionen konkurrieren nicht nur die Parenthesen, sondern auch die nichtrestriktiven Relativsätze (s. 3.7.4 „Relativsätze"); man vergleiche

(1) *Edmund, preußischer als alle Preußen, die ich je kennengelernt habe, ...*
(2) *Edmund – er war preußischer als alle Preußen, die ich je kennengelernt habe –*
(3) *Edmund, der preußischer als alle Preußen war, die ich je kennengelernt habe*

In allen drei Fällen handelt es sich um nachgestellte Attribute, die eine zusätzliche, nicht notwendige Charakterisierung liefern.

Aber die Unterschiede sind beträchtlich. Der Relativsatz ist syntaktisch völlig an den Kopf gebunden, damit am wenigsten selbständig. Ihm ist daher das geringste Eigengewicht zuzuschreiben. Die Parenthese andererseits ist syntaktisch überhaupt nicht angebunden, sie ist völlig unabhängig, der Satz wird ihrethalben unterbrochen. Ihr kommt damit das größte informationelle Gewicht zu. Zwischen beiden, gewichtiger als der Relativsatz, aber leichter als die Parenthese, steht die Apposition. Es ist unübersehbar, dass diese Eigenschaften die Thema-Rhema-Struktur der Gesamtäußerung in je spezifischer Weise beeinflussen.

7.4. KONGRUENZ

7.4.1. Allgemeines

Inhaltlich Zusammengehöriges zeigt oft auch Übereinstimmung im Ausdruck. Solche Entsprechungen im Ausdrucksbereich bezeichnet man als (grammatische) **Kongruenz**. Die Kongruenz ist eine obligatorische Erscheinung: Die Kongruenzregeln müssen, wo sie gelten, eingehalten werden. Es gibt allerdings einige Bereiche, in denen Verletzungen der Kongruenzregeln geduldet und nicht mehr als Fehler gewertet werden. Darauf wird im Folgenden jeweils hingewiesen.

Kongruenz kommt in Nominal- und Pronominalphrasen, auf der Satzebene und auf der Textebene vor. Sie betrifft vor allem die flexematischen Kategorien Kasus, Numerus und Genus sowie (seltener) die Kategorie „Person".

7.4.2. Kongruenz in der Nominalphrase

DIE PRÄNOMINALEN ATTRIBUTE

Determinativ, Adjektiv und Nomen varians kongruieren mit dem nominalen Kopf in Kasus, Numerus und Genus:

der neugewählte Landrat	(Nom. Sing. Mask.)
einer unvergleichlichen Frau	(Gen./Dat. Sing. Fem.)
(von) frei laufenden Rindern	(Dat. Plur.)
Herrn Walsers (Raben)	(Gen. Sing. Mask.)

Zu Formen wie *halb Württemberg, ganz Darmstadt* s. 5.3.2 „Adjektive".
Herkunftsadjektive wie *Hamburger* unterliegen nicht den Kongruenzregeln, vgl.

der Hamburger Fischmarkt, aus diesen Hamburger Affären

Determinativ und Adjektiv

Die Deklination des attributiven Adjektivs hängt vom jeweiligen Determinativ ab. Da wir das Determinativ (einschließlich des „Nullartikels") als obligatorisches Attribut des Nomens betrachten, wird jedes attributive Adjektiv flexivisch durch das Determinativ gesteuert (Einzelheiten s. 5.5.2):

Nach **definitem Artikel** sowie einigen anderen Determinativen gilt die Deklinationsklasse I:

> *der trockene Wind*
> *dem trockenen Wind*
> *der trockenen Winde*

Nach **indefinitem Artikel** und einigen anderen Determinativen gilt die Deklinationsklasse II:

> *ein trockener Wind*
> *einem trockenen Wind*
> *trockener Winde*

Bei **Nullartikel** gilt die Deklinationsklasse III, die im Plural mit der Klasse II zusammenfällt:

> *trockener Wind*
> *trockenem Wind*
> *trockener Winde*

APPOSITIONEN

Nominale Appositionen zu Nomen und Pronomen kongruieren mindestens tendenziell in Kasus und Numerus mit ihrem Kopf:

> *Joachim, ein unbescholtener junger Mann, ...*
> *Joachims, eines unbescholtenen jungen Mannes, ...*

Zu Ausnahmen s. 7.3.2.

DISJUNKTE

Diese dislozierbaren Attribute kongruieren, soweit sie deklinierbar sind, im Allgemeinen in Kasus und Numerus mit ihrem Kopf:

> *Joachim als Erzkonservativer*
> *Mit Joachim als einem Erzkonservativen*

Ausnahmen sind nicht ganz selten.

7.4.3. Kongruenz in der Pronominalphrase

PARTNERPRONOMINA

Die Pronomina der 1. und der 2. Person können Nominalphrasen (ohne Determinativ) oder Adjektivalphrasen als Attribute haben. Diese Attribute kongruieren in Kasus und Numerus mit ihrem Kopf:

> *du armer Kerl, du Armer*
> *dir armem Kerl, dir Armem*
> *euch verblendeten Leuten, euch Verblendeten*

Gelegentlich können auch possessive Determinative eingesetzt werden:

> *ihr meine lieben Kinder*

INDEFINITPRONOMINA

Auf Pronomina wie *jemand* können Adjektive als Attribute folgen. Soweit das Indefinit-pronomen in den obliquen Kasus unverändert bleibt, kongruiert das Adjektiv in Kasus und Numerus mit dem Kopf:

> *bei jemand Fremdem*
> *an jemand Fremden*

Im Nominativ jedoch nimmt das Adjektiv die Endung des Gen. Sing. Neutr. an:

> *jemand Fremdes (ist gekommen)*

7.4.4. Kongruenz auf Satzebene

SUBJEKT UND FINITES VERB

Beide kongruieren in Person und Numerus:

ich schreib-e	*wir schreib-en*
du schreib-st	*ihr schreib-t*
er schreib-t	*sie schreib-en*

Für die Distanzform der 2. Person (*Sie*) gilt die Verbendung der 3. Pers. Plur.:

> *Sie schreib-en*

Durch *und* gehäufte singularische Subjekte der 3. Person verlangen die 3. Pers. Plur. des Verbs:

> *Polizist und Sanitäter rannten zum Hintereingang.*

Bei anderen Konjunktoren sind spezielle Regeln zu beachten. So verlangt ausschließen-des *oder* bei gehäuften singularischen Subjekten der 3. Person den Singular des Verbs, einschließendes *oder* jedoch den Plural:

> *Der Polizist oder der Sanitäter muss es gesehen haben.*
> *Polizist oder Sanitäter müssen es gesehen haben.*

Bezeichnen gehäufte Subjekte verschiedene grammatische Personen, so dominiert die 1. die 2. und die 2. die 3. Person:

> *Wir und ihr wissen es.*
> *Ihr und sie wisst es.*

SUBJEKT UND REFLEXIVPRONOMEN

Beide kongruieren in Person und Numerus:

ich täusche mich	*ich überlege mir*
du täuschst dich	*du überlegst dir*
er/sie/es täuscht sich	*er/sie/es überlegt sich*
wir täuschen uns	*wir überlegen uns*
ihr täuscht euch	*ihr überlegt euch*
sie täuschen sich	*sie überlegen sich*

Der Kasus des Reflexivpronomens wird durch das jeweilige Verb festgelegt.
Bei durch *und* gehäuften Subjekten mit verschiedener grammatischer Person dominiert die 1. die 2. und die 2. die 3. Person:

> *Du und ich hätten uns nicht täuschen lassen.*

Weiteres s. 5.6.7.

POSSESSIVA UND IHRE BEZUGSELEMENTE

Possessive Determinative und Pronomina stiften Zugehörigkeitsrelationen, die bisweilen als Besitzrelationen erkennbar sind. Daher sprechen wir vereinfachend vom „Besitzer" und vom „Besitztum", die durch das Possessivum verbunden werden.
Der Besitzer kongruiert in Person und Numerus, in der 3. Person auch im Genus mit dem Possessivum:

> *mein Garten*
> *meine Schuld*

Das Besitztum kongruiert in Kasus und Numerus mit dem Possessivum:

> *ihr Beitrag*
> *(aus) ihren Beiträgen*

PHORIK IN SÄTZEN

Komplexe Sätze – Satzhäufungen oder Satzgefüge – enthalten oft Elemente, die sich auf dieselben Wirklichkeitsausschnitte beziehen, so genannte referenzidentische Elemente. In der Regel werden solche Elemente nur bei ihrem ersten Auftreten explizit genannt, in Folgefällen werden sie ausgespart oder sie erscheinen als **Anaphern**. Diese Anaphern müssen in Genus und Numerus mit dem Vorgängerelement kongruieren, während ihr Kasus vom zentralen Verb ihres Teilsatzes bestimmt wird:

> *Katja legte das Paket auf den Tisch und wollte* **es** *öffnen.*
> *(Die Kartoffeln waren gar.) Katja hob* **sie** *aus dem Topf.*
> *Katja hob die Kartoffeln,* **die** *jetzt gar waren, aus dem Topf.*

Neben reinen Verweis- und Demonstrativpronomina[4] werden auch Adverbien anaphorisch verwendet:

> *(Werner hatte den Mann schon einmal vor der Schule gesehen.) Vor der Schule hielt soeben ein Auto.* $\Rightarrow$
> *Werner hatte den Mann schon einmal vor der Schule gesehen.* **Dort** *hielt soeben ein Auto.*
> *Vor der Schule,* **wo** *Werner den Mann schon einmal gesehen hatte, hielt soeben ein Auto.*

7.4.5. Kongruenz auf der Textebene

Die Phorik unterliegt auf der Textebene denselben Kongruenzregeln wie im komplexen Satz: Referenzidentische Elemente stimmen, auch wenn sie in syntaktisch selbständigen Äußerungen auftreten, in Genus und Numerus überein:

> *Vor der Schule stand ein Mann.* **Den** *hatte Werner schon einmal gesehen.*

Gleiches gilt für Satzgrenzen überschreitende Possessivrelationen. Person, Numerus und Genus des Possessivums werden vom „Besitzer" festgelegt, während die Deklination des Possessivums nach Kasus und Numerus durch das „Besitztum" gesteuert wird:

---

[4] Auch das Relativpronomen war ursprünglich ein Demonstrativum. Relativa und Demonstrativa sind flexivisch völlig identisch.

Der Mann ging langsam die Kirchentreppe hinauf. **Sein** *roter Schal hing ihm über die Schulter.*

Deine Erklärungen haben mich überzeugt, die von Monika nicht. (Den) **ihren** *würde ich niemals trauen.*

7.5. ZUR ORTHOGRAPHIE (RECHTSCHREIBUNG)

7.5.1. Allgemeines

Die Schreibung der deutschen Wörter wurde erst gegen Ende des 19. Jahrhunderts einheitlich geregelt. Seit 1901 gibt es eine für ganz Deutschland gültige „Rechtschreibung", der sich Österreich und die Schweiz wenig später angeschlossen haben. Diese erste verbindliche Rechtschreibung wurde später vielfach ergänzt und durch Ausnahmeregeln durchbrochen. Im Jahre 1996 beschlossen Deutschland, Österreich und die Schweiz eine grundlegende Orthographiereform, die vor allem eine umfassende Vereinfachung bringen sollte. Allerdings betreffen diese Regeln nur zum Teil die Wörter. Und vieles bleibt ungeregelt. So ist zum Beispiel die Vokallänge bezeichnet in *Mahl*, nicht aber in *Mal*; beide Wörter werden gleich ausgesprochen. Und das *a* wird in *Blatt* als Kurzvokal gekennzeichnet (durch den Doppelkonsonanten *tt*), nicht aber in *hat*, wo der Vokal ebenso kurz ist. Wer ausnahmslos korrekt schreiben will, der muss die (meisten) Wörter einzeln lernen; helfen lassen kann man sich durch Rechtschreibwörterbücher.[5]

Die partielle Inkonsequenz der deutschen Rechtschreibung ist auf die Vermischung zweier grundlegender Prinzipien zurück zu führen. Im Allgemeinen gilt zwar das Prinzip „Schreibe, wie du sprichst", das die Schreibung an der Aussprache orientiert; es wird aber vielfach durchbrochen durch das „Stammprinzip", das für verwandte Wörter gleichartige Schreibung verlangt: *habe* (mit langem *a*) wird wie *habt* (mit kurzem *a*) geschrieben, weil beide Konjugationsformen des Verbs *haben* sind.

Die Regelungen erstrecken sich vor allem auf folgende Bereiche:

- Länge und Kürze der Vokale,
- Schreibung der *s*-Laute,
- Groß- und Kleinschreibung,
- Getrennt- und Zusammenschreibung.

7.5.2. Länge/Kürze der Vokale

Vokallänge kann durch Verdoppelung des Vokals oder durch Dehnungs-*h* angezeigt werden:

> *Aas, Maat, Saat; Bahn, Fahne, Mahd*
> *Beere, Meer, See; dehnen, Sehne*

Beim Vokal *i* gibt es keine Verdoppelung, dafür *ie*:

> *Biene, Miene, Schiene; ihn*
> *Moor, Moos; Mohn, Mohr*

Bei *u* gilt nur Dehnung durch *h*:

> *Uhr, Muhme*

---

[5] Neben den bekannten Rechtschreibwörterbüchern des Duden-Verlags und des Bertelsmann-Verlags sind weitere vergleichbare Wörterbücher auf dem Markt.

Vokalkürze kann durch folgende Doppelkonsonanz angezeigt werden:

> *Blatt, matt, klamm, passt*
> *Bett, Schwemme, schnell, messen*
> *Bitte, Brille, Kinn, isst*
> *Gott, hoffen, Sonne, Posse*
> *schrullig, summen, Suppe, Kuss*

Zur Doppelkonsonanz ist auch *ck* (aus *kk*) und *ss* zu rechnen:

> *Nacken, necken, nicken, locken, zucken*
> *nass, besser, Risse, Possen, Russland*

In vielen Fällen sind allerdings weder Länge noch Kürze der Vokale markiert.

7.5.3. Schreibung der *s*-Laute

Im Deutschen wird, im Gegensatz zu vielen anderen Sprachen, *s* im Silbenanlaut sowie zwischen Vokalen stimmhaft gesprochen:

> *sachte, leise*

In allen anderen Stellungen ist *s* stimmlos. Stimmhaftigkeit bzw. Stimmlosigkeit werden nicht durch die Schreibung zum Ausdruck gebracht.

Auch intervokalisch ist simmloses *s* möglich, es muss aber dann *ss* oder *ß* geschrieben werden:

> *Rasen : Rasse*
> *Besen : Messe*
> *Wiese : wissen*
> *Hose : Possen*
> *Muse : Muße*

Die Verteilung von *ss* und *ß* stößt bei vielen Sprachteilhabern auf Schwierigkeiten. Beide werden stimmlos gesprochen. Heute gilt die einfache Regel, dass nach kurzem Vokal immer *ss*, nach langem Vokal *ß* zu schreiben ist:

> *Masse, Fass : Maß*
> *Flosse : Floß*
> *Fluss : Fuß*

7.5.4. Groß- und Kleinschreibung

Nomina werden im Deutschen groß geschrieben:

> *Ast, Freund, Hoffnung, Leidenschaft, Zartheit.*

Auch die Bezeichnungen von **Tageszeiten** nach *gestern, heute, morgen* u. a. sind Nomina:

> *heute Abend, morgen Nachmittag.*

Nominalisierte Adjektive werden groß geschrieben:

> *Folgendes, Weiteres, Erfreuliches, der Einzelne.*

Vor allem nach *alles, etwas, nichts, viel, wenig* gelten Adjektive als Nomina: *etwas Gutes, nichts Rechtes.* Dies gilt auch für Adjektive in Präpositionalphrasen, die zu festen Wendungen geworden sind:

> *im Argen, zum Besten, auf dem Laufenden*

Dagegen werden die Partnerpronomina *du, ihr* und die zugehörigen Possessiva (*dein, euer*) nur noch klein geschrieben, auch in Briefen. Lediglich das Distanzpronomen *Sie* und zugehörige Formen werden weiterhin groß geschrieben.

7.5.5. Getrennt- und Zusammenschreibung

Dieser Bereich wurde durch die Reform erheblich liberalisiert, allerdings mit deutlicher Tendenz zur Getrenntschreibung.

Der Gebrauch der neuen Regeln wird teilweise durch merkwürdige undefinierte Wortklassenbegriffe erschwert.

Im Folgenden werden die in der vorliegenden Grammatik eingeführten Wortklassenbegriffe verwendet.

So werden **Verben und Adverbien** vielfach in allen Formen getrennt geschrieben:

> *abwärts fahren, auseinander gehen*

Inkonsequent ist es freilich, wenn andere Adverbien im Infinitiv mit dem Verb zusammen zu schreiben sind (*hingehen, hineingehen*).

Verben und Nomina werden in allen Formen getrennt geschrieben:

> *Eis laufen, Kopf stehen, Rad fahren*

Verben und Adjektive, sofern diese steigerbar sind, werden ausnahmslos getrennt geschrieben:

> *schwarz streichen, leicht fallen, warm laufen, getrennt schreiben*

Verben und Verben werden in allen Formen getrennt geschrieben:

> *spazieren gehen, kennen lernen, sitzen bleiben*

Alle bisher erwähnten Konstruktionen werden jedoch im Falle der Nominalisierung zusammen geschrieben:

> *das Radfahren, beim Auseinandergehen, das Spazierengehen*
> *Getrenntschreibung*

Partizipien und deren **valenzabhängige Elemente** werden getrennt geschrieben:

> *allein stehend, Metall verarbeitend, Gewinn bringend*

Adjektive und Adjektive werden in der Regel getrennt geschrieben:

> *weit reichend, nahe stehend, kochend heiß*

Dasselbe gilt für Negatoren und Adjektive wie *nicht öffentlich.* ·

Herkunftsadjektive auf *er* werden mit ihrem nominalen Kopf zusammen geschrieben, wenn sie Personen bezeichnen; in allen anderen Fällen gilt Getrenntschreibung:

> *Tirolermädel, Schweizerbub*
> *Tiroler Knödel, Schweizer Käse*

Kardinalzahlen unter 1 Million schreibt man in Buchstaben zusammen, solche über 1 Million schreibt man getrennt:

> *dreihundertsechsundachtzigtausendvierhundertzwölf*
> *sieben Millionen neunhunderttausend*

7.6. INTERPUNKTION: DIE SCHREIBZEICHEN

7.6.1. Allgemeines

Es handelt sich um insgesamt dreizehn Zeichen:

.	Punkt	–	Gedankenstrich
,	Komma	-	Bindestrich
!	Ausrufezeichen	„ "	Anführungszeichen
?	Fragezeichen	( )	Klammern
:	Doppelpunkt	…	Auslassungspunkte
;	Strichpunkt	'	Apostroph (Auslassungszeichen)
/	Schrägstrich		

Diese Zeichen werden meist „Satzzeichen" genannt. Aber viele von ihnen haben nicht immer, einige überhaupt nicht mit dem Satz zu tun. Dafür haben sie ein anderes Merkmal gemeinsam: Beim Schreiben sind sie unverzichtbar. Deshalb werden sie hier „Schreibzeichen" genannt. Gesprochen werden sie nur ausnahmsweise.

Das Wort *Satz* hatte im früheren Deutsch keineswegs grammatische, sondern drucktechnische Bedeutung. Da es aber heute allgemein als grammatischer Begriff aufgefasst wird, ist es als Terminus für diese Zeichen völlig ungeeignet.

Jeder kennt die Schreibzeichen; Wenige kennen und beherrschen ihre Verwendungsregeln. Laufend begegnet man etwa Kommafehlern wie in

In dieser völlig unerwarteten Situation, sah der Präsident keine andere Möglichkeit...
Geht nicht, gibt's nicht (Werbeslogan)[6]

Die Rechtschreibreform hat auch die Regeln zur Zeichensetzung liberalisiert. Trotzdem bleiben Unsicherheiten, trotzdem ist nicht alles erlaubt. Deshalb ist es sinnvoll, die neuen Regeln wiederzugeben.

Die Schreibzeichen lassen sich in drei Teilmengen gliedern:

*   in „Äußerungszeichen", die Äußerungen verschiedener Art abgrenzen,
*   in „Satzzeichen", die Sätze und Teilsätze gliedern,
*   in „Wortzeichen", die Wörter oder Teile von Wörtern abgrenzen.

Einige Zeichen erscheinen, als „generelle" Schreibzeichen, in allen drei Funktionen.

---

[6] Dieser Slogan könnte korrekt sein, wenn es sich um eine (unter sehr speziellen Bedingungen denkbare) Aufzählung handeln würde. Da hier aber eindeutig eine syntaktische Konstruktion intendiert ist, deren erster Teil als Akkusativergänzung zum Verb des zweiten Teils (*es gibt*) fungiert und hier als Zitat zu verstehen ist, wären allenfalls Anführungszeichen angebracht: *„Geht nicht" gibt's nicht.* Unkorrekt ist also das Komma.

7.6.2. Die Schreibzeichen im Einzelnen

Die Schreibzeichen werden gemäß ihren Funktionen beschrieben und illustriert.

Der Punkt

Als zweithäufigstes deutsches Schreibzeichen schließt er einen Großteil der **Äußerungen** ab, nämlich Mitteilungen, aber auch oft Dank, Entschuldigung, Warnung und andere:

> *Dies ist mein letztes Wort.*
> *Keine Zeit für Spielereien.*
> *Danke für Ihre schnelle Hilfe.*
> *Tut mir leid, die Verspätung.*
> *Sie werden sich die Finger verbrennen.*

Sind solche Äußerungen gehäuft, so wird nur die letzte durch Punkt abgeschlossen:

> *Die Tür schlug zu, dann war alles wieder ruhig.*

Titel und Überschriften werden in der Regel nicht durch Punkt abgeschlossen:

> *Soweit die Füße tragen*
> *Gedanken und Erinnerungen*
> *Hundejahre*

Auch Orts- und Datumsangabe in Briefen, Adresse und Absenderangabe werden nicht durch Punkt abgeschlossen:

> *Hildrizhausen, den 2. April 2004*

> *Frau Monika Weißenberger*
> *91413 Neustadt a. d. Aisch*
> *Bahnhofstr. 21*

> *(Abs.) Hermann Kaufmann*
> *Wallensteinstr. 29*
> *70437 Stuttgart*

Als **Wortzeichen** schließt der Punkt viele Abkürzungen ab, auch Teile von Abkürzungen:

> *a. D.*   (gesprochen meist aufgelöst *außer Dienst*, oft auch *aa-dee*)
> *F.D.P.*   (*Freie Demokratische Partei*)
> *m. E.*   (gespr. nur aufgelöst *meines Erachtens*)
> *z. K.*   (*zur Kenntnisnahme*)

Viele Abkürzungen erscheinen allerdings ohne Punkt:

> *ARD*   *Arbeitsgemeinschaft öffentlich-rechtlicher Rundfunkanstalten*
> *ZDF*   *Zweites Deutsches Fernsehen*
> *CDU*   *Christlich-demokratische Union*
> *SPD*   *Sozialdemokratische Partei Deutschlands*
> *DNA*   *Deutscher Normen-Ausschuss*
> *EU*   *Europäische Union*
> *IHK*   *Industrie- und Handelskammer*
> *LSD*   *Lysergsäurediäthylamid*
> *MAN*   *München-Augsburg-Nürnberg* (Firmenname)
> *NOK*   *Nationales Olympisches Komitee*
> *RAF*   *Rote Armee Fraktion*
> *TÜV*   *Technischer Überwachungsverein*
> *USA*   *United States of America*
> *VVN*   *Vereinigung der Verfolgten des Naziregimes*

Nach numerisch geschriebenen Ordinalzahlen steht ein Punkt:

> *der 23. Unfall der Woche, der 3. Bewerber*

Dies gilt auch für Monatstage:

> *der 1. Mai, am 13. Dezember*

Wird die Uhrzeit numerisch angegeben, so erscheinen Stunden und Minuten durch Punkt getrennt:

> *um 12.43 Uhr*

In der Schweiz werden Franken und Rappen durch Punkt getrennt:

> *SF 16.42 (sechzehn Franken und zweiundvierzig Rappen)*

Große Zahlen werden bisweilen in Dreierblöcke gegliedert, die durch Punkte getrennt werden:

> *17.968.412*

Das Komma

Vor allem trennt das Komma funktionsgleiche Elemente, die durch einen adversativen Konjunktor (*aber, doch, jedoch, sondern*) oder ohne Konjunktor gehäuft sind. Dies gilt auf allen Ebenen:

- für Äußerungen (hier kann auch bei nichtadversativem Konjunktor Punkt, Strichpunkt oder Komma stehen, je nach dem inhaltlichen Zusammenhang):

  Morgen soll ich ins Krankenhaus, niemand hat mich darauf vorbereitet.
  Morgen soll ich ins Krankenhaus(,) und niemand hat mich darauf vorbereitet.
  Morgen soll ich ins Krankenhaus, aber niemand hat mich darauf vorbereitet.

- für Nebensätze, die durch den Konjunktor *und* verbunden sind (hier ist das Komma fakultativ):

  wenn die Dämme brechen(,) und wenn dann die Flut kommt

  Hängen zwei Nebensätze vom selben Konjunktor ab, so steht vor *und* kein Komma:

  wenn die Dämme brechen und dann die Flut kommt

  Bei adversativem Konjunktor wird ein Komma gesetzt:

  dass der Pfarrer den Kelch sucht, aber der Küster heimgegangen ist

  Bei adversativem Konnektor ist ein Komma zu setzen:

  weil das Brot verbrennt, der Bäcker jedoch tanzen gegangen ist

- für Phrasen und Wörter:

  Sie schreibt mit spitzer Feder, aber mit warmem Herzen.
  Sie ging schnell, scheu sich umsehend die Gasse entlang.

Als **Äußerungszeichen** trennt das Komma Sprechakte verschiedenen Typs:

> *Das ist aber eine Überraschung, Herr Keuner!* (Ausruf, Anrede)
> *Guten Morgen, Sonnenschein!* (Gruß, Anrede)

Appositionen werden, da sie als selbständige Äußerungen zu gelten haben, durch Komma(s) abgetrennt:

> *Mein Urgroßvater, ein bedeutender Chemiker, hatte nie genug Geld.*

Herausgestellte Elemente werden durch Komma abgetrennt:

> *Der Bastian, dem würde ich nicht trauen.*
> *Dem würde ich nie trauen, dem Bastian.*

Als **Satzzeichen** trennt das Komma Nebensätze vom Kontext:

> *Martin soll, wenn er will, ausziehen.*
> *Dass er nicht gesund ist, weiß ich.*

Infinitivkonstruktionen und Partizipialphrasen müssen nicht abgetrennt werden; man kann aber ein Komma setzen, um die Gliederung deutlicher zu machen:

> *Wir fahren nach Obsteig(,) um uns zu erholen.*
> *Sie haben den Plan(,) mit Elsas Wagen über die Grenze zu fahren.*
> *Durch den Chef informiert(,) setzten wir unseren Rundgang fort.*

Nur reine Infinitivkonstruktionen (ohne *zu*) werden nie durch Komma abgetrennt:

> *Ich will davon nichts wissen.*
> *Man hörte ihn die Treppe herauf kommen.*

Als **Wortzeichen** wird das Komma vor allem bei der numerischen Schreibung von Zahlen verwendet, so
in Dezimalzahlen, wo es ganze Zahlen von Bruchzahlen trennt:

> *7,34*   *(sieben Komma drei vier)*

bei der Angabe von Preisen:

> *€ 3,12*   *(drei Euro zwölf Cent)*

Das Ausrufezeichen

Es kommt vor allem als Äußerungszeichen vor und signalisiert besondere Emphase, vorzugsweise bei bestimmten Sprechakten:

> *Guten Morgen!* (Gruß)
> *Alles Gute zum Geburtstag!* (Glückwunsch)
> *Finger weg!* (Aufforderung/Drohung/Warnung)
> *So ein Mist!* (Schimpfen)

Früher wurde auch die Anrede in Briefen allgemein mit Ausrufezeichen abgeschlossen, heute überwiegt in dieser Funktion das Komma:

> *Sehr geehrte Frau Ministerin!*
> *Liebe Marlene,*

Will der Schreiber den Leser auf eine besonders interessante oder wichtige oder aber anstößige Textstelle hinweisen, so kann er dies mittels eines eingeklammerten Ausrufezeichens unmittelbar hinter dieser Stelle tun:

> *Sie seien als mitschuldig(!) an ihrem Untergang zu betrachten.*

Das Fragezeichen

Als reines Äußerungszeichen kennzeichnet es Fragen:

> *Habe ich Sie richtig verstanden?*
> *Wann heiraten Monika und Peter?*
> *Nächste Woche?*
> *Alles o. k.?*

Höfliche Bitten haben manchmal Interrogativsatzform und werden dann auch durch Fragezeichen abgeschlossen:

> *Kannst du mir das nochmal erklären?*

Nach äußerungsschließenden Fragen wird im Allgemeinen groß weiter geschrieben. Ist die Frage aber in den Kontext eingeschoben, so wird dieser anschließend ohne Großschreibung fortgesetzt:

> *„Wie sollen wir das bloß schaffen?" stöhnte sie.*

Ein Satzzeichen, das ohne die eingeschobene Frage gesetzt würde, erscheint nach der Frage:

> *Sie fragte: „Wer könnte das sein?", obwohl sie es bereits ahnte.*

Indirekte Fragen werden **nicht durch Fragezeichen** wiedergegeben:

> *Sie überlegte, was Manfred gemeint haben könnte.*
> *Ob dies die ganze Wahrheit sei, wollte er wissen.*

Von dieser Regel gibt es zwei Ausnahmen:

1. Indirekte Fragen ohne Obersatz erhalten ein Fragezeichen:

> *Ob er wohl an die alte Heirat gedacht hatte?*

2. Ist der Obersatz selbst eine Frage, so wird der Gesamtsatz durch Fragezeichen abgeschlossen, auch wenn der indirekte Fragesatz am Ende steht:

> *Darf ich wissen, ob das die ganze Wahrheit ist?*

Der Doppelpunkt

Er hat in Häufungen mitunter die Funktion, ein Resümee, eine Zusammenfassung anzukündigen:

> *Strohhüte, Filzhüte, Basken- und Baseballmützen: die Vielfalt der Kopfbedeckungen ist enorm.*

Am Ende eines Obertextes mit Wiedergabeindex (s. 2.4.4) kündigt der Doppelpunkt direkte Rede an:

> *Stefan Kramer begann: „Diese Zukunft entspricht meinem Wunsch."*

Auch Obertexte ohne Wiedergabeindex können durch Doppelpunkt abgeschlossen werden:

> *Stefan Kramer räusperte sich: „Diese Zukunft entspricht meinem Wunsch."*

Vor indirekt wiedergegebener Rede steht nie ein Doppelpunkt, sondern in der Regel ein Komma.

Der Strichpunkt

Dieses Zeichen trennt stärker als das Komma, aber schwächer als der Punkt. Es wird in Häufungen oft an Stelle des Kommas verwendet:

> *Stefan Kramer erhob sich; aber er sagte kein Wort.*

Oft dient der Strichpunkt der Untergliederung in Häufungen:

> *Einerseits hat sie beachtliche analytische Fähigkeiten, und sie zeigt auch Ausdauer bei der Bewältigung der gestellten Aufgaben; andererseits ist sie in Äußerlichkeiten so nachlässig, dass wir sie für diese Stelle leider doch nicht brauchen können.*

Der Schrägstrich

Dieses ausschließliche Wortzeichen wird oft in Häufungen verwendet, um Gegensätze oder simultan Geltendes zu verbinden:

> *und/oder*
> *CDU/CSU*

Außerdem verbindet der Schrägstrich Begriffspaare, etwa alternierende Maßeinheiten:

> *125 KW/170 PS*

Leistungsangaben:

> *120 km/h (= 120 Kilometer pro Stunde)*
> *3000 U/min (= 3000 Umdrehungen pro Minute)*

Nummer und Jahrgang von Periodica:

> *Heft 3/93 (= Heft 3 des Jahrgangs 1993)*

Ortsnamen und die entsprechende Region (heute seltener):

> *Griesbach/Rottal*
> *Königshofen/Grabfeld*

Der Gedankenstrich

Dieses ausschließliche Äußerungszeichen muss strikt vom Bindestrich unterschieden werden. Der Gedankenstrich ist deutlich länger als der Bindestrich und steht immer zwischen Leerstellen. Er kann den Punkt als Äußerungs-Schlusszeichen verstärken:

> *Damit wäre dieses Thema erschöpfend behandelt. – Wir kommen nun zum nächsten Tagesordnungspunkt ...*

Weil der Gedankenstrich im Prinzip Äußerungen umgrenzt, wird er vorzugsweise bei der Einfügung von Parenthesen verwendet (hier konkurriert er vor allem mit der Klammer):

> *Die Außenpolitik dieses Landes – ich habe das immer wieder betont – gehorcht sehr spezifischen Regeln.*

Auch zur Kennzeichnung ungeplanter Abbrüche von Äußerungen wird der Gedankenstrich oft verwendet:

> *Ich habe mit Frau von Falkhoven –*

Schließlich kann der Gedankenstrich als zusätzliches Kennzeichen für Sprecherwechsel gebraucht werden:

> *Ich hab es öfters sagen hören:*
> *Ein Komödiant könnt einen Pfarrer lehren. –*
> *Ja, wenn der Pfarrer ein Komödiant ist. (Goethe)*

Der Bindestrich

Dieses reine Wortzeichen ist kürzer als der Gedankenstrich und steht nie zwischen Leerstellen.

Er kommt zum Einsatz bei Komposita, besonders solchen von komplexer Form:

> *Steuerreform-Abschlussgespräche*

Auch wo Zuordnungen strittig sind, kann er verwendet werden. Die

> *Ausgleichs-Flächenabgabe*

legt die Verpflichtung zur Abgabe eines Grundstücks als Kompensation für ein bekanntes (aber bisher dem Bauverbot unterliegenes) Grundstück fest. Die

> *Ausgleichflächen-Abgabe*

setzt die Höhe der Kosten fest, die zu zahlen sind für ein bisher dem Bauverbot unterliegendes Grundstück.

Wo Abkürzungswörter zusammen mit einem anderen Wort ein Kompositum bilden, ist immer ein Bindestrich zu setzen:

Kfz-Steuer
PDS-Vorsitzender
Lkw-Maut

Ebenso wird in Komposita aus Wörtern verschiedener Sprachen ein Bindestrich gesetzt:

Slang-Wörter
Macho-Gehabe

Wo bei Häufungen von Komposita identische Teile weggelassen werden, wird durch den Bindestrich auf den eliminierten Teil hingewiesen:

Wirtschafts- und Arbeitsminister

Hier bleibt, da der Artikel fehlt, offen, ob es sich um eine einzige Person bzw. eine einheitliche Menge oder aber um zwei verschiedene Personen bzw. Mengen handelt. Sobald aber Determinative eingesetzt werden (*der Wirtschafts- und Arbeitsminister* bzw. *der Wirtschafts- und der Arbeitsminister*), ist darüber Klarheit geschaffen (vgl. dazu auch 6.8.3 „Determinative in gehäuften Nominalphrasen").

Bei Straßennamen mit mehrteiligen Bestimmungswörtern werden alle Teile durch Bindestriche verbunden:

Heinrich-Mayer-Straße, von-Gagern-Straße

Bestimmungswörter (Herkunftswörter) auf *er* erlauben hier keinen Bindestrich:

Alte Mannheimer Straße (*Alte-Mannheimer-Straße)
Heppenheimer Straße (*Heppenheimer-Straße)

Schließlich wird der Bindestrich bei der Trennung von Wörtern am Zeilenende verwendet. Dafür gelten zwei Prinzipien:

1. Die Trennung erfolgt nach Sprechsilben. Dabei gehört ein intervokalischer Konsonant, bei intervokalischen Konsonantengruppen aber nur deren letzter zur Folgesilbe (*ch, ck, sch, ß* gelten als éin Konsonant):

   Hasen, A-sche, Flo-cke,
   Bit-te, Hän-de

2. Die Trennung erfolgt nach den Bestandteilen, wo diese (als Bestimmungswörter oder als Präfixe) noch erkennbar sind:

   Alt-stadt, Kleider-schrank
   Ein-stieg, Auf-trag

Für Fremdwörter gelten teilweise besondere Trennungsregeln.

Die Anführungszeichen

Sie kommen nur paarig vor und klammern immer ein Textstück ein.
Die Formen sind vielfältig. Im deutschen Sprachbereich dominieren „ … ", auch " … ", in anderen Ländern gelten auch « … » oder » … «.
Meist dienen die Anführungszeichen zur Markierung direkt wiedergegebener Rede. Sie schließen dann auch Schreibzeichen ein, die zur wiedergegebenen Rede gehören:

„Das will ich nie mehr von dir hören!", sagte sie leise.

Satzzeichen, die zum Obertext gehören, bleiben erhalten:

Sie erklärte: „Der Garten gehört nur teilweise zum Haus", dann ging sie weiter.

Auch Titel von Texten setzt man meist in Anführungszeichen:

Hast du die „Zeit der Schuldlosen" gesehen?

Ironisch verwendete Ausdrücke erscheinen oft in Anführungszeichen:

Die „Mutter aller Schlachten" war nach wenigen Wochen zu Ende.

Auch Begriffe und Ausdrücke, die man kommentieren will, können durch Anführungszeichen gekennzeichnet werden:

Mit „Zweitsprachenerwerb" habe ich etwas ganz Anderes gemeint.
Unter „schützenswerten Objekten" werden folgende Baudenkmäler der Stadt verstanden.

In keinem Fall dürfen Anführungszeichen zur Hervorhebung bestimmter Ausdrücke verwendet werden:

*Bretzeln, „stündlich frisch gebacken"
*Bratwürste „Thüringer Art"

Einfache Anführungszeichen können eine tiefere Stufe des Zitierens markieren:

„Dies dürfte aber kein ‚schützenswertes Objekt' sein", meinte Klaus-Dieter.

In der Linguistik dienen einfache Anführungszeichen vielfach zur Kennzeichnung von Inhaltlichem.

Die Klammern

Als Äußerungszeichen kommen Klammern nur paarig vor. Sie setzen dann, ähnlich dem Gedankenstrich, Textstücke vom Kontext ab:

Man darf (Herr Hartmann hat das ja vorhin auch betont) diese Bewegung nicht zu stark werden lassen.

Eckige Klammern finden in der Philologie zur Kennzeichnung von Veränderungen (Zusätzen, Elisionen) zitierter Texte Verwendung:

Morellis Erklärung [vom 13. Mai] wurde meist falsch verstanden.
Diese Briefe [...] sind eminent wichtige Zeitzeugnisse.

Auch als Wortzeichen kommen Klammern paarig vor, etwa um Nomina und Nominalphrasen zu präzisieren:

Aalen (Württ.), Frankfurt (Oder), Heppenheim (Bergstraße)
Gottfried von Meiß (1900–1974)
das Auslassungszeichen (der Apostroph)

In Aufzählungen, Übersichten und bei numerierten Beispielen werden oft paarige Klammern eingesetzt:

(1) Einleitung
(2) Das Corpus
(3) Zur Methode

Meist finden hier aber einfache, linksgewendete Klammern Verwendung:

1) Ich hab ihn kommen hören.
2) Ich habe gehört, dass er kam.
3) Ich habe gehört, wie er kam.

Die Auslassungspunkte

Sie bestehen in der Regel aus drei aufeinander folgenden Punkten. Angewandt werden sie, wo Textteile ausgelassen werden, sowie bei Textabbrüchen:

Es heißt dort, Birken und Eschen ... dürften nur bei Sicherstellung einer Ersatzpflanzung gefällt werden.
Der liebe Gott sagt nur: „So, so ..."

Das Auslassungszeichen (der Apostroph)

Dieses reine Wortzeichen steht, wo Buchstaben ausgelassen worden sind.
Meist ist der ausgelassene Buchstabe ein *e*:

> *Wie geht's?*
> *Sieh's mal nicht so eng!*
> *Stimmt's?*
> *'s ist jemand Anderes.*

Wenn in der 1. und der 3. Pers. Sing. Präs. des Verbs das *e* ausfällt, ist das Auslassungszeichen fakultativ:

> *Ich hol* (oder *hol'*) *dich am Flughafen ab.*
> *Das find* (oder *find'*) *ich schon komisch.*
> *Wär* (oder *wär'*) *ich doch in Düsseldorf geblieben!*

Bei vielen Imperativformen wird das Auslassungszeichen heute meist weggelassen:

> *Fass mal mit an.*
> *Bleib doch noch ein bisschen!*

Fällt ein *e* in anderen Formen aus, so wird in der Regel das Auslassungszeichen gesetzt:

> *Auf der Heide blüh'n die letzten Rosen*
> *Meine Ruh' ist hin* (Goethe)
> *Es hatt' ein Knab ein Mägdelein lieb* (Volkslied)

Eigennamen, die auf einen *s*-Laut – *s, ss, ß, z, tz, x* – enden, erhalten im Genitiv Singular ein abschließendes Auslassungszeichen:

> *Hans' Mütze, Max' Kuli*

Daneben gibt es die Ersatzformen *Hansens, Maxens* usw.
Vor der Endung *sch* steht im Allgemeinen kein Apostroph:

> *ein Goethesches Gedicht*
> *die Vocksche Sammlung*

Es besteht Anlass, auf verbreiteten **fehlerhaften Gebrauch** des Auslassungszeichens hinzuweisen. Folgende Fälle sind häufig:

1. Vor der Genitivendung *s* steht nie ein Apostroph:

> **Aißlinger's Brotladen*
> **Wahrig's Wörterbuch*
> **Engel's Grammatik*
> **der Tod Ulrike Meinhof's*
> **der Zustand des Pkw's*

2. vor Plural-*s* steht nie ein Apostroph:

> **die AKW's*
> **die NP's*
> **die ASTA's*

3. Bei der Verschmelzung von Präposition und Artikel wird nie ein Apostroph eingefügt (die Rechtschreibreformer sind in diesem Punkt etwas duldsamer):

> **auf's Eis, *bei'm Schlittenfahren, *für's Volk, *in's Wasser*

4. Auch Richtungsadverbien mit gekürztem erstem Teil erhalten keinen Apostroph (die Reformer lassen ihn zwar zu, bezeichnen ihn aber als selten):

> **'rauf, *'rein, *'runter*

Diese vier Fälle von Verstößen sind nicht nur belegt, sondern kommen so häufig vor, dass daraus eine Sprachmode zu werden scheint.

Literatur

Dieses Verzeichnis enthält die Literatur, auf die sich der Verfasser gestützt hat, sowie Werke, die den Benutzer dieser Grammatik weiter führen können. Im Allgemeinen wurden nur Monographien aufgenommen, Aufsätze in ganz seltenen Sonderfällen.

Abraham, Werner (Hrsg. 1982): Satzglieder im Deutschen. Tübingen.

Abraham, Werner (Hrsg. 1991): Discourse Particles. Amsterdam.

Abraham, Werner (Hrsg. [2]1992): Erklärende Syntax des Deutschen. Tübingen.

Abraham, Werner; Eroms, Hans-Werner; Pfeiffer, Oskar (Hrsg. 1992): Theme/Rheme Today – Thema/Rhema aktuell (= Folia Linguistica 26, 1–2).

Abraham, Werner; Janssen, Theo (Hrsg. 1989): Tempus – Aspekt – Modus. Tübingen.

Admoni, Wladimir G. (1973): Die Entwicklungstendenzen des deutschen Satzbaus von heute. München.

Admoni, Wladimir G. ([4]1982): Der deutsche Sprachbau. München.

Althaus, Hans Peter; Henne, Helmut; Wiegand, Herbert Ernst (Hrsg. [2]1980): Lexikon der Germanistischen Linguistik. Tübingen.

Altmann, Hans (1976): Die Gradpartikeln im Deutschen. Tübingen.

Altmann, Hans (1978): Gradpartikelprobleme. Tübingen.

Altmann, Hans (1981): Formen der „Herausstellung" im Deutschen. Tübingen.

Altmann, Hans (1993): Satzmodus. In: Jacobs, J. et al. (Hrsg.): Syntax. Ein internationales Handbuch. Berlin. S. 1006–1029.

Andersson, Sven-Gunnar; Kvam, Sigmund (1984): Satzverschränkung im heutigen Deutsch. Tübingen.

Augst, Gerhard (Hrsg. 1985): Graphematik und Orthographie. Frankfurt.

Augst, Gerhard; Höppner, Andrea (Hrsg. 1992): Rechtschreibliteratur. Frankfurt.

Austin, John L. (1962): How to do Things with Words. Oxford. Deutsch (1972): Zur Theorie der Sprechakte. Übers. Von Eike von Savigny. Stuttgart.

Baldegger, Markus et al. (1981): Kontaktschwelle Deutsch als Fremdsprache. Grundlagenpapier des Europarats. Berlin.

Ballweg, Joachim (1988): Die Semantik der deutschen Tempusformen. Düsseldorf.

Bartsch, Renate (1972): Adverbialsemantik. Frankfurt.

Bartsch, Renate; Vennemann, Theo (1972): Semantic Structures. Frankfurt.

Bartsch, Werner (1980): Tempus, Modus, Aspekt. Die systembildenden Ausdrücke beim deutschen Verbalkomplex. Frankfurt (Main).

Bátori, Istvan et al. (1975): Syntaktische und semantische Studien zur Koordination. Tübingen.

Bäuerle, Rainer (1979): Temporale Deixis – temporale Frage. Tübingen.

Bausch, Karl-Heinz (1979): Modalität und Konjunktivgebrauch in der gesprochenen deutschen Standardsprache I. München.

Beaugrande, Robert-Alan de; Dressler, Wolfgang-Ulrich (1981): Einführung in die Textlinguistik. Tübingen.

Bech, Gunnar ([2]1983): Studien über das deutsche Verbum infinitum. Tübingen.

Becker, Karl F. (1870): Ausführliche deutsche Grammatik als Kommentar der Schulgrammatik. 2. neubearbeitete Ausgabe. Prag.

Behaghel, Otto (1923ff.): Deutsche Syntax. Eine geschichtliche Darstellung. Heidelberg.

Beneš, Eduard (1971): Stilistik und Soziolinguistik. Berlin.

Bergenholtz, Henning; Schaeder, Burkhard (Hrsg. 1977): Die Wortarten des Deutschen. Stuttgart.

Bickes, Gerhard (1984): Das Adjektiv im Deutschen. Bern.

Bierwisch, Manfred (^{9}1983): Grammatik des deutschen Verbs. Berlin.

Bisle-Mueller, Hansjörg (1991): Artikelwörter im Deutschen. Semantische und pragmatische Aspekte ihrer Verwendung. Tübingen.

Bloomfield, Leonard (1933): Language. New York.

Blühdorn, Hardarik (1993): Funktionale Zeichentheorie und deskriptive Linguistik. Ein Entwurf am Beispiel des Gegenwartsdeutschen. Erlangen, Jena.

Boettcher, Wolfgang; Sitta, Horst (1972): Deutsche Grammatik III. Zusammengesetzter Satz und äquivalente Strukturen. Frankfurt.

Boost, Karl (1955, ^{5}1964): Neue Untersuchungen zum Wesen und zur Struktur des deutschen Satzes. Berlin.

Braun, Friederike; Kohz, Armin; Schubert, Klaus (1986): Anredeforschung. Kommentierte Bibliographie. Tübingen.

Braunmüller, Kurt (1977): Referenz und Pronominalisierung. Tübingen.

Breindl, Eva (1989): Präpositionalobjekte und Präpositionalobjektsätze im Deutschen. Tübingen.

Brettschneider, Gunter (1978): Koordination und sprachliche Komplexität. München.

Brinker, Klaus (1971): Das Passiv im heutigen Deutsch. München/Düsseldorf.

Brinker, Klaus (^{5}2001): Linguistische Textanalyse. Eine Einführung in Grundbegriffe und Methoden. Berlin.

Brinker, Klaus (1993): Textlinguistik. Heidelberg.

Brinkmann, Hennig (^{2}1971): Die deutsche Sprache. Düsseldorf.

Brünner, Gisela; Redder, Angelika (1983): Studien zur Verwendung der Modalverben. Tübingen.

Bühler, Karl (1934, ^{3}1999): Sprachtheorie. Jena bzw. Stuttgart.

Büring, Daniel (1997): The Meaning of Topic and Focus. London.

Buscha; Joachim et al. (1971. ^{4}1981): Modalverben. Leipzig.

Buscha, Joachim (1989): Lexikon deutscher Konjunktionen. Leipzig.

Bußmann, Hadumod (^{3}2002): Lexikon der Sprachwissenschaft. Stuttgart.

Bzdęga, A. Z. (1980): Das Adjektiv im Polnischen und Deutschen. Versuch einer Konfrontation. Wrocław.

Calbert, Joseph P.; Vater, Heinz (1975): Aspekte der Modalität. Tübingen.

Chomsky, Noam (1957): Syntactic Structures. The Hague.

Chomsky, Noam (1965): Aspects of the Theory of Syntax. Cambridge/Mass.

Clément, Danièle; Thümmel, Wolf (1975): Grundzüge einer Syntax der deutschen Standardsprache. Wiesbaden.

Coseriu, Eugenio (^{3}1979): Sprache. Strukturen und Funktionen. Tübingen.

Coseriu, Eugenio (1980, ^{3}1994): Textlinguistik. Eine Einführung. Stuttgart.

Czarnecki, Tomasz (1985): Das Passiv im Deutschen und Polnischen. Form und Verwendung. Warszawa.

Czarnecki, Tomasz (1996): Aspektualität im Polnischen und Deutschen. Bedeutungen und Formen in einer konfrontativen Übersicht. Gdańsk.

Dahl, Johannes (1988): Die Abtönungspartikeln im Deutschen. Heidelberg.

Dal, Ingerid (1952, ^{3}1966): Kurze deutsche Syntax auf historischer Grundlage. Tübingen.

Daneš, František (Hrsg. 1974): Papers on Functional Sentence Perspective, Prag.

Daneš, František; Viewweger, Dieter (Hrsg. 1976, 1977): Probleme der Textgrammatik. 2 Bände. Berlin.

Diewald, Gabriele (1999): Die Modalverben im Deutschen. Grammatikalisierung und Polyfunktionalität. Tübingen.

Dijk, Teun A. van (1980): Textwissenschaft. Eine interdisziplinäre Einführung. Tübingen.

Doherty, Monika (1985): Epistemische Bedeutung. Berlin.

Donhauser, Karin (1986): Der Imperativ im Deutschen. Hamburg.

Drach, Erich (1937, [4]1963): Grundgedanken der deutschen Satzlehre. Darmstadt.

Dressler, Wolfgang (1972): Einführung in die Textlinguistik. Tübingen.

Droop, Helmut (1977): Das präpositionale Attribut. Tübingen.

Duden (1959, [2]1966, [3]1973, [4]1984, [5]1995, [6]1998): Grammatik der deutschen Gegenwartssprache. Mannheim.

Duden ([22]2000): Die deutsche Rechtschreibung. Mannheim etc.

Dürscheid, Christa (1989): Zur Vorfeldbesetzung in deutschen Verbzwei-Strukturen. Trier.

Dyhr, Mogens (1978): Die Satzspaltung im Deutschen und Dänischen. Tübingen.

Ehlich, Konrad (1986): Interjektionen. Tübingen.

Ehrich, Veronika (1992): Hier und jetzt. Tübingen.

Eichinger, Ludwig M. (2004): Dependenz und Reihenfolge – eine Herausforderung. In: Engel, Ulrich; Meliss, Meike (Hrsg.): Dependenz, Valenz und Wortstellung. München. S. 34–51.

Eisenberg, Peter (1986, [3]1994, [4]1998/99): Grundriss der deutschen Grammatik. Stuttgart.

Engel, Ulrich (1977, [3]1994): Syntax der deutschen Gegenwartssprache. Berlin.

Engel, Ulrich (1996): Semantische Relatoren. In: Nico Weber (Hrsg.): Semantik, Lexikographie und Computeranwendungen. Tübingen. S. 223–236.

Engel, Ulrich (2002): Kurze Grammatik der deutschen Sprache. München.

Engel, Ulrich; Schumacher, Helmut et al. (1976, [2]1978): Kleines Valenzlexikon deutscher Verben. Tübingen.

Engel, Ulrich et al. (1983): Valenzlexikon deutsch-rumänisch. Heidelberg.

Engel, Ulrich et al. (1986): Kontrastive Grammatik deutsch-serbokroatisch. 2 Bände. München, Novi Sad.

Engel, Ulrich; Hayakawa, Tozo (1986): Deutsche Grammatik auf kommunikativer Grundlage. Tokio. (in japan. Sprache)

Engel, Ulrich et al. (1993): Kontrastive Grammatik deutsch-rumänisch. 2 Bände. Heidelberg.

Engel, Ulrich; Tertel, Rozemaria (1993): Kommunikative Grammatik Deutsch als Fremdsprache. München.

Engel, Ulrich et al. (1999): Deutsch-polnische kontrastive Grammatik. 2 Bände. Heidelberg.

Engel, Ulrich; Meliss, Meike (Hrsg. 2004): Dependenz, Valenz und Wortstellung. München.

Engelen, Bernhard (1975): Untersuchungen zu Satzbauplan und Wortfeld in der geschriebenen deutschen Sprache der Gegenwart. 2 Bände. München.

Engelen, Bernhard (1984, 1986): Einführung in die Syntax der deutschen Sprache. 2 Bände. Baltmannsweiler.

Erben, Johannes (1958, [12]1992): Deutsche Grammatik. Ein Abriss. Berlin bzw. München.

Eroms, Hans-Werner (1981): Valenz, Kasus und Präpositionen. Heidelberg.

Eroms, Hans-Werner (1985): Eine reine Dependenzgrammatik für das Deutsche. In: deutsche sprache 13, S. 306–326.

Eroms, Hans-Werner (1986): Funktionale Satzperspektive. Tübingen.

Eroms, Hans-Werner (2000): Syntax der deutschen Sprache. Berlin, New York.

Essen, Otto von (1964): Grundzüge der hochdeutschen Satzintonation. Ratingen.

Fabricius-Hansen, Cathrine (1975): Transformative, intransformative und kursive Verben. Tübingen.

Fabricius-Hansen, Cathrine (1986): Tempus fugit. Düsseldorf.

Fanselow, Gisbert; Felix, Sascha W. (1987): Sprachtheorie. 2 Bände. Tübingen.

Findreng, Ådne (1976): Zur Kongruenz in Person und Numerus zwischen Subjekt und finitem Verb im modernen Deutsch. Oslo.

Fillmore, Charles J. (1968): The Case for Case. New York. Deutsch in: W. Abraham (Hrsg. 1971): Kasustheorie. Frankfurt. S. 1–118.

Fillmore, Charles J. (1977): The Case for Case reopened. Deutsch in: J. Pleines (Hrsg. 1981): Beiträge zum Stand der Kasustheorie, S. 13–43.

Fischer, Bernd-Jürgen (1981): Satzstruktur und Satzbedeutung. Plädoyer für eine semantikfundierende Oberflächengrammatik. Tübingen.

Fishman, Joshua A. (Hrsg. 1968): Readings in the Sociology of Language. The Hague.

Flämig, Walter (1962): Zum Konjunktiv in der deutschen Sprache der Gegenwart. Inhalte und Gebrauchswerte. Berlin.

Fleischer, Wolfgang (1975, [4]1976): Wortbildung der deutschen Gegenwartssprache. Tübingen, Leipzig.

Fleischer, Wolfgang et al. (Hrsg. 1983): Kleine Enzyklopädie Deutsche Sprache. Leipzig.

Fleischer, Wolfgang; Barz, Irmhild (1992, [2]1995): Wortbildung der deutschen Gegenwartssprache. Neufassung. Tübingen.

Fluck, Hans-Rüdiger (1976, [5]1996): Fachsprachen. Einführung und Bibliographie. München.

Fourquet, Jean (1952,[4]1963): Grammaire de l'allemand. Paris.

Fourquet, Jean (1970, [4]1973): Prolegomena zu einer deutschen Grammatik. Düsseldorf.

Franck, Dorothea (1980): Grammatik und Konversation. Königstein (Ts.).

Franck, Dorothea; Petöfi, János (1973): Präsuppositionen in Philosophie und Linguistik. Frankfurt (Main).

Frege, Gottlob (1891): Funktion und Begriff. Jena.

Frege, Gottlob ([2]1976, [5]2003): Logische Untersuchungen. Göttingen.

Fries, Charles C. (1952): The Structure of English. New York.

Gabelentz, Hans Georg C. v. d. (1891, [2]1901): Die Sprachwissenschaft, ihre Aufgaben, Methoden und bisherigen Ergebnisse. Leipzig.

Gelhaus, Hermann (1975): Das Futur in ausgewählten Texten der geschriebenen deutschen Sprache der Gegenwart. Studien zum Tempussystem. München.

Gelhaus, Hermann (1977): Der modale Infinitiv. Tübingen.

Givón, Talmy S. (1984, 1990): Syntax. A Functional-Typological Introduction. 2 Bände. Amsterdam.

Gleason, Henry A. ([2]1961): An Introduction to Descriptive Linguistics. New York.

Glinz, Hans (1952, [7]1997): Die innere Form des Deutschen. Eine neue deutsche Grammatik. Bern, München.

Glinz, Hans (1957, [7]1972): Der deutsche Satz. Düsseldorf.

Glinz, Hans ([3]1970): Deutsche Syntax. Stuttgart.

Glinz, Hans ((1970, 1971): Deutsche Grammatik I, II. Bad Homburg, Frankfurt (Main).

Goffmann, Erving (1971): Interaktionsrituale. Frankfurt (Main).

Götze, Lutz (1979): Valenzstrukturen deutscher Verben und Adjektive. Eine didaktische Darstellung für das Fach Deutsch als Fremdsprache. München.

Graf, Rainer (1977): Der Konjunktiv in gesprochener Sprache. Form, Vorkommen und Funktion, untersucht an Tonbandaufnahmen aus Baden-Württemberg, Bayerisch-Schwaben, Vorarlberg und Lichtenstein. Tübingen.

Grice, Herbert Paul (1975): Logic and Conversation. In: Cole, Peter; Morgan, Jerry L. (Hrsg.): Syntax and Semantics, Bd. 3. New York. S. 41–58. Deutsch als „Logik und Gesprächsanalyse" in: Kußmaul, P. (Hrsg.): Sprechakttheorie. Wiesbaden 1980. S. 109–126.

Griesbach, Heinz (1986): Neue deutsche Grammatik. München.

Griesbach, Bernhard; Graf, Rainer (1984, 1985): Wortbildung in gesprochener Sprache. Die Substantiv-, Verb- und Adjektivzusammensetzungen und -ableitungen im „Häufigkeitswörterbuch gesprochener Sprache". 2 Bände. Tübingen.

Grimm, Hans-Jürgen (1987): Lexikon zum Artikelgebrauch. Leipzig.

Gülich, Elisabeth; Raible, Wolfgang (1977): Linguistische Textmodelle. München.

Gülich, Elisabeth (1970): Makrosyntax der Gliederungssignale im gesprochenen Französisch. München.

Gulyga, E.; Nathanson, M. (1966): Syntax der deutschen Gegenwartssprache. Moskau.

Günther, Hartmut (1974): Das System der Verben mit *be* in der deutschen Sprache der Gegenwart. Tübingen.

Haftka, Brigitta (Hrsg. 1994): Was determiniert Wortstellungsvariation? Opladen.

Haider, Hubert (1993): Deutsche Syntax – generativ. Vorstudien zur Theorie einer projektiven Grammatik. Tübingen.

Happ, Heinz (1976): Grundfragen einer Dependenzgrammatik des Lateinischen. Göttingen.

Harras, Gisela (1983): Handlungssprache und Sprechhandlung. Eine Einführung in die handlungstheoretischen Grundlagen. Berlin.

Harris, Zellig (1951): Methods in Structural Linguistics. Chicago.

Hartung, Wolfdietrich (1964, [5]1971): Die zusammengesetzten Sätze des Deutschen. Berlin.

Harweg, Roland (1968): Pronomina und Textkonstitution. München.

Hauser-Suida, Ulrika; Hoppe-Beugel, Gabriele (1972): Die Vergangenheitstempora in der geschriebenen deutschen Sprache der Gegenwart. München.

Hays, David G. (1961): Grouping an Dependency Theories. In: Edmundson, H. P. (Hrsg.): Proceedings of the National Symposium on Machine Translation. Englewood Cliffs (N. Y.). S. 258–266.

Hays, David G. (1964): Dependency Theory. A Formalism and some Observations. In: Language 40. S. 511–523.

Heidolph, Karl Erich et al. (1981, [2]1984): Grundzüge einer deutschen Grammatik. Berlin.

Heinemann, Wolfgang (1983): Negation und Negierung. Handlungstheoretische Aspekte einer linguistischen Kategorie. Leipzig.

Helbig, Gerhard; Ricken, H. (1975): Die Negation. Leipzig.

Helbig, Gerhard (1983, 1984): Studien zur deutschen Syntax, Band 1, 2. Leipzig.

Helbig, Gerhard (1988): Lexikon deutscher Partikeln. Leipzig.

Helbig, Gerhard (1992): Probleme der Valenz- und Kasustheorie. Tübingen.

Helbig, Gerhard; Buscha, Joachim (1972, [17]1996, Neubearbeitung 2001): Deutsche Grammatik. Ein Handbuch für den Ausländerunterricht. Leipzig.

Helbig, Gerhard; Helbig, Agnes (1990): Lexikon deutscher Modalwörter. Leipzig.

Helbig, Gerhard; Schenkel, Wolfgang (1969, [8]1991): Wörterbuch zur Valenz und Distribution deutscher Verben. Leipzig.

Heller, Klaus ([2]1996): Rechtschreibung 2000. Die Reform auf einen Blick. Stuttgart.

Henne, Helmut; Rehbock, Helmut (1979, [4]2001): Einführung in die Gesprächsanalyse. Berlin, New York.

Hentschel, Elke (1986): Funktion und Geschichte deutscher Partikeln. *ja, doch, halt* und *eben*. Tübingen.

Hentschel, Elke; Weydt, Harald (1990. [3]2003): Handbuch der deutschen Grammatik. Berlin.

Heringer, Hans-Jürgen (1968): Die Opposition von *kommen* und *bringen* als Funktionsverben. Düsseldorf.

Heringer, Hans-Jürgen (1970, [2]1973): Theorie der deutschen Syntax. München.

Heringer, Hans-Jürgen (1978): Wort für Wort. Interpretation und Grammatik. Stuttgart.

Heringer, Hans-Jürgen (1988): Lesen lehren lernen. Eine rezeptive Grammatik des Deutschen. Tübingen.

Hoberg, Ursula (1981): Die Wortstellung in der geschriebenen deutschen Gegenwartssprache. München.

Hockett, Charles F. (1958): A Course in Modern Linguistics. New York.

Hoffmann, Ludger (Hrsg. 1992): Deutsche Syntax. Ansichten und Aussichten. Berlin.

Hyvärinen, Irma (1989): Zu finnisachen und deutschen verbabhängigen Infinitiven. Eine valenztheoretische kontrastive Analyse. Teil 1. Frankfurt (Main).

Ickler, Irene (1990): Kasusrahmen und Perspektive. Zur Kodierung von semantischen Rollen. In: deutsche sprache 18. S. 1–37.

Isačenko, Alexander V.; Schädlich, Hans-Joachim (1966): Untersuchungen über die deutsche Satzintonation. In: Studia Grammatica VII. S. 7–67.

Jacobs, Joachim (1982): Syntax und Semantik der Negation im Deutschen. München.

Jacobs, Joachim (1983): Fokus und Skalen. Tübingen.

Jacobs, Joachim (1994): Kontra Valenz. Trier.

Jäger, Siegfried (1971): Der Konjunktiv in der deutschen Sprache der Gegenwart. München, Düsseldorf.

Järventausta, Marja (1991): Das Subjekt im deutschen und im Finnischen. Seine Formen und semantischen Rollen. Frankfurt (Main).

Jongeboer, Hendrik Adrianus (1985): Im Irrgarten der Modalität. Ein Kapitel aus der deutschen Grammatik. Groningen.

Juhász, János (1970): Probleme der Interferenz. Budapest.

Jung, Walter (1966, [9]1988): Grammatik der deutschen Sprache. 9. Aufl. bearbeitet von Günter Starke. Leipzig.

Kallmeyer, Werner et al. (1974, [4]1986): Lektürekolleg zur Textlinguistik. 2 Bände. Frankfurt (Main).

Kallmeyer, Werner (Hrsg. 1986): Kommunikationstypologie. Düsseldorf.

Kalverkämper, Hartwig (1981): Der Bestand der Textlinguistik. In: deutsche sprache 9. S. 224–270 und 329–279.

Kaufmann, Gerhard (1972): Das konjunktivische Bedingungsgefüge im heutigen Deutsch. Tübingen.

Kaufmann, Gerhard (1976): Die indirekte Rede und mit ihr konkurrierende Formen der Redeerwähnung. München.

Kriwonossow, Alexej (1963): Die modalen Partikeln in der deutschen Gegenwartssprache. Berlin.

Kluge, Wolfhard (1961): Perfekt und Präteritum im Neuhochdeutschen.

Korhonen, Jarmo (1977): Studien zu Dependenz, Valenz und Satzmodell. Teil 1. Tübingen.

Krivinosov, Aleksej T. (1977): Die modalen Partikel in der deutschen Gegenwartssprache. Göppingen (= Dissertation Berlin 1963).

Kron, Olaf (2002): Probleme der Texttypologie. Integration und Differenzierung handlungstheoretischer Konzepte in einem Neuansatz. Frankfurt.

Kühnhold, Ingeburg; Wellmann, Hans et al. (1973–1984): Deutsche Wortbildung. 4 Bände. Düsseldorf.

Kunze, Jürgen (1975): Abhängigkeitsgrammatik. Berlin.

Kürschner, Wilfried (1983): Studien zur Negation im Deutschen. Tübingen.

Kunze, Jürgen (1991): Kasusrelationen und semantische Emphase. Berlin.

Kvam, Sigmund (1983): Linksverschachtelung im Deutschen und Norwegischen. Tübingen.

Labov, William (1976, 1978): Sprache im sozialen Kontext. 2 Bände. Kronberg (Ts.).

Lang, Ewald (1977): Semantik der koordinativen Verknüpfung. Berlin.

Latour, Bernd (1985): Verbvalenz. Eine Einführung in die dependentielle Satzanalyse des Deutschen. München.

Latzel, Sigbert (1977): Die deutschen Tempora Perfekt und Präteritum. München.

Lawrenz, Birgit (1993): Apposition. Begriffsbestimmung und semantischer Status. Tübingen.

Leiss, Elisabeth (1992): Die Verbalkategorien des Deutschen. Berlin.

Lenerz, Jürgen (1977): Zur Abfolge nominaler Satzglieder im Deutschen. Tübingen.

Levinson, Stephen C. (1983): Pragmatics. Cambridge.

Ljungerud, Ivar (1955): Zur Nominalflexion in der deutschen Literatursprache nach 1900. Lund und Kopenhagen.

Lohnstein, Horst (2000): Satzmodis – kompositionell. Zur Parametrisierung der Modusphrase im Deutschen. Berlin.

Lötscher, Andreas (1983): Satzakzent und funktionale Satzperspektive im Deutschen. Tübingen.

Lötscher, Andreas (1987): Text und Thema. Tübingen.

Lyons; John ([6]1984): Einführung in die moderne Linguistik (engl. Ausgabe 1968, [6]1995: Introduction to theoretical linguistics. Cambridge).

Lyons, John (1977): Semantics. 2 Bände. Cambridge.

Martinet, André (1960): Eléments de linguistique générale. Paris. (Deutsch als „Grundzüge der allgemeinen Sprachwissenschaft", [5]1971. Stuttgart).

Mater, Erich (1966–1972): Deutsche Verben. 10 Bände. Leipzig.

Meibauer, Jörg (1994): Kontrast und konzeptuelle Verschiebung. Tübingen.

Meibauer, Jörg (Hrsg. 1987): Satzmodus zwischen Grammatik und Pragmatik. Tübingen.

Meier-Fohrbeck, Thomas (1978): Kommentierende Adverbien. Ihre semantischen und pragmatischen Aspekte. Hamburg.

Mentrup, Wolfgang (Hrsg. 1979): Fachsprache und Gemeinsprache. Düsseldorf.

Métrich, René (1980): Zur Syntax und Semantik von *obwohl* und *wenn auch*. Paris.

Möhn, Dieter; Pelka, Roland (1984): Fachsprachen. Eine Einführung. Tübingen.

Montague, Richard (1970): English as a Formal Language. In: Visentini, Bruno et al. (Hrsg.): Linguaggi nella Società i nella Tecnica. Milano. S. 189–224.

Montague, Richard (1974): Formal Philosophy. Selected Papers. New Haven.

Moskalskaja, O. I. (1984): Textgrammatik. Leipzig.

Motsch, Wolfgang (1964, [7]1973): Syntax des deutschen Adjektivs. Berlin.

Motsch, Wolfgang (1987): Satz, Text, sprachliche Handlung. Berlin.

Mrazović, Pavica (1982): Die Stellung der Satzelemente im Deutschen und im Serbokroatischen, unter Witwirkung von Ulrich Engel. Heidelberg.

Müller, Beat I. (1985): Der Satz. Definition und sprachtheoretischer Status. Tübingen.

Müller, Stefan (2003): Mehrfache Vorfeldbesetzung. In: Deutsche Sprache 2003, S. 29–62.

Naumann, Bernd ([3]2000): Einführung in die Wortbildungslehre des Deutschen. Tübingen.

Öhlschlager, Günther (1989): Zu Syntax und Semantik der Modalverben des Deutschen. Tübingen.

Oomen, Ingelore (1977): Determination bei generischen, definiten und indefiniten Beschreibungen im Deutschen. Tübingen.

Ortner, Hanspeter (1987): Die Ellipse. Tübingen.

Papa-Müller, Sabine (1980): Textfunktionen des Passivs. Untersuchungen zur Verwendung von grammatisch-lexikalischen Passivformen. Tübingen.

Pasch, Renate (1977): Zum Status der Valenz. In: Linguistische Studien. Reihe A. 42. S. 1–50.

Pasch, Renate (1994): Konzessivität von *wenn*-Konstruktionen. Tübingen.

Pasch, Renate et al. (2003): Handbuch der deutschen Konnektoren. Linguistische Grundlagen der Beschreibung und syntaktische Merkmale der deutschen Satzverknüpfer (Konjunktionen, Satzadverbien und Partikeln). Berlin.

Paul, Hermann ([10]1995): Prinzipien der Sprachgeschichte. Tübingen.

Petöfi, János S. (1971): Transformationsgrammatiken und eine ko-textuelle Texttheorie. Frankfurt (Main).

Philipp, Marthe (1974): Phonologie des Deutschen. Stuttgart.

Polenz, Peter von (1985, [2]1988): Deutsche Satzsemantik. Berlin.

Popadiæ, Hanna (1971): Untersuchungen zur Frage der Nominalisierung des Verbalausdrucks im heutigen Zeitungsdeutsch. Mannheim.

Pütz, Herbert (1975): Über die Syntax der Pronominalform *es* im modernen Deutsch. Tübingen.

Quasthoff, Uta (1980): Erzählen in Gesprächen. Tübingen.

Raabe, Horst (1979): Apposition. Tübingen.

Rall, Marlene; Engel, Ulrich; Rall, Dieter (1977, [2]1985): DVG für DaF. Dependenz-Verb-Grammatik für Deutsch als Fremdsprache. Heidelberg.

Rath, Rainer (1971): Die Partizipialgruppe in der deutschen Gegenwartssprache. Düsseldorf.

Schäublin, Peter (1972): Das adnominale Attribut in der deutschen Sprache der Gegenwart. Berlin.

Rath, Rainer (1979): Kommunikationspraxis. Göttingen.

Rauh, Gisa (1988): Tiefenkasus, thematische Relationen und Thetarollen. Tübingen.

Raynaud, Franziska (1975): Les verbes de modalité en allemand contemporain. Lille.

Regula, Moritz (1968): Kurzgefaßte erklärende Satzlehre des Neuhochdeutschen. Bern.

Reichenbach, Hans (1947): Elements of Symbolic Logic. New York.

Ries, John (1931): Was ist ein Satz? Prag.

Ries, John (1967): Was ist Syntax? Ein kritischer Versuch. Darmstadt.

Rieser, Hannes (1980): Aspekte einer partiellen Texttheorie. Untersuchungen zur Textgrammatik mir „nicht-linear" festgelegter Basis. 2 Bände. Hamburg.

Rosengren, Inger (Hrsg. 1981): Sprache und Pragmatik. Lunder Symposion 1980. Lund.

Rosengren, Inger (Hrsg. 1987): Sprache und Pragmatik. Lunder Symposion 1986. Stockholm.

Saltveit, Laurits (1962): Studien zum deutschen Futur. Bergen.

Sandig, Barbara (1971): Syntaktische Typologie der Schlagzeile. München.

Schank, Gerd (1989): Redeerwähnung im Interview. Düsseldorf.

Schatte, Christoph (1982): Das deutsche Morphem *es* und seine polnischen Entsprechungen. In: Zielsprache Deutsch 1982, S. 42–47.

Schmidt, Siegfried J. (1973): Texttheorie. Probleme einer Linguistik der sprachlichen Kommunikation. München.

Schoenthal, Gisela (1976): Das Passiv in der deutschen Standardsprache. München.

Schröder, Jochen (1986): Lexikon deutscher Präpositionen. Leipzig.

Schröder, Peter (1984): Wortstellung in der deutschen Standard-Sprache. Versuch einer empirischen Analyse zu topologischen Aspekten von Texten gesprochener Sprache. Mannheim.

Schulz, Dora; Griesbach, Heinz (1960, [11]1986): Grammatik der deutschen Sprache. München.

Schumacher, Helmut (Hrsg. 1986): Verben in Feldern. Berlin.

Searle, John R. (1969): Speech Acts. Cambridge. Deutsch als „Sprechakte", 1971 Frankfurt (Main).

Searle, John R.; Kiefer, Ferenc; Bierwisch, Manfred (Hrsg. 1980): Speech Act Theory and Pragmatics. Dordrecht.

Seidel, Eugen (1935): Geschichte und Kritik der wichtigsten Satzdefinitionen. Jena.

Seiler, Hansjakob (1960): Relativsatz, Attribut und Appositon. Wiesbaden.

Sennekamp, Marita (1979): Die Verwendungsmöglichkeiten von Negationszeichen in Dialogen. München.

Sitta, Horst (1971): Semanteme und Relationen. Zur Systematik der Inhaltssatzgefüge im Deutschen. Frankfurt (Main).

Sommerfeldt, Karl-Ernst; Schreiber, Herbert (1977): Wörterbuch zur Valenz und Distribution der Substantive. Leipzig.

Sommerfeldt, Karl-Ernst; Schreiber, Herbert (1977): Wörterbuch zur Valenz und Distribution deutscher Adjektive. Leipzig.

Sowinski, Bernhard (1975): Deutsche Stilistik. Frankfurt (Main).

Sowinski, Bernhard (1983): Textlinguistik. Eine Einführung. Stuttgart.

Stechow, Arnim v.; Sternefeld, Wolfgang (1988): Bausteine syntaktischen Wissens. Opladen.

Stechow, Arnim v.; Wunderlich, Dieter (Hrsg. 1999): Semantik. Ein internationales Handbuch der zeitgenössischen Forschung. Berlin.

Steger, Hugo (Hrsg. 1970): Vorschläge für eine strukturale Grammatik des Deutschen. Darmstadt.

Steinitz, Renate (1969): Adverbial-Syntax. Berlin.

Stempel, Wolf-Dieter (Hrsg. 1971): Beiträge zur Textlinguistik. München.

Steube, Anita (1980): Temporale Bedeutung im Deutschen. Berlin.

Stickel, Gerhard (1970): Untersuchungen zur Negation im heutigen Deutsch. Braunschweig.

Storrer, Angelika (1992): Verbvalenz. Theoretische und methodische Grundlagen. Tübingen.

Tarvainen, Kalevi (1979, [2]1982): Dependenzielle Satzgliedsyntax des Deutschen. Mit sprachgeschichtlichen Erläuterungen. Oulu.

Tarvainen, Kalevi (1981): Einführung in die Dependenzgrammatik. Tübingen.

Tarvainen, Kalevi (1985): Kontrastive Syntax Deutsch-Finnisch. Heidelberg.

Tesnière, Lucien (1959, [2]1966): Éléments de syntaxe structurale. Paris. Deutsch als „Grundlagen der strukturalen Syntax", übers. v. U. Engel, Stuttgart 1980.

Teubert, Wolfgang (1979): Valenz des Substantivs. Düsseldorf.

Thieroff, Rolf (1992): Das finite Verb im deutschen. Tempus – Modus – Distanz. Tübingen.

Thim-Mabrey, Christiane (1985): Satzkonnektoren wie *allerdings, dennoch* und *übrigens*. Frankfurt (Main).

Thümmel, Wolf (1979): Vorüberlegungen zu einer Grammatik der Satzverknüpfungen. Frankfurt (Main).

Thurmair, Maria (1989): Modalpartikeln und ihre Kombinationen. Tübingen.

Valentin, Paul (Hrsg. 1992): Rechts von N. Untersuchungen zur Nominalgruppe im Deutschen. Tübingen.

Vater, Heinz (1963, [2]1979): Das System der Artikelformen im gegenwärtigen Deutsch. Tübingen.

Vater, Heinz (1970, [2]1984): Zur Tiefenstruktur deutscher Nominalphrasen. In: Steger, H. (Hrsg.): Vorschläge für eine strukturale Grammatik des Deutschen. Darmstadt. (Erstveröffentlichung 1967)

Vater, Heinz (1973): Dänische Subjekt- und Objektsätze. Ein Beitrag zur generativen Dependenzgrammatik. Tübingen.

Vater, Heinz (1983): Einführung in die Nominalphrasensyntax des Deutschen. Köln.

Vater, Heinz (1986): Zur Syntax der Determinantien. Tübingen.

Vater, Heinz (1994): Einführung in die Sprachwissenschaft. München.

Vater, Heinz (1992): Einführung in die Textlinguistik. Struktur, Thema und Referenz in Texten. München.

Vater, Heinz ([3]1994): Einführung in die Zeit-Linguistik. Hürth.

Vater, Heinz ([3]1996): Einführung in die Raum-Linguistik. Hürth.

Vennemann, Theo; Jacobs, Joachim (1982): Sprache und Grammatik. Darmstadt.

Waltzing, Raymond (1986): Existimatorische Angaben. Eine semanto-syntaktische Untersuchung bestimmter Elemente des deutschen Satzes und ihrer französischen Entsprechungen. Frankfurt (Main).

Wawrzyniak, Zdzisław (1980): Einführung in die Textwissenschaft. Probleme der Textbildung im Deutschen. Warszawa.

Weber, Heinz J. (1992): Dependenzgrammatik. Ein Arbeitsbuch. Tübingen.

Wegener, Heide (1985): Der Dativ im heutigen Deutsch. Tübingen.

Wegener, Heide (1995): Die Nominalflexion im Deutschen – verstanden als Lerngegenstand. Tübingen.

Weinrich, Harald (1964, [6]2001): Tempus. Besprochene und erzählte Welt. Stuttgart/München.

Weinrich, Harald (Hrsg. 1975): Positionen der Negativität. München.

Weinrich, Harald (1976): Sprache in Texten. Stuttgart.

Weinrich, Harald (1993): Textgrammatik der deutschen Sprache. Mannheim.

Welke, Klaus M. (1989): Einführung in die Valenz- und Kasustheorie. Leipzig.

Werlich, Egon (1975, [2]1979): Typologie der Texte. Entwurf eines textlinguistischen Modells zur Grundlegung einer Textgrammatik. Heidelberg.

Weydt, Harald (1969): Abtönungspartikel. Die deutschen Modalwörter und ihre französischen Entsprechungen. Bad Homburg.

Weydt, Harald (Hrsg. 1977): Aspekte der Modalpartikeln. Studien zur deutschen Abtönung. Tübingen.

Weydt, Harald (Hrsg. 1979): Die Partikeln der deutschen Sprache. Berlin.

Weydt, Harald (Hrsg. 1981): Partikeln und Deutschunterricht. Abtönungspartikeln für Lernende des Deutschen. Heidelberg.

Weydt, Harald (Hrsg. 1983): Partikeln und Interaktion. Tübingen.

Weydt, Harald (Hrsg. 1989): Sprechen mit Partikeln. Berlin.

Weydt, Harald et al. (1983): Kleine deutsche Partikellehre. Stuttgart.

Wierzbicka, Mariola (2004): Zeitbeziehungen in den temporalen Satzgefügen. München.

Willkop, Eva-Maria (1988): Gliederungspartikeln im Dialog. München.

Wimmer, Rainer (1979): Referenzsemantik. Tübingen.

Wolski, Werner (1986): Partikellexikographie. Tübingen.

Wotjak, Barbara (1992): Verbale Phraseolexeme in System und Text. Tübingen.

Wunderlich, Dieter (1970): Tempus und Zeitreferenz im Deutschen. München.

Wunderlich, Dieter (Hrsg. 1972): Linguistische Pragmatik. Frankfurt (Main).

Wunderlich, Dieter (1976): Studien zur Sprechakttheorie. Frankfurt (Main).

Wunderlich, Dieter (1985): Über die Argumente des Verbs. In: Linguistische Berichte 97, S. 183–227.

Zemb, Jean-Marie (1972): Satz – Wort – Rede. Semantische Strukturen des deutschen Satzes. Freiburg i. Br.

Žepić, Stanko (1976): Wortbildung des Substantivs im Deutschen und Serbokroatischen. Zagreb.

Zifonun, Gisela (Hrsg. 1986): Vor-Sätze zu einer neuen deutschen Grammatik. Tübingen.

Zifonun, Gisela (1987): Kommunikative Einheiten in der Grammatik. Tübingen.

Zifonun, Gisela et al. (1997): Grammatik der deutschen Sprache. 3 Bände. Berlin.

Zint-Dyhr, Ingeborg (1981): Ergänzungssätze im heutigen Deutsch. Tübingen.

Register

St